D1699733

Ausgeschieden
0 3. NOV. 1997
Stadtbücherei Heidelberg

Eckhard Wolf/Hans-Georg Eckert
Handbuch des gewerblichen Miet-, Pacht- und Leasingrechts
6., neubearbeitete Auflage

# Handbuch des gewerblichen Miet-, Pacht- und Leasingrechts

6., neubearbeitete Auflage

von
Vorsitzendem Richter am Bundesgerichtshof Eckhard Wolf, Karlsruhe
und
Vorsitzendem Richter am Landgericht Hans-Georg Eckert, Duisburg

Verlag Kommunikationsforum
**Recht Wirtschaft Steuern · 1991**

**CIP-Titelaufnahme der Deutschen Bibliothek**

**Wolf, Eckhard:**
Handbuch des gewerblichen Miet-, Pacht- und Leasingrechts /
Eckhard Wolf und Hans-Georg Eckert. — 6. Aufl. —
Köln: Kommunikationsforum Recht, Wirtschaft, Steuern, 1991
ISBN 3—8145—8019—2
NE: Eckert, Hans-Georg:

© 1991 Kommunikationsforum Recht Wirtschaft Steuern GmbH, Postfach 27 01 25, 5000 Köln 1

Alle Rechte vorbehalten. Ohne ausdrückliche Genehmigung des Verlages ist es auch nicht gestattet, das Werk oder Teile daraus in irgendeiner Form (durch Fotokopie, Mikrofilm oder ein anderes Verfahren) zu vervielfältigen.

Gesamtherstellung: ICS Communikations-Service GmbH, Bergisch Gladbach

# Vorwort zur 6. Auflage

Das Anliegen der Verfasser, zuverlässig, umfassend und aktuell über Stand und Entwicklungstendenzen der höchstrichterlichen Rechtsprechung auf dem Gebiet des gewerblichen Miet- und Pachtrechts unter besonderer Berücksichtigung des Leasing zu unterrichten, hat eine Neubearbeitung des Handbuchs erforderlich gemacht. In der Annahme, daß es dem rechtsuchenden Leser — sei es im konkreten Konfliktsfalle, sei es im Zusammenhang beratender oder vertragsgestaltender Tätigkeit — in erster Linie darauf ankommt, die Rechtsprechung des Bundesgerichtshofs zu kennen, haben wir — wie bisher — bewußt darauf verzichtet, auf die Meinungsvielfalt in der Literatur einzugehen. Höchstrichterliche Rechtsprechung ist stets das Ergebnis einer vorausgegangenen Auseinandersetzung mit der Wissenschaft und der Rechtsprechung der Instanzgerichte.

Die 6. Auflage berücksichtigt die Judikatur bis Herbst 1990. Sie bietet eine weitgehende Neubearbeitung des Abschnitts „Leasing". Trotz Inkrafttretens des Verbraucherkreditgesetzes am 1. Januar 1991, das mit Ausnahme seiner §§ 4 Abs. 1 S. 2 und 3, 6, 13 Abs. 3 und 14 auch auf Finanzierungsleasingverträge anwendbar ist, ist die Darstellung der Rechtsprechung zur Umgehung des Abzahlungsgesetzes durch Leasingverträge in der Neuauflage verblieben; sie behält für Verträge, die bis zum 31. 12. 1990 abgeschlossen worden sind, Bedeutung.

Hervorzuheben ist die Überarbeitung des Abschnitts „Miete", insbesondere in Hinblick auf die weiterhin umfangreiche Rechtsprechung zum AGB-Gesetz und auf die zunehmende Befassung der Gerichte mit Insolvenzproblemen.

Karlsruhe, Duisburg, im November 1990        Die Verfasser

# Inhaltsverzeichnis

| Vorwort | V |
|---|---|
| Literaturverzeichnis | XXV |

| A. | **MIETVERTRAG** | 1 |
|---|---|---|
| I. | **Einleitung** | 1 |
| 1. | Miete und Pacht | 1 |
| 2. | Abgrenzung der Miete zu anderen Schuldverhältnissen | 2 |
| 3. | Wohnraummiete und gewerbliche Miete | 4 |
| 3.1 | Mischmietverhältnisse | 4 |
| 3.2 | Änderung der Nutzungsart | 5 |
| 3.3 | Vermietung von Grundstücken und Räumen zum Zweck der Weiterüberlassung | 6 |
| II. | **Der Abschluß des Mietvertrages** | 7 |
| 1. | Die Parteien | 7 |
| 1.1 | OHG, KG, Einzelkaufmann | 7 |
| 1.2 | Der nicht rechtsfähige Verein als Vertragspartner | 7 |
| 1.3 | Personenmehrheiten | 8 |
| 1.4 | Mithaftung des Abschlußvertreters | 10 |
| 2. | Die Einigung der Parteien über den Vertragsinhalt | 11 |
| 3. | Vorvertrag, Vormietrecht und Option | 12 |
| 3.1 | Vorvertrag und Rahmenvertrag | 12 |
| 3.2 | Vormietrecht | 16 |
| 3.3 | Option | 18 |
| 4. | Die gesetzliche Schriftform (§ 566 BGB) | 21 |
| 4.1 | Anwendungsbereich des § 566 BGB | 21 |
| 4.2 | Anforderungen an die Schriftform im einzelnen | 23 |
| 4.2.1 | Das Formerfordernis bei Abschluß des (Ursprungs-)Mietvertrages | 23 |

| | | |
|---|---|---|
| 4.2.2 | Das Formerfordernis bei Verlängerung, Änderung oder Ergänzung des Vertrages | 24 |
| 4.2.3 | Eintritt weiterer Mieter | 25 |
| 4.2.4 | Eintritt eines Ersatzmieters – Substitution | 26 |
| 4.3 | Folgen des Formmangels | 27 |
| 5. | Die gewillkürte Schriftform | 29 |
| 5.1 | Die Beurkundung des Ursprungsvertrages | 29 |
| 5.2 | Die Schriftformklausel für Nebenabreden und Vertragsänderungen | 30 |
| 6. | Verschulden bei Vertragsschluß | 32 |
| 7. | Gebrauchsüberlassung vor Vertragsschluß | 34 |
| **III.** | **Vertragsinhalt – Rechte und Pflichten der Parteien** | **35** |
| 1. | Geschäftsgrundlage und Risikoverteilung zwischen Vermieter und Mieter | 35 |
| 2. | Die Gebrauchsgewährung | 37 |
| 2.1 | Inhalt und Umfang der Gebrauchsgewährungspflicht | 37 |
| 2.2 | Beschränkung der Gebrauchsgewährungspflicht bei Zahlungsverzug des Mieters | 39 |
| 2.3 | Beweislastfragen | 40 |
| 2.4 | Besitzschutzrechte des Mieters | 40 |
| 2.5 | Haltereigenschaft des Mieters | 41 |
| 2.6 | Abnahmepflicht des Mieters | 41 |
| 3. | Leistungsstörungen | 42 |
| 3.1 | Haftung des Vermieters für Rechtsmängel (§ 541 BGB) | 42 |
| 3.1.1 | Begriff des Rechtsmangels | 42 |
| 3.1.2 | Rechtsfolgen | 43 |
| 3.1.3 | Wegfall der Haftung wegen Kenntnis des Mieters | 45 |
| 3.2 | Haftung des Vermieters für Sachmängel | 46 |
| 3.2.1 | Begriff des Sachmangels | 47 |
| 3.2.2 | Pflicht des Vermieters zur Mängelbeseitigung | 55 |

| | | |
|---|---|---|
| 3.2.3 | Aufwendungsersatzanspruch des Mieters bei Verzug des Vermieters | 57 |
| 3.2.4 | Mietzinsminderung und Einrede des nicht erfüllten Vertrages | 59 |
| 3.2.5 | Schadensersatz wegen Nichterfüllung | 61 |
| 3.2.5.1 | Anspruchsvoraussetzungen | 61 |
| 3.2.5.2 | Schadensumfang | 64 |
| 3.2.5.3 | Beweislast | 65 |
| 3.2.5.4 | Verjährung | 65 |
| 3.2.6 | Außerordentliche Kündigung | 66 |
| 3.2.7 | Ausschluß der Gewährleistungsrechte wegen Kenntnis des Mieters | 67 |
| 3.3 | Unmöglichkeit der Leistung des Vermieters | 70 |
| 3.3.1 | Anfängliche Unmöglichkeit | 70 |
| 3.3.2 | Nachträgliche Unmöglichkeit infolge eines unbehebbaren Schadens der Mietsache | 72 |
| 3.3.3 | Untergang der Mietsache | 73 |
| 3.3.4 | Beweislastfragen | 74 |
| 3.4 | Unvermögen des Vermieters | 75 |
| 3.5 | Verzug des Vermieters | 75 |
| 3.6 | Positive Vertragsverletzung des Vermieters | 76 |
| 3.6.1 | Verletzung von Nebenpflichten | 76 |
| 3.6.2 | Erfüllungsverweigerung | 77 |
| 3.7 | Abweichende Vereinbarungen zwischen den Parteien | 78 |
| 3.7.1 | Verstöße gegen Klauselverbote in § 11 AGBG | 78 |
| 3.7.2 | Zur Wirksamkeit von Gewährleistungsausschlußklauseln nach § 9 AGBG | 80 |
| 3.7.3 | Übernahme der Wartung durch den Mieter | 83 |
| 3.7.4 | Schönheitsreparaturen | 83 |
| 3.7.5 | Abweichende Vereinbarungen zur Mängelbeseitigung | 86 |
| 4. | Mietzins | 87 |
| 4.1 | Vereinbarung der Mietzinshöhe | 87 |

| | | |
|---|---|---|
| 4.1.1 | Bestimmbarkeit | 87 |
| 4.1.2 | Umsatzabhängiger Mietzins | 88 |
| 4.1.3 | Mietzins und Mehrwertsteuer | 89 |
| 4.2 | Fälligkeit und Erfüllung | 90 |
| 4.3 | Aufrechnung und Zurückbehaltung | 92 |
| 4.4 | Abtretung des Mietzinsanspruchs | 94 |
| 4.5 | Verjährung | 95 |
| 5. | Nebenkosten | 95 |
| 6. | Mietzinszahlungspflicht bei Nichtbenutzung der Mietsache | 101 |
| 6.1 | Verwendungsrisiko des Mieters | 101 |
| 6.2 | Anrechnung ersparter Aufwendungen | 102 |
| 6.3 | Verpflichtung zur anderweitigen Verwertung (Ersatzmieter) | 103 |
| 6.4 | Rechtsfolgen bei anderweitiger Verwertung | 104 |
| 6.5 | Darlegungs- und Beweislast | 106 |
| 7. | Mietzinsanpassung | 107 |
| 7.1 | Wertsicherung und Nominalwertprinzip | 107 |
| 7.2 | Spannungsklausel – Leistungsvorbehalt | 108 |
| 7.2.1 | Wesen der Spannungsklauseln | 108 |
| 7.2.2 | Merkmale des Leistungsvorbehalts | 109 |
| 7.3 | Geltungserhaltung von Wertsicherungsklauseln | 110 |
| 7.4 | Einzelfragen bei der Auslegung von Wertsicherungsklauseln | 112 |
| 7.4.1 | Dienstbezüge als Bezugsgröße | 113 |
| 7.4.2 | Fehlerhafte Indexklausel | 113 |
| 7.4.3 | Anpassungszeitpunkt | 113 |
| 7.4.4 | Anpassung bei Mietvorauszahlungen | 114 |
| 7.5 | Anpassung bei fehlender Wertsicherungsklausel | 115 |
| 7.6 | Kostenelementklauseln | 116 |
| 7.7 | Schiedsgutachten zur Anpassung von Miet- und Pachtzins auf Grund von Wertsicherungsklauseln | 118 |
| 7.8 | Inhaltskontrolle vorformulierter Anpassungsklauseln | 121 |

| | | |
|---|---|---|
| 8. | Ansprüche des Vermieters bei Beschädigung oder Zerstörung der Mietsache | 122 |
| 8.1 | Verstoß gegen die Obhuts- und Sorgfaltspflicht | 122 |
| 8.2 | Verstoß gegen die Anzeigepflicht (§ 545 BGB) | 124 |
| 8.3 | Unterlassung der vertraglich übernommenen Pflicht zur Umgestaltung des Mietobjekts | 125 |
| 8.4 | Verjährung | 125 |
| 8.5 | Beschädigung oder Beeinträchtigung der Mietsache durch Dritte | 130 |
| 8.6 | Haftung des Kraftfahrzeugmieters | 131 |
| 9. | Nebenpflichten des Mieters | 134 |
| 9.1 | Einhaltung des vertragsgemäßen Gebrauchs | 134 |
| 9.2 | Betriebspflicht | 136 |
| 9.3 | Versicherungspflicht | 137 |
| 9.4 | Duldung von Erhaltungs- und Modernisierungsmaßnahmen | 137 |
| 9.5 | Besichtigung des Mietobjekts | 140 |
| 10. | Konkurrenzschutz | 141 |
| 10.1 | Umfang des Konkurrenzschutzes | 141 |
| 10.2 | Umgehung des Konkurrenzschutzes | 144 |
| 10.3 | Auswirkungen des Konkurrenzschutzes | 145 |
| 10.3.1 | – zwischen den konkurrierenden Mietern | 145 |
| 10.3.2 | – im Verhältnis des ersten Mieters zum Vermieter | 145 |
| 10.3.3 | – im Verhältnis des zweiten Mieters zum Vermieter | 147 |
| 11. | Sicherung des Vermieters | 148 |
| 11.1 | Vermieterpfandrecht | 148 |
| 11.1.1 | Entstehung des Pfandrechts | 148 |
| 11.1.2 | Die gesicherten Forderungen | 151 |
| 11.1.3 | Untergang des Pfandrechts | 152 |
| 11.1.4 | Übergang des Pfandrechts | 154 |
| 11.1.5 | Verwertung des Pfandrechts | 155 |
| 11.1.6 | Pfändung der vom Vermieterpfandrecht erfaßten Sachen | 155 |

| | | |
|---|---|---|
| 11.2 | Kaution | 156 |
| 11.3 | Bürgschaft | 159 |
| 12. | Einbeziehung Dritter in Mietverträge | 161 |

| | | |
|---|---|---|
| **IV.** | **Die Beendigung des Mietverhältnisses** | **164** |
| 1. | Zeitablauf | 164 |
| 2. | Rücktritt | 165 |
| 3. | Kündigung | 166 |
| 3.1 | Allgemeine Grundsätze der Kündigung | 166 |
| 3.1.1 | Inhalt der Kündigungserklärung | 166 |
| 3.1.2 | Teilkündigung | 168 |
| 3.1.3 | Form der Kündigung | 169 |
| 3.1.4 | Zugang der Kündigung | 170 |
| 3.1.5 | Kündigung durch einen und gegenüber einem Bevollmächtigten | 171 |
| 3.1.6 | Kündigung durch Erklärungen im Prozeß | 172 |
| 3.1.7 | Kündigung gegenüber einer Handelsgesellschaft, einer juristischen Person oder einem nicht rechtsfähigen Verein | 172 |
| 3.1.8 | Kündigung durch und gegenüber Personenmehrheiten | 173 |
| 3.1.9 | „Rücknahme" der Kündigung | 174 |
| 3.1.10 | Umdeutung der Kündigungserklärung | 175 |
| 3.2 | Die ordentliche Kündigung | 176 |
| 3.2.1 | Kündigungsfristen | 176 |
| 3.2.2 | Kündigung vor Überlassung der Mietsache | 177 |
| 3.2.3 | Änderungskündigung | 178 |
| 3.3 | Sonderkündigungsrechte | 178 |
| 3.3.1 | Mietverhältnisse über mehr als dreißig Jahre (§ 567 BGB) | 179 |
| 3.3.2 | Tod des Mieters (§ 569 BGB) | 179 |
| 3.3.3 | Verweigerung der Erlaubnis zur Untervermietung (§ 549 Abs. 1 Satz 2 BGB) | 181 |

| | | |
|---|---|---|
| 3.3.4 | Kündigung wegen beabsichtigter Verbesserung der Mieträume (§ 541 b Abs. 2 BGB) | 184 |
| 3.3.5 | Erlöschen des Nießbrauchs (§ 1056 BGB) oder des Erbbaurechts (§ 30 ErbbaurechtsVO) und Eintritt der Nacherbfolge (§ 2135 BGB) | 184 |
| 3.3.6 | Weitere Sonderkündigungsrechte | 185 |
| 3.4 | Außerordentliche fristlose Kündigung | 185 |
| 3.4.1 | Entziehung oder Nichtgewährung des vertragsgemäßen Gebrauchs und gesundheitsgefährdender Zustand von Mieträumen (§§ 542, 544 BGB) | 185 |
| 3.4.2 | Vertragswidriger Gebrauch der Mietsache (§ 553 BGB) | 185 |
| 3.4.3 | Zahlungsverzug des Mieters (§ 554 BGB) | 186 |
| 3.4.4 | Vereinbarte Kündigungsgründe bei Verschlechterung der Vermögensverhältnisse des Mieters | 189 |
| 3.4.5 | Erhebliche Vertragsverletzungen (§ 554 a BGB) | 190 |
| 3.4.6 | Kündigung aus wichtigem Grund | 191 |
| 4. | Aufhebungsvertrag | 192 |
| 5. | Stillschweigende Verlängerung des Mietverhältnisses | 194 |
| 6. | Erlöschen einer juristischen Person | 197 |
| 7. | Aufhebung des Mietverhältnisses durch Verwaltungsakt | 197 |
| **V.** | **Abwicklung des beendeten Mietverhältnisses** | **198** |
| 1. | Rückgabe der Mietsache (§ 556 BGB) | 199 |
| 1.1 | Inhalt der Rückgabepflicht | 199 |
| 1.2 | Rückgabeort | 201 |
| 1.3 | Beweislast bei Streit über den Zustand der Mietsache; Übernahmeprotokoll | 201 |
| 1.4 | Teilrückgabe und unvollständige Räumung des Mietobjekts | 202 |
| 1.5 | Rückgabe durch mehrere Mieter | 202 |
| 1.6 | Zurückbehaltungsrecht des Mieters | 203 |
| 1.7 | Verjährung und Verwirkung | 204 |
| 1.8 | Rücknahme der Mietsache durch Selbsthilfe des Vermieters | 204 |

| | | |
|---|---|---|
| 1.9 | Sicherung des Rückgabeanspruchs durch einstweilige Verfügung | 206 |
| 1.10 | Obhut für in den Mieträumen zurückgelassene Sachen des Mieters | 206 |
| 2. | Wiederherstellung des ursprünglichen Zustandes | 207 |
| 3. | Ansprüche wegen verspäteter Rückgabe der Mietsache | 209 |
| 3.1 | Vertraglicher Anspruch auf Nutzungsentschädigung (§ 557 BGB) | 210 |
| 3.1.1 | Anwendungsbereich | 210 |
| 3.1.2 | Vorenthaltung der Mietsache | 211 |
| 3.1.3 | Inhalt des Entschädigungsanspruchs | 214 |
| 3.1.4 | Beweislast | 216 |
| 3.2 | Schadensersatz wegen Verzugs oder Schlechterfüllung der Rückgabepflicht | 216 |
| 3.3 | Anspruch wegen ungerechtfertigter Bereicherung (§ 812 BGB) | 217 |
| 3.4 | Sachenrechtlicher Anspruch auf Nutzungsherausgabe (§§ 987 ff BGB) | 219 |
| 3.5 | Verjährung | 220 |
| 4. | Haftung für den Zustand der Mietsache nach Vertragsende | 220 |
| 4.1 | Wegfall der Erhaltungspflicht des Vermieters | 220 |
| 4.2 | Haftungsverschärfung bei Rückgabeverzug | 221 |
| 4.3 | Haftungserleichterung bei Annahmeverzug des Vermieters | 221 |
| 5. | Rückerstattung von Mietzinsvorauszahlungen (§ 557 a BGB) | 222 |
| 6. | Schadensersatz wegen vorzeitiger Vertragsbeendigung | 223 |
| 6.1 | Anspruchsgrundlage | 223 |
| 6.2 | Schadensumfang | 225 |
| 6.3 | Schadenspauschalierung | 227 |
| 7. | Ersatzpflicht des Mieters wegen nicht durchgeführter Schönheitsreparaturen | 228 |
| 7.1 | Schadensersatz gemäß § 326 BGB und wegen positiver Vertragsverletzung | 229 |

| | | |
|---|---|---|
| 7.2 | Ersatzanspruch des Vermieters bei Umbau oder Zerstörung des Mietobjekts | 233 |
| 7.3 | Ausgleich bei Scheitern vertraglicher Ansprüche | 234 |
| 7.4 | Verjährung | 235 |
| 8. | Abrechnung der Kaution | 235 |
| 9. | Verwendungsersatzansprüche und verwandte Forderungen | 238 |
| 9.1 | Vertragliche Ansprüche (§ 547 Abs. 1 BGB) | 238 |
| 9.2 | Ansprüche wegen Geschäftsführung ohne Auftrag (§§ 547 Abs. 2, 683 BGB) | 239 |
| 9.3 | Ansprüche wegen ungerechtfertigter Bereicherung (§ 812 BGB) | 241 |
| 9.4 | Ansprüche aus dem Eigentümer-Besitzer-Verhältnis (§§ 994 ff BGB) | 242 |
| 9.5 | Abweichende Vereinbarungen | 243 |
| 9.5.1 | Ansprüche auf Grund besonderer Parteivereinbarung | 243 |
| 9.5.2 | Ausschluß von Ersatzansprüchen | 243 |
| 9.6 | Verjährung, Verwirkung und Erlöschen von Verwendungsersatzansprüchen | 244 |
| 9.6.1 | Verjährung vor Vertragsbeendigung | 244 |
| 9.6.2 | Verjährung nach Vertragsende | 245 |
| 9.6.3 | Erlöschen von Ansprüchen auf Verwendungsersatz | 246 |
| 10. | Wegnahmerecht des Mieters (§ 547 a BGB) | 246 |
| 10.1 | Ausübung des Wegnahmerechts | 246 |
| 10.2 | Ausschluß des Wegnahmerechts durch Parteivereinbarung | 247 |
| 10.3 | Rechtslage bei Nichtausübung des Wegnahmerechts | 248 |
| 10.3.1 | Schadensersatzpflicht des Vermieters bei Vereitelung der Wegnahme | 248 |
| 10.3.2 | Sachenrechtliche Folgen des Verzichts auf die Wegnahme oder der Verjährung des Wegnahmerechts | 249 |
| **VI.** | **Untermiete** | **249** |
| 1. | Begriff der Untermiete | 249 |
| 2. | Rechtsbeziehungen zwischen Vermieter und Mieter | 251 |

| | | |
|---|---|---|
| 2.1 | Erlaubnis des Vermieters | 251 |
| 2.2 | Rechtsfolgen der Untervermietung | 253 |
| 2.3 | Zusätzliche Folgen der unerlaubten Untervermietung | 254 |
| 3. | Rechtsbeziehungen zwischen Mieter und Untermieter | 255 |
| 3.1 | Vertragsschluß | 256 |
| 3.2 | Kündigungsrecht wegen Gefahr eines Rechtsmangels | 257 |
| 3.3 | Haftung des Mieters und Untervermieters für den Bestand des Hauptmietverhältnisses | 258 |
| 3.4 | Beendigung und Abwicklung des Untermietverhältnisses | 261 |
| 4. | Rechtsbeziehungen zwischen Vermieter und Untermieter | 262 |
| 4.1 | Ansprüche während des Bestehens des Hauptmietverhältnisses, Schadensersatz und Verwendungsersatz | 262 |
| 4.2 | Rückgabeanspruch des Vermieters gegen den Untermieter (§ 556 Abs. 3 BGB) | 264 |
| 4.3 | Anspruch auf Nutzungsentschädigung | 265 |
| **VII.** | **Wechsel der Vertragsparteien** | **266** |
| 1. | Wechsel des Mieters | 266 |
| 1.1 | Tod des Mieters | 266 |
| 1.2 | Mieterwechsel durch Rechtsgeschäft | 267 |
| 1.3 | Wechsel der Inhaberschaft eines Unternehmens | 268 |
| 1.4 | Wechsel der Gesellschafter und Veränderung der Rechtsform | 269 |
| 2. | Wechsel des Vermieters durch Rechtsgeschäft | 271 |
| 3. | Vermieterwechsel infolge Veräußerung des Mietgrundstücks (§§ 571 ff BGB) | 272 |
| 3.1 | Voraussetzungen des Vertragsübergangs | 273 |
| 3.1.1 | Mietverhältnis zwischen Veräußerer und Mieter | 273 |
| 3.1.2 | Grundstück als Mietobjekt | 274 |
| 3.1.3 | Überlassung des Mietobjekts | 275 |
| 3.1.4 | Eigentumswechsel | 277 |
| 3.1.5 | Abdingbarkeit | 278 |

| | | |
|---|---|---|
| 3.2 | Rechte und Pflichten des Erwerbers im einzelnen | 279 |
| 3.2.1 | Erfüllungs- und Gewährleistungspflicht | 279 |
| 3.2.2 | Mietzins und Nebenkosten, Vorauszahlung und Verfügung über den Mietzins | 280 |
| 3.2.3 | Schadensersatzansprüche wegen Veränderung oder Verschlechterung der Mietsache | 284 |
| 3.2.4 | Sicherheiten, insbesondere Kaution | 284 |
| 3.2.5 | Verwendungsersatz | 287 |
| 3.2.6 | Kündigung des Mietverhältnisses | 287 |
| 3.2.7 | Rückgabe des Mietobjekts und Nutzungsentschädigung | 289 |
| 3.2.8 | Wegnahmerecht | 289 |
| 3.3 | Haftung des Veräußerers gegenüber dem Mieter | 290 |
| 3.3.1 | Bürgenhaftung nach § 571 Abs. 2 BGB | 290 |
| 3.3.2 | Haftung für die Verrechnung von Mietzinsvorauszahlungen | 291 |
| 3.3.3 | Schadensersatzpflicht nach § 325 BGB | 291 |
| **VIII.** | **Auswirkungen von Zwangsvollstreckung, Konkurs- und Vergleichsverfahren** | 292 |
| 1. | Zwangsvollstreckung in die Mietsache und in Forderungen aus dem Mietverhältnis | 292 |
| 1.1 | Pfändung des Anspruch des Mieters auf Gebrauchsgewährung | 292 |
| 1.2 | Pfändung des Mietzinsanspruchs des Vermieters | 292 |
| 1.2.1 | Vollstreckungsschutz zugunsten des Vermieters eines Grundstücks (§ 851 b ZPO) | 293 |
| 1.2.2 | Schutz des Grundstückserwerbers | 293 |
| 1.2.3 | Verhältnis zur Immobiliarzwangsvollstreckung | 293 |
| 1.2.4 | Schutz des Mieters (Grundstücke und bewegliche Sachen) | 294 |
| 1.3 | Pfändung der Mietsache durch Gläubiger des Mieters | 294 |
| 1.4 | Pfändung der Mietsache und des Rückgabeanspruchs durch Gläubiger des Vermieters | 295 |

| | | |
|---|---|---|
| 2. | Zwangsversteigerung des Mietgrundstücks | 295 |
| 2.1 | Sonderkündigungsrecht des Erstehers (§ 57 a ZVG) | 296 |
| 2.2 | Beschlagnahme des Mietzinses, Vorausverfügungen über den Mietzins, Mietzinsvorauszahlungen und Aufrechnung gegen Mietzinsansprüche | 297 |
| 3. | Zwangsverwaltung des Mietgrundstücks | 299 |
| 3.1 | Fortführung bestehender Mietverhältnisse | 299 |
| 3.2 | Mietzins, Nebenkosten und Nutzungsentschädigung | 299 |
| 3.3 | Vorausverfügungen über den Mietzins und Vorauszahlungen | 301 |
| 3.4 | Kaution | 301 |
| 3.5 | Neuabschluß von Mietverträgen | 303 |
| 4. | Konkursverfahren über das Vermögen des Vermieters | 303 |
| 4.1 | Konkurseröffnung vor Überlassung des Mietobjekts | 304 |
| 4.2 | Konkurseröffnung nach Überlassung des Mietobjekts | 305 |
| 4.2.1 | Fortführung des Mietverhältnisses durch die Konkursmasse | 305 |
| 4.2.2 | Vorausverfügungen und Rechtsgeschäfte über den Mietzins bei der Vermietung von Grundstücken und Räumen | 307 |
| 4.2.3 | Vorausverfügungen und Rechtsgeschäfte über den Mietzins bei der Vermietung beweglicher Sachen | 307 |
| 4.2.4 | Aufrechnung gegenüber Ansprüchen der Masse | 309 |
| 4.2.5 | Verwendungsersatz | 309 |
| 4.2.6 | Abwicklung des während des Konkursverfahrens endenden Mietverhältnisses | 310 |
| 4.2.7 | Veräußerung der beweglichen Mietsache durch den Konkursverwalter | 313 |
| 4.2.8 | Veräußerung des Mietgrundstücks durch den Konkursverwalter | 313 |
| 4.3 | Abwicklung eines vor Konkurseröffnung beendeten Mietverhältnisses | 314 |
| 4.4 | Neuabschluß von Mietverträgen | 314 |
| 5. | Konkursverfahren über das Vermögen des Mieters | 314 |
| 5.1 | Konkurseröffnung vor Überlassung des Mietobjekts | 314 |

| | | | |
|---|---|---|---|
| 5.2 | | Konkurseröffnung nach Überlassung des Mietobjekts | 316 |
| 5.2.1 | | Fortführung des Mietverhältnisses | 316 |
| 5.2.2 | | Gebrauchsüberlassung als Gesellschafterdarlehen (§ 32a GmbHG) | 316 |
| 5.2.3 | | Sonderkündigungsrecht (§ 19 KO) | 318 |
| 5.2.4 | | Folgen der Kündigung nach § 19 KO | 319 |
| 5.2.5 | | Abwicklung des während des Konkursverfahrens endenden Mietverhältnisses | 320 |
| 5.2.6 | | Das Vermieterpfandrecht im Konkurs des Mieters | 322 |
| 5.3 | | Abwicklung eines vor Konkurseröffnung beendeten Mietverhältnisses | 323 |
| 5.4 | | Untermietverhältnis | 324 |
| 6. | | Ansprüche gegen den Konkursverwalter persönlich | 324 |
| 7. | | Vergleichsverfahren über die Vermögen des Vermieters und Mieters | 325 |
| 7.1 | | Vergleich über das Vermögen des Vermieters | 325 |
| 7.2 | | Vergleich über das Vermögen des Mieters | 326 |
| 7.2.1 | | Vergleichseröffnung vor Überlassung des Mietobjekts | 326 |
| 7.2.2 | | Vergleichseröffnung nach Überlassung des Mietobjekts | 327 |

| | | | |
|---|---|---|---|
| **B.** | | **PACHTVERTRAG** | **328** |
| **I.** | | **Vom Mietrecht abweichende Regeln** | **328** |
| **II.** | | **Besonderheiten einzelner Pachtverhältnisse** | **329** |
| 1. | | Pacht eines Grundstücks mit Inventar | 329 |
| 1.1 | | Verpachtung mit Inventar gemäß § 582 BGB | 329 |
| 1.2 | | Übernahme zum Schätzwert gemäß § 582a BGB | 330 |
| 1.3 | | Verjährung | 330 |
| 2. | | Pacht eines Unternehmens | 331 |
| 2.1 | | Haftung des Pächters für Schulden des Verpächters oder früheren Pächters | 332 |

| | | |
|---|---|---:|
| 2.2 | Betriebsrisiko | 333 |
| 2.3 | Betriebspflicht | 333 |
| 2.4 | Wettbewerbsverbot | 334 |
| 3. | Pacht einer Apotheke | 335 |
| 4. | Pacht von Rechten | 335 |
| 5. | Know-how-Vertrag und Nutzungsvertrag über Computerprogramm | 336 |
| 6. | Bodenabbauverträge | 338 |
| **C.** | **VERTRÄGE MIT ÜBERGREIFENDEM INHALT** | **340** |
| **I.** | **Leasing** | **340** |
| 1. | Wirtschaftlicher Ansatz des Leasing | 340 |
| 2. | Einordnung des Finanzierungsleasing in das Besondere Schuldrecht | 343 |
| 3. | Abschluß und Abschlußmängel | 345 |
| 3.1 | Form | 345 |
| 3.2 | Inhaltsbestimmung | 346 |
| 3.2.1 | Einbeziehung von AGB | 346 |
| 3.2.2 | Entstehung des Dreiecksverhältnisses von Hersteller/Lieferant–Leasinggeber–Leasingnehmer; Kongruenz von Erwerbsgeschäft und Leasingvertrag | 346 |
| 3.2.3 | EDV-Leasing | 349 |
| 3.2.4 | Entstehung des Anspruchs auf Leasingraten | 351 |
| 3.2.5 | Ausschluß des Rechts zur Untervermietung in formularmäßig gestalteten Leasingverträgen | 351 |
| 3.2.6 | Vertragliche Risikobegrenzung zugunsten des Leasinggebers | 352 |
| 3.2.7 | Übernahme der Mithaftung des Abschlußvertreters für die Verpflichtungen des Leasingnehmers in Formularverträgen | 355 |
| 3.3 | Inhaltskontrolle | 355 |
| 3.4 | Verschulden bei den Vertragsverhandlungen im Dreiecksverhältnis Hersteller/Lieferant–Leasinggeber–Leasingnehmer | 356 |
| 3.5 | Einigungsmängel, Irrtum, arglistige Täuschung | 360 |

# Inhaltsverzeichnis

| | | |
|---|---|---|
| 3.6 | Nichtigkeit des Leasingvertrages gemäß § 138 BGB | 361 |
| 4. | Abnahme, Sacherhaltungs- und Unterhaltspflicht – Gefahrtragung | 363 |
| 4.1 | Abnahme des Leasingobjekts | 363 |
| 4.2 | Sacherhaltungs- und Unterhaltungspflicht – Gefahrtragung | 366 |
| 5. | Leistungsstörungen beim Erwerbsgeschäft – Auswirkungen auf den Leasingvertrag | 369 |
| 5.1 | Ausbleiben der Lieferung | 369 |
| 5.2 | Verzögerung bei der Lieferung des Leasingobjekts | 372 |
| 5.3 | Gewährleistung bei Sachmängeln des Leasingobjekts | 374 |
| 5.3.1 | Ersatz mietrechtlicher durch kaufrechtliche Gewährleistung | 374 |
| 5.3.2 | Rechtsfolgen des Ersatzes mietrechtlicher durch kaufrechtliche Gewährleistung | 379 |
| 5.3.2.1 | Bindung des Leasinggebers an das Ergebnis kaufrechtlicher Gewährleistung | 379 |
| 5.3.2.2 | Auswirkungen der Wandelung auf den Leasingvertrag | 380 |
| 5.3.2.3 | Verlust von Gewährleistungsansprüchen – Rügeobliegenheiten im Dreiecksverhältnis | 388 |
| 5.3.2.4 | Verjährung kaufrechtlicher Gewährleistungsansprüche | 390 |
| 5.3.2.5 | Schutz des Leasinggebers gegen die Rückwirkung kaufrechtlicher Gewährleistung | 391 |
| 5.3.3 | Rechtsfolgen beim Scheitern der Ersetzung mietrechtlicher durch kaufrechtliche Gewährleistung | 392 |
| 6. | Leistungsstörungen beim Leasingvertrag | 394 |
| 6.1 | Ausbleiben der Gebrauchsüberlassung | 394 |
| 6.2 | Verzögerung bei der Gebrauchsüberlassung | 395 |
| 6.3 | Zahlungsverzug des Leasingnehmers | 395 |
| 6.3.1 | Fristlose Kündigung gemäß § 554 Abs. 1 Satz 1 Nr. 1 BGB | 395 |
| 6.3.2 | Verfallklauselpraxis | 395 |
| 6.3.3 | Interessengerechter Ausgleich – der Schadensersatzanspruch des Leasinggebers aufgrund einer vom Leasingnehmer veranlaßten fristlosen Kündigung | 398 |
| 6.3.4 | Konkrete Schadensberechnung | 400 |
| 6.3.5 | Schadensersatzleistungen – Umsatzsteuer | 402 |

| | | |
|---|---|---|
| 6.3.6 | Risikoverteilung gemäß § 552 BGB | 403 |
| 7. | Vertragsgemäße Beendigung des Leasingvertrages | 403 |
| 7.1 | Ablauf der vereinbarten Dauer | 403 |
| 7.2 | Verträge auf unbestimmte Dauer | 404 |
| 7.3 | Ordentliche Kündigung des Leasingvertrages | 405 |
| 7.3.1 | Sinn und Zweck der ordentlichen Kündigung | 405 |
| 7.3.2 | Ausgestaltung des Kündigungsrechts | 406 |
| 7.3.2.1 | Unwirksamkeit der AGB-Klauseln – Lösungsansatz in der höchstrichterlichen Rechtsprechung – Lösungsansätze der Oberlandesgerichte | 406 |
| 7.3.2.2 | Vertragsimmanente (leasingtypische) Ausgleichsregelung | 408 |
| 7.3.2.3 | Berechnungsgrundsätze für die Ausgleichszahlung | 415 |
| 7.3.2.4 | Einbeziehung der Vorfälligkeitsentschädigung in die Ausgleichszahlung | 416 |
| 7.3.2.5 | Verjährung der Ausgleichszahlung | 417 |
| 8. | Leasing im Insolvenzrecht | 417 |
| 8.1 | Kündigung nach § 19 KO | 417 |
| 8.2 | Schadensersatz nach § 19 Satz 3 KO | 418 |
| 8.3 | Forfaitierung von Leasingraten | 419 |
| 9. | Rechtsprechung zum Kraftfahrzeugleasing | 421 |
| 9.1 | Sachgefahrabwälzung auf den Kfz-Leasingnehmer in AGB | 421 |
| 9.2 | Sachgefahrabwälzung auf den Kfz-Leasingnehmer – Rechte aus der Fahrzeugschadensversicherung | 423 |
| 9.3 | Ausgleichszahlung bei ordentlicher Kündigung – Kilometerabrechnungsvertrag | 425 |
| 9.4 | Haftungsschaden des Leasingnehmers | 426 |
| 9.5 | Leasing und Arbeitnehmerhaftung | 427 |
| 10. | Finanzierungsleasing – Mietkauf – Abzahlungskauf | 428 |
| 10.1 | Grundzüge der Abgrenzung | 428 |
| 10.2 | Der Schutzweck des § 6 AbzG – Erwerbsrecht – Fehlen einer Erwerbsrechtsabsprache | 429 |
| 10.3 | Gebrauchswertverzehr | 433 |
| 10.3.1 | Verlust des Gebrauchswertes während der Vertragszeit | 433 |
| 10.3.2 | Einzelfälle zum Gebrauchswertverzehr | 434 |

| | | |
|---|---|---|
| 10.4 | Selbstbenennungsrecht des Leasingnehmers | 437 |
| 10.5 | Drittbenennungsrecht des Leasingnehmers | 438 |
| 10.6 | Andienungsrecht des Leasinggebers | 439 |
| 10.7 | Rechtsfolgen bei Vorliegen eines Umgehungsgeschäfts | 441 |
| 10.7.1 | Widerruf | 441 |
| 10.7.2 | Rücknahme des Leasingobjekts | 441 |
| 10.7.3 | Überlassungsvergütung | 442 |
| 10.8 | Gesetz über Verbraucherkredite, zur Änderung der Zivilprozeßordnung und anderer Gesetze vom 27. 12. 1990, BGBl I, 2840 | 443 |

| | | |
|---|---|---|
| **II.** | **Automatenaufstellvertrag** | **444** |
| 1. | Rechtsnatur des Automatenaufstellvertrages | 444 |
| 2. | Schriftformbedürftigkeit des Automatenaufstellvertrages | 445 |
| 2.1 | § 566 BGB | 445 |
| 2.2 | § 34 GWB | 445 |
| 3. | Nichtigkeit des Automatenaufstellvertrages | 447 |
| 3.1 | Nichtigkeit aus wettbewerbsrechtlichen Gründen | 447 |
| 3.2 | Nichtigkeit wegen Verstoßes gegen §§ 138, 242 BGB | 447 |
| 3.2.1 | Ansatz der Inhaltskontrolle | 447 |
| 3.2.2 | Unternehmerrisiko des Gastwirts bei der Automatenaufstellung | 448 |
| 3.2.3 | Voraussetzungen einer Gesamtnichtigkeit im einzelnen | 449 |
| 4. | Unterschiedliche Laufzeit von Automatenaufstellvertrag und Pachtvertrag | 456 |

| | | |
|---|---|---|
| **III.** | **Altenheimvertrag** | **457** |
| 1. | Rechtsnatur des Altenheimvertrages | 457 |
| 2. | Miethöheregelung und Kündigungsschutz | 458 |
| 3. | „Einkaufsdarlehen" und Zwangsversteigerung | 459 |

| | | |
|---|---|---|
| **IV.** | **Dienstverschaffungsvertrag** | **460** |
| 1. | Gemischtes Rechtsgeschäft | 460 |
| 2. | Einheitliches Rechtsgeschäft | 461 |

| | |
|---|---|
| **Entscheidungsregister** | **463** |
| **Stichwortverzeichnis** | **499** |

# Literaturverzeichnis

**A. Kommentare**
(Bearbeiter in Klammern)

*Baumbach/Hueck*
GmbHG, 15. Auflage, 1988

*Baumbach/Lauterbach/Albers/Hartmann*
ZPO, 48. Auflage, 1990

*Bley/Mohrbutter*
Vergleichsordnung, 4. Auflage, 1978/1981

*Canaris*
Großkommentar zum HGB, 3. Aufl., Bd. III/3, Bankvertragsrecht, 2. Bearb., 1981

*Emmerich/Sonnenschein*
Miete, Handkommentar, 5. Auflage, 1990

*Erman (Schopp)*
Bürgerliches Gesetzbuch, 8. Auflage, 1989

*Fischer/Lutter/Hommelshoff*
GmbHG, 12. Auflage, 1987

*Jaeger/Lent*
Konkursordnung, 8. Auflage, 1958–1973

*Jaeger/Henckel*
Konkursordnung, 9. Auflage, 1977–1982

*Kilger*
Konkursordnung, 15. Auflage, 1987

*Kuhn/Uhlenbruck*
Konkursordnung, 10. Auflage, 1986

*Löwe/v. Westphalen/Trinkner*
Großkommentar zum AGBG, Bd. 2, 2. Auflage, Teil B — Miet AGB, 1983

Münchener Kommentar zum Bürgerlichen Gesetzbuch
Bd. 3, 1. Halbband, 2. Auflage, 1988
(zit.: MünchKomm-*Voelskow*)
Bd.1, 2. Auflage, 1984
(zit.: Münch-Komm—Kötz)

*Palandt (Putzo)*
Bürgerliches Gesetzbuch, 49. Auflage, 1990

RGRK (*Gelhaar*)
Das Bürgerliche Gesetzbuch mit besonderer Berücksichtigung der Rechtsprechung des Reichsgerichts und des Bundesgerichtshofes, 12. Auflage, 1978
(zit.: RGRK-*Gelhaar*)

*Scholz*
GmbHG, 7. Auflage, 1986

*Soergel/Siebert (Kummer)*
Bürgerliches Gesetzbuch, 11. Auflage, 1980

*Staudinger (Sonnenschein und Emmerich)*
Bürgerliches Gesetzbuch, 12. Auflage, 2. Bearb., 1981

*Staudinger (Schlosser)*
Bürgerliches Gesetzbuch, 12. Auflage, 1983

*Ulmer/Brandner/Hensen*
AGB-Gesetz, 6. Auflage, 1990

*Wolf/Horn/Lindacher*
AGB-Kommentar, 2. Aufl., 1989

*Zeller/Stöber*
Zwangsversteigerungsgesetz, 13. Auflage, 1989

## B. Weitere Schriften

*Baumgarte*
Leasingverträge über bewegliche Sachen im Konkurs, 1980

*Bernstein*
Der Tatbestand des Mobilien-Finanzierungsleasingvertrages und seine rechtliche Einordnung als Vertrag „sui generis", Diss. Frankfurt, 1983

*Bub/Treier*
Handbuch der Geschäfts- und Wohnraummiete, 1989

*Dürkes*
Wertsicherungsklauseln, 9. Auflage, 1982

*Flume*
Leasing in zivilrechtlicher und steuerrechtlicher Sicht, 1972

*v. Westphalen*
Der Leasingvertrag, 3. Auflage, 1987
Ausgewählte Fragen zum Leasing-Vertrag, RWS-Skript 116, 3. Aufl., 1985

*Hagenmüller*
Leasing-Handbuch, 3. Auflage, 1973

*Hagenmüller/Hoppek*
Leasing-Handbuch, 4. Auflage, 1981

*Mittelstein*
Die Miete, 4. Auflage, 1932

*von Ohlshausen/Schmidt*
Automatenrecht, 4. Auflage, 1972

*Sternel*
Mietrecht, 3. Auflage, 1988

*Zahrnt*
VOC · Teil 1. Die besonderen Vertragsbedingungen für die Miete, den Kauf und die Wartung von EDV-Anlagen und Geräten, 2. Auflage, 1982

## C. Aufsätze

*Autenrieth*
Vertragsgestaltung und Gesetzesanwendung beim Leasing, JA 1980, 407

*Bäcker*
Die Vermietung von Betriebsmitteln an die GmbH durch einen Gesellschafter als kapitalersetzende Rechtshandlung gem. § 32a Abs. 3 GmbHG, ZIP 1989, 681

*Bernstein*
Anmerkung zu BGH, Urt. v. 12. 6. 1985 – VIII ZR 148/84, DB 1985, 1734
Forfaitierungsverträge zwischen Leasinggesellschaften und Banken, DB 1989, 567

*Boecken*
Zur Haftung des Veräußerers einer Mietsache auf Rückgewähr der Mietkaution, ZMR 1982, 175

*Brandes*
Die Behandlung von Nutzungsüberlassungen im Rahmen einer Betriebsaufspaltung unter Gesichtspunkten des Kapitalersatzes und der Kapitalerhaltung, ZGR 1989, 244

*Brandner*
Das Mietverhältnis bei Wechsel in der Inhaberschaft eines Unternehmens, NJW 1960, 127

*Braun, E.*
Kapitalersetzende Maßnahme i. S. v. § 32a Abs. 3 GmbHG durch Pachtverträge in der Betriebsaufspaltung? ZIP 1983, 1175

*Braun, J.*
Gilt die kurze Verjährung des Mietrechts (§ 558 BGB) auch dann, wenn der Mieter an dem gemieteten Gebäude einen Feuerschaden vorsätzlich herbeigeführt hat? VersR 1985, 1119

*Brinkmann*
Die Vermietung von Videokassetten aus urheberrechtlicher Sicht, NJW 1983, 599

*Brunotte*
Der Finanzierungsleasingvertrag – ein Beispiel richterlicher Rechtsfortbildung im Schuldrecht, DRiZ 1990, 396

*Derleder*
Die Rechtsstellung der Wohnraummieter bei Vermögensverfall von Zwischenvermietern, ZIP 1988, 415

*Diederichsen*
Anm. zu BGH, Urt. v. 20. 5. 1964 – VIII ZR 235/63, NJW 1964, 2296

*Dürkes*
Zur Genehmigungsbedürftigkeit von Kostenelementklauseln, BB 1979, 805

*Ebenroth*
Inhaltliche Schranken in Leasing-Formularverträgen aufgrund des AGB-Gesetzes, DB 1978, 2109

*Eckert*
Konkursforderungen und Masseschulden bei Erfüllung und Abwicklung von Mietverhältnissen, ZIP 1983, 770
Das Vermieterpfandrecht im Konkurs des Mieters, ZIP 1984, 663
Anm. zu BGH, Urt v. 15. 2. 1984 – VIII ZR 213/82, ZIP 1984, 615
Anm. zu BGH, Urt. v. 2. 5. 1984 – VIII ZR 344/82, ZIP 1984, 1121

*Emmerich*
Grundprobleme des Leasing, JuS 1990, 1

*Engel*
Mängelansprüche bei Software-Verträgen, BB 1985, 1159

*Flume*
Das Rechtsverhältnis des Leasing in zivilrechtlicher und steuerrechtlicher Sicht – Teil II, DB 1972, 53

*Gölz*
Zur Behandlung der Kaution im Konkurs des Vermieters, ZIP 1981, 127

*Gursky*
Bereicherungsausgleich bei Selbsterfüllung, NJW 1971, 782

*Heilmann*
Masseschulden im Konkurs des Mieters, NJW 1985, 2505

*Hilgendorf*
Versicherungs- und haftpflichtrechtliche Fragen zu Schadensfällen aus der Überlassung von Arbeitsgerät mit Bedienungspersonal, VersR 1972, 127

*Hueck*
Die Behandlung von Nutzungsüberlassungen im Rahmen einer Betriebsaufspaltung als Gesellschafterdarlehen? ZGR 1989, 216

*Jauch*
Die nicht getrennt gehaltene Kaution im Konkurs des Vermieters, WM 1989, 277

*Joachim*
Konkurrenzschutz im gewerblichen Mietrecht, BB 1986, Beilage 6
Risikozurechnungen im gewerblichen Miet- und Pachtrecht, BB 1988, 779
Ausschluß, Ausgestaltung und Stornierung des Hotelaufnahmevertrages, DB 1990, 1601

*Klamroth*
Inhaltskontrolle von Finanzierungs-Leasing-Verträgen über bewegliche Gegenstände nach dem „Leitbild des Leasing-Vertrages", BB 1982, 1949

*Knobbe-Keuk*
Die Verpachtung von Anlagevermögen des Gesellschafters an die GmbH und § 32a GmbHG, BB 1984, 1

*Koller*
Umweltmängel von Mietobjekten, NJW 1982, 201

*Kübler*
Anm. zu KG, Urt. v. 26. 3. 1981 − 8 U 2438/80, ZIP 1981, 755

*Kurstedt*
Finanzleasing und AGB-Gesetz − Zur Wirksamkeit der vertraglichen Bestimmungen für die ordentliche Beendigung des Finanzleasingvertrages über bewegliche Güter, DB 1981, 2525

*Lieb*
Das Leitbild des Finanzierungsleasing im Spannungsfeld von Vertragsfreiheit und Inhaltskontrolle, DB 1988, 946

*Marschallek*
Keine Mitwirkungspflicht des Mieters bei Instandhaltungsarbeiten des Vermieters, ZMR 1986, 346

*Mehrings*
Computersoftware und Gewährleistungsrecht, NJW 1986, 1904

*Merz*
Die Haftung des Konkursverwalters, des Vergleichsverwalters und des Sequesters aus der Sicht des BGH, KTS 1989, 277

*Noack*
Warenbestände, Rohstoffe und Halbfertigfabrikate in der Pfändungsvollstreckung, DB 1977, 195

*Pagendarm*
Das finanzierte Abzahlungsgeschäft, WM 1964, 434

*Paulusch*
Die Rechtsprechung des Bundesgerichtshofs zum Kaufrecht, WM 1986, Sonderbeilage 10

*Patzer*
Kaution und Mietvorauszahlung bei Zwangsversteigerung und Konkurs des Vermieters, DWW 1975, 157

*Peters*
Leasingvertrag und Abzahlungsgesetz, NJW 1985, 1498

*Pfaff*
Der Know-how-Vertrag im bürgerlichen Recht, BB 1974, 565

*Picker*
Der Anspruch auf Verwendungsersatz und das Prinzip „Kauf bricht nicht Miete", NJW 1982, 8

*Quittnat*
Unwirksamkeit von Verfallklauseln in Leasing-Formularverträgen,
DB 1979, 1530

*Reich*
Leasingverträge – Abzahlungsrecht und Sittenwidrigkeit, JuS 1973, 480

*Reinelt*
Der Räumungsschutz des gutgläubigen Untermieters, NJW 1984, 2869

*Reinicke/Tiedtke*
Finanzierungsleasing und Sachmängelhaftung, BB 1982, 1142

*Roquette*
Firmenrecht und Mietvertrag, DB 1965, 281

*Schläger*
Mitwirkungspflichten des Mieters bei Modernisierungs- und Instandsetzungsarbeiten des Vermieters? ZMR 1986, 348

*Schmidt, Karsten*
Grundfragen der vertraglichen Wertsicherung, ZIP 1983, 639

*Scholz*
Gewährleistungsansprüche bei Mängeln im Hard- und Softwarebereich, MDR 1989, 107

*Schopp*
Anm. zu OLG Karlsruhe, Urt. v. 3. 2. 1971 – 1 U 159/70, NJW 1971, 1141

*Schubart*
Der Fernwärmebegriff in der Heizkostenabrechnung, NJW 1985, 1682

*Schulze-Osterloh*
Gläubiger- und Minderheitenschutz bei der steuerlichen Betriebsaufspaltung, ZGR 1983, 123

*Seifert*
Rechtsfragen beim Leasingvertrag, DB, Beilage Nr. 1/83

*Siegelmann*
Konkurs und Mietrecht, KTS 1968, 213

*Sonnenschein*
Inhaltskontrolle von Formularmietverträgen nach dem AGB-Gesetz,
NJW 1980, 1713
Die Entwicklung des privaten Wohnraummietrechts 1982 und 1983,
NJW 1984, 2121

*Stober*
Zur Entgelterhöhung bei Heimvertragsverhältnissen, NJW 1979, 97

*Stolzenburg*
Kündigung und Enthaftung bei der Kreditbürgschaft eines ausgeschiedenen Gesellschafters, ZIP 1985, 1189

*Tellis*
Gewährleistungsansprüche bei Sachmängeln von Anwendersoftware,
BB 1990, 500

*Traumann*
Probleme der Untervermietung gewerblicher Räume, BB 1985, 628

*Uhlenbruck/Sinz*
Die Forfaitierung von Leasingforderungen im Konkurs des Leasinggebers,
WM 1989, 1113

*Ulmer*
Umstrittene Fragen im Recht der Gesellschafterdarlehen (§ 32a GmbHG),
ZIP 1984, 1163

*Voelskow*
Zur Abgrenzung von Miete und Pacht, NJW 1983, 910

*Vortmann*
Die Leasingrate als Sicherheit für Kredite an den Leasinggeber,
WM 1988, 117
Raumsicherungsübereignung und Vermieterpfandrecht, ZIP 1988, 626

*Wiedemann*
Gesellschaftsrechtliche Probleme der Betriebsaufspaltung, ZIP 1986, 1293

*Wiek*
Das Kostenrisiko des Mieters bei einer Kautionsklage, WuM 1989, 549

*Willms/Wahlig*
Zur Genehmigungsbedürftigkeit von Wertsicherungsvereinbarungen nach § 3 WährG und zur Neufassung der Genehmigungsgrundsätze der Deutschen Bank, BB 1978, 973

*v. Westphalen*
Leitlinien und Tendenzen der BGH-Judikatur zum Leasingvertrag, DB, Beilage Nr. 6/82
Anm. zu BGH, Urt. v. 16. 9. 1981 – VIII ZR 265/80, ZIP 1981, 1219
Leasing als Umgehungsgeschäft gem. § 6 AbzG?, MDR 1980, 441
Leasing – AGB markengebundener Kfz-Unternehmen, DAR 1984, 337
Anm. zu BGH, Urt. v. 20. 6. 1984 – VIII ZR 131/83, ZIP 1984, 1105
Die neuesten BGH-Entscheidungen zum Finanzierungsleasing – Konsequenzen für die Praxis, ZIP 1985, 1033 ff
Leistungsfähigkeit und Leistungswilligkeit des Lieferanten – ein Risiko des Leasinggebers, ZIP 1985, 1436 ff
Gewährleistung beim Finanzierungsleasing – geklärte und offene Fragen, BB-Beilage Nr. 3/1986, 7 ff
Leasing und Konkurs, BB 1988, 218

*Wolf*
Wertsicherungs-, Kostenelements- und Schiedsgutachtenklauseln in der neueren Rechtsprechung des Bundesgerichtshofs, ZIP 1981, 235
Schönheitsreparaturen an Mieträumen und die Rechtsfolgen ihrer Abwälzung auf den Mieter nach der Rechtsprechung des Bundesgerichtshofs, WM 1990, 1769

*Ziganke*
Restfälligstellung, Sicherstellung und Kündigung beim Finanzierungsleasingvertrag, BB 1982, 706

# A.
# Mietvertrag

## I. Einleitung

### 1. Miete und Pacht

Miete (§ 535 BGB) und Pacht (§ 581 BGB) sind schuldrechtliche Verträge, die den Vermieter oder Verpächter verpflichten, dem Mieter oder Pächter einen bestimmten Gegenstand gegen Entgelt auf Zeit zum Gebrauch zu überlassen. Die Gebrauchsgewährung setzt nicht die Überlassung des Besitzes voraus; die Einräumung einer tatsächlichen Gebrauchsmöglichkeit reicht aus[1]. Ein solcher Vertrag kann sich auf bewegliche Sachen jeder Art beziehen, aber auch auf Grundstücke und Gebäude sowie Teile davon.

Nicht vermietet, sondern verpachtet werden können Rechte sowie Sach- und Rechtsgesamtheiten, insbesondere gewerbliche Unternehmen.

Für Miete und Pacht gelten im wesentlichen dieselben Bestimmungen (§ 581 Abs. 2 BGB); es bestehen nur geringe Unterschiede (vgl. Rz. 440).

Miete und Pacht sind danach abzugrenzen, ob nur der Gebrauch des überlassenen Gegenstandes zu gewähren ist (Miete) oder zusätzlich das Recht, Früchte (§ 99 BGB) zu ziehen (Pacht). Bei der Überlassung von Räumen kommt es demgemäß darauf an, ob diese so ausgestattet sein müssen, daß sie zur unmittelbaren Fruchtziehung, etwa zum Betrieb eines Gewerbes, geeignet sind[2]. Entscheidend ist der nach dem Vertrag geschuldete, nicht der tatsächliche, gegebenenfalls mangelhafte Zustand des Miet- bzw. Pachtobjekts. Pacht ist demgemäß etwa bei Überlassung einer Gaststätte mit Inventar oder einer betriebsbereiten Fabrikanlage anzunehmen. Ob die nach dem derzeitigen Rechtszustand bestehende Abgrenzung in jedem Fall interessengerecht ist, wird angezweifelt[3].

In der entgeltlichen Gestattung, in einem Raum einen Gewerbebetrieb

---

1) Vgl. RGZ 141, 99; BGH, Urt. v. 22. 10. 1975 – VIII ZR 122/74 = BGHZ 65, 137 = WM 1975, 1231 = NJW 1976, 105; v. 1. 2. 1989 = VIII ZR 126/88 = ZIP 1989, 375 = EWiR § 571 BGB 1/89, 665 (*Eckert*) = WM 1989, 724 = NJW-RR 1989, 589.
2) BGH, Urt. v. 4. 4. 1979 – VIII ZR 118/78 = NJW 1979, 2351; Beschl. v. 17. 12. 1980 – VIII ZB 51/80 = WM 1981, 226; Urt. v. 29. 4. 1981 – VIII ZR 157/80 = WM 1981, 798; OLG Hamm ZMR 1984, 199.
3) *Voelskow*, NJW 1983, 910.

## A. Mietvertrag

auszuüben, kann kein Miet- oder Pachtvertrag über das Grundstück oder den Raum liegen, wenn der Nutzungsberechtigte weder teilweise noch zeitweilig die Verfügungsgewalt über den Raum erlangt. Derartige Verträge werden als Pacht eines Rechts eingeordnet[4].

### 2. Abgrenzung der Miete zu anderen Schuldverhältnissen

**2** Wesen des Mietvertrages ist die entgeltliche Gebrauchsüberlassung, ohne daß es darauf ankommt, wie die Vertragsparteien ihre Beziehungen rechtlich einordnen. So kommt ein Mietvertrag zustande, wenn eine Erbengemeinschaft Räume auf dem gemeinschaftlichen Grundstück einem Miterben gegen regelmäßiges Entgelt zur Nutzung überläßt[5].

Auch zwischen einem als „Club" auftretenden Unternehmen, das bestimmte Sachen, z. B. Sporträume und Einrichtungen oder Video-Cassetten[6] gegen Entgelt zur Verfügung stellt, und seinen „Mitgliedern" bestehen mietvertragliche Beziehungen. Die Mitglieder sind registrierte Kunden; sie bilden keinen Verein, weil es an einer körperschaftlichen Organisation fehlt[7].

Bei unentgeltlicher Gebrauchsüberlassung liegt Leihe vor (§ 598 BGB). Ist das Überlassungsentgelt nur gering und entspricht es nicht dem Wert der Gebrauchsgewährung, so handelt es sich gleichwohl um Miete[8]. Keine Gebrauchsüberlassung ist die Duldung der Nutzung, ohne daß eine Verpflichtung besteht, die Sache zur Verfügung zu stellen oder in einem zum Gebrauch geeigneten Zustand zu erhalten.

**3** Von der Verwahrung (§ 688 BGB) und dem Lagergeschäft als gewerblicher Übernahme der Verwahrung unterscheidet sich die Miete dadurch, daß sie sich in der bloßen Gebrauchsüberlassung erschöpft, während der Verwahrer oder Lagerhalter zusätzlich zur Raumgewährung eine besondere Obhutspflicht übernimmt[9]. Dies gilt auch dann, wenn die Parteien ihr Vertragsverhältnis ausdrücklich als Miete bezeichnen. Wegen der Haftung ist die Abgrenzung der Vertragstypen praktisch bedeutsam. Bei der Benutzung eines Parkplatzes oder Parkhauses liegt regelmäßig Miete vor, solange der Inhaber des Parkplatzes oder Parkhauses keine besondere Obhutspflicht übernimmt. Wird das Entgelt nicht nur für die Platzüberlassung, sondern auch für die Bewachung des Fahrzeuges entrichtet, so liegt eine Verwahrung vor.

---

4) Vgl. BGH, Urt. v. 15. 10. 1954 – V ZR 42/54 = LM Nr. 11 zu § 581 BGB; v. 20. 11. 1967 – VIII ZR 92/65 = WM 1968, 7.
5) BGH, Urt. v. 8. 1. 1969 – VIII ZR 184/66 = WM 1969, 298.
6) Vgl. zur urheberrechtlichen Seite der Vermietung von Video-Cassetten *Brinkmann*, NJW 1983, 599.
7) LG Freiburg MDR 1981, 56.
8) BGH, Urt. v. 4. 5. 1970 – VIII ZR 179/68 = WM 1970, 853.
9) BGH, Urt. v. 5. 10. 1951 – I ZR 92/50 = BGHZ 3, 200 = NJW 1951, 957.

## I. Einleitung

Die Benutzung eines Bankschließfaches ist ohne Rücksicht auf das besondere Vertrauen, das der Kunde der Bank entgegenbringt, Miete[10].

Abgrenzungsschwierigkeiten können zwischen Miet- und Werkvertrag **4** (§ 631 BGB) auftreten.

Dies ist zunächst der Fall, wenn der Nutzungsberechtigte verpflichtet ist, die ihm überlassene Sache zu verändern oder umzugestalten. Jedoch liegt auch bei einer solchen Fallgestaltung ein Mietvertrag vor, selbst wenn die überlassene Sache in verändertem Zustand zurückzugeben ist. Sogar wenn die Veränderungspflicht im Vordergrund der beiderseitigen Interessen steht, wird der Vertragstyp durch die entgeltliche Gebrauchsüberlassung geprägt, so daß kein Werkvertrag vorliegt. Dies hat der Bundesgerichtshof bei einem Vertrag anerkannt, der den Mieter verpflichtete, das ihm überlassene Grundstück zu bebauen und nach Beendigung des Mietverhältnisses dem Vermieter in dem veränderten Zustand zu überlassen[11]; ferner in einem Fall, in dem der Nutzungsberechtigte verpflichtet war, einen Steinbruch aufzufüllen und das Grundstück in verändertem Zustand zurückzugeben[12].

Neben miet- und pachtrechtlichen Elementen haben viele Verträge Wesens- **5** züge anderer Vertragstypen zum Inhalt, so daß die rechtliche Einordnung nicht eindeutig ist. Mietrecht greift ein, wenn die Hauptleistung miet- oder mietähnlichen Charakter hat. So unterliegt der Beherbergungsvertrag[13] oder ein auf Überlassung einer Kühlzelle gerichteter Vertrag trotz kauf-, dienst- und werkvertraglicher Elemente dem Mietrecht. Dasselbe gilt für Verträge über die Benutzung eines Campingplatzes[14] oder einer Sport- bzw. Fitneßanlage[15].

Stellt der Vermieter neben der überlassenen Maschine auch das Bedienungspersonal (sog. Dienstverschaffungsvertrag), so ist nicht eindeutig zu bestimmen, ob Miet- oder Werkvertrag vorliegt. Entscheidend ist der jeweilige Vertragszweck. Geht das Gerät in die Obhut des Mieters über und bestimmt dieser auch über die Verwendung der Sache, steht die Gebrauchsüberlassung im Vordergrund der vertraglichen Leistung, so daß Mietvertrag anzunehmen ist[16].

---

10) RGZ 141, 99; OLG Oldenburg NJW 1977, 1780.
11) Urt. v. 5. 2. 1964 – VIII ZR 156/62 = WM 1964, 426.
12) Urt. v. 8. 12. 1982 – VIII ZR 219/81 = BGHZ 86,71 = WM 1983, 180 = NJW 1983, 679.
13) BGH, Urt. v. 18. 12. 1974 – VIII ZR 187/73 = BGHZ 63, 333 = NJW 1975, 645; v. 29. 3. 1978 – VIII ZR 220/76 = BGHZ 71, 175 = WM 1978, 733 = NJW 1978, 1426.
14) OLG Frankfurt NJW-RR 1986, 108.
15) OLG Karlsruhe NJW-RR 1989, 243.
16) BGH, Urt. v. 22. 5. 1968 – VIII ZR 21/66 = LM Nr. 40 zu § 535 BGB = MDR 1968, 918; v. 15. 2. 1978 – VIII ZR 242/76 = WM 1978, 620; v. 16. 9. 1986 – II ZR 92/85 = WM 1986, 26; vgl. auch KG NJW 1965, 976; OLG Hamm NJW 1989, 2629.

## A. Mietvertrag

### 3. Wohnraummiete und gewerbliche Miete

**6** Wegen der zahlreichen Bestimmungen, die nur für die Miete von Wohnraum meist zum Schutz des Mieters gelten (z. B. §§ 537 Abs. 2, 550 a, 552 a, 554 Abs. 2, 554 b, 556 a–c, 557 a Abs. 2, 564 a, 564 b, 569 a, 569 b, 570, 570 a BGB, §§ 29 a, 721 ZPO, Gesetz zur Regelung der Miethöhe), ist die Abgrenzung der Miete zu gewerblichen Zwecken von der über Wohnraum bedeutsam.

Die rechtliche Einordnung von Räumen als Wohn- oder Geschäftsräume hängt von der vertraglichen Zweckbestimmung und der tatsächlichen Nutzung ab. Grundsätzlich trifft der Verfügungsberechtigte, in aller Regel der Eigentümer, die Entscheidung darüber, ob Räume zum Wohnen oder zu anderen Zwecken bestimmt sind[17].

Die Vermietung von Hotelzimmern und Ferienwohnungen geschieht zu gewerblichen Zwecken[18], denn der Mieter nutzt diese nur für eine kurze Zeit und nicht als Lebensmittelpunkt für sich und seine Familie.

### 3.1 Mischmietverhältnisse

**7** Häufig werden die gemieteten Räume sowohl zu gewerblichen als auch zu Wohnzwecken vermietet oder verpachtet. Ein solcher gemischter Vertrag ist rechtlich nicht aufzuspalten, auch wenn die Parteien den Mietzins für den gewerblich genutzten Teil des Mietobjekts und für die Wohnräume gesondert festgesetzt haben. Dies würde auch zu praktischen Schwierigkeiten führen, weil dann, etwa für die Kündigung, hinsichtlich der gewerblichen und der zu Wohnzwecken genutzten Räume verschiedene Bestimmungen mit unterschiedlichen Rechtsfolgen anzuwenden wären. Das Mietverhältnis ist vielmehr einheitlich als gewerbliches oder als Wohnraummietverhältnis zu beurteilen. Ausschlaggebend ist die überwiegende Nutzungsart[19].

Welche Nutzungsart überwiegt, ist nicht rechnerisch entsprechend den Mietzins- und/oder Flächenanteilen[20], sondern nach Vertragszweck und Parteiwillen zu entscheiden[21]; bei deren Feststellung sind die Mietzins- und Flächenanteile allerdings mitbestimmende Gesichtspunkte. Bei dieser Betrachtungsweise wird sich kaum eine Gleichwertigkeit der Nutzungsarten

---

17) BGH, Urt. v. 20. 10. 1982 – VIII ZR 235/81 = WM 1982, 1390.
18) A. A. *Reinstorf* in: Bub/Treier I. Rz. 80; *Sternel*, I. Rz. 164.
19) BGH, Urt. v. 15. 11. 1978 – VIII ZR 14/78 = WM 1979, 148 = NJW 1979, 307; OLG Schleswig, RE v. 18. 6. 1982 = NJW 1983, 49.
20) *Staudinger/Sonnenschein*, § 564 b Rz. 9.
21) BGH, Urt. v. 16. 4. 1986 – VIII ZR 60/85 = EWiR § 535 BGB 2/86, 765 *(Eckert)* = WM 1986, 912; ferner LG Berlin (Wohnung und Labor) MDR 1988, 146.

## I. Einleitung

ergeben; in den verbleibenden Zweifelsfällen sollte der Wohnzweck den Ausschlag geben[22].

Vielfach vereinbaren die Parteien auch ausdrücklich, daß bei einem Mietverhältnis über gemischt genutzte Räume die Vertragsbeziehungen insgesamt den Regeln über die Vermietung zu gewerblichen Zwecken unterliegen sollen. Das ist grundsätzlich unbedenklich, solange durch eine solche Abrede nicht die zugunsten des Mieters von Wohnraum bestehenden Schutzbestimmungen umgangen werden. Eine solche Umgehung kann auch darin liegen, daß der Mietzins für die gewerblich genutzten Räume entgegen den tatsächlichen Gegebenheiten überhöht angesetzt wird.

Schließen die Parteien trotz der Einheit des Mietobjektes über die gewerblich genutzten und über die Wohnräume getrennte Mietverträge ab, so bestimmen sich die Rechtsfolgen grundsätzlich nach den für die jeweilige Nutzungsart geltenden Vorschriften. Allerdings darf nicht übersehen werden, daß der eine Vertrag nicht ohne den anderen abgeschlossen worden wäre und daß auch der Bestand des einen vom Bestand des anderen abhängt. Praktische Gesichtspunkte sprechen daher dafür, auch bei dieser Vertragsgestaltung beide Verträge einheitlich zu beurteilen, wobei wiederum das wirtschaftliche Übergewicht den Ausschlag gibt. Sollten sich die Parteien jedoch bewußt für eine rechtliche Trennung der Verträge entschieden haben, so ist dies ungeachtet der Schwierigkeiten praktischer Art zu befolgen.

### 3.2 Änderung der Nutzungsart

Die vertraglich bestimmte Nutzungsart bleibt für das Mietverhältnis und seine Abwicklung bestimmend, auch wenn der Mieter die Nutzungsart ändert. Wandelt er zu gewerblichen Zwecken angemietete Räume in Wohnraum um, so bleibt das Mietverhältnis weiterhin ein solches zu gewerblichen Zwecken[23]. Dies gilt auch dann, wenn der Vermieter von der Umwandlung Kenntnis hat, denn hierin liegt kein Einverständnis zur Nutzungsänderung.

Wird ein unbebautes Grundstück vermietet und errichtet der Mieter darauf ein Wohngebäude, das als Scheinbestandteil des Grundstücks in seinem Eigentum verbleibt, so liegt kein Mietverhältnis über Wohnraum vor[24], denn der Vermieter hat dem Mieter keinen Wohnraum überlassen und der Mietzins wird nur für die Nutzung des Grundstücks entrichtet.

---

22) A. A. LG Mannheim WuM 1966, 41.
23) Vgl. BGH, Urt. v. 26. 3. 1969 – VIII ZR 76/67 = WM 1969, 625.
24) BGH, Urt. v. 4. 7. 1984 – VIII ZR 270/83 = BGHZ 92, 70 = WM 1984, 1236 = NJW 1984, 2879; vgl. auch OLG München MDR 1979, 939.

## A. Mietvertrag

### 3.3 Vermietung von Grundstücken und Räumen zum Zweck der Weiterüberlassung

10   Die Abgrenzung von Mietverhältnissen über Wohnraum und über gewerblich genutzte Räume bereitet auch dann Schwierigkeiten, wenn der Mieter die Räume nicht selbst nutzt, sondern mit Zustimmung oder Kenntnis des Vermieters einem Dritten zu Wohnzwecken überläßt.

Nach der Rechtsprechung des Bundesgerichtshofs ist auf den Zweck abzustellen, den der Mieter mit der Anmietung vertragsgemäß verfolgt. Im Verhältnis zwischen ihm und dem Vermieter liegt daher kein Wohnraummietverhältnis vor, wenn der Mieter zum Zweck der Weitervermietung anmietet und der Untermieter die Räume bestimmungsgemäß als Wohnung nutzt[25]. Dieser Rechtsprechung, die im Schrifttum weitgehend Zustimmung gefunden hat[26], haben sich verschiedene Oberlandesgerichte auch für den Fall angeschlossen, daß der Mieter mit der Anmietung und Untervermietung keine wirtschaftlichen Interessen, sondern soziale Zwecke verfolgt[27].

Auch wenn der Vermieter seine Eigentumswohnung, die er nach dem sog. Bauherrenmodell erworben hat, nicht selbst bewohnt, sondern an einen gewerblichen Zwischenvermieter zum Zweck der Weitervermietung überläßt, liegt im Verhältnis zwischen ihm und dem Mieter (= Untervermieter) ein gewerbliches Mietverhältnis vor[28]. In allen Fällen der Vermietung zum Zweck der Untervermietung greifen im Verhältnis zwischen Vermieter und Hauptmieter die besonderen Bestimmungen zum Schutz des Wohnraummieters nicht ein, jedoch im Verhältnis zwischen Mieter und Untermieter. Welche Schwierigkeiten sich daraus ergeben, zeigt eindrucksvoll der Rechtsentscheid des Bundesgerichtshofs vom 21. 4. 1982[29].

---

25) BGH, Urt. v. 15. 11. 1978 – VIII ZR 14/78 = WM 1979, 148 = NJW 1979, 307; v. 11. 2. 1981 – VIII ZR 323/79 = WM 1981, 409 = NJW 1981, 1377; v. 20. 10. 1982 – VIII ZR 235/81 = WM 1982, 1390; v. 13. 2. 1985 – VIII ZR 36/84 = BGHZ 94, 11 = WM 1985, 612 = NJW 1985, 1772.
26) *Sternel*, I. Rz. 146, äußert jedoch Bedenken.
27) OLG Karlsruhe NJW 1984, 313; OLG Braunschweig ZMR 1985, 14; OLG Stuttgart NJW 1985, 1966; OLG Frankfurt ZMR 1986, 360; ferner LG Mannheim ZMR 1989, 426.
28) BGH, RE v. 21. 4. 1982 – VIII ARZ 16/81 = BGHZ 84, 90 = WM 1982, 770 = NJW 1982, 1696.
29) S. Fußn. 28); vgl. auch OLG Karlsruhe NJW 1984, 313; ferner unten Rz. 354, 355.

## II. Der Abschluß des Mietvertrages

### 1. Die Parteien

Mietvertragsparteien können natürliche und juristische Personen sein, aber auch die offene Handelsgesellschaft (§ 105 HGB) und die Kommanditgesellschaft (§ 161 HGB), der nicht rechtsfähige Verein (§ 54 BGB), sowie eine GmbH im Gründungsstadium als Gesellschaft bürgerlichen Rechts[1].

#### 1.1 OHG, KG, Einzelkaufmann

Die offene Handelsgesellschaft und die Kommanditgesellschaft können, obwohl nicht rechtsfähig, unter ihrer Firma (§ 17 HGB) Verträge abschließen (§ 124 HGB), unmittelbar Ansprüche erwerben und Verbindlichkeiten begründen.

Gibt die offene Handelsgesellschaft bzw. Kommanditgesellschaft ihr Handelsgewerbe auf, so beeinträchtigt dies das Mietverhältnis nicht[2]. Zwar verliert die Gesellschaft ihre Eigenschaft als Handelsgesellschaft; sie besteht aber als bürgerlichrechtliche Gesellschaft (§ 705 BGB) fort (dazu Rz. 360).

Geht ein Einzelkaufmann im Rahmen seines Handelsgewerbes ein Mietverhältnis ein, so hat er den Vertrag unter seiner Firma abzuschließen. Wirksam ist der Vertragsschluß zwar auch, wenn er mit seinem Familiennamen unterzeichnet; allerdings ist dann zweifelhaft, ob das Mietverhältnis zum Betrieb seines Handelsgeschäftes gehört (§ 344 Abs. 1 HGB) und auf einen eventuellen Erwerber zu übertragen ist.

#### 1.2 Der nicht rechtsfähige Verein als Vertragspartner

Obwohl nicht rechtsfähig, kann der nicht rechtsfähige Verein einen Mietvertrag abschließen. In der Praxis ist dies von erheblicher Bedeutung, weil manche großen Organisationen, wie Gewerkschaften und politische Parteien, bewußt auf die Rechtsfähigkeit verzichten.

Beim Vertragsschluß wird der nicht rechtsfähige Verein von seinem satzungsmäßig bestimmten Organ vertreten. Vertragspartei werden jedoch die Mitglieder in ihrer Gesamtheit. Forderungen können sie nur gemeinschaftlich geltend machen; das einzelne Mitglied ist nicht befugt, eine Forderung des Vereins im eigenen Namen zu verfolgen[3].

---

1) BGH, Urt. v. 24. 9. 1984 – II ZR 311/83 = WM 1984, 1507.
2) Vgl. BGH, Urt. v. 9. 12. 1974 – VIII ZR 157/73 = WM 1975, 99; v. 1. 2. 1989 – VIII ZR 126/88 = ZIP 1989, 375 = EWiR § 571 BGB 1/89, 665 *(Eckert)* = WM 1989, 724 = NJW-RR 1989, 589.
3) BGH, Urt. v. 23. 6. 1965 – VIII ZR 201/63 = NJW 1965, 1757.

## A. Mietvertrag

Die einzelnen Mitglieder sind stets in den Schutzbereich des Vertrages (s. unten Rz. 238) einbezogen, so daß gegebenenfalls ein Einzelmitglied Schadensersatzansprüche wegen persönlich erlittener Schäden gegen den Vermieter erheben kann.

Für Verbindlichkeiten aus dem Mietverhältnis haften die Mitglieder nach §§ 427, 714 BGB als Gesamtschuldner, wobei sie sogar für das Verschulden ihres Vertreters nach § 278 BGB einstehen müssen. Dieser Grundsatz ist jedoch praktisch weitgehend bedeutungslos, denn durch die Satzung kann die Haftung der einzelnen Mitglieder auf ihren Anteil am Vereinsvermögen beschränkt werden[4]. In der Regel dürfte dies der Fall sein.

Zum Schutz des Gläubigers ordnet jedoch § 54 Abs. 2 BGB die persönliche Haftung dessen an, der ein Rechtsgeschäft im Namen eines nicht rechtsfähigen Vereins – nicht jedoch einer politischen Partei (§ 37 Parteiengesetz) – vornimmt. Auch diese Bestimmung ist nicht zwingend, sondern kann von den am Vertragsschluß Beteiligten abbedungen werden. Die Haftung des Handelnden kann sogar stillschweigend ausgeschlossen werden[5].

Wird ein nicht rechtsfähiger Verein rechtsfähig, so tritt eine differenzierte Haftung ein. Der vor Erlangung der Rechtsfähigkeit Handelnde haftet dem Vermieter gegenüber nur dafür, daß der Verein nach Erlangung der Rechtsfähigkeit die Rechte und Pflichten aus dem Mietvertrag übernimmt. Geschieht dies, so ist er von seiner persönlichen Haftung befreit, und zwar auch hinsichtlich solcher Forderungen des Vermieters, die entstanden sind, bevor der Verein rechtsfähig wurde[6].

### 1.3 Personenmehrheiten

**14** Treten mehrere Personen als Vermieter auf, so bilden sie entweder eine Bruchteilsgemeinschaft nach § 741 BGB (z. B. Miteigentümer eines Grundstücks) oder eine Gesamthandsgemeinschaft. Letzteres ist bei der Gesellschaft bürgerlichen Rechts (§ 705 BGB) oder der Erbengemeinschaft (§ 2032 BGB) der Fall. Die Verwaltung steht allen Teilhabern gemeinschaftlich zu. Stellvertretung durch einen von ihnen ist zulässig.

Den Mietvertrag können nur alle Vermieter gemeinschaftlich abschließen. Auch alle sonstigen rechtserheblichen Erklärungen sind nur wirksam, wenn sie von allen Vermietern abgegeben werden. Der einzelne Teilhaber ist nicht berechtigt, einen seiner Beteiligung entsprechenden Teil des Mietzinses

---

4) RGZ 143, 212, 216.
5) BGH, Urt. v. 21. 5. 1957 – VIII ZR 202/56 = NJW 1957, 1186.
6) Vgl. OLG Celle NJW 1976, 806.

## II. Der Abschluß des Mietvertrages

einzuziehen[7], denn die Mietzinsforderung ist im Rechtssinne auf eine unteilbare Leistung gerichtet. Die Unteilbarkeit der Mietzinsforderung besteht auch dann weiter, wenn die die gemeinsame Vermietung veranlassende Miteigentümergemeinschaft aufgelöst ist[8]. Mangels Gegenseitigkeit der Ansprüche kann der Mieter folglich gegen den Mietzinsanspruch der mehreren Vermieter nicht mit einer Forderung aufrechnen, die ihm nur gegen einen der Vermieter zusteht[7].

Für alle Verbindlichkeiten aus dem Mietverhältnis haften die mehreren Vermieter als Gesamtschuldner (§ 427 BGB). Dies gilt nicht nur für die Hauptverpflichtungen, wie die Pflicht zur Gebrauchsgewährung, sondern auch für alle Nebenpflichten und Schadensersatzansprüche des Mieters. Jedoch können die Teilhaber einer bürgerlich-rechtlichen Gesellschaft im Gesellschaftsvertrag die Vollmacht des vertretungsberechtigten Gesellschafters dahin begrenzen, daß dieser nur befugt ist, Verpflichtungen mit einer auf das Gesellschaftsvermögen beschränkten Haftung einzugehen. Diese Regelung ist dem Vertragspartner gegenüber wirksam, wenn sie ihm bekannt ist oder wenn er sie erkennen kann[9]. Ein Urteil, durch das die Wirksamkeit eines mit einer BGB-Gesellschaft abgeschlossenen Mietvertrages festgestellt wird, schafft keine Rechtskraft zu der Frage, ob und inwieweit die Gesellschafter für die Erfüllung des Vertrages mit ihrem Privatvermögen einzustehen haben[9].

Bei Personenmehrheiten auf der Mieterseite müssen die mehreren Mieter **15** den Vertrag gemeinschaftlich abschließen. Rechtsverbindliche Erklärungen sind von mehreren Mietern gemeinsam abzugeben bzw. an alle zu richten. Zur Erleichterung des Rechtsverkehrs sehen vorformulierte Klauseln vielfach vor, daß mehrere Mieter – oder Vermieter – sich gegenseitig bevollmächtigen, Erklärungen, die gegen alle wirken, im Namen aller und mit Wirkung für und gegen alle abzugeben bzw. entgegenzunehmen. Soweit eine solche Klausel nicht die Kündigung des Mietverhältnisses betrifft (vgl. unten Rz. 253), ist sie nach einhelliger Ansicht wirksam[10]. In Rechtsprechung und Literatur, die sich allerdings in erster Linie mit der Wohnraummiete befassen, ist umstritten, ob eine solche Klausel auch die Kündigung erfaßt, ob ein ausdrückliches Einbeziehen der Kündigung zulässig ist und ob eine Klausel, die nicht zwischen Kündigung, Angebot und Annahme der Vertragsauflösung und anderen Erklärungen unterscheidet, geltungserhaltend auf den zulässigen Inhalt reduziert werden kann[11]. Im gewerblichen Mietrecht sollte eine solche Klausel jedoch

---

7) BGH, Urt. v. 29. 1. 1969 – VIII ZR 20/67 = WM 1969, 396 = NJW 1969, 839.
8) BGH, Urt. v. 14. 3. 1983 – II ZR 102/82 = WM 1983, 604.
9) BGH, Urt. v. 7. 3. 1990 – VIII ZR 25/89 = ZIP 1990, 610 = EWiR § 714 BGB 2/90, 883 *(Leptien)* = NJW-RR 1990, 701 = WM 1990, 1035.
10) OLG Schleswig NJW 1983, 1862; OLG Hamm ZMR 1984, 284; KG ZMR 1985, 22.
11) Vgl. Fußn. 10); ferner *Emmerich/Sonnenschein*, § 564 Rz. 19; *Staudinger/Schlosser*, § 9 AGBG Rz. 41; *Ulmer/Brandner/Hensen*, Anh. §§ 9–11 Rz. 921; *Wolf/Horn/Lindacher*, § 9 M 55.

## A. Mietvertrag

zulässig sein und auch die Abgabe und Entgegennahme der Kündigung einschließen können[12]. Soweit es sich um die passive Vertretung handelt, folgt sie dem Grundsatz der Gesamtvertretung. Aber auch bei der Abgabe von Erklärungen ist sie im Interesse der Erleichterung des Geschäftsverkehrs angemessen; überdies dient sie der Rechtssicherheit, weil sie Zweifel darüber ausschließt, inwieweit ein Vertragspartner von seinen Teilhabern bevollmächtigt ist. Eine Bevollmächtigungsklausel berührt auch nicht den Kern des § 425 Abs. 2 BGB.

Bei einer Gesellschaft bürgerlichen Rechts (§ 705 BGB) sind Vertragspartner die einzelnen Gesellschafter (zu deren Haftung Rz. 14 am Ende). Ändert sich deren personelle Zusammensetzung oder wird die Gesellschaft aufgelöst, so besteht das Mietverhältnis zu den Gesellschaftern, die am Vertragsschluß beteiligt waren, grundsätzlich fort, ohne daß der Vermieter zur Kündigung aus wichtigem Grund berechtigt ist[13]. Die Gebrauchsüberlassung an die hinzukommenden Gesellschafter kann einer erlaubnisbedürftigen Untervermietung gleichkommen (vgl. Rz. 345). Im Falle einer Familiengesellschaft läßt der Bundesgerichtshof[14] eine Ausnahme zu, wenn die Vertragsparteien von vornherein übereingekommen sind, das Mietverhältnis aufrechtzuerhalten ohne Rücksicht auf einen Gesellschafterwechsel innerhalb der Familie.

### 1.4 Mithaftung des Abschlußvertreters

**16** Grundsätzlich wird der Abschlußvertreter, etwa der Geschäftsführer einer GmbH, nicht Vertragspartner. Vorformulierte Vertragsklauseln sehen dies jedoch häufig vor. Soweit eine solche Mithaftung im vorformulierten Text in einer von etlichen Klauseln ausbedungen wird, ist die Klausel gem. § 11 Nr. 14 AGBG unwirksam. Zulässig ist jedoch eine vom übrigen Vertragstext getrennte und gesondert unterschriebene Vertragsklausel, in der der Vertreter die Eigenhaftung übernimmt. Diese Verpflichtung braucht nicht auf einem gesonderten Blatt niedergelegt zu sein[15]. Hingegen wird der, insbesondere bei der Kraftfahrzeugvermietung häufige Fall, daß der Vertreter den Mietvertrag zugleich im Namen des Vertretenen und im eigenen Namen als Mieter

---

12) Wie hier: *Bub* in Bub/Treier II. Rz. 563; a. A. *Ulmer/Brandner/Hensen*, Anh. §§ 9–11 Rz. 502; *Grapentin* in Bub/Treier IV. Rz. 32.
13) OLG Düsseldorf MDR 1989, 641.
14) Urt. v. 9. 12. 1974 – VIII ZR 157/73 = WM 1975, 99.
15) BGH, Urt. v. 27. 4. 1988 – VIII ZR 84/87 = BGHZ 104, 232 = ZIP 1988, 974 = EWiR § 11 Nr. 14 AGBG 2/88, 633 *(v. Westphalen)* = WM 1988, 979 = NJW 1988, 2465.

## II. Der Abschluß des Mietvertrages

abschließt, nach der Rechtsprechung des Bundesgerichtshofs[16] nicht von § 11 Nr. 14 AGBG erfaßt, und zwar auch dann nicht, wenn er nur eine Unterschrift leistet. *Hensen*[17] wendet demgegenüber ein, vor dem Hintergrund des § 11 Nr. 14 AGBG sei zu verlangen, daß derjenige, der als Vertreter zugleich Vertragspartei werden soll, auch zweimal unterschreiben müsse, damit er nicht im Unklaren über seine eigene Haftung bleibe.

### 2. Die Einigung der Parteien über den Vertragsinhalt

Wie jeder Vertrag kommt der Mietvertrag durch Angebot und Annahme des Vertragsantrages (§ 145 BGB) zustande. Beide Willenserklärungen können zwar durch schlüssiges Verhalten ersetzt werden, jedoch ist davor zu warnen, vorschnell Angebot und Annahme durch schlüssiges Verhalten zu bejahen. Zu Recht verneint das OLG Düsseldorf[18] einen Vertragsschluß, wenn nach Auszug des bisherigen Mieters der Untermieter das Mietobjekt weiternutzt und den Mietzins unmittelbar an den Vermieter zahlt. Der Mietvertrag gehört nicht zu den Vertragstypen, die sich zur Annahme eines sog. faktischen Vertragsverhältnisses, das auf Grund sozialtypischen Verhaltens zustande kommen kann, eignen[19].

Wirksam und damit bindend ist der Vertrag, wenn sich die Parteien über die wesentlichen und die nach ihrem Willen regelungsbedürftigen Punkte geeinigt haben. Erforderlich ist zumindest, wie sich aus § 535 BGB ergibt, eine Einigung über die Mietsache und den Mietzins. Allerdings braucht nicht unbedingt eine genaue, ins einzelne gehende Regelung getroffen zu werden; vielmehr genügt es, daß die beiderseits geschuldeten Leistungen bestimmbar sind[20]. Zulässig ist es beispielsweise, die Bestimmung des Mietzinses einem Sachverständigen zu übertragen; jedoch muß auch dann ersichtlich sein, nach welchen Kriterien dieser die Bestimmung treffen soll[21].

Möglich ist es, eine Sache zu vermieten, die noch nicht existiert, aber hergestellt werden soll, z. B. Räume in einem noch zu errichtenden Gebäude. Zur Bestimmbarkeit der dem Vermieter obliegenden Leistung ist es erforderlich, aber auch ausreichend, das Mietobjekt annähernd zu umschreiben, etwa Stockwerk, ungefähre Lage und Anzahl der Räume.

---

16) BGH, Urt. v. 23. 3. 1988 – VIII ZR 175/87 = ZIP 1988, 851 = EWiR § 11 Nr. 14 AGBG 1/88, 631 (*Hensen*) = WM 1988, 874 = NJW 1988, 1908; a. A. *Ulmer/Brandner/Hensen*, § 11 Nr. 14 Rz. 3; *Staudinger/Schlosser*, § 11 Nr. 14 AGBG Rz. 8; *Löwe/v. Westphalen/Trinkner*, § 11 Nr. 14 Rz. 17, 18.
17) EWiR § 11 Nr. 14 AGBG 1/88, 631 (*Hensen*).
18) OLG Düsseldorf ZMR 1988, 54.
19) BGH, Urt. v. 26. 3. 1980 – VIII ZR 150/79 = WM 1980, 805, 806 = NJW 1980 1577.
20) BGH, Urt. v. 27. 1. 1971 – VIII ZR 151/69 = BGHZ 55, 248 = WM 1971, 310 = NJW 1971, 653.
21) BGH, aaO (Fußn. 20).

## A. Mietvertrag

Fehlt es an einer Bestimmbarkeit der vom Vermieter oder Mieter geschuldeten Leistungen, so ist ein Mietvertrag nicht zustande gekommen, auch wenn die Parteien glauben, schon gebunden zu sein.

Erforderlich ist auch eine Einigung über die Vertragsdauer, denn es besteht keine gesetzliche Regelung, daß mangels Vereinbarung einer bestimmten Vertragszeit das Mietverhältnis mit unbestimmter Vertragsdauer zustande kommt. Treffen die Parteien jedoch zur Vertragsdauer keine ausdrückliche Bestimmung, so ist dies dahin auszulegen, daß der Vertrag auf unbestimmte Zeit abgeschlossen ist.

Haben sich die Parteien über diese wesentlichen Vertragselemente geeinigt, so bedeutet dies nicht zwingend, daß der Vertragsschluß perfekt ist. Das ist vielmehr erst dann der Fall, wenn eine Einigung über alle von ihnen für regelungsbedürftig gehaltenen Punkte, und seien diese nur von untergeordneter Bedeutung, erfolgt ist. Nach § 154 Abs. 1 Satz 1 BGB ist nämlich ein Vertrag im Zweifel nicht geschlossen, solange die Parteien sich nicht über alle Punkte verständigt haben, über die nach der Erklärung auch nur einer Partei eine Regelung zu treffen ist. Selbst wenn die hauptsächlichen Vertragsbestandteile schriftlich niedergelegt sind, ist der Vertrag insgesamt nicht zustande gekommen. Vielmehr sind die Parteien über das Stadium unverbindlicher Vertragsverhandlungen nicht hinausgelangt; in Betracht kommen allenfalls Schadensersatzansprüche wegen Verschuldens bei Vertragsschluß (vgl. unten Rz. 46).

Bei Streit darüber, ob ein bindender Mietvertrag vorliegt, trifft denjenigen, der sich auf den Vertragsschluß beruft und hieraus Rechte herleitet, die Darlegungs- und Beweislast für den Abschluß des Vertrages. Ist dem Mieter das Mietobjekt bereits überlassen, so bleibt es gleichwohl bei dieser Beweislastverteilung.

### 3. Vorvertrag, Vormietrecht und Option

#### 3.1 Vorvertrag und Rahmenvertrag

**18** Ein Vorvertrag ist gegeben, wenn die Parteien sich lediglich verpflichten, demnächst einen Mietvertrag abzuschließen, ohne unmittelbare Leistungspflichten zu begründen. In der Regel wollen die Beteiligten sich endgültig binden und unmittelbar die Rechte aus dem Mietvertrag erwerben bzw. sich den daraus ergebenden Verpflichtungen unterwerfen[22]. Ein Vorvertrag stellt demgegenüber im Geschäftsleben eine Ausnahme dar. Daher ist die

---

[22] BGH, Urt. v. 16. 4. 1969 – VIII ZR 64/66 = WM 1969, 919.

## II. Der Abschluß des Mietvertrages

Annahme eines Vorvertrages nur dann gerechtfertigt, wenn besondere Umstände darauf schließen lassen, daß die Parteien sich ausnahmsweise schon binden wollten, bevor sie alle Vertragspunkte abschließend geregelt haben, und sie deswegen vom Abschluß des eigentlichen Mietvertrages abgesehen haben[23]. Anlaß für den Abschluß eines Vorvertrages bieten nicht selten Hindernisse rechtlicher oder tatsächlicher Art, die dem Abschluß des erstrebten Hauptvertrages entgegenstehen, etwa daß das zu vermietende Objekt anderweitig vermietet ist oder daß ein Gebäude erst noch errichtet werden muß, die Parteien aber eine Bindung schon jetzt begründen wollen, um sich die Erreichung des Vertragszieles schon frühzeitig zu sichern[24].

Vom Vorvertrag zu unterscheiden ist der Rahmenvertrag, der dann anzunehmen ist, wenn die Parteien den Abschluß mehrerer Mietverträge über gleichartige oder ähnliche Geräte ins Auge fassen, ohne die Mietobjekte der Art und Menge nach zu konkretisieren. Auslegungsschwierigkeiten treten bei derartigen Abmachungen auf, weil häufig unklar ist, ob schon der Rahmenvertrag vertragliche Pflichten begründet oder erst die konkreten Einzelverträge. Der Bundesgerichtshof neigt zur ersten Auslegungsvariante, ohne jedoch die andere auszuschließen[25]. Letztlich läßt sich dies nur jeweils am Einzelfall entscheiden.

Die am Vertragsschluß besonders interessierte oder hierdurch begünstigte Partei versucht häufig, den Vertragsverhandlungen zumindest eine vorvertragliche Bindung zu entnehmen. Zur Erhaltung der Abschlußfreiheit ist insoweit äußerste Zurückhaltung geboten. Demgemäß hat die Rechtsprechung Bemühungen, gescheiterte Vertragsverhandlungen in einen Vorvertrag umzudeuten, stets zurückgewiesen. Selbst wenn die Parteien sich schon über die Hauptpunkte eines Vertrages geeinigt haben, die Einigung über andere, von zumindest einer Partei für regelungsbedürftig gehaltene Punkte aber noch aussteht, kommt eine Umdeutung nicht in Betracht[26]. Ihr steht entgegen, daß die Parteien einen Hauptvertrag mit unmittelbaren beiderseitigen Leistungspflichten abschließen wollten und daß ein Bindungswille, der auch für die Annahme eines Vorvertrages unerläßlich ist, gerade bei Scheitern des Vertragsabschlusses nicht festgestellt werden kann. Eine Umdeutung ist auch abzulehnen, wenn ein Mietvertrag trotz vollständiger Einigung über den

---

23) BGH, Urt. v. 28. 9. 1964 – VIII ZR 101/63 = WM 1964, 1216; v. 23. 11. 1972 – II ZR 126/70 = WM 1973, 67; v. 26. 3. 1980 – VIII ZR 150/79 = WM 1980, 805 = NJW 1980, 1577.
24) Vgl. BGH, Urt. v. 8. 6. 1962 – I ZR 6/61 = NJW 1962, 1812.
25) BGH, Urt. v. 30. 4. 1986 – VIII ZR 90/85 = WM 1986, 1024 = NJW-RR 1986, 1110; v. 5. 11. 1986 – VIII ZR 151/85 = ZIP 1987, 38 = EWiR § 535 BGB 1/87, 29 *(Eckert)* = WM 1987, 108 = NJW-RR 1987, 305.
26) BGH, Urt. v. 31. 10. 1956 – V ZR 157/55 = WM 1956, 1518; v. 28. 11. 1962 – VIII ZR 142/61 = WM 1963, 172; v. 23. 11. 1972 – II ZR 126/70 = WM 1973, 67.

## A. Mietvertrag

Vertragsinhalt mangels Einhaltung der gesetzlichen oder vereinbarten Schriftform (s. unten Rz. 40) gemäß § 154 Abs. 2 BGB nicht zustande kommt[27].

Umgekehrt ist es ausgeschlossen, eine im wesentlichen vollständige vertragliche Einigung schon als Mietvertrag anzusehen, wenn die Beteiligten ihre Vereinbarung ausdrücklich als Vorvertrag bezeichnet haben[28].

**19** Den Inhalt des erstrebten Mietvertrages braucht der Vorvertrag nicht so bestimmt oder bestimmbar zu umschreiben wie der eigentliche Mietvertrag. Eine Einigung über die wesentlichen Punkte genügt, so daß der Inhalt des nachfolgenden Mietvertrages – gegebenenfalls richterlich – festgestellt werden kann[29]. Dem Wesen des Vorvertrages entspricht es, daß die Parteien die Vertragsbedingungen noch nicht detailliert festlegen, sondern sich für die nähere Ausgestaltung des Vertrages einen Verhandlungsspielraum belassen, der der Ausfüllung bedarf[30].

Im Rahmen dieses Verhandlungsspielraums sind die Beteiligten verpflichtet, auf den Abschluß des Mietvertrages hinzuwirken. Hierzu gehört insbesondere die Abgabe eines Vertragsangebots. Gibt keine der Parteien ein Angebot ab, so verletzen beide den Vorvertrag. Auch ist die vorvertragliche Verpflichtung nicht mit der Abgabe eines Vertragsantrags erfüllt[31]; der Gegner ist berechtigt, abzulehnen und ein Gegenangebot zu unterbreiten, das der andere nicht unbeachtet lassen darf. Auf diese Weise sind beide Seiten gehalten, die endgültigen Vertragsbedingungen auszuhandeln. Da der Vorvertrag den Parteien einen Spielraum beläßt, ist es ihnen nicht verwehrt, in Wahrnehmung ihrer Interessen auch Änderungen in Einzelfragen anzustreben, ohne hierdurch schon gegen den Vorvertrag zu verstoßen[32]. Solche Änderungswünsche berechtigen den Gegner nicht, die Vertragsverhandlungen abzubrechen, und befreien ihn nicht von seiner Verpflichtung aus dem Vorvertrag. Wesentliche Änderungswünsche darf er jedoch zurückweisen und zum Anlaß nehmen, wegen Nichterfüllung des Vorvertrages durch die Gegenseite seinerseits den Abschluß des Vertrages zu verweigern.

Lehnt der Vertragsgegner, dem ein Vertragsangebot unterbreitet wird, den Vertragsschluß kategorisch ab, ohne Verhandlungsbereitschaft zu zei-

---

27) BGH, Urt. v. 16. 4. 1969 – VIII ZR 64/66 = WM 1969, 919; MünchKomm-*Voelskow*, §§ 535, 536 Rz. 24.
28) BGH, Urt. v. 18. 3. 1981 – VIII ZR 66/80 = WM 1981, 695.
29) BGH, Urt. v. 28. 9. 1964 – VIII ZR 101/63 = WM 1964, 1216; v. 20. 9. 1989 – VIII ZR 143/88 = ZIP 1989, 1402 = EWiR § 157 BGB 1/89, 1069 *(Medicus)* = WM 1989, 1769 = NJW 1990, 1234.
30) BGH, aaO (Fußn. 28).
31) BGH, Urt. v. 21. 1. 1958 – VIII ZR 119/57 = WM 1958, 491.
32) BGH, aaO (Fußn. 28).

## II. Der Abschluß des Mietvertrages

gen, so verstößt er gegen Treu und Glauben, wenn er seinerseits Erfüllung des Vorvertrages fordert[33].

Kommt der Hauptvertrag nicht zustande, so können die Parteien des Vorvertrages nicht unmittelbar auf Leistung des nach dem noch abzuschließenden Vertrag Geschuldeten klagen[34], denn insoweit fehlt es an einer vertraglichen Verpflichtung. Verweigert der Gegner den Abschluß des geschuldeten Vertrages, bleiben dem anderen Vertragsteil in der Regel nur Schadensersatzansprüche wegen Nichterfüllung des Vorvertrages[35], ohne zuvor auf dessen Erfüllung zu klagen; letztlich kann der enttäuschte Vertragspartner Schadensersatz wegen Nichterfüllung des Hauptvertrages geltend machen.

**20**

Möglich ist es jedoch, den Abschluß des Hauptvertrages gerichtlich durchzusetzen. Hierzu muß der klagende Vertragspartner dem anderen ein genaues Vertragsangebot unterbreiten[36] und beantragen, diesen zur Annahme des Vertragsangebots, das den vollständigen Wortlaut des erstrebten Mietvertrages enthalten muß, zu verurteilen. Mit Rechtskraft des Urteils gilt die Annahmeerklärung als abgegeben (§ 894 ZPO) und der Vertrag ist geschlossen.

Voraussetzung für ein solches Vorgehen ist, daß der Vorvertrag einen engen Rahmen für den in Aussicht genommenen Mietvertrag gesteckt hat. Läßt er den Beteiligten einen breiten Verhandlungsspielraum, so ist es nicht Aufgabe des Gerichtes, den Inhalt des Vertrages festzulegen; dies ginge über eine zulässige ergänzende Vertragsauslegung hinaus[37].

Mit dem Abschluß des Mietvertrages sind die Verpflichtungen aus dem Vorvertrag erfüllt. Erweist der Mietvertrag sich als unwirksam oder wird er erfolgreich angefochten, so bleibt der Vorvertrag in Kraft, sofern er nicht ebenfalls unwirksam ist[38]. Da er noch nicht erfüllt ist, bleiben die Parteien weiterhin zum Vertragsschluß verpflichtet.

---

33) BGH, Urt. v. 21. 1. 1958 – VIII ZR 119/57 = WM 1958, 491.
34) BGH, Urt. v. 11. 11. 1970 – VIII ZR 42/70 = WM 1971, 44; dazu *Schopp*, WM 1983, 1031.
35) Vgl. BGH, Urt. v. 29. 4. 1970 – VIII ZR 120/68 = WM 1970, 791; v. 20. 9. 1989 – VIII ZR 143/88 = ZIP 1989, 1402 = EWiR § 157 BGB 1/89, 1069 *(Medicus)* = WM 1989, 1769 = NJW 1990, 1234.
36) BGH, Urt. v. 8. 6. 1962 – I ZR 6/61 = NJW 1962, 1812.
37) BGH, Urt. v. 4. 10. 1967 – VIII ZR 105/66 = WM 1967, 1250.
38) BGH, Urt. v. 20. 12. 1972 – VIII ZR 238/71 = WM 1973, 328.

## A. Mietvertrag

### 3.2 Vormietrecht

**21** Durch die Einräumung eines Vormietrechtes erlangt der Begünstigte das Recht, in einen vom Vermieter mit einem Dritten abgeschlossenen Mietvertrag einzutreten[39]. Häufig ist ein Mieter, der bereits Räume in einem Gebäude gemietet hat, an der Anmietung weiterer Räume interessiert. Dann empfiehlt sich die Vereinbarung eines Vormietrechtes bezüglich weiterer Räume zugunsten des betreffenden Mieters. Dieses Recht kann auch einem Interessenten eingeräumt werden, zu dem bisher keinerlei mietrechtliche Beziehungen bestehen.

Da das Vormietrecht im BGB nicht geregelt ist, sind die Bestimmungen über das Vorkaufsrecht (§§ 504 ff BGB) entsprechend heranzuziehen[40].

Der Vormietfall tritt ein, wenn der Vermieter mit einem Dritten einen Mietvertrag über die dem Vormietrecht unterliegende Sache abgeschlossen hat. Hiervon hat er den Berechtigten zu unterrichten (§ 510 Abs. 1 Satz 1 BGB).

Mitzuteilen ist nur der perfekte Vertragsschluß, nicht schon die Aufnahme von Vertragsverhandlungen. Teilt der Dritte, ohne hierzu verpflichtet zu sein, dem Berechtigten den Vertragsschluß mit, so erübrigt sich eine Mitteilung des Verpflichteten (§ 510 Abs. 1 Satz 2 BGB).

Hat der Berechtigte die Mitteilung über den Vertragsschluß erhalten, so kann er nur innerhalb einer bestimmten Frist sein Vormietrecht ausüben. Diese Frist können Verpflichteter und Berechtigter vertraglich festlegen. Mangels einer Vereinbarung beträgt sie nach § 510 Abs. 2 BGB bei Grundstücken und Räumen zwei Monate[41], sonst eine Woche.

Die Frist zur Ausübung des Vormietrechts beginnt mit Zugang der Mitteilung. Sie wird nicht in Lauf gesetzt, wenn der Vermieter den Berechtigten unvollständig unterrichtet, ihm z. B. nur den zunächst mit dem Dritten geschlossenen Vertrag mitteilt, nicht aber eine noch vor der Mitteilung erfolgte Änderung dieses Vertrages[42].

Das Vormietrecht wird entweder dadurch ausgeübt, daß der Berechtigte durch Erklärung gegenüber dem Dritten dessen Rechte und Pflichten aus dem Mietvertrag mit dem Verpflichteten (= Vermieter) übernimmt, oder auch dadurch, daß Vermieter und Berechtigter unmittelbar einen Vertrag abschlie-

---

39) BGH, Urt. v. 17. 5. 1967 – V ZR 96/64 = WM 1967, 935.
40) BGH, Urt. v. 2. 12. 1970 – VIII ZR 77/69 = BGHZ 55, 71 = WM 1971, 131 = NJW 1971, 422, 423.
41) BGH, aaO (Fußn. 40).
42) BGH, Urt. v. 23. 5. 1973 – VIII ZR 57/72 = WM 1973, 1173 = NJW 1973, 1365.

ßen. In einem solchen Fall liegt eine wirksame Ausübung des Vormietrechts selbst dann vor, wenn der Berechtigte bei Vertragsschluß nicht wußte, daß der Vormietfall eingetreten war[43], denn er kann auch ohne vorherige Unterrichtung durch den Verpflichteten sein Vormietrecht verwirklichen[44]. Mit Ausübung des Vormietrechts tritt der Berechtigte in alle Rechte und Pflichten, auch in Nebenverpflichtungen, etwa eine Getränkebezugspflicht[45], ein. Die Eintrittserklärung ist unwirksam, wenn der Berechtigte einzelne, ihm nicht genehme Vertragsbestandteile nicht gegen sich gelten lassen will[46].

Der mit dem Dritten abgeschlossene Mietvertrag wird durch die Ausübung des Vormietrechts nicht hinfällig; vielmehr ist der Vermieter diesem gegenüber zum Schadensersatz wegen Nichterfüllung verpflichtet, und zwar selbst dann, wenn er ihn bei Vertragsschluß über das Vormietrecht des Berechtigten informiert hat. Häufig vereinbaren daher der Vermieter und der Dritte bei Abschluß ihres Vertrages den Ausschluß derartiger Ersatzansprüche des Dritten. In der Entscheidung vom 16. 11. 1970[47] hatte sich der Bundesgerichtshof mit einer solchen Ausschlußklausel zu befassen. Danach gilt der Haftungsausschluß nur für den Fall, daß der Verpflichtete nach § 505 Abs. 2 BGB gezwungen ist, mit dem Berechtigten zu denselben Bedingungen abzuschließen, wie mit dem Dritten. Handelt der Vermieter mit dem Berechtigten Bedingungen aus, die günstiger sind als die des Vertrages mit dem Dritten, so greift im Zweifel der mit dem Dritten für den Fall der Ausübung des Vormietrechts vereinbarte Haftungsausschluß nicht ein. **22**

Weiß der Dritte nicht, daß die von ihm gemietete Sache dem Vormietrecht eines anderen unterliegt und nimmt er die gemietete Sache in Besitz und Gebrauch, so bleiben dem Vormietberechtigten nur Schadensersatzansprüche gegen den Verpflichteten (= Vermieter). Von dem besitzenden Dritten kann er nicht Überlassung der Mietsache verlangen. **23**

Nimmt der Dritte die Mietsache in Besitz, obwohl er bei Vertragsschluß über das Vormietrecht unterrichtet war, so handelt er zwar im Verhältnis zum Vermieter rechtmäßig, denn er nimmt von diesem dessen geschuldete Leistung an. Das Zusammenwirken beider verfolgt dann jedoch im Zweifel

---

43) BGH, Urt. v. 16. 11. 1970 – VIII ZR 121/69 = WM 1971, 46.
44) Wegen der Formerfordernisse bei Einräumung und Ausübung des Vormietrechts s. unten Rz. 28.
45) OLG Frankfurt NJW-RR 1988, 178.
46) BGH, Urt. v. 25. 11. 1987 – VIII ZR 283/86 = BGHZ 102, 237 = EWiR § 581 BGB 1/88, 37 (Thamm) = WM 1988, 92 = NJW 1988, 703.
47) BGH, Urt. v. 16. 11. 1970 – VIII ZR 121/69 = WM 1971, 46.

den Zweck, das Vormietrecht des Berechtigten zu vereiteln, so daß der Dritte rechtsmißbräuchlich handelt, wenn er sich dem Vormietberechtigten gegenüber auf seine Rechte aus dem Mietvertrag beruft.

**24** Verletzt der Vermieter ein dem Mieter hinsichtlich weiterer, bisher von diesem nicht genutzter Räume gewährtes Vormietrecht dadurch, daß er die ihm gemäß § 510 BGB obliegende Mitteilung unterläßt, so berechtigt dies den Mieter nicht zur Kündigung des Mietvertrages wegen Nichtgewährung des vertragsmäßigen Gebrauchs nach § 542 BGB, solange er die ihm vermieteten Räume ungehindert nutzen kann. War mit dem Vormietrecht jedoch bezweckt, dem Mieter später den Gebrauch der Mietsache zu erleichtern, so ist ein Recht zur außerordentlichen Kündigung nach § 554 a BGB in Betracht zu ziehen.

### 3.3 Option

**25** Eine Option liegt vor, wenn dem Mieter die Befugnis eingeräumt wird, durch einseitige rechtsgestaltende Erklärung das bestehende Mietverhältnis um eine bestimmte Zeit, die „Optionszeit", zu verlängern[48].

Wird das Optionsrecht durch Formularvertrag eingeräumt, so darf nicht durch weitere Vertragsbedingungen der Kern des Optionsrechts, nämlich das Recht des Mieters, einseitig eine Vertragsverlängerung zu bewirken, ausgehöhlt werden. Insbesondere darf sich der Vermieter nicht das Recht ausbedingen, das Mietverhältnis zu kündigen, falls der Vertrag nicht zu den von ihm gewünschten Bedingungen fortgesetzt wird[49].

Bei der Grundstücks- und Raummiete bedarf die Einräumung der Option der Schriftform (§ 566 BGB; unten Rz. 31). Enthält die Vertragsurkunde nur die Bewilligung des Optionsrechts, ohne die Verlängerungszeit zu bestimmen, so liegt es nahe, den Vertrag dahin auszulegen, daß die Optionsausübung das Mietverhältnis auf unbestimmte Zeit verlängert und daß es frühestens zum Ablauf des ersten Jahres der Verlängerungszeit gekündigt werden kann[50].

Das Optionsrecht ist, sofern die Parteien nichts anderes vereinbart haben, vor und bis Ablauf des Vertrages auszuüben, auch wenn es im Vertragstext heißt, dem Mieter stehe das Optionsrecht „nach Ablauf des Vertrages" zu[51]. Ist für die Ausübung der Option keine Frist vereinbart, so ist zweifelhaft, ob

---

48) BGH, Urt. v. 17. 5. 1967 – V ZR 96/64 = WM 1967, 935; v. 14. 7. 1982 – VIII ZR 196/81 = WM 1982, 1084 = NJW 1982, 2770.
49) OLG Hamburg ZIP 1990, 801 = EWiR § 535 BGB 3/90, 449 *(Eckert)*.
50) BGH, Urt. v. 24. 6. 1987 – VIII ZR 225/86 = EWiR § 566 BGB 2/87, 869 *(Eckert)* = WM 1987, 1286 = NJW-RR 1987, 1227.
51) Vgl. BGH, aaO (Fußn. 48).

## II. Der Abschluß des Mietvertrages

der Mieter bis zum Ablauf der Festmietzeit als spätesten Zeitpunkt optieren kann[52] oder im Interesse des Vermieters eine bestimmte Frist vor Ablauf der Vertragszeit einzuhalten hat.

Eine im Vertrag enthaltene Kündigungsregelung zeigt, daß beide Parteien innerhalb einer bestimmten Frist vor Vertragsende klare Verhältnisse haben und wissen wollen, ob das Mietverhältnis mit Ablauf der Vertragszeit endet oder nicht. Diese Gewißheit erlangen die Parteien nur, wenn der Vertrag ergänzend dahingehend ausgelegt wird, daß auch die Ausübung des Optionsrechts an eine Frist entsprechend der vereinbarten Kündigungsfrist geknüpft wird[53]. Allerdings kann dann die Situation entstehen, daß der Vermieter am letzten Tag vor Ablauf der Kündigungsfrist kündigt und dem Mieter die Gelegenheit nimmt, noch rechtzeitig zu optieren. Da er ohnehin vor Ablauf der Kündigungsfrist überlegt hat, ob er das Mietverhältnis fortsetzen will, ist ihm zuzumuten, nunmehr unverzüglich die Option auszuüben. Geht ihm die Kündigungserklärung des Vermieters einige Zeit vor Ablauf der Kündigungsfrist zu, so kann er bis zu deren Ablauf optieren. Der Vermieter kann also nicht durch eine möglichst frühe Kündigung eine vorzeitige Entscheidung des Mieters erzwingen.

Ungeklärt ist, ob der Mieter die Option auch dann innerhalb einer gewissen Zeit vor Ablauf des Vertrages ausüben muß – etwa entsprechend der gesetzlichen Kündigungsfrist[54] –, wenn der Vertrag keine Verlängerungsklausel und keine Kündigungsregelung enthält. Zwar ist auch dann das Interesse des Vermieters, möglichst früh zu erfahren, ob der Mieter das Mietverhältnis fortsetzen will, offensichtlich. Indessen fehlt es an einem Anknüpfungspunkt für eine ergänzende Vertragsauslegung, so daß der Mieter sich in diesem Fall bis zum letzten Tag vor Ablauf der Mietzeit entscheiden kann.

Der optionsberechtigte Mieter, der, ohne optiert zu haben, rechtskräftig zur künftigen Rückgabe des Mietobjekts verurteilt ist, kann nachträglich optieren und diese Gestaltungswirkung im Wege der Vollstreckungsgegenklage gemäß § 767 ZPO geltend machen[55]. Würde der Mieter mit seinem Einwand, nach der letzten mündlichen Verhandlung optiert zu haben, ausgeschlossen, so hätte es der Vermieter in der Hand, ihm die vertraglich eingeräumte Überlegungszeit zu nehmen, indem er lange vor Ablauf der Festmietzeit auf künftige Räumung klagt. Der Mieter müßte sich dann während des Prozesses

---

52) RGZ 99, 154; OLG Düsseldorf MDR 1981, 847.
53) RGZ 92, 417; BGH, Urt. v. 20. 3. 1985 – VIII ZR 64/84 = EWiR § 535 BGB 5/85, 369 *(Eckert)* = WM 1985, 755 = NJW 1985, 2581; OLG Düsseldorf NJW 1972, 1674.
54) *Staudinger/Emmerich*, vor § 535 Rz. 120.
55) BGH, Urt. v. 25. 2. 1985 – VIII ZR 116/84 = BGHZ 94, 29 = EWiR § 535 BGB 4/85, 367 *(Eckert)* = WM 1985, 721 = NJW 1985, 2481.

## A. Mietvertrag

für oder gegen die Optionsausübung entscheiden, obwohl seine Überlegungsfrist noch nicht abgelaufen ist.

**26** Unklarheiten über den Umfang des Optionsrechts ergeben sich häufig deshalb, weil die Optionsbefugnis mit einer vertraglichen Verlängerungsklausel zusammentrifft und weil unter Umständen zusätzlich die stillschweigende Verlängerung des Mietverhältnisses gemäß § 568 BGB eine Rolle spielt (vgl. hierzu Rz. 285 f).

Enthält der Vertrag neben der Optionsklausel die Bestimmung, daß sich das Mietverhältnis um eine bestimmte Zeit verlängert, wenn es nicht gekündigt wird, so läuft mangels Kündigung das Mietverhältnis zum festgelegten Endzeitpunkt nicht aus, so daß der Mieter noch während der Verlängerungszeit das Optionsrecht ausüben kann. Allerdings ist zu beachten, daß hierdurch die von den Parteien vereinbarte Höchstdauer der vertraglichen Bindung nicht überschritten werden darf. Daher erlischt das Optionsrecht spätestens mit Ablauf der um die Optionszeit verlängerten ursprünglichen Vertragszeit[56], auch wenn die Verlängerungen nicht auf der Option beruhten, sondern auf den vertraglichen Verlängerungsklauseln.

Entsprechendes gilt, wenn nach Ablauf eines auf bestimmte Zeit eingegangenen Mietverhältnisses der Gebrauch der Mietsache fortgesetzt wird, ohne daß eine der Parteien widerspricht oder der Mieter sein Optionsrecht ausübt. Da das Mietverhältnis auf unbestimmte Zeit gemäß § 568 BGB weiterläuft, kann der Mieter den Vertrag noch durch einseitige Erklärung um die Optionszeit verlängern, allerdings nur bis zur vorgesehenen Höchstdauer des Vertrages[57]. Sieht beispielsweise ein Mietvertrag eine zehnjährige Vertragsdauer vor und hat der Mieter das Recht, das Mietverhältnis zweimal um je fünf Jahre zu verlängern, so kann er nach zwanzigjähriger Vertragsdauer, die sich auf Grund einer vertraglichen Verlängerungsklausel oder durch widerspruchslose Fortsetzung des Mietgebrauchs gemäß § 568 BGB ergeben hat, nicht aber durch Ausübung des Optionsrechts, den Vertrag gegen den Willen des Vermieters nicht mehr um die Optionszeit verlängern.

In der Fortsetzung des Mietgebrauchs durch den Mieter liegt keine stillschweigende Ausübung des Optionsrechts, denn dieses Verhalten läßt nicht darauf schließen, daß der Mieter sich für die Optionszeit binden will. Vielmehr deutet dies darauf hin, daß der Mieter allenfalls die Rechtsfolgen des § 568 BGB herbeiführen will.

---

56) BGH, Urt. v. 14. 7. 1982, aaO (Fußn. 48).
57) Vgl. auch BGH, Urt. v. 4. 12. 1974 – VIII ZR 160/73 = WM 1975, 56.

II. Der Abschluß des Mietvertrages

## 4. Die gesetzliche Schriftform (§ 566 BGB)

**27** Die Regelung des § 566 BGB, wonach Verträge, die den Vermieter länger als ein Jahr binden, der Schriftform bedürfen, ist auf § 571 BGB zugeschnitten. Ihr Zweck ist es, einem späteren Grundstückserwerber zu ermöglichen, sich zuverlässig darüber zu unterrichten, in welche Rechte und Pflichten er gemäß § 571 BGB kraft Gesetzes eintritt[58]. Zudem hat die Schriftform auch eine gewisse Warnfunktion[59].

### 4.1 Anwendungsbereich des § 566 BGB

Von diesem Gesetzeszweck aus ist der Anwendungsbereich der Formvorschrift abzugrenzen. Formbedürftig sind nur Mietverträge über Grundstücke und ihnen gleichgestellte Räume (§ 580 BGB). Enthält die Vereinbarung neben mietvertraglichen Elementen auch solche anderer Vertragstypen, so bedürfen nur die mietvertraglichen Bestimmungen der Schriftform[60]. Der Formzwang besteht andererseits auch bei Einkleidung des Mietvertrags in einen anderen, an sich nicht formbedürftigen Vertrag, so wenn die Parteien im Rahmen eines Vergleiches (§ 779 BGB)[61] oder eines Pachtvertrages über ein gewerbliches Unternehmen[62] ein Mietverhältnis über ein Grundstück eingehen.

Weder zu Räumen noch zu Grundstücken zählt die einzelne Wand; wird sie zu Reklamezwecken oder zur Anbringung eines Automaten vermietet, so greift der Formzwang des § 566 BGB nicht ein (vgl. zu § 571 BGB Rz. 365). Ein Vertrag über die Aufstellung eines Automaten in einer Gaststätte bedarf auch dann nicht der Schriftform, wenn er auf längere Zeit als ein Jahr abgeschlossen wird; denn das charakteristische Merkmal dieses Vertragstyps ist weniger die Gewährung des Gebrauchs der Fläche, als vielmehr die Einbettung in den gewerblichen Betrieb eines anderen zum Vorteil des Aufstellers und des Gastwirts[63].

**28** Nach der bisherigen Rechtsprechung ist der Vorvertrag nicht formbedürftig, denn, so die Begründung, er verpflichtet nur den Vertragspartner, ohne daß ein Grundstückserwerber nach § 571 BGB in dessen Verpflichtung eintritt[64].

---

58) BGH, Urt. v. 24. 6. 1987 – VIII ZR 225/86 = EWiR § 566 BGB 2/87, 869 *(Eckert)* = WM 1987, 1286 = NJW-RR 1987, 1227.
59) BGH, Urt. v. 15. 6. 1981 – VIII ZR 166/80 = BGHZ 81, 46 = WM 1981, 1032 = NJW 1981, 2246; *Sternel*, I. Rz. 191; *Heile* in Bub/Treier II. Rz. 727; a. A. MünchKomm-*Voelskow*, § 566 Rz. 4.
60) BGH, Urt. v. 7. 7. 1971 – VIII ZR 10/70 = WM 1971, 1300, 1301.
61) BGH, Urt. v. 4. 5. 1970 – VIII ZR 179/68 = WM 1970, 853, 855.
62) BGH, Urt. v. 13. 1. 1982 – VIII ZR 225/80 = WM 1982, 431.
63) BGH, Urt. v. 22. 3. 1967 – VIII ZR 10/65 = BGHZ 47, 202 = WM 1967, 754 = NJW 1967, 1414; vgl. unten Rz. 481.
64) RGZ 86, 30; BGH, Urt. v. 7. 10. 1953 – VI ZR 20/53 = LM Nr. 1 zu § 566 BGB.

## A. Mietvertrag

Ob die Rechtsprechung uneingeschränkt aufrechtzuerhalten ist, ist zweifelhaft. Nachdem der Bundesgerichtshof dem Schriftformerfordernis auch eine gewisse Warnfunktion beigelegt hat[65], liegt es nicht fern, das Formerfordernis auch für den Vorvertrag gelten zu lassen, insbesondere weil aus dem Vorvertrag auf Abschluß des Hauptvertrages geklagt werden kann[66].

Die Einräumung eines Vormietrechts bedarf der Schriftform des § 566 BGB, denn ein etwaiger Grundstückserwerber tritt in die Verpflichtung gegenüber dem Vormietberechtigten ein[67]. Die Ausübung des Vormietrechts kann wiederum formlos erklärt werden[68].

Der Vertrag, durch den die Parteien das Mietverhältnis beenden, unterliegt nicht dem Formerfordernis[69], mag auch der aufgehobene Vertrag formbedürftig gewesen sein. Die Vertragsaufhebung belastet den Grundstückserwerber nämlich nicht.

**29** Nur Verträge, die den Vermieter länger als ein Jahr binden sollen, unterliegen dem Formzwang. Die Jahresfrist rechnet nicht ab Vertragsschluß, sondern ab Vollzug des Mietverhältnisses. Eine Bindung für einen längeren Zeitraum liegt stets vor, wenn das Mietverhältnis nach den Vorstellungen der Parteien längere Zeit als ein Jahr laufen soll. Ausdrücklich braucht dies nicht vereinbart zu sein. Demgemäß ist ein Vertrag, der auf Lebenszeit einer der Parteien abgeschlossen wird, formbedürftig[70].

Ist der Vertrag erstmals nach einem Jahr kündbar und ist die Kündigungsfrist so bemessen, daß eine Mindestvertragsdauer von einem Jahr einzuhalten ist, oder verzichtet der Vermieter für mindestens ein Jahr auf sein Kündigungsrecht[71], so greift § 566 BGB ein. Dasselbe gilt bei einer Abrede, derzufolge sich das Mietverhältnis um eine bestimmte Zeit verlängert, wenn es nicht zum Ablauf des ersten Jahres gekündigt wird. Die Einräumung einer Option (vgl. oben Rz. 25) bindet den Vermieter langfristig, denn allein der Mieter hat es in der Hand, den Vertrag zu beenden oder zu verlängern. Folglich gilt § 566 BGB[72]. Auch die vereinbarte Verlängerungszeit muß schriftlich niedergelegt sein (vgl. Rz. 25).

---

65) BGH, Urt. v. 15. 6. 1981 − VIII ZR 166/80 = BGHZ 81, 46 = WM 1981, 1032 = NJW 1981, 2246.
66) *Sternel*, I. Rz. 222; *Heile* in Bub/Treier, II. Rz. 728.
67) BGH, Urt. v. 2. 12. 1970 − VIII ZR 77/69 = BGHZ 55, 71 = WM 1971, 131 = NJW 1971, 422, 423.
68) BGH, aaO (Fußn. 67).
69) BGH, Urt. v. 2. 7. 1975 − VIII ZR 223/73 = BGHZ 65, 49, 55 = WM 1975, 824 = NJW 1975, 1653.
70) BGH, Urt. v. 30. 9. 1958 − VIII ZR 134/57 = NJW 1958, 2062.
71) BGH, Urt. v. 8. 12. 1959 − VIII ZR 164/58 = NJW 1960, 475.
72) BGH, Urt. v. 28. 11. 1962 − VIII ZR 142/61 = WM 1963, 172; v. 24. 6. 1987 − VIII ZR 225/86 = EWiR § 566 BGB 2/87, 869 *(Eckert)* = WM 1987, 1286 = NJW-RR 1987, 1227.

## II. Der Abschluß des Mietvertrages

### 4.2 Anforderungen an die Schriftform im einzelnen

Zur Erfüllung der Schriftform bestimmt § 126 BGB, daß der Vertrag von beiden Parteien auf derselben Urkunde zu unterzeichnen ist. Bei mehrfacher Ausfertigung, die bei Mietverträgen üblich ist, genügt es, wenn jede Partei das für den Vertragsgegner bestimmte Exemplar unterschreibt. Unterzeichnen allein reicht indessen nicht aus; vielmehr muß die schriftliche Willenserklärung dem Vertragsgegner zugehen. Somit kommt der Vertrag nicht schon dadurch zustande, daß der Mieter in Abwesenheit des Vermieters die Urkunde unterschreibt und dies dem Vermieter mitteilt. Dem Zweck des § 566 BGB ist damit nicht genügt, denn ohne ein vom Mieter unterschriebenes Vertragsexemplar in Händen zu haben, kann der Vermieter einen Grundstückserwerber nicht über das Vertragsverhältnis unterrichten[73]. Ein Schriftwechsel erfüllt in keinem Fall die Anforderungen des § 126 BGB[74].

**30**

### 4.2.1 Das Formerfordernis bei Abschluß des (Ursprungs-)Mietvertrages

Die von den Parteien unterzeichnete Urkunde muß alle wesentlichen Abreden wiedergeben. Daher reicht es nicht aus, wenn die Parteien einen schriftlichen Vorvertrag formlos zum Hauptvertrag erheben, denn es fehlt die Beurkundung des eigentlichen Mietvertrages. Der beurkundete Vorvertrag verpflichtet den Vermieter nicht zur Gebrauchsüberlassung, den Mieter nicht zur Mietzinszahlung[75].

**31**

Die Rechtsprechung wendet den Grundsatz der Einheitlichkeit der Urkunde recht streng und konsequent an. Nehmen die Parteien in dem Vertragstext auf weitere, von ihnen nicht unterzeichnete Urkunden Bezug, so müssen diese zur Erfüllung der Schriftform mit der Haupturkunde körperlich fest verbunden sein, z. B. durch Kleben, Heften, Fadenverbindung[76]. Auch wird das Erfordernis der Vollständigkeit der Beurkundung sehr stark betont. Sämtliche Abreden, auch in Nebenpunkten, sind schriftlich niederzulegen. Allenfalls bei Vertragspunkten von untergeordneter Bedeutung soll eine Lockerung des Formzwanges vertretbar sein[77]. Eine zuverlässige Abgrenzung, welche Vertragspunkte als unwesentlich hinzunehmen sind, ist nicht möglich. Allenfalls im Hinblick auf den Gesetzeszweck kann eine Unterscheidung vorgenommen werden. So berührt die dem Mieter gegenüber eingegangene Verpflichtung, das

---

73) BGH, Urt. v. 30. 5. 1962 – VIII ZR 173/61 = WM 1962, 769 = NJW 1962, 1388.
74) BGH, Urt. v. 29. 10. 1986 – VIII ZR 253/85 = EWiR § 566 BGB 1/87, 449 *(Eckert)* = WM 1987, 141 = NJW 1987, 948.
75) Vgl. BGH, Urt. v. 26. 6. 1970 – V ZR 97/69 = WM 1970, 1143 = NJW 1970, 1596.
76) BGH, Urt. v. 13. 11. 1963 – V ZR 8/62 = BGHZ 40, 255 = WM 1964, 65 = NJW 1964, 395.
77) BGH, Urt. v. 28. 11. 1962 – VIII ZR 142/61 = WM 1963, 172; v. 18. 6. 1969 – VIII ZR 88/67 = WM 1969, 920; v. 4. 11. 1970 – VIII ZR 76/69 = WM 1970, 1480.

## A. Mietvertrag

Grundstück nicht ohne dessen Zustimmung mit Grundpfandrechten zu belasten, die Interessen des Grundstückserwerbers erheblich und muß deshalb von der Schriftform gedeckt sein. Auch die generelle Erlaubnis zur Untervermietung gehört zu den wesentlichen Vertragspunkten. Hingegen dürfen die Parteien bei Vertragsschluß formlos Absprachen über Vertragspunkte von untergeordneter Bedeutung treffen, wenn diese die Belange eines Grundstückserwerbers nicht beeinträchtigen können. Wirksam ist demnach der Mietvertrag bei Abreden über einmalige Leistungen zu Beginn des Mietverhältnisses.

### 4.2.2 Das Formerfordernis bei Verlängerung, Änderung oder Ergänzung des Vertrages

32 Bei Verlängerung, Änderung oder Ergänzung des Vertrages ist die Schriftform grundsätzlich genauso einzuhalten wie beim ursprünglichen Vertragsschluß. Insbesondere müssen beide Parteien den Nachtrag unterschreiben[78].

Erhebliche Probleme entstehen, weil das konsequente Festhalten am Grundsatz der Einheitlichkeit der Urkunde zu unbefriedigenden Ergebnissen führen kann. Beim Mietverlängerungsvertrag hat der Bundesgerichtshof deshalb diesen Grundsatz gelockert. So genügt ein schriftlicher Verlängerungsvertrag, der auf frühere Vereinbarungen zwischen denselben Parteien oder ihren Gesamtrechtsvorgängern Bezug nimmt, ohne daß sie beigefügt sind, jedenfalls dann der Schriftform des § 566 BGB, wenn die neue Urkunde selbst die wesentlichen Bestandteile des Mietvertrages wiedergibt und die in Bezug genommenen Schriftstücke für sich allein betrachtet die Schriftform gleichfalls erfüllen[79].

Weiterhin genügt es, daß bei einem Nachtrag, der allein die Laufzeit oder die Mietzinsabsprache des ursprünglichen Vertrages betrifft, zum Ausdruck kommt, im übrigen solle jener unverändert fortbestehen[80]. Es ist eine unnütze Förmelei, die Wiederholung sämtlicher sog. „Essentialien" in der Nachtragsurkunde zu verlangen, wenn die Bezugnahme auf den ursprünglichen Vertrag jeden Zweifel ausschließt, auf welchen Mietgegenstand sich die Nachtragsvereinbarung bezieht und daß der Inhalt des ursprünglichen Vertrages mit Ausnahme des neu oder zusätzlich geregelten Punktes unverändert bleibt[81]. Ohne körperliche Verbindung mit der Ursprungsurkunde, aber durch Bezugnahme hierauf kann durch einen der gesetzlichen Form genügenden Nachtrag

---

78) BGH, Urt. v. 24. 1. 1990 − VIII ZR 296/88 = WM 1990, 890 = NJW-RR 1990, 518.
79) BGH, Urt. v. 30. 6. 1964 − V ZR 7/63 = BGHZ 42, 333 = WM 1964, 991 = NJW 1964, 1851; v. 19. 3. 1969 − VIII ZR 66/67 = BGHZ 52, 25 = WM 1969, 700 = NJW 1969, 1063.
80) BGH, Urt. v. 18. 6. 1969 − VIII ZR 88/67 = WM 1969, 920.
81) Vgl. BGH, Urt. v. 20. 3. 1974 − VIII ZR 31/73 = WM 1974, 453.

## II. Der Abschluß des Mietvertrages

ein insgesamt formwirksamer Vertrag sogar dann zustandekommen, wenn die Ursprungsurkunde nicht alle wesentlichen Merkmale eines Mietvertrages enthielt[82]. Die zitierte Rechtsprechung betrifft allerdings Fälle, in denen einer der Vertragspartner versucht hat, von dem ihm inzwischen – meist aus ganz anderen Gründen – lästig gewordenen Rechtsgeschäft unter Berufung auf den Mangel der Schriftform loszukommen. Als Antwort darauf sind die Entscheidungen zu verstehen. Sie können und sollen nicht Musterbeispiele für die Wahrung der Schriftform sein. Vielmehr sollten die Parteien bei jeder Vertragsänderung oder Ergänzung um möglichst vollständige Beurkundung, am besten unter Verbindung des Nachtrags mit der ursprünglichen Vertragsurkunde, bemüht sein.

Die Errichtung einer neuen Vertragsurkunde erübrigt sich ganz, wenn die Parteien, nachdem das Mietverhältnis gekündigt worden ist, sich auf die Beseitigung der Kündigungswirkungen einigen und dadurch ein neues Vertragsverhältnis begründen. Voraussetzung ist allerdings, daß nach dem Willen der Parteien das ursprüngliche, beendete Mietverhältnis unverändert fortgeführt werden soll[83]. Auch hier wäre es eine überflüssige Formalie, die Einhaltung der Schriftform zu fordern. Der etwaige Grundstückserwerber kann sich mit Hilfe der ursprünglichen Vertragsurkunde zuverlässig informieren; daß das Mietverhältnis zwischenzeitlich beendet war, ist für ihn ohne Belang. **33**

Bei Nachträgen und Änderungen des Vertrages von untergeordneter Bedeutung ist die Einhaltung der Schriftform ebenfalls entbehrlich[84], sofern die Interessen eines etwaigen Grundstückserwerbers nicht berührt werden. Dies ist beispielsweise bei der Vereinbarung eines kurzfristigen Mietzinsnachlasses der Fall. Eine Verlängerung der Vertragsdauer, und mag sie auch nur gering sein, können die Parteien nicht formlos vereinbaren. Vom Zweck des § 566 BGB her unterliegt jedoch die nachträgliche Abkürzung der Vertragszeit nicht dem Schriftformerfordernis[85]. **34**

### 4.2.3 Eintritt weiterer Mieter

Der Eintritt eines weiteren Mieters in einen auf längere Zeit als ein Jahr abgeschlossenen Mietvertrag bedarf der Schriftform[86]. Der Mieterwechsel stellt keinen Fall bloßer Rechtsnachfolge dar. Bei der „nachträglichen Mieter- **35**

---

82) BGH, Urt. v. 11. 11. 1987 – VIII ZR 326/86 = WM 1988, 270 = NJW-RR 1988, 201; v. 20. 12. 1989 – VIII ZR 203/88 = NJW-RR 1990, 270 = WM 1990, 566.
83) Vgl. OLG München NJW 1963, 1619; OLG Hamm ZMR 1979, 249.
84) BGH, Urt. v. 28. 11. 1962 – VIII ZR 142/61 = WM 1963, 172; v. 4. 11. 1970 – VIII ZR 76/69 = WM 1970, 1480.
85) A. A. *Staudinger/Emmerich*, § 566 Rz. 43 a; *Palandt/Putzo*, § 566 Anm. 5 a.
86) BGH, Urt. v. 2. 7. 1975 – VIII ZR 233/73 = BGHZ 65, 49 = WM 1975, 824 = NJW 1975, 1653.

häufung" ist zu beachten, daß der zusätzlich eintretende Mieter einen neuen Mietvertrag mit dem Vermieter abschließt, und deshalb nicht einzusehen ist, weshalb dieser Vertrag nicht der Vorschrift des § 566 BGB unterliegen soll. Durch den Mieterbeitritt wird zugleich eine materielle Änderung des ursprünglichen Mietvertrages herbeigeführt, weil nicht nur ein rechtlicher, sondern auch ein wirtschaftlicher Unterschied besteht, je nachdem ob dem Vermieter ein oder mehrere Mieter den Mietzins schulden. Die personenbezogenen Gesichtspunkte innerhalb des Schuldverhältnisses werden verändert, und die Leistungsfähigkeit auf der Mieterseite erhält eine neue Grundlage.

#### 4.2.4 Eintritt eines Ersatzmieters — Substitution

36   Haben die Parteien eines Mietvertrages vereinbart, der Mieter solle befugt sein, einen — oder in zeitlicher Abfolge — mehrere „Substituten" zu benennen mit der Folge, daß dieser oder diese in den Mietvertrag eintreten, so ist bereits die Substitutionsvereinbarung formbedürftig. Dies ist im Hinblick auf die Schutzfunktion des § 566 BGB gerechtfertigt, weil durch die Substitutionsvereinbarung Rechtsbeziehungen zwischen Substitut und Vermieter begründet werden. Der spätere Eintritt des Ersatzmieters bedarf gleichfalls der Schriftform, wenn er für längere Zeit als ein Jahr gelten soll. Unerheblich ist, ob der Eintritt durch Vereinbarung zwischen Vermieter und Substitut unter Zustimmung des Mieters oder durch Absprache zwischen Mieter und Substitut unter Zustimmung des Vermieters vollzogen wird. Die Schriftform muß sowohl gewahrt werden, wenn der Substitut neben dem Mieter in den Vertrag eintritt, als auch, wenn er dessen Stelle einnimmt und der Mieter — für die Dauer der Substitution — aus dem Mietverhältnis ausscheidet[87].

Einigen sich der Vermieter, der bisherige Mieter und ein neuer Mieter — ob mit oder ohne vorherige Substitutionsvereinbarung, ist ohne Belang — auf das Ausscheiden des bisherigen und den Eintritt des neuen Mieters in den Vertrag, so unterliegt dies selbstverständlich dem Formzwang. Die Form ist jedoch schon dann gewahrt, wenn die drei Beteiligten ihre Absprache in derselben Urkunde niederlegen und ausdrücklich auf den ursprünglichen Vertrag Bezug nehmen. Unschädlich ist, daß der neue Mieter an diesem Vertrag nicht beteiligt war[88].

Ungeklärt ist, ob bei einem Mieterwechsel auf Grund Vereinbarung zwischen den Mietern auch die Zustimmung des Vermieters gemäß § 566 BGB der Schriftform bedarf. Die auf § 182 BGB verweisende überwiegende Auf-

---

87) BGH, Urt. v. 29. 11. 1978 — VIII ZR 263/77 = BGHZ 72, 394 = WM 1979, 208 = NJW 1979, 369; Urt. v. 2. 11. 1983 — VIII ZR 135/82 = WM 1984, 93.
88) BGH, Urt. v. 15. 2. 1967 — VIII ZR 222/64 = WM 1967, 515.

fassung, die Zustimmung des Vermieters sei nicht formbedürftig[89], erscheint vom Zweck des § 566 BGB her bedenklich. Wenn nach Ansicht des Bundesgerichtshofs[90] schon die Substitutionsvereinbarung formbedürftig ist, so muß dies auch für die spätere Zustimmung des Vermieters gelten, denn die Substitutionsklausel ist der Sache nach nichts anderes als die vorweggenommene Zustimmung. Überdies ist gerade die Erklärung, daß der Vermieter den eingetretenen Mieter akzeptiert, von wesentlicher Bedeutung, denn hiervon hängt die Wirksamkeit des unter den Mietern vereinbarten Mieterwechsels ab. Auch zur Unterrichtung eines etwaigen Grundstückserwerbers reicht der Vertrag zwischen den Mietern nicht aus, denn ihm kann nicht entnommen werden, ob er wirksam geworden ist. Ist nicht schriftlich festgehalten, daß der Vermieter dem Mieterwechsel zugestimmt hat, so vermag sich der Erwerber nicht zuverlässig über die Person des Mieters zu unterrichten. Daher ist die Zustimmungserklärung des Vermieters trotz § 182 Abs. 2 BGB schriftlich abzugeben.

### 4.3 Folgen des Formmangels

Bei Nichtbeachtung der in § 566 BGB vorgeschriebenen Schriftform ist der Vertrag nicht unwirksam. Vielmehr gilt er als auf unbestimmte Zeit abgeschlossen, und er kann, jedoch frühestens zum Ablauf des ersten Jahres, von beiden Seiten gekündigt werden (§ 566 Satz 2 BGB). Diese Rechtsfolge tritt stets ein, auch wenn die Vertragspartner unter keinen Umständen einen Vertrag mit unbestimmter Vertragsdauer abschließen wollten. 37

Obwohl § 566 BGB hauptsächlich dem Schutz des späteren Grundstückserwerbers dient, können die Parteien, die den Vertrag abgeschlossen haben, sich auf den Formmangel berufen. Insofern bestimmt das Gesetz Rechtsfolgen, die über seinen Zweck hinausgehen. In der Praxis streiten demgemäß überwiegend die am Vertragsschluß beteiligten Vertragspartner um die Einhaltung der Schriftform. Der Formmangel dient häufig als Vorwand, um sich von einem langfristig bindenden Vertrag zu lösen.

Bei einem noch nicht vollzogenen Mietvertrag rechnet die Jahresfrist vom Vertragsschluß an, nicht ab Übergabe der Mietsache. Beim Änderungsvertrag beginnt die Mindestlaufzeit mit dessen Abschluß[91]. Auch beim vollzogenen Mietverhältnis sollte die Mindestfrist ab Vertragsschluß rechnen; kann die

---

89) OLG Düsseldorf, ZMR 1988, 304; *Gelhaar* in: BGB-RGRK, vor § 535 Rz. 179; *Soergel/Kummer*, §§ 535, 536 Rz. 77; *Palandt/Putzo*, § 566 Anm. 1 c.
90) BGH, aaO (Fußn. 87).
91) BGH, Urt. v. 29. 10. 1986 – VIII ZR 253/85 = BGHZ 99, 54 = WM 1987, 141 = EWiR § 566 BGB 1/87, 449 (*Eckert*) = NJW 1987, 948; v. 24. 1. 1990 – VIII ZR 296/88 = WM 1990, 890 = NJW-RR 1990, 518.

## A. Mietvertrag

Mindestlaufzeit vor Übergabe beginnen, so ist nicht einzusehen, warum sie sich infolge der Übergabe verlängern sollte.

Wird der Mietvertrag nicht in der vorgeschriebenen Form abgeändert oder ergänzt, so gilt auch der ursprüngliche, formgerecht zustande gekommene Vertrag als auf unbestimmte Zeit abgeschlossen. Diesem unbefriedigenden Ergebnis ist die Rechtsprechung in mehrfacher Hinsicht begegnet. So tritt die unerwünschte Folge, daß dem ursprünglichen, formgerecht geschlossenen Vertrag nachträglich die Schriftform entzogen wird, bei einer reinen Vertragsverlängerung nicht ein[92]. Bei nicht formgerechtem Eintritt eines weiteren Mieters wird der Ursprungsvertrag zwischen dem ersten Mieter und dem Vermieter nicht von der Fiktion des § 566 Satz 2 BGB erfaßt. Der erste Mieter bleibt gebunden, während der eingetretene nach § 566 Satz 2 BGB kündigen kann[93]. Durch den Beitritt eines weiteren Mieters wird die Rechtsstellung des bisherigen nicht geändert; er soll mit allen schon bestehenden Rechten und Pflichten Mieter bleiben. Deshalb kann er nicht befugt sein, sich von seinen rechtsgeschäftlichen Bindungen nur aus dem Grunde zu lösen, weil ein Zusatzvertrag nicht den Formvorschriften genügt.

**38** Darüber hinaus lassen sich unbefriedigende Ergebnisse von vornherein vermeiden, wenn man bei Vertragsänderungen von nicht allzu großer Bedeutung den Formzwang lockert (vgl. oben Rz. 34). Außerdem läuft eine Partei Gefahr, gegen Treu und Glauben zu verstoßen, wenn sie den durch die Vertragsänderung eingetretenen Formmangel dazu mißbraucht, sich aus einem langfristigen Mietverhältnis zu lösen. Insbesondere muß das gelten, wenn sich die Vertragsänderung zugunsten des später vertragsuntreuen Partners ausgewirkt hat.

Der Bundesgerichtshof hat es früher grundsätzlich abgelehnt, die Berufung auf den Formverstoß als rechtsmißbräuchlich zu bezeichnen[94], läßt aber in der neueren Rechtsprechung[95] diesen Einwand durchgreifen. Keinesfalls genügt es jedoch zur Annahme des Rechtsmißbrauchs, daß die Parteien bei Abschluß des Ursprungsvertrags oder des ändernden Vertrages übereinstimmend von einer bestimmten Vertragsdauer ausgegangen sind. Gerade die langfristige Bindung ist es, deren Bestand von der Wahrung der Schriftform abhängt[96].

Beruft sich der Erwerber des Mietgrundstücks auf einen Formverstoß, so

---

92) Urt. v. 27. 3. 1968 – VIII ZR 71/66 = BGHZ 50, 39 = WM 1968, 573 = NJW 1968, 1229.
93) BGH, Urt. v. 2. 7. 1975 – VIII ZR 223/73 = BGHZ 65, 49 = WM 1975, 824 = NJW 1975, 1653.
94) Urt. v. 28. 11. 1962 – VIII ZR 142/61 = WM 1963, 172.
95) Urt. v. 2. 7. 1975 – VIII ZR 223/73 = BGHZ 65, 49 = WM 1975, 824 = NJW 1975, 1653; v. 26. 2. 1986 – VIII ZR 34/85 = WM 1986, 772; v. 29. 10. 1986 – VIII ZR 253/85 = BGHZ 99, 54 = EWiR § 566 BGB 1/87, 449 *(Eckert)* = WM 1987, 141 = NJW 1987, 948.
96) BGH, Urt. v. 29. 10. 1986 (Fußn. 95).

kann dies grundsätzlich nicht rechtsmißbräuchlich sein, denn der Formzwang dient seinem Schutz und er setzt sich, anders als die ursprünglichen Mietvertragsparteien, hiermit nicht in Widerspruch zu seinem früheren Verhalten.

## 5. Die gewillkürte Schriftform

### 5.1 Die Beurkundung des Ursprungsvertrages

Vereinbaren die Parteien, einen schriftlichen Mietvertrag abzuschließen, sind die Anforderungen an die Wahrung der Schriftform nicht so streng wie bei der gesetzlich vorgeschriebenen Form; insbesondere gilt nicht das Gebot der Einheitlichkeit der Urkunde (§ 127 Satz 2 BGB). Auch kann es unschädlich sein, wenn eine Nebenabrede der Schriftform entbehrt[97]. Die Parteien können die Beurkundung des formlos geschlossenen Vertrages nachholen; die Form gilt dann von Vertragsschluß an als gewahrt. **39**

Hinsichtlich der Rechtsfolgen eines Formverstoßes ist zu unterscheiden, ob die Parteien die Schriftform lediglich zu Beweiszwecken vereinbart oder ob sie die Einhaltung der Form als Voraussetzung für die Wirksamkeit des Vertrages aufgefaßt haben. Welche dieser Möglichkeiten zutrifft, kann jeweils nur unter Abwägung der Umstände des Einzelfalles beurteilt werden. **40**

Verfolgen die Parteien mit der Schriftformabrede Beweiszwecke, so ist der formlos geschlossene Vertrag uneingeschränkt gültig. Jede Partei kann von der anderen die Beurkundung verlangen, aber auch ohne diese ihre Ansprüche aus dem Mietverhältnis geltend machen. Haben die Parteien bei Abschluß eines langfristigen Mietvertrages über ein Grundstück zu Beweiszwecken die Beurkundung vereinbart, so kommt bei Nichterfüllung der gesetzlichen und vereinbarten Form nach § 566 Satz 2 BGB ein auf unbestimmte Zeit geschlossenes Mietverhältnis zustande.

Ist die vereinbarte Schriftform nach dem Willen der Parteien Voraussetzung für die Wirksamkeit des Vertrages, so kommt nach der Auslegungsregel des § 154 Abs. 2 BGB und nach § 125 Satz 2 BGB der Vertrag im Zweifel ohne Beurkundung nicht zustande. Auch wenn die gesetzliche Schriftform des § 566 BGB und die gewillkürte Schriftform zusammentreffen, scheitert bei einem Formverstoß der Vertragsschluß. Nicht einmal ein Mietverhältnis auf unbestimmte Zeit kommt in Betracht[98], denn der Wille der Parteien verhindert

---

97) BGH, Urt. v. 18. 4. 1966 – VIII ZR 279/63 = WM 1966, 590.
98) BGH, Urt. v. 15. 6. 1966 – VIII ZR 48/64 = WM 1966, 979.

A. Mietvertrag

die Fiktion des § 566 BGB. Auch die Umdeutung eines nicht formgültigen Vertrages in einen Vorvertrag ist unzulässig[99].

**41** Im Einzelfall bleibt zu erwägen, ob eine Partei gegen Treu und Glauben verstößt, wenn sie sich auf den Formmangel beruft. Dies ist in Betracht zu ziehen, wenn die Vertragsparteien den Vertrag in Vollzug gesetzt und beiderseits Leistungen erbracht und empfangen haben; darin kann ein nachträglicher Verzicht auf die Beachtung der Schriftform gesehen werden. Die Parteien können sich den Formmangel auch nicht entgegenhalten, wenn sie beide trotz entsprechender Absprache nichts unternommen haben, um die Beurkundung — wenigstens nachträglich — herbeizuführen[100].

**42** Die Beweislast für das formlose Zustandekommen des Vertrages trägt die Partei, die sich auf einen wirksamen Vertragsschluß beruft, denn der Einwand der Gegenpartei, es sei Schriftform vereinbart worden, stellt ein Bestreiten des Klagegrundes dar. Ist die Schriftformabrede unstreitig und nur bestritten, ob die Parteien sie zu Beweiszwecken oder als Wirksamkeitsvoraussetzung vereinbart haben, so trifft gleichfalls die Partei die Beweislast, die das Zustandekommen des Vertrages behauptet, also diejenige, nach deren Vorbringen die Schriftform lediglich Beweiszwecken dienen sollte.

### 5.2 Die Schriftformklausel für Nebenabreden und Vertragsänderungen

**43** Die im Geschäftsleben weit verbreitete, meist im Vertragsvordruck oder in den Allgemeinen Geschäftsbedingungen enthaltene Klausel, daß Nebenabreden und Vertragsänderungen der Schriftform bedürfen, bereitet in der Praxis erhebliche Schwierigkeiten.

Die Wirksamkeit der formularmäßigen Schriftformklausel wird mit der Begründung angezweifelt, sie verstoße gegen den Vorrang der Individualabrede gemäß § 4 AGBG[101] und sie benachteilige den Vertragsgegner unangemessen i. S. d. § 9 AGBG[102]. Der Bundesgerichtshof hat vor Inkrafttreten des AGBG die Schriftformklausel nicht beanstandet[103] und hieran nach Inkrafttreten dieses Gesetzes zunächst festgehalten[104]. Insbesondere hat er das grundsätzliche Interesse des Verwenders anerkannt, sich vor der Bindungswirkung unüberprüfbarer Äußerungen von Angestellten und vor Beweisschwierigkei-

---

99) Vgl. BGH, Urt. v. 28. 11. 1962 — VIII ZR 142/61 = WM 1963, 172; vgl. im übrigen Rz. 18.
100) BGH, Urt. v. 27. 11. 1963 — VIII ZR 116/62 = WM 1964, 184.
101) *Ulmer/Brandner/Hensen*, §§ 9—11 Rz. 634; *Staudinger/Schlosser*, § 9 AGBG Rz. 40 und § 4 AGBG Rz. 23; MünchKomm-*Kötz*, § 4 AGBG Rz. 9.
102) OLG Karlsruhe NJW 1981, 405; OLG München NJW-RR 1989, 1499; *Bunte*, ZIP 1982, 590.
103) Urt. v. 12. 5. 1976 — VIII ZR 33/74 = WM 1976, 740.
104) Urt. v. 24. 10. 1979 — VIII ZR 235/78 = WM 1979, 1385 = NJW 1980, 234; v. 7. 10. 1981 — VIII ZR 229/80 = ZIP 1982, 71 = WM 1982, 9 = NJW 1982, 331.

## II. Der Abschluß des Mietvertrages

ten zu schützen[105]. Die weitere Rechtsprechung ist jedoch schwankend. Je nach Ausgestaltung des Einzelfalles wurde die Schriftformklausel als unangemessen verworfen, so bei einem „Einmannbetrieb"[106] oder bei Einschränkung der Handlungsvollmacht des nach außen auftretenden Personals[107]. Weiter hat der Bundesgerichtshof ausgesprochen, das Interesse des Verwenders, sich vor unkontrollierbaren Äußerungen seines Personals zu schützen, müsse gegenüber den Belangen des Vertragspartners an der Durchsetzung bestehender Rechte zurücktreten[108].

Seinen jetzigen Standpunkt hat der VIII. Zivilsenat des Bundesgerichtshofs in seinem Urteil vom 26. 3. 1986[109] wie folgt zusammengefaßt: „Nach der gefestigten Rechtsprechung des erkennenden Senats sind Schriftformklauseln nicht schlechthin gemäß § 9 AGBG unzulässig; ihre Wirksamkeit hängt vielmehr von der Ausgestaltung und dem Anwendungsbereich der konkreten Klausel ab. Nichts anderes gilt für den formularmäßigen Vorbehalt einer schriftlichen Bestätigung mündlicher Zusatzvereinbarungen."

Die Klausel: „Mündliche Abmachungen haben ohne schriftliche Bestätigung keine Gültigkeit" hat der Senat verworfen, weil sie sich unterschiedslos auf bei Vertragsschluß getroffene Nebenabreden und auf nachträgliche Abmachungen bezieht. Die Rechtslage ist also unsicher[110]. Die Tendenz geht dahin, in solchen Klauseln eine unangemessene Benachteiligung des Vertragsgegners zu sehen.

Wegen des Vorrangs der Individualabsprache sind jedenfalls solche Klauseln **44** unwirksam, wonach Änderungen des Vertrages und Zusatzvereinbarungen der Schriftform bedürfen[111]. Die nachträgliche Einigung der Parteien ist nämlich geeignet, frühere Abmachungen einschließlich der Schriftformabrede zu überholen[112]. Dies gilt sogar für die einverständliche Auflösung des Vertrages. Anders als bei einer individuell ausgehandelten Schriftformvereinbarung bringen die Parteien mit einem vorformulierten Vertrag kein besonderes Bestreben nach Rechtssicherheit und Klarheit in ihren vertraglichen Beziehungen zum Ausdruck[113].

---

105) Urt. v. 24. 10. 1979, aaO (Fußn. 104).
106) BGH, Urt. v. 28. 4. 1983 – VII ZR 246/82 = ZIP 1983, 833 = WM 1983, 759 = NJW 1983, 1853.
107) BGH, Urt. v. 25. 2. 1982 – VII ZR 268/81 = ZIP 1982, 588 = WM 1982, 445 = NJW 1982, 1389.
108) Urt. v. 31. 10. 1984 – VIII ZR 226/83 = ZIP 1984, 1485 = WM 1985, 24 = NJW 1985, 320.
109) Urt. v. 26. 3. 1986 – VIII ZR 85/85 = ZIP 1986, 714 = EWiR § 9 AGBG 11/86, 421 *(Bunte)* = WM 1986, 712 = NJW 1986, 1809.
110) *Bunte*, EWiR § 9 AGBG 11/86, 421.
111) Urt. v. 31. 10. 1984, aaO (Fußn. 108), u. Urt. v. 26. 3. 1986, aaO (Fußn. 109).
112) Vgl. BGH, Urt. v. 11. 10. 1967 – VIII ZR 76/65 = WM 1967, 1197 = NJW 1968, 32; v. 26. 10. 1966 – VIII ZR 173/65 = WM 1966, 1335; v. 16. 11. 1980 – VIII ZR 298/79 = WM 1981, 121; anders jedoch OLG Düsseldorf ZMR 1987, 374 = NJW-RR 1988, 398.
113) Vgl. BGH, Urt. v. 2. 6. 1976 – VIII ZR 97/74 = BGHZ 66, 378 = WM 1976, 717 = NJW 1976, 1395.

**45** Von der Schriftformklausel zu unterscheiden sind Bestätigungsklauseln, wonach keine mündlichen Nebenabreden getroffen wurden. Eine solche Klausel richtet sich nicht gegen die Wirksamkeit einer Nebenabrede, sondern wiederholt lediglich die der Vertragsurkunde innewohnende Vermutung ihrer Vollständigkeit und Richtigkeit[114], läßt also den Gegenbeweis zu.

### 6. Verschulden bei Vertragsschluß

**46** Schadensersatzansprüche, die darauf gestützt werden, ein Vertrag sei wegen Verschuldens des Gegners bei den Vertragsverhandlungen nicht zustande gekommen, sind um der Gewährleistung der Abschlußfreiheit willen äußerst zurückhaltend zu beurteilen. Für eine Haftung genügt nicht schon die Einigung über wesentliche Vertragspunkte. Schadensersatzpflichtig kann sich ein Verhandlungspartner nur machen, wenn er ausdrücklich oder durch schlüssiges Verhalten das Vertrauen erweckt hat, der beabsichtigte Vertrag werde mit Sicherheit zustande kommen, ferner wenn er zwar zunächst ernstlich zum Vertragsschluß bereit war, dann aber grundlos oder jedenfalls ohne triftigen Grund den Abschluß verweigert[115]. Nach neuester Rechtsprechung[116] ist nicht erforderlich, daß der Haftende das berechtigte Vertrauen des anderen in das Zustandekommen des Vertrages schuldhaft herbeigeführt hat.

Auch wenn der Vertragsschluß scheitert, weil die Parteien die vereinbarte Schriftform nicht beachten, sind Schadensersatzansprüche wegen Verschuldens bei den Vertragsverhandlungen nicht ausgeschlossen.

**47** Kommt es zum Vertragsschluß, werden aber die Erwartungen eines Vertragspartners nicht erfüllt, weil er dem Gegner in bestimmter Hinsicht besonders vertraut hat, sind zwar Ersatzansprüche möglich; jedoch ist Zurückhaltung geboten[117].

Mit der Aufklärungspflicht des Vermieters gegenüber dem Mieter bei den Vertragsverhandlungen befaßt sich das Urteil des Bundesgerichtshofs vom 16. 9. 1981[118]. Zu entscheiden war, ob der Vermieter von Gewerberaum den Mieter, dem er einen weitgehenden Konkurrenzschutz einräumt, bei Abschluß des

---

114) BGH, Urt. v. 19. 6. 1985 – VIII ZR 238/84 = ZIP 1985, 1402 = EWiR § 9 AGBG 10/85, 527 *(Paulusch)* = WM 1985, 945 = NJW 1985, 2329; OLG Karlsruhe = EWiR § 356 HGB 1/88, 691 *(Fischer)* = NJW-RR 1988, 1194.
115) BGH, Urt. v. 26. 3./2. 4. 1974 – VIII ZR 2/73 = WM 1978, 508; v. 19. 4. 1967 – VIII ZR 8/65 = WM 1967, 798.
116) BGH, Urt. v. 22. 2. 1989 – VIII ZR 4/88 = ZIP 1989, 514 = EWiR § 145 BGB 1/89, 443 *(Schlechtriem)* = WM 1989, 685 = NJW-RR 1989, 627.
117) Zu weitgehend OLG Hamm ZMR 1980, 209.
118) VIII ZR 161/80 = WM 1981, 1224.

## II. Der Abschluß des Mietvertrages

Vertrages auf das Bestehen eines mit einem anderen Mieter bereits vereinbarten gleichartigen Konkurrenzschutzes hinweisen muß. Der Bundesgerichtshof hat die Frage verneint und hierzu ausgeführt, der Mieter von Gewerberaum müsse damit rechnen, daß der Vermieter auch anderen Mietern einen ebenso weit reichenden Konkurrenzschutz gewährt haben könnte, wie er ihn selbst verlangt habe. Es sei Sache des Mieters, darüber Erkundigungen einzuziehen.

Über den speziellen Fall hinaus ist diese Entscheidung bedeutsam für die Verteilung des Aufklärungs- und Erkundigungsrisikos. Da grundsätzlich keine Aufklärungspflicht hinsichtlich negativer Umstände besteht, muß der Verhandlungspartner alle Informationsmöglichkeiten ausnutzen, insbesondere von sich aus Fragen stellen und aufklärungsbedürftige Punkte bei den Vertragsverhandlungen ansprechen. Unterläßt er dies, so kann er die andere Partei nicht wegen Verschuldens bei Vertragsschluß in Anspruch nehmen[119]. Ganz außergewöhnliche Umstände dürfen indessen nicht verschwiegen werden. So hat der Vermieter ungefragt den Mietinteressenten darauf hinzuweisen, daß das Mietgrundstück unter Zwangsverwaltung steht[120].

**48** Eine Haftung des Vermieters wegen Verschuldens bei Vertragsschluß kommt schließlich nicht in Betracht, soweit sie aus Mängeln der Mietsache hergeleitet wird. Dies ist der Fall, wenn der Mieter vorbringt, der Vermieter habe ihn nicht auf Mängel der Mietsache hingewiesen oder er habe unrichtige Angaben über die Eigenschaften der Mietsache gemacht. Bei dieser Sachlage verdrängen die Regeln über die mietrechtliche Gewährleistung die Haftung des Vermieters wegen Verschuldens bei Vertragsschluß[121]. Der Mieter wird hierdurch nicht benachteiligt, weil die Haftung nach § 537 BGB verschuldensunabhängig ist. Praktisch bedeutsam ist der Vorrang des Gewährleistungsrechts wegen des Haftungsausschlusses, der gemäß § 539 BGB eingreift, wenn der Mieter den Mangel der Sache kannte.

**49** Bei Verschulden bei Vertragsschluß besteht kein Anspruch auf Erfüllung; zu ersetzen ist in der Regel das negative Interesse, d. h. der geschädigte Verhandlungspartner kann verlangen, so gestellt zu werden, als ob das schädigende Ereignis nicht eingetreten wäre[122]. Nutzlos gewordene Aufwendungen sind nur zu ersetzen, wenn sie in Hinblick auf den erwarteten Vertragsschluß gemacht wurden. Steht jedoch fest, daß es ohne die Pflichtverletzung des anderen Teils zum Abschluß eines bestimmten anderen Ver-

---

119) So auch BGH, Urt. v. 26. 11. 1986 – VIII ZR 260/85 = ZIP 1987, 452 = EWiR § 276 BGB 2/87, 347 *(Heinrichs)* = WM 1987, 319; abzulehnen daher LG München DAR 1983, 297.
120) OLG Hamm BB 1988, 1842.
121) BGH, Urt. v. 28. 11. 1979 – VIII ZR 302/78 = WM 1980, 312 = NJW 1980, 777.
122) BGH, Urt. v. 29. 1. 1965 – V ZR 53/64 = NJW 1965, 812; Urt. v. 26. 3. 1981 – VII ZR 185/80 = NJW 1981, 1673.

## A. Mietvertrag

trages oder zu einem günstigeren Vertragsschluß gekommen wäre, so kann das Erfüllungsinteresse zuerkannt werden[123]. Die Haftung aus Verschulden bei Vertragsschluß kann durch Mitverschulden des Verhandlungspartners schon dem Grunde nach gemindert werden[124].

50 Schadensersatzansprüche wegen Verschuldens bei Vertragsschluß verjähren zwar grundsätzlich gemäß § 195 BGB in dreißig Jahren. Allerdings kann die Verjährungsfrist nicht länger sein als die für die Erfüllungsansprüche, die sich bei Zustandekommen des Vertrages ergeben hätten[125]. Besteht etwa der Schaden in einem Mietzinsausfall, so verjähren die Ersatzansprüche in zwei (§ 196 Abs. 1 Nr. 6 BGB) bzw. vier Jahren (§ 197 BGB).

### 7. Gebrauchsüberlassung vor Vertragsschluß

51 Überläßt der Vermieter einem Mietinteressenten, mit dem er in Vertragsverhandlungen steht oder mit dem er schon einen Vorvertrag abgeschlossen hat, das Mietobjekt im Vorgriff auf den angestrebten Vertrag vor dessen Abschluß zum Gebrauch, so begründet die faktische Gebrauchsüberlassung im Regelfall kein eigenständiges Vertragsverhältnis. Die Nutzung fremden Eigentums ist jedoch bei dieser Sachlage nicht rechtswidrig, so daß Ansprüche wegen unerlaubter Handlung nicht entstehen. Auch Ansprüche auf Nutzungsentschädigung oder Schadensersatz aus dem Eigentümer-Besitzer-Verhältnis (§§ 987 ff BGB) greifen nicht ein, weil die gewollte Besitzüberlassung dem in Aussicht genommenen Mieter dem Vermieter gegenüber so lange ein Recht zum Besitz (§ 986 Abs. 1 BGB) gibt, bis das Scheitern des Vertragsschlusses feststeht.

Da aber nach der Vorstellung der Beteiligten bei solcher Art Gebrauchsüberlassung der Rechtsgrund hierfür durch Abschluß eines Mietvertrages später geschaffen werden soll, werden Ansprüche aus ungerechtfertigter Bereicherung begründet, wenn es, der Erwartung zuwider, nicht zum Vertragsschluß kommt (§ 812 Abs. 1 Satz 2,2. Alt. BGB).

Die ungerechtfertigte Bereicherung, die der vorgesehene Mieter danach im Verhältnis zum Vermieter auszugleichen hat, besteht in der Ersparnis der Mietzinsaufwendungen, die die Nutzung eines Mietobjektes vergleichbarer Größe, Beschaffenheit und Lage normalerweise erfordern würde[126]. Dieser

---

123) BGH, Urt. v. 17. 10. 1983 – II ZR 146/82 = ZIP 1984, 40 = WM 1983, 1385 = NJW 1984, 866.
124) BGH, Urt. v. 19. 4. 1967 – VIII ZR 8/65 = WM 1967, 798 und vom 2. 4. 1974 – VIII ZR 2/73 = WM 1974, 508, 510.
125) BGH, Urt. v. 28. 10. 1971 – VII ZR 15/70 = BGHZ 57, 191 = NJW 1972, 95; v. 23. 2. 1983 – VIII ZR 325/81 = ZIP 1983, 428 = WM 1983, 413.
126) Vgl. BGH, Urt. v. 10. 11. 1965 – VIII ZR 12/64 = BGHZ 44, 241 = WM 1965, 1215 = NJW 1966, 248; vgl. auch OLG Düsseldorf ZMR 1988, 221 zum unwirksamen Mietvertrag.

Betrag kann höher oder niedriger sein als der Mietzins, den die Vertragsparteien in Aussicht genommen hatten. Der in Aussicht genommene Betrag gibt zwar einen Anhaltspunkt für die Höhe der angemessenen Nutzungsvergütung; der Wert der Bereicherung muß jedoch unter Berücksichtigung aller Umstände ermittelt werden.

## III. Vertragsinhalt – Rechte und Pflichten der Parteien

### 1. Geschäftsgrundlage und Risikoverteilung zwischen Vermieter und Mieter

Die Verwirklichung der Erwartung, auf einem gemieteten Grundstück oder in gemieteten Räumen als Unternehmer Gewinne zu erzielen und nicht in Verluste zu geraten, gehört in den Risikobereich des Mieters und kann daher nicht Geschäftsgrundlage des Vertrages sein[1]. Daran ändert auch der Umstand nichts, daß beiden Vertragspartnern bewußt ist, wirtschaftlicher Erfolg oder Mißerfolg hänge von der Verwirklichung bestimmter Faktoren ab. Ob es sich dabei um die „allgemeine" Erwartung handelt, künftig Gewinne aus der Mietsache zu erzielen oder um eine konkrete, an bestimmte Gesichtspunkte anknüpfende Erwartung, z. B. den Ausbau einer Geschäftsstraße, die Errichtung einer Fußgängerzone oder die Errichtung eines neuen Stadtteils, ist unerheblich[2].

52

Auch die Risiken, die mit der Leistungsfähigkeit des auf dem gemieteten Grundstück betriebenen Gewerbes verknüpft sind, treffen allein den Mieter. Insbesondere hat er, wenn nicht vertraglich etwas anderes vereinbart ist, die Investitionen zu tragen, die erforderlich sind, um die Wettbewerbsfähigkeit des Betriebs zu erhalten[3].

Liegt die Gewinnerwartung im Risiko des Mieters, so braucht sich kein Vermieter, falls den Vertragsschließenden der wirtschaftliche Erfolg des Mieters zweifelhaft ist, auf ein Ansinnen einzulassen, den Bestand oder jedenfalls den Inhalt des Vertrages von diesem Erfolg abhängig zu machen. Deshalb kann der Umstand, daß der Mieter auf dem Mietgrundstück oder in den

---

1) Vgl. BGH, Urt. v. 6. 7. 1964 – VIII ZR 41/63 = WM 1964, 1025; v. 25. 5. 1977 – VIII ZR 196/75 = WM 1977, 946 = NJW 1977, 2262; v. 8. 2. 1978 – VIII ZR 221/76 = WM 1978, 322; v. 19. 4. 1978 – VIII ZR 182/76 = WM 1978, 760 = NJW 1978, 2390; v. 22. 5. 1978 – VIII ZR 188/77 = WM 1978, 1008.
2) BGH, Urt. v. 20. 5. 1970 – VIII ZR 197/68 = WM 1970, 907 = NJW 1970, 1313; v. 22. 5. 1978 – VIII ZR 188/77 = WM 1978, 1008.
3) Vgl. BGH, Urt. v. 19. 4. 1978 – VIII ZR 182/76 = WM 1978, 760 = NJW 1978, 2390.

## A. Mietvertrag

Räumen wirtschaftlichen Erfolg haben werde, nicht Gegenstand der nach § 242 BGB rechtlich zu beachtenden Geschäftsgrundlage sein[4].

**53** Im Schrifttum wird zwar die Auffassung vertreten, bei einem auf unbegrenzte Zeit eingegangenen Dauerschuldverhältnis liege eine zur Vertragsanpassung führende Äquivalenzstörung schon dann vor, wenn die zur Erfüllung der Vertragsleistungen notwendigen Aufwendungen das vereinbarte Entgelt dauernd übersteigen[5]. Eine schwerwiegende Äquivalenzstörung allein kann jedoch nicht ausreichen. Auch wenn die Erfüllung des Mietvertrages für den Mieter andauernde Verluste mit sich bringt, kann er sich in aller Regel nicht von seinen Verpflichtungen, auch nicht von einer Nebenpflicht wie etwa der Verpflichtung, in den Mieträumen den Gewerbebetrieb aufrechtzuerhalten, lösen oder eine Anpassung des Vertrages an seine Bedürfnisse verlangen. Das Bestehen auf der Erfüllung eines in jeder Hinsicht korrekt zustande gekommenen Vertrages, d. h. das Bestehen auf Vertragstreue, kann nur dann als rechtsmißbräuchlich bezeichnet werden, wenn der durch den Vertrag Begünstigte kein vernünftiges Interesse an der Vertragserfüllung hat oder den Vertragspartner nur schädigen will.

Etwas anderes kann allenfalls dann gelten, wenn die dauernde Verlustsituation auf „billigerweise nicht vorhersehbare Umstände" zurückzuführen ist[6]. In dem der Entscheidung vom 1. 7. 1981 zugrundeliegenden Fall ging es darum, daß sich die auch vom Vermieter geteilte Gewinnerwartung des Mieters eines Ladenlokals deshalb nicht verwirklichte, weil das Einkaufszentrum, in dem es sich befand, später in ein sog. „Billigzentrum" umgewandelt wurde, was eine grundlegende Umstrukturierung der Käuferschicht und der Besucher des Einkaufszentrums zur Folge hatte. Der Bundesgerichtshof hat sogar diese Entwicklung ausschließlich dem Risikobereich des Mieters zugeordnet. Erweist sich eine Investitionsentscheidung als unternehmerische Fehlleistung des Mieters, so muß er dafür einstehen, auch wenn die korrekte Vertragserfüllung den Verfall seines Vermögens nach sich zieht.

Ausnahmsweise kommt eine Risikoverlagerung auf den Vermieter in Betracht, wenn dieser nach dem Vertrag die Gewähr für die Funktionstüchtigkeit des Einkaufszentrums übernommen hat[7].

Grundsätzlich ist jedoch entsprechend der strengen Rechtsprechung des

---

4) Hierzu insbesondere BGH, Urt. v. 20. 5. 1970 – VIII ZR 197/68 = WM 1970, 907 = NJW 1970, 1313.
5) Vgl. *Larenz*, Geschäftsgrundlage und Vertragserfüllung, 3. Aufl., S. 90.
6) BGH, Urt. v. 19. 4. 1978 – VIII ZR 182/76 = WM 1978, 760 = NJW 1978, 2390; v. 1. 7. 1981 – VIII ZR 192/80 = WM 1981, 1113.
7) Vgl. OLG Celle NJW 1978, 2510; LG Duisburg EWiR § 537 BGB 2/87, 1173 *(Sonnenschein)*.

Bundesgerichtshofs bei der Annahme einer Risikoverlagerung Zurückhaltung geboten.

## 2. Die Gebrauchsgewährung

### 2.1 Inhalt und Umfang der Gebrauchsgewährungspflicht

Hauptpflicht des Vermieters ist es, dem Mieter den Gebrauch der Sache in einem zu dem vertragsgemäßen Gebrauch geeigneten Zustand zu überlassen (§§ 535 Satz 1, 536 BGB). Im Regelfall setzt der Gebrauch der Mietsache voraus, daß der Mieter unmittelbaren Besitz erlangt. Zur Erfüllung der Überlassungspflicht reicht es aus, daß der Vermieter dem Mieter den unmittelbaren Besitz einräumt[8].

**54**

Ist der Vermieter – zunächst – nicht in der Lage, dem Mieter das Mietobjekt zu überlassen, weil der bisherige Mieter es ihm trotz Beendigung seines Mietverhältnisses vorenthält, schließen dann aber der neue Mieter und der bisherige einen Untermietvertrag ab, so wirkt sich das auf den Mietvertrag zwischen neuem Mieter und Vermieter aus. In diesem Fall hat der neue Mieter von der Mietsache in gleicher Weise Gebrauch gemacht, als ob er ihm vom Vermieter eingeräumt worden wäre. Er muß sich aus diesem Grunde so behandeln lassen, als hätte der Vermieter nachträglich die Gebrauchsüberlassungspflicht erfüllt[9].

In Fällen, in denen der Besitz der Mietsache nicht Voraussetzung ihres vertragsgemäßen Gebrauchs ist, genügt der Vermieter seiner Überlassungspflicht dadurch, daß er dem Mieter eine tatsächliche Zutritts- oder Gebrauchsmöglichkeit verschafft[10].

**55**

Zur Überlassung des Mietobjekts ist der Vermieter nicht verpflichtet, wenn sich nach Vertragsschluß herausstellt, daß der Mieter die Mietsache vertragswidrig nutzen wird oder daß von ihm oder den in den Vertrag einbezogenen Personen eine Gefährdung für die Mietsache ausgeht.

Da zur Mietsache im Zweifel auch ihr Zubehör (§ 97 BGB) gehört – § 314 BGB ist auf den Mietvertrag entsprechend anzuwenden –, hat der Vermieter dem Mieter auch die Zubehörstücke zu überlassen. Hierzu sind etwa die Schlüssel zu den Mieträumen, Kraftfahrzeugschlüssel und -papiere, Bedienungsgerät für Maschinen zu zählen. Kein Zubehör sind Hofflächen auf einem

**56**

---

8) BGH, Urt. v. 22. 10. 1975 – VIII ZR 122/74 = BGHZ 65, 137 = WM 1975, 1231 = NJW 1976, 105.
9) BGH, Urt. v. 10. 11. 1982 – VIII ZR 252/81 = BGHZ 85, 267 = WM 1983, 44 = NJW 1983, 446.
10) BGH, Urt. v. 1. 2. 1989 – VIII ZR 126/88 = ZIP 1989, 375 = EWiR § 571 BGB 1/89, 665 *(Eckert)* = WM 1989, 724 = NJW-RR 1989, 589.

Grundstück. Sind also nur Räume oder ein Gebäude, nicht aber das Grundstück insgesamt vermietet, so ist der Mieter nicht befugt, die Hofflächen zum Abstellen von Kraftfahrzeugen zu benutzen.

Bei der Vermietung von Grundstücken und Räumen beschränkt sich die Verpflichtung des Vermieters nicht auf die Überlassung des Besitzes an der Mietsache. Der Mieter ist auch berechtigt, Zugangswege, Durchfahrten, Flure, Treppen, Fahrstühle zu benutzen, und der Vermieter hat diese Zugänge usw. in einem vertragsgerechten, insbesondere auch in einem verkehrssicheren Zustand zu erhalten.

**57** In Grenzen muß der Vermieter auch Maßnahmen gestatten, die dem Mieter den Betrieb seines Handelsgeschäftes, Gewerbes oder seiner freiberuflichen Praxis erleichtern. Der Mieter hat das Recht, an der Außenwand des Hauses, gegebenenfalls auch im Treppenhaus, ein Schild anzubringen, das auf sein Geschäft oder seine Praxis hinweist. Hierbei muß der Mieter den Wünschen des Vermieters nach einer einheitlichen Beschilderung entgegenkommen. Es ist zulässig, dieses Recht vertraglich, auch in einem Formularvertrag, auszuschließen oder von der vorherigen Einwilligung abhängig zu machen.

Der Mieter eines im Erdgeschoß gelegenen Ladenlokals darf mangels entgegenstehender Vereinbarung die vor seinen Räumen befindliche Außenwand des Hauses zu Werbezwecken benutzen. Ungeklärt ist, ob der Vermieter von Räumen, die in einem Obergeschoß liegen, dem Mieter die Benutzung der Außenwand zur Anbringung von Reklameeinrichtungen zu gestatten hat. Das Reichsgericht[11] hatte in einem Berliner Fall zugunsten des Mieters eine Verkehrssitte anerkannt, wonach der Mieter berechtigt ist, die vor den Mieträumen befindliche Außenfront von der Unterkante der Fenster bis zur Unterkante der darüber liegenden Fenster zu Werbezwecken zu benutzen. Der Bundesgerichtshof hat offen gelassen, ob eine allgemeine Verkehrssitte dieses Inhalts festgestellt werden kann[12], und hierzu bemerkt, selbst bei allgemeiner Geltung bestehe sie nicht ohne regionale Unterschiede. Das OLG Düsseldorf[13] verneint eine dahingehende Verkehrssitte. Dem ist zu folgen, denn die zu Werbezwecken geeigneten Außenfronten stellen, namentlich in den Stadtzentren, einen Wert dar, der in der Regel einem anderen nicht ohne besondere Vergütung überlassen wird. Schweigt der Vertrag zu diesem Punkt, so wird der Mieter nicht berechtigt sein, die Außenfront in Anspruch zu nehmen.

---

11) RGZ 80, 81.
12) Urt. v. 19. 3. 1957 – VIII ZR 48/56 = LM Nr. 10 zu § 535 BGB.
13) NJW 1958, 1094.

III. Vertragsinhalt − Rechte und Pflichten der Parteien

Nach Ansicht des OLG Hamm[14] entspricht das Anbringen von Warenautomaten an der Außenfront von Geschäftsräumen der Verkehrssitte, so daß der Vermieter grundsätzlich das Anbringen derartiger Automaten zu dulden hat.

Im Rahmen seiner Gebrauchsgewährungspflicht hat der Vermieter den Mieter vor störenden Beeinträchtigungen zu schützen. So muß er Störungen, die von einem Nachbargrundstück (vgl. hierzu unten Rz. 80), von anderen Mietern[15], unter Umständen auch von Dritten[16] ausgehen, abwehren; es ist ihm zuzumuten, den Störer gerichtlich auf Unterlassung in Anspruch zu nehmen. Weiterhin muß der Vermieter nicht nur gegen akute Gefahren einschreiten, sondern auch vorbeugende Maßnahmen gegen latente Gefahren (Beispiele: nicht isolierte Wasserleitung in unbeheizten Räumen[17]; erhöhtes Einbruchsrisiko[18]) treffen. **58**

Der Vermieter verletzt seine Gebrauchsgewährungspflicht, wenn er vom Mieter Einschränkungen verlangt, die keine vertragliche Grundlage haben. Versagt er etwa die Erlaubnis zur Untervermietung, obwohl dem Mieter diese laut Vertrag gestattet ist, so entzieht er ihm zumindest teilweise den vertragsgemäßen Gebrauch (vgl. dazu Rz. 436). Nach Überlassung der Mietsache gibt § 321 BGB kein Leistungsverweigerungsrecht mehr[19].

### 2.2 Beschränkung der Gebrauchsgewährungspflicht bei Zahlungsverzug des Mieters

Die Gebrauchsgewährungspflicht ist als Kardinalpflicht des Vermieters grundsätzlich nicht abdingbar. Sie endet erst mit Auflösung des Mietverhältnisses. Daher ist der Vermieter auch dann zur Gebrauchsgewährung verpflichtet, wenn der Mieter mit der Zahlung des Mietzinses in Rückstand ist. Nach Überlassung der Mietsache gibt § 321 BGB kein Leistungsverweigerungsrecht mehr[19]. **59**

Soweit Mietverträge über bewegliche Sachen in vorformulierten Klauseln vorsehen, daß der Vermieter berechtigt ist, bei Zahlungsverzug des Mieters die Mietsache zurückzufordern oder gar im Wege der Selbsthilfe zurückzunehmen, der Mieter gleichwohl zur Mietzinszahlung bis zum Vertragsende verpflichtet bleibt, sind solche Klauseln nach § 9 AGBG unwirksam, denn in diesem Umfang kann die Gebrauchsgewährungspflicht des Vermieters nicht

---

14) NJW 1958, 1239.
15) BGH, Urt. v. 23. 2. 1966 − VIII ZR 63/64 = WM 1966, 763.
16) BGH, Urt. v. 10. 12. 1986 − VIII ZR 349/85 = BGHZ 99, 182 = ZIP 1987, 297 = EWiR § 346 BGB 2/87, 131 (*Eckert*) = WM 1987, 426 = NJW 1987, 831.
17) BGH, Urt. v. 15. 6. 1988 − VIII ZR 183/87 = WM 1988, 1382 = NJW-RR 1989, 76.
18) OLG Hamburg ZMR 1988, 421 = NJW-RR 1988, 1481.
19) BGH, Urt. v. 8. 10. 1990 − VIII ZR 247/89 = ZIP 1990, 1406 = EWiR § 9 AGBG 16/90, 1149 (*v. Westphalen*) = NJW 1991, 102.

abgedungen werden[20]. Anderes sollte jedoch gelten, wenn die Klausel lediglich einen vorübergehenden, von vornherein zeitlich begrenzten Entzug der Mietsache bis zur Begleichung des Zahlungsrückstandes vorsieht. Zwar bleibt auch dann der Mieter für einen Zeitraum, in dem er die Mietsache nicht nutzen konnte, zur Mietzinsentrichtung verpflichtet; jedoch ist eine solche Klausel nicht zu beanstanden, weil sie letztlich dem Grundgedanken des § 320 BGB entspricht[21] und den Mieter nicht auf Dauer vom Gebrauch der Mietsache ausschließt.

### 2.3 Beweislastfragen

**60** Ist streitig, ob der Mieter die Mietsache, die für komplizierte Geräte wesentliche Gebrauchsanleitung oder das Zubehör erhalten hat, so trägt der Vermieter die Beweislast, denn der Schuldner muß die Erfüllung seiner Schuld nachweisen.

Soweit ein Mietvertrag die vorformulierte Klausel enthält, daß der Mieter bestätigt, die Mietsache oder das Zubehör erhalten zu haben, ist sie bei Verwendung gegenüber einem Nichtkaufmann (vgl. § 24 Satz 1 Nr. 1 AGBG) gemäß § 11 Nr. 15 b AGBG unwirksam[22]. Aber auch wenn der Mieter Kaufmann ist und den Mietvertrag im Rahmen seines Handelsgewerbes abschließt, begegnet die Klausel gemäß § 9 AGBG Bedenken. Sie benachteiligt den Mieter nämlich insofern unangemessen, als sie einen wesentlichen Grundsatz der Beweislastverteilung, und zwar die Beweislast des Erfüllung behauptenden Schuldners, umkehrt und dem Mieter den Nachweis einer negativen Tatsache aufbürdet. Hat der Mieter die vollständige Überlassung der Mietsache jedoch in einer individuellen Erklärung schriftlich bestätigt, so trifft ihn nach § 363 BGB die Darlegungs- und Beweislast für die Unrichtigkeit seiner Erklärung[23].

### 2.4 Besitzschutzrechte des Mieters

**61** Wird der Mieter mit der Gebrauchsüberlassung Besitzer der Mietsache, so stehen ihm die Abwehransprüche des Besitzers gegen den Besitzstörer (§§ 858 ff BGB) zu. Er kann sowohl gegen den Vermieter vorgehen, wenn dieser seinen Besitz stört, als auch unmittelbar gegen andere störende Mitmieter und sonstige Dritte.

---

20) Vgl. BGH, Urt. v. 5. 4. 1978 – VIII ZR 49/77 = BGHZ 71, 196, 205 = WM 1978, 570 = NJW 1978, 1432.
21) BGH, Urt. v. 1. 3. 1978 – VIII ZR 183/76 = WM 1978, 406; vgl. dazu auch unten Rz. 516.
22) *Löwe/v. Westphalen/Trinkner*, Miet-AGB Rz. 3; *Sonnenschein*, NJW 1980, 1713, 1716.
23) BGH, Urt. v. 1. 7. 1987 – VIII ZR 117/86 = ZIP 1987, 1187 = EWiR § 542 BGB 1/87, 1075 (*v. Westphalen*) = WM 1987, 1184 = NJW 1988, 204; v. 5. 7. 1989 – VIII ZR 334/88 = ZIP 1989, 1333 = EWiR § 537 BGB 3/89, 977 (*Eckert*) = WM 1989, 1574 = NJW 1989, 3222.

III. Vertragsinhalt — Rechte und Pflichten der Parteien

### 2.5 Haltereigenschaft des Mieters

Der Mieter eines Kraftfahrzeuges wird nicht Halter i. S. d. § 7 StVG, wenn **62** er das Fahrzeug nur zeitlich begrenzt benutzt[24]. Es ist allerdings nicht ausgeschlossen, daß der Mieter neben dem Vermieter Halter des Fahrzeugs ist. Dies wird der Fall sein, wenn bei einer länger andauernden Nutzung das Fahrzeug weitgehend der Verfügungsgewalt des Mieters unterliegt. Nimmt der Mieter wirtschaftlich die Stellung des Eigentümers ein — so beim Kraftfahrzeug-Leasing —, ist er Halter im haftungsrechtlichen Sinne[25] (vgl. Rz. 545 f).

Auch der Mieter eines Tieres wird in der Regel nicht Tierhalter i. S. d. § 833 BGB[26]. Halter bleibt vielmehr der Vermieter. Dieser haftet Dritten gegenüber; aber auch Ansprüche des Mieters gegen ihn, die auf die Haltereigenschaft gestützt werden, sind nicht ausgeschlossen[27]. Scheidet das vermietete Tier jedoch völlig aus dem Wirtschaftsbereich des Vermieters aus, so wird der Mieter Halter des Tieres[28].

### 2.6 Abnahmepflicht des Mieters

Der Mietvertrag begründet keine der Überlassungspflicht des Vermieters **63** entsprechende Abnahmepflicht des Mieters. Sie kann allerdings zusätzlich vereinbart werden.

Nimmt der Mieter die ihm termingerecht angebotene Mietsache nicht an, so kommt er in Annahmeverzug (§ 293 BGB) mit der daraus folgenden Haftungsbeschränkung des Vermieters (§§ 300, 324 Abs. 2 BGB). Gegebenenfalls hat der Mieter zusätzlich zur Mietzinszahlung dem Vermieter etwaige Mehraufwendungen (z. B. Lagerkosten) zu ersetzen (§ 304 BGB).

Weigert sich der Mieter, noch bevor die Mietsache überlassen ist, den Vertrag so zu erfüllen, wie er geschlossen ist, stellt die Erfüllungsverweigerung eine positive Vertragsverletzung dar. Der Bundesgerichtshof wendet in einem solchen Fall § 326 BGB entsprechend an[29], so daß der Vermieter zum Rücktritt vom Vertrag berechtigt ist. Daß er sich zunächst auf Verhandlungen über die vom Mieter gewünschten Vertragsänderungen eingelassen hat, steht dem Rücktritt bei Scheitern dieser Verhandlungen nicht entgegen.

---

24) BGH, Urt. v. 23. 5. 1960 — II ZR 132/58 = BGHZ 32, 331 = NJW 1962, 1572.
25) BGH, Urt. v. 22. 3. 1983 — VI ZR 108/81 = BGHZ 87, 133 = ZIP 1983, 698 = BB 1983, 925 = NJW 1983, 1492.
26) BGH, Urt. v. 30. 9. 1986 — VI ZR 161/85 = NJW 1987, 949.
27) Vgl. OLG Düsseldorf MDR 1977, 52.
28) BGH, Urt. v. 15. 12. 1970 — VI ZR 121/69 = DB 1971, 333.
29) Urt. v. 3. 7. 1968 — VIII ZR 106/66 = WM 1968, 1202.

## 3. Leistungsstörungen

**64** Die mietrechtlichen Bestimmungen des BGB zur Gewährleistungspflicht des Vermieters enthalten nur eine unvollständige Regelung. Ausdrücklich geregelt ist die Haftung für Sach- und Rechtsmängel, während bei anderen Leistungsstörungen wie Verzug oder Unmöglichkeit die Vorschriften des allgemeinen Schuldrechts angewendet werden. Hierdurch bedingt erscheint das System des Rechts der Leistungsstörungen unübersichtlich, insbesondere auch deshalb, weil zusätzlich die Konkurrenz zwischen den besonderen mietrechtlichen Gewährleistungsvorschriften und den Bestimmungen des allgemeinen Schuldrechts zu Abgrenzungsschwierigkeiten führt.

Zur Erleichterung der Übersicht werden deshalb die Fälle der Leistungsstörungen und ihre Rechtsfolgen jeweils im Zusammenhang beschrieben, wobei die speziellen mietrechtlichen Gewährleistungsfälle, die auch in der Praxis die größte Bedeutung haben, vorangestellt werden.

### 3.1 Haftung des Vermieters für Rechtsmängel (§ 541 BGB)

#### 3.1.1 Begriff des Rechtsmangels

**65** Ein Rechtsmangel liegt vor, wenn der Vermieter dem Mieter wegen des entgegenstehenden Rechts eines Dritten den Gebrauch der Mietsache nicht oder nur zum Teil gewähren kann oder wenn der besser berechtigte Dritte dem Mieter die Mietsache ganz oder teilweise entzieht. Hierzu zählen die Fälle, in denen der Vermieter zur Gebrauchsüberlassung außerstande ist, weil er zur Vermietung der Sache nicht berechtigt ist, etwa weil sie ihm bei Vertragsschluß nicht gehört, weil einem anderen ein Nießbrauch (§ 1030 BGB) an der Sache zusteht oder weil eine beschränkt persönliche Dienstbarkeit zu Gunsten eines Dritten dem beabsichtigten Mietgebrauch entgegensteht[30]. Ein Rechtsmangel entsteht auch dann, wenn das bessere Recht des Dritten erst nach Abschluß des Mietvertrages begründet wird. Dies ist z. B. der Fall, wenn eine bewegliche Mietsache veräußert wird oder wenn ein Vormietberechtigter in die Rechte und Pflichten aus dem Mietvertrag eintritt. Ein nachträglicher Rechtsmangel kann bei der Untervermietung (vgl. Rz. 351) eintreten, wenn das Hauptmietverhältnis beendet wird, das Untermietverhältnis jedoch fortbesteht; nach § 556 Abs. 3 BGB ist der Untermieter dem Hauptvermieter gegenüber zur Herausgabe der Mietsache verpflichtet, gegen den Mieter und Untervermieter kann er die Rechte gemäß § 541 BGB geltend

---

30) BGH, Urt. v. 2. 11. 1988 – VIII ZR 7/88 = WM 1989, 153 = NJW 1989, 524.

machen[31]. Allein das Bestehen des besseren Rechts des Dritten begründet noch keinen Rechtsmangel; vielmehr muß das Recht in einer Weise geltend gemacht werden, die zu einer Gebrauchsbeeinträchtigung führt[32]. Auch unsichere Rechtsverhältnisse können einen Rechtsmangel begründen, wenn für den Mieter der Ausgang des Prozesses ungewiß ist.

Auch bei der sog. Doppelvermietung, d. h. der mehrfachen Vermietung derselben Sache an verschiedene Mieter, greifen die Bestimmungen über den Rechtsmangel in dem Mietverhältnis ein, das der Vermieter nicht erfüllt[33]. Dasselbe gilt, wenn der Vermieter dem Mieter die Mietsache nicht überlassen kann, weil das Mietverhältnis mit einem früheren Mieter nicht beendet ist und dieser zu Recht die Rückgabe der Mietsache ablehnt[34]. Ist das bisherige Mietverhältnis jedoch beendet und verweigert der bisherige Mieter zu Unrecht die Herausgabe der Mietsache, so ist der Vermieter nur aus tatsächlichen Gründen an der Gebrauchsüberlassung gehindert – seine Leistung ist ihm subjektiv unmöglich (vgl. unter Rz. 126) –, es handelt sich jedoch nicht um einen Rechtsmangel i. S. d. § 541 BGB[35].

Gebrauchshindernisse auf Grund behördlicher Anordnung oder sonstiger öffentlichrechtlicher Vorschriften stellen in der Regel Sachmängel dar, es sei denn, die Gebrauchsbeschränkung beruht nicht auf der Beschaffenheit der Mietsache[36].

### 3.1.2 Rechtsfolgen

Sofern der Mietvertrag nicht auf eine objektiv unmögliche Leistung (§ 306 BGB) gerichtet ist (vgl. Rz. 114), bleibt der Vermieter dem Mieter gegenüber zur Gebrauchsgewährung verpflichtet. Der Mieter kann die Beseitigung der entgegenstehenden Rechte des Dritten verlangen. **66**

Der Mieter wird nach § 537 BGB ganz oder gegebenenfalls teilweise von der Verpflichtung zur Zahlung des Mietzinses befreit und kann im übrigen auch gemäß § 320 BGB die Einrede des nicht erfüllten Vertrages erheben.

Darüber hinaus kann er nach § 538 BGB, auf den § 541 BGB verweist, Schadensersatz verlangen. Hierbei ist jedoch zu unterscheiden, ob der

---

31) BGH, Urt. v. 30. 10. 1974 – VIII ZR 69/73 = BGHZ 63, 132 = WM 1974, 1180 = NJW 1975, 44; OLG Hamm EWiR § 541 BGB 1/88, 141 *(Eckert)* = NJW-RR 1987, 1304 = DB 1987, 2095.
32) OLG Hamm (Fußn. 31); BGH (Fußn. 30).
33) Vgl. BGH, Urt. v. 11. 12. 1961 – VIII ZR 46/61 = WM 1962, 272; v. 7. 3. 1990 – VIII ZR 25/89 = ZIP 1990, 610 = EWiR § 714 BGB 2/90, 883 *(Leptien)* = WM 1990, 1035 = NJW-RR 1990, 701.
34) BGH, Urt. v. 15. 2. 1961 – VIII ZR 183/59 = NJW 1961, 917.
35) BGH, Urt. v. 10. 11. 1982 – VIII ZR 252/81 = BGHZ 85, 267 = WM 1983, 44 = NJW 1983, 446.
36) BGH, Urt. v. 28. 11. 1979 – VIII ZR 302/78 = WM 1980, 312 = NJW 1980, 777.

## A. Mietvertrag

Rechtsmangel schon bei Abschluß des Vertrages vorhanden war oder erst danach entstanden ist.

Bei anfänglichem Rechtsmangel haftet der Vermieter auf Grund seiner garantieähnlichen Einstandspflicht[37]. Auch wenn er den Rechtsmangel nicht zu vertreten hat, etwa weil ihm ein Rechtsirrtum über die Beendigung des vorangegangenen Mietverhältnisses über die Mietsache nicht als Verschulden zuzurechnen ist oder weil er sich gutgläubig für den Eigentümer der Mietsache halten durfte, greift § 323 BGB nicht zu seinen Gunsten ein. Diese Bestimmung wird durch § 541 BGB verdrängt, der den Schutz des Mieters verstärkt.

**67** Für einen erst nach Vertragsschluß entstandenen Rechtsmangel hat der Vermieter hingegen nur einzustehen, wenn er ihn zu vertreten hat[38]. Dies folgt aus der Verweisung in § 541 BGB, die sich nicht nur auf die Rechtsfolgen, sondern auch auf die Voraussetzungen des Schadensersatzanspruches bezieht. Bei einem nachträglich aufgetretenen Sachmangel ist der Vermieter nur ersatzpflichtig, wenn er ihn zu vertreten hat; es ist kein Grund ersichtlich, demgegenüber den Vermieter bei einem nach Vertragsschluß entstandenen Rechtsmangel schlechter zu stellen.

Zur Geltendmachung des Schadensersatzanspruches ist, auch wenn dem Mieter die Sache nicht überlassen ist, nicht erforderlich, daß er dem Vermieter eine Frist zur Erbringung der geschuldeten Leistung verbunden mit einer Ablehnungsandrohung setzt, denn auch § 326 BGB wird durch die speziell mietrechtlichen Vorschriften der §§ 541, 538 BGB verdrängt[39].

**68** Als Schaden zu ersetzen sind alle Nachteile, die der Mieter durch die Nichterfüllung des Mietvertrages erleidet. In diesem Rahmen kann er Erstattung aller Kosten für eine Ersatzbeschaffung durch Anmietung einer entsprechenden Mietsache verlangen, ferner Ersatz einer etwaigen Mietzinsdifferenz, falls der Mietzins für das Ersatzobjekt höher ist als der in dem nicht erfüllten Vertrag vereinbarte. Zu ersetzen sind auch Lagerkosten für eine vorübergehende Unterstellung von Möbeln, Maschinen und dergleichen. Schließlich zählt auch der Gewinn, der dem Mieter entgeht (§ 252 BGB), weil er das Mietobjekt nicht nutzen kann, zu dem vom Vermieter zu ersetzenden Schaden.

Nach § 254 Abs. 2 BGB ist der Mieter zur Schadensminderung verpflichtet.

---

37) BGH, Urt. v. 15. 2. 1961 – VIII ZR 183/59 = NJW 1961, 917.
38) Vgl. BGH, Urt. v. 30. 10. 1974 – VIII ZR 69/73 = BGHZ 63, 132 = WM 1974, 1180 = NJW 1975, 44.
39) BGH, Urt. v. 11. 12. 1961 = VIII ZR 46/61 = WM 1962, 272.

### III. Vertragsinhalt — Rechte und Pflichten der Parteien

Daher muß er sich um Beschaffung einer der Mietsache entsprechenden Ersatzsache bemühen.

Wegen Nichtgewährung oder Entziehung des Gebrauchs der Mietsache kann der Mieter außerdem das Mietverhältnis nach § 542 Abs. 1 Satz 1 BGB fristlos kündigen. Diese Kündigung setzt allerdings voraus, daß der Mieter dem Vermieter eine angemessene Frist zur Abhilfe setzt und der Vermieter diese Frist ungenutzt verstreichen läßt (§ 542 Abs. 1 Satz 2 BGB). Hat der Mieter wegen des Rechtsmangels das Interesse an der Gebrauchsgewährung verloren, so kann er ohne vorherige Fristsetzung kündigen (§ 542 Abs. 1 Satz 3 BGB). Die Fristsetzung ist weiterhin entbehrlich, wenn sie eine leere Formalität bleiben muß, weil der Vermieter zur Vertragserfüllung nicht bereit ist oder weil feststeht, daß er, obwohl erfüllungsbereit, infolge des besseren Rechts des Dritten dem Mieter den Mietgebrauch nicht gewähren oder nicht wiederbeschaffen kann. **69**

Die Rechte, die ihm gemäß §§ 541, 537, 538, 542 BGB zustehen, kann der Mieter grundsätzlich nebeneinander geltend machen. Kündigt er, so kann er zwar nicht Erfüllung, jedoch Schadensersatz wegen Nichterfüllung verlangen. Insofern wird er durch die §§ 541, 542 BGB besser gestellt als durch die Regelung in §§ 325, 326 BGB, denn nach diesen Bestimmungen muß der Gläubiger zwischen Rücktritt und Schadensersatz wegen Nichterfüllung wählen. Außerdem wird die Rechtsstellung des Mieters durch § 542 BGB auch deshalb verstärkt, weil die teilweise Nichtgewährung des Mietgebrauchs der vollständigen gleichgestellt wird. Nach Überlassung der Mietsache ist daher für die Anwendung der §§ 325, 326 BGB kein Raum, insbesondere kann der Mieter nicht vom Vertrag zurücktreten[40]. **70**

Ob vor Gebrauchsüberlassung etwas anderes gilt, insbesondere ob der Mieter vom Vertrag zurücktreten kann, hat der Bundesgerichtshof nicht entschieden. Ein Bedürfnis besteht hierfür nicht, weil der Mieter fristlos kündigen kann, auch wenn der Mietvertrag noch nicht in Vollzug gesetzt ist.

#### 3.1.3 Wegfall der Haftung wegen Kenntnis des Mieters

Nach § 539 Satz 1 BGB, auf den § 541 BGB verweist, verliert der Mieter das Recht, Schadensersatz zu verlangen und den Mietzins zu mindern bzw. die Zahlungen zurückzubehalten, wenn ihm bei Vertragsschluß bekannt war, daß seinem Recht auf Gebrauchsüberlassung das Recht eines Dritten entgegensteht. Geht er trotz Kenntnis des Rechtsmangels das Mietverhältnis ein, so übernimmt er das Risiko für die Erfüllbarkeit des Vertrages. Anders als beim **71**

---

40) BGH, Urt. v. 10. 7. 1968 — VIII ZR 120/66 = BGHZ 50, 312 = WM 1968, 972 = NJW 1969, 37.

Sachmangel (vgl. unten Rz. 106) wird der Vermieter nur bei positiver Kenntnis des Mieters von seiner Haftung befreit. Selbst grob fahrlässige Unkenntnis schadet dem Mieter nicht.

Die Darlegungs- und Beweislast für die Kenntnis des Mieters trifft den Vermieter, der hieraus die für ihn günstigen Rechtsfolgen herleitet. Die Feststellung der positiven Kenntnis bereitet dann Schwierigkeiten, wenn der Mieter die Rechtslage unzutreffend einschätzt. Kennt er zwar die Tatsachen, die zum Rechtsmangel führen, ist er aber über das Recht des Dritten im Irrtum, weil er die Rechtslage verkennt, so fehlt ihm die Kenntnis. Dasselbe gilt, wenn er zwar weiß, daß ein Dritter Rechte an der Mietsache geltend macht, er dessen Ansprüche aber für unbegründet hält[41]. Weiß beispielsweise der Mieter, daß der Vermieter das Mietobjekt schon zuvor vermietet hat, hält er aber seine Rechte aus irgendwelchen Gründen für stärker als die des ersten Mieters, so steht dieser Rechtsirrtum der Annahme der positiven Kenntnis entgegen.

72  Das Recht zur fristlosen Kündigung ist gleichfalls ausgeschlossen, wenn der Mieter bei Vertragsschluß über den Rechtsmangel informiert ist (§§ 543, 539 BGB). Zwar nimmt § 543 BGB auf die gesamte Regelung des § 539 BGB Bezug, also auch auf dessen Satz 2. Gleichwohl schadet insoweit grob fahrlässige Unkenntnis dem Mieter nicht, denn aus § 541 BGB, der nur § 539 Satz 1 BGB zitiert, folgt, daß bei einem Rechtsmangel die grob fahrlässige Unkenntnis des Mieters nicht seiner Kenntnis gleichzusetzen ist. Es wäre auch nicht einzusehen, warum das Kündigungsrecht in weiterem Umfang als Schadensersatzansprüche oder Mietzinsminderung ausgeschlossen sein sollte.

73  Scheitert ein Schadensersatzanspruch des Mieters oder sein Recht zur fristlosen Kündigung an seiner Kenntnis des Rechtsmangels, so kann er, auch wenn die Mietsache ihm noch nicht überlassen ist, nicht auf Schadensersatzansprüche oder das Rücktrittsrecht nach §§ 325, 326 BGB ausweichen, denn diese Bestimmungen werden, wie dargelegt, durch §§ 541, 538, 542 BGB verdrängt. Insoweit wirkt sich der Vorrang der mietrechtlichen Gewährleistungsregelung ausnahmsweise zum Nachteil des Mieters aus.

### 3.2 Haftung des Vermieters für Sachmängel

74  Das Gesetz legt dem Vermieter in den §§ 536 ff BGB eine außerordentlich weitgehende Verantwortung für den Zustand der Mietsache auf. Die Garantiepflicht des Vermieters gemäß §§ 536 ff BGB besteht sogar, wenn die Mietsa-

---

41) BGH, Urt. v. 30. 6. 1952 – V ZR 12/51 = NJW 1952, 1131 (L) = LM Nr. 1 zu § 539 BGB.

che noch herzustellen ist, so daß er ohne Rücksicht auf ein Vertretenmüssen für deren Zustand einzustehen hat, falls sie sich nach Fertigstellung als mangelhaft erweist[42]. Die mietrechtlichen Regeln zur Haftung des Vermieters für Sachmängel verdrängen grundsätzlich die allgemeinen schuldrechtlichen Bestimmungen, wenn die Mietsache übergeben ist[43]. Darüber hinaus hängt trotz des Wortlauts der §§ 537, 538 BGB der Anwendungsbereich der Sachmängelhaftung nicht mehr davon ab, daß die Sache dem Mieter überlassen worden ist. Die Interessenlage rechtfertigt es, den Mieter vor Überlassung der Sache nicht schlechter zu stellen als nach Übergabe[44] (vgl. dazu Rz. 116).

### 3.2.1 Begriff des Sachmangels

Nach § 537 BGB liegt ein Mangel vor, wenn ein Fehler der Mietsache ihre Tauglichkeit zum vertragsgemäßen Gebrauch aufhebt oder erheblich mindert oder wenn der Mietsache eine Eigenschaft fehlt, deren Vorhandensein der Vermieter vertraglich zugesichert hat.  **75**

Für die Annahme einer Zusicherung von Eigenschaften, die auch stillschweigend erfolgen kann, reicht die Beschreibung der Mietsache oder die Angabe ihres Verwendungszwecks im Vertrag nicht aus[45]. Vielmehr muß die Erklärung des Vermieters zweifelsfrei ergeben, daß er das Vorhandensein einer bestimmten Eigenschaft garantiert. Einen Fall der Zusicherung regelt § 537 Abs. 2 Satz 2 BGB; dort wird den Angaben des Vermieters zur Größe des vermieteten Grundstücks besondere Bedeutung beigemessen.

Im übrigen ist bei der Prüfung, ob eine Zusicherung vorliegt, Zurückhaltung geboten. In der Praxis spielt sie – anders als im Kaufrecht – keine wesentliche Rolle. Zu vertreten ist die Annahme einer Zusicherung nur, wenn der Mieter auf die Angaben des Vermieters besonders angewiesen ist, etwa wenn er den Mietvertrag abschließt, ohne daß er zuvor die Mietsache besichtigen konnte.

Fehlt der Sache eine zugesicherte Eigenschaft, so stehen dem Mieter die Gewährleistungsrechte, insbesondere Minderung des Mietzinses, zu, ohne daß es darauf ankommt, ob und inwieweit die Tauglichkeit der Mietsache eingeschränkt ist[46].

---

42) BGH, Urt. v. 29. 4. 1953 – VI ZR 212/52 = BGHZ 9, 320.
43) BGH, Urt. v. 16. 1. 1963 – VIII ZR 169/61 = WM 1963, 321 = NJW 1963, 804.
44) BGH, Urt. v. 7. 12. 1984 – V ZR 189/83 = BGHZ 93, 142 = EWiR § 538 BGB 1/85, 275 *(Eckert)* = WM 1985, 419 = NJW 1985, 1025; anders noch BGH, Urt. v. 12. 10. 1977 – VIII ZR 73/76 = WM 1977, 1328 = NJW 1978, 103.
45) BGH, Urt. v. 28. 11. 1979 – VIII ZR 302/78 = WM 1980, 312 = NJW 1980, 777; v. 10. 7. 1968 – VIII ZR 180/66 = WM 1968, 1306.
46) OLG Düsseldorf MDR 1990, 342.

## A. Mietvertrag

Im Streitfall hat der Mieter zu beweisen, daß der Vermieter eine Eigenschaft zugesichert hat.

**76** Praktisch bedeutsam ist die Sachmängelhaftung bei einem Fehler der Mietsache. Dieser liegt vor, wenn der vertragsmäßige Gebrauch der Mietsache nicht gewährleistet ist. Entscheidend ist also nicht allein die objektive Beschaffenheit der Sache, sondern auch die Vereinbarung der Parteien über ihren Gebrauchszweck, „als was" die Sache vermietet ist. Bei Mietverhältnissen über Grundstücke und Räume wird zumeist der Verwendungszweck des Mietobjekts umschrieben (z. B. „Vermietet werden zum Betrieb...").

Von dem vertraglich festgelegten oder sich aus dem Vertrag ergebenden Verwendungszweck her ist zu beurteilen, ob das Mietobjekt fehlerhaft ist.

Im einzelnen sind folgende Fallgruppen zu unterscheiden:
1. Abweichungen von der Normalbeschaffenheit der Mietsache
2. Ungeeignetheit für den sich aus dem Vertrag ergebenden Verwendungszweck
3. Einflüsse von außen
4. Störungen durch Dritte
5. Mangelnde Ertragsfähigkeit der Mietsache
6. Behördliche Gebrauchshindernisse und -beschränkungen.

**77** Zu 1.: (Abweichungen von der Normalbeschaffenheit der Mietsache)

Da der Mieter erwartet, daß die Mietsache die übliche Beschaffenheit aufweist, stellt jede Abweichung hiervon einen Fehler dar. Hauptbeispiele sind Schäden an der Mietsache selbst, etwa Mängel im baulichen Zustand eines Gebäudes, mangelhafte Elektroinstallationen[47] oder Abwasserleitungen[48], unzureichende Wärmedämmung, ungenügende Sicherung gegen das Eindringen von Regenwasser bei extremen Niederschlägen[49], mangelnde Tragfähigkeit der Decken (wobei der Vermieter nur für die normale Tragfähigkeit einzustehen hat[50], zu geringer Lichteinfall wegen zu enger Bebauung[51], Funktionsstörungen einer Maschine, Abweichungen von Sicherheitsvorschriften[52], mangelhafte Reifen eines Kraftfahrzeugs und dergleichen, aber auch

---

47) BGH, Urt. v. 27. 3. 1972 – VIII ZR 177/70 = WM 1972, 658 = NJW 1972, 944.
48) BGH, Urt. v. 29. 11. 1961 – VIII ZR 112/60 = ZMR 1962, 83.
49) OLG Düsseldorf NJW-RR 1988, 906; OLG Hamm NJW-RR 1988, 529.
50) BGH, Urt. v. 27. 11. 1963 – VIII ZR 116/62 = WM 1964, 184.
51) OLG Hamm ZMR 1983, 273.
52) BGH, Urt. v. 16. 1. 1985 – VIII ZR 317/83 = EWiR § 549 BGB 2/85, 269 *(Wolf)* = WM 1985, 463 = NJW 1985, 1769.

## III. Vertragsinhalt — Rechte und Pflichten der Parteien

eine unvollständige, fehlerhafte oder fehlende Bedienungsanleitung[53]. Eine vermietete Maschine wird jedoch nicht deswegen mangelhaft, weil sie veraltet oder technisch überholt ist, solange sie keine Verschleißerscheinungen aufweist und noch funktioniert.

Ob ein Mangel, der Gewährleistungsrechte nach §§ 537 ff BGB auslöst, schon dann vorliegt, wenn der Fehler erst im Laufe der Mietzeit zur Aufhebung oder Beeinträchtigung der Gebrauchstauglichkeit führen wird, ist fraglich. Der Bundesgerichtshof hat dies offen gelassen; die Gebrauchsfähigkeit gilt jedenfalls für die Dauer der Mängelbeseitigung als aufgehoben[54].

Bei völliger Zerstörung der Mietsache oder unbehebbarem Schaden liegt kein Mangel mehr vor[54a] (vgl. unten Rz. 121).

Bei Vermietung von Grundstücken, Gebäuden oder Räumen braucht der Fehler nicht unmittelbar der Mietsache anzuhaften, vielmehr stellen auch schadhafte Zugangswege, Treppen, Flure, Elektro- und Wasserzuleitungen, die sich außerhalb des Mietobjekts befinden, aber zu ihm führen, einen Fehler der Mietsache dar, z. B.:
— unbeleuchtetes Treppenhaus[55],
— unsachgemäß gebohnerte und darum gefährliche Treppe[56],
— schadhafte Elektroleitungen außerhalb der Miefräume[57],
— defekte Wasserzuleitungsrohre[58].

Zur Fehlerhaftigkeit der Mietsache können auch unmittelbare Störungen des Gewerbebetriebes durch Baumaßnahmen, die den Zugang der Kunden zu einem Ladenlokal behindern und erschweren und daher den Umsatz negativ beeinflussen, führen. Der Bundesgerichtshof hat dies für Baumaßnahmen in einer Ladenstraße oder einem Einkaufszentrum, für die der Vermieter selbst verantwortlich ist, ausgesprochen[59].

Kein Fehler der Mietsache liegt vor, wenn der Betrieb einer Heizungs- und Klimaanlage infolge der stark angestiegenen Energiekosten so teuer geworden ist, daß die hierfür vom Mieter zu tragenden Kosten fast die Höhe des Mietzinses erreichen; entscheidend ist, daß die Anlage eine ordnungsge-

---

53) BGH, Urt. v. 5. 7. 1989 — VIII ZR 334/88 = ZIP 1989, 1333 = NJW 1989, 3222 = EWiR § 537 BGB 3/89, 977 *(Eckert)* = WM 1989, 1574; OLG Frankfurt NJW 1985, 2278 und ZIP 1987, 1327 = BB 1987, 1987.
54) Urt. v. 29. 10. 1986 — VIII ZR 144/85 = EWiR § 537 BGB 1/87, 31 *(Eckert)* = WM 1987, 219 = NJW 1987, 432.
54a) BGH, Urt. v. 26. 9. 1990 — VIII ZR 205/89 = ZIP 1990, 1483 = EWiR § 573 BGB 2/90, 1187 *(Emmerich)* = WM 1991, 26.
55) RGZ 165, 155; BGH, Urt. v. 11. 7. 1961 — VI ZR 186/60 = VersR 1961, 886.
56) BGH, Urt. v. 19. 10. 1966 — VIII ZR 93/64 = WM 1966, 1269 = NJW 1967, 154.
57) BGH, Urt. v. 27. 3. 1972 — VIII ZR 177/70 = WM 1972, 658 = NJW 1972, 944.
58) BGH, Urt. v. 26. 3. 1957 — VIII ZR 6/56 = LM Nr. 3 zu § 538 BGB.
59) Urt. v. 1. 7. 1981 — VIII ZR 192/80 = WM 1981, 1113 = NJW 1981, 2405.

## A. Mietvertrag

mäße Versorgung gewährleistet[60]. Hingegen ist eine mit hohem Energieverlust arbeitende Heizung[61] oder Belüftungsanlage[62], deren Kosten der Mieter zu tragen hat, trotz Funktionstüchtigkeit als Fehler des Mietobjekts anzusehen.

**78** Zu 2.: (Ungeeignetheit für den sich aus dem Vertrag ergebenden Verwendungszweck)

Trotz objektiv ordnungsgemäßer Beschaffenheit der Mietsache kann ein Fehler vorliegen, wenn sie sich für den vereinbarten Verwendungszweck nicht oder nur begrenzt eignet. Werden Räume schlechthin vermietet, ohne daß der Vertrag etwas über ihre Zweckbestimmung sagt, so ist das Mietobjekt nicht fehlerhaft, wenn es sich zu dem vom Mieter vorgesehenen Zweck nicht eignet, denn er trägt dann allein das Risiko der Verwendbarkeit. Mietet er jedoch die Räume zu einem bestimmten Zweck und kommt dieser im Vertrag zum Ausdruck (übliche Formulierung: zum Betrieb einer Gaststätte, Arztpraxis, eines Einzelhandelsgeschäfts etc.), so müssen sich die Räume in einem Zustand befinden, der die Aufnahme dieses Betriebes erlaubt; andernfalls sind sie nicht zum vertragsmäßigen Gebrauch geeignet[63]. Je genauer der Gebrauchszweck vertraglich umschrieben ist, um so weitergehender übernimmt der Vermieter das Risiko der Verwendbarkeit der Mietsache.

Wie sehr die Zweckbestimmung, die Vermieter und Mieter der Sache beilegen, die Frage beeinflußt, welchen vertragsgemäßen Gebrauch der Vermieter zu gewähren hat, zeigt anschaulich das Urteil des Bundesgerichtshofs vom 5. 10. 1981[64]. Dort ging es um den vertragsmäßigen Gebrauch einer Datenverarbeitungsanlage. Gehört hierzu, daß ein Arzt mit ihr die Unterlagen für die Abrechnung mit den Krankenkassen in Form von Krankenscheinaufklebern erstellt, lehnt aber eine Krankenkasse die Verwendung der von der EDV-Anlage ausgedruckten Aufkleber ab, so kann darin ein Fehler der Anlage liegen, auch wenn sie störungsfrei und wie im Prospekt beschrieben arbeitet. Der Bundesgerichtshof hebt hervor, welche Bedeutung die Verwendbarkeit der Mietsache für den Mieter hat, und legt dar, daß die Tauglichkeit der Anlage insgesamt aufgehoben ist, wenn sie nur teilweise zu dem vorgesehenen Zweck eingesetzt werden kann.

---

60) BGH, Urt. v. 5. 12. 1979 – VIII ZR 155/78 = WM 1980, 108; vgl. auch OLG Düsseldorf ZMR 1985, 236.
61) OLG Düsseldorf MDR 1983, 229.
62) OLG Hamm NJW-RR 1987, 969.
63) BGH, Urt. v. 12. 10. 1977 – VIII ZR 73/76 = WM 1977, 1328 (störende Lichteinwirkung bei Vermietung eines Photoateliers).
64) VIII ZR 259/80 = ZIP 1981, 1341 = WM 1981, 1358 = NJW 1982, 696.

### III. Vertragsinhalt — Rechte und Pflichten der Parteien

**Zu 3.: (Einflüsse von außen)** 79

Umwelteinflüsse sind dann als Fehler der Mietsache anzusehen, wenn sie für den Vermieter vorhersehbar sind und er Vorkehrungen zur Abwehr schaffen kann. So hat der Vermieter darauf zu achten, daß von den auf dem Grundstück stehenden Bäumen bei starkem Wind keine Gefahr ausgeht[65]. Die Lage eines Grundstücks in einem hochwassergefährdeten Gebiet stellt einen Fehler dar, wenn die Überschwemmung im Rahmen des Vorhersehbaren liegt. In einem solchen Fall muß der Vermieter Vorkehrungen gegen das eindringende Wasser treffen. Etwas anderes gilt jedoch bei einer außergewöhnlichen Überschwemmung in einem an sich nicht hochwassergefährdeten Gebiet[66]. Jedoch wird man von einem Vermieter nicht verlangen können, daß er Vorkehrungen gegen Naturkatastrophen, mit denen nicht zu rechnen ist, zu treffen hat. Gefahrenquellen außerhalb der Mietsache, gegen die der Vermieter sich nicht schützen kann, sind nicht als Fehler anzusehen (z. B. feuergefährliche Anlage auf dem Nachbargrundstück); andernfalls würde seine Garantiehaftung überdehnt.

Problematisch ist, inwieweit eine seit Vertragsbeginn angestiegene Belästigung durch Straßenlärm als Fehler der Mietsache anzusehen ist. Nach Ansicht des LG Kleve[67] stellt die vorhersehbare Zunahme des Straßenlärms infolge des normalen Anstiegs des Verkehrsaufkommens keinen Fehler dar. Unzweifelhaft ist dies nicht. Da der Vermieter Schallisolierungen anbringen kann, sollte stark gestiegener Straßenlärm als Fehler gelten, zumindest soweit dem Vermieter Schutzmaßnahmen zuzumuten sind. Ein Fehler ist auch zu bejahen, wenn der Lärm infolge einer Änderung der Verkehrsführung stark ansteigt. Im übrigen wird auch der vereinbarte Gebrauchszweck zu beachten sein. Ist ein Gebäude zum Betrieb eines Hotels in einem Feriengebiet vermietet, so ist angestiegener Verkehrslärm als Fehler anzusehen.

**Zu 4.: (Störungen durch Dritte)** 80

Da der Vermieter dem Mieter den ungestörten Gebrauch der Mietsache zu gewähren hat, trägt er das Risiko für Störungen und Belästigungen, auch wenn diese seiner Einflußsphäre entzogen sind. Daher muß er grundsätzlich für Einwirkungen Dritter, die den Gebrauch der Mietsache beeinträchtigen (Lärm, Gerüche, Staub und dergleichen), einstehen[68]. Zu weit dürfte es jedoch gehen, ihn für kriminelles Verhalten Dritter, auch wenn dies in der Gegend, in

---

65) BGH, Urt. v. 18. 12. 1974 — VIII ZR 187/73 = BGHZ 63, 333 = WM 1975, 195 = WM 1975, 195 = NJW 1975, 645; OLG Frankfurt NJW-RR 1986, 108.
66) BGH, Urt. v. 9. 12. 1970 — VIII ZR 149/69 = WM 1971, 244 = NJW 1971, 424.
67) NJW 1970, 1975.
68) Hierzu *Schröder* ZMR 1988, 414.

## A. Mietvertrag

der das Mietobjekt liegt, überdurchschnittlich häufig ist, einstehen zu lassen[69]. Eine Beeinträchtigung des Lichteinfalls durch eine Nachbarbebauung kann zu einem Fehler der Mieträume führen, wenn damit nach den maßgeblichen öffentlich-rechtlichen Bestimmungen nicht zu rechnen war[70]. Störungen von einem Nachbargrundstück, insbesondere Baustellenlärm[71], können ebenfalls zur Mangelhaftigkeit der Mieträume führen. Zur Vermeidung unbilliger Härten sollte man darauf abstellen ob der Vermieter gemäß § 906 BGB gegen den störenden Grundstücksnachbarn vorgehen kann; der Mieter hat demgemäß die Beeinträchtigung hinzunehmen, soweit er sie als Eigentümer nach § 906 BGB dulden müßte[72].

Untergrundbahnbaustellen können zu einer empfindlichen Beeinflussung des Kundenstromes und somit auch des Umsatzes eines Ladenlokals führen. Obwohl der Vermieter und Grundstückseigentümer sich in aller Regel nicht dagegen wehren kann, können sie zur Mangelhaftigkeit eines gemieteten Geschäftslokals führen[73].

Nach Ansicht des OLG Köln[74] ist ein gemieteter Kfz-Einstellplatz mangelhaft, wenn der Mieter ständig an der Benutzung seiner Parkfläche gehindert wird, weil fremde Fahrzeuge verkehrswidrig vor der Einfahrt parken und die Zufahrt versperren.

**81** Zu 5.: (Mangelnde Ertragsfähigkeit der Mietsache)

Grundsätzlich hat der Vermieter nicht dafür einzustehen, daß die Erwartungen eintreten, die der Mieter mit dem Geschäftsbetrieb verbindet, denn sie gehören zu dessen Risikobereich (vgl. oben Rz. 52, 53). Verlagert sich der Verkehrsstrom auf andere Straßen und geht deshalb die Kundenfrequenz zurück, so gehört auch dies zum Risikobereich des Mieters, selbst wenn die Geschäftslage objektiv in ihrem Wert sinkt. Die Eröffnung eines Konkurrenzunternehmens in der Nachbarschaft hat der Mieter ebenfalls hinzunehmen, sofern nicht ein Konkurrenzschutz zu seinen Gunsten besteht (vgl. unten Rz. 209).

Die Zuordnung der Risikobereiche stößt jedoch auf Schwierigkeiten bei den heute weit verbreiteten Ladenstraßen und Einkaufszentren, die teilweise

---

69) Interessanter Grenzfall: OLG Koblenz ZMR 1989, 376 (Angriffe auf Angestellte des Mieters) = NJW-RR 1989, 1247.
70) OLG Hamburg MDR 1983, 579; OLG Hamm ZMR 1983, 273.
71) Vgl. LG Kassel NJW-RR 1989, 1292.
72) OLG Frankfurt ZMR 1964, 271; *Staudinger/Emmerich*, § 537 Rz. 29; *Gelhaar*, BGB-RGRK § 537 Rz. 13; a. A. LG Göttingen NJW 1986, 1112; BayObLG NJW 1987,1950, 1951 = ZMR 1987, 174; *Koller* NJW 1982, 201, 203.
73) Vgl. OLG Köln NJW 1972, 1814.
74) MDR 1976, 44.

## III. Vertragsinhalt — Rechte und Pflichten der Parteien

außerhalb der Innenstädte errichtet werden. Weder Vermieter noch Mieter können absehen, inwieweit diese Zentren die Aufmerksamkeit der Kunden auf sich zu lenken vermögen. Nach Ansicht des Bundesgerichtshofs wird auch in diesem Fall das geschäftliche Risiko nicht auf den Vermieter verlagert. Die Mieträume sind nicht mangelhaft, wenn die geschäftlichen Erwartungen des Mieters fehlschlagen, weil der Verkehrsstrom an dem Bereich, in dem das Ladenlokal liegt, weitgehend vorbeigeht oder weil die Bevölkerung aus sonstigen Gründen das Geschäftszentrum nicht „annimmt". Umstände, die möglicherweise für die Attraktivität des Geschäftszentrums und damit für dessen Besucherfrequenz von Bedeutung sein können, berühren die Eignung des Ladenlokals zum vertragsgemäßen Gebrauch nur mittelbar und sind daher nicht als Mängel zu qualifizieren[75].

Anders ist die Sachlage jedoch zu beurteilen, wenn der Vermieter im Vertrag die Verantwortung für das Funktionieren seines Konzepts übernommen hat[76]. Gelingt es ihm nicht, alle Geschäftslokale seinem Konzept entsprechend zu vermieten, bleiben sogar einzelne Ladenlokale unvermietet, so ist das Mietobjekt mangelhaft.

Eine Risikoverlagerung auf den Vermieter kommt auch bei Messeveranstaltungen in Betracht. Begeht der Veranstalter organisatorische Fehler mit der Folge, daß der Zustrom interessierter Besucher hinter den Erwartungen zurückbleibt, so ist der gemietete Messestand fehlerhaft[77]. Hingegen ist ein Messestand nicht deshalb mit einem Mangel behaftet, weil er im Vergleich zu anderen Ständen ungünstiger liegt[78].

Zu 6.: (Behördliche Gebrauchshindernisse und -beschränkungen) **82**

Behördliche Gebrauchsbeschränkungen und -hindernisse sind als Fehler der Mietsache anzusehen, wenn sie auf ihrer konkreten Beschaffenheit beruhen[79]. Grundsätzlich trägt der Vermieter das Risiko einer behördlichen Nutzungsbeschränkung. So sind z. B. gemietete bzw. gepachtete Grundstücke oder Räume mangelhaft,
— wenn die Gaststättenkonzession wegen des Zustandes der Räume[80] oder

---

75) Urt. v. 1. 7. 1981 — VIII ZR 192/80 = WM 1981, 1113 = NJW 1981, 2405; kritisch dazu *Koller*, NJW 1982, 201; *Joachim*, BB 1988, 779.
76) OLG Celle NJW 1978, 2510; LG Duisburg EWiR § 537 BGB 4/87, 1173 *(Sonnenschein)*; OLG Koblenz WM 1989, 30 = NJW-RR 1989, 400; vgl. dazu oben Rz. 53.
77) OLG Köln ZMR 1976, 303 = WuM 1976, 9.
78) OLG Frankfurt MDR 1981, 231.
79) BGH, Urt. v. 20. 1. 1971 — VIII ZR 167/69 = WM 1971, 531 = NJW 1971, 555 (L); v. 28. 11. 1979 — VIII ZR 302/78 = WM 1980, 312 = NJW 1980, 777.
80) BGH, Urt. v. 25. 2. 1987 — VIII ZR 88/86 = EWiR § 537 2/87, 447*(Sonnenschein)* = WM 1987, 822 = NJW-RR 1987, 906; v. 22. 6. 1988 — VIII ZR 232/87 = ZIP 1988, 1197 = EWiR § 9 AGBG 17/88, 941 *(Sternel)* = WM 1988, 1601 = NJW 1988, 2664.

## A. Mietvertrag

aus sonstigen öffentlich-rechtlichen Gründen (fehlende Kfz.-Einstellplätze[81]) verweigert wird,
- wenn ein Grundstück, das der Mieter bebauen will, einem Bebauungsverbot unterliegt[82],
- wenn ein von einem Arbeitgeber zur Unterbringung von Gastarbeitern gemietetes Wohnheim nicht mehr den entsprechend der gewandelten Verkehrsauffassung in behördlichen Richtlinien festgelegten Mindestanforderungen genügt[83],
- wenn leere, zum Betrieb einer Apotheke gemietete Räume nicht mehr den Vorschriften der Apothekenbetriebsordnung entsprechen[84],
- wenn Räume zum Betrieb eines Kaufhauses nicht den Anforderungen der Warenhausverordnung genügen[85],
- wenn wegen Verstoßes gegen kommunale Flächennutzungspläne der vorgesehene Gewerbebetrieb in den Mieträumen nicht aufgenommen werden darf[86],
- wenn der geplante Kiesabbau nicht genehmigt wird[87].

Die Beispiele aus der Rechtsprechung zeigen, daß die zunächst fehlerfreie Mietsache mangelhaft werden kann, wenn sich die öffentlichrechtlichen Anforderungen ändern.

**83** Solange die Behörde trotz Verstoßes gegen ihre Bestimmungen oder Richtlinien den von den Parteien vereinbarten Gebrauch der Mietsache duldet, ist dieser nicht beeinträchtigt, die Mietsache also nicht fehlerhaft[88]. Auch wenn sich die behördlichen Gebrauchshindernisse erst in ferner Zukunft auswirken, z. B. nach Ende der Ursprungsvertragszeit, aber innerhalb einer Optionszeit, liegt kein Mangel vor. Andererseits reicht die Androhung behördlicher Maßnahmen aus[89]. Auch braucht der Mieter die Ungewißheit, ob sich die behördliche Gebrauchsbeschränkung auswirkt, nicht in jedem Fall hinzunehmen. Ist gegen die behördliche Anordnung ein Rechtsmittel eingelegt worden, so kann schon in der Ungewißheit darüber, inwieweit der Mieter die Mietsache vertragsgemäß nutzen kann, ein Mangel der Mietsache liegen,

---

81) OLG Düsseldorf EWiR § 542 BGB 1/88, 973 *(Eckert)* = NJW-RR 1988, 1424.
82) BGH, Urt. v. 10. 7. 1968 – VIII ZR 180/66 = WM 1968, 1306.
83) BGH, Urt. v. 22. 10. 1975 – VIII ZR 160/74 = WM 1975, 1227 = NJW 1976, 796.
84) BGH, Urt. v. 4. 4. 1979 – VIII ZR 118/78 = NJW 1979, 2351.
85) BGH, Urt. v. 28. 11. 1979 – VIII ZR 302/78 = WM 1980, 312 = NJW 1980, 777.
86) BGH, Urt. v. 20. 4. 1977 – VIII ZR 287/75 = BGHZ 68, 294 = WM 1977, 791, = NJW 1977, 1285; OLG Celle ZMR 1974, 45; OLG Düsseldorf DWW 1973, 278 = ZMR 1976, 218 (L).
87) BGH, Urt. v. 17. 3. 1982 – VIII ZR 281/81 = WM 1982, 595 = NJW 1982, 2062.
88) OLG Düsseldorf DWW 1973, 278.
89) BGH, Urt. v. 23. 3. 1983 – VIII ZR 336/81 = WM 1983, 660.

III. Vertragsinhalt — Rechte und Pflichten der Parteien

wenn durch die Ungewißheit gegenwärtige Interessen des Mieters beeinträchtigt werden[90].

Die in jüngerer Zeit häufig zu beobachtende Praxis, nicht fertige Räume, sondern Geschoßflächen zu vermieten, die der Mieter sodann seinen Bedürfnissen entsprechend einteilt und ausbaut, kann dazu führen, daß das Risiko, in behördliche Nutzungsbeschränkungen verstrickt zu werden, auf den Mieter übergeht; in einem solchen Fall hat der Vermieter nicht dafür einzustehen, daß die vom Mieter nach seinen Vorstellungen eingeteilten und ausgebauten Räume den behördlichen Anforderungen für den vorgesehenen Betrieb entsprechen.

Der Mieter, der die ihm zum Gebrauch überlassene Sache als Erfüllung angenommen hat, hat im Streitfall ihre Mangelhaftigkeit zu beweisen. Dies ergibt sich aus § 363 BGB, soweit der Mieter einen anfänglichen Sachmangel behauptet. Aber auch wenn er vorbringt, die Mietsache sei während der Mietzeit mangelhaft geworden, trifft ihn die Beweislast, weil er die Voraussetzungen seiner Gewährleistungsansprüche darzulegen und zu beweisen hat[91]. Die Beweislast bezieht sich nicht nur auf das Vorliegen eines Mangels schlechthin, sondern auch darauf, daß hierdurch die Tauglichkeit der Mietsache aufgehoben oder gemindert ist[92]. Bei unveränderter Beweislast können dem Mieter die Grundsätze des Anscheinsbeweises zugutekommen[93]. 84

Die häufig anzutreffende Klausel, daß der Mieter bestätigt, die Mietsache in mangelfreiem Zustand erhalten oder sie sogar eingehend überprüft zu haben, verändert zwar nicht die Beweislast zu seinen Ungunsten, (vgl. § 11 Nr. 15 AGBG), ist aber unangemessen, weil sie letztlich den Ausschluß von Gewährleistungsrechten bezweckt.

### 3.2.2 Pflicht des Vermieters zur Mängelbeseitigung

Im Rahmen seiner Erfüllungspflicht ist der Vermieter nach § 536 BGB zur Beseitigung des Mangels verpflichtet. Er hat demnach Schäden zu beheben, Störungen abzuwehren oder die öffentlichrechtlichen Voraussetzungen für den vertragsgemäßen Gebrauch der Mietsache beizubringen. Die Pflicht zur Schadensbehebung erstreckt sich auf alle Schäden, die der Mieter nicht zu vertreten hat, also insbesondere auf solche infolge natürlichen Verschleißes 85

---

90) BGH, Urt. v. 20. 1. 1971 — VIII ZR 167/69 = WM 1971, 531 = NJW 1971, 555; v. 22. 6. 1988 (Fußn. 80); OLG Düsseldorf (Fußn. 81).
91) BGH, Urt. v. 13. 2. 1985 — VIII ZR 154/84 = EWiR § 9 AGBG 1/85, 123 *(Bunte)* = WM 1985, 542 = NJW 1985, 2328; OLG Celle ZMR 1985, 10.
92) A. A. *Emmerich/Sonnenschein*, § 537 Rz. 21.
93) OLG Köln ZIP 1989, 245 = EWiR § 542 BGB 1/89, 339 *(Sonnenschein)* = NJW-RR 1989, 439 (wiederholte Störung einer Fernsprechnebenstellenanlage).

## A. Mietvertrag

durch den bestimmungsgemäßen Gebrauch der Mietsache (vgl. § 548 BGB). Bei der Raummiete obliegen somit nach der gesetzlichen Regelung die Schönheitsreparaturen dem Vermieter. Ist das Mietobjekt außerhalb des Mietgebrauchs durch Brand unbenutzbar geworden, so muß der Vermieter den vertragsgemäßen Zustand auch dann wiederherstellen, wenn im Mietvertrag Instandsetzung und -haltung des Mietobjekts sowie Schönheitsreparaturen auf den Mieter abgewälzt worden sind[94].

Aber auch wenn bei Übergabe die Tauglichkeit noch nicht beeinträchtigt ist, dies aber durch Zeitablauf zwangsläufig eintreten wird (z. B. Flugzeug mit fehlerhafter Außenhaut), kann der Vermieter zur sofortigen Beseitigung des Mangels verpflichtet sein[95].

Ist die Schadensbehebung objektiv unmöglich, entfällt die dahingehende Verpflichtung des Vermieters (vgl. unten Rz. 117).

**86** Der Mieter muß alle Maßnahmen zur Herstellung des vertragsgemäßen Zustandes der Mietsache dulden (für die Grundstücks- und Raummiete in § 541 a BGB besonders geregelt), auch wenn es für ihn wirtschaftlich günstiger ist, die Mietsache trotz ihres Mangels zu nutzen und einen nach § 537 BGB ermäßigten Mietzins zu entrichten. Die Erhaltung der Mietsache liegt nämlich auch im Interesse des Vermieters, insbesondere wird ihm daran gelegen sein, eine Ausweitung von Schäden zu verhindern.

**87** Bei weitgehender, aber nicht vollständiger Zerstörung der Mietsache kommt es nach der Rechtsprechung des Bundesgerichtshofes[96] darauf an, inwieweit dem Vermieter die Wiederherstellung der Sache zuzumuten ist. Überschreiten die erforderlichen Aufwendungen die Opfergrenze, so entfällt die Herstellungspflicht.

**88** Zweifelhaft ist, inwieweit der Vermieter einer beweglichen Sache seiner Erfüllungspflicht gegen den Willen des Mieters durch Überlassung einer anderen gleichen Sache genügen bzw. hierzu verpflichtet sein kann, wenn ihm die Wiederherstellung der Mietsache aus wirtschaftlichen Gründen nicht zuzumuten ist (vgl. hierzu Rz. 87). Dogmatisch erscheint dies ausgeschlossen. Auch wenn die Mietsache (etwa Kraftfahrzeug, Fernsehgerät, Büromaschine, EDV-Anlage) nur der Gattung nach angemietet wird, beschränkt sich das Mietverhältnis nach § 243 Abs. 2 BGB auf die überlassene Sache, denn der

---

94) BGH, Urt. v. 25. 2. 1987 – VIII ZR 88/86 = EWiR § 537 BGB 2/87, 447 *(Sonnenschein)* = WM 1987, 822 = NJW-RR 1987, 906.
95) BGH, Urt. v. 29. 10. 1986 – VIII ZR 144/85 = EWiR § 537 1/87, 31 *(Eckert)* = WM 1987, 219 = NJW 1987, 432.
96) Beschl. v. 13. 10. 1959 – VIII ZR 139/59 = NJW 1959, 2300; Urt. v. 14. 4. 1976 – VIII ZR 291/74 = WM 1976, 640 = NJW 1976, 1506; v. 26. 9. 1990 – VIII ZR 205/89 = ZIP 1990, 1483 = EWiR § 537 BGB 2/90, 1187 *(Emmerich)* = WM 1991, 26.

III. Vertragsinhalt — Rechte und Pflichten der Parteien

Mieter hat diese als vertraglich geschuldete Leistung angenommen. Eine andere Sache als die, auf die sich das Mietverhältnis durch Überlassung konkretisiert hat, braucht er sich nicht aufdrängen zu lassen. Demgemäß hat der Bundesgerichtshof[97] entschieden, daß der Vermieter grundsätzlich nicht berechtigt ist, seine Vertragspflicht aus § 536 BGB gegen den Willen des Mieters durch Ersetzung der Mietsache durch eine andere gleiche Sache zu erfüllen. Endgültig festgelegt hat der Bundesgerichtshof sich jedoch nicht. Im entschiedenen Fall war das Mißtrauen des Mieters gegen ein gleiches Gerät desselben Herstellers berechtigt. Hat jedoch der Mieter kein vernünftiges Interesse, eine gleichartige Ersatzsache abzulehnen, so spricht zumindest der Grundsatz von Treu und Glauben dafür, ein Auswechseln der Mietsache als vertragsgerechte Erfüllung zuzulassen. Jedenfalls bestehen keine Bedenken gegen eine dahingehende vorformulierte Klausel, wie etwa § 9 Abs. 3 der vom Mieter — der öffentlichen Hand — verwendeten Verdingungsordnung für Computerleistungen (VOC), Teil 1, Vertragsbedingungen für die Miete, den Kauf und die Wartung von EDV-Anlagen und -geräten[98].

### 3.2.3 Aufwendungsersatzanspruch des Mieters bei Verzug des Vermieters

Kommt der Vermieter seiner Verpflichtung zur Herstellung des vertragsgemäßen Zustandes nicht nach, so kann der Mieter ihn durch Mahnung (§ 284 BGB) in Verzug setzen, nach Ablauf der Abhilfefrist den Mangel selbst beseitigen und Ersatz seiner notwendigen Aufwendungen verlangen (§ 538 Abs. 2 BGB). Die Vorschrift des § 547 BGB gilt bei derartiger Fallgestaltung nicht[99]. Die Mahnung als Voraussetzung dieses Anspruchs muß die Aufforderung enthalten, innerhalb einer genau bezeichneten Frist den Schaden zu beheben. Eine Mängelanzeige, zu der der Mieter nach § 545 Abs. 1 BGB verpflichtet ist, ersetzt die Mahnung nicht. Unterläßt der Vermieter die Schadensbehebung, ohne daß er dies zu vertreten hat, kommt er nicht in Verzug (§ 285 BGB). Insofern ist der Grundsatz der verschuldensunabhängigen Haftung des Vermieters durchbrochen. Praktisch bedeutsam sind insoweit Fälle höherer Gewalt, objektiver Unmöglichkeit der Mängelbeseitigung (vgl. unten Rz. 117) oder der Vereitelung durch den Mieter.

Entbehrlich sind Mahnung und Fristsetzung, wenn der Vermieter die Schadensbeseitigung ernsthaft und endgültig verweigert, etwa weil er den Mangel nicht anerkennt. Schließlich bedarf es der Mahnung und Fristsetzung auch

**89**

---
97) Urt. v. 2. 12. 1981 — VIII ZR 273/80 = ZIP 1982, 186 = WM 1982, 151 = NJW 1982, 873.
98) Dazu *Zahrnt*, VOC, BVB Miete, § 9 Rz 32.
99) BGH, Urt. v. 30. 3. 1983 — VIII ZR 3/82 = WM 1983, 766.

dann nicht, wenn bei Gefahr in Verzug zur Vermeidung weiterer Schäden sofortige Abhilfe geboten ist[100] (z. B. Rohrverstopfung, Rohrbruch, Zerstörung von Türen oder Fenstern). Da in einer solchen Notsituation die Verwendungen des Mieters notwendig sind, besteht zudem ein Erstattungsanspruch gemäß § 547 Abs. 1 BGB.

Ist der Mieter befugt, den Schaden selbst zu beheben, so kann er vom Vermieter Zahlung eines Kostenvorschusses verlangen[101].

**90** Zu ersetzen hat der Vermieter die Aufwendungen, die der Mieter für notwendig halten durfte, ohne daß es darauf ankommt, ob der Vermieter die Arbeiten hätte billiger ausführen lassen können, einschließlich des Wertes der eigenen Arbeitsleistung[102].

Beseitigt der Mieter den Mangel, ohne hierzu nach § 538 Abs. 2 BGB berechtigt gewesen zu sein, so steht ihm nach dieser Vorschrift kein Aufwendungsersatz zu. Da jedoch der Vermieter von seiner Verpflichtung befreit worden ist, erscheint gleichwohl ein Ausgleich geboten. Die Regeln über die ungerechtfertigte Bereicherung werden zwar durch den Sondertatbestand des § 538 Abs. 2 BGB verdrängt, nicht ausgeschlossen ist jedoch ein Anspruch auf Verwendungsersatz. Die Aufwendungen zur Mängelbeseitigung sind im Regelfall — von Gefahr in Verzug abgesehen — keine notwendigen Verwendungen auf die Mietsache, weil sie im allgemeinen nicht zur Erhaltung oder Wiederherstellung des Bestandes der Mietsache erforderlich sind[103]. Ersatz kann der Mieter daher gemäß § 547 Abs. 2 BGB nur nach den Regeln über die Geschäftsführung ohne Auftrag verlangen (vgl. unten Rz. 333).

**91** § 538 Abs. 2 BGB berechtigt den Mieter zur Selbstbeseitigung des Mangels, verpflichtet ihn aber nicht dazu. Gleichwohl kann dem Mieter, der Schadensersatz fordert, ein Mitverschulden gemäß § 254 BGB anzurechnen sein, wenn sich sein Schaden vergrößert, weil er es unterläßt, gemäß § 538 Abs. 2 BGB vorzugehen[104].

**92** Der Anspruch des Mieters auf Aufwendungsersatz nach § 538 Abs. 2 BGB verjährt wie der Verwendungsersatzanspruch in 30 Jahren, jedoch gemäß

---

100) RGZ 100, 42.
101) BGH, Urt. v. 7. 5. 1971 — V ZR 94/70 = BGHZ 56, 136, 141 = NJW 1971, 1450; Urt. v. 11. 4. 1984 — VIII ZR 315/82 = WM 1984, 973 = NJW 1985, 267; KG ZMR 1988, 219.
102) BGH, Urt. v. 10. 12. 1972 — VII ZR 51/72 = WM 1972, 1458.
103) BGH, Urt. v. 13. 2. 1974 — VIII ZR 233/72 = WM 1974, 348; v. 30. 3. 1983 — VIII ZR 3/82 = WM 1983, 766.
104) RGZ 100, 42, 44.

§ 558 Abs. 2 BGB spätestens in einem halben Jahr nach Beendigung des Mietverhältnisses[105] (vgl. Rz. 339).

### 3.2.4 Mietzinsminderung und Einrede des nicht erfüllten Vertrages

Tritt durch den Mangel eine nicht nur unerhebliche Minderung der Tauglichkeit der Mietsache ein, ist der Mieter von der Verpflichtung zur Zahlung des Mietzinses teilweise, bei Aufhebung der Tauglichkeit der Mietsache sogar völlig befreit. Dasselbe gilt für die Dauer der Beseitigung von Fehlern, die noch nicht die Gebrauchstauglichkeit beeinträchtigen[106]. Die Mietzinsminderung tritt kraft Gesetzes als Folge des Mangels ein, ohne daß sich der Mieter hierauf berufen muß. Darauf, ob der Vermieter den Mangel zu vertreten hat, kommt es nicht an. Auch wenn eine Schadensbeseitigung objektiv unmöglich ist und die Ursache des Mangels außerhalb des Einflußbereiches des Vermieters liegt, ist der Mietzins herabzusetzen. Die Mietzinsminderung greift auch ein, wenn der Mieter im konkreten Fall nicht beeinträchtigt ist, etwa weil er das Mietobjekt nicht nutzt oder nicht in der vorgesehenen Weise verwendet[107].

93

Ausgeschlossen ist die Mietzinsminderung, wenn der Mieter selbst den Schaden zu vertreten hat oder wenn er entgegen § 545 Abs. 1 BGB einen nachträglichen Mangel nicht angezeigt hat und der Vermieter infolgedessen gehindert ist, abzuhelfen (vgl. Rz. 191). Der Vermieter muß darlegen und beweisen, daß die Herstellung des vertragsgemäßen Zustandes ursprünglich möglich war, durch die verspätete Mängelanzeige jedoch unausführbar geworden ist[108].

Wird ein Teil einer Mietzinsforderung abgetreten, so erstreckt sich eine Mietzinsminderung grundsätzlich auf jeden der durch die Abtretung entstandenen Forderungsteile nach dem Verhältnis ihrer Höhe[109].

Mietzins, der trotz des Minderungsrechts gezahlt wurde, kann, da ohne rechtlichen Grund geleistet, gemäß § 812 BGB zurückgefordert werden, sofern der Mieter nicht in Kenntnis des Nichtbestehens seiner Schuld gezahlt hat. Zur Erleichterung der prozessualen Durchsetzung kann der Mieter auf Feststellung der Minderung klagen, ohne daß er sich auf die Leistungsklage

---

105) BGH, Urt. v. 13. 2. 1974 – VIII ZR 233/72 = WM 1974, 348.
106) BGH, Urt. v. 29. 10. 1986 – VIII ZR 144/85 = EWiR § 537 1/87, 31 *(Eckert)* = WM 1987, 219 = NJW 1987, 432.
107) BGH, Urt. v. 11. 2. 1958 – VIII ZR 12/57 = NJW 1958, 785; Urt. v. 29. 10. 1986, aaO, (Fußn. 106).
108) BGH, Urt. v. 17. 12. 1986 – VIII ZR 279/85 = ZIP 1987, 240 = NJW 1987, 1072 = WM 1987, 349.
109) BGH, Urt. v. 16. 3. 1983 – VIII ZR 22/82 = WM 1983, 603.

## A. Mietvertrag

verweisen lassen muß, wenn das Mietverhältnis fortbesteht und der Mieter mit dem Betrag, um den er den Mietzins für die zurückliegende Zeit mindern darf, gegen künftige Mietzinsansprüche des Vermieters aufrechnen kann. In diesem Fall hat das Feststellungsurteil die gleiche Wirkung wie ein Leistungsurteil[110].

Für die Schlüssigkeit der Klage des Mieters auf Feststellung des Minderungsrechts oder seiner dahingehenden Einwendung gegenüber dem Zahlungsanspruch des Vermieters reicht es aus, konkrete Sachmängel anzuführen, die den Gebrauch der Mietsache beeinträchtigen. Da die Mietzinsminderung automatisch in dem Umfang eintritt, in dem die Gebrauchstauglichkeit herabgesetzt ist, braucht der Mieter nicht anzugeben, mit wieviel Prozent die einzelnen Mängel an der Minderung beteiligt sind. Werden die Mängel bewiesen, so ist, ggf. unter Heranziehung eines Sachverständigen, der Umfang der Gebrauchsbeeinträchtigung zu klären. Daraus folgt ohne weiteres das Maß, in dem der Mietzins gemindert ist.

**94** Selbst wenn der Mieter nur einen herabgesetzten Mietzins schuldet, bleibt sein Anspruch auf Herstellung des vertragsgemäßen Zustandes der Mietsache bestehen. Als Druckmittel kann er daher gemäß § 320 BGB die Einrede des nicht erfüllten Vertrages erheben und die Zahlung des Mietzinses bis zur Behebung des Mangels verweigern[111]. § 320 BGB wird durch die mietrechtlichen Gewährleistungsregeln nicht verdrängt, weil dort ein dem Zurückbehaltungsrecht entsprechender Rechtsbehelf des Mieters nicht vorgesehen ist. Die Einrede gemäß § 320 BGB wirkt jedoch nur aufschiebend. Nach Herstellung des vertragsgerechten Zustandes ist der rückständige, herabgesetzte Mietzins nachzuzahlen. Zinsen braucht der Mieter nicht zu entrichten. Er befand sich nämlich nicht in Verzug, weil die Mietzinsraten wegen der Einrede des nicht erfüllten Vertrages nicht fällig waren[112].

Die Einrede gemäß § 320 BGB steht dem Mieter jedoch dann nicht zu, wenn er an der Herstellung des vertragsmäßigen Zustandes nicht mehr interessiert ist, insbesondere wenn er durch eine – begründete oder unbegründete – fristlose Kündigung des Mietvertrages und durch die Rückgabe

---

110) BGH, Urt. v. 12. 6. 1985 – VIII ZR 142/84 = EWiR § 256 ZPO 1/85, 811 *(Wolf)* = WM 1985, 860.
111) BGH, Urt. v. 7. 5. 1982 – V ZR 90/81 = BGHZ 84, 82 = WM 1982, 910 = NJW 1982, 2242; v. 4. 4. 1984 – VIII ZR 313/82 = ZIP 1984, 1107 = WM 1984, 933 = NJW 1984, 2687; Urt. v. 5. 7. 1989 – VIII ZR 334/88 = ZIP 1989 1333 = EWiR § 537 BGB 3/89, 977 *(Eckert)* = WM 1989, 1574 = NJW 1989, 3222; a. A. OLG Düsseldorf BB 1989, 1934 = MDR 1989, 640.
112) BGH, Urt. v. 5. 5. 1971 – VIII ZR 59/70 = WM 1971, 1020.

III. Vertragsinhalt – Rechte und Pflichten der Parteien

der Mietsache zu erkennen gegeben hat, daß er diese ohnehin nicht mehr gebrauchen will[113].

Im Rahmen des § 320 BGB ist § 538 BGB (unten R. 106 ff.) grundsätzlich nicht anzuwenden. Dies schließt nicht aus, den Rechtsgedanken der Vorschrift gleichwohl nach Treu und Glauben heranziehen; hierbei ist indessen zu berücksichtigen, inwieweit der Mieter auf die Mängelbeseitigung vertrauen durfte[114].

### 3.2.5 Schadensersatz wegen Nichterfüllung

#### 3.2.5.1 Anspruchsvoraussetzungen

Nach § 538 Abs. 1 BGB steht dem Mieter in folgenden drei Fällen Schadensersatz wegen Nichterfüllung zu: **95**

1. die Mietsache ist bei Vertragsschluß mangelhaft;
2. die Mietsache wird nach Vertragsschluß mangelhaft;
3. der Vermieter befindet sich mit der Mängelbeseitigung in Verzug.

Die Unterscheidung dieser Fallgruppen ist bedeutsam, denn bei Vorhandensein eines Sachmangels bei Vertragsschluß haftet der Vermieter ohne Rücksicht darauf, ob er den Mangel zu vertreten hat, während er bei einem nachträglich entstandenen Mangel zum Schadensersatz nur verpflichtet ist, wenn er diesen zu vertreten hat. Hat er ihn nicht zu vertreten, so ist er nur schadensersatzpflichtig, wenn er mit der Schadensbeseitigung in Verzug gerät. Mit den vertraglichen Schadensersatzansprüchen können deliktische konkurrieren, insbesondere solche wegen Verletzung der Verkehrssicherungspflicht oder der Sicherungspflicht des Gebäudeeigentümers nach § 836 BGB. Durch die Vermietung wird der Eigentümer nicht von seinen Sicherungspflichten befreit[115].

Zu 1.: (die Mietsache ist bei Vertragsschluß mangelhaft) **96**

Die Feststellung, ob ein Mangel schon bei Vertragsschluß vorhanden war, bereitet dann Schwierigkeiten, wenn er sich erst nach Vertragsschluß zeigt, die Schadensursache aber auf einen früheren Zeitpunkt zurückverfolgt werden kann. Um einen anfänglichen Mangel handelt es sich z. B. dann, wenn bei Vertragsschluß ein Baufehler vorliegt, der dem späteren Bezug des Gebäudes entgegensteht[116]. Aber auch wenn er sich zunächst nicht auswirkt und eine

---

113) BGH, Urt. v. 25. 1. 1982 – VIII ZR 310/80 = WM 1982, 335 = NJW 1982, 874.
114) BGH, Urt. v. 5. 7. 1989 (Fußn. 111).
115) BGH, Urt. v. 11. 12. 1984 – VI ZR 218/83 = NJW 1985, 1076.
116) BGH, Urt. v. 16. 1. 1963 – VIII ZR 169/61 = WM 1963, 321 = NJW 1963, 804.

## A. Mietvertrag

unbeeinträchtigte Nutzung des Mietobjektes möglich ist, liegt ein anfänglicher Mangel vor, wenn später als Folge des Baufehlers die Gebrauchsfähigkeit der Mietsache beeinträchtigt wird. Daß beide Parteien die von dem Baufehler ausgehende Gefahr nicht erkannt haben, steht dem nicht entgegen[117].

Auch bei Gefahrenquellen außerhalb der Mietsache, die sich nach Vertragsschluß auswirken, tendiert die Rechtsprechung zur Annahme eines anfänglichen Mangels. So hat der Bundesgerichtshof[118] in einer schon bei Vertragsschluß schadhaften Elektrozuleitung außerhalb der Mieträume, aber in demselben Gebäude, einen anfänglichen Mangel der Mietsache gesehen, und zwar selbst dann, wenn die Gefahr bei Abschluß des Mietvertrages nicht erkennbar war. Auch die Gefahr, daß das Mietgrundstück durch Hochwasser überschwemmt werden kann (vgl. oben Rz. 79), stellt einen anfänglichen Mangel der Mietsache dar[119].

Diese Ausweitung des Begriffs des anfänglichen Mangels bei einer Gefahrenquelle außerhalb der Mietsache ist sachgerecht, wenn die Gefahrenquelle im Einflußbereich des Vermieters liegt oder wenn er Vorkehrungen zur Gefahrenabwehr treffen kann.

Die Annahme eines anfänglichen Mangels hat der Bundesgerichtshof jedoch in einem Fall abgelehnt, in dem die zuständige Behörde eine Discothek, die nach der Baunutzungsverordnung in einem sog. Mischgebiet lag, zulässigerweise mehrere Jahre geduldet, später aber ihre Auffassung über die Zulässigkeit des Betriebes in diesem Gebiet geändert und die Schließung der Gaststätte angeordnet hat[120].

**97** Die Frage, auf welchen Vertragsschluß für die Annahme eines anfänglichen Mangels abzustellen ist, bereitet Schwierigkeiten, wenn die Parteien ihre vertraglichen Beziehungen neu ordnen oder den Vertrag verlängern.

Wird beispielsweise ein formlos begründetes Mietverhältnis durch einen detaillierten schriftlichen Vertrag abgelöst, so tritt die Garantiehaftung des Vermieters für Mängel der Mietsache, die zu diesem Zeitpunkt vorliegen, aber während der vorangegangenen Mietzeit entstanden sind, nur dann nicht ein, wenn der Vermieter erkennbar diese Garantie nicht hat übernehmen wollen[121]. Dasselbe gilt für den Abschluß eines neuen Mietvertrages. Schließen die Parteien nach Beendigung eines Mietverhältnisses über dasselbe Mietobjekt einen neuen Mietvertrag ab — und sei es auch unter Bezugnahme auf das

---

117) BGH, Urt. v. 22. 1. 1968 – VIII ZR 195/65 = BGHZ 49, 350 = WM 1968, 438 = NJW 1968, 885.
118) Urt. v. 27. 3. 1972 – VIII ZR 177/70 = WM 1972, 658 = NJW 1972, 944.
119) BGH, Urt. v. 9. 12. 1970 – VIII ZR 149/69 = WM 1971, 244 = NJW 1971, 424.
120) Urt. v. 20. 4. 1977 – VIII ZR 287/75 = BGHZ 68, 294 = WM 1977, 791 = NJW 1977, 1285.
121) BGH, Urt. v. 22. 1. 1968 – VIII ZR 195/65 = BGHZ 49, 350 = WM 1968, 438 = NJW 1968, 885.

### III. Vertragsinhalt – Rechte und Pflichten der Parteien

beendete Mietverhältnis –, so sind Fehler, die in der vorangegangenen Mietzeit entstanden sind und im Zeitpunkt des neuen Vertragsschlusses vorliegen, anfängliche Mängel mit der Folge, daß im Zweifel die Garantiehaftung des Vermieters eingreift. Verlängern die Parteien hingegen ein laufendes Mietverhältnis in der Weise, daß sie nur die Vereinbarung über die Vertragsdauer abändern, so sind anfängliche Mängel nur die, die bei Abschluß des ursprünglichen Vertrages vorhanden waren.

Zu 2.: (die Mietsache wird nach Vertragsschluß mangelhaft) **98**

Wird die Mietsache nach Vertragsschluß mangelhaft, so ist der Vermieter zum Schadensersatz nur verpflichtet, wenn er den Mangel zu vertreten hat. Dies wird nicht allzu häufig der Fall sein, denn nach Überlassung der Mietsache ist sie in der Regel seinem Einflußbereich entzogen und Mängel, die sich infolge der bestimmungsgemäßen Nutzung der Mietsache zwangsläufig einstellen, hat er ebensowenig zu vertreten wie der Mieter. Auch Einwirkungen von außen (Straßenlärm, störende Bauarbeiten) sind ihm üblicherweise nicht zuzurechnen. Störungen des Mietgebrauchs durch einen anderen Mieter hat der Vermieter nicht nach § 278 BGB zu vertreten, denn dieser Mieter kann schwerlich als Erfüllungsgehilfe im Rahmen eines anderen Mietverhältnisses angesehen werden.

Es wird daher gelegentlich erwogen, vom Vermieter Untersuchung und Überwachung der Mietsache zu fordern, um auf diese Weise zu begründen, daß er einen nachträglichen Mangel zu vertreten hat. Die Rechtsprechung, in dieser Hinsicht zurückhaltend, verlangt vom Vermieter nur die Einhaltung der verkehrsüblichen Sorgfalt und erkennt an, daß der Vermieter darauf vertrauen darf, daß als zuverlässig bekannte Handwerker keine Montagefehler gemacht haben[122] und daß er nicht in der Lage ist, die Mietsache, die sich in der Obhut des Mieters befindet, laufend auf ihren Zustand zu überprüfen[123]. Auch ist der Vermieter nicht verpflichtet, in der Erde liegende Wasserleitungen auszugraben und auf ihren Erhaltungszustand zu untersuchen[124] oder zu den Mieträumen führende Elektroleitungen ohne besondere Veranlassung zu überprüfen[125].

Soweit jedoch Geräte vermietet sind, deren Funktionstüchtigkeit von regelmäßiger Wartung abhängt, hat der Vermieter einen auf unzureichender Wartung beruhenden Schaden zu vertreten, sofern nicht der Mieter vertraglich die Wartung übernommen hat (vgl. Rz. 135).

---

122) BGH, Urt. v. 12. 3. 1985 – VIII ZR 215/83 = NJW 1985, 2288.
123) BGH, Urt. v. 4. 4. 1977 – VIII ZR 143/75 = BGHZ 68, 281 = WM 1977, 743 = NJW 1977, 1236.
124) BGH, Urt. v. 26. 3. 1957 – VIII ZR 6/56 = LM Nr. 5 zu § 538 BGB.
125) BGH, Urt. v. 12. 5. 1969 – VIII ZR 164/67 = WM 1969, 1011.

## A. Mietvertrag

Bei einem nachträglichen Mangel entfällt nach § 545 Abs. 2 BGB die Schadensersatzpflicht des Vermieters, soweit er zur Schadensbehebung außerstande war, weil der Mieter ihm entgegen § 545 Abs. 1 BGB einen Mangel oder einen Gefahrenzustand nicht angezeigt hat (vgl. Rz. 191). Übernimmt es der Mieter, den Mangel auf Kosten des Vermieters zu beseitigen, gelingt die Mängelbeseitigung jedoch nicht oder nur unzureichend, so ist der verbliebene Mangel zur Erhaltung der Gewährleistungsrechte erneut anzuzeigen[126].

Ein mit dem vertraglichen Schadensersatzanspruch konkurrierender Anspruch wegen unerlaubter Handlung (§§ 823ff BGB) wird hiervon nicht berührt, jedoch ist im Zweifel Mitverschulden gemäß § 254 BGB anzunehmen[127].

**99** Zu 3.: (der Vermieter befindet sich mit der Mängelbeseitigung in Verzug)

Verzug mit der Mängelbeseitigung setzt ebenfalls voraus, daß die Herstellung des vertragsgemäßen Zustandes infolge eines Umstandes unterbleibt, den der Vermieter zu vertreten hat (§ 285 BGB). Ist die Mängelbeseitigung objektiv unmöglich (vgl. Rz. 117) oder ist sie dem Vermieter nicht zuzumuten, so liegt kein Verzug vor.

### 3.2.5.2 Schadensumfang

**100** Der *Umfang des Schadens,* den der Vermieter zu ersetzen hat, ist bei den Ansprüchen aus § 538 Abs. 1 BGB außerordentlich weit. Nicht nur der unmittelbare Schaden ist zu ersetzen, sondern auch jeder Mangelfolge- oder Begleitschaden[128]. Es kann insoweit auf die Ausführungen zur Haftung für Rechtsmängel (oben Rz. 68) verwiesen werden. Soweit der Mieter Ersatz des entgangenen Gewinns geltend macht, kann er ihn nur für die Zeit verlangen, in der der Vermieter zur Gebrauchsgewährung verpflichtet war und gegen seinen Willen am Vertrag festgehalten werden konnte[129]. Konnte der Vermieter den Vertrag kündigen, so kann der Mieter der Berechnung seines entgangenen Gewinns nicht die gesamte Vertragszeit zugrunde legen.

Schadensersatz zu leisten ist auch für Körperschäden[130]. Zu ersetzen sind insoweit Heilungskosten und Verdienstausfall. Auf vertraglicher Grundlage kann allerdings kein Schmerzensgeld verlangt werden. Hat der Vermieter jedoch die Körperverletzung verschuldet und eine unerlaubte Handlung (§ 823

---

126) OLG Düsseldorf ZMR 1987, 376 = NJW-RR 1987, 1232.
127) RGZ 165, 155.
128) BGH, Urt. v. 9. 12. 1970 – VIII ZR 149/69 = WM 1971, 244 = NJW 1971, 424.
129) BGH, Urt. v. 12. 1. 1972 – VIII ZR 26/71 = WM 1972, 335 = NJW 1972, 625 (L).
130) BGH, Urt. v. 21. 2. 1962 – VIII ZR 4/61 = WM 1962, 516 = NJW 1962, 908.

oder § 836 BGB) begangen, so kann der Geschädigte auch Schmerzensgeld fordern. Bei Anmietung einer mangelhaften Ferienwohnung, eines Ferienhauses, Bootes oder Wohnmobils hat der Vermieter den Mieter entsprechend § 651 f Abs. 2 BGB wegen der vertanen Urlaubszeit zu entschädigen[131].

Die Haftung des Vermieters wird weiter dadurch ausgedehnt, daß auch Dritte in den Schutzbereich des Mietvertrages einbezogen sein können (vgl. unten Rz. 238).

Die Regelung über die Minderung des Schadensersatzanspruchs bei Mitverschulden des Geschädigten (§ 254 BGB) ist auch auf die Garantiehaftung des Vermieters nach § 538 Abs. 1 BGB anzuwenden[132]. In Betracht kommt insoweit, insbesondere bei Geltendmachung des entgangenen Gewinns, der Einwand, der Mieter habe es unterlassen, gemäß § 538 Abs. 2 BGB den Mangel selbst zu beheben[133] oder dem Vermieter einen erkennbaren schadhaften Zustand anzuzeigen. **101**

### 3.2.5.3 Beweislast

Der Mieter hat zu beweisen, daß der Vermieter einen nachträglichen Mangel zu vertreten hat. Steht fest, daß die Mietsache vor ihrer Überlassung mangelhaft geworden ist, so muß der Vermieter nachweisen, daß sie bei Vertragsschluß noch nicht mit einem Mangel behaftet war, denn zu diesem Zeitpunkt befand sie sich in seiner Obhut oder in seinem Einflußbereich. **102**

Nimmt der Mieter den Vermieter auf Ersatz seiner in den Mieträumen untergebrachten und beschädigten Sachen in Anspruch, so muß er auch beweisen, daß der Vermieter den Schaden verursacht hat. Kam die Gefahr jedoch aus einem der Einwirkung des Mieters entzogenen Bereich, so hat sich der Vermieter zu entlasten[134].

### 3.2.5.4 Verjährung

Der vertragliche Schadensersatzanspruch des Mieters oder sonstiger Anspruchsberechtigter verjährt in der regelmäßigen Frist des § 195 BGB, d. h. in 30 Jahren. § 558 BGB greift nicht ein, denn in dieser Norm sind die Gewährleistungsansprüche des Mieters nicht erwähnt. **103**

---

131) BGH, Urt. v. 17. 1. 1985 – VII ZR 163/84 = NJW 1985, 906 = WM 1985, 319; OLG München NJW-RR 1987, 366; OLG Karlsruhe ZMR 1988, 223, 224 = NJW-RR 1988, 954.
132) BGH, Urt. v. 4. 4. 1977 – VIII ZR 143/75 = BGHZ 68, 281 = WM 1977, 743 = NJW 1977, 1236.
133) RGZ 100, 42, 44.
134) BGH, Urt. v. 16. 10. 1963 – VIII ZR 28/62 = NJW 1964, 33; Urt. v. 31. 5. 1978 – VIII ZR 263/76 = WM 1978, 957 = NJW 1978, 2197.

## A. Mietvertrag

### 3.2.6 Außerordentliche Kündigung

**104** Ist die Mietsache mangelhaft, so genügt der Vermieter nur unzureichend seiner Pflicht zur Gewährung des vertragsmäßigen Gebrauchs[135]. Daher kann der Mieter das Mietverhältnis ohne Einhaltung einer Frist kündigen (§ 542 BGB); bei einer unerheblichen Beeinträchtigung der Gebrauchsfähigkeit jedoch nur, wenn er ein berechtigtes Interesse an der Vertragsbeendigung hat.

Liegt der Mangel im eigenen Verantwortungsbereich, so ist der Mieter nicht zur Kündigung berechtigt. Der Mieter hat zu beweisen, daß dies nicht der Fall ist (vgl. Rz. 84).

Die Kündigung ist erst zulässig, wenn der Mieter dem Vermieter eine angemessene Frist zur Abhilfe gesetzt hat und der Vermieter diese ungenutzt verstreichen läßt. Diesem Erfordernis genügt der Mieter durch die Bezugnahme auf eine behördliche Verfügung, die dem Vermieter die Behebung des Mangels des Mietobjekts aufgibt[136]. Ist die vom Mieter gesetzte Frist zu knapp, wird hierdurch ohne weiteres eine angemessene Frist in Lauf gesetzt. Voraussetzung ist weiter, daß der Mieter bereit ist, die Schadensbehebung zu ermöglichen.

Die Fristsetzung ist als leere Formalität entbehrlich, wenn der Mangel nicht[137] oder nicht in angemessener Frist[138] zu beseitigen ist, wenn der Vermieter ernstlich die Mängelbeseitigung ablehnt oder hierzu nicht in der Lage ist[139].

Bei immer wiederkehrenden Störungen technischer Anlagen kann die fristlose Kündigung gerechtfertigt sein, wenn es dem Vermieter nicht gelingt, die Störung auf Dauer zu beheben, diese vielmehr jeweils wenige Tage nach der Reparatur erneut auftritt[140].

Das Kündigungsrecht des Mieters entfällt, sofern der Vermieter zwar die ihm gesetzte Abhilfefrist verstreichen läßt, er aber den Mangel vor Ausspruch der Kündigung behebt. Eine wirksam erklärte Kündigung wird aber nicht dadurch hinfällig, daß der Vermieter nach Zugang der Kündigung abhilft.

**105** Ein Sonderfall der außerordentlichen Kündigung ist in § 544 BGB geregelt. Bei einem Mietverhältnis über Räume, die zum Aufenthalt von Menschen

---

135) BGH, Urt. v. 23. 3. 1983 – VIII ZR 336/81 = WM 1983, 660.
136) BGH, aaO (Fußn. 135).
137) BGH, Urt. v. 15. 2. 1967 – VIII ZR 222/64 = WM 1967, 515.
138) OLG Karlsruhe ZMR 1988, 223 = NJW-RR 1988, 954.
139) LG Duisburg EWiR § 537 BGB 4/87, 1173 *(Sonnenschein)*.
140) OLG Köln ZIP 1989, 245 = EWiR § 542 BGB 1/89, 339 *(Sonnenschein)* = NJW-RR 1989, 439.

## III. Vertragsinhalt – Rechte und Pflichten der Parteien

bestimmt sind[141], ist die fristlose Kündigung zulässig, wenn die Benutzung der Räume mit einer erheblichen Gesundheitsgefährdung verbunden ist. Diese kann zwar auch auf Einflüssen von außen (Rauch, Gerüche, Lärm) beruhen, jedoch muß sie jeden Benutzer ohne Rücksicht auf die Art der Nutzung treffen[142]. Vorherige Fristsetzung ist nicht erforderlich.

### 3.2.7 Ausschluß der Gewährleistungsrechte wegen Kenntnis des Mieters

§ 539 BGB schließt die Gewährleistungsrechte – nicht den Erfüllungsanspruch gemäß § 536 BGB – des Mieters in drei Fällen aus, und zwar
– wenn der Mieter den Mangel bei Vertragsschluß kennt,
– wenn er ihn infolge grober Fahrlässigkeit nicht bemerkt oder
– wenn er nach Vertragsschluß, aber vor Überlassung der Mietsache Kenntnis erlangt, die Mietsache aber vorbehaltlos als vertragsgerechte Leistung annimmt.

**106**

Der Wegfall der Gewährleistungsrechte in diesen Fällen ist gerechtfertigt, weil der Mieter zu erkennen gibt, daß er die Mietsache trotz ihres Mangels als vertragsgerecht ansieht. Ausgeschlossen sind nach § 539 BGB die Mietzinsminderung gemäß § 537 BGB sowie Schadensersatz- und Aufwendungsersatzansprüche nach § 538 Abs. 1 und 2 BGB. Auch das Recht zur außerordentlichen Kündigung entfällt wegen der in § 543 BGB enthaltenen Verweisung auf § 539 BGB.

Diese kann zwar auch auf Einflüssen von außen (Rauch, Gerüche, Lärm) beruhen, jedoch muß sie jeden Benutzer ohne Rücksicht auf die Art der Nutzung treffen[142].

Bei einer Mehrzahl von Mietern führt die Kenntnis bzw. grob fahrlässige Unkenntnis eines einzelnen Mieters dazu, daß die Rechte aller Mieter aus §§ 537, 538 und 542 BGB entfallen[143].

Unberührt trotz Kenntnis des Mangels bleiben der Anspruch des Mieters auf Erfüllung, d. h. Mängelbeseitigung, und die darauf gestützte Einrede des nicht erfüllten Vertrages[144]. Im Einzelfall ist jedoch zu prüfen, ob er auf die Geltendmachung seiner Rechte verzichtet hat. Anzunehmen ist dies, wenn der Mieter bei Vertragsschluß ausdrücklich – nicht formularmäßig – erklärt, ihm sei der mangelhafte Zustand der Mietsache bekannt.

---

141) Dazu OLG Düsseldorf NJW-RR 1987, 911 = ZMR 1987, 263 (Vorratslager).
142) Vgl. OLG Koblenz ZMR 1989, 376 = NJW-RR 1989, 1247 (Angriffe aus der Nachbarschaft auf Angestellte des Mieters; ein Grenzfall).
143) BGH, Urt. v. 1. 12. 1971 – VIII ZR 88/70 = WM 1972, 136 = NJW 1972, 249.
144) BGH, Urt. v. 25. 1. 1982 – VIII ZR 310/80 = WM 1982, 335 = NJW 1982, 874.

Weiter steht dem Mieter trotz Kenntnis des Mangels stets das Recht zur fristlosen Kündigung wegen erheblicher Gesundheitsgefährdung nach § 544 BGB zu[145].

**107** Konkurriert mit den vertraglichen Ansprüchen des Mieters ein Anspruch wegen unerlaubter Handlung, etwa wegen Verletzung der Verkehrssicherungspflicht oder der Sicherungspflicht des Gebäudeeigentümers (§ 836 BGB), so steht dieser Haftungstatbestand selbständig neben der vertraglichen Gewährleistung, so daß der deliktische Anspruch gegen den Vermieter durch die Kenntnis des Mieters von der Mangelhaftigkeit der Mietsache bzw. durch seine grob fahrlässige Unkenntnis nicht beeinträchtigt wird[146].

**108** *Kenntnis des Mieters bei Vertragsschluß* ist nur dann anzunehmen, wenn ihm der Mangel selbst bekannt ist. Kenntnis der Umstände, die zum Mangel führen, reicht nicht. Dies ist insbesondere bei Fehlern auf Grund öffentlich-rechtlicher Gebrauchshindernisse von Bedeutung. Ist etwa ein vermietetes Grundstück wegen eines Bauverbots fehlerhaft, so schadet es dem Mieter nicht, daß er die örtlichen Verhältnisse kannte, ohne daraus zu schließen, daß die Baugenehmigung versagt werden kann[147].

Trotz Kenntnis des Mangels behält der Mieter seine Gewährleistungsrechte, wenn der Vermieter bei Vertragsschluß auf Verlangen des Mieters die Behebung des Mangels verspricht[148], denn in einem solchen Fall gibt sich der Mieter gerade nicht mit dem Zustand der Mietsache zufrieden. Gleichwohl empfiehlt sich ein Vorbehalt bei der Annahme der Mietsache, falls der Vermieter noch nicht für Abhilfe gesorgt hat. Kenntnis bei Vertragsschluß schadet dem Mieter selbst dann, wenn der Vermieter den Mangel arglistig verschwiegen hat[149].

**109** *Grob fahrlässige Unkenntnis bei Vertragsschluß* schadet dem Mieter – im Gegensatz zur Haftung des Vermieters für Rechtsmängel – ebenfalls. Allerdings gilt dies nur, wie die Verweisung auf § 537 Abs. 1 BGB zeigt, wenn ein Fehler im engeren Sinn vorliegt, nicht bei Fehlen zugesicherter Eigenschaften. Hat jedoch der Vermieter den Fehler arglistig verschwiegen oder Fehlerfreiheit zugesichert, so sind die Gewährleistungsrechte des Mieters nicht ausgeschlossen. Insofern besteht ein Unterschied zum Fall der positiven Kenntnis des Mieters.

Da in erster Linie der Vermieter für den vertragsgerechten Zustand der

---

145) BGH, Urt. v. 12. 2. 1959 – VIII ZR 54/58 = BGHZ 29, 289, 295 = WM 1959, 543 = NJW 1959, 1424.
146) BGH, Urt. v. 11. 7. 1961 – VI ZR 186/60 = VersR 1961, 886; RGZ 165, 155.
147) BGH, Urt. v. 7. 11. 1962 – VIII ZR 190/61 = WM 1962, 1379.
148) BGH, Urt. v. 21. 1. 1976 – VIII ZR 113/74 = WM 1976, 385.
149) BGH, Urt. v. 30. 11. 1977 – VIII ZR 186/76 = WM 1978, 227.

## III. Vertragsinhalt – Rechte und Pflichten der Parteien

Mietsache verantwortlich ist, ist der Vorwurf der groben Fahrlässigkeit nur berechtigt, wenn der Mieter die Sorgfaltspflicht in außergewöhnlichem Maße verletzt. Grundsätzlich braucht er die Sache nicht auf ihre Eignung zum vertraglichen Zweck zu untersuchen[150]. Nur wenn er offensichtliche, ins Auge fallende Mängel übersieht, kann ihm grob fahrlässige Unkenntnis angelastet werden.

Erlangt der Mieter *nach Vertragsschluß, aber vor Überlassung* der Mietsache *Kenntnis* von einem Mangel (Fehler und Fehlen einer zugesicherten Eigenschaft), so greift § 539 BGB ein, wenn er die mangelhafte Sache annimmt, ohne sich seine Rechte vorzubehalten. Trotz vorbehaltloser Annahme bleiben ihm diese nur erhalten, wenn der Vermieter den Mangel arglistig verschwiegen oder Fehlerfreiheit zugesichert hat. **110**

§ 539 BGB ist auch bei einem *Verlängerungsvertrag* oder einer Vertragsverlängerung durch Ausübung eines *Optionsrechtes* (vgl. oben Rz. 25) anzuwenden, wenn der Mieter trotz Kenntnis oder grob fahrlässiger Unkenntnis des Mangels vorbehaltlos die Vertragszeit verlängert[151]. Erfährt der Mieter erst nach Ausübung der Option, aber noch vor Beginn der Optionszeit von dem Mangel und ist ihm wegen des Einverständnisses des Vermieters die Beendigung des Vertrages zum ursprünglichen Ablauftermin noch möglich, so muß er spätestens bei Beginn der Verlängerungszeit den Vorbehalt seiner Rechte erklären, andernfalls sind diese nach § 539 BGB ausgeschlossen[152]. **111**

Bei einem *Mieterwechsel* kommt es auf die Kenntnis des neuen Mieters bei Abschluß des Vertrages an, durch den er die Rechte und Pflichten aus dem Mietverhältnis übernimmt, nicht auf die Kenntnis des alten Mieters bei Abschluß des Ursprungsvertrages.

Die Rechtsprechung[153] dehnt den Anwendungsbereich des § 539 BGB noch weiter aus. Danach verliert der Mieter seine Gewährleistungsrechte für Vergangenheit und Zukunft, wenn er, ohne die ihm bekannten – grob fahrlässige Unkenntnis kann genügen[154] – Mängel zu beanstanden, den Vertrag über geraume Zeit fortsetzt, insbesondere den Mietzins in voller Höhe weiter entrichtet. Die Rückforderung zuviel gezahlten Mietzinses wird ausgeschlossen und der Mieter bleibt auch für die Zukunft zur Mietzinszahlung in **112**

---

150) BGH, Urt. v. 29. 11. 1961 – VIII ZR 112/60 = DB 1962, 64.
151) BGH, Urt. v. 24./28. 7. 1970 – VIII ZR 230/68 = BGHZ 54, 251 = WM 1970, 1136 = NJW 1970, 1740.
152) BGH, aaO (Fußn. 151).
153) BGH, Urt. v. 15. 2. 1967 – VIII ZR 222/64 = WM 1967, 515; v. 17. 5. 1967 – VIII ZR 265/64 = WM 1967, 850; v. 21. 1. 1976 – VIII ZR 113/74 = WM 1976, 385; OLG Düsseldorf ZMR 1987, 263 = NJW-RR 1987, 911; OLG Hamm MDR 1988, 410.
154) BGH, Urt. v. 2. 2. 1972 – VIII ZR 160/70 = WM 1972, 419.

der vereinbarten Höhe verpflichtet. Das Minderungsrecht lebt jedoch wieder auf, wenn der Vermieter den Mietzins erhöht, sofern der erhöhte Mietzins außer Verhältnis zum Gebrauchswert der mangelhaften Mietsache steht; der Mieter braucht dann den Differenzbetrag nicht zu zahlen.

Eine vorbehaltlose Weiterzahlung des Mietzinses liegt dann nicht vor, wenn der Mieter in Erwartung einer baldigen Mängelbeseitigung zunächst, also nicht über einen längeren Zeitraum, weiterzahlt oder wenn er in der ihm mitgeteilten Erwartung leistet, seine Zahlungen würden durch die Versicherung des Schadensverursachers ersetzt[155].

Im übrigen wahrt der Mieter seine Rechte nur, wenn er seinen Vorbehalt ausdrücklich erklärt. Hinweise, selbst wiederholte, auf die Mängel oder die ihm ohnehin gemäß § 545 BGB obliegende Mängelanzeige genügen nicht[156].

Sagt der Vermieter Abhilfe zu, behält der Mieter auch ohne ausdrücklichen und deutlichen Vorbehalt seine Rechte, wenn er im Vertrauen auf diese Zusage weiterhin den Mietzins in voller Höhe zahlt.

113 Beruft sich der Vermieter auf den Wegfall seiner Haftung wegen Kenntnis oder grob fahrlässiger Unkenntnis des Mieters, so muß er die hierfür sprechenden Tatsachen darlegen und beweisen. Der Mieter hingegen hat darzulegen und zu beweisen, daß er sich seine Rechte vorbehalten hat, ferner daß der Vermieter den Mangel arglistig verschwiegen oder Mängelbeseitigung zugesagt hat.

### 3.3 Unmöglichkeit der Leistung des Vermieters

#### 3.3.1 Anfängliche Unmöglichkeit

114 Existiert die Mietsache bei Vertragsschluß nicht, so ist der Vertrag nach § 306 BGB unwirksam, sofern der Vermieter nicht die Pflicht zur Herstellung übernommen hat. Nach § 307 BGB hat der Vermieter dem Mieter den Schaden zu ersetzen, den dieser dadurch erlitten hat, daß er auf die Wirksamkeit des Vertrages vertraut hat. Die Haftung des Vermieters setzt allerdings voraus, daß er die Unmöglichkeit der von ihm versprochenen Leistung kannte oder hätte kennen müssen. Im Regelfall wird dies in tatsächlicher Hinsicht zutreffen. Denkbar ist jedoch, daß der Vermieter bei Vertragsschluß nicht über den kurz zuvor erfolgten Untergang der Mietsache informiert war, weil diese sich noch im Besitz eines anderen Mieters befand.

---

155) BGH, Urt. v. 30. 10. 1972 – VIII ZR 165/71 = ZMR 1973, 80 = LM Nr. 6 zu § 539 BGB.
156) BGH, Urt. v. 17. 5. 1967 – VIII ZR 265/64 = WM 1967, 850.

### III. Vertragsinhalt — Rechte und Pflichten der Parteien

Kannte der Mieter gleichfalls die Unmöglichkeit der Leistung oder mußte er sie kennen, so verdient sein Vertrauen keinen Schutz; der Vermieter haftet daher nicht gemäß § 307 BGB.

**115** Von größerer praktischer Bedeutung sind die Fälle, in denen die Mietsache bei Vertragsschluß mit einem nicht behebbaren Mangel behaftet ist (z. B. behördliches Gebrauchshindernis). Bei dieser Sachlage kommen §§ 306, 307 BGB sowie §§ 537 ff BGB in Betracht. Ist dem Mieter die Mietsache überlassen, so gehen die besonderen mietrechtlichen Gewährleistungsregeln den §§ 306, 307 BGB vor[157]. Die Anwendung der allgemeinen schuldrechtlichen Bestimmungen hätte nämlich zur Folge, daß gerade in dem besonders gravierenden Fall eines unbehebbaren Mangels der Mieter auf die Geltendmachung des sog. negativen Interesses beschränkt wäre, nicht aber Schadensersatz wegen Nichterfüllung fordern könnte. Dies widerspräche dem Zweck der §§ 537, 538 BGB, also der Garantiehaftung des Vermieters, durch die dem Mieter gerade ein möglichst weitgehender Schutz gegen anfängliche Mängel der Mietsache verschafft werden soll[158].

**116** In dem Urteil vom 28. 11. 1979 blieb offen, ob § 538 Abs. 1 BGB auch eingreifen kann, wenn es nicht zur Überlassung der Mietsache kommt. Diesen Schritt geht der V. Zivilsenat des Bundesgerichtshofs[159]. Die Interessenlage ist vor Überlassung dieselbe wie danach. Würde man bei anfänglicher, vom Vermieter nicht zu vertretender Unmöglichkeit § 306 BGB auf die Zeit vor Überlassung der Mietsache anwenden, so wäre der Vertrag nichtig; mit der Übergabe der mangelhaften Sache würde er wirksam, und der Mieter könnte Schadensersatz nach § 538 Abs. 1 BGB fordern. Greift § 538 BGB jedoch auch vor Überlassung ein, so wird vermieden, daß der Mieter, der die Annahme der als mangelhaft erkannten Mietsache ablehnt, schlechter steht als derjenige, der sie unter Vorbehalt seiner Rechte annimmt.

Zudem, so die weitere Begründung des V. Zivilsenats, gilt § 306 BGB ohnehin dann nicht, wenn der Schuldner eine besondere Garantie für die von ihm zu erbringende Leistung übernimmt. Dieselbe Wirkung muß auch die gesetzliche Garantiehaftung haben.

---

157) A. A. OLG Celle ZMR 1974, 45.
158) BGH, Urt. v. 28. 11. 1979 — VIII ZR 302/78 = WM 1980, 312 = NJW 1980, 777.
159) Urt. v. 7. 12. 1984 — V ZR 189/83 = BGHZ 93, 142 = EWiR § 538 BGB 1/85, 275 *(Eckert)* = WM 1985, 419 = NJW 1985, 1025; ferner Urt. v. 29. 10. 1986 — VIII ZR 253/85 = BGHZ 99, 54 = EWiR § 566 BGB 1/87, 449 *(Eckert)* = WM 1987, 141 = NJW 1987, 948.

A. Mietvertrag

### 3.3.2 Nachträgliche Unmöglichkeit infolge eines unbehebbaren Schadens der Mietsache

**117** Ist der Schaden nicht zu beseitigen oder ist dies dem Vermieter aus wirtschaftlichen Gründen nicht zuzumuten (vgl. oben Rz. 87), so gelten auch nach Überlassung der Mietsache die Regeln der §§ 323 ff. BGB[160] (vgl. dazu Rz. 121).

Bei Vermietung beweglicher Sachen, die üblicherweise der Gattung nach angemietet werden (z. B. Kraftfahrzeug, Fernsehgerät, Bürogerät) ist zu erwägen, ob der Vermieter eine Ersatzsache desselben Typs stellen muß (vgl. Rz. 88). Da sich das Mietverhältnis durch Überlassung auf eine Sache konkretisiert hat, ist dies nach mietrechtlichen Regeln ausgeschlossen. Interessengerecht ist ein solches Ergebnis jedoch vielfach nicht. Nach Treu und Glauben können daher der Vermieter verpflichtet sein, eine Ersatzsache zu überlassen, und der Mieter gehalten sein, eine solche als vertragsgemäße Leistung anzunehmen.

**118** Ist die Mietsache noch nicht übergeben, greifen die allgemeinen Regeln über Leistungsstörungen bei gegenseitigen Verträgen ein.

Hat keine der Parteien die Unmöglichkeit zu vertreten, so ist der Vermieter nicht mehr zur Erfüllung verpflichtet, verliert aber den Anspruch auf den Mietzins (§ 323 BGB). Dem Mieter stehen keine Schadensersatzansprüche zu (vom Sinn der Garantiehaftung her bedenklich, s. oben Rz. 115). Nicht ausgeschlossen ist sein Recht zur fristlosen Kündigung nach § 542 BGB, weil diese Bestimmung nicht die Überlassung der Mietsache voraussetzt, sondern stets eingreift, wenn der Vermieter, aus welchen Gründen auch immer, den vertragsgemäßen Gebrauch nicht gewährt.

Befindet sich der Mieter jedoch bei Entstehen des Schadens in Annahmeverzug, hat er also die mangelfreie Mietsache unberechtigt nicht angenommen, und wäre die Unmöglichkeit bei rechtzeitiger Annahme der zur Überlassung angebotenen Mietsache nicht eingetreten, so ist der Vermieter nicht mehr zur Leistung verpflichtet, behält aber den Anspruch auf den Mietzins (§ 324 Abs. 2 BGB). Der Mieter kann nicht kündigen.

**119** Hat es der Mieter zu vertreten, daß das Mietobjekt nach Vertragsschluß, aber noch vor Überlassung mangelhaft geworden ist, wird der Vermieter von seiner Verpflichtung frei (§ 324 Abs. 1 BGB) und behält den Anspruch auf den Mietzins in voller Höhe, ohne daß der Mieter dem durch eine Kündigung gemäß § 542 BGB entgehen kann.

---

160) BGH, Urt. v. 26. 9. 1990 – VIII ZR 205/89 = ZIP 1990, 1483 = EWiR § 537 BGB 2/90, 1187 *(Emmerich)* = WM 1991, 26.

III. Vertragsinhalt — Rechte und Pflichten der Parteien

Hat der Vermieter den Mangel zu vertreten, kann der Mieter nach § 325 BGB ohne vorherige Fristsetzung Schadensersatz wegen Nichterfüllung verlangen *oder* vom Vertrag zurücktreten. Schadensersatz und Rücktritt schließen sich nach § 325 BGB gegenseitig aus; jedoch bleibt das Kündigungsrecht des Mieters nach § 542 BGB unberührt, wenn er Schadensersatz geltend macht. **120**

Haben beide Teile die Unmöglichkeit der Leistung zu vertreten, sind weder § 323 noch § 324, noch § 325 BGB anwendbar. Ein Ausgleich der beiderseitigen Schäden ist nach den Grundsätzen des § 254 BGB zu suchen[161].

### 3.3.3 Untergang der Mietsache

Die völlige Zerstörung der Mietsache kann nicht mehr als Mangel bezeichnet werden. Die Anwendung der §§ 537, 538 BGB kommt daher nicht in Betracht. Das Mietverhältnis wird nicht beendet, vielmehr führt der Untergang der Mietsache zur Umwandlung der vertraglichen Ansprüche. Zur Neuherstellung oder Ersatzbeschaffung ist der Vermieter nicht verpflichtet, selbst wenn er den Untergang der Mietsache zu vertreten hat[162]. Auch eine Versicherungsleistung muß er nicht zur Neuherstellung oder zum Wiederaufbau verwenden. **121**

Hat keine der Mietvertragsparteien den Untergang der Mietsache zu vertreten, bzw. kann keine der Parteien der anderen nachweisen, daß sie die Zerstörung zu vertreten hat, so wird der Vermieter von allen vertraglichen Pflichten befreit und verliert den Anspruch auf den Mietzins[163]. Der Mieter kann gemäß § 542 BGB kündigen, ohne zuvor Abhilfe verlangt zu haben[164]. **122**

Wenn der Vermieter die Zerstörung der Mietsache zu vertreten hat, ist er zwar nicht mehr zur Gebrauchsgewährung verpflichtet, der Mieter kann jedoch nach § 325 BGB von ihm Schadensersatz wegen Nichterfüllung verlangen *oder* vom Vertrag zurücktreten[165]. Der Mieter kann sich gemäß § 325 Abs. 1 Satz 3 BGB statt dessen damit begnügen, nach § 323 BGB zu verfahren. Unberührt bleibt wiederum sein Recht zur fristlosen Kündigung nach § 542 BGB. **123**

---

161) BGH, Urt. v. 8. 12. 1980 — II ZR 48/80 = MDR 1981, 562.
162) BGH, Urt. v. 3. 7. 1974 — VIII ZR 6/73 = WM 1974, 908 = NJW 1974, 1551; v. 14. 4. 1976 — VIII ZR 291/74 = WM 1976, 640 = NJW 1976, 1506.
163) BGH, Urt. v. 26. 9. 1990 — VIII ZR 205/89 = ZIP 1990, 1483 = EWiR § 537 BGB 2/90, 1187 *(Emmerich)* = WM 1991, 26.
164) BGH, Urt. v. 14. 4. 1976 — VIII ZR 288/74 = BGHZ 66, 349 = WM 1976, 694 = NJW 1976, 1315, neigt zu dieser Ansicht; *Staudinger/Emmerich*, vor § 537 Rz. 10; a. A. jedoch RGZ 146, 60, 64; *Staudinger/Sonnenschein*, § 564 Rz. 56; RGRK-*Gelhaar*, § 564 Rz. 24; MünchKomm-*Emmerich*, 2. Aufl., § 323 Rz. 25 (Mietverhältnis erlischt).
165) BGH, Urt. v. 3. 7. 1974 — VIII ZR 6/73 = WM 1974, 908 = NJW 1974, 1551.

**124** Hat der Mieter den Untergang der Mietsache zu vertreten, behält der Vermieter nach § 324 Abs. 1 BGB den Anspruch auf den Mietzins. Außerdem hat er gegen den Mieter vertragliche und deliktische Schadensersatzansprüche[166]. Selbstverständlich kann der Mieter in diesem Falle nicht nach § 542 BGB kündigen; es verstieße gegen Treu und Glauben, wenn sich der Mieter durch Zerstörung des Mietobjekts einen Kündigungsgrund schaffen dürfte. Der Vermieter hingegen kann aus wichtigem Grund fristlos kündigen.

### 3.3.4 Beweislastfragen

**125** Zu praktischen Schwierigkeiten führen die Fälle der Unmöglichkeit häufig deshalb, weil streitig ist, auf welcher Ursache der Mangel oder die Zerstörung der Mietsache beruht und wer sie zu vertreten hat.

Wird die Mietsache zerstört oder beschädigt, ohne daß geklärt werden kann, wer dies verursacht hat, und verlangt der Vermieter Schadensersatz wegen positiver Vertragsverletzung (vgl. unten Rz. 188), so trifft gemäß § 282 BGB den Mieter die Beweislast, daß er den Schaden nicht zu vertreten hat. Fordert der Vermieter hingegen Zahlung des Mietzinses und wehrt der Mieter dies mit der Kündigung ab, so kann der Vermieter den auf die Entziehung der Gebrauchsmöglichkeit gestützten Kündigungseinwand nur dadurch entkräften, daß er nachweist, der Mieter habe die Gebrauchsentziehung selbst zu vertreten. Dies benachteiligt den Vermieter jedoch dann, wenn feststeht, daß die Beschädigung oder Zerstörung der Mietsache nur eine Folge des Mietgebrauchs sein kann. Dann muß sich der Mieter entlasten, denn ihn trifft regelmäßig die Beweislast dafür, daß der veränderte Zustand der Mietsache nur auf den vertragsgemäßen Gebrauch zurückzuführen ist[167]. Dies folgt aus § 548 BGB, der ein Ausfluß der dem Mieter obliegenden Fürsorge- und Obhutspflicht ist. Deshalb hat der Mieter grundsätzlich das Risiko der sich aus dem Mietgebrauch ergebenden Gefahren zu tragen. Das OLG Hamm[168] schränkt diese Beweislastregel dahingehend ein, daß der Vermieter zunächst beweisen muß, daß die Schadensursache in dem dem unmittelbaren Einfluß des Mieters unterliegenden Bereich gesetzt worden ist. Kann der Mieter beweisen, daß der Mietgebrauch als Schadensursache ausscheidet oder daß auch Ursachen außerhalb seines Obhutsbereiches in Betracht kommen[169], so trifft den Vermieter wieder die volle Beweislast.

---

166) BGH, Urt. v. 14. 4. 1976 – VIII ZR 291/74 = WM 1976, 640 = NJW 1976, 1506.
167) BGH, Urt. v. 14. 4. 1976 – VIII ZR 288/74 = BGHZ 66, 349 = WM 1976, 694 = NJW 1976, 1315.
168) ZMR 1988, 300 (Urteil aus anderen Gründen durch BGH, Urt. v. 7. 3. 1990 – IV ZR 342/88 = ZMR 1990, 333 aufgehoben).
169) OLG Karlsruhe NJW 1985, 142 = ZMR 1984, 417.

### III. Vertragsinhalt – Rechte und Pflichten der Parteien

Den Schadensersatz fordernden Mieter trifft die Darlegungs- und Beweislast, wenn er behauptet, der Vermieter habe die Beschädigung oder den Untergang des Mietobjekts zu vertreten. Etwas anderes sollte allerdings gelten, wenn die Mietsache vor Überlassung an den Mieter schadhaft geworden oder untergegangen ist, denn dann befand sie sich noch im Gefahrenbereich des Vermieters.

#### 3.4 Unvermögen des Vermieters

Kein Fall anfänglicher Unmöglichkeit gemäß § 306 BGB, sondern subjektives Unvermögen des Vermieters liegt vor, wenn *nur ihm* die Erfüllung der Gebrauchsüberlassungspflicht unmöglich ist, etwa wenn ein Dritter die Mietsache in Besitz hat oder sie dem Vermieter nicht gehört[170].

**126**

Die Folgen des anfänglichen subjektiven Unvermögens sind gesetzlich nicht geregelt. Im Bereich des Mietrechts werden die §§ 275, 280 und 323 ff BGB entsprechend angewandt[171]. Der Vermieter wird demnach nicht von seiner Pflicht zur Gebrauchsgewährung befreit (§ 275 BGB), verliert nach § 323 BGB seinen Anspruch auf Zahlung des Mietzinses und schuldet entsprechend §§ 280, 325 BGB dem Mieter Schadensersatz wegen Nichterfüllung. Daneben ist der Mieter zur fristlosen Kündigung nach § 542 BGB berechtigt.

#### 3.5 Verzug des Vermieters

Gewährt der Vermieter dem Mieter nicht rechtzeitig den vertragsgemäßen Gebrauch der Mietsache – sei es, daß er sie nicht termingerecht zur Verfügung stellt oder daß noch ein Mangel zu beheben ist –, so bestimmen sich die Rechte des Mieters nach §§ 325 und 326 BGB. Häufig, insbesondere bei der Grundstücks- und Raummiete, ist die Vertragszeit so wesentlich, daß die verspätete Gebrauchsgewährung, weil nicht nachholbar, nicht als Verzug, sondern als ein Fall der vom Vermieter zu vertretenden Unmöglichkeit oder des Unvermögens zu behandeln ist (vgl. oben Rz. 114, 115, 126).

**127**

Sofern der Vermieter seine Leistung nachholen kann, ist der Mieter bei Verzug des Vermieters befugt, gemäß § 326 BGB vorzugehen. Er kann Schadensersatz verlangen **o d e r** vom Vertrag zurücktreten, nicht jedoch beides tun. Ein Schreiben des Mieters, in dem er beides ankündigt, ist mehrdeutig; durch Auslegung ist zu ermitteln, ob er sich tatsächlich unter Wegfall

---

170) Dazu *Schopp*, JuS 1984, 281.
171) BGH, Urt. v. 10. 11. 1982 – VIII ZR 252/81 = BGHZ 85, 267 = WM 1983, 44 = NJW 1983, 446.

## A. Mietvertrag

seiner Ersatzansprüche vom Vertrag lösen wollte[172]. Die Geltendmachung von Schadensersatzansprüchen oder der Rücktritt setzen voraus, daß der Mieter dem Vermieter eine Frist zur Bewirkung seiner Leistung, verbunden mit einer Ablehnungsandrohung bei ungenutztem Fristablauf, gesetzt hat. Bei offenbarer Aussichtslosigkeit ist die Fristsetzung entbehrlich. Unberührt bleibt das Recht zur Kündigung gemäß § 542 BGB, die ebenfalls erst zulässig ist, wenn der Vermieter eine ihm gesetzte Abhilfefrist hat verstreichen lassen.

Darüber hinaus hat der Bundesgerichtshof § 326 BGB in einem Fall entsprechend angewandt, in dem der Mieter die Errichtung des Gebäudes übernommen hatte, das später Gegenstand des bereits abgeschlossenen Mietvertrages sein sollte, während der Vermieter die rechtlichen Voraussetzungen für das Bauvorhaben herbeizuführen hatte. Wird zweifelhaft, ob der Vermieter die baurechtlichen Hindernisse beseitigen kann oder ob er hierzu bereit ist, so darf der Mieter ausnahmsweise vor Fälligkeit der Vermieterleistung gemäß § 326 BGB vorgehen, dem Vermieter eine Frist zur Erbringung seiner Leistung setzen und nach fruchtlosem Fristablauf Schadensersatz verlangen oder vom Vertrag zurücktreten[173].

Unterläßt der Mieter die gebotene Mitwirkung, ohne die der Vermieter nicht zur Gebrauchsgewährung imstande ist, so gerät der Vermieter nicht in Verzug[174].

### 3.6 Positive Vertragsverletzung des Vermieters

#### 3.6.1 Verletzung von Nebenpflichten

**128** Der Vermieter begeht eine zum Schadensersatz verpflichtende positive Vertragsverletzung, wenn die Mietsache zwar vertragsgemäß beschaffen ist, er jedoch schuldhaft vertragliche Nebenpflichten verletzt. Hierzu zählen Fälle, in denen der Vermieter eine unrichtige oder unvollständige Bedienungsanleitung erteilt, es unterläßt, den Mieter auf besondere von der Mietsache ausgehende Gefahren hinzuweisen oder die Fürsorgepflicht gegenüber eingebrachten Sachen des Mieters verletzt[175]. Darüber hinaus greift die positive Vertragsverletzung als Auffangtatbestand ein, wenn der Vermieter schuldhaft Nebenpflichten verletzt und dadurch dem Mieter einen Schaden zufügt[176].

---

172) BGH, Urt. v. 10. 2. 1982 – VIII ZR 27/81 = NJW 1982, 1279 = WM 1982, 512; v. 11. 5. 1988 – VIII ZR 138/87 = WM 1988, 1171 = NJW-RR 1988, 1100.
173) Urt. v. 29. 4. 1970 – VIII ZR 120/68 = WM 1970, 791.
174) BGH, Urt. v. 13. 7. 1988 – VIII ZR 292/87 = WM 1988, 1451.
175) BGH, Urt. v. 16. 10. 1963 – VIII ZR 28/62 = NJW 1964, 33; v. 20. 6. 1990 – VIII ZR 182/89.
176) Vgl. BGH, Urt. v. 18. 3. 1981 – VIII ZR 66/80 = WM 1981, 695.

## III. Vertragsinhalt — Rechte und Pflichten der Parteien

Verschulden seiner Erfüllungsgehilfen hat der Vermieter nach § 278 BGB zu vertreten.

Die Beweislast für die Voraussetzungen seines Anspruchs hat der Ersatz fordernde Mieter darzulegen und zu beweisen. So muß er nachweisen, daß der Vermieter Hinweis-, Beratungs- oder Fürsorgepflichten nicht erfüllt hat; in diesen Fällen obliegt ihm der Beweis negativer Tatsachen[177].

### 3.6.2 Erfüllungsverweigerung

Die Vorschriften über Sachmängelhaftung und Verzug sind nicht einschlägig, wenn sich der Vermieter trotz Aufforderung des Mieters weigert, ihm das Mietobjekt in vertragsgemäßem Zustand zu überlassen[178]. Schadensersatz steht dem Mieter dann wegen positiver Vertragsverletzung zu.

**129**

Eine zum Schadensersatz verpflichtende Erfüllungsverweigerung begeht der Vermieter vor allem, wenn er, ohne hierzu berechtigt zu sein, das Mietverhältnis anficht[179], zurücktritt[180] oder kündigt[181]. Die darin liegende Vertragsverletzung hat der Vermieter in aller Regel auch dann zu vertreten, wenn er sich über die Rechtslage geirrt hat. Er trägt das Risiko der Fehleinschätzung sogar dann, wenn seine Räumungsklage in erster Instanz Erfolg hatte. Vollstreckt er aufgrund eines vorläufig vollstreckbaren Titels, wird dieser später aufgehoben oder erledigt sich der Rechtsstreit in der Hauptsache, so berührt dies den materiellen Schadensersatzanspruch des Mieters nicht[182]. Nur wenn der Vermieter sich unverschuldet für berechtigt halten durfte, das Mietverhältnis aufzulösen, entfällt der Vorwurf der Fahrlässigkeit. Der Bundesgerichtshof stellt jedoch an die Sorgfaltspflicht äußerst strenge Anforderungen[183], so daß praktisch die Exkulpation kaum gelingen wird.

Eine vorformulierte Vertragsklausel, die im Fall einer schuldhaften unberechtigten Kündigung durch den Vermieter Schadensersatzansprüche des Mieters ausschließt, ist gem. § 9 AGBG unwirksam[182].

---

177) BGH, Urt. v. 20. 6. 1990 – VIII ZR 182/89 = WM 1990, 1977.
178) BGH, Urt. v. 12. 10. 1977 – VIII ZR 73/76 = WM 1977, 1328 = NJW 1978, 103.
179) BGH, Urt. v. 29. 10. 1986 – VIII ZR 144/85 = EWiR § 537 BGB 1/87, 31 (Eckert) = WM 1987, 219 = NJW 1987, 432.
180) BGH, Urt. v. 10. 12. 1986 – VIII ZR 349/85 = BGHZ 99, 182 = EWiR § 346 BGB 1/87, 131 (Eckert) = ZIP 1987, 297 = WM 1987, 426 = NJW 1987, 831.
181) BGH, Urt. v. 11. 1. 1984 – VIII ZR 255/82 = BGHZ 89, 296 = WM 1984, 370 = NJW 1984, 1028; v. 30. 4. 1986 – VIII ZR 90/85 = WM 1986, 1024 = NJW-RR 1986, 1110; OLG Hamm NJW 1984, 1044.
182) BGH, Urt. v. 14. 1. 1988 – IX ZR 265/86 = EWiR § 771 ZPO 1/88, 517 (Eckert) = WM 1988, 553 = NJW 1988, 1268.
183) Urt. v. 11. 1. 1984, aaO (Fußn. 181) u. Urt. v. 29. 10. 1986, aaO (Fußn. 179); OLG Hamm, NJW 1984, 1044 modifiziert dies.

## A. Mietvertrag

Im Rahmen seines Schadensersatzanspruches kann der Mieter insbesondere Erstattung des entgangenen Gewinns verlangen. Bemüht er sich um die Anmietung eines Ersatzobjekts, so kann er auch Ersatz seiner Aufwendungen verlangen, die er im Vertrauen auf die Vertragstreue des Vermieters gemacht hat, aber nutzlos geworden sind. Inwieweit der Mieter Ersatz seiner nutzlosen Aufwendungen fordern kann, wenn er von der Anmietung eines Ersatzobjekts absieht, ist zweifelhaft, denn bei Vertragserfüllung seitens des Vermieters hätte er dieselben Aufwendungen gemacht. Beim gewerblichen Mietverhältnis ist — widerleglich — zu vermuten, daß der Mieter unter Einsatz des Mietobjekts die Aufwendungen wieder erwirtschaftet hätte, so daß sie als erstattungsfähiger Schaden anzuerkennen sind[184]. Diese Rentabilitätsvermutung versagt jedoch, wenn der Mieter ideelle Zwecke verfolgt[185].

### 3.7 Abweichende Vereinbarungen zwischen den Parteien

**130** Die weitgehende Haftung des Vermieters wird vielfach nicht als interessengerecht empfunden. In der Praxis sind daher vertragliche Gewährleistungsausschlüsse und -beschränkungen weit verbreitet. Soweit das durch Individualvereinbarung geschieht, ist es grundsätzlich nicht zu beanstanden. In diesem Rahmen ist es beispielsweise zulässig, bei Vorliegen eines Mangels auf Mietzinsminderung[186] oder auf das Recht zur fristlosen Kündigung (vgl. § 543 Satz 2 BGB) zu verzichten. Zu beachten bleibt lediglich § 540 BGB, wonach eine vertragliche Einschränkung der Haftung des Vermieters für Sach- und Rechtsmängel nichtig ist, wenn er einen Mangel arglistig verschweigt.

In aller Regel wird die Haftung des Vermieters in Allgemeinen Geschäftsbedingungen oder vorformulierten Mietverträgen abbedungen. Inwieweit Einschränkungen der gesetzlichen Gewährleistungsregeln nach den Bestimmungen des Gesetzes zur Regelung des Rechts der Allgemeinen Geschäftsbedingungen wirksam sind, ist noch in mancherlei Hinsicht ungeklärt.

#### 3.7.1 Verstöße gegen Klauselverbote in § 11 AGBG

**· 131** Bei Verwendung gegenüber einem Nichtkaufmann (vgl. § 24 AGBG) sind die Klauselverbote des § 11 AGBG zu beachten. Dessen Nr. 2 verbietet einen Ausschluß oder eine Einschränkung des Zurückbehaltungs- oder Leistungs-

---

184) BGH, Urt. v. 28. 5. 1975 — VIII ZR 70/74 = WM 1975, 897; vgl. auch RGZ 127, 245; BGH, Urt. v. 21. 4. 1978 — V ZR 235/77 = BGHZ 71, 234 = NJW 1978, 1805; v. 22. 6. 1988 — VIII ZR 232/87 = EWiR § 19 AGBG 17/88, 941 *(Sternel)* = ZIP 1988, 1197 = WM 1988, 1601 = NJW 1988, 2664.
185) BGH, Urt. v. 10. 12. 1986 (Fußn. 180).
186) BGH, Urt. v. 12. 2. 1959 — VIII ZR 54/58 = BGHZ 29, 289, 295 = WM 1959, 544 = NJW 1959, 1424.

### III. Vertragsinhalt — Rechte und Pflichten der Parteien

verweigerungsrechtes. Nach § 11 Nr. 7 AGBG kann der Vermieter seine Haftung für grobe Fahrlässigkeit nicht ausschließen. Eine Klausel, die unterschiedslos jede Haftung, auch für Vorsatz und grobe Fahrlässigkeit, entfallen läßt, kann nicht geltungserhaltend auf den zulässigen Inhalt reduziert werden[187]. Der Haftungsausschluß ist unwirksam, auch soweit er zulässig gewesen wäre.

§ 11 Nr. 8 AGBG betrifft den Fall des zu vertretenden Verzugs mit der Gebrauchsgewährung — hierzu gehört auch der Fall des Verzugs mit der Mängelbeseitigung — und der vom Vermieter zu vertretenden Unmöglichkeit seiner Leistung. Das Recht des Mieters, dann Schadensersatz zu verlangen oder sich vom Vertrag zu lösen, darf nicht beschränkt werden. Diese Bestimmung steht einem Ausschluß der Haftung für einen anfänglichen, vom Vermieter nicht zu vertretenden Mangel oder einer Begrenzung der Mietzinsminderung nicht entgegen.

§ 11 Nr. 9 AGBG sichert die Rechte des Mieters bei Teilverzug oder Teilunmöglichkeit.

Nach allgemeinen Regeln hat der Vermieter zu beweisen, daß er die Mietsache in vertragsgemäßem Zustand übergeben hat, denn als Schuldner ist er für die ordnungsgemäße Erfüllung beweispflichtig. Nach § 11 Nr. 15 b AGBG ist es unzulässig, daß sich der Vermieter vom Mieter bestätigen läßt, die Mietsache fristgerecht oder in ordnungsgemäßem Zustand erhalten zu haben. Derartige Bestätigungen sind in einem gesondert unterschriebenen Empfangsbekenntnis zu erklären.

§ 11 Nr. 15 a AGBG verbietet es dem Vermieter, dem Mieter die Beweislast für Umstände im Verantwortungsbereich des Vermieters aufzuerlegen. Bedeutsam ist dies für den Fall, daß die Mietsache nach Vertragsschluß, aber vor ihrer Überlassung mangelhaft geworden oder untergegangen ist.

Nicht anwendbar auf Mietverträge ist § 11 Nr. 10 AGBG. Zwar ist der Begriff „Leistung" recht allgemein gehalten; vom Zweck der Bestimmung her sind jedoch Mietverträge nicht angesprochen[188].

---

187) BayObLG ZMR 1985, 93.
188) BGH, Urt. v. 24. 4. 1985 — VIII ZR 65/84 = BGHZ 94, 180 = ZIP 1985, 682 = EWiR § 11 Nr. 5 AGBG 1/85, 239 *(Hensen)* = WM 1985, 638 = NJW 1985, 1547.

### 3.7.2 Zur Wirksamkeit von Gewährleistungsausschlußklauseln nach § 9 AGBG

**132** Im übrigen bestimmt sich nach der Generalklausel des § 9 AGBG, inwieweit vorformulierte Vertragsbedingungen einer Inhaltskontrolle standhalten. Im Gegensatz zur Wohnraumvermietung erscheint der Mieter bei der gewerblichen Miete weniger schutzwürdig, so daß bei der Qualifikation einer Vertragsklausel als unangemessen grundsätzlich Zurückhaltung geboten sein sollte.

Eine maßvolle Einschränkung der Haftung des Vermieters für Rechtsmängel, die die beiderseitigen Interessen berücksichtigt, sollte zulässig sein. So sollte der Vermieter seine garantieähnliche Einstandspflicht begrenzen können. Seine Haftung für den Fall, daß er wegen Rückgabeverzugs des Vormieters die Mietsache nicht rechtzeitig übergeben kann, kann der Vermieter in Grenzen ausschließen[189]. So kann er insoweit seine Haftung für einfache Fahrlässigkeit abbedingen. Das Kündigungsrecht muß dem Mieter jedoch erhalten bleiben. Eine Klausel, mit der sich der Vermieter von jeder Haftung freizeichnet, ist unwirksam (§ 11 Nr. 7, 8 b AGBG) und kann nicht auf den zulässigen Inhalt zurückgeführt werden[190].

**133** Der völlige Ausschluß aller Gewährleistungsrechte, die dem Mieter bei einem Sachmangel zustehen, ist unwirksam. Eine Klausel, die dies vorsieht, kann auch nicht auf den zulässigen Inhalt zurückgeführt werden[191]. Seine Haftung für zugesicherte Eigenschaften kann der Vermieter gleichfalls nicht ausschließen. Zulässig sind der Ausschluß und die Einschränkung einzelner Gewährleistungsrechte. Da die Garantiehaftung des Vermieters für anfängliche Sachmängel nicht typisch für das Haftungssystem des BGB ist (vgl. § 276 BGB), da überdies auch die Haftung für einfache Fahrlässigkeit erlassen werden kann, besteht kein einleuchtender Grund, den Mieter insoweit zu bevorzugen. Daher kann die verschuldensunabhängige Haftung des Vermieters gemäß § 538 BGB für anfängliche Sachmängel ausgeschlossen[192] und seine Haftung auf Vorsatz und grobe Fahrlässigkeit begrenzt werden[193]. Die Beschränkung der Vermieterhaftung für anfängliche Sachmängel begegnet jedoch dann Bedenken, wenn der Mieter nach der Verkehrsauffassung oder dem vereinbarten Vertragsinhalt besonders auf die Mangelfreiheit des Mietobjekts vertraut. Daher kann der Vermieter eines Kraftfahrzeugs seine Haf-

---

189) A. A. *Sternel*, II. 692.
190) OLG München NJW-RR 1989, 1499; *Ulmer/Brandner/Hensen*, Anh. §§ 9—11 Rz. 509; *Sternel*, I. Rz. 395; *Kraemer* in Bub/Treier III. B. Rz. 1191.
191) BayObLG ZMR 1985, 93.
192) Offen gelassen in BGH, Urt. v. 22. 6. 1988 — VIII ZR 232/87 = EWiR § 9 AGBG 17/88, 941 (*Sternel*) = ZIP 1988, 1197 = WM 1988, 1601 = NJW 1988, 2664; *Sternel*, II. 689.
193) OLG Stuttgart NJW 1984, 2226.

## III. Vertragsinhalt – Rechte und Pflichten der Parteien

tung für anfängliche Sachmängel nicht einschränken[194]. Dieser Gedanke kehrt in einem Urteil des VII. Zivilsenats des Bundesgerichtshofs wieder[195]. Im Rahmen eines Werkvertrages hatte der Mangel einer Klimaanlage zum Schutz hochempfindlicher EDV-Anlagen zu einem erheblichen Folgeschaden geführt. Das besondere Vertrauen des Bestellers in die ordnungsgemäße Beschaffenheit der Anlage läßt den Haftungsausschluß als unangemessen erscheinen. Man wird diesen Gesichtspunkt auf den Bereich des Mietrechts übertragen können.

Haftungsbeschränkungen durch vorformulierte Klauseln müssen klar erkennen lassen, inwieweit sie eingreifen. So hat das OLG Hamburg[196] die Regelung, daß „der Vermieter nicht für die durch Wasser, Feuchtigkeit, Schwamm, Feuer, Rauch und Sott entstandenen Schäden haftet, es sei denn, daß die Schäden durch grobe Vernachlässigung der Instandhaltungspflicht entstanden sind und der Vermieter es trotz der Aufforderung des Mieters unterlassen hat, innerhalb angemessener Frist die Mängel zu beseitigen", zutreffend nicht auf anfängliche Mängel bezogen, weil in dieser Klausel nur die verschuldensabhängige Haftung des Vermieters angesprochen wird.

Daß der Vermieter grundsätzlich zum Schadensersatz verpflichtet ist, ohne daß er zuvor Gelegenheit hatte, für Abhilfe zu sorgen, bedeutet eine Verschärfung gegenüber anderen Haftungsvorschriften, wie etwa §§ 325, 326, 635 BGB. Daher ist eine Klausel, die die Geltendmachung von Schadensersatzansprüchen davon abhängig macht, daß der Mieter dem Vermieter eine Frist zur Abhilfe gesetzt hat (ähnlich wie § 542 BGB), nicht unangemessen. Auch das Recht zur Mietzinsminderung daran zu knüpfen, benachteiligt den Mieter nicht unangemessen.

Vorformulierte Klauseln, die das Risiko für die Versagung der Gaststättenkonzession ohne Rücksicht auf die Gründe der mangelnden Konzessionsfähigkeit vollständig auf den Mieter verlagern, hat der BGH[197] beanstandet. Scheitert die Konzession an der Beschaffenheit des Mietobjekts, so muß der Mieter zumindest von der Mietzinszahlungspflicht befreit sein und ihm muß das Recht zur fristlosen Kündigung nach § 542 BGB bleiben. Zulässig dürfte es sein, bei dieser Sachlage Schadensersatzansprüche des Mieters abzubedingen.

---

194) BGH, Urt. v. 9. 11. 1966 – VIII ZR 114/65 = DB 1967, 118.
195) Urt. v. 20. 12. 1984 – VII ZR 340/83 = EWiR § 633 BGB 1/85, 77 *(v. Westphalen)* = ZIP 1985, 623 = WM 1985, 522.
196) ZMR 1990, 11.
197) Urt. v. 22. 6. 1988 – VIII ZR 232/87 = ZIP 1988, 1197 = EWiR § 9 AGBG 17/88, 941 *(Sternel)* = WM 1988, 1601 = NJW 1988, 2664.

## A. Mietvertrag

Eine betragsmäßige Begrenzung der Ersatzansprüche des Mieters (z. B. auf ein Mehrfaches des Mietzinses) ist bei der Kraftfahrzeugmiete unwirksam[198].

Nicht ausgeschlossen werden kann das Recht des Mieters, bei Verzug des Vermieters mit der Mängelbeseitigung den Fehler auf Kosten des Vermieters selbst zu beheben.

Keinen Verstoß gegen § 9 AGBG sieht der Bundesgerichtshof in einer Klausel, wonach der Mieter gegenüber der Mietzinsforderung des Vermieters keine Minderung geltend machen kann[199]. Diese Klausel besagt nur, daß der Mieter vorläufig den vollen Mietzins zu zahlen hat, nimmt ihm aber nicht das Recht, das zuviel Geleistete nach § 812 BGB zurückzufordern. Bleiben ihm Schadensersatzansprüche und das Kündigungsrecht, so ist er nicht unangemessen benachteiligt. Demzufolge kann auch die Mietzinsminderung von einer vorherigen Ankündigung abhängig gemacht werden (vgl. § 552 a BGB). Das Zurückbehaltungsrecht kann unter denselben Gegebenheiten ausgeschlossen werden, im nichtkaufmännischen Verkehr bleibt jedoch § 11 Nr. 2 AGBG zu beachten.

Bleibt jedoch der Mieter trotz Mangelhaftigkeit der Sache zur vollen Zahlung des Mietzinses verpflichtet, mindert sich also seine Schuld nicht und soll er auch überzahlte Beträge nicht zurückverlangen können, so liegt darin eine unangemessene Benachteiligung.

**134** Wie § 543 Satz 2 BGB zeigt, kann grundsätzlich auch das Recht zur fristlosen Kündigung ausgeschlossen werden. Steht jedoch fest, daß der Vermieter auf absehbare Zeit den vertragsgemäßen Gebrauch deshalb nicht gewähren kann, weil die Mietsache untergegangen oder unbehebbar mangelhaft ist, so muß der Mieter berechtigt sein, sich von diesem Vertrag, an dem er kein Interesse mehr hat, zu lösen.

Eine Klausel, die das Kündigungsrecht nach § 542 BGB ausschließt, wenn der Mieter seine Anzeigepflicht gemäß § 545 BGB (vgl. Rz. 141) verletzt hat, ist dann angemessen, wenn zwischen der Nichtanzeige des Mangels und der unterbliebenen Abhilfe Kausalität besteht[200].

Die nach § 11 Nr. 15 a AGBG bei Verwendung gegenüber einem Nichtkaufmann unwirksame Beweislastumkehr und die nach § 11 Nr. 15 b AGBG unwirksame formularmäßige Empfangsbestätigung begegnen auch im kaufmännischen Verkehr Bedenken, weil sie wesentlichen Prinzipien der Beweislastverteilung widersprechen.

---

198) OLG Hamburg NJW-RR 1989, 881, 883.
199) Urt. v. 20. 6. 1984 – VIII ZR 337/82 = BGHZ 91, 375 = ZIP 1984, 1236 = WM 1984, 1100 = NJW 1984, 2404; ferner OLG München ZMR 1987, 16.
200) *Löwe/v. Westphalen/Trinkner*, Miet-AGB Rz. 45.

III. Vertragsinhalt — Rechte und Pflichten der Parteien

### 3.7.3 Übernahme der Wartung durch den Mieter

Bei Vermietung bzw. Mitvermietung technischer Geräte übernimmt vielfach der Mieter die Wartung der Mietsache. Hiergegen bestehen keine Bedenken. Der Mieter ist ohnehin zur Pflege der Mietsache verpflichtet; die Wartungspflicht ist lediglich eine Steigerung dieser Verpflichtung. Zur Wartung gehören die Arbeiten, die zur Erhaltung der Betriebsbereitschaft des Geräts erforderlich sind, also nicht Reparaturen. Mit der Übernahme der Wartung ist daher keine Übernahme der Verantwortung für den Zustand der Mietsache verbunden. Zur Behebung von Mängeln bleibt, sofern nichts anderes vereinbart ist, der Vermieter verpflichtet[201]. Zulässig ist es, den Mieter zum Abschluß eines Wartungsvertrages zu verpflichten. Dahingehende vorformulierte Klauseln werden vielfach als unangemessen, wenn nicht gar als überraschend angesehen[202]. Soweit die Klausel den Mieter nicht an ein bestimmtes Wartungsunternehmen bindet, sondern ihm die Wahl läßt, wen er beauftragt, sollte sie unbeanstandet bleiben.

### 3.7.4 Schönheitsreparaturen

Bei der Grundstücks- und Raummiete ist die Übernahme der Schönheitsreparaturen von besonderer Bedeutung. Hierzu zählt die Behebung von Schäden, die sich bei vertragsgemäßem Gebrauch der vom Vermieter überlassenen Mietsache infolge natürlichen Verschleißes ergeben[203]. Nach § 536 BGB ist der Vermieter im Rahmen seiner Erhaltungspflicht auch hierfür verantwortlich. In der Praxis übernimmt jedoch der Mieter die Schönheitsreparaturen. Obwohl die Übernahme der Schönheitsreparaturen durch den Mieter allgemein üblich ist, bedarf es hierzu einer ausdrücklichen vertraglichen Abrede. In einem Ausnahmefall hat das OLG Frankfurt jedoch eine stillschweigende Übernahme durch den Mieter anerkannt, nachdem dieser 42 Jahre lang die Mieträume selbst renoviert hatte[204].

Die Übernahme der Schönheitsreparaturen durch den Mieter ist Teil seiner Gegenleistung für die Gebrauchsüberlassung[205]. Die Frage, wer die Schönheitsreparaturen trägt, geht demgemäß in die Kalkulation des Mietzinses ein. Da die Übernahme durch den Mieter zudem inzwischen weitgehend der Verkehrssitte entspricht, bestehen keine Bedenken gegen ihre Abwälzung auf

---

201) Vgl. dazu OLG Frankfurt BB 1979, 1372.
202) *Ulmer/Brandner/Hensen*, Anh. §§ 9—11 Rz. 502; *Wolf/Horn/Lindacher*, § 9 M 59; *Löwe/v. Westphalen/Trinkner*, Miet-AGB Rz. 6.
203) Dazu *Wolf*, WM 1990, 1769; auch OLG Düsseldorf NJW-RR 1989, 663 (Erneuerung verschlissener Teppichböden); ferner OLG Düsseldorf NJW-RR 1990, 1162 (nicht selbst eingebrachte Böden); Wolf, aaO.
204) MDR 1981, 498.
205) BGH, Urt. v. 20. 10. 1976 — VIII ZR 51/75 = WM 1976, 1277 = NJW 1977, 36; v. 25. 6. 1980 — VIII ZR 260/79 = BGHZ 77, 301 = WM 1980, 1176 = NJW 1980, 2341.

## A. Mietvertrag

den Mieter durch vorformulierte Klauseln[206]. Durch ein Übermaß von Renovierungspflichten kann er jedoch unangemessen benachteiligt werden.

Sehen die Vertragsbedingungen eine Durchführung der Schönheitsreparaturen durch den Mieter vor, so hat er die Mieträume während der Mietzeit jeweils entsprechend dem Grad der Abnutzung renovieren zu lassen. Vielfach wird vereinbart, daß die Schönheitsreparaturen unabhängig vom Ausmaß der Abnutzung in bestimmten Zeitabständen fällig sind. Gegen dahingehende Klauseln bestehen keine Bedenken, sofern die Zeitabstände nicht unangemessen kurz sind. Bei einer Gaststättenpacht hat der Bundesgerichtshof eine Renovierungspflicht in Abständen von jeweils einem Jahr nicht beanstandet[207]. Die Vereinbarung von Zeitabständen bedeutet nicht, daß der Mieter bei Auszug die Mieträume vollständig herzurichten hat, falls bei Vertragsende Schönheitsreparaturen nicht fällig sind. Vielmehr ist der Zweck der Übernahme der Schönheitsreparaturen durch den Mieter erreicht, wenn der Vermieter die Räume in einem für den Bezug durch den Mietnachfolger geeigneten Zustand zurückerhält; dazu brauchen sie nicht stets renoviert zu sein[208].

Hat sich der Mieter vertraglich zur Durchführung der Schönheitsreparaturen verpflichtet, so bleibt er daran gebunden, auch wenn der Vermieter ihm die Räume in abgenutztem Zustand übergeben hatte[209]. Die formularmäßige Abwälzung der Schönheitsreparaturen auf den Mieter ist auch bei dieser Fallgestaltung nicht unangemessen[210]. Seine ihm insoweit zustehenden Rechte muß der Mieter bei Gebrauchsüberlassung geltend machen.

Die weit verbreitete Klausel, daß der Mieter die Räume vor Rückgabe ohne Rücksicht auf ihren Zustand zu renovieren hat, ist im gewerblichen Bereich nicht zu beanstanden[211], und zwar auch dann nicht, wenn der Mieter die Mieträume in unrenoviertem Zustand übernommen hat. Daß im Einzelfall bei extrem kurzem Abstand seit der letzten Renovierung die Berufung auf die Klausel rechtsmißbräuchlich sein kann, macht sie nicht insgesamt unangemessen[212]. Dem Mieter eine anteilige Kostenbelastung entsprechend der Nutzungszeit aufzuerlegen, ist

---

206) BGH, RE v. 30. 10. 1984 − VIII ARZ 1/84 = BGHZ 92, 363 = WM 1985, 65 = NJW 1985, 480; v. 1. 7. 1987 − VIII ARZ 9/86 = BGHZ 101, 253 = EWiR § 536 BGB 2/87, 1073 (Eckert) = WM 1987, 968 = NJW 1987, 2575; OLG München NJW-RR 1986, 443; dazu Wolf, WM 1990, 1771.
207) Urt. v. 10. 11. 1981 − VIII ZR 252/81 = BGHZ 85, 267 = WM 1983, 44 = NJW 1983, 446.
208) BGH, Urt. v. 15. 11. 1967 − VIII ZR 150/65 = BGHZ 49, 56 = WM 1967, 1552 = NJW 1968, 491; v. 13. 1. 1982 − VIII ZR 186/80 = WM 1982, 333.
209) BGH, Urt. v. 30. 11. 1976 − VIII ZR 186/74 = WM 1978, 227; OLG Düsseldorf ZMR 1988, 174; Wolf, WM 1990, 1772.
210) BGH, RE v. 1. 7. 1987 − (Fußn. 206); RE v. 6. 7. 1988 − VIII ARZ 1/88 = BGHZ 105, 71 = EWiR § 535 BGB 4/88, 971 (Blank) = WM 1988, 1338 = NJW 1988, 2790.
211) A. A. OLG Hamm NJW 1981, 1049; OLG Frankfurt NJW 1982, 453, beide zur Wohnraummiete; Scheuer in Bub/Treier, V. A. Rz. 207.
212) So OLG Stuttgart ZMR 1984, 350.

III. Vertragsinhalt — Rechte und Pflichten der Parteien

im Grundsatz nicht zu beanstanden. Allerdings darf dem Mieter nicht versagt werden, bei Vertragsende die Schönheitsreparaturen selbst durchzuführen, ggf. in kostensparender Eigenarbeit[213].

**137** Wie der Mieter die Schönheitsreparaturen durchführt, und wie er die Mieträume herrichtet, bleibt seinen Vorstellungen und seinem Geschmack überlassen. Auf die Vorstellungen oder Wünsche des Vermieters und des Nachfolgemieters oder auf die Eignung des Mietobjekts zu dessen Zwecken braucht der Mieter grundsätzlich keine Rücksicht zu nehmen. Wenn die Ausstattung der Mieträume jedoch die Grenze des normalen Geschmacks in untragbarer Weise überschreitet, kann die Instandsetzung nicht mehr als ordnungsgemäß bezeichnet werden.

**138** Kommt der Mieter während der Mietzeit seiner Verpflichtung nicht nach, so kann der Vermieter seinen Anspruch auf Durchführung der Schönheitsreparaturen gerichtlich geltend machen. Die Verweigerung des Mieters, die fälligen Renovierungsarbeiten vorzunehmen, stellt eine schwerwiegende Vertragsverletzung dar, die den Vermieter zur Kündigung (s. unten Rz. 280) berechtigen kann.

Bei fortbestehendem Mietverhältnis ist auf den Anspruch des Vermieters auf Durchführung der Schönheitsreparaturen § 326 BGB nicht anzuwenden. Sinn und Zweck der vom Mieter übernommenen Verpflichtung ist die Sachleistung. Dieser Besonderheit würde die nach § 326 Abs. 1 BGB erfolgende Umwandlung des Sachleistungsanspruchs in eine Geldforderung nicht gerecht, denn der Vermieter könnte die Ersatzleistung in Geld nach freiem Ermessen verwenden. Bei Verzug des Mieters mit der Durchführung der Renovierung kann der Vermieter jedoch Zahlung eines Vorschusses in Höhe der Renovierungskosten fordern, ohne zuvor ein Leistungsurteil und die Voraussetzungen für eine Ersatzvornahme (§ 887 ZPO) erstritten zu haben[214].

Hat der Vermieter während des laufenden Mietverhältnisses die Schönheitsreparaturen durchführen lassen und fordert er die hierfür aufgewendeten Kosten ein, so ist § 326 BGB (dazu unten Rz. 322) jedoch heranzuziehen.

Zieht der Mieter aus, ohne die fälligen Schönheitsreparaturen durchgeführt zu haben, so macht er sich schadensersatzpflichtig. Wegen der praktischen Schwierigkeiten bei der Durchsetzung dieses Anspruchs (vgl. Rz. 322) empfiehlt sich die individuelle Vereinbarung, daß der Mieter anstelle der Renovierung eine

---

213) BGH, RE v. 6. 7. 1988 (Fußn. 210); vgl. auch Urt. v. 10. 11. 1982 — VIII ZR 252/81 = BGHZ 85, 267 = WM 1983, 44 = NJW 1983, 446, das im Wege der Vertragsauslegung zu einer Quotelung gelangt.
214) BGH, Urt. v. 30. 5. 1990 — VIII ZR 207/89 = EWiR § 535 BGB 6/90, 1065 *(Lützenkirchen)* = WM 1990, 1501 = NJW 1990, 2376.

Geldzahlung zu erbringen hat, wenn er bis zum Vertragsende oder bis zur Rückgabe der Mietsache die fälligen Schönheitsreparaturen nicht durchgeführt hat[215].

### 3.7.5 Abweichende Vereinbarungen zur Mängelbeseitigung

**139** Bei der Vermietung beweglicher Sachen ist eine Klausel, derzufolge der Vermieter seiner Pflicht zur Mängelbeseitigung durch Überlassung einer gleichen Ersatzsache genügen kann, nicht unangemessen (vgl. Rz. 88).

Der Mieter kann durch I n d i v i d u a l v e r e i n b a r u n g weitgehend zu Reparaturen und Instandsetzungsarbeiten verpflichtet werden, auch wenn dies im Ergebnis zu einer verschuldensunabhängigen Haftung führt. Gegen eine solche Abrede bestehen insbesondere dann keine Bedenken, wenn die Übernahme der Erhaltungspflicht in die Mietzinskalkulation eingeht oder wenn sich der Vermieter gegen Gefahren absichert, die von den in den Mieträumen betriebenen Maschinen auch bei ordnungsgemäßer Bedienung und Überwachung ausgehen. Gleichwohl vermag eine solche Vereinbarung den Vermieter nicht uneingeschränkt von seiner Verantwortung für den Zustand der Mietsache zu befreien. Bei Großschäden, insbesondere bei Zerstörung des Mietobjekts, ist eine restriktive Auslegung der Instandsetzungsvereinbarung geboten: Der Mieter haftet nicht, wenn der aufgetretene Schaden keinesfalls auf dem Mietgebrauch beruht, z. B. bei Brandstiftung durch Dritte, die nicht seinem Risikobereich zuzuordnen sind[216], oder bei Beschädigung der Mieträume durch Bauarbeiten auf dem Nachbargrundstück[217]. Bei der Vermietung beweglicher Sachen darf der Mieter nicht zu Aufwendungen gezwungen werden, die außer Verhältnis zum Wert der Mietsache, zu ihrem Nutzungswert und zum Mietzins stehen; insbesondere kann bei langfristiger Gebrauchsüberlassung der Mieter nicht verpflichtet werden, die naturgemäß verschlissene Mietsache zu ersetzen.

Auch die Abwälzung von Reparatur- und Instandsetzungspflichten auf den Mieter durch F o r m u l a r v e r t r a g ist im Grundsatz nicht zu beanstanden[218]. Die Richtlinien, die der Bundesgerichtshof[219] insoweit für die Wohnraummiete entwickelt hat, sind auf die gewerbliche Vermietung nicht zu übertragen. Die Interessenlage ist nicht vergleichbar. Bedenkt man die Risiken, die von in den Mieträumen betriebenen Maschinen ausgehen oder denen vermietete Maschi-

---

215) Vgl. OLG Stuttgart ZMR 1983, 14.
216) BGH, Urt. v. 25. 2. 1987 – VIII ZR 88/86 = EWiR § 537 BGB 2/87, 447 *(Sonnenschein)* = WM 1987, 822 = NJW-RR 1987, 906.
217) OLG Koblenz ZMR 1989, 464 = NJW-RR 1990, 20.
218) BGH, Urt. v. 7. 6. 1989 – VIII ZR 91/88 = BGHZ 108, 1 = EWiR § 9 AGBG 18/89, 835 *(Sternel)* = *Kraemer* in Bub/Treier, III. A. Rz. 1080.
219) Urt. v. 7. 6. 1989 – VIII ZR 91/88 = BGHZ 108, 1 = EWiR § 9 AGBG 18/89, 835 *(Sternel)* = WM 1989, 1028 = NJW 1989, 2247.

nen ausgesetzt sind, die voll in den Gewerbebetrieb des Mieters integriert sind, so wird der Mieter durch die Reparaturpflicht nicht unangemessen benachteiligt. Somit kann der Mieter zur Behebung von Schäden verpflichtet werden, die auf den Mietgebrauch zurückzuführen sind. Eine dahingehende Klausel hat der Bundesgerichtshof im Urteil vom 25. 2. 1987[220] nicht beanstandet.

Unangemessen ist eine Klausel allenfalls dann, wenn sie dem Mieter sämtliche Reparaturverpflichtungen auferlegt, also auch bezüglich solcher Schäden, die nicht dem Mietgebrauch oder seinem Risikobereich zuzuordnen sind. Damit würde ihm das volle Risiko für den Erhalt und den Bestand der Mietsache überbürdet. Bei der gewerblichen Miete erscheint eine dahingehende Klausel nur dann angemessen, wenn sie die Verpflichtung des Mieters für solche Schäden wertmäßig begrenzt; 10% des Jahresmietzins erscheinen zumutbar.

## 4. Mietzins

### 4.1 Vereinbarung der Mietzinshöhe

Als Entgelt für die Gebrauchsüberlassung schuldet der Mieter den Mietzins; es handelt sich hierbei um eine vertragliche Hauptpflicht. **140**

Der Vermieter darf sich nicht den Mietzins für Zeiten ausbedingen, in denen er seiner Gebrauchsgewährungspflicht nicht nachkommt[221].

Jegliche Art von Leistung kann als Gegenleistung vereinbart werden. In der Regel ist Geld zu zahlen. Die Vereinbarung einer einmaligen Leistung ist möglich.

### 4.1.1 Bestimmbarkeit

Der zu zahlende Geldbetrag wird üblicherweise beziffert festgelegt. Unbedingt erforderlich ist auch dies nicht. Es ist denkbar, daß die Parteien zur Mietzinshöhe keine Absprache treffen, gleichwohl aber den Vertrag als bindend ansehen. Dann steht die Bestimmung des vom Mieter geschuldeten Entgelts dem Vermieter zu (§ 315 BGB). Auch die Vereinbarung, es sei ein angemessener Mietzins zu zahlen, reicht aus. Darüber, was angemessen ist, entscheidet im Streitfall das Gericht. Es nimmt hierzu eine Vertragsauslegung gemäß § 157 BGB vor[222].

Vereinbaren die Parteien, daß ein Sachverständiger die Höhe des Mietzinses ermitteln soll, liegt darin im Zweifel eine Schiedsgutachtenabrede gemäß § 317

---

220) aaO (Fußn. 216).
221) Vgl. OLG Stuttgart NJW-RR 1988, 1082; LG Köln NJW-RR 1988, 1084 (Ferien im Fitneß-Center).
222) BGH, Urt. v. 8. 4. 1968 – VIII ZR 18/66 = WM 1968, 575.

## A. Mietvertrag

BGB[223]. Der Sachverständige hat bei seiner Bestimmung entsprechend der Marktlage zugrunde zu legen, welcher Mietzins für vergleichbare Objekte vereinbart und gezahlt wird. An seine Bestimmung sind die Parteien gebunden. Sie ist nur bei offenbarer Unbilligkeit unverbindlich, d. h. bei einem groben Verstoß gegen Treu und Glauben. Grobe Unbilligkeit liegt jedoch auch dann vor, wenn der Sachverständige keinerlei Angaben zum Berechnungsmaßstab macht und das Ergebnis von den Parteien nicht nachvollzogen werden kann[224] (vgl. Rz. 184, 185).

### 4.1.2 Umsatzabhängiger Mietzins

**141** Die Vereinbarung eines umsatzabhängigen Mietzinses kann in der Weise geschehen, daß der Mieter als Überlassungsentgelt einen bestimmten Prozentsatz seines in den Miefräumen erzielten Umsatzes zu zahlen hat[225]. Da der Vermieter sich jedoch kaum in derartigem Umfang am Geschäftsrisiko des Mieters beteiligen und seine Unkosten auch bei niedrigem Umsatz sichern will, wird üblicherweise noch zusätzlich ein bestimmter Mindestmietzins vereinbart. Auch eine Begrenzung des Mietzinses nach oben ist möglich.

Sieht der Vertrag für den Mindestmietzins keine Anpassungsmöglichkeit vor, so kann der Vermieter nicht verlangen, daß er angehoben wird, etwa auf den Betrag des ortsüblichen Mietzinses für vergleichbare Räume[226], selbst wenn die Unkosten des Vermieters durch den Mindestmietzins nicht mehr abgedeckt werden.

Trotz des partiarischen Charakters bedeutet die Vereinbarung eines Umsatzmietzinses nicht, daß zwischen den Parteien ein Gesellschaftsverhältnis (§ 705 BGB) entsteht oder daß Regeln des Gesellschaftsrechts (§§ 708 ff BGB) entsprechend anzuwenden sind[227]. Auch ist der Mieter nicht zu besonderen, seinen Interessen nicht unbedingt förderlichen Anstrengungen, um einen möglichst hohen Umsatz zu erwirtschaften[228], oder zur Aufrechterhaltung seines Betriebes verpflichtet[229]. Allerdings ist in den Fällen, in denen der Mieter die Miefräume aus in seiner Person liegenden Gründen nicht nutzt, als Mietzins der Betrag zu zahlen, der bei Benutzung der Miefräume und auf Grund des dadurch erzielten Umsatzes zu zahlen wäre. Eine Beschränkung auf den

---

223) BGH, Urt. v. 14. 2. 1968 – VIII ZR 189/65 = WM 1968, 617.
224) BGH, Urt. v. 21. 5. 1975 – VIII ZR 161/73 = WM 1975, 770 = NJW 1975, 1556.
225) Vgl. BFH BB 1984, 1793.
226) BGH, Urt. v. 28. 5. 1969 – VIII ZR 162/67 = WM 1969, 842 = NJW 1969, 1383.
227) BGH, Urt. v. 28. 10. 1987 – VIII ZR 383/86 = EWiR § 535 BGB 1/88, 243 *(Sonnenschein)* = WM 1988, 172 = NJW-RR 1988, 417.
228) OLG Celle ZMR 1973, 109.
229) BGH, Urt. v. 4. 4. 1979 – VIII ZR 118/78 = NJW 1979, 2351.

## III. Vertragsinhalt — Rechte und Pflichten der Parteien

Mindestmietzins wäre nicht interessengerecht, denn dieser dient nur dazu, den Vermieter dagegen zu sichern, daß der Mietzins unter den Betrag sinkt, den er zur Deckung seiner Unkosten benötigt. Da die Verkehrssitte dahin geht, daß zumeist kleinere Unternehmen, wie Einzelhandelsgeschäfte, Handwerksbetriebe oder Gaststätten, einmal jährlich Betriebsferien machen, hat der Vermieter hierdurch bedingte Mietzinseinbußen hinzunehmen, sofern nicht ausdrücklich vereinbart ist, daß der Mieter den Betrieb ununterbrochen fortzuführen hat[230].

Der Mieter ist bei Vereinbarung eines umsatzabhängigen Mietzinses dem Vermieter gegenüber verpflichtet, über die Umsätze Auskunft zu erteilen. In diesem Rahmen kann der Vermieter Einsichtnahme in die Belege verlangen (§ 259 BGB). Wie weit die Pflicht, Belege vorzulegen geht, ist unklar. Im Zweifel sind nur die, die üblicherweise geführt und aufbewahrt werden, vorzulegen. Zur diesbezüglichen Verpflichtung eines Gaststättenpächters hat das OLG Düsseldorf[231] dargelegt, daß der Verpächter hinreichend informiert wird, wenn ihm die Auflistung der Tageseinnahmen in den Kassenbüchern, Bilanzen und Umsatzsteuererklärungen zugänglich gemacht werden. Kassenbons und Registrierkassenstreifen seien bei Gaststätten nicht unbedingt üblich. Registrierkassenstreifen und Kassenzettel zählen auch nicht zu den in § 147 AO angesprochenen Buchungsbelegen, sondern nur zu den „sonstigen Unterlagen", die nicht zwingend aufzubewahren sind.

Die Pflicht zur Rechnungslegung kann gerichtlich geltend gemacht werden. In Betracht kommt insbesondere die Stufenklage gemäß § 254 ZPO, d. h., es wird zunächst auf Rechnungslegung und sodann auf Zahlung des sich auf Grund der Auskunft ergebenden Mietzinses geklagt.

### 4.1.3 Mietzins und Mehrwertsteuer

Als Mietzins ist, auch unter Kaufleuten, nur der vereinbarte, ziffernmäßig festgelegte Betrag zu zahlen, nicht auch die hierauf unter Umständen anfallende Umsatzsteuer, sofern nicht ausdrücklich bestimmt ist, daß auch diese zu entrichten ist[232].

Soweit Mieteinkünfte, insbesondere bei der Grundstücksvermietung zu gewerblichen Zwecken, im Rahmen des § 4 Nr. 12 a Umsatzsteuergesetz (UStG) umsatzsteuerfrei sind, kann der Vermieter nach § 9 UStG seine Umsätze als steuerpflichtig behandeln lassen. Wegen der Möglichkeit des Vorsteuerabzugs (§ 15 UStG) kann dies für ihn günstiger sein als die Steuerfreiheit. Unterwirft der Vermieter nach Abschluß des Mietvertrages seine Mieteinnahmen gemäß

**142**

---

230) Vgl. OLG Hamm BB 1974, 1609.
231) EWiR § 259 BGB 1/90, 655 *(Eckert)* = NJW-RR 1990, 1098.
232) Vgl. VO zur Regelung der Preisangaben vom 14. 3. 1985, BGBl. I, S. 580.

## A. Mietvertrag

§ 9 UStG der Umsatzsteuerpflicht, so kann der Mieter von ihm die Ausstellung einer die Mehrwertsteuer gesondert ausweisenden Rechnung verlangen (§ 14 UStG) und seinerseits den Vorsteuerabzug beanspruchen. Gleichwohl wirkt sich die Steuerwahl des Vermieters zivilrechtlich nicht aus. Er kann also nicht zusätzlich zu dem vereinbarten Mietzins den Mehrwertsteuerbetrag fordern[233].

Obwohl der Mieter durch die Steuerwahl des Vermieters wirtschaftlich begünstigt wird, verstößt er nicht gegen Treu und Glauben, wenn er an der Mietzinsvereinbarung festhält. Vor der Erklärung gemäß § 9 UStG sollte sich daher der Vermieter mit dem Mieter abstimmen.

Sieht der Mietvertrag hingegen vor, daß der Mieter einen bestimmten Mietzins zuzüglich Mehrwertsteuer zu zahlen hat, so ist der Vermieter, falls nichts anderes vereinbart ist, nicht gehindert, die Mehrwertsteueroption zu widerrufen. Entscheidet er sich hierfür, so fällt für die Mieteinnahmen keine Umsatzsteuer mehr an. Folglich braucht der Mieter den entsprechenden Betrag nicht weiter zu entrichten.

Wird in einem langfristigen Mietvertrag bei Mehrwertsteuerpflicht des Vermieters ein Betrag vereinbart, der ausdrücklich die Umsatzsteuer einschließt, so können nach § 29 UStG der Vermieter bei einer Erhöhung des Steuersatzes, der Mieter bei einer Senkung eine Anpassung des Mietzinses verlangen.

### 4.2 Fälligkeit und Erfüllung

**143** Der Anspruch auf zukünftige Mietzinsraten entsteht erst vollständig, wenn er abschnittsweise für den jeweiligen Gebrauchsüberlassungszeitraum fällig wird[234].

Die gesetzliche Regelung des § 551 BGB, wonach der Mietzins am Ende der Vertragszeit zu entrichten ist, wird bei Verträgen auf längere Dauer in der Regel abbedungen. Üblicherweise wird der Mietzins im voraus bezahlt; jedoch bedarf dies einer ausdrücklichen Vereinbarung. Auch die Fälligkeitstermine sind vertraglich festzulegen. Inwieweit Vorfälligkeitsklauseln, die bei Zahlungsrückstand die Fälligkeit sämtlicher bis zum Ende der Vertragszeit geschuldeter Beträge anordnen, zu beanstanden sind, ist der Rechtsprechung des Bundesgerichtshofs nicht zu entnehmen. Dahin gehende Klauseln hat er als unangemessen bezeichnet, weil sie auch bei unverschuldetem Zahlungsrückstand die

---

[233] OLG Stuttgart NJW 1973, 2066.
[234] BGH, Urt. v. 5. 4. 1965 – VIII ZR 10/64 = WM 1965, 628 = NJW 1965, 1373; v. 28. 3. 1990 – VIII ZR 17/89 = ZIP 1990, 646 = EWiR § 398 BGB 2/90, 559 *(Eckert)* = WM 1990, 935 = NJW 1990, 1785.

## III. Vertragsinhalt – Rechte und Pflichten der Parteien

Vorfälligkeit vorsehen[235]. Klauseln, die auf verschuldeten Zahlungsrückstand abstellen, werden demnach der Inhaltskontrolle standhalten. Ob Vorfälligkeitsklauseln als Vertragsstrafeversprechen unter § 11 Nr. 6 AGBG fallen, hat der Bundesgerichtshof erörtert, aber nicht entschieden. Nach Ansicht des OLG Hamburg[236]) ist die mit einem Kaufmann als Mieter vereinbarte vorformulierte Klausel, daß bei einem Mietzinsrückstand von mehr als zwei Monaten der gesamte Mietzins für die verbleibende Vertragszeit fällig wird, rechtswirksam (vgl. aber zum Leasing Rz. 516). Begründet wird dies mit der Möglichkeit des Vermieters, sich für den Fall des Zahlungsverzuges eine Vertragsstrafe in Höhe des Zinsvorteils auszubedingen.

**144** Bei einem Mietverhältnis über bewegliche Sachen ist regelmäßig Erfüllungsort für die Mietzinszahlung der Ort, an dem der Mieter zum Zeitpunkt des Vertragsschlusses seinen (Wohn-)Sitz hatte[237].

Bei dem Mietzins handelt es sich um eine Schickschuld gemäß § 270 BGB. Der Mieter hat also das Geld auf seine Kosten und Gefahr zu übermitteln. Bei Vereinbarung des Lastschriftverfahrens wird die Geldschuld zur Holschuld. Der Vermieter muß rechtzeitig von der Abbuchungsermächtigung Gebrauch machen[238]. Da heute nicht nur im kaufmännischen Verkehr bargeldlose Zahlung üblich ist, kann der Vermieter auch ohne ausdrückliche Abrede verlangen, daß der Mieter bargeldlos zahlt; der Vermieter ist allerdings nicht berechtigt, darauf zu bestehen, daß der Mieter zu seinen Gunsten eine Einzugsermächtigung oder einen Abbuchungsauftrag im Lastschriftverfahren erteilt. Die Kosten der Banküberweisung treffen den Mieter. Er hat seiner Bank den Überweisungsauftrag so rechtzeitig zu erteilen, daß der Betrag zum Fälligkeitstermin dem Konto des Vermieters gutgeschrieben wird. Außergewöhnliche Verzögerungen im Überweisungsverfahren hat er jedoch nicht zu vertreten[239].

**145** Ist der Vermieter verstorben und kommt aus diesem Grunde die vom Mieter abgesandte Zahlung zurück, so ist es grundsätzlich nicht seine Aufgabe, die Erben des Vermieters zu ermitteln, um an diese zu leisten[240]. Der Mieter kommt also nicht in Verzug. Wegen der Unsicherheit über die Person seines Gläubigers

---

235) BGH, Urt. v. 21. 2. 1985 – IX ZR 129/84 = EWiR § 9 AGBG 2/85, 227 *(Bunte)* = WM 1985, 604 = NJW 1985, 1705; v. 19. 6. 1985 – VIII ZR 238/84 = ZIP 1985, 1402 = EWiR § 9 AGBG 10/85, 527 *(Paulusch)* = WM 1985, 945 = NJW 1985, 2329.
236) MDR 1983, 579.
237) BGH, Beschl. v. 30. 3. 1988 – I ARZ 192/88 = ZIP 1988, 718 = EWiR § 269 BGB 1/88, 757 *(Eckert)* = WM 1988, 1072 = NJW 1988, 1914.
238) BGH, Urt. v. 19. 10. 1977 – IV ZR 149/76 = BGHZ 69, 361 = NJW 1978, 215; Urt. v. 7. 12. 1983 – VIII ZR 257/82 = ZIP 1984, 115 = WM 1984, 163 = NJW 1984, 871.
239) Vgl. OLG Celle MDR 1969, 1007; OLG Düsseldorf BB 1984, 2686.
240) BGH, Urt. v. 7. 2. 1973 – VIII ZR 205/71 = WM 1973, 386.

A. Mietvertrag

kann er sich durch Hinterlegung (§ 372 BGB) von seiner Schuld befreien[241].

Bei Verzug mit mehreren Mietzinsraten werden Zahlungen nach § 366 BGB auf die älteste Schuld verrechnet[242]. Die Regelung in § 366 BGB kann durch AGB abbedungen werden. Wirksam ist dies jedoch nur, wenn die an die Stelle des Gesetzes tretende Klausel auch die Belange des Mieters angemessen berücksichtigt. Daran fehlt es, wenn der Vermieter als Gläubiger von Fall zu Fall entscheiden kann, auf welche der mehreren offenstehenden Forderungen er die Zahlungen verrechnet, und nicht einmal verpflichtet ist, den Mieter entsprechend zu unterrichten. Auch im kaufmännischen Verkehr ist eine solche Klausel unangemessen. Der Vermieter kann sich demnach nicht das Recht ausbedingen, bei Zahlungsrückständen des Mieters die Tilgungswirkung zu bestimmen[243].

Zulässig ist hingegen, schon bei Vertragsschluß eine von § 366 BGB abweichende Tilgungsregelung zu vereinbaren (z. B. zuerst Nebenkosten, dann rückständiger Mietzins). Der Mieter weiß dann, auf welche offenstehende Forderung er jeweils leistet.

### 4.3 Aufrechnung und Zurückbehaltung

**146** Der Mieter ist befugt, den Mietzinsanspruch des Vermieters durch Aufrechnung mit einer Gegenforderung zu tilgen. Aus der begrenzten Pfändbarkeit von Mietzinsansprüchen bei der Grundstücksmiete (§ 851 b ZPO, dazu Rz. 391) folgt keine Einschränkung der Aufrechnungsbefugnis des Mieters.

Formularverträge sehen vielfach ein Aufrechnungsverbot vor. Gemäß § 11 Nr. 3 AGBG ist ein Aufrechnungsausschluß unwirksam, der dem Vertragspartner auch die Befugnis nimmt, mit einer unbestrittenen oder rechtskräftig festgestellten Forderung aufzurechnen. Eine dahingehende Klausel ist auch im kaufmännischen Verkehr unangemessen[244].

Ein nach Inkrafttreten des AGBG vereinbartes Aufrechnungsverbot, das unbestrittene oder rechtskräftig festgestellte Forderungen nicht ausnimmt, ist unwirksam und kann auch nicht mit der Maßgabe aufrechterhalten werden, daß

---

241) Vgl. BGH, Urt. v. 8. 12. 1988 – IX ZR 12/88 = WM 1989, 270 = NJW-RR 1989, 200.
242) BGH, Urt. v. 5. 4. 1965 – VIII ZR 10/64 = WM 1965, 628.
243) BGH, Urt. v. 20. 6. 1984 – VIII ZR 337/82 = BGHZ 91, 375 = WM 1984, 1100 = NJW 1984, 2404.
244) Vgl. BGH, Urt. v 15. 2. 1978 – VIII ZR 242/76 = WM 1978, 620.

dem Mieter die Befugnis bleibt, mit unbestrittenen oder rechtskräftig festgestellten Forderungen aufzurechnen. Die Klausel ist unteilbar[245].

Ein vor Inkrafttreten des AGBG ausbedungenes Aufrechnungsverbot gilt mit reduziertem, zulässigem Inhalt weiter[245].

Inwieweit vorformulierte Aufrechnungsbeschränkungen, die rechtskräftig festgestellte oder unbestrittene Forderungen einschließen, wirksam sind, ist nicht endgültig geklärt[246]. § 11 Nr. 3 AGBG erwähnt nur den Ausschluß, nicht aber Beschränkungen. Hieraus und aus § 552a BGB ist zu folgern, daß eine maßvolle Beschränkung nicht zu beanstanden ist. So kann die Zulässigkeit einer Aufrechnung davon abhängig gemacht werden, daß sie innerhalb einer bestimmten Frist angekündigt wird[247]. Der Vermieter schützt sich damit nur gegen einen ihn unvorbereitet treffenden Ausfall seiner laufenden Einnahmen. Kritisch ist die Beschränkung der Aufrechnung auf einen bestimmten Anteil oder Prozentsatz des Mietzinses; bei einer hohen Gegenforderung stellt dies eine wesentliche Erschwerung der Aufrechnung dar[248].

Trotz des Interesses des Vermieters, sich die laufenden Nebenkosteneinnahmen zur Betreibung der ihn treffenden Aufwendungen zu erhalten, ist eine Klausel, die eine Aufrechnung gegen Nebenkostenforderungen untersagt, nach § 11 Nr. 3 AGBG unwirksam, sofern sie nicht unbestrittene oder rechtskräftig festgestellte Forderungen ausnimmt.

Nach Vertragsende wirkt ein zulässiges Aufrechnungsverbot weiter, solange das Mietobjekt nicht zurückgegeben ist und der Vermieter Ansprüche auf Nutzungsentgelt hat[249]. Jedoch verliert eine Vertragsbestimmung, die eine vorherige Anzeige der Aufrechnung verlangt, mit Vertragsende ihren Sinn, wenn das Mietobjekt zurückgegeben ist und nur noch wechselseitige Ansprüche abzurechnen sind[250]. Ob im übrigen, insbesondere nach Rückgabe der Mietsache, ein Aufrechnungsverbot mit der Beendigung des Mietverhältnisses seine Wirksamkeit verliert, ist umstritten[251]. Es soll dem Vermieter die Durchsetzung

---

245) BGH, Urt. v. 20. 6. 1984 – VIII ZR 337/82 = BGHZ 91, 375 = WM 1984, 1100 = NJW 1984, 2404; BGH, Urt. v. 16. 10. 1984 – X ZR 97/83 = ZIP 1985, 38 = EWiR § 24 AGBG 1/85, 19 *(Bunte)* = WM 1985, 31; OLG Frankfurt NJW 1987, 1650.
246) Dazu *Sternel*, III. Rz. 130 ff.
247) Vom BGH im Urt. v. 16. 12. 1987 – VIII ZR 48/87 = EWiR § 387 BGB 1/88, 237 *(Eckert)* = WM 1988, 508 = NJW-RR 1988, 329, angedeutet.
248) *Sternel*, III. Rz. 136.
249) OLG Karlsruhe ZMR 1987, 261; *Staudinger/Sonnenschein*, § 557 Rz. 230; MünchKomm-*Voelskow*, § 557 Rz. 7; RGRK-*Gelhaar*, § 557 Rz. 25.
250) BGH, Urt. v. 16. 12. 1987 (Fußn. 247).
251) Für fortbestehende Wirkung: OLG Karlsruhe ZMR 1987, 261; OLG Frankfurt NJW 1987, 1650; *Sternel*, III. Rz. 125; dagegen: *Staudinger/Emmerich*, § 552a Rz. 8; *Soergel/Kummer*, § 552a Rz. 8.

## A. Mietvertrag

seiner Mietzinsansprüche sichern, indem es dem Mieter die Berufung auf streitige Gegenforderungen versagt. Dieses Interesse entfällt nicht mit der Beendigung des Mietverhältnisses, auch nicht mit der Rückgabe der Mietsache, sondern besteht fort, solange Mietzinsraten rückständig sind. Würde ein Aufrechnungsverbot mit Vertragsende hinfällig, so würde der in Zahlungsverzug befindliche Mieter privilegiert.

Auf ein zulässiges Aufrechnungsverbot kann sich der Vermieter nicht berufen, wenn er in Vermögensverfall gerät[252]. In dieser Situation ist das Interesse des Mieters anzuerkennen, die Durchsetzbarkeit seiner Gegenansprüche zu sichern.

**147** Das Leistungsverweigerungsrecht des Mieters gemäß § 320 BGB darf nach § 11 Nr. 2 a AGBG gegenüber einem Nichtkaufmann nicht durch eine vorformulierte Klausel ausgeschlossen werden. Hingegen bestehen unter dem Gesichtspunkt des § 9 AGBG keine Bedenken gegen eine solche Klausel.

### 4.4 Abtretung des Mietzinsanspruchs

**148** Bei Abtretung der Forderung ist der Umfang genau zu umschreiben. Im Zweifel erfaßt die Zession des Mietzinsanspruchs auch den Anspruch auf Nutzungsentgelt nach § 557 BGB[253]. Dem Mieter bleiben Einreden und Einwendungen (§ 404 BGB); er kann insbesondere den Mietzins mindern und wegen Gegenansprüchen Zahlungen zurückbehalten.

Solange der Mieter keine Kenntnis von der Abtretung hat, kann er weiterhin schuldbefreiend an den Vermieter leisten (§ 407 BGB). Trotz Abtretung seiner Ansprüche bleibt der Vermieter weiterhin berechtigt, Rechtsgeschäfte, die das Mietverhältnis betreffen, vorzunehmen. So kann nur er – nicht der Zessionar – das Mietverhältnis kündigen oder einverständlich auflösen; er benötigt hierzu nicht die Zustimmung des Zessionars[254]. Zu Verfügungen über die abgetretene Forderung ist der Vermieter jedoch nicht berechtigt; dies gilt insbesondere für Stundung und Erlaß (zur Abtretung bei Veräußerung des Mietgrundstücks unten Rz. 376; zum Konkurs Rz. 410, 411).

---

252) BGH, Urt. v. 2. 12. 1974 – II ZR 132/73 = NJW 1975, 442; v. 6. 3. 1975 – III ZR 137/72 = WM 1975, 614; v. 19. 9. 1988 – II ZR 362/87 = ZIP 1988, 1340 = EWiR § 387 BGB 2/88, 1171 *(Schlechtriem)* = WM 1988, 1592 = NJW-RR 1989, 124.
253) *Sternel*, III. Rz. 85.
254) *Soergel/Kummer*, § 549 Rz. 41; *Sternel*, III. Rz. 86; vgl. dazu BGH, Urt. v. 28. 3. 1990 – VIII ZR 17/89 = ZIP 1990, 646 = EWiR § 398 BGB 2/90, 559 *(Eckert)* = WM 1990, 935 = NJW 1990, 1785; a. A. jedoch *Palandt/Heinrichs*, § 398 Anm. 5 a.

III. Vertragsinhalt — Rechte und Pflichten der Parteien

## 4.5 Verjährung

Mietzinsansprüche verjähren nach § 197 BGB in vier Jahren, bei der gewerblichen Vermietung — nicht bei der Verpachtung — beweglicher Sachen jedoch gemäß § 196 Abs. 1 Nr. 6 BGB in zwei Jahren. Die Frist läuft vom Beginn des auf den Eintritt der Fälligkeit folgenden Jahres an (§ 201 BGB).  **149**

## 5. Nebenkosten

Die heute übliche Abwälzung der Nebenkosten auf den Mieter bedarf besonderer Vereinbarung. Sieht der Vertrag keine diesbezügliche Verpflichtung vor, so bewirkt allein die abweichende Übung — Zahlung durch den Mieter — keine Vertragsänderung[255].  **150**

Welche Nebenkosten den Mieter treffen, ist möglichst genau zu umschreiben. Unklare Formulierungen sind zu Lasten des Vermieters auszulegen. Dies gilt insbesondere für die weitverbreitete Formulierung, der Mieter übernehme die Betriebs- oder Nebenkosten. Auch sollte der Vertrag regeln, wer etwaige neu hinzukommende Belastungen zu tragen hat[256]. Werden nach dem Vertrag nur die öffentlichen Lasten abgewälzt, so sind im Zweifel nur solche gemeint, die aus dem Ertrag des Mietobjekts zu erwirtschaften sind und regelmäßig anfallen. Erschließungskosten oder ähnliche Anliegerbeiträge sind im Zweifel von einer derartigen Vertragsbestimmung nicht erfaßt[257].

Vielfach nehmen die Parteien auf § 27 der nur für preisgebundenen Wohnraum geltenden Zweiten Berechnungsverordnung (II. BVO) Bezug. In der hierzu gehörenden Anlage 3 sind als Betriebskosten, jeweils mit Definitionen, aufgeführt:

1. die laufenden öffentlichen Lasten des Grundstücks (Grundsteuer, aber nicht Hypothekengewinnabgabe)
2. die Kosten der Wasserversorgung
3. die Kosten der Entwässerung
4. die Kosten
   a) des Betriebs der zentralen Heizungsanlage
   b) des Betriebs der zentralen Brennstoffversorgungsanlage
   c) der Versorgung mit Fernwärme
   d) der Reinigung und Wartung von Etagenheizungen
5. die Kosten
   a) des Betriebs der zentralen Warmwasserversorgungsanlage

---

255) OLG Hamburg ZMR 1988, 420.
256) Vgl. BGH, Urt. v. 13. 6. 1984 — VIII ZR 141/83 = WM 1984, 1007.
257) Vgl. OLG Celle MDR 1983, 402.

## A. Mietvertrag

    b) der Versorgung mit Fernwarmwasser
    c) der Reinigung und Wartung von Warmwassergeräten
6. die Kosten verbundener Heizungs- und Warmwasserversorgungsanlagen
7. die Kosten des Betriebs des maschinellen Personen- oder Lastenaufzuges
8. die Kosten der Straßenreinigung und Müllabfuhr
9. die Kosten der Hausreinigung und Ungezieferbekämpfung
10. die Kosten der Gartenpflege (einschließlich der Pflege von Zugängen und Zufahrten, die nicht dem öffentlichen Verkehr dienen)
11. die Kosten der Beleuchtung
12. die Kosten der Schornsteinreinigung
13. die Kosten der Sach- und Haftpflichtversicherung
14. die Kosten für den Hauswart
15. die Kosten des Betriebs der Gemeinschaftsantennenanlage
16. . . . . . . . . .
17. sonstige Betriebskosten.

Vor Klauseln, die lediglich die Abwälzung der Betriebs- oder Nebenkosten unter Hinweis auf § 27 II. BVO vorsehen, ohne daß dem Vertrag ein Abdruck dieses Katalogs beigefügt ist, ist zu warnen. Da der Mieter hieraus kaum das Ausmaß der ihn treffenden Belastungen, die durchaus die Höhe des Mietzinses erreichen können, ersehen kann, werden solche Klauseln häufig als unangemessen bezeichnet[258]. In der Rechtsprechung sind sie bisher nicht beanstandet worden[259], jedoch bleibt die Entwicklung abzuwarten. Der Gesichtspunkt der mangelnden Transparenz sollte im gewerblichen Mietrecht nicht eingreifen, denn dem Mieter ist zuzumuten, sich über das Ausmaß der ihn treffenden Belastungen zu informieren.

**151**   Was zu den Kosten des Betriebs einer zentralen Heizungsanlage und Warmwasserversorgung gehört, ist jetzt durch §§ 7 Abs. 2, 8 Abs. 2 der Verordnung über Heizkostenabrechnung vom 5. April 1984 (in der ab 1. März 1989 geltenden Fassung, BGBl. I 1989, 116, abgedruckt in ZMR 1989, 134, – HeizkostenVO) definiert. Danach zählen zu den Kosten des Betriebs einer Zentralheizung die Kosten der verbrauchten Brennstoffe und ihrer Lieferung, die Kosten des Betriebsstromes, die Kosten der Bedienung, Überwachung und Pflege der Anlage, der regelmäßigen Prüfung ihrer Betriebsbereitschaft und Betriebssicherheit einschließlich der Einstellung durch einen Fachmann, der Reinigung der Anlage und des Betriebsraumes, die Kosten der Messungen nach dem Bundes-Immissionsschutzgesetz und die Kosten der Verwendung einer

---

258) *Sternel*, I Rz. 391; MünchKomm-*Voelskow* §§ 535, 536 Rz. 162; *Löwe/v. Westphalen/Trinkner*, Miet-AGB Rz. 88.
259) BayObLG NJW 1984, 1761.

## III. Vertragsinhalt — Rechte und Pflichten der Parteien

Ausstattung zur Verbrauchserfassung. Nach § 2 HeizkostenVO geht diese Begriffsbestimmung rechtsgeschäftlichen Absprachen vor. Die Heizkostenverordnung ist auch dann anzuwenden, wenn ein Dritter, der die in das Gebäude integrierte zentrale Heizungs- und Warmwasserversorgungsanlage des Gebäudeeigentümers im eigenen Namen und auf eigene Rechnung betreibt, die Mieter auf Grund mit ihnen abgeschlossener Verträge mit Wärme und Warmwasser beliefert[260]. Die von einem Dritten betriebene Heizungsanlage steht der vom Vermieter betriebenen gleich. Der Betreiber, zumeist Pächter der Anlage, kann also den Mietern, mit denen er nicht durch Mietvertrag, sondern kaufrechtlich verbunden ist, nicht den vereinbarten und von ihm, unter Berücksichtigung seiner sämtlichen Kosten, z. B. des Pachtzinses und der Investitionskosten, kalkulierten Lieferpreis, nicht einmal einen Gewinnaufschlag, berechnen.

Anders verhält es sich bei der echten Lieferung von Fernwärme[261] aus einer außenstehenden Anlage. Hierfür gilt die Verordnung über Allgemeine Bedingungen für die Versorgung mit Fernwärme (BGBl. I 1980, 742). Der Lieferant kann in den Lieferpreis Investitionskosten, Instandsetzungsaufwand sowie einen Gewinnaufschlag einbeziehen, muß allerdings auch verbrauchsabhängig abrechnen[262].

Ist nicht geregelt, ob der Mieter die für die Betriebskosten insgesamt oder für die Vorauszahlungen anfallende Umsatzsteuer zu zahlen hat, so spricht der Umstand, daß er zusätzlich zum Mietzins die darauf entfallende Mehrwertsteuer zu entrichten hat, nicht schon dafür, daß dies auch für die Nebenkosten gilt[263].

**152** Die Belastung des Mieters mit den Betriebs- und Nebenkosten wird in der Praxis in der Weise geregelt, daß er entweder eine bezifferte Pauschale zahlt, über die der Vermieter nicht abzurechnen braucht, oder daß der Mieter den auf ihn entfallenden Kostenanteil übernimmt, auf die er Vorauszahlungen zu leisten hat. Bei der Vereinbarung einer pauschalierten Abgeltung kann sich der Vermieter die — häufig schwierige — Abrechnung ersparen; bei einer Erhöhung der Betriebskosten kann er den Mieter jedoch nur heranziehen, wenn der Vertrag eine Anhebung der Pauschale vorsieht. Enthält die Pauschale auch die Kosten der Heizung und Lieferung von Warmwasser, so sind diese Kosten gleichwohl nach der HeizkostenVO abzurechnen, da diese rechtsgeschäftlichen Abmachungen vorgeht, und zwar auch dann, wenn sie vor ihrem Inkrafttreten (1. 3.

---

260) BGH, Urt. v. 9. 4. 1986 – VIII ZR 133/85 = EWiR § 1 HeizkostenVO 1/86, 695 *(Eckert)* = WM 1986, 893 = NJW 1986, 3195; a. A. *Schubart*, NJW 1985, 1682.
261) Dazu BGH, Urt. v. 9. 11. 1983 – VIII ZR 161/83 = WM 1984, 144.
262) Vgl. *Schubart*, NJW 1985, 1682.
263) Vgl. BGH, Urt. v. 12. 1. 1981 – VIII ZR 332/79 = WM 1981, 253, 255.

## A. Mietvertrag

1981) getroffen wurde[264]. Aus der Pauschale ist folglich der auf die Heiz- und Warmwasserkosten entfallende Anteil herauszurechnen, und hierüber ist gesondert abzurechnen, während für die weiteren Betriebskosten die Pauschalvereinbarung fortgilt.

Bei Umlegung der Nebenkosten auf Grund einer Abrechnung sollte der Mietvertrag ergeben, nach welchem Umlegungsschlüssel die einzelnen Mieter belastet werden. Enthält der Vertrag keine Regelung, so kann der Vermieter den Verteilungsschlüssel nach billigem Ermessen (§ 315, 316 BGB) bestimmen[265], bei Gewerberäumen dürfte eine Aufteilung nach Flächengrößen — von Heizkosten abgesehen — angemessen sein. Der Vermieter ist an den einmal gewählten Abrechnungsmodus gebunden.

Die Kosten der Heizung und Warmwasserversorgung müssen nach §§ 7 Abs. 1 und 8 Abs. 1 HeizkostenVO mit mindestens 50%, höchstens 70% nach dem erfaßten Wärme- bzw. Warmwasserverbrauch verteilt werden, im übrigen nach dem Verhältnis der Nutzflächen. Insoweit gehen diese Vorschriften entgegenstehenden und bereits praktizierten vertraglichen Regelungen vor (§ 2 HeizkostenVO). Die Verbrauchserfassung mit Wärmemessern, die nach dem Verdunstungsprinzip arbeiten, ist zulässig[266]. Die etwaigen Ungenauigkeiten werden dadurch ausgeglichen, daß diese alle Abnehmer treffen. Falls der Vermieter entgegen seiner Verpflichtung keine Ausstattung zur Verbrauchserfassung anbringt, kann der Mieter den auf ihn entfallenden Anteil um 15% kürzen (§ 12 Nr. 4 HeizkostenVO). Der Verbrauch ist aufgrund früherer Ergebnisse für vergleichbare Räume zu schätzen, wenn die Verbrauchserfassungsgeräte ausfallen (§ 9a HeizkostenVO). Bei Mieterwechsel während des Abrechnungszeitraums ist eine Zwischenablesung vorzunehmen (§ 9 b HeizkostenVO).

Der Vermieter ist für die ordnungsgemäße Installation der Erfassungsgeräte beweispflichtig; wendet der Mieter ein, daß die abgelesenen Werte nicht dem tatsächlichen Verbrauch entsprechen, so trifft ihn die Beweislast.

**153** Zu den Anforderungen, die an eine ordnungsgemäße Nebenkostenabrechnung zu stellen sind, hat der Bundesgerichtshof mit Urteil vom 23. 11. 1981[267] Stellung genommen. Danach ist die vertragliche Ausgestaltung des jeweiligen Mietverhältnisses vorrangig.

---

264) OLG Hamm ZMR 1986, 436 = NJW-RR 1987, 8; BayObLG ZMR 1988, 384 = NJW-RR 1988, 1293.
265) OLG Hamm NJW 1984, 984.
266) BGH, Urt. v. 9. 4. 1986 — VIII ZR 133/85 = EWiR § 1 HeizkostenVO 1/86, 695 *(Eckert)* = WM 1986, 893 = NJW 1986, 3195.
267) VIII ZR 298/80 = WM 1982, 132 = NJW 1982, 573.

## III. Vertragsinhalt — Rechte und Pflichten der Parteien

Gibt diese keinen Aufschluß, so sind bei der Abrechnung folgende Mindestangaben erforderlich:

a) eine Zusammenstellung der Gesamtkosten (bei schwankenden Energiepreisen ist der Einstandspreis maßgebend[268]),
b) die Angabe und Erläuterung der oder des zugrunde gelegten Verteilerschlüssels,
c) die Berechnung des Anteils des Mieters,
d) der Abzug der Vorauszahlung des Mieters.

Diese Anforderungen erscheinen für den Regelfall sachgerecht. Zu beachten ist dabei jedoch, daß die Pflichten zur Spezifizierung der abgerechneten Kosten nicht überspannt werden dürfen. Notwendig, aber auch ausreichend ist es, daß der Mieter die ihm angelasteten Kosten bereits aus der Abrechnung klar ersehen und überprüfen kann, so daß die Einsichtnahme in dafür vorliegende Belege nur noch zur Kontrolle und zur Behebung von Zweifeln erforderlich ist.

Es genügt nicht, den Verteilerschlüssel mitzuteilen. Vielmehr muß der Vermieter auch insoweit weitere Angaben machen, die es ermöglichen, seine Kalkulation nachzuvollziehen. Berechnet er die Umlage etwa nach Quadratmetern, so muß er nicht nur die Fläche des Mietobjektes angeben, sondern auch die Gesamtfläche aller insoweit vermieteten Objekte. Rechnet er nach Prozentsätzen ab, hat er die Berechnungsgrundlage darzulegen. Eine Erläuterung des Verteilungsschlüssels ist allerdings dann nicht mehr erforderlich, wenn entsprechende Kenntnisse des Mieters nach dem Mietvertrag oder auf Grund früherer Abrechnungen vorausgesetzt werden können.

Der Mieter hat das Recht, die Belege einzusehen. Die Formularklausel, daß die Abrechnung als anerkannt gilt, wenn der Mieter nicht innerhalb einer bestimmten Frist widerspricht, ist grundsätzlich wirksam und verstößt nicht gegen § 10 Nr. 5 AGBG, wenn mit der Übersendung der Abrechnung der Mieter auf die Bedeutung des Schweigens hingewiesen und wenn ihm eine großzügige Prüfungs- und Erwiderungsfrist bewilligt wird[269].

**154** Ist das Mietobjekt Teileigentum, so ist der Vermieter als Teileigentümer auf dasjenige angewiesen, was ihm seinerseits der Verwalter mitteilt oder was in der Eigentümerversammlung beschlossen wird. Vielfach sehen deshalb Mietverträge eine Klausel vor, wonach der Mieter alle Verpflichtungen des Vermieters gegenüber den übrigen Miteigentümern übernimmt, soweit diese das Mietverhältnis betreffen. Mit der Unterwerfung unter eine derartige Vertragsbestimmung verzichtet der Mieter nicht auf sein Recht auf ordnungsgemäße Abrechnung der Nebenkosten.

---

268) Vgl. OLG Koblenz MDR 1986, 59.
269) *Sternel* III, Rz. 373.

Genügen die Abrechnungsunterlagen, die der Teileigentümer vom Verwalter erhält, nicht den Anforderungen, kann der Vermieter nicht darauf verweisen, daß ihm keine weiteren Informationen oder Abrechnungen vorlägen. Er muß sich vielmehr bemühen, alle Angaben zu erhalten, die er für eine ordnungsgemäße Abrechnung benötigt. Der Vermieter hat nämlich gegenüber dem Verwalter einen Anspruch auf Rechnungslegung, demzufolge er als Teileigentümer an den Verwalter die gleichen Anforderungen stellen kann wie der Mieter an den Vermieter.

**155** Der Anspruch des Vermieters auf Nachzahlung der nicht durch die Vorauszahlungen gedeckten Betriebskosten oder der Anspruch des Mieters auf Rückerstattung überzahlter Beträge wird erst mit Erteilung der Abrechnung fällig. Im beiderseitigen Interesse ist der Vermieter zur Rechnungslegung verpflichtet, sobald ihm die Unterlagen für das Wirtschaftsjahr oder den vereinbarten Abrechnungszeitraum vorliegen. Spätestens ein Jahr nach Ende der Periode, für die Nebenkostenvorauszahlungen geleistet worden sind oder hätten geleistet werden müssen, muß die Abrechnung vorliegen[270]. Verzögert der Vermieter grundlos die Abrechnung, so kann der Mieter auf Rechnungslegung klagen. Auch wird er berechtigt, gemäß § 273 BGB seine fällig werdenden Vorauszahlungen ganz oder teilweise zurückzubehalten[271]; rückständige Vorschüsse braucht er ungeachtet des Zahlungsverzuges nicht mehr zu zahlen, denn die Nebenkostenvorauszahlungen sollen nur vorübergehend entsprechende Aufwendungen des Vermieters abdecken. Mit Eintritt der Abrechnungsreife besteht für den Vermieter kein Interesse mehr, noch Vorauszahlungen einzufordern[272]. Er kann nur noch den sich aus der Abrechnung ergebenden Saldo geltend machen. Sind die rückständigen Nebenkostenvorschüsse eingeklagt, so ist die Klage auf Zahlung des Saldos umzustellen.

Die Höhe der Vorauszahlungen schafft keinen Vertrauenstatbestand für die Höhe der Nachforderung; letztere ist nicht begrenzt[273].

Tilgt der Mieter die Nachforderung, obwohl die Abrechnung ungenügend ist, so liegt darin im Zweifel ein Verzicht auf die Ergänzung der Abrechnung[274].

Solange die Abrechnung nicht den Anforderungen genügt, ist der Anspruch des Vermieters auf Zahlung der restlichen Nebenkosten nicht fällig und eine Klage unbegründet. Allerdings kann die Begründung der Nebenkostenabrech-

---

270) OLG Hamburg ZIP 1988, 1464 = EWiR § 535 BGB 5/88, 1175 *(Eckert)* = NJW-RR 1989, 82; *Sternel*, III Rz. 368.
271) BGH, Urt. v. 29. 2. 1984 – VIII ZR 310/82 = WM 1984, 818 = NJW 1984, 1684; RE v. 11. 4. 1984 – VIII ARZ 16/83 = BGHZ 91, 62 = NJW 1984, 2466.
272) OLG Hamburg (Fußn. 270).
273) OLG Stuttgart NJW 1982, 2506.
274) OLG Hamburg ZMR 1987, 421.

III. Vertragsinhalt – Rechte und Pflichten der Parteien

nung im Prozeß nachgeholt werden. Der beklagte Mieter kann sich dann durch sofortiges Anerkenntnis der Verpflichtung zur Tragung der Prozeßkosten entziehen.

Der Anspruch des Vermieters auf Nachzahlung von Nebenkosten verjährt wie der Mietzinsanspruch in vier Jahren (§ 197 BGB). Die Verjährung beginnt mit Zugang der nachprüfbaren Abrechnung beim Mieter, sofern diese in angemessener Zeit erteilt wird[275]. Angesichts der kurzen Verjährungsfrist ist der Verwirkungseinwand auf Ausnahmefälle beschränkt. Das Verstreichenlassen der Frist zur Abrechnung reicht keinesfalls aus. Auch der reine Zeitablauf – z. B. drei Jahre nach Ende des Abrechnungszeitraums – rechtfertigt nicht das Vertrauen des Mieters, der Vermieter werde seine Forderung nicht mehr geltend machen. Über den Zeitablauf hinaus müssen vielmehr weitere besondere Umstände hinzutreten, um einen Vertrauenstatbestand zugunsten des Mieters zu schaffen[276]. **156**

Ein etwaiger Rückerstattungsanspruch des Mieters gemäß § 812 BGB verjährt ebenfalls analog § 197 BGB in vier Jahren[277]. Die entsprechende Anwendung des § 197 BGB ist sachgerecht; vom Mieter kann verlangt werden, daß er sich innerhalb von vier Jahren überlegt, inwieweit er Rückzahlungsansprüche erhebt. Auch ist dem Vermieter nicht zuzumuten, Abrechnungsbelege dreißig Jahre lang aufzubewahren.

## 6. Mietzinszahlungspflicht bei Nichtbenutzung der Mietsache

### 6.1 Verwendungsrisiko des Mieters

Der Vermieter schuldet die Gebrauchsgewährung; ob der Mieter die Sache nutzt, ist unerheblich, er allein trägt das Verwendungsrisiko. Demgemäß bestimmt § 552 Satz 1 BGB, daß der Mieter von der Pflicht zur Zahlung des Mietzinses nicht befreit ist, wenn er durch einen in seiner Person liegenden Grund an der Ausübung des Gebrauchsrechts gehindert ist. Dies gilt sowohl *vor* als auch *nach* Überlassung der Mietsache. An sich ist § 552 BGB nur auf den Fall der unfreiwilligen Gebrauchshinderung zugeschnitten; die Vorschrift greift jedoch auch ein, wenn der Mieter freiwillig auf die weitere Nutzung verzichtet[278]. **157**

Die Gebrauchsvereitelung braucht nicht auf Umständen zu beruhen, die der

---

275) OLG Frankfurt MDR 1983, 757; vgl. aber KG ZMR 1990, 408.
276) BGH, Urt. v. 29. 2. 1984 – VIII ZR 310/82 = WM 1984, 818 = NJW 1984, 1684; RE v. 11. 4. 1984 – VIII ARZ 16/83 = BGHZ 91, 62 = NJW 1984, 2466.
277) OLG Hamburg EWiR § 197 BGB 1/88, 549 (*Eckert*) = NJW 1988, 1097; *Sternel*, III Rz. 375.
278) BGH, Urt. v. 24. 9. 1980 – VIII ZR 299/79 = WM 1980, 1397 = NJW 1981, 43.

Mieter zu vertreten hat. Es reicht aus, daß das Hindernis in seinen Risikobereich fällt[279]. Bei Krankheit oder Tod ist dies der Fall, selbstverständlich auch bei behördlichen Betriebsverboten, die in der Person des Mieters begründet sind. Im Zweifel wird alles zum Risikobereich des Mieters zu zählen sein, was nicht der Sphäre des Vermieters zuzurechnen ist.

Die Risikozuordnung verkennt das OLG Hamm[280]. In dem seiner Entscheidung zugrundeliegenden Fall konnte der Mieter eine gemietete Fernsprechanlage nicht weiter benutzen, weil das ihm gleichfalls vermietete Gebäude, in dem er sein Gewerbe betrieb, auf behördliche Anordnung hin abgerissen werden mußte. Das OLG Hamm stellt darauf ab, daß dem Mieter kein Vorwurf gemacht werden könne. Der Bestand des Betriebsgebäudes gehört jedoch zum Risikobereich des Mieters, selbst wenn es gleichfalls angemietet ist, keinesfalls jedoch zur Sphäre des Vermieters der Fernsprechanlage.

Im Rahmen des allgemeinen Verwendungsrisikos sind dem Mieter auch witterungsbedingte Gebrauchshindernisse zuzurechnen, so z. B. die Nichtbenutzbarkeit gemieteter Baugerüste an Frosttagen[281]. Auch für ein Kraftfahrzeug, das der Mieter wegen extremer Straßenzustände (Hochwasser, Schneeverwehungen) nicht einsetzen kann, ist der Mietzins zu zahlen.

Eine Klausel, durch die sich der Vermieter für den Fall der vorzeitigen Rückgabe des Mietobjekts einen sofort fälligen Anspruch auf Zahlung eines Teils der bis zum Vertragsende anfallenden Mietzinsraten ausbedingt, begünstigt den Mieter, denn ihm wird die fortbestehende Mietzinszahlungspflicht zum Teil erlassen. In einer solchen Klausel liegt keine Schadenspauschalierung, sondern nur eine Modifizierung des Erfüllungsanspruchs. Soweit der Vermieter sich mit dieser Klausel einen Ausgleich für den erhöhten Verwaltungsaufwand infolge der vorzeitigen Vertragsauflösung ausbedingt, ist auch dies nicht zu beanstanden. Die Klausel ist daher wirksam[282].

### 6.2 Anrechnung ersparter Aufwendungen

**158** Soweit der Mieter zur Zahlung des Mietzinses verpflichtet bleibt, obwohl er die Mietsache nicht nutzt, muß sich der Vermieter nach § 552 Satz 2 BGB den Wert ersparter Aufwendungen anrechnen lassen. Es handelt sich hierbei um eine Vorteilsausgleichung, einen Ausfluß des Grundsatzes von Treu und Glauben. Bedeutsam ist dies etwa bei der Miete eines Hotelzimmers, wenn

---

279) BGH, Urt. v. 28. 11. 1962 – VIII ZR 77/61 = BGHZ 38, 295 = WM 1963, 167 = NJW 1963, 341.
280) WM 1973, 526.
281) LG Koblenz NJW 1968, 942.
282) OLG Düsseldorf ZMR 1987, 464; OLG Hamburg ZMR 1990, 270 = NJW-RR 1990, 909; *Ulmer/Brandner/Hensen*, Anh. §§ 9–11 Rz. 508.

III. Vertragsinhalt — Rechte und Pflichten der Parteien

die zusätzlichen Bedienungsleistungen entfallen; je nach Umfang der Serviceleistungen wird ein Abzug bis zu 20% des Übernachtungspreises gerechtfertigt sein.

Bei Miete von Kraftfahrzeugen und verschleißanfälligen Geräten ist auszugleichen, daß die Mietsache während der Dauer der Nichtbenutzung diesem Verschleiß nicht unterliegt.

Bei der Grundstücks- und Raummiete braucht der Mieter verbrauchsabhängige Betriebskosten nicht zu zahlen, soweit diese mit Sicherheit nicht anfallen, weil das Mietobjekt leersteht. Hierzu zu zählen sind die Kosten für Wasserverbrauch, Kanalbenutzung und Hausbeleuchtung. Hingegen ist nicht zu berechnen, inwieweit die Fahrstuhlkosten geringer sind, wenn ein Mieter ihn nicht benutzt. Heizkosten sind gleichfalls zu zahlen, denn auch leerstehende Räume müssen beheizt werden.

Die Anrechnung ersparter Aufwendungen kann nicht durch AGB oder vorformulierte Klauseln ausgeschlossen werden[283].

### 6.3 Verpflichtung zur anderweitigen Verwertung (Ersatzmieter)

Übernimmt der Mieter die Mietsache nicht oder gibt er sie, zumeist nach einer unberechtigten Vertragskündigung, vorzeitig zurück, so ist der Vermieter grundsätzlich nicht verpflichtet, sie anderweitig zu verwerten. Da er mit der Mietzinsforderung einen Erfüllungsanspruch geltend macht, kann er nicht gemäß § 254 BGB, einer Bestimmung zum Schadensersatzrecht, verpflichtet sein, seinen „Mietausfallschaden" gering zu halten und sich um die Weitervermietung zu bemühen.

Überdies ist die Risikoverteilung bei Nichtbenutzung der Mietsache durch § 552 BGB abschließend geregelt, so daß neben dieser Vorschrift § 254 BGB nicht eingreifen kann[284]. Wegen dieser Risikoverteilung ist es allein Sache des Mieters, den Schaden gering zu halten, der ihm infolge der Nichtbenutzung der Mietsache entsteht, und einen Mietnachfolger zu suchen, um aus dem Mietverhältnis entlassen zu werden.

Bestimmt der Vertrag, daß der Mieter berechtigt ist, einen Ersatzmieter zu stellen, so hat der Vermieter mit einem akzeptablen Interessenten einen

**159**

---

283) OLG Frankfurt EWiR § 9 AGBG 13/86, 425 *(Schlosser).*
284) BGH, Urt. v. 24. 9. 1980 – VIII ZR 299/79 = WM 1980, 1397 = NJW 1981, 43; v. 26. 11. 1986 – VIII ZR 354/85 = ZIP 1987, 172 EWiR § 6 AbzG 1/87 *(v. Westphalen)* = WM 1987, 288 = NJW 1987, 842.

## A. Mietvertrag

neuen Mietvertrag abzuschließen und den Mieter aus dem Vertrag zu entlassen[285].

Ohne entsprechende Regelung wird der Vermieter kaum verpflichtet sein, sich auf einen Ersatzmieter einzulassen, sofern er nicht arglistig die Weitervermietung an einen akzeptablen Interessenten verweigert[286]. Nach OLG Hamburg[287] ist es dem Vermieter nicht verwehrt, bei der Weitervermietung höhere Mietzinsforderungen zu stellen. Nur in Ausnahmefällen wird im Festhalten am Vertrag ein Rechtsmißbrauch liegen. Liegen die Gründe in der Risikosphäre des Mieters, so muß er sich in aller Regel am Vertrag festhalten lassen[288]. Sogar die zur Wohnraummiete ergangenen Rechtsentscheide sind sehr zurückhaltend[289].

Schließt der Vermieter mit dem Ersatzmieter ab, so wird der ursprüngliche Mieter aus dem Vertrag entlassen. Er kann nicht mehr herangezogen werden, wenn der Ersatzmieter seinen Verbindlichkeiten nicht nachkommt. Will sich der Vermieter dagegen sichern, so empfiehlt es sich, daß der frühere Mieter der Schuld des Nachfolgers beitritt oder für diesen bürgt.

### 6.4 Rechtsfolgen bei anderweitiger Verwertung

**160** Verwertet der Vermieter die nicht genutzte Mietsache weiter, so kann dies nicht ohne Einfluß auf die Mietzinsbelastung des Mieters bleiben. Der Vermieter hat sich daher den Erlös aus der anderweitigen Verwertung anrechnen zu lassen (§ 552 Satz 2 BGB). Entsprechendes gilt bei eigener Benutzung der Mietsache.

Eine anderweitige Verwertung liegt nicht schon dann vor, wenn der Vermieter dem nochfolgenden Mieter gestattet, die leerstehenden Mieträume vor Vertragsbeginn kurze Zeit kostenlos zu benutzen[290].

Als eigene Benutzung ist es anzusehen, wenn der Vermieter im eigenen Interesse in der Zeit zwischen Räumung des Mietobjekts und Vertragsende Instandsetzungs- und Umbauarbeiten vornimmt, die über das übliche Maß von Ausbesserungen hinausgehen[291]. In der Vornahme von Schön-

---

285) BGH, Urt. v. 2. 11. 1983 – VIII ZR 135/82 = WM 1984, 93.
286) BGH, Urt. v. 24. 9. 1980 – VIII ZR 299/79 = WM 1980, 1379 = NJW 1981, 43.
287) NJW-RR 1987, 657.
288) OLG Hamburg ZMR 1987, 93.
289) OLG Karlsruhe NJW 1981, 1741; OLG Oldenburg ZMR 1982, 285; OLG Hamm NJW 1983, 1564.
290) *Emmerich/Sonnenschein*, § 552 Rz. 27 c; *Soergel/Kummer*, § 552 Rz. 7; a. A. *Sternel*, III Rz. 102; vgl. auch OLG Köln NJW-RR 1990, 1232 (Vergabe freigebliebener Messestandfläche).
291) BGH, Urt. v. 28. 11. 1962 – VIII ZR 77/61 = BGHZ 38, 295 = WM 1963, 167 = NJW 1963, 341.

heitsreparaturen während dieser Zeit sieht das LG Berlin[292] hingegen keine eigene Nutzung.

Der Vermieter kann sich jedoch ausbedingen — auch durch vorformulierte Klauseln —, daß er bei vorzeitigem Auszug des Mieters in den Räumen Renovierungs-, Instandsetzungs- oder Umbauarbeiten ausführen darf, ohne daß deswegen die Mietzinsverpflichtung des Mieters entfällt[293]. Dem Mieter entsteht insofern kein Nachteil, als er ohnehin zur Entrichtung des Mietzinses verpflichtet bleibt. Daher weicht die Klausel nicht wesentlich vom Leitbild des § 552 BGB ab.

**161** Überläßt der Vermieter die Mietsache einem Dritten, so kann der Mieter nach § 542 BGB kündigen, wenn der Vermieter nach Beseitigung des im Risikobereich des Mieters liegenden Gebrauchshindernisses nicht in der Lage ist, diesem den Gebrauch der Mietsache wieder einzuräumen[294].

**162** § 552 Satz 2 BGB setzt voraus, daß der Vermieter auch während der Zeit der anderweitigen Verwertung der Mietsache zur Erfüllung des Vertrages in der Lage und auch hierzu bereit ist. Ist der Vermieter infolge der Überlassung des Mietgebrauchs an einen Dritten außerstande, dem Mieter den Mietgebrauch wieder zu gewähren, so entfällt dessen Pflicht zur Zahlung des Mietzinses (§ 552 Satz 3 BGB). Hierbei kommt es nicht darauf an, ob der Vermieter von dem Dritten ein Entgelt erhält.

Diese Regelung ist unbillig, wenn der Vermieter die ungenutzte Mietsache weitervermietet, weil ungewiß ist, ob sein Mietzinsanspruch gegen den früheren Mieter durchzusetzen ist, oder weil er diesen entlasten will, die Weitervermietung jedoch nur zu einem geringeren Mietzins möglich war. Bei strikter Befolgung des § 552 Satz 3 BGB wird der Mieter von seiner Verpflichtung frei, da der Vermieter nicht in der Lage ist, ihm den Mietgebrauch wieder einzuräumen[295]. Dieses Ergebnis belohnt jedoch den vertragsuntreuen Mieter. Wenn der Vermieter, ohne hierzu verpflichtet zu sein, sich im Interesse des Mieters um die Weitervermietung bemüht und den Mieter entlastet, darf dieses Entgegenkommen nicht zu einem Rechtsverlust des Vermieters führen. Der Mieter muß daher ohne Kündigungsmöglichkeit in Höhe der Differenz zwischen den von ihm zuvor geschuldeten und dem durch die Weitervermietung erzielten Entgelt zur Mietzinszahlung verpflichtet bleiben[296].

---

292) MDR 1981, 57.
293) A. A. *Sternel*, III Rz. 106.
294) BGH, aaO (Fußn. 291).
295) So *Sternel*, III Rz. 100; OLG Frankfurt ZMR 1970, 49; OLG Düsseldorf NJW-RR 1986, 507 = ZMR 1986, 164.
296) OLG Düsseldorf ZMR 1985, 89; OLG Hamm EWiR § 552 BGB 1/86, 657 *(Eckert)* = NJW-RR 1986, 507 = ZMR 1986, 281; *Emmerich/Sonnenschein*, § 552 Rz. 13.

## A. Mietvertrag

Der Bundesgerichtshof brauchte sich bisher in dieser Frage nicht festzulegen, hat jedoch die Verpflichtung des Mieters zur Zahlung des Unterschiedsbetrages[297] angedeutet und bei besonderer Fallgestaltung unter dem Gesichtspunkt von Treu und Glauben bejaht[298].

**163** Erzielt der Vermieter durch die Weitervermietung einen höheren Mietzins als zuvor, so kann der Mieter nicht Abführung des Mehrbetrages verlangen. § 552 Satz 2 BGB sieht lediglich eine Anrechnung des durch die Weitervermietung erzielten Erlöses vor, begründet jedoch keine Forderung des Mieters gegen den Vermieter. Dieser ist auch nicht auf Kosten des Mieters um den Überschuß bereichert und hat mit der Weitervermietung kein Geschäft des Mieters geführt.

Macht der Vermieter, um die Weitervermietung zu ermöglichen, noch Aufwendungen, z. B. Umbau, so kann er diese nicht vom Mieter unter dem Gesichtspunkt der Geschäftsführung ohne Auftrag ersetzt verlangen[299]. Zu überlegen bleibt aber, ob die anrechenbaren Vorteile (§ 552 Satz 2 BGB), die der Vermieter durch die Weitervermietung erzielt, sich um die vorherigen Aufwendungen verringern.

### 6.5 Darlegungs- und Beweislast

**164** Im Streitfall hat der Mieter alle Tatsachen darzulegen und zu beweisen, die zum Wegfall seiner Verpflichtung führen; insbesondere muß er beweisen, daß das Gebrauchshindernis nicht in seinem Risikobereich liegt.

Auch die Ersparnis von Aufwendungen, die anderweitige Verwertung der Mietsache durch den Vermieter und die Höhe des erzielten Entgelts hat der Mieter nachzuweisen, obwohl diese Umstände in der Sphäre des Vermieters liegen[300]. Die Höhe der ersparten Aufwendungen ist gegebenenfalls gemäß § 287 ZPO zu schätzen. Steht fest, daß der Vermieter die Sache einem Dritten überlassen hat, so obliegt ihm der Nachweis, daß er gleichwohl bereit und in der Lage war, dem Mieter den Mietgebrauch wieder zu gewähren[301].

---

[297] Urt. v. 24. 9. 1980 – VIII ZR 299/79 = WM 1980, 1397 = NJW 1981, 43, unter II 4 c.
[298] Urt. v. 16. 9. 1981 – VIII ZR 161/80 = WM 1981, 1224 = NJW 1982, 376; Urt. v. 7. 12. 1983 – VIII ZR 206/82 = WM 1984, 171.
[299] BGH, Urt. v. 25. 11. 1981 – VIII ZR 299/80 = BGHZ 82, 323 = ZIP 1982, 294 = WM 1982, 148 = NJW 1982, 875.
[300] MünchKomm-*Voelskow*, § 552 Rz. 15; *Palandt/Putzo*, § 552 Anm. 1; *Emmerich/Sonnenschein*, § 552 Rz. 14; a. A. bezgl. ersparter Aufwendungen OLG Düsseldorf ZMR 1985, 382.
[301] *Palandt/Putzo*, § 552 Anm. 1; *Staudinger/Emmerich*, § 552 Rz. 45; a. A. *Emmerich/Sonnenschein*, § 552 Rz. 14; OLG Oldenburg ZMR 1981, 91; MünchKomm-*Voelskow*, § 552 Rz. 15; *Sternel*, III Rz. 105.

III. Vertragsinhalt – Rechte und Pflichten der Parteien

## 7. Mietzinsanpassung

### 7.1 Wertsicherung und Nominalwertprinzip

**165** Die Wertsicherung der Geldleistung in Schuldverhältnissen, die auf Dauer angelegt sind oder deren Abwicklung langfristig vereinbart worden ist, ist die Reaktion der beteiligten Kreise auf eine permanente Geldwerteinbuße, von *Karsten Schmidt*[302)] als das für die rechtliche Alltagspraxis bedeutsamste Datum im Währungsgeschehen des 20. Jahrhunderts bezeichnet. Das berechtigte Interesse des Geldschuldgläubigers, die mit einer langfristigen Bindung erstrebten Vorteile nicht durch Kaufkrafteinbußen aufs Spiel zu setzen, erfordert nicht nur Weitsicht bei der Festlegung des Stabilisierungsfaktors, sondern stößt sich nicht selten an § 3 WährG, der dem Nominalwertprinzip für unsere Währung spezifischen Schutz bietet.

Von der Deutschen Bundesbank wird die Vorschrift nach wie vor als inflationshindernder Indikator gewertet. Diese Zweckbestimmung beeinflußt ihre Genehmigungspraxis bis auf den heutigen Tag. Der Kapitalverkehr hat auf diese Weise in der Bundesrepublik Deutschland bisher von Wertsicherungsklauseln freigehalten werden können. Erhebliche praktische Bedeutung besitzt § 3 WährG einmal für die Wertsicherung von Unterhaltsleistungen aller Art und zum anderen für den Ausgleich des Kaufkraftschwundes der Gegenleistung für die Verschaffung von Sachwerten, sei es zu Eigentum (langfristige Lieferverträge), sei es zu langfristiger dinglich oder schuldrechtlich vereinbarter Nutzung (Erbbaurechte, dingliche Wohnrechte, Miete und Pacht). Die geltenden Grundsätze für Entscheidungen über Genehmigungsanträge nach § 3 WährG sind in den Mitteilungen der Deutschen Bundesbank Nr. 1015/78 vom 9. 6. 1978[303)] zusammengestellt. Hier geht es in erster Linie um die genehmigungsfreie Wertsicherung.

Die Tendenz der höchstrichterlichen Rechtsprechung ist darauf gerichtet, den genehmigungsfreien Vereinbarungsspielraum auszudehnen und die Unwirksamkeitsfolge bei genehmigungsbedürftigen, aber nicht genehmigungsfähigen Klauseln möglichst zu vermeiden. Grund hierfür ist, zu verhindern, daß die Genehmigungsbedürftigkeit einer Wertsicherungsklausel herangezogen wird, um einen regelmäßig aus ganz anderen Gründen lästigen Vertrag aus den Angeln zu heben. Die Vertragsschließenden sollen nicht gehindert werden, genehmigungsbedürftige – und genehmigungsfähige – Wertsicherungsklauseln zu vereinbaren. Selbst nach Beendigung eines Miet- oder Pachtverhältnisses kann eine bis dahin nicht genehmigte Wertsi-

---

302) ZIP 1983, 639.
303) Bundesanzeiger Nr. 109 v. 15. 6. 1978 = NJW 1978, 2381.

## A. Mietvertrag

cherungsklausel noch genehmigt werden[304]. Genehmigungsbedürftige und genehmigungsfreie Wertsicherungsklauseln werden durch individuelle Absprache oder AGB Vertragsinhalt. Angesichts ihrer weiten Verbreitung gerade im Miet- und Pachtrecht können sie nicht als überraschende Klauseln im Sinne von § 3 AGBG angesehen werden. Die Inhaltskontrolle von Wertsicherungsklauseln unterliegt den Maßstäben des § 9 AGBG.

### 7.2 Spannungsklausel — Leistungsvorbehalt

**166** Der genehmigungsfreie Regelungsbereich für die Wertsicherung ist nach der gefestigten Rechtsprechung des Bundesgerichtshofs durch die Begriffe „Spannungsklausel" und „Leistungsvorbehalt" gekennzeichnet.

#### 7.2.1 Wesen der Spannungsklauseln

**167** Wesen der Spannungsklauseln ist die Vereinbarung einer *gleichartigen* oder *zumindest vergleichbaren* Leistung als Wertmesser für die zu sichernde Verbindlichkeit[305]. Für Unterhalts-, Renten-, Gehalts- und Pensionsvereinbarungen entwickelt[306], haben Spannungsklauseln längst auch in Erbbaurechts-, Miet- und Pachtverträgen Eingang gefunden[307]. Im zuerst zitierten Urteil — Anpassung der Gegenleistung für ein Erbbau- und Pachtrecht an einem Garagengrundstück, wobei die Garagen selbst an Dritte vermietet waren — lautet die Klausel, „der Erbbauzins und die Pachtsumme steigen bei Währungsverfall im Verhältnis zu den steigenden Garagenmieten". Die Genehmigungsbedürftigkeit dieser Klausel ist mit der Begründung verneint worden, die zueinander ins Verhältnis gesetzten Leistungen, nämlich Garagenmiete einerseits und Vergütung für die Nutzung des Grundstücks andererseits, seien gleichartig, jedenfalls aber vergleichbar. Ein Anwendungsfall des § 3 Satz 2 WährG, wonach der Betrag von Geldschulden ohne Genehmigung nicht durch eine *andere* Leistung bestimmt werden darf, liege nicht vor[308]. Enthält aber der Mietvertrag, auf den zum Zwecke der Wertsicherung Bezug genommen wird, seinerseits eine Wertsicherungsklausel und ist in dieser eine Anpassung vereinbart, welche den Mietzins von einer anderen Leistung im Sinne des § 3 Satz 2 WährG abhängig macht, so ist die Vereinbarung, die Miete sei dem im anderen Mietvertrag vereinbarten Mietzins anzupassen,

---

304) BGH, Urt. v. 2. 5. 1979 — VIII ZR 125/78 = WM 1979, 784.
305) BGH, Urt. v. 2. 2. 1983 — VIII ZR 13/82 = ZIP 1983, 315 = WM 1983, 364 m. w. N.; BGH, Urt. v. 16. 4. 1986 — VIII ZR 60/85 = EWiR § 535 BGB 2/86, 765 *(Eckert)* = WM 1986, 912.
306) Vgl. BGH, Urt. v. 17. 3. 1970 — VI ZR 156/68 = BB 1970, 638, zur Spannungsklausel in einem Dienstvertrag mit Versorgungsabrede.
307) BGH, Urt. v. 26. 11. 1975 — VIII ZR 267/73 = WM 1976, 33 und BGH, aaO (Fußn. 305), jeweils m. w. N.
308) Vgl. dazu *Dürkes*, Wertsicherungsklauseln, 9. Aufl., Rz. 12—14.

## III. Vertragsinhalt – Rechte und Pflichten der Parteien

genehmigungsbedürftig[309]. Dem Umstand, daß die Klausel in dem in Bezug genommenen Vertrag genehmigt worden ist, kommt keine Bedeutung zu. Diese Genehmigung wirkt nicht über den konkreten Mietvertrag hinaus. In der rechtlichen Beurteilung der Genehmigungsbedürftigkeit macht es keinen Unterschied, ob die Bezugsgröße, die die Anpassung bestimmt, in der Klausel selbst genannt oder durch Bezugnahme auf einen anderen Vertrag bezeichnet wird. Die Miete in dem in Bezug genommenen Vertrag ist keine vergleichbare, sondern eine andere Leistung im Sinne von § 3 Satz 2 WährG[310]. Eine – genehmigungsfreie – Spannungsklausel ist z. B auch dann vereinbart, wenn beim Verkauf eines Hausgrundstücks der in Form einer Rente zu zahlende Kaufpreis am Ertragswert des Grundstücks ausgerichtet ist und auch die künftige Rentenhöhe sich nach dem jeweiligen Ertragswert bemessen soll[311]. Entscheidend für die Genehmigungsfreiheit der Klausel ist, daß der Ertragswert ein und desselben Grundstücks zum Wertmaßstab gewählt worden ist. An der Gleichartigkeit der Bezugsgröße fehlt es demgegenüber, wenn die Höhe einer Nutzungsvergütung von der Entwicklung des Grundstückswertes als eines den Kaufpreis bestimmenden Faktors abhängig gemacht wird[312], aber auch wenn der Mietzins für Wohnraum und für gewerblich genutzte Räume zueinander ins Verhältnis gesetzt wird[313], denn im Regelfall ist keine gleichartige Entwicklung des Mietzinses für Wohnraum und für Gewerberaum zu erwarten.

Wird eine Spannungsklausel vereinbart, dann ist diese nicht deshalb genehmigungsbedürftig, weil sie nur auf eine Erhöhung des Entgelts zugeschnitten ist. Das Erfordernis, daß eine Wertsicherungsklausel nicht nur eine Anpassung bei Erhöhung, sondern auch bei Ermäßigung des Wertmessers vorsehen muß, ist lediglich für die Frage der Genehmigungsfähigkeit von Gleitklauseln von Bedeutung, nicht aber für die Spannungsklauseln, die ohnehin nicht unter § 3 WährG fallen[314].

### 7.2.2 Merkmale des Leistungsvorbehalts

Charakteristisch für einen – gleichfalls genehmigungsfreien – Leistungsvorbehalt ist, daß die Anpassung der Geldschuld nicht automatisch der Bewegung des Wertmessers folgt, sondern regelmäßig nach Überschreiten

**168**

---

309) BGH, aaO (Fußn. 305).
310) Vgl. auch *Karsten Schmidt*, ZIP 1983, 639, 645.
311) BGH, Urt. v. 18. 5. 1979 – V ZR 205/77 = NJW 1979, 1888.
312) BGH, Urt. v. 23. 2. 1979 – V ZR 106/76 = NJW 1979, 1545.
313) Vgl. BGH, Urt. v. 16. 4. 1986 (Fußn. 305) (preisgebundener Wohnraum und Gewerberaum); dazu *Schultz* in Bub-Treier III. A. Rz. 239.
314) BGH, Urt. v. 23. 2. 1979 – VZR 106/76 = NJW 1979, 1545; v. 16. 4. 1986 (Fußn. 305).

## A. Mietvertrag

eines Grenzwertes die Anpassung oder sogar die Neufestsetzung durch einen selbständigen Akt der Leistungsbestimmung entweder durch die Vertragsparteien selbst oder einen Dritten, im zuletzt genannten Fall regelmäßig durch Schiedsgutachten, erfolgt. Billigkeitserwägungen muß dabei Raum gegeben werden. Lautet die Klausel z. B.: „Der Mietzins bezieht sich auf den heutigen Stand des Lebenshaltungskostenindexes; bei mehr als 10%iger Steigerung oder Ermäßigung ändert sich die Miete in entsprechender Relation", so macht die vorgesehene *automatische* Anpassung die Klausel zu einer typischen genehmigungsbedürftigen Gleitklausel. Dies wird bei der Regelung, „Verändert sich der Lebenshaltungskostenindex um mehr als 10% nach oben oder unten, so können beide Parteien eine Angleichung des Mietzinses verlangen, falls sie der Billigkeit entspricht"; vermieden. Ein genehmigungsfreier Leistungsvorbehalt ist auch dann anzunehmen, wenn die Vertragsparteien zwar die Voraussetzung einer Anpassung geregelt haben (wesentliche Veränderung des Geldwertes unter Zugrundelegung des Preisindexes — mit einer Schwelle von 20% gegenüber dem Zeitpunkt des Vertragsschlusses —), über das Maß der Anpassung aber nichts gesagt ist, wohl aber jeder Beteiligte bei Überschreiten der 20%-Marke „eine Abänderung des Pachtpreises verlangen" kann[315]. Für die Beurteilung der Genehmigungsbedürftigkeit einer Wertsicherungsklausel kommt es nicht darauf an, wie sie sich später auf Grund der tatsächlichen Entwicklung der wirtschaftlichen Verhältnisse im einzelnen Erhöhungsfall auswirkt[316]. Maßgebend ist vielmehr, daß im Prinzip die Anpassungsklausel einen Beurteilungsspielraum läßt, innerhalb dessen die Konkretisierung jeweils durch Vereinbarung erfolgen soll, und daß ein zusätzlich in die Klausel eingebauter Grenzwert nicht zwangsläufig den Inhalt der neuen Vereinbarung bestimmt. Ist dies gesichert, so führt der Umstand, daß nach der tatsächlich eingetretenen Entwicklung nur dieser Grenzwert zum Tragen kommt oder doch weitere Prüfungen überflüssig macht, nicht zu einer Beanstandung der Klausel unter dem Gesichtspunkt des § 3 WährG.

### 7.3 Geltungserhaltung von Wertsicherungsklauseln

**169** Die Vereinbarung einer nicht genehmigungsfähigen Wertsicherungsklausel zieht nicht ohne weiteres die Unwirksamkeit des gesamten Vertragswerkes (§ 139 BGB) nach sich, und zwar selbst dann nicht, wenn die Parteien den Mangel der Genehmigungsfähigkeit kannten, aber nicht wußten, daß sie denselben Zweck auch mit einem genehmigungsfreien Leistungsvorbehalt erreichen konnten. Kann unter Berücksichtigung des objektiven Vertrags-

---

[315] OLG Düsseldorf, Urt. v. 1. 10. 1982 — 2 U 109/81, nicht veröffentlicht; die Revision ist vom BGH nicht angenommen worden — VIII ZR 351/82.
[316] Vgl. BGH, Urt. v. 13. 1. 1978 — V ZR 72/75 = WM 1978, 352.

## III. Vertragsinhalt – Rechte und Pflichten der Parteien

zwecks angenommen werden, daß sie eine andere Wertsicherungsklausel gewählt hätten, die einerseits die gegenseitigen Belange wahrt und andererseits auch ohne Genehmigung wirksam ist, so gilt diese im Wege ergänzender Vertragsauslegung ermittelte Klausel als von Anfang an vereinbart. Für § 139 BGB ist dann kein Raum[317]. Anknüpfungspunkte für eine solche ersetzende Vertragsauslegung sind, wie auch sonst, salvatorische Klauseln[318].

Haben die Parteien eine Lebenshaltungskosten-Automatik vereinbart, so ist im Wege der ersetzenden Vertragsauslegung ein Leistungsvorbehalt des Inhalts als von Anfang an vereinbart anzusehen, daß bei einer Änderung des Lebenshaltungskostenindexes um mehr als 10 Punkte beide Parteien eine Angleichung verlangen können, soweit eine solche der Billigkeit entspricht. Diese Ersatzklausel stellt eine die Interessen beider Vertragspartner beachtende sinngemäße Regelung dar. Wird, wie oft, vereinbart „sollten sich die Grundbezüge der Landesbeamten in ... um mehr als 5% ändern, so wird der Mietzins im gleichen Verhältnis angepaßt", so bedarf die Klausel der Genehmigung. Ist die Klausel nicht genehmigungsfähig, weil der in Rede stehende Mietvertrag eine Laufzeit von weniger als 10 Jahren hat, liegt die Annahme nahe, die Parteien hätten bei Kenntnis der Nichtgenehmigungsfähigkeit vernünftigerweise von vornherein einen Leistungsvorbehalt vereinbart und statt der Automatik eine Anpassung nach billigem Ermessen vorgesehen, so bald der Grenzwert von 5% über- oder unterschritten wird. Zum Umfang und Ausmaß der Anpassung ist bei solcher Fallgestaltung zu beachten, daß die Änderung der Beamtengehälter zwar der Ausgangspunkt für eine Anpassung ist, daß aber das Ausmaß der Anpassung Raum für Billigkeitserwägungen lassen muß, die nach §§ 315, 316 BGB zu konkretisieren sind. Auf dem Umweg über die Vertragsanpassung darf nämlich keinesfalls die Automatik in der Bewegung zwischen Bezugsgröße und Geldschuld (hier Mietzins) wiederhergestellt werden. Dafür, daß das alles leichter gesagt als in eine praktikable Rechtswirklichkeit umgesetzt ist, gibt das Urteil des Bundesgerichtshofs vom 21. 1. 1976[319] ein anschauliches Beispiel.

**170** Selbst wenn der Vermieter geltend macht, er würde einen Mietvertrag mit einer anderen als der genehmigungsbedürftigen, aber nicht genehmigungsfähigen Wertsicherungsklausel nicht abgeschlossen, sondern es vorgezogen haben, die Räume überhaupt nicht zu vermieten, kann das gemäß § 242 BGB dann unbeachtlich sein, wenn er nach Treu und Glauben verpflichtet ist, sich

---

317) Vgl. BGH, Urt. v. 30. 10. 1974 – VIII ZR 69/73 = BGHZ 63, 132 = WM 1974, 1180; v. 21. 1. 1976 – VIII ZR 113/74 = WM 1976, 385; v. 6. 12. 1978 – VIII ZR 282/77 = WM 1979, 252 und v. 23. 2. 1979 – V ZR 106/76 = NJW 1979, 1545.
318) Vgl. das Beispiel in BGH, Urt. v. 6. 12. 1978, aaO (Fußn. 317).
319) VIII ZR 113/74 = WM 1976, 385.

A. Mietvertrag

auf eine genehmigungsfähige oder auf eine genehmigungsfreie Wertsicherungsklausel einzulassen. Auch bei solcher Fallgestaltung tritt mithin Gesamtnichtigkeit des Vertrages nicht ein[320].

171 Einen anderen Weg, die Wirksamkeit eines Vertragswerkes zu sichern, obwohl eine nicht genehmigungsfähige Wertsicherungsklausel („Verändern sich die wirtschaftlichen Verhältnisse oder erhöhen sich die Lebenshaltungskosten gegenüber dem Stande vom 1. 1. 1960 um 10% oder mehr, so ist Frau R. berechtigt, eine entsprechende Erhöhung ihrer Leibrente zu fordern...") vereinbart worden war, hat der III. Zivilsenat des Bundesgerichtshofs in seiner Entscheidung vom 13. 3. 1980 – III ZR 139/78[321] beschritten. Statt eine ersetzende Vertragsauslegung vorzunehmen, hat er den Vertragsgegner für verpflichtet gehalten, folgender Wertsicherungsklausel (= Leistungsvorbehalt) zuzustimmen:

„Verändert sich der Lebenshaltungskostenindex des Statistischen Landesamtes nach oben oder unten um jeweils 10%, so können beide Parteien eine Neufestsetzung ihrer Leibrente verlangen. Kommt eine Einigung nicht zustande, so wird die Leibrente von ihr (Klägerin) nach billigem Ermessen festgesetzt."

Zu den in Wertsicherungsklauseln nicht selten gedankenlos verwendeten Begriffen „Neufestsetzung" und „Anpassung" hat der Bundesgerichtshof[321] deutlich gemacht, daß im Falle der Vereinbarung einer künftigen Anpassung der Geldschuld auf das bei Vertragsschluß zugrunde gelegte Äquivalenzverhältnis zu achten sei. Wird die Geldschuld dagegen neu festgesetzt, braucht auf diesen Gesichtspunkt nicht Rücksicht genommen zu werden.

172 Der Umstand, daß im Bereich der Wohnungsmiete Wertsicherungsklauseln unzulässig sind, hat dem Bundesgerichtshof wiederholt Anlaß gegeben, eine Grenzziehung bei gemischten Verträgen vorzunehmen, so in der für Betreiber von Altenheimen wichtigen Entscheidung vom 29. 10. 1980 – VIII ZR 326/79[322] (vgl. Rz. 588).

### 7.4 Einzelfragen bei der Auslegung von Wertsicherungsklauseln

173 Durch die höchstrichterliche Rechtsprechung sind, abgesehen von diesen eher prinzipiellen Gesichtspunkten, auch Einzelfragen geklärt worden, die die praktische Handhabung von Wertsicherungsklauseln aufgeworfen hat:

---

320) BGH, Urt. v. 2. 2. 1983 – VIII ZR 13/82 = ZIP 1983, 315 = WM 1983, 364.
321) WM 1980, 593.
322) WM 1980, 1456 = NJW 1981, 341 m. N. der Rechtsprechung zu Mischmietverhältnissen.

III. Vertragsinhalt – Rechte und Pflichten der Parteien

### 7.4.1 Dienstbezüge als Bezugsgröße

Wählen die Vertragsparteien „Dienstbezüge" oder das „Grundgehalt" eines Beamten einer bestimmten Besoldungsgruppe als Bezugsgröße, so ist neben der prozentualen Erhöhung des Grundgehalts auch der sog. Sockelbetrag zu berücksichtigen[323], weil er in zunehmendem Maße die Funktion einer Teuerungszulage bekommen hat. Zu den „Dienstbezügen" gehört auch das Weihnachtsgeld[324]. Wird, wie in Bayern 1973 geschehen, die Weihnachtszuwendung aus den „Dienstbezügen" ausgegliedert, hat das keine Auswirkungen auf den materiellen Inhalt der (Erbbauzins-) Anpassungsklausel[325].

Bestandteil der Dienstbezüge eines Beamten waren bis zum Inkrafttreten des Kindergeldgesetzes auch Kinderzuschläge. Nimmt eine Wertsicherungsklausel auf die Dienstbezüge eines Beamten Bezug, so war von der Bezugnahme auch die Entwicklung der Kinderzuschläge erfaßt. Da das Kindergeld, das ohne Rücksicht auf die Art des Beschäftigungsverhältnisses gezahlt wird, dieselbe Funktion hat wie die beamtenrechtlichen Kinderzuschläge, sind Veränderungen auch des Kindergeldes bei der Handhabung der Wertsicherungsklausel zu berücksichtigen, selbst wenn das Kindergeld nicht mehr Bestandteil der Dienstbezüge ist[326].

### 7.4.2 Fehlerhafte Indexklausel

Wird in einer vertraglichen Indexklausel auf ein Basisjahr Bezug genommen, auf dessen Grundlage ein Index nicht veröffentlicht ist, so ist die Klausel weder gem. § 306 BGB noch aus sonstigen Gründen unwirksam. Vielmehr ist der veröffentlichte Index auf das vertragliche Basisjahr umzurechnen[327].

**174**

### 7.4.3 Anpassungszeitpunkt

Streit entsteht nicht selten über die Frage, in welchem Zeitpunkt Erhöhungen der Miet- oder Pachtzinsschuld wirksam werden. Kann nach der getroffenen Vereinbarung jede Vertragspartei eine Angleichung des Mietzinses entsprechend der Entwicklung des Lebenshaltungskostenindexes zu einem Stichtag verlangen, so muß der Berechtigte die Erklärung *vor* dem Stichtag abgeben[328]. Soll die Erhöhung vertraglich nach besonderer Erklärung des Vermieters erfolgen, so ist diese Erklärung eine anspruchsbegründende Vor-

**175**

---

323) BGH, Urt. v. 2. 6. 1976 – VIII ZR 25/75 = WM 1976, 814.
324) BGH, Urt. v. 19. 1. 1979 – V ZR 105/76 = WM 1979, 466 für den Fall der Wertsicherung von Erbbauzins.
325) BGH, aaO (Fußn. 324), S. 468.
326) BGH, Urt. v. 13. 10. 1982 – VIII ZR 155/81 = WM 1982, 1329.
327) OLG Köln WM 1987, 1308.
328) BGH, Urt. v. 19. 6. 1974 – VIII ZR 49/73 = WM 1974, 775.

aussetzung[329]. Dafür, daß damit nur der Fälligkeitszeitpunkt hinaus geschoben werden soll, fehlt ein vernünftiger Sinn. Diese Wertung wird den Belangen beider Vertragsteile gerecht. Die Änderung des Lebenshaltungskostenindexes kann der Vertragsteil, der aus ihr mit Hilfe der Wertsicherungsklausel Rechte herleiten möchte, auf Grund der Veröffentlichungen des Statistischen Bundesamtes unschwer und alsbald nach Eintritt der Änderung feststellen. Der andere Vertragsteil hat ein Interesse daran, möglichst bald zu erfahren, ob eine Mietzinsänderung verlangt wird. Die Annahme einer bloßen Fälligkeitsabrede würde seinen Belangen nicht gerecht. Verhindert wird insbesondere, daß der begünstigte Vertragsteil in den von § 242 BGB gezogenen Grenzen noch nach langer Zeit aus der Änderung Ansprüche herleiten kann, mit denen der andere Vertragsteil nicht mehr zu rechnen brauchte. Sehr häufig wird automatische Mietzinsanpassung vereinbart. Derartige Klauseln besagen regelmäßig: „Eine Erhöhung bzw. Ermäßigung des Pachtzinses kann nur verlangt werden bei einer Änderung des Indexes um jeweils volle 10 Punkte . . .". Diese Vereinbarung entspricht dem üblichen Inhalt einer Wertsicherungsklausel mit automatischer Anpassung des Pachtzinses an eine Änderung des Lebenshaltungskostenindexes. Sobald dieser um mindestens 10 Punkte gestiegen ist, ändert sich nach der Klausel im gleichen Ausmaß der Pachtzins automatisch, ohne daß es einer Aufforderung zur Zahlung des erhöhten Pachtzinses durch den Gläubiger bedarf[330].

Verlangt der Vermieter keinen höheren Mietzins, obwohl die Erhöhungsvoraussetzungen schon vor geraumer Zeit eingetreten sind, so verwirkt er dadurch nicht seinen Anspruch auf Zahlung des erhöhten Mietzinses. Insoweit ist der Mieter nicht schutzwürdig, kann er sich doch in gleicher Weise über das Eintreten der Anpassungsvoraussetzungen informieren.[331]

### 7.4.4 Anpassung bei Mietvorauszahlungen

176   Hat der Vermieter eine Mietvorauszahlung oder einen Baukostenzuschuß erhalten, so wird er in die Lage versetzt, diese Leistungen des Mieters zum ungeschmälerten Kaufkraftwert zu investieren. Deshalb besteht für ihn keine Veranlassung, sich gegen eine Entwertung des von der Mietvorauszahlung oder dem Baukostenzuschuß getilgten Teiles seiner Mietforderung durch Vereinbarung einer Wertsicherungsklausel abzusichern. Eine am Parteiwillen

---

329) BGH, Urt. v. 12. 10. 1977 = VIII ZR 84/76 = WM 1977, 1330 und v. 2. 5. 1979 – VIII ZR 125/78 = WM 1979, 784.
330) BGH, Urt. v. 10. 10. 1979 – VIII ZR 277/78 = WM 1979, 1308 = NJW 1980, 589 mit Abgrenzung zum Urt. v. 2. 5. 1979 – VIII ZR 125/78 = WM 1979, 784; OLG Köln WM 1987, 1308.
331) OLG Köln WM 1987, 1308; OLG Celle NJW-RR 1988, 723.

wie auch am Gebot von Treu und Glauben orientierte interessengerechte Vertragsauslegung muß in derartigen Fällen zu dem Ergebnis führen, daß, selbst wenn eine nicht um die Vorauszahlung gekürzte Miete vereinbart worden sein sollte, der Anpassung nur die um die Tilgungsraten für die Mietvorauszahlung gekürzte Miete zugrundezulegen ist[332].

### 7.5 Anpassung bei fehlender Wertsicherungsklausel

So nachhaltig die höchstricherliche Rechtsprechung bemüht ist, die Wirksamkeit vereinbarter Wertsicherungsklauseln zu stützen, so hartnäckig hat sie sich andererseits Versuchen widersetzt, unter Heranziehung der Geschäftsgrundlageprinzipien eine Anpassung bei Verträgen zu ermöglichen, in denen eine Wertsicherung nicht vereinbart worden ist. **177**

Stellt eine Wertsicherungsklausel darauf ab, ob die Höhe des vereinbarten Mietzinses wegen Veränderung der wirtschaftlichen Verhältnisse für die eine Seite nicht mehr zumutbar ist, wird diese Grenze jedenfalls dann überschritten, wenn seit Vertragsschluß die Kaufkraft der DM um 12,5% gefallen ist. Andererseits berechtigt beim Fehlen einer Wertsicherungsklausel selbst ein in 15 Jahren eingetretener Kaufkraftschwund der DM um ⅔ den Vermieter nicht, nach Geschäftsgrundlageprinzipien eine Erhöhung des Mietzinses zu verlangen. Das folgt aus dem Grundsatz, daß Verträge so zu halten sind, wie sie abgeschlossen wurden. Ließe man bei Dauerschuldverhältnissen mit Rücksicht auf Treu und Glauben bei sinkender Kaufkraft der DM allgemein eine Anpassung der vereinbarten Zahlungsansprüche zu, so würde damit die gesetzliche Regelung in ihr Gegenteil verkehrt. Allenfalls wenn der vereinbarte Nominalbetrag auch nicht annähernd mehr als Gegenwert für die Leistung des Vertragspartners angesehen werden könnte, kommt eine Erhöhung nach § 242 BGB in Betracht[333]. Der Umstand, daß beispielsweise ein Vermieter nach langer Vertragsdauer ungünstiger dasteht, als bei Vertragsschluß, reicht dafür nicht aus. Etwas anderes gilt nur dann, wenn das Festhalten am Vertrage mit Recht und Gerechtigkeit unvereinbar wäre. Dies könnte zu bejahen sein, wenn der Fortbestand eines Mietvertrages zur Gefährdung der Wirtschaftlichkeit des vermieteten Grundstücks führen würde[334]. Vornehmlich, wenn Erträge aus der langfristigen Gebrauchsüberlassung eines Grundstücks nachgewiesenermaßen der Versorgung des Grundstückseigentümers dienen, besteht die Möglichkeit einer Anpassung auch **178**

---

332) Vgl. dazu BGH, Urt. v. 17. 12. 1975 – VIII ZR 41/74 = WM 1976, 154 und vom 18. 10. 1978 – VIII ZR 82/77 = WM 1978, 1356.
333) Vgl. BGH, Urt. v. 19. 6. 1974 – VIII ZR 49/73 = WM 1974, 775 und v. 1. 10. 1975 – VIII ZR 108/74 = WM 1975, 1131 m.w.N.
334) BGH, Urt. v. 23. 1. 1976 = V ZR 76/74 = WM 1976, 429.

ohne Vereinbarung einer entsprechenden Klausel[335]. Die zitierte Rechtsprechung leidet darunter, daß kaum hinreichend konkret bestimmt wird, wann z. B. ein mit Recht und Gerechtigkeit nicht mehr zu vereinbarendes Ergebnis zu bejahen ist. Gesagt wird auch nicht, unter welchen Umständen beispielsweise eine Mietzinsregelung zu einer Gefährdung der Wirtschaftlichkeit eines gemieteten Grundstücks führt. Eine unangemessene Verzinsung des Grund- und Bodenwertes reicht allein nicht aus. Für den der Miete und Pacht vergleichbaren Fall des Erbbaurechts hat der Bundesgerichtshof sich auf eine Opfergrenze festgelegt. Bei einer Steigerung des Lebenshaltungskostenindexes in der Zeit von 1939 bis 1975 um 222,12% und einer Steigerung des Bruttoverdienstes der Arbeiter um 875% oder einem Kaufkraftschwund von mehr als 60% ist das bei Vertragsschluß zugrunde gelegte Verhältnis von Leistung und Gegenleistung so stark gestört, daß die Grenze des von jedem Vertragspartner übernommenen Risikos überschritten wurde[336]. Damit konnten die Rechte des Erbbaurechtsbestellers fortan nicht mehr als gewahrt angesehen werden, so daß eine Erhöhung des Erbbauzinses geboten war. In Fortsetzung dieser Rechtsprechung hat der V. Zivilsenat des Bundesgerichtshof am 24. 2. 1984 dem Verlangen nach Anpassung eines im Jahre 1951 geschlossenen Vertrages – nach dessen 30jähriger Laufzeit (§ 567 BGB) – entsprochen[337]. Bei kürzeren Zeiträumen ist die Rechtsprechung des Bundesgerichtshofs jedoch nach wie vor streng[338].

### 7.6 Kostenelementklauseln

**179** Bei Kostenelementklauseln, die nicht nur in langfristige Lieferverträge, sondern gelegentlich auch in Miet- und Wartungsverträge, z. B. für Telefon- oder EDV-Anlagen, eingearbeitet sind, handelt es sich um Absprachen, auf Grund deren der Preis eines Wirtschaftsgutes oder einer Dienstleistung anteilig wie die Preise der wichtigsten Kostenelemente dieses Gutes oder dieser Dienstleistung sich ändern. Änderungen eines Kostenelements werden nur insoweit abgewälzt, als sie effektiv gerade bei diesem Kostenfaktor (z. B. Lohn) eingetreten sind[339]. Daß derartige Klauseln nicht genehmigungs-

---

335) Vgl. BGH, Urt. v. 28. 5. 1973 – II ZR 58/71 = BGHZ 61, 31.
336) BGH, Urt. v. 23. 5. 1980 – V ZR 20/78 = BGHZ 77, 194 = WM 1980, 882 = NJW 1980, 2241; v. 3. 5. 1985 – V ZR 23/84 = EWiR § 9 ErbbauVO 1/85, 481 *(Eickmann)* = WM 1985, 807 = NJW 1985, 2524; v. 21. 2. 1986 – V ZR 195, 84 = BGHZ 97, 171 = EWiR § 9 ErbbauVO 2/ 86, 479 *(Reimann)* = WM 1986, 525 = NJW 1986, 2698; OLG Hamburg ZMR 1989, 222.
337) BGH, Urt. v. 24. 2. 1984 – V ZR 222/82 = BGHZ 90, 227 = NJW 1984, 2212.
338) BGH, Urt. v. 27. 3. 1981 – V ZR 19/80 = WM 1981, 583 = NJW 1981, 1668; Urt. v. 17. 12. 1982 – V ZR 306/81 = BGHZ 86, 167 = NJW 1983, 1309.
339) Vgl. BGH, Urt. v. 11. 10. 1978 – VIII ZR 110/77 = WM 1978, 1389.

## III. Vertragsinhalt – Rechte und Pflichten der Parteien

bedürftig im Sinne des § 3 WährG sind, hat der Bundesgerichtshof im Urteil vom 4. 7. 1979 – VIII ZR 245/78[340] – noch einmal und ausdrücklich – unterstrichen. Gegenstand der Entscheidung ist die Kostenelementklausel eines Stromversorgungsvertrages. Mit derartigen Vereinbarungen wird außerhalb der Währungspolitik liegenden Verhältnissen der freien Marktwirtschaft mit dem Ziele Rechnung getragen, beim Abschluß langfristiger Verträge zu gewährleisten, daß der geschuldete Preis mit dem jeweiligen Marktpreis übereinstimmt[341]. Sie dienen dazu, einerseits dem Vermieter das Risiko langfristiger Kalkulationen abzunehmen und ihm seine Gewinnspanne trotz nachträglicher Kostensteigerungen zu belassen, und andererseits den Vertragsgegner davor zu bewahren, daß mögliche zukünftige Kostenerhöhungen vorsorglich schon bei Vertragsschluß aufgefangen werden[342]. Vereinbarungen, die es ermöglichen, den Preis einer Ware von künftigen Herstellungs- oder Anschaffungskosten abhängig zu machen, berühren in der Tat das durch § 3 WährG geschützte Nominalwertprinzip nicht. Diese Auffassung hat in der Literatur weitgehend Zustimmung und überdies Eingang in die Energiepreisverordnung vom 26. März 1952 gefunden. Das Urteil vom 4. 7. 1979 hat insofern Rückwirkungen auf die Genehmigungspraxis der Deutschen Bundesbank gehabt, als das Institut für gleichartige Klauseln nunmehr ein Negativattest erteilt. Um Mißverständnissen vorzubeugen, erscheint jedoch der Hinweis geboten, daß es sich bei den den Preis der Ware oder Dienstleistung bestimmenden Wertmessern um *wirkliche* Kostenfaktoren handeln muß. Das gilt für den Lohn- ebenso wie für den Rohstoffkostenfaktor[343].

**180** Versuche, Kostenelementklauseln gleichen Inhalts wie in dem höchstrichterlich am 4. 7. 1979 entschiedenen Fall[344] zur revisionsrechtlichen Nachprüfung zu stellen, hatten keinen Erfolg. Durch Beschluß vom 12. 1. 1981 – VIII ZR 132/81 und vom 15. 6. 1983 – VIII ZR 347/82 ist zuletzt bei derartiger Fallgestaltung die Annahme der Revision abgelehnt worden[345].

---

340) WM 1979, 1097.
341) BGH, Urt. v. 4. 4. 1951 – II ZR 52/50 = BGHZ 1, 535 = NJW 1951, 711 = BB 1951, 486; v. 21. 10. 1958 – VIII ZR 1/58 = BB 1958, 1220; v. 12. 7. 1989 – VIII ZR 297/88 = ZIP 1989, 1196 = EWiR § 9 AGBG 6/90, 315 *(Coester-Waltjen)* = WM 1989, 1729 = NJW 1990, 115.
342) BGH, Urt. v. 12. 7. 1989 (Fußn. 341).
343) Vgl. dazu im einzelnen *Wolf*, ZIP 1981, 235.
344) BGH, aaO (Fußn. 340), WM 1979, 1097.
345) Zur Genehmigungsbedürftigkeit von Kostenelementklauseln vgl. im einzelnen *Willms/Wahlig*, BB 1978, 973, und die Stellungnahme hierzu von *Dürkes*, BB 1979, 805; ferner *Dürkes*, Wertsicherungsklauseln, 9. Aufl., D 90 ff, 101 ff.

## 7.7 Schiedsgutachten zur Anpassung von Miet- und Pachtzins auf Grund von Wertsicherungsklauseln

**181** Die Mietzinsanpassung auf Grund von Wertsicherungsklauseln geschieht häufig in Verbindung mit einer Schiedsgutachtenvereinbarung, die eingreifen soll, wenn die Vertragspartner sich selbst nicht über die Angleichung der Geldschuld einigen können.

**182** Während es die Aufgabe des Schiedsrichters ist, anstelle des sonst zuständigen staatlichen Gerichts eine endgültige Streitentscheidung zu treffen, beschränkt sich die Tätigkeit des Schiedsgutachters regelmäßig darauf, die zur Streitentscheidung notwendigen tatsächlichen Feststellungen zu treffen. Das erfordert allerdings nicht selten eine wertende Beurteilung, z. B. unter mehreren in Betracht zu ziehenden Schadensursachen abzuwägen. Die Tätigkeit des Schiedsgutachters kann neben der Ermittlung von Tatsachen also auch deren rechtliche Einordnung mit umfassen, und zwar in der Weise, daß die von ihm zu treffende Tatsachenfeststellung ohne Beantwortung einer vorgreiflichen Rechtsfrage, z. B ob eine grundlegende Veränderung der wirtschaftlichen Verhältnisse eingetreten ist, nicht durchgeführt werden kann[346]. Die Parteien eines Schiedsgutachtenvertrages können andererseits im Wege der Feststellungsklage den Inhalt eines für die Leistungsbestimmung durch den Schiedsgutachter maßgeblichen Rechtsverhältnisses klären lassen[347].

**183** Die Verpflichtung zur Neutralität haben Schiedsgutachter und Schiedsrichter gemein[348]. Offen geblieben ist in der höchstrichterlichen Rechtsprechung bisher, ob der Schiedsgutachtenvertrag Dienst- oder Werkvertrag ist[349]. Für die Zuordnung zum Werkvertragsrecht spricht, wie in der Literatur zutreffend hervorgehoben wird[350], daß der Sachverständige nicht Tätigwerden, sondern die Feststellung eines Leistungsinhalts gemäß §§ 317–319 BGB schuldet. Da andererseits auf den Schiedsrichtervertrag jedenfalls die Kündigungsvorschriften der §§ 626, 627, 671 BGB angewandt werden[351] und das persönliche Vertrauensverhältnis, für das das Hinauszögern einer außerordentlichen Kün-

---

[346] BGH, Urt. v. 21. 5. 1975 – VIII ZR 161/73 = WM 1975, 770; v. 4. 6. 1975 – VIII ZR 243/73 = WM 1975, 772; zum Unterschied zwischen den Aufgaben eines Schiedsgutachters und eines Schiedrichters vgl. auch BGH, Urt. v. 19. 6. 1975 – VII ZR 177/74 = WM 1975, 1043, und zum Unterschied zwischen Schiedsvertrag und Schiedsgutachtenvertrag BGH, Urt. v. 4. 6. 1981 – III ZR 4/80 = WM 1981, 1056.
[347] BGH, Urt. v. 3. 3. 1982 – VIII ZR 10/81 = WM 1982, 543 = NJW 1982, 1878, für den Fall, daß für die Erstattung von Aufbaukosten nach ihrem Verkehrswert zwei unterschiedliche Zeitpunkte in Betracht kommen.
[348] Vgl. BGH, Urt. v. 5. 12. 1979 – VIII ZR 155/78 = WM 1980, 108.
[349] BGH, Urt. v. 22. 4. 1965 – VII ZR 15/65 = BGHZ 43, 374 = NJW 1965, 1523.
[350] *Soergel/Siebert/Ballerstedt*, BGB, 10. Aufl., § 631 Vorbem. Rz. 31.
[351] Vgl. *Baumbach/Lauterbach/Albers*, § 1028 Anh. 1 A; *Palandt/Thomas*, § 675 Anm. 3.

digungsbefugnis nachteilig wäre, den Schiedsgutachtenvertrag in gleicher Weise charakterisiert wie den Schiedsrichtervertrag, erscheint es gerechtfertigt, § 626 BGB auf den Schiedsgutachtenvertrag entsprechend anzuwenden[352].

**184** Zu Streit unter den Beteiligten führt nicht selten die Frage, unter welchen Umständen sie die Leistungsbestimmung durch den Schiedsgutachter nicht bindet. Die vom Schiedsgutachter getroffene Bestimmung ist unverbindlich, wenn sie offenbar unrichtig oder offenbar unbillig ist. Hat der Schiedsgutachter eine objektiv feststehende, den Vertragsparteien aber mangels Fachkunde nicht erkennbare oder zwischen ihnen streitige Leistung (z. B. die ortsübliche Miete) zu bestimmen, führt dies bei fehlerhaftem Vorgehen zu offenbarer Unrichtigkeit. Zu offenbarer Unbilligkeit kann ein Schiedsgutachten nur in Fällen führen, in denen der Schiedsgutachter die Leistung als solche selbst zu bestimmen hat[353]. Offenbare Unrichtigkeit liegt vor, wenn sie sich einem Sachverständigen sofort aufdrängt[354]. Das kann mit Rücksicht auf das Ergebnis des Schiedsgutachtens der Fall sein, kann sich aber auch aus den Berechnungsunterlagen ergeben und wird insbesondere bei einer lückenhaften Darstellung anzunehmen sein[355]. Wird das Resultat dem für die Leistungsbestimmung vereinbarten Maßstab gerecht, so ist das Schiedsgutachten hinzunehmen, selbst wenn der Gutachter auf einem falschen Weg zu diesem Ergebnis gelangt ist[356].

Die Berechnungsgrundlagen des Schiedsgutachtens müssen indessen nachprüfbar, sie dürfen nicht einseitig ausgerichtet und vor allem nicht theoretischer Natur sein[357]. Zu beanstanden ist, wenn der Sachverständige überhaupt keine Berechnungsgrundlage für die von ihm festgesetzte Erhöhung der Geldschuld (um 41%) angegeben, sondern sich damit begnügt hat, die Prozentsätze für die Steigerung der Lebenshaltungskosten für mittlere Verbrauchergruppen, die Steigerung der Baukosten, der Mieten für private Haushalte und der Grundstückspreise mitzuteilen. Er hatte daraus im konkreten Fall zwar die Schlußfolgerung gezogen, daß eine erhebliche Veränderung der wirtschaftlichen Verhältnisse zu bejahen sei, aber nicht dargelegt, ob er diese

---

352) Vgl. BGH, aaO (Fußn. 348), allerdings nicht abschließend.
353) BGH, Urt. v. 21. 9. 1983 – VIII ZR 233/82 = WM 1983, 1206; vgl. auch BGH, Urt. v. 13. 5. 1974 – VIII ZR 38/73 = BGHZ 62, 314 = WM 1974, 569 = NJW 1974, 1235 und v. 4. 6. 1975, aaO (Fußn. 336).
354) BGH, Urt. v. 6. 12. 1974 – V ZR 95/73 = WM 1975, 256.
355) BGH, Urt. v. 16. 11. 1987 – II ZR 111/87 = ZIP 1988, 162 = EWiR § 319 BGB 1/88, 339 (*Schlosser*) = WM 1988, 276 = NJW-RR 1988, 506.
356) BGH, Urt. v. 14. 2. 1968 – VIII ZR 189/65 = WM 1968, 617.
357) BGH, Urt. v. 2. 2. 1977 – VIII ZR 155/75 = WM 1977, 413 = NJW 1977, 801 und – VIII ZR 271/75 = WM 1977, 418 jeweils m. w. N.

## A. Mietvertrag

Werte auch zur Grundlage der Mietzinserhöhung genommen hat und, wenn ja, in welcher Weise dies geschehen ist. Ein für die Billigkeit des neu festzusetzenden Pachtzinses entscheidender Faktor ist die Preisentwicklung für gewerbliche Räume im allgemeinen und für vergleichbare Objekte im besonderen. Die Berechnungen, die der Sachverständige durchzuführen hat, sind nämlich rein theoretischer Natur und jedenfalls dann praktisch unbrauchbar, wenn der Markt den *danach* ermittelten Pachtzins nicht hergibt. Die Bestimmung eines an der Realität des Marktes vorbeikalkulierten Pachtzinses als neue Leistung muß als offenbar unbillig bezeichnet werden. Wegen der Bedeutung der Geschäftsraummietenentwicklung als Bewertungsfaktor, anhand dessen sich die Richtigkeit der vorangestellten Berechnungen erweisen muß, hat ihre Nichtberücksichtigung zur Folge, daß das Schiedsgutachten nicht nur in diesem Punkt, sondern zugleich auch im Gesamtergebnis nicht nachprüfbar ist[358].

**185** Zu beachten hat der Schiedsgutachter regelmäßig, ob die in Rede stehende Geldschuld den veränderten Verhältnissen *anzupassen* oder ob sie auf Grund veränderter Umstände *neu festzusetzen* ist. Soll eine Anpassung vorgenommen werden, müssen grundsätzlich die Wert- und Äquivalenzvorstellungen der Parteien bei Vertragsschluß berücksichtigt werden. Ist auf Grund einer Wertsicherungsklausel ein angemessener Mietzins neu zu vereinbaren, so ist, wenn sich aus dem Vertrage nichts anderes ergibt, grundsätzlich der im Zeitpunkt der Neufestsetzung angemessene, in der Regel also der orts- oder marktübliche Mietzins maßgebend[359].

**186** Haben die Parteien, ohne entsprechend der getroffenen Vereinbarung zunächst ein Schiedsgutachten einzuholen, das Gericht angerufen, so hat dieses die Bestimmung der Leistung selbst zu treffen. Unrichtig wäre es, wenn das Gericht seinerseits ein Schiedsgutachten einholen und dessen Ergebnis nur unter dem Gesichtspunkt der Unbilligkeit überprüfen würde[360]. Das gleiche gilt, wenn in einem Schiedsgutachtenvertrag ein obligatorisches Sühneverfahren vorgeschaltet ist und der Vermittler es ablehnt, einen Vergleichsvorschlag zu machen[361]. Streiten die Parteien eines Schiedsgutachtenvertrages im Prozeß darüber, ob das vom Schiedsgutachter erstattete Gutachten offenbar unrichtig ist, so ist eine Beweiserhebung darüber nur geboten, wenn Tatsachen behauptet werden, die für das Gericht schlüssig Mängel in der Leistungsbestimmung ergeben[362].

---

358) BGH, aaO (Fußn. 348), WM 1980, 108.
359) BGH, aaO, (Fußn. 346), WM 1975, 772.
360) BGH, aaO (Fußn. 357), WM 1977, 418.
361) BGH, Urt. v. 21. 12. 1977 – VIII ZR 141/76 = WM 1978, 278.
362) BGH, Urt. v. 21. 9. 1983 – VIII ZR 233/82 = WM 1983, 1206 = NJW 1984, 43.

III. Vertragsinhalt – Rechte und Pflichten der Parteien

## 7.8 Inhaltskontrolle vorformulierter Anpassungsklauseln

Angesichts ihrer weiten Verbreitung im Miet- und Pachtrecht können Anpassungsklauseln nicht als überraschend i. S. d. § 3 AGBG bezeichnet werden. Sie unterliegen der Inhaltskontrolle nach § 9 AGBG. Der Rückschluß aus § 11 Nr. 1 2. Halbsatz AGBG zeigt, daß Anpassungsklauseln bei Mietverträgen grundsätzlich nicht zu beanstanden sind, gilt es doch das bei Vertragsschluß bestehende Verhältnis von Leistung und Gegenleistung über die gesamte Vertragsdauer im Gleichgewicht zu halten. Daher wird der Mieter nicht unangemessen benachteiligt, wenn die Klausel zur Vermeidung von Einbußen des Vermieters der Beibehaltung der Äquivalenz dient. Dies setzt voraus, daß die Klausel den Anlaß der Mietzinsanpassung sowie deren Umfang genau umschreibt. Unangemessen ist eine Klausel, die es dem Verwender ermöglicht, den Mietzins ohne Begrenzung über die ursprüngliche Höhe anzuheben[363]. Eine Klausel, die nur den Erhöhungsanlaß angibt, den Umfang der Erhöhung aber offen läßt, ermöglicht letztlich eine unbegrenzte Anhebung; sie ist daher unwirksam.

**187**

Bei Kostenelementsklauseln (Rz. 179) wird die Schranke des § 9 AGBG überschritten, wenn die Klausel dem Vermieter erlaubt, über die Abwälzung konkreter Kostensteigerungen hinaus den zunächst vereinbarten Mietzins anzuheben und dadurch einen zusätzlichen Gewinn zu erzielen[364].

Nach Ansicht des OLG Köln[365] kann für Mietverträge mit der öffentlichen Hand etwas anderes gelten. Es hat eine Mietzinserhöhungsklausel in einem Vertrag über einen Großmarktstandplatz, wonach Tariferhöhungen durch die Gemeinde zulässig sind, nicht beanstandet, obwohl die Klausel lediglich bestimmte, daß sich der Mietzins nach dem durch den Rat der Stadt festgelegten Tarif richtete. Den ausreichenden Schutz vor überhöhten Forderungen sieht das OLG Köln darin, daß die Stadt an das Kostendeckungsprinzip gebunden ist und aus der Überlassung von Verkaufsflächen keine Gewinne in beliebiger Höhe erzielen darf. Mit dieser Begründung läßt sich eine Ausnahme von den Anforderungen, die der BGH an Anpassungsklauseln stellt, rechtfertigen.

Erweist sich eine Anpassungsklausel als unwirksam, so entsteht in dem Vertrag eine regelungsbedürftige Lücke, denn die Parteien haben durch die unwirksame Klausel zum Ausdruck gebracht, daß nach dem beiderseitigen

---

[363] BGH, Urt. v. 11. 6. 1980 – VIII ZR 174/79 = ZIP 1980, 765 = WM 1980, 1120 = NJW 1980, 2518; v. 7. 10. 1981 – VIII ZR 229/80 = BGHZ 82, 21, 25 = ZIP 1982, 71 = WM 1982, 9 = NJW 1982, 331; v. 12. 7. 1989 – VIII ZR 297/88 = ZIP 1989, 1196 mit Anm. *Matusche/Beckmann* = EWiR § 9 AGBG 6/90, 315 *(Coester-Waltjen)* = WM 1989, 1729 = NJW 1990, 115.
[364] BGH, Urt. v. 12. 7. 1989 (Fußn. 363).
[365] NJW-RR 1990, 401.

## A. Mietvertrag

Willen der zunächst vereinbarte Mietzins nicht während der gesamten Vertragszeit gelten soll. Im Wege der ergänzenden Vertragsauslegung ist zu ermitteln, welche Erhöhung die Parteien redlicherweise nach Treu und Glauben vereinbart hätten[366].

### 8. Ansprüche des Vermieters bei Beschädigung oder Zerstörung der Mietsache

#### 8.1 Verstoß gegen die Obhuts- und Sorgfaltspflicht

**188** Der Mieter ist zur schonenden, pfleglichen und sorgfältigen Behandlung der Mietsache verpflichtet und muß darauf bedacht sein, Schäden zu vermeiden, die nicht zwangsläufig Folge des Gebrauchs der Mietsache sind. Diese Pflicht erstreckt sich nicht nur auf das eigentliche Mietobjekt, sondern auch auf alle Sachen oder Gebäudeteile, die der Mieter mitbenutzt oder mit denen er in Berührung kommt. Der Mieter von Räumen hat insbesondere auch dafür zu sorgen, daß während seiner Abwesenheit das Mietobjekt nicht gefährdet oder beschädigt wird. An die Sicherheitsvorkehrungen, z. B. gegen Austreten von Heizöl aus einem Tank oder von Wasser aus Rohrleitungen sowie gegen Frostschäden[367] sind grundsätzlich hohe Anforderungen zu stellen. Die Sorgfalts- und Fürsorgepflicht endet nicht schon mit der Auflösung des Vertrages, sondern erst mit der Rückgabe der Mietsache[368].

Die verbreitete Abwälzung der Prämien für die Gebäudeversicherung auf den Mieter hat auch Auswirkungen auf seine Haftung. Der BGH[369] folgert aus der Verpflichtung des Mieters, eine Feuerversicherung abzuschließen, daß diese Versicherung auch ihm zugute kommen müsse. Daher haftet der Mieter bei dieser Sachlage nicht wegen einfacher Fahrlässigkeit; insoweit ist er auch vor einem Regreß des Versicherers, auf den eine etwaige Ersatzforderung nach § 67 VVG übergegangen ist, geschützt (zur Kraftfahrzeugmiete unten Rz. 197). Der Rückgriff gegen den Mieter ist daher nur in den Fällen, in denen die Versicherung auch gegenüber dem Eigentümer leistungsfrei wäre, zuzulassen. Da das Brandrisiko im Regelfall durch die Vermietung nicht erhöht wird, besteht kein Grund, die Versicherung im Falle der Vermietung besser zu stellen als bei Nutzung des Gebäudes durch den Eigentümer.

---

366) BGH, Urt. v. 7. 10. 1981 und 12. 7. 1989 (Fußn. 363).
367) BGH, Urt. v. 9. 10. 1968 – VIII ZR 173/66 = WM 1968, 1354 = NJW 1969, 41; v. 20. 10. 1971 – VIII ZR 164/70 = WM 1971, 1542 = NJW 1972, 34; v. 17. 9. 1987 – IX ZR 156/86 = ZIP 1987, 1398 = WM 1987, 1404 = NJW-RR 1988, 89; OLG Hamm NJW-RR 1988, 530.
368) BGH, Urt. v. 14. 6. 1967 – VIII ZR 268/64 = WM 1967, 749.
369) BGH, Urt. v. 7. 3. 1990 – IV ZR 342/88 = ZMR 1990, 333 gegen OLG Hamm ZMR 1988, 300.

## III. Vertragsinhalt – Rechte und Pflichten der Parteien

Schäden infolge der Verletzung der Obhuts- und Sorgfaltspflicht muß der Mieter unter dem Gesichtspunkt der positiven Vertragsverletzung ersetzen. Hierbei hat er gemäß § 278 BGB das Verschulden von Personen zu vertreten, die auf seine Veranlassung hin mit der Mietsache in Berührung kommen (Betriebsangehörige, Verwandte, Gäste, Kunden, von ihm beauftragte Handwerker, Transporteure, Personen, die aus Gefälligkeit oder aus sonstigen Gründen Obhutspflichten übernehmen[370] usw.). Der Mieter hat auch vorsätzliches Verhalten der Erfüllungsgehilfen zu vertreten, sofern ein Zusammenhang mit dem Mietgebrauch besteht.

Der Vermieter kann Naturalherstellung oder Schadensersatz in Geld verlangen (§ 249 BGB). Der auf Geldzahlung gerichtete Anspruch setzt nicht – wie bei der Verletzung einer Hauptpflicht – voraus, daß der Vermieter gemäß § 326 BGB vorgeht[371].

Der Anspruch nach § 249 BGB beschränkt sich bei Beschädigung einer mit dem Mietgrundstück verbundenen Sache auf diese, wenn sie sich in tatsächlicher Hinsicht von dem Gesamtobjekt trennen läßt und technisch isoliert wiederhergestellt werden kann. Ist die Wiederherstellung unmöglich, so tritt an die Stelle des Herstellungsanspruchs der auf Geldzahlung gerichtete Anspruch aus § 251 BGB; der Vermieter hat hierbei substantiiert vorzutragen, inwieweit er einen Vermögensschaden erlitten hat. Als Naturalrestitution kann der Vermieter nicht Ersatzbeschaffung fordern, wenn das Mietobjekt eine unvertretbare Sache ist. Bei einer vertretbaren Sache erscheint dies jedoch nicht ausgeschlossen[372].

**189** Mit dem Schadensersatzanspruch wegen positiver Vertragsverletzung kann ein Anspruch des Vermieters wegen unerlaubter Handlung (§ 823 BGB)[373] konkurrieren. Hierbei kann sich der Mieter allerdings gemäß § 831 BGB entlasten, soweit eine Hilfsperson den Schaden verursacht hat. Seinen Wiederherstellungsanspruch kann der Vermieter auch auf § 1004 BGB stützen.

Auch Tatbestände der Gefährdungshaftung können zusätzlich in Betracht zu ziehen sein, so z. B. § 7 StVG bei Beschädigung eines Gebäudes durch das Kraftfahrzeug des Mieters oder § 22 Wasserhaushaltsgesetz bei Eindringen von Heizöl in das Grundstück.

Durch AGB kann keine umfassende Gefährdungshaftung des Mieters begründet werden. In Grenzen (dazu oben Rz. 139) kann er zu Reparaturen verpflichtet werden.

---

370) OLG Düsseldorf ZMR 1988, 222; OLG Karlsruhe NJW-RR 1988, 528.
371) BGH, Urt. v. 13. 1. 1982 – VIII ZR 186/80 = WM 1982, 333.
372) BGH, Urt. v. 22. 5. 1985 – VIII ZR 220/84 = EWiR § 249 BGB 2/85, 547 *(Köhler)* = WM 1985, 1147 = NJW 1985, 2413.
373) Zur Aktivlegitimation bei Vermietung durch Nießbraucher OLG Frankfurt ZMR 1986, 358.

A. Mietvertrag

**190** Ist streitig, ob der Mieter die Beschädigung oder Zerstörung der Mietsache verursacht und zu vertreten hat, muß er entsprechend §§ 282, 548 BGB beweisen, daß der schadhafte Zustand der Mietsache nur auf den vertragsgemäßen Gebrauch zurückzuführen und nicht von ihm zu vertreten ist[374].

### 8.2 Verstoß gegen die Anzeigepflicht (§ 545 BGB)

**191** Im Rahmen seiner Obhutspflicht hat der Mieter gemäß § 545 BGB dem Vermieter unverzüglich anzuzeigen, wenn sich im Laufe der Mietzeit ein Mangel zeigt oder Vorkehrungen zur Abwehr einer Gefahr erforderlich werden. Unter Mangel ist nicht ein Fehler i. S. d. § 537 BGB zu verstehen, sondern jedes Hervortreten eines schlechten Zustandes. Unterläßt der Mieter die Anzeige oder erfolgt sie zu spät und hat er dies zu vertreten, so ist er dem Vermieter wegen einer Ausweitung oder – bei drohender Gefahr – wegen der Entstehung des Schadens zum Ersatz verpflichtet. Außerdem verliert er seine Gewährleistungsrechte, soweit der Vermieter infolge der Säumnis des Mieters außerstande war, für Abhilfe zu sorgen[375] (vgl. Rz 93).

Die Anzeigepflicht besteht nicht nur bei Kenntnis des Mieters, sondern auch bei grob fahrlässiger Unkenntnis. Fahrlässige Unkenntnis genügt nicht[376]. Zu Nachforschungen ist er nicht verpflichtet[377], vielmehr darf er sich darauf verlassen, daß die Mietsache funktionstüchtig ist.

Ein schadhafter Zustand „zeigt sich", wenn er wahrnehmbar hervortritt[378]. Mit der ausdrücklich normierten Anzeigepflicht wird dem Umstand Rechnung getragen, daß der Vermieter nicht laufend die Mietsache auf ihren Zustand untersuchen kann. Unter diesem Gesichtspunkt muß der Vermieter in gleichem Maße dagegen geschützt sein, daß der Mieter Schäden übersieht, deren Feststellung sich aufdrängt, wie dagegen, daß er Mängel trotz positiver Kenntnis nicht anzeigt. § 545 BGB ist also nicht anzuwenden, wenn der Mangel zwar einem sorgfältigen und gewissenhaften Mieter auffällt, nicht aber unbedingt *jedem* Mieter. Nur wenn der Mieter offensichtliche und naheliegende Feststellungen unterläßt, verletzt er

---

374) BGH, Urt. v. 14. 4. 1976 – VIII ZR 288/74 = BGHZ 66, 349 = WM 1976, 694 = NJW 1976, 1315; v. 14. 6. 1976 – III ZR 81/74 = WM 1976, 1056 = VersR 1976, 1084; v. 13. 1. 1982 – VIII ZR 186/80 = WM 1982, 333; OLG Karlsruhe ZMR 1984, 417 = NJW 1985, 142; a. A. OLG Saarbrücken NJW-RR 1988, 652; s. a. Rz. 125.
375) BGH, Urt. v. 17. 12. 1986 – VIII ZR 279/85 = ZIP 1987, 240 = EWiR § 537 BGB 3/87, 555 (*v. Westphalen*) = WM 1987, 349 = NJW 1987, 1072.
376) OLG Köln NJW-RR 1990, 224.
377) BGH, Urt. v. 17. 3. 1976 – VIII ZR 274/74 = WM 1976, 537.
378) BGH, Urt. v. 4. 4. 1977 – VIII ZR 143/75 = BGHZ 68, 281 = WM 1977, 743 = NJW 1977, 1236.

III. Vertragsinhalt — Rechte und Pflichten der Parteien

die Anzeigepflicht. Der Bundesgerichtshof gleicht insofern den Anwendungsbereich des § 545 BGB dem des § 539 BGB an (vgl. oben Rz. 112).

Der Vermieter hat im Streitfall nachzuweisen, daß und von welchem Zeitpunkt ab der Mieter einen schadhaften Zustand gekannt hat oder hätte Kenntnis haben müssen[379]. Dem Mieter obliegt der Nachweis der rechtzeitigen Anzeige.

### 8.3 Unterlassung der vertraglich übernommenen Pflicht zur Umgestaltung des Mietobjekts

Neben Eingriffen in die körperliche Integrität eines Mietobjekts erfüllt es den Tatbestand einer Verschlechterung der Mietsache auch, wenn der Mieter der vertraglich übernommenen Pflicht zur Umgestaltung der Mietsache nicht nachkommt. Eine derartige Umgestaltungspflicht (etwa zur Bebauung des Grundstücks oder Verfüllung eines Steinbruches) hat unmittelbare Auswirkungen auf den Zustand des Mietobjekts bei dessen Rückgabe. Weicht der tatsächliche Zustand von dem geschuldeten Rückgabezustand ab, ist z. B. das Grundstück nicht, wie vereinbart, bebaut oder der Steinbruch nicht bis zu dem festgelegten Niveau verfüllt worden, so ist das Mietobjekt verschlechtert[380]. **192**

### 8.4 Verjährung

Der Schadensersatzanspruch des Vermieters wegen Verschlechterung oder Veränderung der Mietsache infolge Verletzung einer vertraglichen Nebenpflicht verjährt in dreißig Jahren, gemäß § 558 BGB jedoch spätestens sechs Monate nach Rückgabe der Mietsache. Sinn dieser Regelung ist es, eine rasche Auseinandersetzung zwischen den Parteien herbeizuführen[381]. Diesem Zweck entsprechend wird § 558 BGB sehr weit ausgelegt. Die Vorschrift greift sogar dann ein, wenn sich der Mietvertrag als unwirksam erweist[382]. **193**

Die Verjährungsfrist des § 558 BGB beginnt, wenn der Vermieter die Mietsache zurückerhält. Sie kann also vor Beendigung des Mietverhältnisses beginnen und sogar ablaufen[383]. In entsprechender Anwendung des § 558 BGB gilt die kurze Verjährungsfrist auch dann, wenn der Mieter dem Vermieter das beschädigte Mietobjekt zur Wiederherstellung überläßt; der Zweck

---

379) MünchKomm-*Voelskow*, § 545 Rz. 14.
380) BGH, Urt. v. 8. 12. 1982 — VIII ZR 219/81 = BGHZ 86, 71 = WM 1983, 180 = NJW 1983, 679.
381) BGH, Urt. v. 29. 4. 1970 — VIII ZR 29/69 = BGHZ 54, 34 = WM 1970, 688 = NJW 1970, 1182; BGH, aaO (Fußn. 380); Urt. v. 14. 5. 1986 — VIII ZR 99/85 = EWiR § 558 BGB 3/86, 877 *(Wolf)* = WM 1986, 942 = NJW 1986, 2103.
382) BGH, Urt. v. 31. 1. 1967 — VI ZR 105/65 = BGHZ 47, 53 = NJW 1967, 980.
383) BGH, Urt. v. 15. 6. 1981 — VIII ZR 129/80 = WM 1981, 956 = NJW 1981, 2406; OLG Köln ZMR 1987, 461.

des § 558 BGB greift auch ein, wenn die Parteien das Mietverhältnis fortsetzen[384]. Auch wenn der Schaden erst nach Beendigung des Mietverhältnisses entstanden ist, bleibt die Rückgabe der Mietsache der maßgebliche Zeitpunkt[385]. Ein späterer Beginn der Verjährungsfrist kann nicht mit der Begründung geltend gemacht werden, wegen der zwischenzeitlich gestiegenen Kosten der Schadensbehebung sei ein Teil des Schadens erst später aufgetreten[386]. Die strikte Anwendung des § 558 BGB kann zu harten Ergebnissen führen, insbesondere dann, wenn sich erhebliche Schäden erst lange Zeit nach Rückgabe des Mietobjektes zeigen, der Vermieter also nie Gelegenheit hatte, Ersatzansprüche geltend zu machen. Auch in solchen Fällen hält die Rechtsprechung[387] konsequent an der kurzen Verjährung fest.

Eine gewisse Abmilderung wird jedoch durch die analoge Anwendung des § 852 Abs. 2 BGB bewirkt. Danach ist die Verjährung gehemmt, solange die Parteien über die Schadensregulierung verhandeln. Diese für deliktische Ansprüche geltende Regelung ist auch für den vertraglichen Anspruch des Vermieters heranziehen, selbst wenn dieser nicht mit einem deliktischen Anspruch zusammentrifft[388]. Die mit Rechtsunsicherheit verbundene Prüfung, ob die Verjährungseinrede des Mieters wegen der vorangegangenen Verhandlungen mißbräuchlich ist[389], ist entbehrlich. Wird ausnahmsweise aufgrund besonderer Absprache der Schadensersatzanspruch des Vermieters erst zu einem späteren Zeitpunkt fällig, so beginnt die Verjährungsfrist erst mit Fälligkeit der Forderung[390].

Zum Beginn der Verjährung eines Schadensersatzanspruchs nach § 326 BGB wegen Verletzung einer vertraglichen Hauptpflicht wird auf Rz. 300 und 329 verwiesen.

„Zurückerhalten" hat der Vermieter das Mietobjekt, wenn er — bei Grundstücken — freien Zutritt zu ihm besitzt oder wenn er in der Lage ist, es auf Veränderungen und Verschlechterungen zu untersuchen[391]. Hierzu ist nicht

---

384) BGH, Urt. v. 14. 5. 1986 — VIII ZR 99/85 = BGHZ 98, 65 = EWiR § 558 BGB 3/86, 877 *(Wolf)* = WM 1986, 942 = NJW 1986, 2103.
385) BGH, aaO (Fußn. 380).
386) BGH, Urt. v. 17. 9. 1979 — VIII ZR 193/78 = WM 1979, 1263.
387) Eindrucksvolles Beispiel: OLG Karlsruhe BB 1988, 2130 und der hierzu ergangene Nichtannahmebeschl. des BGH v. 22. 9. 1988 — III ZR 244/87 (nicht veröffentlicht).
388) BGH, Urt. v. 28. 11. 1984 — VIII ZR 240/83 = BGHZ 93, 64 = EWiR § 558 BGB 1/85, 75 *(Eckert)* = ZIP 1985, 485 = WM 1985, 360 = NJW 1985, 798; v. 4. 2. 1987 — VIII ZR 355/85 = EWiR § 852 BGB 1/87, 365 *(Eckert)* = WM 1987, 596 = NJW 1987, 2072; OLG Köln ZMR 1987, 461.
389) Vgl. OLG Düsseldorf NJW 1983, 1434.
390) BGH, Urt. v. 26. 10. 1983 — VIII ZR 132/82 = ZIP 1984, 187 = WM 1983, 1362 = NJW 1984, 289.
391) BGH, Urt. v. 15. 6. 1981 — VIII ZR 129/80 = WM 1981, 956 = NJW 1981, 2406; v. 4. 2. 1987 (Fußn. 388); OLG Düsseldorf BB 1989, 2069 = ZMR 1989, 463 = NJW-RR 1990, 21.

## III. Vertragsinhalt – Rechte und Pflichten der Parteien

unbedingt die Erlangung des unmittelbaren Besitzes erforderlich. Schließt der Untermieter des bisherigen Mieters mit dem Vermieter einen Vertrag, der sich zeitlich unmittelbar an den auslaufenden Vertrag anschließt, bleibt die Mietsache aber vereinbarungsgemäß im unmittelbaren Besitz des Untermieters und neuen Mieters, so war gleichwohl der Vermieter in der Lage, sie zu untersuchen. Er hat sie somit zurückerhalten[392].

Der Vermieter erhält die Sache auch zurück, wenn der alte Mieter sie, ohne daß der Vermieter Rückgabe an sich verlangt, unmittelbar dem Mietnachfolger überläßt, denn der alte Mieter hat damit seine Rückgabepflicht gemäß § 556 BGB erfüllt.

Beschädigt der Mieter eines Gebäudes oder einzelner Räume sowohl die von ihm gemieteten Grundstücks- und Gebäudeteile als auch solche, die nicht Gegenstand des Mietvertrages sind, verjähren sämtliche hieraus entstehenden Ansprüche des Vermieters in sechs Monaten nach Rückgabe des Mietobjektes, und zwar auch dann, wenn die Schäden an den nicht vermieteten Gebäudeteilen überwiegen[393]. Ob dann, wenn der Mieter nur Gebäudeteile, die er nicht gemietet hat, beschädigt, der Ersatzanspruch des Vermieters gleichfalls nach § 558 BGB verjährt[394], ist höchstrichterlich noch nicht entschieden. Soweit sich die Obhutspflicht des Mieters auch auf Gebäudeteile erstreckt, mit denen er im Rahmen des vertragsgemäßen Gebrauchs in Berührung kommt (z. B. Flure, Treppenhaus, Toreinfahrt), sollte die Verjährungsregel des § 558 BGB eingreifen. Der Bundesgerichtshof[395] hat gegen eine dahingehende Ausdehnung des Anwendungsbereichs des § 558 BGB Bedenken geäußert und ausgeführt, es sei zweifelhaft, ob sich dem Zweck der Vorschrift entnehmen lasse, daß sie auch für die Beschädigung von Sachen gelten solle, die nicht Teil der Mietsache sind, sich aber auf einem ebenfalls dem Vermieter gehörenden Nachbargrundstück befinden. In dem diesem Urteil zugrundeliegenden Fall hatten die Vertragsparteien über die gesetzliche Haftung des Mieters hinaus eine weitergehende vertragliche Haftung vereinbart. Dann ist es nach Ansicht des Bundesgerichtshofs jedenfalls geboten, die Forderung auf Ersatz solcher Schäden der kurzen Verjährung nach § 558 BGB zu unterstellen.

Von „Zurückerhalten" kann nicht mehr die Rede sein, wenn die Mietsache

---

392) BGH, Urt. v. 2. 10. 1968 – VIII ZR 197/66 = WM 1968, 1243 = NJW 1968, 2241.
393) BGH, Urt. v. 19. 9. 1973 – VIII ZR 175/72 = BGHZ 61, 227 = WM 1973, 1243 = NJW 1973, 2059.
394) OLG Oldenburg NdsRpfl. 1983, 25; OLG Düsseldorf BB 1988, 721 = NJW-RR 1988, 912.
395) Urt. v. 8. 12. 1982 – VIII ZR 219/81 = BGHZ 86, 71 = WM 1983, 180 = NJW 1983, 679.

zerstört ist; § 558 BGB greift dann nicht ein[396]. Es gilt die regelmäßige dreißigjährige Verjährungsfrist. Ob eine die Anwendung des § 558 BGB ausschließende Zerstörung der Mietsache vorliegt, hängt nicht davon ab, ob ein Totalschaden im wirtschaftlichen Sinn vorliegt, sondern allein davon, ob eine Wiederherstellung der Mietsache möglich ist. Bestehen noch Reste der Mietsache oder ist neben dem zerstörten Gebäude das Grundstück zurückzugeben, so ist keine völlige Zerstörung anzunehmen[397].

Von der kurzen Verjährungsfrist des § 558 BGB wird auch der Anspruch auf Ersatz des Schadens erfaßt, der dem Vermieter als Folge der Beschädigung der Mietsache erwächst, so z. B. der Anspruch auf Ersatz des Mietzinsausfalls für die Zeit, in der er sie wegen ihres schadhaften Zustandes nicht vermieten konnte[398]. Folge der Beschädigung der Mietsache sind auch die Kosten, die bei der Schadensfeststellung durch einen Sachverständigen oder durch ein gerichtliches Beweissicherungsverfahren anfallen.

Trotz der Regelung in § 196 Abs. 1 Nr. 4 BGB verjähren auch die Ersatzansprüche des Gastwirts wegen Beschädigung des überlassenen Zimmers in der Frist des § 558 BGB[399].

**194** Sofern der Mieter seine Ersatzpflicht nicht anerkennt (§ 208 BGB), wird die Verjährung nur durch Klageerhebung – auch auf Feststellung (z. B. auf Feststellung der Verpflichtung, die in einem Beweissicherungsverfahren festgestellten Mängel zu beheben oder den vom Sachverständigen ermittelten Kostenaufwand zu erstatten) – oder ihr gleichgestellte Handlungen (§§ 209 ff BGB) unterbrochen, nicht jedoch durch den Antrag auf Durchführung eines gerichtlichen Beweissicherungsverfahrens gemäß § 485 ZPO. Da auch eine unzulässige Klage die Verjährung unterbricht[400], kann sogar eine unzulässige Feststellungsklage diese Wirkung haben[401], sofern der Mieter daraus den Anspruchsgrund und den Umfang der gegen ihn gerichteten Forderung erkennen kann.

Ergibt der Klageantrag, daß der Vermieter seinen Ersatzanspruch insgesamt einklagen will, so stellt die spätere Erhöhung des Klageantrags auf Grund einer zwischenzeitlichen Kostensteigerung lediglich die Anpassung an die

---

396) BGH, Urt. v. 7. 2. 1968 – VIII ZR 179/65 = BGHZ 49, 278 = WM 1968, 435 = NJW 1968, 694; v. 15. 6. 1981 – VIII ZR 129/80 = WM 1981, 956 = NJW 1981, 2406; v. 21. 6. 1988 – VI ZR 150/87 = WM 1988, 1537 = NJW-RR 1988, 1358 = EWiR § 558 BGB 2/88, 1175 *(Klaas)*.
397) Vgl. RGZ 96, 300.
398) BGH, Urt. v. 11. 11. 1964 – VIII ZR 149/63 = NJW 1965, 151.
399) BGH, Urt. v. 29. 3. 1978 – VIII ZR 220/76 = BGHZ 71, 175 = WM 1978, 733 = NJW 1978, 1426.
400) BGH, Urt. v. 3. 7. 1980 – IVa ZR 38/80 = BGHZ 78, 1 = NJW 1980, 2461.
401) OLG Düsseldorf ZMR 1985, 235.

## III. Vertragsinhalt – Rechte und Pflichten der Parteien

gestiegenen Preise dar. Durch die Klageerhebung wird dann die Verjährung nicht nur in Höhe des ursprünglich eingeklagten Betrages unterbrochen, sondern hinsichtlich des gesamten Schadensersatzanspruchs[402].

Konkurriert mit dem vertraglichen Schadensersatzanspruch ein deliktischer Anspruch, so unterliegt auch dieser nicht der dreijährigen Verjährung gemäß § 852 BGB, sondern der kürzeren Verjährung nach § 558 BGB[403].

**195**

Gegenüber dem sachenrechtlichen Wiederherstellungsanspruch gemäß § 1004 BGB und gegenüber einem etwaigen Anspruch wegen Geschäftsführung ohne Auftrag auf Ersatz der Herstellungskosten, setzt sich gleichfalls die kurze Verjährung gemäß § 558 BGB durch. Auf Gefährdungshaftung gestützte Ansprüche gegen den Mieter nach § 7 StVG[404] oder § 22 Wasserhaushaltsgesetz[405] verjähren ebenfalls gemäß § 558 BGB.

Bei vorsätzlichem Handeln des Mieters erscheint jedoch eine Ausdehnung der Verjährungsregelung des § 558 BGB auf nichtvertragliche Ansprüche gegen den Mieter nicht gerechtfertigt[406].

Greift bei Zerstörung der Mietsache § 558 BGB nicht ein, so gilt die regelmäßige dreißigjährige Verjährung, ohne daß diese wegen Konkurrenz mit einem deliktischen Ersatzanspruch der hierfür geltenden Verjährung gemäß § 852 BGB angeglichen wird.

Eine Abkürzung der Verjährung ist zulässig (§ 225 Satz 2 BGB), jedoch nicht die Verlängerung (§ 225 Satz 1 BGB) oder ein Hinausschieben des Beginns der Verjährung[407]. In Grenzen ist es zulässig, die Fälligkeit des Anspruchs hinauszuschieben; eine solche Klausel muß aber erkennen lassen, wann der gegen den Mieter gerichtete Ersatzanspruch fällig wird und wann die Verjährung beginnt[408] (zur Kfz-Miete unten Rz. 200).

---

402) BGH, Urt. v. 17. 9. 1979 – VIII ZR 193/78 = WM 1979, 1263.
403) BGH, Urt. v. 29. 3. 1978 – VIII ZR 220/76 = BGHZ 71, 175 = WM 1978, 733 = NJW 1978, 1426; v. 21. 6. 1988 – VI ZR 150/87 = EWiR § 558 BGB 2/88, 1175 *(Klaas)* = WM 1988, 1537 = NJW-RR 1988, 1358.
404) BGH, Urt. v. 19. 9. 1973 – VIII ZR 175/72 = BGHZ 61, 227 = WM 1973, 1243 = NJW 1973, 2059.
405) BGH, Urt. v. 18. 9. 1986 – III ZR 227/84 = BGHZ 98, 235 = EWiR § 558 BGB 1/87, 133 *(Eckert)* = WM 1987, 54 = NJW 1987, 187; OLG Düsseldorf ZIP 1988, 1134 = NJW-RR 1988, 2389 = ZMR 1988, 382; OLG Karlsruhe BB 1988, 2130.
406) Angedeutet im Urt. v. 18. 9. 1986 (Fußn. 405); *Braun,* VersR 1985, 1119.
407) BGH, Urt. v. 26. 10. 1983 – VIII ZR 132/82 = ZIP 1984, 187 = NJW 1984, 289 = WM 1983, 1362; OLG Düsseldorf ZMR 1990, 340.
408) BGH, Urt. v. 8. 1. 1986 – VIII ZR 313/85 = EWiR § 558 BGB 1/86, 349 *(v. Westphalen)* = WM 1986, 388.

### 8.5 Beschädigung oder Beeinträchtigung der Mietsache durch Dritte

**196** Dritte, denen der Mieter – ob erlaubt oder unerlaubt – die Mietsache überläßt, haften bei deren Beschädigung dem Vermieter gegenüber wegen unerlaubter Handlung nach § 823 BGB. Soweit sie in den Schutzbereich des Mietvertrages einbezogen sind (dazu Rz. 238 ff.), verjähren die Ersatzansprüche des Vermieters nach § 558 BGB (zur Haftung des Untermieters Rz. 353).

Haftungsbeschränkungen aus dem Innenverhältnis zwischen Mieter und Drittem wirken sich nicht auf den Ersatzanspruch des Vermieters gegen den Dritten aus. Ehegatten oder Gesellschafter haben dem anderen gegenüber nach § 1359 BGB bzw. § 708 BGB nur für die Sorgfalt einzustehen, die sie in eigenen Angelegenheiten anzuwenden pflegen; im Regelfall haften sie nur bei grober Fahrlässigkeit (§ 277 BGB). Gleichwohl haften sie dem Vermieter für jede Fahrlässigkeit, denn im Verhältnis zu ihm besteht kein Grund zu einer Privilegierung aus persönlichen Gründen. Desgleichen kann der Arbeitnehmer, der bei gefahrgeneigter Tätigkeit – insbesondere Führen eines Kraftfahrzeugs – seinem Arbeitgeber gegenüber nur beschränkt haftet, sich gegenüber dem geschädigten Vermieter nicht auf diese Haftungsbegrenzung berufen[409], und zwar auch dann nicht, wenn er nicht wußte, daß das Fahrzeug, das er führte, oder die Maschine, die er bediente, seinem Arbeitgeber nicht gehörte. Unerheblich ist auch, ob der Vermieter weiß, daß der Mieter die Mietsache von Arbeitnehmern bedienen läßt. Fällt der Mieter in Konkurs, so trägt der Arbeitnehmer das Insolvenzrisiko, denn er fällt mit seinem Freistellungsanspruch aus.

Der Ersatzanspruch des Vermieters läßt sich nicht mit der Begründung ablehnen, er habe sein Eigentum entsprechend versichern können oder auf einer entsprechenden Versicherung durch den Betriebsinhaber (Mieter) bestehen müssen. Eine den Arbeitnehmer befreiende ergänzende Auslegung des Mietvertrages kommt indessen in Betracht, wenn der Vermieter, der sich über den Einsatz der Mietsache im Betrieb des Mieters bewußt ist, die Verpflichtung übernimmt, seinerseits für eine Versicherung zu sorgen und damit den Mieter davon abhält, zu Gunsten seiner Arbeitnehmer durch Abschluß einer Versicherung vorzusorgen.

Eine – sogar verschuldensunabhängige – Haftung eines Dritten hat der BGH[410] aus den Grundsätzen der Geschäftsführung ohne Auftrag (§ 683 BGB) entwickelt. Er spricht dem Vermieter einen Aufwendungsersatzanspruch

---

409) BGH, Urt. v. 19. 9. 1989 – VI ZR 349/88 = BGHZ 108, 305 = ZIP 1989, 1483 = EWiR § 823 BGB 6/89, 1087 *(Heckschen)* = NJW 1989, 3273 = WM 1989, 1772; kritisch dazu *Heckschen* aaO.
410) Urt. v. 8. 3. 1990 – III ZR 81/88 = BGHZ 110, 313 = EWiR § 683 BGB 1/90, 881 *(Sonnenschein)* = WM 1990, 2058 = NJW 1990, 2058.

gegen einen Dritten zu, der bei dem Mieter Milchpulver eingelagert hatte, das nach einem Brand gesundheitliche Gefahren verursachte und deshalb vom Mietgrundstück zu entfernen war. Da der Einlagerer eine Ursache für die Gefährdung gesetzt hatte, führte der Grundstückseigentümer mit der Beseitigung der Milchpulverrückstände ein Geschäft des Einlagerers.

### 8.6 Haftung des Kraftfahrzeugmieters

197 Die Allgemeinen Geschäftsbedingungen der Kraftfahrzeugvermieter sehen seit langem eine Beschränkung der Haftung des Mieters für Schäden am Mietfahrzeug vor, gewähren darüber hinaus eine völlige Haftungsfreistellung gegen Zahlung eines zusätzlichen Entgelts, bestimmen aber auf der anderen Seite den Wegfall der Haftungsbeschränkung bzw. Freistellung bei vorsätzlicher oder grob fahrlässiger Schadensverursachung durch den Mieter.

Die so gestalteten Allgemeinen Geschäftsbedingungen tragen der grundlegenden Entscheidung des Bundesgerichtshofs vom 29. 10. 1956[411] Rechnung, in der ausgesprochen ist:

„Hat bei der Vermietung eines Kraftfahrzeuges der Mieter die Zahlung der Kasko-Versicherungsprämie übernommen, so haften der Mieter und sein Fahrer dem Vermieter bei Beschädigung des Fahrzeugs nur in dem Umfang, in dem sie für den Schaden auch dann einzustehen hätten, wenn der Mieter selbst eine Kasko-Versicherung für den ihm gehörenden Wagen abgeschlossen hätte. Für Vorsatz und grobe Fahrlässigkeit haftet allerdings auch der Fahrer des Mieters dem Vermieter in jedem Falle."

Die Rechtslage ist nicht anders zu beurteilen, wenn der Vermieter anstelle einer Kasko-Versicherung den Weg der Selbstversicherung wählt[412].

Die Beseitigung der durch ein zusätzliches Entgelt erkauften Haftungsfreistellung durch Tatbestände, die zu typischen Gefahrenmomenten im Straßenverkehr gehören, wie „Abkommen von der befestigten Fahrbahn", „Herausgetragenwerden aus der Kurve", „Auffahren auf ein anderes Fahrzeug" u. ä., ist treuwidrig und deshalb unbeachtlich. Die gegen Entgelt zugesagte Gewährung von Haftungsfreistellung ohne Selbstbeteiligung ist in der Vorstellung des Mieters derart am Leitbild der Kaskoversicherung orientiert, daß er erwarten darf, nur bei vorsätzlicher oder grob fahrlässiger Schadensverursachung in Anspruch genommen zu werden (§ 61 VVG)[413]. Demgegenüber kann sich der Vermieter nicht auf den in seinen Allgemeinen Geschäftsbedingun-

---

411) II ZR 64/56 = BGHZ 22, 109 = NJW 1956, 1915.
412) BGH, Urt. v. 16. 1. 1974 – VIII ZR 230/72 = WM 1974, 218; v. 13. 5. 1974 – VIII ZR 32/73 = WM 1974, 695 = NJW 1974, 1236 (L); v. 1. 10. 1975 – VIII ZR 130/74 = BGHZ 65, 118 = WM 1975, 1158 = NJW 1976, 44; v. 14. 1. 1976 – VIII ZR 203/73 = WM 1976, 210.
413) BGH, Urt. v. 8. 2. 1978 – VIII ZR 240/76 = BGHZ 70, 304 = WM 1978, 408 = NJW 1978, 945; v. 8. 1. 1986 – VIII ZR 313/84 = EWiR § 558 BGB 1/86, 349 (v. Westphalen) = WM 1986, 388.

gen enthaltenen Hinweis, die Haftungsbefreiung entspreche nicht einer Vollkaskoversicherung, berufen[414].

Die dem Kraftfahrzeugmieter gegen Zahlung eines zusätzlichen Entgelts gewährte Haftungsfreistellung wird ferner nicht dadurch ausgeschlossen, daß er das Fahrzeug ohne die vertraglich vorbehaltene Zustimmung des Vermieters einem Dritten überläßt[415]. Bei solcher Fallgestaltung verzichtet der Vermieter in entsprechender Anwendung des § 15 Abs. 2 AKB auch auf Inanspruchnahme des Dritten für die von diesem durch leichte Fahrlässigkeit verursachten Schäden[416].

Obwohl die vom Mieter erkaufte Haftungsfreistellung am Leitbild der Kasko-Versicherung auszurichten ist, geht sie regelmäßig insofern über die Leistungen eines Kaskoversicherers hinaus, als sie auch Wertminderung und Mietausfall umfaßt. Das weitergehende Risiko kann dem Kfz-Vermieter als Quasi-Kaskoversicherer zugemutet werden, insbesondere weil das zusätzliche Entgelt ausreicht, um auch diese Risiken abzudecken[417].

Keine Benachteiligung des Kfz-Mieters, der sich gegen zusätzliches Entgelt Haftungsfreistellung sichert, hat der Bundesgerichtshof andererseits darin gesehen, daß der Vermieter ihm in seinen AGB auferlegt, bei Unfällen die Polizei hinzuzuziehen[418]. Für die Rechtsfolgen, die durch das Nichthinzuziehen der Polizei entstehen, sind indessen die Grundsätze anzuwenden, die in der Fahrzeugversicherung hinsichtlich der Leistungsbefreiung des Versicherers bei nachträglicher Obliegenheitsverletzung des Versicherungsnehmers gelten. Das bedeutet, daß dem Mieter der Nachweis nicht abgeschnitten werden darf, das Unterlassen der Hinzuziehung der Polizei habe für den Kfz-Vermieter keine nachteiligen Folgen gehabt, sein Risiko also nicht erhöht.

Sieht der Mietvertrag vor, daß der Mieter bei Überschreiten der Mietzeit den Mietzins fortzuzahlen hat, so gilt auch die Haftungsbefreiung weiter[419]. Hingegen erlischt sie, wenn der Mieter ohne derartige Klausel das Fahrzeug nach Ende der Vertragszeit weiterbenutzt.

**198** Die in den AGB der Kraftfahrzeugvermieter enthaltene Regel, wonach der Mieter zu beweisen hatte, sein Fehlverhalten, das zum Unfallschaden führte,

---

414) BGH, Urt. v. 19. 6. 1985 – VIII ZR 250/84 = WM 1985, 1168 = NJW-RR 1986, 581.
415) BGH, Urt. v. 17. 12. 1980 – VIII ZR 316/79 = WM 1981, 201 = NJW 1981, 1211; Urt. v. 19. 6. 1985 (Fußn. 414); ferner OLG Stuttgart VersR 1988, 97.
416) BGH, Urt. v. 16. 12. 1981 – VIII ZR 1/81 = WM 1982, 294 = NJW 1982, 987 u. v. 15. 6. 1983 – VIII ZR 78/82 = WM 1983, 1009.
417) BGH, aaO (Fußn. 413).
418) BGH, Urt. v. 15. 5. 1968 – VIII ZR 136/66 = NJW 1968, 2099; v. 11. 11. 1981 – VIII ZR 281/80 = WM 1981, 1383 = NJW 1982, 167.
419) LG Dortmund MDR 1982, 54.

sei nicht grob fahrlässig gewesen, hat einer höchstrichterlichen Inhaltskontrolle zunächst standgehalten[420].

Die Beweislastverteilung nach Gefahrenbereichen, die im allgemeinen bei der Haftung des Mieters wegen Beschädigung der Mietsache sachgerecht ist, wird nunmehr jedenfalls in den Allgemeinen Geschäftsbedingungen nicht mehr anerkannt. Auch bei einer Selbstversicherung gelten die Darlegungs- und Beweislastregeln des § 61 VVG. Danach muß der Vermieter (Quasi-Versicherer) dartun und nachweisen, daß der Schaden vom Mieter zumindest grob fahrlässig herbeigeführt worden ist. Dies gilt selbst dann, wenn der Fahrer unter Alkoholeinfluß stand[421]. Das Vertrauen des Mieters auf eine im Ernstfall wirksame Haftungsfreistellung ist schutzwürdig. Sie bewährt sich gerade in der Beweislastverteilung[422]. Auch sind regelmäßig die Grundsätze des Anscheinsbeweises nicht geeignet, einfache Fahrlässigkeit von grober abzugrenzen[423].

**199** Besagt der Mietvertrag nichts über eine Haftungsfreistellung oder -beschränkung, so ist auch der Mieter eines Kraftfahrzeugs nach allgemeiner Regel zum Schadensersatz verpflichtet, wenn er das Fahrzeug beschädigt zurückgibt, sofern er nicht nachweist, daß er den Unfallschaden nicht zu vertreten hat. Der Mieter kann nicht davon ausgehen, daß der Vermieter den Wagen zur Vermeidung eines hohen Schadens kaskoversichert hat. Den gewerblichen Vermieter trifft also auch kein Mitverschulden, wenn er den Mieter nicht auf den fehlenden Versicherungsschutz hingewiesen hat[424].

Vorformulierte Vertragsbedingungen, die eine verschuldensunabhängige Haftung des Mieters vorsehen oder wegen mehrdeutiger Fassung in diesem Sinn verstanden werden können, weichen deutlich vom Leitbild der vertraglichen Haftung ab und sind deshalb gemäß § 9 AGBG unwirksam[425]. Auch darf die Gefahr des zufälligen Untergangs des gemieteten Fahrzeugs oder des Diebstahls nicht auf den Mieter verlagert werden[426].

Die verbreitete Klausel, daß bei einer Reparatur der Mieter in jedem Fall Mietausfall für jeden Reparaturtag in Höhe eines Tagesmietzinses schuldet, ist unangemessen[427]. Es kann nicht unterstellt werden, daß ein Fahrzeug

---

420) BGH, Urt. v. 13. 5. 1974 – VIII ZR 32/73 = WM 1974, 695 = NJW 1974, 1236 (L).
421) BGH, Urt. v. 8. 1. 1986 – VIII ZR 313/84 = WM 1986, 388.
422) BGH, Urt. v. 1. 10. 1975 – VIII ZR 130/74 = BGHZ 65, 118 = WM 1975, 1158 = NJW 1976, 44.
423) BGH, Urt. v. 15. 6. 1983 – VIII ZR 78/82 = WM 1983, 1009; das Urteil enthält differenzierte Ausführungen zur groben Fahrlässigkeit.
424) OLG Hamm MDR 1982, 580.
425) OLG Hamburg NJW-RR 1989, 881.
426) MünchKomm-*Kötz*, § 9 AGBG Rz. 34.
427) Vgl. *Ulmer/Brandner/Hensen*, Anh. §§ 9–11 Rz. 512; *Wolf/Horn/Lindacher*, § 9 M 87.

täglich zu vermieten ist; der Vermieter wird mit dem konkreten Schadensnachweis nicht überfordert.

**200** Die Schadensersatzansprüche des Vermieters verjähren in der kurzen Frist des § 558 BGB. Ein Totalschaden im wirtschaftlichen Sinne ist nicht einer Zerstörung des Kraftfahrzeuges gleichzusetzen (vgl. dazu Rz. 193). Versuche der Kfz.-Vermieter, sich in ihren AGB eine Verlängerung der Verjährungsfrist auszubedingen, hat die Rechtsprechung zurückgewiesen. Unzulässig ist es, den Beginn der Verjährung davon abhängig zu machen, daß der Vermieter nach einem Unfall die polizeiliche Ermittlungsakte eingesehen hat[428], denn dann liegt es im Ermessen des Vermieters, wann er die Akten einsieht und den Lauf der Verjährung in Gang setzt. Dasselbe gilt bei Vereinbarung einer Stundung des Ersatzanspruchs bis zur Akteneinsicht[429]. Die Klausel ist auch dann unwirksam, wenn die Verjährung spätestens sechs Monate nach Rückgabe des Fahrzeugs zu laufen beginnt. Bei Notwendigkeit der Akteneinsicht erscheint ein Hinausschieben der Fälligkeit der Ersatzforderung bis zu vier Wochen nach Rückgabe vertretbar zu sein[430].

### 9. Nebenpflichten des Mieters

#### 9.1 Einhaltung des vertragsgemäßen Gebrauchs

**201** Jeder Gebrauch der Mietsache, der zu Schäden führt, die nicht zwangsläufig Folge der Benutzung sind, ist vertragswidrig. Aber auch wenn keine Schäden auftreten, kann der Gebrauch der Mietsache dem Vertrag widersprechen; dies ist insbesondere anzunehmen, wenn infolge unsachgemäßer Behandlung oder Überbeanspruchung die Gefahr eines Schadens besteht.

Vertragswidrig ist auch jede eigenmächtige Veränderung der Mietsache[431].

Ändert der Mieter den vertraglich festgelegten Verwendungszweck der Mietsache, so braucht der Vermieter dies grundsätzlich nicht hinzunehmen, z. B. wenn der Mieter den Geschäfts- oder Gewerbezweig insgesamt oder den Charakter des Betriebes ändert[432] und der Vermieter dadurch den einem anderen Mieter zugesagten Konkurrenzschutz verletzen würde, aber auch, wenn der Mieter bei gleichbleibendem Gewerbezweig vom Handwerksbetrieb zur industriellen Fertigung übergeht. Ob der Mieter mit der Änderung des

---

428) BGH, Urt. v. 26. 10. 1983 – VIII ZR 132/82 = ZIP 1984, 187 = NJW 1984, 289 = WM 1983, 1362; OLG Stuttgart BB 1982, 1753; OLG Hamburg NJW-RR 1989, 1083.
429) BGH, Urt. v. 8. 1. 1986 – VIII ZR 313/84 = WM 1986, 388 = NJW 1986, 1608.
430) *v. Westphalen*, EWiR § 558 BGB 1/86, 349.
431) BGH, Urt. v. 26. 6. 1974 – VIII ZR 43/73 = WM 1974, 844 = NJW 1974, 1463, eigenmächtige Veränderung der Fassade.
432) BGH, Urt. v. 28. 11. 1984 – VIII ZR 186/83 = WM 1985, 233 = NJW 1985, 2527.

### III. Vertragsinhalt — Rechte und Pflichten der Parteien

Verwendungszwecks gegen den Vertrag verstößt, kann nur im Einzelfall nach Abwägung der beiderseitigen Belange beurteilt werden[433]. Entscheidend ist die Umschreibung des Vertragszwecks im Vertrag; je allgemeiner diese gehalten ist, desto freier ist der Mieter. Ist der Vertragszweck lediglich mit „zum Betrieb eines Gewerbes" umschrieben, so kann der Mieter den Geschäftszweig bestimmen. Der Bundesgerichtshof[434] hat bei dieser Sachlage den Übergang von einer Damenmoden-Boutique zu einem Sex-Shop noch als in den Grenzen des vertragsgemäßen Gebrauchs angesehen und dem Vermieter, der dies nicht hinnehmen wollte, die Berufung auf seine Gewissensnot versagt. Ständiges Wohnen in den zu gewerblichen Zwecken angemieteten Räumen stellt einen vertragswidrigen Gebrauch dar[435].

Zur Einhaltung des vertragsgemäßen Gebrauchs gehört es weiterhin, daß der Mieter Störungen unterläßt, die sich vermeiden lassen (etwa Lärm oder Geruchsbelästigungen).

Ein Sonderfall des vertragswidrigen Gebrauchs ist die unberechtigte Untervermietung oder sonstige Überlassung der Mietsache an einen Dritten (vgl. §§ 549 Abs. 1, 553 BGB, dazu Rz. 348).

**202** Nach § 550 BGB hat der Vermieter einen Anspruch auf Unterlassung des vertragswidrigen Gebrauchs. Der Unterlassungsanspruch setzt nicht voraus, daß der Mieter schuldhaft handelt oder den vertragswidrigen Gebrauch zu vertreten hat. Selbst bei entschuldbarem Irrtum über den Umfang seines Gebrauchsrechts ist der Unterlassungsanspruch begründet. Er ist — im Gegensatz zur Kündigung nach § 553 BGB — auch gerechtfertigt, wenn die Rechte des Vermieters nur in geringem Umfang beeinträchtigt sind.

Will der Vermieter den Mieter gerichtlich auf Unterlassung in Anspruch nehmen, so hat er ihn vorher abzumahnen. Hierbei ist der Vertragsverstoß möglichst genau zu beschreiben. Setzt der Mieter ungeachtet der Abmahnung den vertragswidrigen Gebrauch fort, so ist die Unterlassungsklage begründet. Den Unterlassungsanspruch kann der Vermieter zur vorläufigen Herstellung des Rechtsfriedens auch im Wege einer einstweiligen Verfügung geltend machen (§ 935 ZPO). Zu vollstrecken ist ein Urteil gemäß § 890 ZPO.

**203** Gibt der Mieter auf Grund der Abmahnung den vertragswidrigen Gebrauch auf, kann der Vermieter Ersatz der ihm durch die Abmahnung entstandenen Kosten (z. B. Porto, Rechtsanwaltsgebühren) verlangen, sofern der Mieter,

---
433) BGH, Urt. v. 14. 12. 1960 — VIII ZR 17/60 = WM 1961, 245.
434) Urt. v. 11. 1. 1984 — VIII ZR 237/82 = BGHZ 89, 308 = WM 1984, 343 = NJW 1984, 1031.
435) OLG Düsseldorf NJW-RR 1987, 1370 = ZMR 1987, 423.

## A. Mietvertrag

was im Regelfall zutreffen wird, mit dem vertragswidrigen Gebrauch eine positive Vertragsverletzung begangen hat.

Bei erheblicher Verletzung der Rechte des Vermieters rechtfertigt die Fortsetzung des vertragswidrigen Gebrauchs trotz Abmahnung die fristlose Kündigung des Mietverhältnisses (§ 553 BGB). Eine vorherige Abmahnung ist ausnahmsweise entbehrlich, wenn eine Beseitigung des vertragswidrigen Verhaltens des Mieters unter keinen Umständen zu erwarten ist[436].

### 9.2 Betriebspflicht

204 Bei Vermietung von Ladenlokalen, Apothekenräumen, Gaststätten, aber auch von Räumen für eine freiberufliche Praxis wird häufig vereinbart, daß der Mieter zur Aufrechterhaltung seines Betriebes oder seiner Praxis verpflichtet ist. Sinnvoll ist dies, weil ein Mietobjekt, das lange Zeit ungenutzt leersteht, in seinem Marktwert sinkt und manchmal nur unter Schwierigkeiten weiterzuvermieten ist. Auch ist ein Anreiz für die Ansiedlung eines gleichartigen Betriebes in der Nachbarschaft gegeben.

Die Betriebspflicht kann nur durch besondere Absprache begründet werden[437]. Sie ergibt sich nicht schon aus der Vereinbarung eines umsatzabhängigen Mietzinses[438]. Sie verpflichtet den Mieter zur ununterbrochenen Fortführung des Betriebes, schließt aber nicht aus, daß entsprechend der Verkehrssitte bei einer Gaststätte ein wöchentlicher Ruhetag eingelegt wird; auch Betriebsferien verstoßen nicht gegen die Betriebspflicht.

Zu einer starken Belastung kann die Betriebspflicht werden, wenn der Mieter durch die Fortführung des Betriebes Verluste erleidet und es für ihn günstiger ist, den Betrieb zu schließen und für die leerstehenden Räume den Mietzins fortzuentrichten. Diese unvorhergesehene Geschäftsentwicklung liegt jedoch noch im Rahmen des unternehmerischen Risikos. Verlangt der Vermieter Fortführung des Betriebes, so ist dies im Regelfall nicht rechtsmißbräuchlich, denn das Bestehen auf Vertragserfüllung verstößt grundsätzlich nicht gegen Treu und Glauben. Der Bundesgerichtshof hat – allerdings in anderem Zusammenhang – selbst starke Verluste als noch mit dem unternehmerischen Risiko vereinbar bezeichnet[439].

Seinen Anspruch auf Betriebsfortführung kann der Vermieter gerichtlich geltend machen. Zu vollstrecken ist das Urteil gemäß § 888 ZPO.

---

436) BGH, Urt. v. 19. 2. 1975 – VIII ZR 195/73 = WM 1975, 365.
437) BGH, Urt. v. 7. 3. 1983 – VIII ZR 331/83 = ZIP 1983, 449 = WM 1983, 531.
438) BGH, Urt. v. 4. 4. 1979 – VIII ZR 118/78 = NJW 1979, 2351.
439) Vgl. BGH, Urt. v 25. 5. 1977 – VIII ZR 196/75 = WM 1977, 946.

### 9.3 Versicherungspflicht

Gegen die Übernahme der Verpflichtung, das Mietobjekt zu versichern, bestehen auch in AGB keine Bedenken gemäß § 9 AGBG. Der Mieter wird hierdurch insofern nicht benachteiligt, als die Versicherung auch ihm zugute kommt (dazu oben Rz. 188). Die Wagnisse, gegen die der Mieter die Mietsache zu versichern hat, sind im Vertrag genau zu bezeichnen. Verpflichtet er sich, das Mietobjekt gegen die „üblichen Wagnisse" zu versichern, so ist maßgebend, ob zur Zeit des Vertragsschlusses der Abschluß bestimmter Versicherungen für vergleichbare Objekte allgemein üblich war[440]. Unterläßt der Mieter vertragswidrig den Abschluß der Versicherung, so haftet er für die Schäden, die die Versicherung ersetzt hätte, also auch für Schäden, die er nicht verursacht und nicht zu vertreten hat. Ein Anspruch des Vermieters auf Ersatz eines Schadens, der darauf gestützt wird, daß der Mieter keine Versicherung abgeschlossen hat, verjährt in der kurzen Frist des § 558 BGB[441], obwohl nicht die Beschädigung der Mietsache durch den Mieter, sondern die Verletzung einer Nebenpflicht die Haftung begründet. Sinn und Zweck des § 558 BGB sind demgegenüber jedoch vorrangig.

### 9.4 Duldung von Erhaltungs- und Modernisierungsmaßnahmen

Der Mieter von Räumen hat gemäß § 541 a BGB Einwirkungen zu dulden, die zur Erhaltung der Mieträume oder des Gebäudes erforderlich sind. Demgemäß hat der Mieter dem Vermieter sowie den von ihm beauftragten Personen (Architekten, Handwerkern) den Zutritt zu den Räumen zu gestatten. Die Duldungspflicht kann sehr weit gehen; können die erforderlichen Erhaltungsmaßnahmen nur unter vorübergehender Aufgabe der Räume durchgeführt werden, so hat der Mieter auch dies hinzunehmen[442].

Weigert sich der Mieter, die Maßnahmen zu dulden, so ist der Vermieter nicht berechtigt, sich gegen seinen Willen Zutritt zu verschaffen. Dies wäre verbotene Eigenmacht. Vielmehr muß er ihn auf Duldung verklagen. Eine einstweilige Verfügung ist ausnahmsweise zulässig, falls durch die Verzögerung der Erhaltungsmaßnahmen eine weitere, wesentliche Verschlechterung der Mieträume zu befürchten ist. Schäden, die dem Vermieter infolge der Weigerung entstehen, hat der Mieter zu ersetzen.

---

440) BGH, Urt. v. 22. 12. 1976 – VIII ZR 213/75 = WM 1977, 291.
441) BGH, Urt. v. 18. 12. 1963 – VIII ZR 193/62 = WM 1964, 127 = NJW 1964, 545.
442) *Emmerich/Sonnenschein*, §§ 541 a und b Rz. 3. *Kraemer* in Bub/Treier, III. A. Rz. 1094.

## A. Mietvertrag

Im Schrifttum[443] ist äußerst umstritten, ob und ggf. in welchem Umfang den Mieter eine Mitwirkungspflicht trifft. Der Gesetzeswortlaut spricht dagegen, so daß er allenfalls zu geringen Mitwirkungshandlungen (etwa Öffnen der Türen) verpflichtet sein kann.

Über die gewährleistungsrechtlichen Folgen besteht weitgehend Einigkeit[444]; eine BGH-Entscheidung steht jedoch noch aus.

Wird durch die Baumaßnahme der Mietgebrauch beeinträchtigt, wird also das Mietobjekt vorübergehend mangelhaft, so bleibt das Recht des Mieters, den Mietzins nach § 537 BGB zu mindern, unberührt. Das Recht zur fristlosen Kündigung ist jedoch nicht mit der Duldungspflicht zu vereinbaren. Auch Schadensersatzansprüche gemäß § 538 BGB sind ausgeschlossen, sofern der Mietgebrauch nur durch die Erhaltungsmaßnahmen beeinträchtigt wird. Der Vermieter handelt mit der Durchführung notwendiger Baumaßnahmen im Hinblick auf seine Erhaltungspflicht rechtmäßig. Daher hat er den infolge der Baumaßnahmen entstehenden vorübergehenden mangelhaften Zustand des Mietobjektes nicht zu vertreten[445]. Ersatzansprüche, die ohnehin als Folge des Mangels begründet sind, bleiben unberührt.

Der Mieter hat keinen Anspruch auf Ersatz seiner Aufwendungen, die ihm bei Duldung der Erhaltungsmaßnahmen entstehen (arg. § 541 b Abs. 3 BGB)[446].

Ein Anspruch wegen positiver Vertragsverletzung ist denkbar, wenn der Mieter infolge schlechter oder verzögerlicher Durchführung der Baumaßnahmen über das unvermeidbare Maß hinaus geschädigt wird[447], z. B. wenn ihm gehörende Sachen beschädigt werden oder wenn er wegen des langsamen Fortschritts der Arbeiten vermeidbare Umsatzverluste erleidet.

Nach Abschluß der Erhaltungsmaßnahmen kann der Mieter Wiederherstellung des vertragsgemäßen Zustandes verlangen. Auch wenn er vertraglich die Schönheitsreparaturen übernommen hat, muß der Vermieter die Räume instandsetzen lassen, soweit sie durch die Baumaßnahmen beschädigt worden sind. Einsparungen des Mieters sind nach Treu und Glauben auszugleichen.

---

443) *Emmerich/Sonnenschein*, § 541a und b Rz. 3; *Palandt/Putzo*, § 541a Anm. 2; MünchKomm-*Voelskow*, § 541a Rz. 6; *Sternel* II. Rz. 298; *Kraemer* in Bub/Treier III. A. Rz. 1094; *Marschallek*, ZMR 1986, 346; *Schläger*, ZMR 1986, 348.
444) MünchKomm-*Voelskow*, § 541a Rz. 3 u. 4; *Sternel*, II. Rz. 301 ff.; *Kraemer* in Bub/Treier III. A. Rz. 1097 f.
445) A. A. *Staudinger/Emmerich*, § 541a Rz. 18.
446) MünchKomm-*Voelskow*, § 541a Rz. 8; *Kraemer* in Bub/Treier, III. A. Rz. 1094.
447) Vgl. BGH, Urt. v. 15. 11. 1989 – VIII ZR 46/89 = BGHZ 109, 205 = WM 1990, 418 = NJW 1990, 453.

### III. Vertragsinhalt — Rechte und Pflichten der Parteien

Abweichende vertragliche Regelungen, auch vorformulierte, sind grundsätzlich zulässig, sofern dem Mieter nichts Unzumutbares abverlangt und er nicht rechtlos gestellt wird.

Maßnahmen zur Verbesserung der Mieträume und zur Einsparung von Heizenergie muß der Mieter unter den Voraussetzungen des § 541 b BGB dulden. Eine Verbesserung liegt nur vor, wenn sich die Maßnahme auf die vorhandene Bausubstanz bezieht, also nicht, wenn etwas völlig Neues geschaffen wird. Im übrigen ist der Begriff der Verbesserung weit auszulegen, denn der Mieter soll nicht die Modernisierung von Gebäuden verhindern können[448]. **207**

Der Vermieter hat dem Mieter die beabsichtigten Maßnahmen zwei Monate vorher schriftlich anzukündigen (§ 541 b Abs. 2 BGB). Der Mieter ist berechtigt, das Mietverhältnis zum Ablauf des auf den Zugang der Mitteilung folgenden Monats außerordentlich zu kündigen. Dieses Kündigungsrecht ergibt sich aus § 541 b Abs. 2 Satz 2 BGB; § 542 BGB ist nicht einschlägig, denn der Vermieter handelt nicht vertragswidrig. Das Sonderkündigungsrecht besteht auch, wenn der Vermieter die Mitteilung unterläßt. Wird der Mieter von den Maßnahmen überrascht, so ist er unter den Voraussetzungen des § 542 BGB zur fristlosen Kündigung berechtigt.

Entschließt sich der Mieter zur Kündigung, so kann er keinen Schadensersatz wegen vorzeitiger Beendigung des Mietverhältnisses verlangen, weil der Vermieter mit den Verbesserungsmaßnahmen nicht gegen den Vertrag verstößt. Der Vermieter ist nicht berechtigt, vor Vertragsende mit den Baumaßnahmen zu beginnen (§ 541 b Abs. 2 Satz 3 BGB).

Kündigt der Mieter nicht und duldet er die Baumaßnahmen, so verbleibt ihm das Recht auf Mietzinsminderung nach § 537 BGB. Schadensersatzansprüche gem. § 538 BGB wegen Beeinträchtigung des Mietgebrauchs infolge der Modernisierungsarbeiten sind im Rahmen des § 541 b BGB ebensowenig berechtigt wie bei der Duldung notwendiger Maßnahmen nach § 541 a BGB. Daß der Vermieter die Modernisierung veranlaßt hat, kann ihm nicht als Verschulden angelastet werden[449]. Bei schlechter oder verzögerter Durchführung der Arbeiten können Ersatzansprüche entstehen; in diesem Rahmen hat der Vermieter das Verschulden der von ihm beauftragten Handwerker zu vertreten.

Nach § 541 b Abs. 3 BGB kann der Mieter Ersatz seiner Aufwendungen verlangen, die er in Erfüllung seiner Duldungspflicht, also nicht infolge der

---
448) BGH, Urt. v. 23. 2. 1972 — VIII ZR 91/70 = WM 1972, 727 = NJW 1972, 723.
449) A. A. *Sternel*, II. 341; *Emmerich/Sonnenschein* § 541 b Rz. 12.

Kündigung, macht. Verlegt er vorübergehend sein Geschäftslokal oder fallen zusätzliche Kosten durch Umräumungsarbeiten an, muß der Vermieter diese ersetzen.

Seinen Anspruch auf Duldung kann der Vermieter nicht durch einstweilige Verfügung durchsetzen, weil er durch den Aufschub der Verbesserungsmaßnahme keinen Schaden erleidet.

§ 541 b BGB ist, wie sein Absatz 4 zeigt, in Grenzen abdingbar. Vertragsklauseln, die den Mieter zur Duldung zwingen und ihm sämtliche Rechte abschneiden, benachteiligen ihn jedoch unangemessen i. S. des § 9 AGBG.

### 9.5 Besichtigung des Mietobjekts

208   Eine gesetzliche Regelung der Frage, in welchem Umfang der Mieter verpflichtet ist, Besichtigungen der Mietsache durch den Vermieter zu dulden, ist im Gesetzgebungsverfahren erwogen worden, aber nicht zustande gekommen. Üblicherweise wird das Besichtigungsrecht des Vermieters vertraglich geregelt; gegen vorformulierte Vertragsklauseln bestehen keine Bedenken, solange der Mieter nicht der Gefahr unzumutbarer Belästigungen ausgesetzt ist. So kann sich der Vermieter insbesondere die Befugnis ausbedingen, bei vorzeitiger Räumung des Mietobjekts die Miträume trotz fortbestehenden Vertrages zu betreten, um etwaige Schäden rechtzeitig festzustellen[450]. Fehlt eine vertragliche Regelung, so kann nur im Einzelfall nach Abwägung der beiderseitigen Interessen beurteilt werden, inwieweit der Mieter bei besonderen Anlässen Besichtigungen der Mietsache durch den Vermieter, Sachverständige, Beauftragte des Vermieters oder Miet- und Kaufinteressenten dulden muß. Stichhaltige Gründe sind z. B. die Abwehr einer drohenden schwerwiegenden Gefahr für die Mietsache, eine Mängelanzeige des Mieters, aber auch das Bekanntwerden eines Mangels auf andere Weise, ferner die Verkaufsabsicht des Vermieters, wobei die Besichtigungszeit sinnvoll zu begrenzen ist[451]. Die Beschränkung des Besichtigungsrechts des Vermieters entspricht seiner nur ausnahmsweise eingreifenden Verpflichtung, das Mietobjekt ohne besonderen Anlaß auf seinen Erhaltungszustand zu überprüfen[452].

Der Vermieter ist nicht befugt, in regelmäßigen Abständen die Miträume zu betreten, um sich zu vergewissern, ob der Mieter die Schönheitsreparaturen nach dem vereinbarten Plan ausführt oder ob die seinem Pfandrecht

---

450) A. A. OLG München NJW-RR 1989, 1499.
451) RGZ 106, 270.
452) Vgl. BGH, Urt. v. 20. 10. 1965 – VIII ZR 154/63 = VersR 1966, 81; v. 12. 5. 1969 – VIII ZR 164/67 = WM 1969, 1011.

## III. Vertragsinhalt – Rechte und Pflichten der Parteien

unterliegenden Sachen noch vorhanden sind. Dahingehend vorformulierte Klauseln sind bedenklich[453].

Soweit der Vermieter Zutritt zu den Mieträumen verlangen darf, muß er dies vorher ankündigen, damit der Mieter entsprechend disponieren kann. Lediglich bei Gefahr in Verzug kann der Vermieter auf sofortiger Besichtigung bestehen. Aber selbst dann ist er nicht befugt, sich gegen den Willen des Mieters den Zutritt zu erzwingen. Auch vertraglich kann sich der Vermieter ein Selbsthilferecht nicht ausbedingen.

### 10. Konkurrenzschutz

Bei der Vermietung zum Betrieb eines bestimmten gewerblichen Unternehmens gehört es auch ohne ausdrückliche Bestimmung zur Gewährung des ungestörten vertragsgemäßen Gebrauchs, daß in anderen Räumen desselben Hauses oder auf einem angrenzenden Grundstück, sofern es dem Vermieter gehört, kein Konkurrent – weder der Vermieter selbst noch andere Mieter – zugelassen wird[454].

**209**

Gegen die Gewährung eines vertragsimmanenten Konkurrenzschutzes werden vereinzelt Bedenken erhoben. Wettbewerb und Berufsfreiheit, so *Voelskow*[455], seien Grundlagen unserer Wirtschaftsordnung. Weitere Bedenken werden aus dem Gesetz gegen Wettbewerbsbeschränkungen hergeleitet[456]. Ein Ausschluß des Konkurrenzschutzes benachteiligt jedenfalls den Mieter nicht unangemessen[457].

### 10.1 Umfang des Konkurrenzschutzes

Der vertragsimmanente Wettbewerbsschutz erstreckt sich nicht auf sämtliche in dem Geschäft geführten Artikel, sondern nur auf das Hauptsortiment, das dem Geschäft das „Gepräge" gibt[458]. Wettbewerb in Nebenartikeln beeinflußt die Ertragslage nicht wesentlich und ist daher hinzunehmen. So besteht beispielsweise keine Konkurrenz.

---

453) OLG München NJW-RR 1989, 1499.
454) BGH, Urt. v. 26. 1. 1955 – VI ZR 274/53 = LM Nr. 2 zu § 536 BGB; v. 24. 4. 1968 – VIII ZR 120/67 = WM 1968, 699; v. 7. 12. 1977 – VIII ZR 101/76 = WM 1978, 222 = NJW 1978, 585; BGH, Urt. v. 3. 7. 1985 – VIII ZR 128/84 = EWiR § 536 BGB 1/85, 657 *(v. Westphalen)* = WM 1985, 1175.
455) In MünchKomm, §§ 535, 536 Rz. 91.
456) *Staudinger/Emmerich*, §§ 535, 536 Rz. 39; *Joachim*, BB 1986, Beilage 6, S. 13 mit Überblick über die wettbewerbsrechtliche Literatur; a. A. OLG Frankfurt DB 1989, 1921.
457) OLG Hamburg EWiR § 536 BGB 1/87, 553 *(Eckert)* = ZMR 1987, 94 = NJW-RR 1987, 403.
458) BGH, Urt. v. 24. 4. 1968 u. 3. 7. 1985 (Fußn. 454); OLG Frankfurt NJW-RR 1989, 1422.

## A. Mietvertrag

- zwischen einer Apotheke und einer Selbstbedienungsdrogerie[459],
- zwischen einer Metzgerei und einem Imbißstand[460],
- zwischen einer bürgerlichen Gaststätte und einem Imbißverkauf[461],
- zwischen Gaststätten mit Spezialitäten verschiedener Nationen[462],
- zwischen einem Lebensmittelgeschäft, das bündelweise auch Blumen anbietet, und einem Blumenfachgeschäft,
- zwischen einer Bäckerei und einem Spezialgeschäft für Kaffee, sofern die Bäckerei nicht Niederlassung einer Großrösterei ist,
- zwischen einem Schuhgeschäft, das auch Strümpfe führt, und einem Bekleidungsgeschäft.

Ein Supermarkt hingegen, der keine Haupt- und Nebenartikel kennt, dürfte für alle Geschäfte mit gleichem Warenangebot eine unliebsame Konkurrenz bedeuten[463].

Der Vermieter ist nicht gehalten, dem Mieter jeden fühlbaren oder unliebsamen Wettbewerb fernzuhalten. Vielmehr muß nach den Umständen des Einzelfalles geprüft werden, inwieweit nach Treu und Glauben unter Berücksichtigung der Belange beider Vertragspartner die Fernhaltung von Konkurrenz geboten ist. Im Zweifel sollte wettbewerbsfreundlich entschieden werden. Soll der vertragsimmanente Konkurrenzschutz über das Hauptsortiment hinaus ausgedehnt werden, so bedarf dies einer besonderen Vereinbarung[464], die keine Zweifel über seine Reichweite aufkommen läßt. Die Klausel, die dem Vermieter verbietet, Räume an ein Unternehmen zu vermieten, das Waren vertreibt, die auch vom Mieter geführt werden, kann dahin ausgelegt werden, daß sie den Konkurrenzschutz für Nebenartikel einschließt. Hingegen läßt die Klausel, daß dem Mieter für das Mietobjekt Konkurrenzschutz gewährt wird, Zweifel aufkommen, inwieweit sie Nebenartikel erfaßt. Der Bundesgerichtshof hat sie im Verhältnis Fliesenfachgeschäft/Baumarkt weit ausgelegt[465]; sicherlich ein Grenzfall.

**210** Der vertragsimmanente Konkurrenzschutzpflicht ist nicht auf das Grundstück begrenzt, auf dem das Mietobjekt liegt, sondern bezieht sich auch auf

---

459) OLG Frankfurt NJW 1982, 707.
460) OLG Hamm NJW-RR 1988, 911 = ZMR 1988, 136.
461) BGH, Urt. v. 10. 2. 1988 – VIII ZR 33/87 = NJW-RR 1989, 717 = WM 1988, 876.
462) OLG Karlsruhe EWiR § 535 BGB 1/90, 667 *(Sternel)* = WM 1990, 1120.
463) Vgl. BGH, Urt. v. 3. 7. 1985 – VIII ZR 128/84 = EWiR § 536 BGB 1/85, 657 *(v. Westphalen)* = WM 1985, 1175; *Joachim*, BB 1986, Beilage 5, S. 7.
464) Vgl. dazu BGH, Urt v. 16. 9. 1981 – VIII ZR 161/80 = WM 1981, 1224.
465) Urt. v. 3. 7. 1985 (s. Fußn. 454).

## III. Vertragsinhalt – Rechte und Pflichten der Parteien

Nachbargrundstücke desselben Vermieters[466]. Unmittelbare Nachbarschaft zweier Grundstücke desselben Vermieters besteht nicht, wenn sie 100 m entfernt und in einer anderen Straße liegen[467]. Sie ist auch nicht anzunehmen, wenn sie sich 350 m oder 500 m voneinander entfernt an der als Fußgängerzone gestalteten Ladenstraße eines Einkaufszentrums befinden[468]. Bei einem Einkaufszentrum, das ein vielfältiges Waren- und Geschäftsangebot bieten will, gilt im übrigen besonders der Grundsatz, daß Konkurrenz das Geschäft belebt, so daß bei der Gewährung von Konkurrenzschutz Zurückhaltung geboten ist[469]. Nach Ansicht des LG Frankfurt[470] verstößt nicht einmal die Vermietung von Ladenlokalen im selben Gebäude an zwei Unternehmen derselben Branche gegen den vertragsimmanenten Konkurrenzschutz, wenn das Gebäude in einer besonders attraktiven Einkaufsstraße liegt.

Im Rahmen der Vertragsfreiheit ist es möglich, daß der Eigentümer mehrerer Grundstücke sich ausdrücklich zu einem Konkurrenzschutz verpflichtet, auch wenn die Grundstücke räumlich nicht in Zusammenhang stehen[471]. Grenzen der Vertragsfreiheit zeigt aber das OLG Hamm auf[472]. Eine Vertragsbestimmung, durch die sich der Vermieter verpflichtet, während der mehrjährigen Mietzeit im gesamten Stadtgebiet kein Konkurrenzunternehmen zu betreiben, sieht es als sittenwidrig an.

Den bis 1977 ergangenen höchstrichterlichen Urteilen liegen Konkurrenzschutzfälle unter Inhabern von Ladengeschäften und gastronomischen Betrieben zugrunde. Ob die hierfür entwickelten Grundsätze auch bei der Vermietung von Praxisräumen an Angehörige der freien Berufe gelten, war in der Literatur und in der Rechtsprechung der Instanzgerichte streitig. Der Bundesgerichtshof hat diese Frage bejaht[473]. Die Angehörigen freier Berufe, insbesondere Ärzte derselben Fachrichtung stehen in wirtschaftlicher Konkurrenz. Deshalb besteht im Ausgangspunkt der Erwägungen, die auch beim Fehlen einer vertraglichen Regelung zur Bejahung einer Konkurrenzschutzpflicht des Vermieters führen, zwischen Gewerbetreibenden und freiberuflich tätigen Ärzten, Anwälten, Architekten usw. kein Unterschied. Für den wirtschaftlichen Erfolg etwa der ärztlichen Arbeit hat die Lage der Praxis im räumlichen Verhältnis zu der von Ärzten gleicher Fachrichtung nicht dieselbe

**211**

---

466) OLG Frankfurt NJW-RR 1988, 396.
467) BGH, Urt. v. 24. 4. 1968 – VIII ZR 120/67 = WM 1968, 699.
468) BGH, Urt. v. 24. 1. 1979 – VIII ZR 56/78 = WM 1979, 500 = NJW 1979, 1404.
469) BGH, Urt. v. 16. 9. 1981 (s. Fußn. 464); *Joachim*, BB 1986, Beilage 6, S. 9.
470) NJW-RR 1989, 1246.
471) BGH, aaO (Fußn. 467); zu den Grenzen der Vertragsfreiheit OLG Hamm MDR 1987, 320.
472) MDR 1987, 320.
473) Urt. v. 7. 12. 1977 – VIII ZR 101/76 = BGHZ 70, 79 = WM 1978, 222 – NJW 1978, 585.

## A. Mietvertrag

Wertigkeit wie die Lage konkurrierender Ladengeschäfte oder Gaststätten. Für eine internistische Praxis in einem herkömmlichen mittelstädtischen Geschäftszentrum gilt jedenfalls, daß die Eröffnung einer gleichartigen Praxis im selben Haus eine fühlbare Konkurrenz darstellt, die der Vermieter nicht herbeiführen darf. Etwas anderes mag anzunehmen sein, wenn der zweite Arzt eine sog. Kapazität ist, für den die Lage seiner Praxis möglicherweise ohne Bedeutung ist. Zweifel bestehen auch, wenn in einem großen großstädtischen Geschäftshaus ein zweiter Zahnarzt eine Praxis eröffnet[474].

### 10.2 Umgehung des Konkurrenzschutzes

Mit Versuchen, den Konkurrenzschutz zu unterlaufen, war die Rechtsprechung mehrfach befaßt.

Hat eine offene Handelsgesellschaft ein Geschäftsgrundstück vermietet und sich zur Unterlassung von Wettbewerb in einem bestimmten Umkreis verpflichtet, so verstoßen die persönlich haftenden Gesellschafter gegen den Konkurrenzschutz, wenn sie in der Nachbarschaft einen gleichartigen Betrieb eröffnen[475]. Die persönlich haftenden Gesellschafter können nämlich unmittelbar auch auf Erfüllung der sog. sekundären Vertragspflichten in Anspruch genommen werden.

Diesen Gedanken hat der Bundesgerichtshof fortgeführt und, allerdings in einem anderen Zusammenhang, ausgeführt, daß bei Identität der Gesellschafter der gegen die primär zur Unterlassung verpflichtete Handelsgesellschaft gerichtete Unterlassungsanspruch auch gegen die andere Gesellschaft geltend gemacht werden kann[476].

Tritt hingegen eine juristische Person als Vermieterin auf, muß der Mieter Konkurrenz durch deren gesetzliche Vertreter hinnehmen, weil diese nicht persönlich für die Verbindlichkeiten der vertretenen juristischen Person haften. Bei einer sog. Ein-Mann-GmbH verstößt jedoch der einzige Gesellschafter der zum Konkurrenzschutz verpflichteten Gesellschaft gegen das Konkurrenzverbot, wenn er zu dem Mieter in Wettbewerb tritt. Hält eine Aktiengesellschaft sämtliche Anteile einer Gesellschaft mit beschränkter Haftung, so verstößt die Muttergesellschaft mit der Vermietung an einen Konkurrenten des Mieters der GmbH gegen die Konkurrenzschutzpflicht[477].

Eine vertragswidrige Umgehung des Konkurrenzschutzes liegt auch vor,

---

474) OLG Karlsruhe NJW 1972, 2224.
475) RGZ 136, 266.
476) Urt. v. 7. 6. 1972 – VIII ZR 175/70 = BGHZ 59, 64 = WM 1972, 882 = NJW 1972, 1421.
477) OLG Karlsruhe EWiR § 537 BGB 1/90, 667 *(Sternel)* = WM 1990, 1120 = NJW-RR 1990, 1234.

wenn der Vermieter einen Teil des Mietgrundstückes oder das ihm gehörende Nachbargrundstück an einen Konkurrenten des Mieters veräußert[478].

Schließlich greift die Konkurrenzschutzpflicht des Vermieters auch ein, wenn ein anderer Mieter, der bisher keinen Konkurrenzbetrieb geführt hat, seinen Betrieb einem Unternehmen überläßt, das im Wettbewerb zum ersten Mieter steht[479]. In einem solchen Fall darf der Vermieter dem Eintritt dieses Unternehmens in den Mietvertrag des anderen Mieters nicht zustimmen; desgleichen muß er die Untervermietung an das Konkurrenzunternehmen untersagen.

Keine Umgehung des Konkurrenzschutzes liegt vor, wenn der Ehegatte des Vermieters in Wettbewerb zu dem Mieter tritt. Es gilt der Grundsatz der Selbständigkeit der Ehegatten im Erwerbsleben[480], solange nicht eine Strohmannstellung anzunehmen ist.

## 10.3 Auswirkungen des Konkurrenzschutzes

### 10.3.1 – zwischen den konkurrierenden Mietern

Auf Grund des ihm vom Vermieter geschuldeten Konkurrenzschutzes kann der ansässige Mieter den hinzukommenden, der zu ihm in Wettbewerb tritt, nicht in Anspruch nehmen, weil der zweite Mieter durch diese Verpflichtung nicht gebunden ist. Ein Unterlassungsanspruch des ersten gegen den zweiten Mieter ist allenfalls dann begründet, wenn gegen den zweiten der Vorwurf des unlauteren Wettbewerbs (§ 1 UWG) erhoben werden kann. Dies mag der Fall sein, wenn sich der zweite Mieter bewußt am Vertragsbruch des Vermieters beteiligt hat[481] oder ein sonstiges Unlauterkeitsmoment hinzutritt[482], wird aber im Regelfall abzulehnen sein. Beide Mieter können sich somit nur an ihren Vertragspartner, den gemeinsamen Vermieter, halten. 213

### 10.3.2 – im Verhältnis des ersten Mieters zum Vermieter

Mit der Vermietung von Räumen in demselben Gebäude oder auf einem benachbarten Grundstück an einen Konkurrenten oder durch Duldung vertraglich untersagter Sortimentsumstellung bei einem anderen Mieter[483], verletzt 214

---

478) OLG Koblenz NJW 1960, 1253.
479) BGH, Urt. v. 7. 3. 1973 – VIII ZR 21/72 = Warn Rspr. 1973 Nr. 57.
480) Vgl. BGH, Urt. v. 26. 11. 1986 – VIII ZR 260/85 = ZIP 1987, 452 = EWiR § 276 BGB 2/87, 347 *(Heinrichs)* = WM 1987, 319 = NJW 1987, 909.
481) Vgl. BGH, Urt. v. 7. 7. 1976 – I ZR 85/75 = WM 1976, 1281 = NJW 1976, 2301.
482) BGH, Urt. v. 9. 7. 1987 – I ZR 140/85 = NJW 1987, 3132.
483) OLG Karlsruhe, Urt. v. 8. 6. 1982 – 8 U 253/79, nicht veröffentlicht, Revision vom BGH nicht angenommen – VIII ZR 221/82.

## A. Mietvertrag

der Vermieter seine Gebrauchsgewährungspflicht. Im Rahmen seines Erfüllungsanspruchs kann der benachteiligte Mieter Verhinderung oder Beseitigung der Konkurrenzsituation verlangen. Ihm ist zuzubilligen, als Druckmittel zur Durchsetzung seines Anspruchs den Mietzins teilweise zurückzubehalten[484].

Erfährt der erste Mieter von der geplanten Vermietung an einen Konkurrenten, ist er befugt, dem Vermieter den Abschluß des Mietvertrages gerichtlich untersagen zu lassen, ggf. durch einstweilige Verfügung. Nach Abschluß eines derartigen Mietvertrages kann der erste Mieter verlangen, daß der Vermieter auf den zweiten Mieter einwirkt, damit dieser den Konkurrenzbetrieb einstellt. Ist das zweite Mietverhältnis auf unbestimmte Zeit eingegangen, so kann der erste Mieter darauf bestehen, daß der Vermieter jenen Mietvertrag kündigt. Desgleichen ist der Vermieter verpflichtet, nach Ablauf des zweiten Mietverhältnisses dieses nicht zu verlängern. Dem Verlangen des benachteiligten ersten Mieters, die Konkurrenz durch den hinzugekommen Mieter zu unterbinden, ist auch dann zu entsprechen, wenn der Vermieter aus rechtlichen Gründen nicht in der Lage ist, dem konkurrierenden Mieter die Fortführung des Geschäftsbetriebs zu untersagen[485]. Eine objektiv unmögliche Leistung wird vom Vermieter damit nämlich nicht gefordert.

Der durch die Konkurrenzsituation benachteiligte Mieter ist nach erfolgloser Aufforderung, für Abhilfe zu sorgen, gemäß § 542 BGB zur fristlosen Kündigung berechtigt.

Außerdem ist der Vermieter wegen positiver Vertragsverletzung – sofern man nicht § 538 BGB als einschlägig ansieht – zum Schadensersatz verpflichtet. Hierbei sind die Umsatzrückgänge auszugleichen. Den Schwierigkeiten bei der substantiierten Darlegung und dem Nachweis des durch die Konkurrenzsituation adäquat verursachten Schadens sollte die gerichtliche Praxis begegnen, indem sie an die Darlegungslast nicht allzu hohe Anforderungen stellt und im übrigen gemäß § 287 BGB den Schaden schätzt[486].

Der Mietzins ist gemäß § 537 BGB nur gemindert, wenn die vertragswidrige Konkurrenzsituation einen Sachmangel darstellt. Das Reichsgericht[487] hat dies angenommen und dem Mieter die Gewährleistungsrechte gemäß §§ 537, 538 BGB zugebilligt. Demgegenüber hat der Bundesgerichtshof – entschieden für das Mietverhältnis mit dem hinzugekommen Mieter – in

---

484) *Joachim*, BB 1986, Beilage 6, S. 12; *Kraemer* in: Bub/Treier III. B. Rz. 1249.
485) BGH, Urt. v. 9. 10. 1974 – VIII ZR 113/72 = WM 1974, 1182 = NJW 1974, 2317; OLG Koblenz NJW 1960, 1253.
486) *Joachim*, aaO (Fußn. 484).
487) RGZ 119, 353.

dem Umstand, daß ein Konkurrenzunternehmen in demselben Gebäude betrieben wird, keinen Sachmangel gesehen. Ein Mangel, so die Begründung, sei eine Eigenschaft der Mietsache, die sich für jeden in gleichen Umständen befindlichen Mieter als Mangel darstelle. Die Konkurrenzschutzpflicht bewirke aber nur eine schuldrechtliche Verpflichtung des Vermieters gegenüber dem Mieter, ohne die angemieteten Räume oder deren Wert unmittelbar zu beeinflussen[488].

In anderem Zusammenhang hat der Bundesgerichtshof hingegen, ohne Unmittelbarkeit zu verlangen, in der von einem Dritten ausgehenden, vom Vermieter gestatteten Störung des Mietgebrauchs einen Sachmangel gesehen[489]. Da vertragswidrige Konkurrenz letztlich den Mietgebrauch beeinträchtigt, sollte sie als Sachmangel anerkannt werden[490].

### 10.3.3 – im Verhältnis des zweiten Mieters zum Vermieter

Der hinzukommende Mieter kennt in der Regel die Wettbewerbssituation oder muß sie kennen, denn er wird sich vor Vertragsschluß darüber unterrichten, welche gleichartigen Betriebe in der Nachbarschaft des Mietobjektes anzutreffen sind. Aus diesem Grunde (§ 539 BGB) stehen dem zweiten Mieter zumeist keine Ansprüche gegen den Vermieter zu.

**215**

Hat er jedoch in Unkenntnis der Wettbewerbssituation den Mietvertrag abgeschlossen, was bei neu erstellten Gebäudekomplexen denkbar ist[491], so sind Rechte des zweiten Mieters nicht ausgeschlossen. Darf er bei Vertragsschluß davon ausgehen, daß er in dem Gebäude den einzigen Betrieb seiner Art eröffnet, so sollte er zur Kündigung nach § 542 BGB oder aus wichtigem Grund berechtigt sein, wenn der Vermieter zuvor Räume im selben Gebäude an ein Konkurrenzunternehmen vermietet hatte und die Wettbewerbssituation nicht beseitigen kann. Entweder liegt, so die hier vertretene Auffassung, ein Mangel vor oder erhebliche Vertragsverletzung des Vermieters.

Zu den Pflichten des Vermieters bei den Vertragsverhandlungen mit dem hinzukommenden Mieter hat der Bundesgerichtshof im Urteil vom 16. 9. 1981[492] Stellung genommen. Danach ist der Vermieter, der einem Mieter

**216**

---

488) Urt. v. 23. 12. 1953 – VI ZR 244/52 = LM Nr. 3 zu § 537 BGB; ebenso OLG Frankfurt EWiR § 537 BGB 4/85, 555 *(Ostermann)*.
489) Urt. v. 12. 10. 1977 – VIII ZR 73/76 = WM 1977, 1328; dazu oben Rz. 80.
490) So auch *Kraemer* in: Bub/Treier, III. B. Rz. 1250; *Sternel*, II. Rz. 134; *Soergel/Kummer*, §§ 535, 536 Rn. 199; *Joachim* BB 1986, Beilage 6, S. 12; wohl auch OLG Karlsruhe aaO (Fußn. 477), das Mietzinsminderung zubilligt.
491) Vgl. den dem Urt. des BGH v. 24. 1. 1979 – VIII ZR 56/78 = WM 1979, 500 = NJW 1979, 1404 zugrundeliegenden Fall.
492) VIII ZR 161/80 = WM 1981, 1225 = NJW 1982, 376.

einen über den vertragsimmanenten hinausgehenden Konkurrenzschutz zugesagt hat, nicht gehalten, einen Mietinteressenten auf diesen bereits bestehenden Schutz hinzuweisen, wenn der Verhandlungspartner mit Rücksicht auf eine ihm zugebilligte Wettbewerbsschutzklausel damit rechnen muß, daß der Vermieter auch andere Gewerberäume unter gleich weitgehendem Konkurrenzschutz vermietet hat. Mit dem vertragsimmanenten Wettbewerbsschutz zugunsten ansässiger Mieter muß der Mietinteressent ohnehin rechnen. Auch auf ein Konkurrenzgeschäft der Ehegatten oder dessen Absicht, ein solches zu eröffnen, braucht der Vermieter nicht hinzuweisen (vgl. Rz. 212)[493].

## 11. Sicherung des Vermieters

### 11.1 Vermieterpfandrecht

#### 11.1.1 Entstehung des Pfandrechts

217  Nach § 559 Satz 1 BGB erwirbt der Vermieter eines Grundstücks oder von Räumen, sofern dies nicht vertraglich ausgeschlossen ist, ein Pfandrecht an den eingebrachten Sachen des Mieters.

Begründet wird es durch „Einbringen". Diesen Begriff legen die Rechtsprechung[494] und das ihr folgende Schrifttum[495] weit aus. Danach bedeutet Einbringen das bewußte Hineinschaffen in die Mieträume. Sachen, die dort hergestellt worden sind, sind gleichfalls eingebracht. Der Warenbestand, so das Reichsgericht, sei die natürliche Sicherungsgrundlage des Vermieters. Nach dieser Definition erfaßt das Vermieterpfandrecht das Anlage- und Umlaufvermögen, auch Geld, indossable Wertpapiere und Inhaberpapiere. Der Vemieter hat somit bei Insolvenz des Mieters eine kaum zu rechtfertigende Vorzugsstellung gegenüber anderen Gläubigern des Mieters. Der Begriff des Einbringens sollte daher entsprechend dem von der Rechtsprechung betonten Vorrang der Belange anderer Gläubiger[496] restriktiver als bisher ausgelegt werden[497]. Zutreffend sieht das OLG Braunschweig den Inhalt der Tageskasse nicht als eingebracht an[498].

---

493) Vgl. BGH, Urt. v. 26. 11. 1986 – VIII ZR 260/85 = ZIP 1987, 452 = EWiR § 276 BGB 2/87, 347 *(Heinrichs)* = WM 1987, 319 = NJW 1987, 909.
494) RGZ 132, 116.
495) *Staudinger/Emmerich*, § 559 Rz. 2; *Gelhaar* in: BGB-RGRK, § 559 Rz. 7; *Soergel/Kummer*, § 559 Rz. 24; MünchKomm-*Voelskow*, § 559 Rz. 11.
496) BGH, Urt. v. 6. 12. 1972 – VIII ZR 179/71 = BGHZ 60, 22 = WM 1973, 148 = NJW 1973, 238; Urt. v. 8. 3. 1972 – VIII ZR 183/70 = WM 1972, 776 = NJW 1972, 721.
497) *Eckert*, ZIP 1984, 663, 664; *Kuhn/Uhlenbruck*, § 49 Rz. 5 a.
498) Vgl. OLG Braunschweig OLGZ 80, 239.

### III. Vertragsinhalt – Rechte und Pflichten der Parteien

Nicht eingebracht sind Gegenstände, die bestimmungsgemäß nur vorübergehend in die Mieträume verschafft wurden. Stellt der Mieter regelmäßig sein Kraftfahrzeug auf dem Mietgrundstück ab, so ist es eingebracht[499].

Nach § 559 Satz 3 BGB, einer unabdingbaren Vorschrift, erstreckt sich das Pfandrecht nicht auf Sachen, die nach § 811 ZPO nicht der Pfändung unterworfen sind. Unpfändbar sind demnach die zur Fortführung des Betriebs oder Berufs notwendigen Gegenstände (§ 811 Nr. 5 ZPO); hierzu zählen auch halbfertige Waren[500], die fertiggestellt werden sollen. Zum Verkauf bestimmte Waren und Fertigfabrikate unterliegen jedoch dem Pfandrecht. **218**

Zu den in § 811 Nr. 11 ZPO erwähnten Geschäftsbüchern zählen die Geschäftsunterlagen insgesamt, auch eine Kundenkartei[501].

Ob eine Sache unpfändbar ist, entscheidet sich auf Grund der Verhältnisse des Mieters im Zeitpunkt der Geltendmachung des Pfandrechts[502].

Dem gesetzlichen Pfandrecht des Vermieters unterliegen grundsätzlich nur Sachen, die dem Mieter gehören. Die vom Untermieter eingebrachten Sachen werden vom Pfandrecht des Vermieters nicht erfaßt; insoweit bestehen keine zu sichernden Ansprüche. Die Sachen des Untermieters werden vielmehr vom Pfandrecht des Mieters ergriffen. **219**

Steht das Eigentum dem Mieter nur zu einem Bruchteil zu, so erstreckt sich das Pfandrecht auf den Anteil des Mieters[503].

Ist Mieterin eine offene Handelsgesellschaft oder eine Kommanditgesellschaft, so unterliegen die eingebrachten Sachen, die den persönlich haftenden Gesellschaftern gehören, dem Vermieterpfandrecht, denn letztere haften unmittelbar für die Verbindlichkeiten aus dem Mietvertrag.

Bringt der Mieter eine ihm nicht gehörende Sache in die Mieträume ein, so erlangt der Vermieter kein Pfandrecht. Da es nicht durch Rechtsgeschäft begründet wird, kommt ein Erwerb kraft guten Glaubens (§§ 936, 932 BGB) nicht in Betracht. Die in Mietverträgen häufig anzutreffende Klausel, der Mieter versichere, daß alle eingebrachten Sachen in seinem Eigentum stünden, nützt dem Vermieter nichts; zudem verstößt sie gegen § 11 Nr. 15b AGBG.

Bringt der Mieter Sachen ein, die er unter Eigentumsvorbehalt erworben hat, so erfaßt das Vermieterpfandrecht die Anwartschaft oder das aufschie-

---

499) OLG Karlsruhe NJW 1971, 624; OLG Hamm MDR 1981, 407.
500) *Noack*, DB 1977, 195; *Eckert*, ZIP 1984, 664.
501) OLG Frankfurt MDR 1979, 316.
502) RGZ 132, 116.
503) RGZ 146, 334.

bend bedingte Eigentum des Mieters. Mit der vollständigen Erfüllung der Kaufpreisforderung wandelt sich das Pfandrecht am Anwartschaftsrecht in das Pfandrecht an der Sache selbst um, ohne daß der Mieter zwischenzeitlich unbelastetes Eigentum erlangt[504]. Dies gilt nicht nur dann, wenn der Mieter die Kaufpreisschuld tilgt, sondern auch dann, wenn der Vermieter zahlt, um den Rücktritt des Vorbehaltsverkäufers auszuschließen und das Pfandrecht an der Sache selbst zu erwerben. Sogar wenn ein Dritter, dem der Mieter die Sache zur Sicherung übereignet hat, den restlichen Kaufpreis entrichtet, erlangt der Vermieter das Pfandrecht an der Sache, der Sicherungseigentümer also nur belastetes Eigentum.

220 Ein Eigentümerwechsel berührt das Vermieterpfandrecht nicht, solange die Sache auf dem Mietgrundstück bleibt. Wenn der Mieter die eingebrachte Sache gemäß § 930 BGB durch Vereinbarung eines Besitzmittlungsverhältnisses zur Sicherung überträgt, erlangt der Erwerber gemäß §§ 936, 933 BGB nur das mit dem Pfandrecht belastete Eigentum[505].

221 Der Vermieter hat im Rechtsstreit die tatsächlichen Voraussetzungen für das Entstehen seines Pfandrechts darzulegen und nachzuweisen. Allerdings spricht für ihn die Eigentumsvermutung des § 1006 BGB, so daß der Mieter oder ein Dritter, der das Pfandrecht des Vermieters bestreitet, nachzuweisen haben, daß der Mieter trotz Besitzes nicht Eigentümer der eingebrachten Sache ist. Der Vermieter hat das Entstehen der durch sein Pfandrecht gesicherten Forderung zu beweisen; wer den Untergang der Forderung behauptet – anderer Gläubiger des Mieters, Konkursverwalter –, ist nach Ansicht des Bundesgerichtshofs hierfür beweispflichtig[506]. Da der Vermieter der gesicherten Forderung näher steht, sie seinen und nicht den Vermögensbereich des Gegners betrifft, sollte die Beweislast in diesem Fall auf den Vermieter verlagert werden.

Die Voraussetzungen der Unpfändbarkeit der eingebrachten Sache hat der Mieter oder derjenige, der sich hierauf beruft, darzulegen und zu beweisen.

Schwierig wird die Beweisführung, wenn der Vermieter eingebrachte Sachen verwertet hat. Hat er Sachen veräußert, die angeblich einem Vorbehaltskäufer gehörten, so kann dem Vermieter nicht schon deshalb eine Beweisvereitelung, die die Umkehr der Beweislast zur Folge hätte, hinsichtlich des behaupteten Eigentums des Verkäufers vorgeworfen werden, weil er es unterlassen hat, von der Verwertung eines Warenlagers Abstand zu

---

504) BGH, Urt. v. 31. 5. 1965 – VIII ZR 302/63 = WM 1965, 701 = NJW 1965, 1475.
505) BGH, Urt. v. 26. 9. 1971 – VIII ZR 255/69 = WM 1971, 1086.
506) BGH, Urt. v. 20. 3. 1986 – IX ZR 42/85 = EWiR § 805 ZPO 1/86, 943 *(Eckert)* = WM 1986, 720 = NJW 1986, 2426.

III. Vertragsinhalt – Rechte und Pflichten der Parteien

nehmen, unter dem sich angeblich dem Vorbehaltsverkäufer gehörende Sachen befunden haben. Grundsätzlich muß der Vorbehaltsverkäufer dafür sorgen, daß sein Eigentum, das Teil eines wechselnden Warenlagers des Käufers (= Mieters) wird, nachweisbar bleibt. Der Vermieter ist nicht gehalten, die Ware schriftlich zu erfassen, die er verwertet[507].

### 11.1.2 Die gesicherten Forderungen

Durch das Pfandrecht des Vermieters werden nur solche Forderungen **222** gesichert, die sich aus dem Wesen des Mietvertrages als entgeltlicher Gebrauchsüberlassung ergeben. Hierzu gehören in erster Linie Ansprüche auf Mietzins und Nebenkosten, sowie Schadensersatzansprüche wegen Veränderung oder Verschlechterung der Mietsache, wegen Verletzung der Anzeigepflicht, wegen Nichterfüllung der Rückgabepflicht und wegen einer vom Mieter zu vertretenden vorzeitigen Vertragsauflösung. Gesichert sind auch Ansprüche auf das Entgelt für Nebenleistungen (etwa bei der Hotelaufnahme), ferner die Kosten der Kündigung und der Rechtsverfolgung. Mit Rücksicht auf die Belange anderer Gläubiger darf der Kreis der gesicherten Forderungen nicht zu weit gezogen werden. Demgemäß ist der Anspruch auf Rückerstattung eines Darlehens, das der Vermieter dem Mieter zur Durchführung vertraglich übernommener Umbaumaßnahmen gewährt hat[508], nicht durch das Vermieterpfandrecht gedeckt, ferner nicht die Ansprüche aus einer vom Pächter übernommenen Bezugsverpflichtung[509], auch nicht die vom Mieter als eigene Schuld übernommene Mietzinsschuld seines Vorgängers[510]. Gesetzliche Ansprüche, die anläßlich der Rückabwicklung entstehen, sind nicht gesichert[511]. Auch die Vertragsstrafe[512] und der Anspruch des Vermieters auf Stellung der Kaution[513] sollten nicht gedeckt sein.

Hinsichtlich zukünftiger Forderungen greift das Vermieterpfandrecht nur **223** begrenzt ein. Zukünftige Mietzinsforderungen unterliegen ihm, soweit sie im laufenden und im folgenden Mietjahr, nicht Kalenderjahr, fällig werden.

Für zukünftige Entschädigungsforderungen kann nach § 559 Satz 2 BGB das Pfandrecht nicht geltend gemacht werden. Hierzu zählen die Ansprüche

---

507) BGH, Urt. v. 6. 11. 1978 – VIII ZR 285/77 = WM 1979, 81.
508) BGH, Urt. v. 6. 12. 1972 – VIII ZR 179/71 = BGHZ 60, 22 = WM 1973, 148 = NJW 1973, 238.
509) RG JW 1905, 19.
510) A. A. BGH, Urt. v. 31. 5. 1965 – VIII ZR 302/63 = WM 1965, 701 = NJW 1965, 1475; *Staudinger/Emmerich*, § 559 Rz. 46; *Palandt/Putzo*, § 559 Anm 5 a; *von Martius* in: Bub/Treier, III. Rz. 862.
511) BGH, Urt. v. 22. 3. 1960 – VIII ZR 177/59 = NJW 1960, 909; v. 23. 1. 1974 – VIII ZR 219/72 = WM 1974, 260.
512) *Eckert*, ZIP 1984, 665; *von Martius* in: Bub/Treier, III. Rz. 862.
513) *Staudinger/Emmerich*, § 559 Rz. 42; *von Martius* (Fußn. 512); *Eckert*, ZIP 1984, 665.

## A. Mietvertrag

auf Nutzungsentschädigung gemäß § 557 BGB und auf Ersatz des Mietausfallschadens bei einer vom Mieter zu vertretenden vorzeitigen Vertragsauflösung. Für die Frage, ob es sich um eine zukünftige Forderung handelt, kommt es auf den Zeitpunkt an, in dem sich der Vermieter erstmals auf sein Pfandrecht beruft, nicht – wie der Unterschied zum Wortlaut des § 561 Abs. 2 BGB zeigt – auf gerichtliche Geltendmachung. Das Pfandrecht deckt also nicht Forderungen, die erst nach der Geltendmachung entstehen. Allerdings ist es dem Vermieter, der während des Bestehens des Mietverhältnisses sein Pfandrecht geltend macht, nicht verwehrt, sich für Entschädigungsforderungen, die nach diesem Zeitpunkt entstehen, gleichfalls auf sein Pfandrecht zu berufen. Da es während der Dauer des Mietverhältnisses fortbesteht bzw. bei Neueinbringung von Sachen neu entsteht, kann der Vermieter bis zum Ende des Vertrages für die ihm bis dahin zustehenden Forderungen, auch soweit sie Ersatzansprüche sind, sein Pfandrecht in jedem Fall erneut geltend machen[514].

### 11.1.3 Untergang des Pfandrechts

224 Das Vermieterpfandrecht erlischt gemäß § 560 BGB, wenn die Sachen nicht mehr eingebracht sind, d. h. vom Mietgrundstück oder aus den Mieträumen entfernt werden; es bleibt aber erhalten, wenn dies ohne Wissen des Vermieters oder, falls er Kenntnis hat, gegen seinen Widerspruch geschieht.

Soweit der Vermieter zum Widerspruch berechtigt ist, kann er das Wegschaffen der seinem Pfandrecht unterliegenden Sachen auch ohne gerichtliche Hilfe, gegebenenfalls mit Gewalt, verhindern und, wenn der Mieter auszieht, die Sache in Besitz nehmen. Selbsthilfe ist erst ab Beginn der Entfernung zulässig; der Vermieter hat den Grundsatz der Verhältnismäßigkeit zu beachten[515]. Bei drohender Entfernung ist der Erlaß einer einstweiligen Verfügung berechtigt.

Hat der Mieter ohne Wissen oder gegen den Widerspruch des Vermieters eine dem Pfandrecht unterliegende Sache weggeschafft, so kann der Vermieter den Untergang seines Rechts nur dadurch verhindern, daß er gemäß § 561 Abs. 2 BGB innerhalb eines Monats nach Kenntniserlangung Klage auf Rückführung oder Besitzeinräumung erhebt. Versäumt er die Klagefrist, so erlischt sein Pfandrecht.

Das Vermieterpfandrecht ist strafrechtlich durch § 289 StGB geschützt[516].

---

514) BGH, Urt. v. 8. 3. 1972 – VIII ZR 183/70 = WM 1972, 776 = NJW 1972, 721.
515) OLG Düsseldorf ZMR 1983, 376.
516) BayObLG MDR 1981, 868.

## III. Vertragsinhalt – Rechte und Pflichten der Parteien

Mit der heimlichen Entfernung oder dem Wegschaffen der eingebrachten Sache trotz Widerspruchs des Vermieters begeht der Mieter eine Vertragsverletzung sowie eine unerlaubte Handlung gemäß § 823 BGB (Verletzung eines absoluten Rechts und Verstoß gegen ein Schutzgesetz); er ist deswegen dem Vermieter zum Schadensersatz verpflichtet, auch wenn dessen Pfandrecht mangels rechtzeitiger Klageerhebung erloschen ist.

**225** In bestimmten Fällen geht das Pfandrecht trotz Widerspruchs des Vermieters gegen die Entfernung der eingebrachten Sachen unter, und zwar, wenn die dem Pfandrecht unterliegende Sache entsprechend den Lebensverhältnissen des Mieters oder im Rahmen des regelmäßigen Geschäftsbetriebs vom Mietgrundstück entfernt wird (§ 560 Satz 2 BGB). Diese Regelung leuchtet ein, denn der Mieter soll nicht an einer normalen Lebensführung oder an der Fortführung seines Geschäfts oder Gewerbes gehindert sein. Er muß über die eingenommenen Gelder verfügen oder Waren umsetzen können, ohne daß der Vermieter widersprechen kann. Veranstalten der Mieter, seine Gläubiger, der Sequester oder Konkursverwalter jedoch einen Totalausverkauf mit dem Ziel der Betriebsschließung oder Verwertung der Masse, so liegt die Veräußerung der Waren nicht mehr im Rahmen des regelmäßigen Geschäftsbetriebs; das Pfandrecht des Vermieters bleibt bei Widerspruch erhalten[517]. Auch wenn die entfernte Sache die einzige eingebrachte Sache von einigem Wert ist, kann der Vermieter widersprechen, denn eine Aushöhlung seines Pfandrechts braucht er nicht hinzunehmen[518].

Umstritten ist die Rechtslage bei Benutzung eines eingebrachten Kraftfahrzeugs[519]. Nach Ansicht des OLG Karlsruhe[520] erlischt das Vermieterpfandrecht an einem eingebrachten Kraftwagen jeweils dann, wenn der Mieter mit ihm wegfährt. Dies ist nicht interessengerecht. Auch erscheint die Annahme, daß das Vermieterpfandrecht häufig, mehrmals täglich, untergeht und bei Rückkehr wieder neu entsteht, lebensfremd. Verläßt das Fahrzeug das Mietgrundstück nur vorübergehend, soll es also wieder zurückkehren, wird es nicht „entfernt". Nur ein auf Dauer angelegtes Entfernen kann das Vermieterpfandrecht zum Erlöschen bringen[521].

**226** Das Pfandrecht an einer vom Mietgrundstück entfernten Sache geht auch dann unter, wenn die zurückbleibenden Sachen zur Sicherung des Vermieters

---

517) RGZ 146, 334, 338; BGH, Urt. v. 14. 11. 1962 – VIII ZR 37/61 = NJW 1963, 147; OLG Köln, ZIP 1984, 89.
518) BGH, Urt. v. 27. 10. 1971 – VIII ZR 48/70 = BGHZ 57, 166 = WM 1971, 1434 = NJW 1972, 43.
519) Vgl. MünchKomm-*Voelskow*, § 560 Rz. 4 Fußn. 4; *Sternel*, III. Rz. 265; *Schopp*, NJW 1971, 1141.
520) NJW 1971, 624; zustimmend OLG Hamm MDR 1981, 407.
521) Von *Martius* in: Bub/Treier, III. A. Rz. 871.

## A. Mietvertrag

offenbar, d. h. ohne nähere Prüfung erkennbar, ausreichen (§ 560 Satz 2 BGB). In einem solchen Fall ist der Widerspruch des Vermieters unbeachtlich, denn der Sicherungszweck erfordert nicht den Fortbestand des Pfandrechts an den entfernten Sachen.

**227** Das Vermieterpfandrecht erlischt ferner, wenn ein Dritter gutgläubig lastenfreies Eigentum erwirbt (§§ 936, 932 BGB). Möglich ist dies bei Sachen, die der Mieter vom Mietgrundstück weggeschafft hat. Hingegen ist der gutgläubige lastenfreie Erwerb einer vom Vermieterpfandrecht erfaßten Sache ausgeschlossen, solange sich die Sache in den Mieträumen befindet. Die Vereinbarung eines Besitzmittlungsverhältnisses reicht ohnehin gemäß § 933 BGB zum gutgläubigen Eigentumserwerb nicht aus, so daß unbelastetes Sicherungseigentum eines Dritten nicht entstehen kann[522]. Im übrigen handelt der Erwerber grob fahrlässig, wenn er sich in Kenntnis des Mietverhältnisses nicht nach dem Vermieterpfandrecht erkundigt[523].

**228** Schließlich kann der Vermieter nach § 562 BGB sein Pfandrecht nicht mehr geltend machen, wenn der Mieter oder ein Dritter für ihn Sicherheit (§ 232 BGB) leisten.

### 11.1.4 Übergang des Pfandrechts

**229** Das Vermieterpfandrecht entsteht stets in der Person des Vermieters, kann aber auch zugunsten eines Dritten, der nicht Vermieter ist, fortbestehen.

Tritt der Vermieter einen Anspruch aus dem Mietvertrag ab, geht nach § 401 BGB auch das Vermieterpfandrecht auf den Abtretungsempfänger über. Erwirbt jedoch ein Gläubiger des Mieters, dem dieser die vom Vermieterpfandrecht erfaßte Sache zur Sicherheit übereignet hat, durch Abtretung die Mietzinsforderung und damit auch das Pfandrecht, geht es durch Vereinigung mit dem Eigentum unter[524].

Zahlt ein Dritter auf Grund eines Ablösungsrechts (§ 268 BGB) auf die gesicherte Forderung, so erlischt diese nicht, sondern geht in Höhe des abgelösten Betrages auf den Dritten über. Das Pfandrecht folgt der Forderung, so daß auch in der Person des Dritten die auf ihn übergegangene Forderung durch das Vermieterpfandrecht gesichert wird. Allerdings steht sein Pfandrecht dem beim Vermieter verbliebenen Pfandrecht im Rang nach[525].

---

522) Zur Kollision mit Sicherungsrechten ausführlich *Vortmann*, ZIP 1988, 626.
523) BGH, Urt. v. 31. 5. 1965 – VIII ZR 302/63 = WM 1965, 701 = NJW 1965, 1475.
524) BGH, Urt. v. 6. 5. 1958 – VIII ZR 73/57 = BGHZ 27, 227 = NJW 1958, 1282.
525) OLG Celle NJW 1968, 1139.

III. Vertragsinhalt — Rechte und Pflichten der Parteien

#### 11.1.5 Verwertung des Pfandrechts

Schon vor Vertragsende ist der Vermieter berechtigt, sein Pfandrecht zu verwerten, wenn der Mieter eine fällige Forderung schuldig bleibt. Zu diesem Zweck muß sich der Vermieter in den Besitz der zu verwertenden Sachen setzen. Verweigert der Mieter die Herausgabe, so ist der Vermieter nicht zur Selbsthilfe berechtigt, vielmehr muß er den Herausgabeanspruch gerichtlich geltend machen (§ 1231 BGB). Ist er im Besitz der Sache, so kann er sie ohne vorheriges Gerichtsurteil gemäß § 1235 BGB versteigern lassen und sich aus dem Erlös befriedigen. Ein etwaiger Überschuß ist an den Mieter auszukehren. Reicht der Erlös nicht zur Tilgung sämtlicher Schulden des Mieters aus, so bestimmt sich die Tilgungswirkung nach § 366 Abs. 2 BGB, falls der Mieter keine Tilgungsreihenfolge bestimmt hat[526]. Unzulässig ist es, die Sache zu behalten oder selbst zu verkaufen. Der Vermieter darf sie jedoch ersteigern. 230

Die Verjährung der durch das Pfandrecht gesicherten Forderung berührt das Pfandrecht nicht. Der Vermieter kann die seinem Recht unterliegenden Sachen verwerten bzw. die Verwertung fortsetzen (§ 223 BGB) und sich aus dem Versteigerungserlös befriedigen.

Nimmt der Vermieter eingebrachte Sachen an sich, die unpfändbar sind, und verwertet er diese, so ist er dem Mieter gegenüber zum Ersatz des dadurch verursachten Schadens verpflichtet[527].

#### 11.1.6 Pfändung der vom Vermieterpfandrecht erfaßten Sachen

Praktische Bedeutung und Wert des Vermieterpfandrechts liegen weniger im Verwertungsrecht des Vermieters als vielmehr in seiner Rechtsstellung bei einer durch einen Dritten betriebenen Zwangsvollstreckung in die dem Pfandrecht unterliegenden Sachen. 231

Pfändet ein Gläubiger des Mieters eine eingebrachte Sache, kann der Vermieter der Pfändung nicht widersprechen, weil er nicht Besitzer der Sache ist (§ 805 ZPO). Trotz Wegnahme der Sache durch den Gerichtsvollzieher besteht das Vermieterpfandrecht weiter und geht dem Pfändungspfandrecht des Gläubigers im Rang vor[528]. Der Vermieter kann nach § 805 ZPO vorzugsweise Befriedigung geltend machen, d. h. er braucht sich um die Verwertung der Sache nicht zu kümmern, trägt insoweit auch kein Kostenrisiko, ist aber wegen seiner Forderungen aus dem Versteigerungserlös vorweg zu befriedigen. Allerdings kann auch der pfändende Gläubiger des Mieters den Vermie-

---

526) BGH, Urt. v. 19. 10. 1983 — VIII ZR 169/82 = WM 1983, 1337.
527) OLG Frankfurt MDR 1979, 316.
528) OLG Frankfurt MDR 1975, 228.

## A. Mietvertrag

ter gemäß § 560 Satz 2 BGB auf die zurückgebliebenen, dem Vermieterpfandrecht weiterhin unterliegenden Sachen verweisen, wenn deren Wert zur Sicherung der Ansprüche des Vermieters offenbar ausreicht. Diese Verweisungseinrede greift auch gegenüber dem Anspruch des Vermieters auf vorzugsweise Befriedigung durch[529].

Hinsichtlich der Mietzinsrückstände ist das Recht auf vorzugsweise Befriedigung insofern eingeschränkt, als der Vermieter nach § 563 BGB nur Rückstände aus dem letzten Jahr vor der Pfändung geltend machen kann.

Ohne entsprechende Vereinbarung ist der Mieter nicht verpflichtet, den Vermieter von der Pfändung eingebrachter Sachen zu unterrichten. Eine dahingehende Vertragsklausel benachteiligt den Mieter nicht, denn seine Rechtsstellung wird durch den Streit zwischen Vermieter und Pfändungsgläubiger nicht berührt.

Zur Bedeutung des Vermieterpfandrechts im Konkurs siehe Rz. 432.

### 11.2 Kaution

**232** Die Kaution, in der Praxis als Sicherungsmittel von noch größerer Bedeutung als das Vermieterpfandrecht, ist für die gewerbliche Vermietung gesetzlich nicht geregelt.

Zweck der Kaution ist es, die Erfüllung der dem Mieter während und nach dem Ende der Vertragszeit obliegenden Verpflichtungen für den Fall der Insolvenz abzusichern. Gesichert sind alle Ansprüche aus dem Mietverhältnis, also nicht nur Mietzinsansprüche und während der Vertragszeit entstandene Schadensersatzansprüche, sondern auch Ansprüche auf Nutzungsentschädigung gemäß § 557 BGB und auf Ersatz des Mietausfallschadens bei vorzeitiger Vertragsauflösung. Auch alle Nebenansprüche und Kosten der Rechtsverfolgung[530] werden gedeckt.

Die Höhe der Sicherheit ist – anders als bei der Wohnraummiete (§ 550 b BGB) – nicht begrenzt; Klauseln, durch die sich der Vermieter weit überhöhte, sein Sicherungsinteresse übersteigende Sicherheiten ausbedingt, sind unangemessen (§ 9 AGBG).

Im Regelfall ist die Kaution spätestens bei Überlassung des Mietobjekts zu zahlen. Nicht ungewöhnlich sind aber auch Abreden, daß sie zu einem Teil bei Überlassung der Mietsache und sodann in mehreren Raten zu zahlen ist. Der Vermieter hat einen einklagbaren Anspruch auf Einzahlung der vereinbarten

---

529) BGH, Urt. v. 6. 5. 1958 – VIII ZR 73/57 = BGHZ 27, 227 = NJW 1958, 1282.
530) LG München DGVZ 1984, 77.

III. Vertragsinhalt — Rechte und Pflichten der Parteien

Kaution, auch wenn sich der Mieter als vertragstreu erweist und nicht zu befürchten ist, daß er seinen vertraglichen Verpflichtungen nicht nachkommen wird.

Ein Mietvertrag, der unter der Bedingung der Kautionszahlung zu einem kalendermäßig festgelegten Tag abgeschlossen ist, ist nicht zwingend unwirksam, wenn beide Vertragsparteien nach Überlassung der Mietsache das Mietverhältnis trotz fruchtlosen Fristablaufs mehrere Monate lang fortsetzen[531].

Im gewerblichen Mietrecht ist der Vermieter nur bei entsprechender Vereinbarung gehalten, die Kaution von seinem Vermögen getrennt (konkursfest) anzulegen (arg. § 550 b Abs. 2 BGB). Legt der Vermieter trotz dahingehender Absprache die Kaution nicht von seinem Vermögen getrennt an, so kann der Mieter dies noch nachträglich gerichtlich durchsetzen. Auch dürfte er berechtigt sein, die Kautionszahlung zurückzubehalten, bis der Vermieter ein konkursfestes Sonderkonto zur Verfügung stellt (dazu Rz. 417).

Mit der weitverbreiteten Stellung der Kaution durch Einzahlung auf ein Sparbuch wird die beabsichtigte konkursfeste Anlage nicht ohne weiteres erreicht; vielfach sind die Rechtsbeziehungen zwischen den Beteiligten unklar, weil die Parteien es versäumen, das Konto offen als Treuhandkonto auszuweisen. Ist letzteres nicht der Fall, so ist an Hand der Umstände des Einzelfalles zu ermitteln, wem das Guthaben zusteht. Der Bundesgerichtshof hat insoweit Auslegungsgrundsätze — auch zur Frage, wem die Zinsen zustehen — entwickelt[532]. Die Annahme eines Pfandrechts des Vermieters an der Forderung des Mieters gegen die Bank liegt nahe und ist auch interessengerecht. Sie kann jedoch daran scheitern, daß § 1280 BGB bei der Verpfändung einer Forderung die Anzeige an den Schuldner (hier die Bank) fordert. Dies geschieht aber vielfach nicht; ein Sperrvermerk zugunsten des Vermieters vermag ihn kaum zu ersetzen, insbesondere weil viele Banken für eine solche Anzeige gesonderte Vordrucke bereit halten. In Betracht kommen weiter eine Sicherungsabtretung — diese wird häufig in der Übergabe des Sparbuches an den Vermieter zu sehen sein — oder eine lediglich schuldrechtliche Sicherung des Vermieters; der Sperrvermerk zu seinen Gunsten deutet darauf hin. Die schuldrechtliche Sicherungsabrede nützt dem Vermieter aber nichts, wenn der Mieter in Konkurs fällt.

Mit der Zahlung der Kaution erwirbt der Mieter einen durch die ordnungsge- **233**

---

531) BGH, Urt. v. 29. 6. 1983 — VIII ZR 135/81 = WM 1983, 991.
532) Urt. v. 2. 5. 1984 — VIII ZR 344/82 = ZIP 1984, 1118 mit Anm. *Eckert* = WM 1984, 799 = NJW 1984, 1749.

mäße Erfüllung seiner Verbindlichkeiten aufschiebend bedingten Rückzahlungsanspruch. Die Bedingung tritt frühestens nach Vertragsende und ordnungsgemäßer Abwicklung des Vertrages ein. Vorher hat er keinen Anspruch auf Rückzahlung und er darf nicht — selbst kurz vor Ablauf der Vertragszeit[533] — mit dem Rückzahlungsanspruch gegen Forderungen des Vermieters aufrechnen. Bei Gefährdung des Rückerstattungsanspruchs infolge Vermögensverfalls des Vermieters kann dies zu Härten führen; wie bei einem Aufrechnungsverbot (vgl. oben Rz. 146) sollte sich daher der Mieter gegen den Ausfall seiner Forderung sichern können[534].

Den Vermieter trifft keine Verpflichtung, sich vor Abwicklung des Vertrages aus der Kaution zu befriedigen[535]. Andererseits ist es dem Vermieter nicht verwehrt, im Fall des Zahlungsverzuges auf die Kaution zurückzugreifen. Die Schuld des Mieters erlischt dann nicht nur vorübergehend, sondern endgültig[536]. Da der Vermieter stets verlangen kann, durch die Kaution im vereinbarten Umfang abgesichert zu sein, kann er auf Auffüllung der Kaution bis zum festgelegten Betrag bestehen, wenn er sich aus ihr befriedigt hat[537].

**234** Die im Wohnraummietrecht früher lebhaft umstrittene und für nach dem 1. 1. 1983 abgeschlossene Mietverträge durch § 550 b BGB geregelte Frage, ob der Vermieter die Kaution auch ohne besondere Vereinbarung zu verzinsen hat, ist für die gewerbliche Vermietung noch nicht gelöst. Unmittelbar aus dem Gesetz läßt sich die Verzinsungspflicht nicht herleiten, denn die Kaution ist kein irreguläres Nutzungspfandrecht entsprechend §§ 1213, 1214 BGB[538], weil dieses gerade die Vereinbarung eines Nutzungsrechts und einer Nutzungspflicht voraussetzt. Entscheidend ist daher allein die vertragliche Regelung, die bei Lückenhaftigkeit ergänzend auszulegen ist. Eine allgemeine Verkehrssitte, mit deren Hilfe die Kautionsabrede ergänzend im Sinne einer Verzinsungspflicht des Vermieters ausgelegt werden könnte, ist bei der gewerblichen Vermietung nicht ohne weiteres festzustellen[539]. Im gewerblichen Bereich kann das Schweigen der Parteien auch bedeuten, daß der Ertrag aus der Kautionssumme dem Vermieter als zusätzliches Entgelt zustehen soll.

Ist Verzinsung vereinbart, so wachsen die Zinsen der Kautionssumme zu

---

533) A. A. *Sternel*, III. 257, falls feststeht, daß der Vermieter keine Ansprüche hat.
534) Umstritten; wie hier *Sternel*, III. Rz. 251; *Staudinger/Emmerich*, vor § 535 Rz. 138; a. A. von *Martius* in: Bub/Treier, III. A. Rz. 797.
535) BGH, Urt. v. 12. 1. 1972 — VIII ZR 26/71 = WM 1972, 335.
536) OLG Hamm WM 1967, 791.
537) BGH, Urt. v. 8. 3. 1972 — VIII ZR 183/70 = WM 1972, 776 = NJW 1972, 721.
538) BGH, Beschl. v. 8. 7. 1982 — VIII ARZ 3/82 = BGHZ 84, 345 = WM 1982, 959 = NJW 1982, 2186.
539) OLG Frankfurt BB 1978, 934; LG Kiel ZMR 1983, 24.

## III. Vertragsinhalt – Rechte und Pflichten der Parteien

und erhöhen die Sicherheit. Eine formularmäßige Klausel, daß der Mieter die Kaution dem Vermieter unverzinslich beläßt, verstößt nicht gegen § 9 AGBG[540].

**235** Bei Beendigung des Vertrages, ohne daß der Mieter die Kaution vollständig gestellt hat, erlischt der Anspruch des Vermieters auf Einzahlung nicht[541]. Der Zweck der Kaution kann durchaus noch und gerade nach Vertragsende aktuell werden. Es wäre nicht interessengerecht, den Vermieter nur deshalb auf den in seinen tatsächlichen und rechtlichen Voraussetzungen häufig umstrittenen gesicherten Anspruch zu verweisen, weil der Vertrag beendet ist. Der Anspruch auf Einzahlung der Kaution bedarf hingegen nach dem Vertragsinhalt regelmäßig keiner besonderen Begründung. Auch darf der Vermieter durch den Verzug des Mieters nicht schlechter gestellt werden, als er bei korrekter Einzahlung des Kautionsbetrages stünde[542].

Zur Abrechnung der Kaution bei Abwicklung des Vertrages siehe Rz. 330, zur Haftung des Grundstückserwerbers Rz. 380, 388, zur Behandlung der Kaution bei Zwangsverwaltung Rz. 403 und zu ihrer Behandlung im Konkurs des Vermieters Rz. 417.

### 11.3 Bürgschaft

**236** Eine Bürgschaft wird häufig im Zusammenhang mit dem Ausscheiden eines Mieters aus dem Mietverhältnis in der Weise vereinbart, daß der ausscheidende Mieter sich für die Verbindlichkeiten des Mietnachfolgers verbürgt. Vielfach übernimmt auch ein am Mietverhältnis nicht beteiligter Dritter die Bürgschaft für die Verpflichtungen des Mieters, etwa Gesellschafter oder Geschäftsführer der als Mieterin auftretenden GmbH oder KG.

Der Umfang der durch die Bürgschaft gesicherten Forderungen ist möglichst genau zu umschreiben. Unklarheiten gehen zu Lasten des Gläubigers[543]. Im übrigen ist § 767 BGB maßgebend. Vereinbaren Vermieter und Mieter nach Übernahme der Bürgschaft eine im Vertrag nicht vorgesehene Erhöhung des Mietzinses oder mietet der Mieter noch eine weitere Sache oder weitere Räume an, haftet der Bürge hierfür nicht. Entscheidend ist allein der Bestand der Hauptschuld bei Übernahme der Bürgschaft. Dies gilt auch für die zeitliche Begrenzung. Enthält der Vertrag ein Optionsrecht oder eine Verlängerungsklausel, so haftet der Bürge für die Dauer der aus dem Vertrag ersichtlichen

---

540) *Bub* in: Bub/Treier, II. Rz. 443; a. A. *Sternel* III. Rz. 232.
541) A. A. *Sternel* III. 225, 226 (Untergang der Kautionsforderung wegen Zweckerreichung).
542) BGH, Urt. v. 12. 1. 1981 – VIII ZR 332/79 = WM 1981, 253 = NJW 1981, 976.
543) BGH, Urt. v. 12. 3. 1980 – VIII ZR 57/79 = BGHZ 76, 187 = ZIP 1980, 354 = WM 1980, 741 = NJW 1980, 1459.

## A. Mietvertrag

Vertragszeit. Ist ein Mietverhältnis befristet oder endet es durch Kündigung, setzen die Parteien es jedoch gem. § 568 BGB (dazu unten Rz. 285) fort, so überschreiten sie das vom Bürgen übernommene Risiko; daher wird er frei[544]. Hingegen haftet er für alle Verbindlichkeiten, die sich im Abwicklungsstadium ergeben, insbesondere für Forderungen auf Nutzungsentgelt (§ 557 BGB) bei Rückgabeverzug.

Gibt der Mieter die Mietsache vor Vertragsende zurück, ohne sich weiter um das Mietverhältnis zu kümmern, oder fällt er in Konkurs, so besteht für den Bürgen keine Möglichkeit, auf das Mietverhältnis einzuwirken, um seine Haftung zu begrenzen[545]. Auch ein auf unbestimmte Zeit abgeschlossenes Mietverhältnis vermag der Bürge nicht zu beenden; der Vermieter kann das Objekt leerstehen lassen (vgl. oben Rz. 159) und den Bürgen in Anspruch nehmen.

Grundsätzlich kann jedoch der Bürge, der sich auf unbestimmte Zeit verbürgt hat, die Bürgschaft nach Ablauf einer gewissen Zeit oder bei Eintreten besonderer Umstände mit Wirkung für die Zukunft kündigen; dabei hat er auf die Interessen des Gläubigers und des Hauptschuldners Rücksicht zu nehmen und eine angemessene Frist einzuhalten, damit diese ihre Dispositionen der durch die Kündigung der Bürgschaft geschaffenen veränderten Lage anpassen können[546]. Zu den wichtigen Gründen kann etwa das Ausscheiden aus der Gesellschaft gehören, wenn die Gesellschafter- oder Geschäftsführerstellung Anlaß für die Übernahme der Bürgschaft war[547], aber auch sonstige Veränderungen der Haftungsverhältnisse. Auf die Bürgschaft für mietvertragliche Verpflichtungen übertragen bedeutet dies, daß der Bürge nur zu solchen Terminen kündigen kann, zu denen auch der Vermieter das Mietverhältnis beendigen kann, und zwar so rechtzeitig vor Ablauf der Kündigungsfrist, daß der Vermieter seinerseits überlegen kann, ob er ohne diese Sicherung das Mietverhältnis fortführen will. Bei einem Mietvertrag auf bestimmte Dauer kann der Bürge also bei Veränderungen des Risikos keine vorzeitige Enthaftung herbeiführen.

Geht die durch die Bürgschaft gesicherte mietvertragliche Forderung unter, weil die Mieterin – eine Handelsgesellschaft oder eine juristische Person – wegen Vermögenslosigkeit wegfällt oder liquidiert wird, so verwandelt sich

---

544) *Sternel*, III. 257 b; von *Martius* in: Bub/Treier III. A. Rz. 828.
545) BGH, Urt. v. 25. 11. 1981 – VIII ZR 299/80 = BGHZ 82, 323 = ZIP 1982, 294 = WM 1982, 148 = NJW 1982, 875.
546) Vgl. BGH, Urt. v. 9. 3. 1959 – VII ZR 90/58 = WM 1959, 855; Urt. v. 10. 6. 1985 – III ZR 63/84 = ZIP 1985, 1192 = EWiR § 765 BGB 6/85, 767 *(K. Schmidt)* = WM 1985, 1059 = NJW 1986, 252; OLG Zweibrücken ZIP 1985, 1195; dazu *Stolzenburg*, ZIP 1985, 1189.
547) Vgl. OLG Celle WM 1989, 1224.

die Forderung gegen den Bürgen auf Grund der aus dem Sicherungszweck folgenden Aufhebung der Akzessorietät von einem abhängigen Nebenrecht in einen selbständigen Anspruch[548].

**237** Weit verbreitet ist die Übernahme einer „Mietausfallbürgschaft". Diese ist als Sicherungsmittel nur begrenzt tauglich. Ihre Bedeutung liegt darin, daß der Bürge nur auf das haftet, was der Vermieter trotz Anwendung der gehörigen Sorgfalt vom Mieter als Schuldner nicht erlangen kann. Im Gegensatz zur gewöhnlichen Bürgschaft ist der Bürge nicht auf die Einrede der Vorausklage angewiesen. Seine Inanspruchnahme setzt vielmehr voraus, daß der Vermieter trotz Zwangsvollstreckung in das Vermögen des Mieters und infolge des Versagens anderer Sicherungsmittel (z. B. Vermieterpfandrecht, Kaution) einen Ausfall erlitten hat, den er darzulegen und zu beweisen hat[549]. Zum Übergang der Bürgschaft bei Vermieterwechsel siehe Rz. 361, 380.

### 12. Einbeziehung Dritter in Mietverträge

**238** Personen, die selbst nicht Vertragspartner sind, können in den Schutzbereich des Mietvertrages einbezogen sein. Das bedeutet in erster Linie, daß der Dritte den Vermieter, der ihn unter Verletzung von Vertragspflichten geschädigt hat, vertraglich auf Ersatz in Anspruch nehmen kann, er also nicht auf schwächere deliktische Ansprüche angewiesen ist. Bei einem Schaden infolge eines anfänglichen Mangels der Mietsache haftet der Vermieter unabhängig davon, ob er den Mangel zu vertreten hat.

Der Vermieter hat auch im Rahmen der vertraglichen Haftung gemäß § 278 BGB das Verschulden von Hilfspersonen zu vertreten, während er sich bei einer deliktischen Haftung nach § 831 BGB entlasten kann. Dem in den Schutzbereich einbezogenen Dritten stehen Schadensersatzansprüche sowohl wegen erlittenen Sachschadens als auch wegen Personenschadens[550] zu. Etwaige Haftungsbeschränkungen wirken zu Gunsten oder zu Lasten des einbezogenen Dritten[551].

Die Schutzwirkung hat weiterhin zur Folge, daß der Dritte, der seinerseits dem Vermieter einen Schaden zugefügt hat, berechtigt ist, sich auf die kurze Verjährung des § 558 BGB zu berufen, obwohl er dem Vermieter gegenüber nicht auf Grund des Mietvertrages haftet, sondern wegen unerlaubter Hand-

---

548) BGH, aaO (Fußn. 545).
549) BGH, Urt. v. 12. 1. 1972 – VIII ZR 26/71 = WM 1972, 335.
550) BGH, Urt. v. 20. 12. 1978 – VIII ZR 69/78 = WM 1979, 307.
551) Vgl. OLG Köln NJW-RR 1988, 157.

## A. Mietvertrag

lung, für die an sich eine längere Verjährungsfrist gilt[552]. Unerheblich ist hierbei, daß der in den Schutzbereich einbezogene Dritte vom Mieter wegen des zwischen ihnen bestehenden Vertragsverhältnisses keine Freistellung von den Ansprüchen des Vermieters verlangen kann[553].

Umgekehrt kann sich aber auch der Vermieter gegenüber Ansprüchen des Dritten auf Verwendungsersatz auf die kurze Verjährung des § 558 BGB berufen[554].

**239** Der Kreis der durch die Schutzwirkung Begünstigten darf nicht allzu weit ausgedehnt werden. Keinesfalls ist schon eine Schutzwirkung dann anzunehmen, wenn die Verneinung vertraglicher Ansprüche unbillig wäre[555]. Die Entscheidung darüber, ob der Schutz des Mietvertrages auch einem Dritten zugute kommen kann, hängt in erster Linie von dem Inhalt des abgeschlossenen Vertrages ab. Verbietet der Vertrag die Benutzung der Mietsache durch einen Dritten, so ist es grundsätzlich ausgeschlossen, einen Dritten in den Schutzbereich einzubeziehen. Der maßgebliche Gesichtspunkt für die Einbeziehung ist weniger das Bestehen von Obhuts- und Fürsorgepflichten gegenüber dem Dritten, als vielmehr der Umstand, daß nach dem Inhalt des Vertrages bestimmungsgemäß auch ein Dritter mit der Mietsache in Berührung kommt und daß dies erkennbar für ihn und den Mieter die Gefahr mit sich bringt, hierbei einen Schaden zu erleiden oder wegen Beschädigung der Mietsache in Anspruch genommen zu werden. Nicht erforderlich ist, daß der Dritte im Verhältnis zum Mieter in sozialer Abhängigkeit steht[556].

Entsprechend diesen Grundsätzen hat die Rechtsprechung für folgende Personen die Schutzwirkung des Mietvertrages anerkannt:

Arbeitnehmer des Mieters[557]; die Ehefrau des Geschäftsführers einer GmbH, die als Mieterin den Vertrag geschlossen hat[558]; der selbständige Werkunternehmer, dem der Mieter in Übereinstimmung mit dem Mietvertrag die Sache überlassen hat[559]; Kunden eines Lagerhalters als Eigentümer der in

---

552) BGH, Urt. v. 7. 2. 1968 – VIII ZR 179/65 = BGHZ 49, 278 = WM 1968, 435 = NJW 1968, 694; v. 29. 3. 1978 – VIII ZR 220/76 = WM 1978, 733; v. 21. 6. 1988 – VI ZR 150/87 = EWiR § 558 2/88, 1175 *(Klaas)* = WM 1988, 1537 = NJW-RR 1988, 1358.
553) BGH, Urt. v. 19. 9. 1973 – VIII ZR 175/72 = BGHZ 61, 227 = WM 1973, 1243 = NJW 1973, 2059.
554) BGH, Urt. v. 7. 7. 1976 – VIII ZR 44/75 = WM 1976, 1119 = NJW 1976, 1843; OLG Düsseldorf EWiR § 558 BGB 1/89, 27 *(Eckert)* = ZMR 1988, 380 = MDR 1988, 1056.
555) BGH, Urt. v. 7. 11. 1984 – VIII ZR 182/83 = WM 1984, 1647 = NJW 1985, 489.
556) BGH, Urt. v. 7. 7. 1976 – VIII ZR 44/75 = WM 1976, 1119 = NJW 1976, 1843.
557) BGH, Urt. v. 19. 9. 1973 – VIII ZR 175/72 = BGHZ 61, 227 = WM 1973, 1243 = NJW 1973, 2059.
558) BGH, Urt. v. 10. 1. 1968 – VIII ZR 104/64 = WM 1968, 300.
559) BGH, Urt. v. 7. 7. 1976 – VIII ZR 44/75 = WM 1976, 1119 = NJW 1976, 1843.

## III. Vertragsinhalt — Rechte und Pflichten der Parteien

den Mieträumen beschädigten Sachen[560]; Eigentümer, auch Vorbehalts- und Sicherungseigentümer von Gegenständen, die der Mieter befugt für Zwecke seines Betriebes in den Mieträumen unterbringt[561], sofern der Vermieter mit der Einbringung der dem Mieter nicht gehörenden Sachen rechnen konnte; Mitglieder eines Vereins oder nicht rechtsfähigen Vereins[562]; der berechtigte Fahrer eines gemieteten Kraftfahrzeugs[563]; Aufsichtspersonen für in einem Hotel beherbergte Kinder[564]; die Reisenden bei einem Chartervertrag zwischen Reiseveranstalter und Fluggesellschaft[565].

Auch die Organe einer juristischen Person und die persönlich haftenden Gesellschafter einer offenen Handels- und einer Kommanditgesellschaft sind einbezogen, ferner die Kunden des Mieters, die sich in den Mieträumen aufhalten, sowie berechtigte Insassen eines gemieteten Kraftfahrzeugs. Diese Aufzählung ist bei weitem nicht abschließend.

**240** Hingegen erfaßt die Schutzwirkung des Mietvertrages nicht den Untermieter, und zwar auch dann nicht, wenn der Vermieter die Untervermietung gestattet hat. Die Zubilligung der Schutzwirkung beruht nämlich auf dem Gedanken, daß es ungerecht ist, dem Dritten, der vertragslos, aber bestimmungsgemäß mit der Mietsache in Berührung kommt, einen vertraglichen Anspruch zu versagen, der dem Mieter ohne weiteres zustünde. Davon kann aber im Falle des Untermieters keine Rede sein, denn ihm stehen inhaltsgleiche Ansprüche gegen den Mieter als Untervermieter zu[566].

Desgleichen sind Mitmieter im selben Gebäude nicht in den Schutzbereich eines anderen Mietvertrages einbezogen, denn sie kommen nicht notwendigerweise mit der Mietsache, die Gegenstand eines anderen Mietvertrages ist, in Berührung. Schädigt ein Mieter den anderen, so haftet er nur wegen unerlaubter Handlung[567].

---

560) BGH, Urt. v. 17. 12. 1969 — VIII ZR 52/68 = WM 1970, 127 = NJW 1970, 419.
561) BGH, Urt. v. 22. 1. 1968 — VIII ZR 195/65 = BGHZ 49, 350 = WM 1968, 438 = NJW 1968, 885; v. 7. 11. 1984 — VIII ZR 182/83 = WM 1984, 1647 = NJW 1985, 489.
562) BGH, Urt. v. 23. 6. 1965 — VIII ZR 201/63 = WM 1965, 871 = NJW 1965, 1757.
563) BGH, Urt. v. 7. 2. 1968 — VIII ZR 179/65 = BGHZ 49, 278 = WM 1968, 435 = NJW 1968, 694.
564) Urt. v. 29. 3. 1978 — VIII ZR 220/76 = WM 1978, 733.
565) BGH, Urt. v. 17. 1. 1985 — VII ZR 63/84 = EWiR § 328 BGB 2/85, 265 *(Schwippert)* = WM 1985, 481 = NJW 1985, 1457.
566) BGH, Urt. v. 15. 2. 1978 — VIII ZR 47/77 = BGHZ 70, 327 = WM 1978, 429 = NJW 1978, 883; v. 20. 12. 1978 — VIII ZR 69/78 = WM 1979, 307.
567) BGH, Urt. v. 9. 10. 1968 — VIII ZR 173/66 = WM 1968, 1354 = NJW 1969, 41.

## IV. Die Beendigung des Mietverhältnisses

### 1. Zeitablauf

**241** Sieht der Mietvertrag eine bestimmte Vertragsdauer vor, endet er mit Ablauf der vereinbarten Vertragszeit, ohne daß es einer zusätzlichen Willenserklärung einer der Vertragsparteien bedarf (§ 564 Abs. 1 BGB). Die Begrenzung der Mietzeit kann ausdrücklich kalendermäßig festgelegt werden, kann sich aber auch aus Vertragsinhalt und -zweck ergeben, z. B. bei der Miete eines Messestandes. Vor Ablauf der Festmietzeit kann das Mietverhältnis nicht gekündigt werden. Langfristig bindende Verträge sind nicht unangemessen i. S. d § 9 AGBG[1]. § 11 Nr. 12 AGBG gilt nicht für Gebrauchsüberlassungsverträge. Bei der Vermietung beweglicher Sachen muß man dem Vermieter zugestehen, daß er seine Aufwendungen amortisieren will. Bei der Grundstücksmiete liegt eine längere Bindung meist auch im Interesse des Mieters; ihm ist an einem Ortswechsel nicht gelegen, und er will vermeiden, daß seine Investitionen, die er in Hinblick auf das Mietobjekt macht, bei einer frühzeitigen Beendigung des Mietverhältnisses nutzlos werden.

Vielfach sehen Mietverträge, die auf eine bestimmte Zeit abgeschlossen sind, eine Vertragsverlängerung um eine festgelegte Zeit vor, falls das Mietverhältnis nicht fristgerecht gekündigt wird. In einem solchen Fall endet es nur dann, wenn eine der Vertragsparteien eine entsprechende Erklärung abgibt; andernfalls verlängert es sich. Auf die Erklärung, das Mietverhältnis nicht verlängern zu wollen oder zu kündigen, findet § 193 BGB Anwendung[2], so daß sich die vereinbarte Zeit verkürzen kann, wenn der letztmögliche Tag zur Kündigung auf einen Sonntag, Sonnabend oder gesetzlichen Feiertag fällt.

Trotz der Verlängerungsklausel sind derartige Verträge nicht solchen auf unbestimmte Zeit gleichzustellen, denn während der Ursprungsvertragszeit und den jeweiligen Verlängerungszeiten kann das Mietverhältnis nicht ordentlich gekündigt werden; es kann nur zum jeweiligen Ablauftermin enden.

Gegen Verlängerungsklauseln in vorformulierten Verträgen bestehen grundsätzlich keine Bedenken. Klauseln, die den Vertrag um eine im Verhältnis zur ursprünglichen Vertragszeit ungewöhnlich lange Zeit verlängern, können nicht nur überraschend, sondern auch unangemessen sein. Bei gleich langer Zeit können je nach Art des Mietverhältnisses Bedenken angebracht sein[3].

---

1) BGH, Urt. v. 13. 2. 1985 – VIII ZR 154/84 = EWiR § 9 AGBG 1/85, 123 *(Bunte)* = WM 1985, 542 = NJW 1985, 2328 (Fernsprechnebenstelle); a. A. LG Frankfurt NJW-RR 1989, 888 (Werbefläche).
2) BGH, Urt. v. 16. 10. 1974 – VIII ZR 74/73 = WM 1974, 1184, = NJW 1975, 40.
3) Vgl. OLG Karlsruhe NJW-RR 1989, 243.

Darüber hinaus bleibt zu beachten, daß sich das Mietverhältnis nach § 568 BGB auf unbestimmte Zeit verlängert, wenn der Mieter nach Ablauf der Vertragszeit den Mietgebrauch fortsetzt und keine der Parteien widerspricht (vgl. Rz. 285). Diese Wirkung tritt kraft Gesetzes ein, und zwar auch dann, wenn die Parteien den vereinbarten Ablauftermin vergessen haben.

Bei Streit darüber, ob das Mietverhältnis auf bestimmte oder unbestimmte Dauer abgeschlossen worden ist, hängt die Verteilung der Beweislast von dem geltend gemachten Anspruch ab. Da die Festlegung der Vertragszeit zu den wesentlichen Vertragspunkten gehört, trägt der Vermieter, der Mietzins für die Zeit nach dem vom Mieter behaupteten Vertragsende fordert, die Beweislast für die Fortdauer des Vertrages[4]. Hingegen trägt der Mieter die Beweislast für das Fortbestehen des Vertrages, wenn er Gewährleistungsansprüche geltend macht und der Vermieter Vertragsbeendigung vorträgt. Wendet der Mieter gegenüber dem Rückgabeverlangen des Vermieters Vertragsverlängerung ein, so trifft ihn für sein fortbestehendes Recht zum Besitz (§ 986 BGB) die Beweislast[5].

## 2. Rücktritt

Nach Überlassung der Mietsache können die Parteien nicht vom Vertrag zurücktreten, wenn die Möglichkeit zur fristlosen Kündigung aus wichtigem Grund besteht. Eine Rückabwicklung des in Vollzug gesetzten Mietverhältnisses nach § 346 BGB wäre nicht interessengerecht und auch nicht durchführbar[6]. Vor Überlassung der Mietsache ist der Rücktritt nicht ausgeschlossen. Insbesondere kann der Mieter nach §§ 325, 326 BGB zurücktreten, wenn dem Vermieter die Überlassung der Mietsache in vertragsgerechtem Zustand unmöglich ist oder wenn er sich damit in Verzug befindet (vgl. Rz. 120, 127).

Nicht ausgeschlossen ist ein Rücktritt gem. § 321 BGB bei wesentlicher Verschlechterung der Vermögensverhältnisse des Mieters[6a].

Bei der Hotelreservierung kann mangels eines dahingehenden Handelsbrauchs allenfalls im Einzelfall ein Rücktrittsrecht des Mieters stillschweigend vereinbart sein[7].

Vorformulierte Klauseln, durch die sich der Vermieter oder der Mieter ein Rücktrittsrecht vorbehalten, sind grundsätzlich kritisch zu beurteilen. § 10

---

4) OLG Oldenburg ZMR 1987, 425.
5) BGH, Urt. v. 25. 9. 1985 – VIII ZR 270/84 = WM 1985, 1421.
6) BGH, Urt. v. 10. 7. 1968 – VIII ZR 120/66 = BGHZ 50, 312 = WM 1968, 972 = NJW 1969, 37.
6a) BGH, Urt. v. 8. 10. 1990 – VIII ZR 247/90 = ZIP 1990, 1406 = EWiR § 9 AGBG 16/90, 1149 *(v. Westphalen)* = NJW 1991, 102.
7) Vgl. BGH, Urt. v. 24. 11. 1976 – VIII ZR 21/75 = NJW 1977, 385; OLG Braunschweig NJW 1976, 570; OLG Frankfurt NJW-RR 1986, 1229; OLG München NJW-RR 1990, 698; ferner *Joachim*, DB 1990, 1601.

## A. Mietvertrag

Nr. 3 AGBG ist auf Mietverträge anzuwenden, wenn der Rücktritt für die Zeit vor Überlassung der Mietsache vorbehalten wird; die Vorschrift greift ferner bei einer Vermietung zur kurzfristigen Nutzung ein, weil dann kein Dauerschuldverhältnis vorliegt[8]. Ein in AGB enthaltener Rücktrittsvorbehalt kann nicht auf Gründe erstreckt werden, deren Vorliegen der Klauselverwender schon vor Vertragsschluß kannte oder bei gehöriger Sorgfalt hätte erkennen können[9].

Bei unberechtigtem Rücktritt bleibt der Mieter zur Mietzinszahlung verpflichtet (§ 552 BGB); der Vermieter macht sich wegen Unmöglichkeit oder wegen positiver Vertragsverletzung schadensersatzpflichtig (dazu Rz. 128).

### 3. Kündigung

**243** Die Kündigung ist eine einseitige Willenserklärung, die das Mietverhältnis mit Wirkung für die Zukunft auflöst. Zu unterscheiden sind die ordentliche Kündigung, die außerordentliche Kündigung mit gesetzlicher Frist, die bei besonderen Anlässen zulässig ist, sowie die außerordentliche fristlose Kündigung als Folge einer Vertragsstörung.

Zur Kündigung berechtigt bzw. Adressaten der Kündigung sind nur die Vertragsparteien, nicht jedoch Dritte, die dinglich berechtigt sind (z. B. Eigentümer oder Nießbraucher) oder das Mietobjekt tatsächlich nutzen; nach Abtretung oder Pfändung der Mietzinsansprüche bleibt der Vermieter im Fall des Zahlungsverzuges zur Kündigung berechtigt[10].

#### 3.1 Allgemeine Grundsätze der Kündigung

##### 3.1.1 Inhalt der Kündigungserklärung

**244** Die Kündigungserklärung muß für den anderen Teil erkennbar zum Ausdruck bringen, daß der Kündigende das Mietverhältnis beenden möchte. Der Begriff „Kündigung" oder „kündigen" braucht nicht verwendet zu werden. Zu hohe Anforderungen sind auch im übrigen nicht zu stellen; selbst schlüssiges Verhalten kann ausreichen, wenn sein Sinn zweifelsfrei ergibt, daß eine Partei das Mietverhältnis beenden möchte. In der Rückgabe der Mietsache wird im Zweifel eine konkludente Kündigung des Mieters liegen. Die Erklärung des

---

8) BGH, Urt. v. 10. 12. 1986 – VIII ZR 349/85 = BGHZ 99, 182 = EWiR § 346 BGB 1/87, 131 *(Eckert)* = ZIP 1987, 297 = WM 1987, 426 = NJW 1987, 831.
9) BGH, Urt. v. 10. 12. 1986 (Fußn. 8).
10) Str.; wie hier *Sternel*, III. Rz. 86; a. A. RGRK-*Gelhaar*, § 535 Rz. 78.

## IV. Die Beendigung des Mietverhältnisses

Vermieters, er wolle mit dem Mieter nichts mehr zu tun haben, reicht zur Annahme einer Kündigung aus[11].

Die Angabe des Termins, zu dem der Vertrag endet, ist nicht erforderlich; die Kündigung wird zum nächstmöglichen Termin wirksam.

Aus der Natur der Kündigung als einer Gestaltungserklärung folgt, daß sie grundsätzlich nicht unter einer Bedingung ausgesprochen werden kann, denn die Wirksamkeit einer Gestaltungserklärung darf, insbesondere im Interesse des Erklärungsempfängers, nicht von einem zukünftigen ungewissen Ereignis abhängig sein. Gleichwohl ist die Kündigung nicht schlechthin bedingungsfeindlich. Wird der Kündigungsgegner durch die Bedingung nicht in eine ungewisse Lage versetzt, weil die Erklärung im übrigen genügend bestimmt und klar ist, kann eine bedingte Kündigung zulässig sein[12]. Dies darf angenommen werden, wenn der Eintritt der Bedingung allein vom Willen des Kündigungsgegners abhängt[13], z. B. von der Begleichung eines Mietzinsrückstandes, der Beendigung einer unerlaubten Untervermietung oder der Beseitigung von Mängeln der Mietsache. Eine bei Ungewißheit über die Wirksamkeit des Vertragsschlusses vorsorglich für den Fall des Bestehens des Mietvertrages erklärte Kündigung ist gleichfalls wirksam, desgleichen eine ordentliche Kündigung für den Fall, daß eine ebenfalls erklärte fristlose Kündigung nicht durchsetzbar ist.

Ist die Kündigung unter einer unzulässigen Bedingung ausgesprochen worden, so ist sie schlechthin unbeachtlich.

Die Angabe des Kündigungsgrundes ist nach Ansicht des Bundesgerichtshofes[14] nicht Voraussetzung der Wirksamkeit einer außerordentlichen Kündigung. Danach ist es unschädlich, daß im Kündigungsschreiben ein nicht bestehender Kündigungsgrund angegeben ist; es reicht aus, daß ein Grund vorliegt. Der Bundesgerichtshof folgert dies aus der Neufassung des § 564 a Abs. 1 Satz 2 BGB, der als Ausnahme von den sonstigen Kündigungsvorschriften bei der Wohnraummiete die Bekanntgabe des Kündigungsgrundes anordnet, aber gleichwohl, wie der Ausgestaltung als Sollvorschrift zu entnehmen ist, die Wirksamkeit der Kündigung nicht von der Mitteilung des Grundes abhängig macht[15]. *Sternel*[16] tritt deshalb für eine Begründungspflicht bei der außerordentlichen Kündigung ein[17].

**245**

---

11) BGH, Urt. v. 22. 9. 1971 – VIII ZR 135/70 = WM 1971, 1439.
12) BGH, Urt. v. 4. 4. 1973 – VIII ZR 47/72 = WM 1973, 694.
13) Vgl. für den Bereich des Arbeitsrechts BAG NJW 1968, 2078.
14) Urt. v. 28. 5. 1975 – VIII ZR 70/74 = WM 1975, 897; v. 28. 11. 1979 – VIII ZR 302/78 = WM 1980, 312 = NJW 1980, 777.
15) Vgl. dazu BayObLG NJW 1981, 2197; OLG Karlsruhe ZMR 1983, 133.
16) IV. Rz. 36 ff.
17) Für Informationspflicht auf Anfordern: *Staudinger/Emmerich*, § 564 Rz. 16; RGRK-*Gelhaar*, § 564 Rz. 15.

## A. Mietvertrag

Da kein Begründungszwang besteht, ist die Angabe eines unrichtigen Kündigungsgrundes unschädlich, sofern ein Grund tatsächlich besteht. „Nachschieben" des Grundes ist daher möglich, allerdings muß auch der nachgeschobene Grund bei Ausspruch der Kündigung vorhanden gewesen sein. Später entstandene Gründe vermögen eine nicht gerechtfertigte Kündigung nicht zu heilen[18]; zu prüfen bleibt, ob die Geltendmachung weiterer Gründe als neue Kündigung aufzufassen ist.

Trotz dieser Rechtsprechung empfiehlt es sich, bei der außerordentlichen Kündigung den Grund mitzuteilen. Eine zutreffend begründete Kündigung wird den Vertragsgegner eher zur Abwicklung des Mietverhältnisses veranlassen als eine nicht mit Gründen versehene. Zudem wird man dem Kündigungsgegner grundsätzlich zubilligen müssen, zur Verteidigung seiner Rechtsposition über den Kündigungsgrund informiert zu werden, und zwar nicht erst auf Rückfrage hin, sondern von vornherein.

### 3.1.2 Teilkündigung

**246** Da die Gebrauchsüberlassung eine unteilbare Leistung ist, ist es grundsätzlich unzulässig, die Kündigung auf einen Teil der Mietsache zu begrenzen, selbst wenn diese aus mehreren selbständigen Sachen besteht. Sie kann auch nicht auf einen Teil der vertraglichen Abmachungen beschränkt werden.

Ausnahmsweise kann der Mieter jedoch das Mietverhältnis hinsichtlich eines Teils der Mietsache kündigen, wenn er die Kündigung auf die Nichtgewährung oder Entziehung des vertragsgemäßen Gebrauchs (§ 542 BGB) stützt. Nach § 543 Satz 1 BGB i.V.m. § 469 BGB kann er die Kündigung auf einen Teil der Mietsache, z. B. nicht vertragsgemäße Gebäudeteile, beschränken[19]. Der Vermieter kann jedoch verlangen, daß der Mieter die Kündigung auf die gesamte Mietsache ausdehnt.

Das Reichsgericht hat eine Teilkündigung zugelassen, wenn nach realer Teilung des vermieteten Grundstücks mehrere Erwerber die Grundstücksteile ersteigert haben[20]. Zwar geht das Reichsgericht auch bei dieser Sachlage davon aus, daß hinsichtlich des gesamten Mietobjekts dem Mieter mehrere Vermieter gegenüber stehen, hat jedoch gleichwohl die Kündigung eines von mehreren Erstehern gemäß § 57 b ZVG (vgl. Rz. 396), die sich nur auf den von

---

18) *Grapentin* in: Bub/Treier, IV. Rz. 9.
19) RGZ 114, 243, 246.
20) RGZ 124, 195.

ihm erworbenen Teil des Mietobjekts beziehen kann, für wirksam angesehen.

Ob darüber hinaus bei entsprechender Sach- und Interessenlage in anderen Fällen eine Teilkündigung zulässig ist, erscheint zwar nach der Entscheidung RGZ 114, 243 nicht ausgeschlossen, begegnet aber Bedenken. Der Bundesgerichtshof[21] hat offen gelassen, ob der Mieter, dem der Vermieter die Erlaubnis zur Untervermietung eines Teils der gemieteten Räume versagt hat, das Mietverhältnis nur in vollem Umfang oder auch hinsichtlich eines Teils des Mietobjekts kündigen kann.

Da § 543 Satz 1 BGB eine Ausnahmevorschrift ist, sollte der Grundsatz der Unteilbarkeit der vom Vermieter geschuldeten Leistung einer Teilkündigung entgegenstehen. Eine solche Kündigung wird auch nur in seltenen Fällen den Interessen der Gegenseite gerecht werden.

### 3.1.3 Form der Kündigung

Bei der Vermietung beweglicher Sachen und bei der Vermietung von Räumen zu gewerblichen Zwecken bedarf die Kündigung, wie § 564 a Abs. 1 Satz 1 BGB zeigt, keiner Form. Dies gilt auch dann, wenn der Abschluß des Mietvertrages formbedürftig war. **247**

Die häufig anzutreffende Klausel, daß die Kündigung der Schriftform bedarf, ist nicht zu beanstanden, denn die Schriftform dient der Verkehrssicherheit und liegt somit im Interesse beider Vertragsteile.

Ist Schriftform vereinbart, so genügt die telegraphische Übermittlung der Erklärung (§ 127 BGB). Auch eine Kündigung durch Fernschreiben oder Telefax wahrt die Form.

Eine Kündigung, die entgegen der vereinbarten Form ausgesprochen wird, ist nach § 125 Satz 2 BGB im Zweifel unwirksam. Da die vereinbarte Schriftform nicht nur Beweisfunktion hat, sondern auch konstitutive Wirkung haben kann, wird nur selten Anlaß bestehen, die formlose Kündigungserklärung ausnahmsweise als wirksam anzusehen. Die Partei, die sich auf die Wirksamkeit beruft, muß darlegen und beweisen, daß die Parteien die Schriftform ausschließlich zu Beweiszwecken vereinbart haben.

---

21) Urt. v. 21. 2. 1973 – VIII ZR 44/71 = WM 1973, 383.

A. Mietvertrag

#### 3.1.4 Zugang der Kündigung

**248** Die Kündigungserklärung wird mit ihrem Zugang wirksam (§ 130 BGB). Zugegangen ist die Erklärung, wenn sie derart in den Bereich des Empfängers gelangt ist, daß dieser unter normalen Gegebenheiten in der Lage ist, von ihr Kenntnis zu nehmen.

Die Kündigung ist nur rechtzeitig, wenn sie dem Vertragsgegner bis zum letztmöglichen Termin zugegangen ist. Absendung der Erklärung reicht nicht aus.

Beweispflichtig für den Zugang seiner Erklärung und deren Rechtzeitigkeit ist der Kündigende.

Sendet der Kündigende das Kündigungsschreiben mit eingeschriebenem Brief, so wird die Kündigung nicht wirksam, wenn die Sendung dem Empfänger nicht ausgehändigt wird. Dies gilt auch dann, wenn der Postzusteller ihn nicht angetroffen, ihm aber eine Benachrichtigung vom Eingang einer Einschreibesendung hinterlassen hat; erst mit Abholung geht die Sendung zu. Auch bei Zustellung in unmittelbarem Auftrag des Absenders ist die Kündigung nicht zugegangen, wenn der Empfänger die Sendung trotz entsprechender Benachrichtigung nicht abholt[22].

Nur bei Zustellung durch Vermittlung des Gerichtsvollziehers (§§ 166 ff, 182 ZPO) bewirken die Niederlegung der Sendung und die Benachrichtigung des Empfängers gemäß § 132 BGB den Zugang der Erklärung, auch wenn dieser die Sendung nicht abfordert[23].

Nach den Grundsätzen von Treu und Glauben ist der Zugang der Kündigung jedoch zu unterstellen, wenn der Kündigungsgegner, der von der Niederlegung der Sendung benachrichtigt worden ist, die Sendung nicht abholt, obwohl er nach Lage der Dinge, insbesondere mit Rücksicht auf die vorangegangene Korrespondenz oder auf eine zuvor ausgesprochene Abmahnung mit rechtserheblichen Erklärungen des Vertragsgegners rechnen muß[24]. Auch wenn feststeht, daß der Kündigungsempfänger die Annahme der die Kündigung enthaltenen Sendung verweigert, den Zugang also bewußt vereitelt hat, gilt die Kündigung als zugegangen[25].

Bei unbekanntem Aufenthalt des Kündigungsgegners kann auf den Zugang der Kündigung als Voraussetzung für die Beendigung des Mietverhältnisses nicht verzichtet werden. Für den Abwesenden kann ein Pfleger (§ 1911 BGB)

---

22) BGH, Urt. v. 3. 11. 1976 – VIII ZR 140/75 = BGHZ 67, 271 = WM 1977, 19 = NJW 1977, 194.
23) BGH, aaO (Fußn. 22).
24) BGH, aaO (Fußn. 22).
25) BGH, Urt. v. 27. 10. 1982 – V ZR 24/82 = NJW 1983, 929.

bestellt werden, dem gegenüber die Kündigung erklärt werden kann. Praktikabler ist es jedoch, die Kündigungserklärung öffentlich zustellen zu lassen (§ 203 ZPO).

Die in vorformulierten Mietverträgen häufig anzutreffende Klausel, daß die Kündigung durch eingeschriebenen Brief zu erfolgen hat, ist bei Verwendung gegenüber einem Nichtkaufmann nach § 11 Nr. 16 AGBG unwirksam. Hiervon abgesehen ist eine solche Klausel ohnehin nur von begrenztem Wert. Die ausbedungene Übermittlungsform hat nur Beweisfunktion. Kann der Kündigende nachweisen, daß seine Erklärung dem Vertragsgegner zugegangen ist, so ist die Kündigung wirksam, auch wenn sie nicht durch eingeschriebenen Brief übersandt worden ist.

### 3.1.5 Kündigung durch einen und gegenüber einem Bevollmächtigten

Läßt der Vermieter oder Mieter die Kündigung durch einen Bevollmächtigten erklären, so ist die Kündigung unwirksam, wenn der Bevollmächtigte keine Vollmachtsurkunde vorlegt und der Kündigungsgegner die Kündigung aus diesem Grunde unverzüglich gemäß § 174 BGB zurückweist. Eine Vorlage der Vollmacht in beglaubigter Abschrift kann diese Rechtsfolge nicht ausschließen, und sie tritt in diesem Fall auch dann ein, wenn die Kündigung durch einen Rechtsanwalt erfolgt und dieser das Kündigungsschreiben durch Vermittlung des Gerichtsvollziehers gemäß § 132 BGB zustellen läßt. Zwar besagt der nach § 132 Abs. 1 Satz 2 BGB anwendbare § 167 Abs. 2 ZPO, daß bei einer Zustellung durch den Gerichtsvollzieher bis zum Beweis des Gegenteils angenommen wird, daß sie im Auftrag der Partei erfolgt ist. Dies bedeutet indessen nur, daß es nicht des Nachweises eines vom Rechtsanwalt dem Gerichtsvollzieher erteilten Zustellungsauftrages bedarf. Aus § 167 Abs. 2 ZPO läßt sich dagegen nicht schließen, daß auch der in § 174 BGB vorgesehene Nachweis der Erteilung einer Vollmacht an den kündigenden Bevollmächtigten entbehrlich ist[26]. 249

Eine an einen Bevollmächtigten, insbesondere den Anwalt des Vertragsgegners gerichtete schriftliche Kündigung ist mangels Zugangs unwirksam, wenn der Bevollmächtigte nur ein Mandat wegen anderer Rechtsangelegenheiten des Kündigungsempfängers hatte und nicht dessen genereller Empfangsbevollmächtigter war. Der Zugang ist auch nicht etwa in dem Augenblick als erfolgt zu unterstellen, in dem der Bevollmächtigte wegen Fehlens der Empfangsvollmacht die Kündigung zurückweist. 250

Anders ist nur dann zu entscheiden, wenn der Vertragsgegner dem Bevoll-

---

26) BGH, Urt. v. 4. 2. 1981 — VIII ZR 313/79 = WM 1981, 384 = NJW 1981, 1210.

mächtigten den Auftrag erteilt, sich auch sachlich gegen die Berechtigung der Kündigung zu wehren. Der darin liegende umfassende Auftrag verpflichtet den Bevollmächtigten, seinem Auftraggeber das Kündigungsschreiben zugänglich zu machen; damit gelangt es in dessen Machtbereich und geht ihm nach § 130 BGB zu[27].

### 3.1.6 Kündigung durch Erklärungen im Prozeß

**251** In der Räumungsklage kann unter Umständen die – zuvor nicht oder nicht wirksam erklärte – Kündigung liegen, wenn zu erkennen ist, daß die Klageschrift neben der Prozeßhandlung auch eine materiellrechtliche Willenserklärung enthält[28]. Ist die Kündigung in einem prozessualen Schriftsatz enthalten, so ist grundsätzlich der Zugang einer vom Erklärenden unterzeichneten Abschrift des Schriftsatzes beim Gegner erforderlich. Diesem Erfordernis wird im allgemeinen auch dadurch genügt, daß der Anwalt der Gegenpartei eine von ihm beglaubigte Abschrift des Schriftsatzes übermittelt[29]. Die Abschrift selbst braucht keine Originalunterschrift des Kündigenden oder seines Vertreters zu tragen.

Es ist auch nicht erforderlich, daß dem Kündigungsempfänger eine auf den Prozeßbevollmächtigten des Kündigenden ausgestellte Originalvollmacht übermittelt wird. Die ordnungsgemäß erteilte Prozeßvollmacht reicht aus, ohne daß § 174 BGB eingreift.

### 3.1.7 Kündigung gegenüber einer Handelsgesellschaft, einer juristischen Person oder einem nicht rechtsfähigen Verein

**252** Werden eine Handelsgesellschaft, eine juristische Person oder ein nicht rechtsfähiger Verein durch mehrere Personen gemeinsam vertreten (Gesamtvertretung), so genügt es, die Kündigung gegenüber einem der mehreren Vertretungsberechtigten zu erklären (§ 28 Abs. 2 BGB, § 125 Abs. 2 Satz 3 HGB, § 78 Abs. 2 Satz 2 AktG, § 35 Abs. 2 Satz 3 GmbHG).

Hat eine juristische Person des Privatrechts keinen gesetzlichen Vertreter, so muß der Vertragspartner, der kündigen will, zunächst gemäß § 29 BGB die Einsetzung eines Vorstandes durch das Amtsgericht beantragen. Der Vertragspartner ist als Beteiligter zur Antragstellung berechtigt, wenn ihm ein Schaden droht. Diese Regelung gilt beim Verein, bei der Gesellschaft mit beschränkter

---

27) BGH, Urt. v. 13. 2. 1980 – VIII ZR 5/79 = WM 1980, 503 = NJW 1980, 990.
28) BGH, Urt. v. 2. 11. 1988 – VIII ZR 7/88 = WM 1989, 153 = NJW 1989, 524; BayObLG NJW 1981, 2197 = MDR 1981, 1020; OLG Düsseldorf EWiR § 535 BGB 1/90, 347 *(Sonnenschein)*.
29) BGH, Urt. v. 4. 7. 1986 – V ZR 41/86 = WM 1986, 1419; Urt. v. 25. 3. 1987 – VIII ZR 71/86; BayObLG, aaO (Fußn. 28); OLG Hamm NJW 1982, 452 = ZMR 1982, 151.

## IV. Die Beendigung des Mietverhältnisses

Haftung, der Genossenschaft und der Kommanditgesellschaft auf Aktien. Für die Aktiengesellschaft besteht eine entsprechende Regelung in § 85 AktG.

Umstritten ist, ob § 29 BGB auch auf den nicht rechtsfähigen Verein einschließlich der politischen Parteien anzuwenden ist.

Ließe man dies nicht zu, so müßte eine Erklärung gegenüber allen Mitgliedern abgegeben werden. Damit ist aber dem berechtigten Bedürfnis eines Vertragspartners an der Funktionsfähigkeit des anderen Vertragsteils nicht gedient. Bei Massenorganisationen, wie Gewerkschaften oder politische Parteien, wäre der Vertragspartner letztlich rechtlos. Das LG Berlin[30] wendet daher mit gutem Grund § 29 BGB auf nicht rechtsfähige Vereine einschließlich politische Parteien an[31].

### 3.1.8 Kündigung durch und gegenüber Personenmehrheiten

Haben mehrere Mieter eine Sache gemietet, steht ihnen in ihrer Gesamtheit die Nutzung der Sache zu. Es besteht auch nur ein einheitliches, auf eine unteilbare Leistung gerichtetes Schuldverhältnis. Hieraus folgt, daß der Vermieter das Mietverhältnis nur mit Wirkung gegen alle Mieter kündigen kann[32]. Er kann also nicht gegenüber einem störenden Mieter das Mietverhältnis kündigen und es mit dem ihm genehmen Mitmieter fortsetzen. Kündigt er das Mietverhältnis nur hinsichtlich eines Mieters, so wirkt dies nicht gegen die Gesamtheit; die Kündigung geht insgesamt ins Leere. Die Kündigungserklärungen an die verschiedenen Mieter müssen in einem zeitlichen Zusammenhang stehen. Liegt zwischen den Kündigungen ein längerer Zeitraum, so bleiben beide Erklärungen unwirksam[33].

Umgekehrt kann nicht einer von mehreren Mietern für seine Person das Mietverhältnis kündigen. Selbst wenn er die Mietsache nicht mehr nutzt, vermag er sich nicht einseitig aus dem Mietverhältnis zu lösen. Ist einem der mehreren Mieter die Kündigung verwehrt, etwa weil sie wegen seiner Kenntnis eines Mangels nach §§ 539, 543 BGB ausgeschlossen ist, so entfällt das Kündigungsrecht für alle Mieter, weil die erforderliche gemeinschaftliche Kündigung nicht möglich ist[34].

Zur außerordentlichen Kündigung gemäß § 19 KO bei Konkurs eines von mehreren Mietern vgl. Rz. 426.

**253**

---

30) NJW 1970, 1047.
31) A. A. hinsichtlich der politischen Parteien *Hahn*, NJW 1973, 2012.
32) RGZ 90, 328; BGH, Urt. v. 26. 11. 1957 – VIII ZR 92/57 = BGHZ 26, 102 = NJW 1958, 421.
33) OLG Düsseldorf EWiR § 19 KO 1/88, 83 *(Eckert)* = ZMR 1987, 422 = NJW-RR 1987, 1369 = BB 1988, 450.
34) BGH, Urt. v. 1. 12. 1971 – VIII ZR 88/70 = WM 1972, 136 = NJW 1972, 249.

## A. Mietvertrag

Bei Personenmehrheiten auf Vermieter- oder Mieterseite muß die Kündigung von allen und gegenüber allen Beteiligten erklärt werden. Die Kündigung wird nur wirksam, wenn sie allen Kündigungsgegnern zugegangen ist; dies ist aber ausgeschlossen, wenn sie nur an einen von ihnen gerichtet ist. Ob die weitverbreitete Klausel, daß es zur Wirksamkeit einer Erklärung des Vermieters genügt, daß sie gegenüber einem Mieter abgegeben wird, insoweit den Rechtsverkehr vereinfachen kann, ist fraglich. Die Bedeutung dieser Klausel ist schon zweifelhaft[35].

Die vorformulierte Vertragsklausel, daß sich die mehreren Vermieter oder Mieter gegenseitig bevollmächtigen, Erklärungen abzugeben und entgegenzunehmen, schließt nach der hier vertretenen Ansicht (oben Rz. 15) die Kündigung ein. Die Klausel, daß die Kündigung an einen Mieter die Kündigung des Mietverhältnisses mit Wirkung gegen alle Mieter bewirkt, enthält indessen keine Bevollmächtigung, sondern ordnet entgegen § 425 Abs. 2 BGB die Wirkung gegen die Gesamtschuldner an. Sie verstößt daher gegen § 9 AGBG[36].

Bei einer Gesellschaft bürgerlichen Rechts, die mangels besonderer Vereinbarung von allen Gesellschaftern vertreten wird, ist die Kündigungserklärung von und gegenüber allen Gesellschaftern abzugeben. Für die Passivvertretung wendet das OLG Hamburg auch ohne besondere Vereinbarung § 125 Abs. 2 Satz 3 HGB an, so daß die gegenüber einem Gesellschafter erklärte Kündigung gegen alle Gesellschafter wirkt[37].

### 3.1.9 „Rücknahme" der Kündigung

**254** Die berechtigte Kündigung wirkt rechtsgestaltend. Sie löst das Mietverhältnis auf, ohne daß der Gegner die Kündigung „anzunehmen" braucht. Sie wirkt auch gegen den Kündigenden selbst, so daß er nicht durch einseitige Erklärung die Kündigung und ihre Rechtsfolgen rückgängig machen kann.

Im Rahmen der Vertragsfreiheit ist es jedoch möglich, die Wirkungen der Kündigung einverständlich zu beseitigen. Einigen sich die Parteien vor Vertragsende, also vor Ablauf der Kündigungsfrist auf die Fortsetzung des Vertrages, so bleibt der abgeschlossene Vertrag, der noch nicht beendet war, in Kraft[38].

Wenn sich die Parteien jedoch erst nach Beendigung des Mietverhältnisses

---

35) *Grapentin* in: Bub/Treier, IV. Rz. 33.
36) LG Berlin MDR 1984, 277; *Sonnenschein*, NJW 1984, 2121, 2127.
37) OLG Hamburg ZMR 1980, 84.
38) BGH, Urt. v. 20. 3. 1974 – VIII ZR 31/73 = WM 1974, 453 = NJW 1974, 1081.

## IV. Die Beendigung des Mietverhältnisses

auf die Aufhebung der Kündigungswirkungen einigen, kann der aufgelöste Vertrag nicht wieder aufleben. Vielmehr wird das Mietverhältnis neu begründet, jedoch mit dem Inhalt des aufgelösten. Der Schriftform gemäß § 566 BGB bedarf dies nicht, wenn das frühere Vertragsverhältnis ohne wesentliche Änderungen fortgeführt wird[39].

### 3.1.10 Umdeutung der Kündigungserklärung

Bei Unwirksamkeit einer Kündigung stellt sich regelmäßig die Frage, ob die Erklärung gemäß § 140 BGB umzudeuten ist. Da in der Praxis häufig die Gründe für eine fristlose Kündigung nicht nachweisbar sind, ist von besonderer Bedeutung, ob in einer fristlosen Kündigung eine ordentliche Kündigung zum nächstzulässigen Termin enthalten ist. **255**

Eine solche Umdeutung setzt voraus, daß nach dem Willen des Kündigenden das Vertragsverhältnis in jedem Falle, notfalls zum nächstmöglichen Termin beendet werden soll. Für den Kündigungsgegner muß dieser Wille zweifelsfrei erkennbar sein. Wegen der Sicherheit des Rechtsverkehrs muß sich aus der Erklärung selbst ergeben, daß die Kündigung hilfsweise als ordentliche gelten soll. In der Regel gibt der Kündigende allerdings mit dem Ausspruch der fristlosen Kündigung zu erkennen, daß er den Vertrag unbedingt auflösen will. Zwingend ist dies jedoch nicht. Stützt sich die Kündigung auf bestimmte Behauptungen und erweist sich positiv, daß die Tatsachen, von denen der Kündigende ausging, nicht vorliegen, so kann vielfach das Vertrauensverhältnis wiederhergestellt werden. Dann verbietet sich die Annahme, der Kündigende wolle das Vertragsverhältnis in jedem Falle auflösen.

Läßt die Kündigungserklärung den Willen, den Vertrag unbedingt beenden zu wollen, nicht eindeutig erkennen, können auch Umstände, die aus der Erklärung selbst nicht ersichtlich sind, ergänzend für die Umdeutung herangezogen werden, sofern aus diesen zweifelsfrei zu folgern ist, daß der Kündigende den Vertrag zum nächstmöglichen Termin auflösen will[40]. Nach allem ist die Umdeutung einer fristlosen Kündigung in eine ordentliche nicht ausgeschlossen, sondern wird sich vielfach als interessengerechte Lösung anbieten.

Zurückhaltung ist hingegen bei der Umdeutung einer unberechtigten Kündi- **256**

---

39) Vgl. OLG München NJW 1963, 1619; OLG Hamm ZMR 1979, 249; a. A. *Emmerich/Sonnenschein*, § 564 Rz. 37.
40) Vgl. BGH, Urt. v. 12. 1. 1981 – VIII ZR 332/79 = WM 1981, 253 = NJW 1981, 976; zum Dienstvertragsrecht Urt. v. 8. 7. 1982 – II ZR 204/80 = WM 1982, 1231 = NJW 1982, 2603; OLG Hamm EWiR § 140 BGB 1/86, 239 *(Lepsien);* LG Berlin ZMR 1986, 54.

gung in ein Angebot auf einverständliche Aufhebung des Mietverhältnisses geboten. Hiergegen spricht insbesondere, daß die Kündigung eine einseitige Willenserklärung mit Gestaltungskraft ist, während das Vertragsangebot den Gegner zu Reaktionen auffordert, ohne eine unmittelbare Rechtswirkung zu erzeugen. Demgemäß kann eine Kündigungserklärung nur dann in ein Angebot auf einverständliche Vertragsaufhebung umgedeutet werden, wenn sich der Erklärende bei Ausspruch der Kündigung bewußt ist, daß sie als einseitige Erklärung nicht wirksam werden kann und es für diesen Fall zur Herbeiführung des erstrebten rechtlichen und wirtschaftlichen Zieles der Mitwirkung des anderen Vertragsteils bedarf. Ist dem Kündigungsschreiben nicht zu entnehmen, daß der Empfänger zu einer Entschließung über eine vorzeitige Vertragsauflösung aufgefordert wird, so scheitert eine Umdeutung. Sie ist allenfalls in Betracht zu ziehen, wenn der Erklärung des Kündigenden zu entnehmen ist, daß er mit einer Stellungnahme des Vertragsgegners rechnet. Aber auch dann ist weiter erforderlich, daß die Umdeutung im Interesse beider Vertragsparteien liegt[41].

### 3.2 Die ordentliche Kündigung

**257** Ein Mietverhältnis auf unbestimmte Zeit, auch ein solches, das sich gemäß § 568 BGB auf unbestimmte Zeit verlängert hat, kann unter Einhaltung der gesetzlichen Frist gekündigt werden (§ 564 Abs. 2 BGB). Die Angabe des Kündigungstermins ist nicht erforderlich. Wird in der Kündigungserklärung die Frist zu gering berechnet, so wirkt die Kündigung zum zutreffenden Termin, denn sie läßt erkennen, daß das Mietverhältnis fristgerecht zum nächstmöglichen Zeitpunkt beendet werden soll[42].

#### 3.2.1 Kündigungsfristen

Bei einem Mietverhältnis über Grundstücke, Räume und im Schiffsregister eingetragene Schiffe richtet sich die Kündigungsfrist danach, nach welchen Zeitabschnitten der Mietzins bemessen ist (§ 565 Abs. 1 BGB). Ist er nach Monaten oder längeren Zeiträumen bemessen, so ist die Kündigung spätestens am dritten Werktag eines Kalendermonats zum Ablauf des übernächsten Monats zu erklären; bei Gewerberaum oder gewerblich genutzten unbebauten Grundstücken jedoch nur zum Ablauf eines Kalendervierteljahres.

Bei einem Mietverhältnis über bewegliche Sachen ist die Kündigung zuläs-

---

41) BGH, Urt. v. 24. 9. 1980 – VIII ZR 299/79 = WM 1980, 1397 = NJW 1981, 43; v. 11. 1. 1984 – VIII ZR 255/82 = BGHZ 89, 296 = WM 1984, 370 = NJW 1984, 1028; v. 4. 2. 1984 – VIII ZR 206/82 = WM 1984, 171.
42) OLG Frankfurt, NJW-RR 1990, 337, äußert insoweit Zweifel.

## IV. Die Beendigung des Mietverhältnisses

sig, wenn der Mietzins nach Tagen bemessen ist, an jedem Tag zum Ablauf des folgenden Tages, wenn der Mietzins nach längeren Zeiträumen bemessen ist, spätestens am dritten Tag vor dem Tag, mit dessen Ablauf das Mietverhältnis enden soll. Zwischen der Kündigung und dem Ablauftermin müssen also zwei volle Tage liegen. Diese gesetzliche Kündigungsfrist muß dem Kündigungsempfänger ungekürzt erhalten bleiben. Fällt der letztmögliche Kündigungstermin auf einen Sonntag, Sonnabend oder gesetzlichen Feiertag, so gilt § 193 BGB nicht[43].

Gegen eine Abänderung der Kündigungsfristen durch individuelle Parteivereinbarung bestehen keine Bedenken. Wird eine nach Wochen oder Monaten bemessene Kündigungsfrist festgelegt, so ist diese voll einzuhalten. § 565 Abs. 1 Nr. 3 BGB ist nicht entsprechend heranzuziehen.

AGB oder vorformulierte Vertragsklauseln, die verschieden lange Kündigungsfristen für den Klauselverwender und den Vertragsgegner vorsehen, sollten kritisch beurteilt werden, obwohl dieser Umstand, wie die Zulässigkeit einseitiger Optionsrechte zeigt, nicht unbedingt für die Unwirksamkeit der Klausel spricht[44]. Bei groben Abweichungen (Beispiel: für eine Partei Mietvertrag auf dreißig Jahre, für die andere mit halbjähriger Frist kündbar[45]) ist die Klausel unangemessen. Eine Abkürzung der Kündigungsfristen bei der Raummiete ist möglich, denn beide Parteien werden hierdurch in gleicher Weise bevorzugt oder benachteiligt. Da es zulässig ist, Mietverträge auf bestimmte Zeit abzuschließen, liegt in der Ausbedingung längerer als der gesetzlichen Kündigungsfristen keine unangemessene Benachteiligung des Vertragsgegners[46]. Dies gilt auch bei der Miete beweglicher Sachen. Überlange Kündigungsfristen können jedoch bei einem Mietverhältnis auf unbestimmte Zeit überraschend (§ 3 AGBG) sein[47].

### 3.2.2 Kündigung vor Überlassung der Mietsache

Auch die ordentliche Kündigung eines nicht vollzogenen Mietverhältnisses ist zulässig[48]. Unklar ist jedoch, wann die für die Parteien geltende Kündigungsfrist zu laufen beginnt, wenn der Vertrag vor seinem Vollzug ordentlich gekündigt wird.

**258**

---

43) BGH, Urt. v. 28. 9. 1972 – VII ZR 186/71 = BGHZ 59, 265 = NJW 1972, 2083.
44) *Palandt/Putzo*, § 565 Anm. 1 B; *Emmerich/Sonnenschein*, § 565 Rz. 17.
45) OLG Hamm ZMR 1988, 386.
46) BGH, Urt. v. 8. 11. 1989 – VIII ZR 1/89 = ZIP 1990, 173 = WM 1990, 23 = NJW-RR 1990, 182; OLG Zweibrücken ZMR 1990, 106.
47) Vgl. *Wolf/Horn/Lindacher*, § 9 Rz. M 45; Grapentin in: Bub/Treier, IV. Rz. 136.
48) BGH, Urt. v. 21. 2. 1979 – VIII ZR 88/78 = BGHZ 73, 350 = WM 1979, 584 = NJW 1979, 1288; v. 29. 10. 1986 – VIII ZR 253/85 = BGHZ 99, 54 = EWiR § 566 BGB 1/87, 449 *(Eckert)* = WM 1987, 141 = NJW 1987, 948.

## A. Mietvertrag

Die überwiegende Meinung nahm früher an, die Kündigungsfrist beginne erst zum vereinbarten Überlassungstermin, so daß der Vermieter wenigstens ab Vertragsbeginn für die Dauer der Kündigungsfrist Mietzins fordern könne. Dem ist der Bundesgerichtshof entgegengetreten. Der Zweck der Kündigungsfrist besteht darin, dem Kündigungsempfänger genügend Zeit zu lassen, sich einen anderen Vertragspartner zu suchen. Dieser Grund trifft aber nicht nur dann zu, wenn das Mietverhältnis vollzogen ist, sondern in gleicher Weise auch vor Überlassung der Mietsache.

Macht der Vermieter jedoch besondere Aufwendungen, die erkennbar mit dem Mietvertrag in Zusammenhang stehen, so kann der Zweck der Kündigungsfrist auch darin liegen, eine bestimmte Mindestvertragsdauer zu gewährleisten. Dann darf der Vermieter erwarten, zumindest einen teilweisen Ausgleich seiner Aufwendungen durch die Mietzinszahlungen zu erlangen. In einem solchen Fall kann der Vertrag dahin ausgelegt werden, daß frühestens nach dem vereinbarten Überlassungstermin gekündigt werden darf.

Es ist nicht zu verkennen, daß sich eine Vertragspartei risikolos vom Vertrag lösen kann, wenn zwischen Vertragsschluß und dem vereinbarten Überlassungstermin noch ein großer Zeitraum liegt. Dem können die Parteien jedoch durch eine entsprechende Vereinbarung begegnen.

### 3.2.3 Änderungskündigung

**259** Vielfach wird das Mietverhältnis ordentlich gekündigt, weil eine der Parteien eine Vertragsänderung anstrebt. Eine solche Kündigung hat dieselben Rechtsfolgen wie jede andere Kündigung.

Es ist keine unzulässige Rechtsausübung, wenn der Vermieter nach Ablauf eines Mietvertrages auf Grund ordentlicher Kündigung die Mietsache nur in der Absicht herausverlangt, den bisherigen Mieter zur Vereinbarung eines höheren Mietzinses zu veranlassen. Dies gilt auch dann, wenn sich die Höhe der Forderung im wesentlichen aus dem Nutzungsinteresse des Mieters ergibt und das Grundstück nach seiner Lage und Beschaffenheit in anderer Weise als durch Fortsetzung des Mietverhältnisses für den Vermieter kaum nutzbar wäre[49].

### 3.3 Sonderkündigungsrechte

**260** In bestimmten Fällen gewährt das Gesetz ein Sonderkündigungsrecht, das nicht an eine Vertragsstörung anknüpft, sondern an ein bestimmtes Ereignis. Dieses Kündigungsrecht besteht auch bei Mietverhältnissen auf bestimmte

---

49) BGH, Urt. v. 18. 4. 1980 – V ZR 16/79 = WM 1980, 1073.

IV. Die Beendigung des Mietverhältnisses

Zeit, bei denen eine ordentliche Kündigung während der Vertragszeit ausgeschlossen ist. Aber auch wenn die gesetzliche oder vereinbarte ordentliche Kündigungsfrist länger ist als die gesetzliche Frist zur Ausübung des Sonderkündigungsrechtes, kann von diesem Recht Gebrauch gemacht werden. Haben die Parteien z. B. bei einem Mietverhältnis auf unbestimmte Zeit eine sechsmonatige Kündigungsfrist vereinbart, so kann das Mietverhältnis gleichwohl mit der kürzeren gesetzlichen Frist gekündigt werden.

### 3.3.1 Mietverhältnisse über mehr als dreißig Jahre (§ 567 BGB)

Einen Mietvertrag, der über mehr als dreißig Jahre geschlossen ist, kann nach Ablauf von dreißig Jahren jede Vertragspartei unter Einhaltung der „gesetzlichen" Kündigungsfrist (§ 565 Abs. 5 BGB) kündigen. Diese Vorschrift ist zwingend[50]. Sie greift auch ein, wenn der Mieter auf Grund eines Optionsrechts die Vertragszeit auf mehr als dreißig Jahre ausgedehnt hat, jedoch nicht, wenn die Parteien mehrere jeweils aufeinander folgende Mietverträge abgeschlossen haben und die Gesamtdauer der Verträge mehr als dreißig Jahre erreicht[51]. 261

Wurde der Vertrag auf Lebenszeit des Mieters oder Vermieters abgeschlossen, so ist die Kündigung auch nach dreißigjähriger Vertragsdauer ausgeschlossen (§ 567 Satz 2 BGB).

### 3.3.2 Tod des Mieters (§ 569 BGB)

Stirbt der Mieter, so können nach § 569 Abs. 1 Satz 1 BGB sein Erbe oder der Vermieter das Mietverhältnis unter Einhaltung der gesetzlichen Frist (§ 565 Abs. 5 BGB) kündigen[52]. Diese Vorschrift betrifft Mietverhältnisse über Grundstücke und bewegliche Sachen. Sie greift auch bei Leasingverträgen ein[53]. 262

Inwieweit § 569 BGB durch vorformulierte Klauseln abbedungen werden kann, ist in der Literatur umstritten[54]. Unzulässig ist jedenfalls, daß der Verwender das Kündigungsrecht des Vertragsgegners abbedingt, sein eigenes jedoch unberührt läßt.

---

50) BGH, Urt. v. 20. 11. 1967 – VIII ZR 92/65 = WM 1968, 7.
51) RGZ 165, 1, 21.
52) Beim Pachtvertrag nur der Erbe (§ 584 a Abs. 2 BGB); beachte aber die Sonderregelung für die Landpacht (§ 594 d BGB).
53) LG Gießen EWiR § 569 BGB 1/86, 1087 *(v. Westphalen)*.
54) Für Abdingbarkeit: MünchKomm-*Voelskow*, § 569 Rz. 10; dagegen: *v. Westphalen*, Der Leasingvertrag, Rz. 378; *Emmerich/Sonnenschein*, § 569 Rz. 17; *Ulmer/Brandner/Hensen*, §§ 9–11 Rz. 510; *Wolf/Horn/Lindacher*, § 9 Rz. M 44; *Sternel*, I. 388.

## A. Mietvertrag

Gemäß § 569 Abs. 1 Satz 2 BGB kann die Kündigung nur zum erstmöglichen Kündigungstermin ausgesprochen werden. Damit ist nicht der erstmögliche Termin nach dem Tod des Mieters gemeint; vielmehr knüpft diese Bestimmung an die tatsächliche Möglichkeit zur Kündigung an. Der kündigungsberechtigte Erbe muß also von seiner Erbenstellung unterrichtet sein. Der Vermieter muß wissen, wer Erbe ist[55]. Allerdings ist er gehalten, alles ihm nach den Umständen Zumutbare zu tun, um sich Gewißheit über die Person des Erben zu verschaffen; andernfalls verliert er sein Kündigungsrecht.

Sind mehrere Erben vorhanden, so ist von allen und gegenüber allen Miterben (§ 2040 BGB) zu kündigen. Anstelle des oder der Erben ist der Testamentsvollstrecker, Nachlaßverwalter, Nachlaßkonkursverwalter oder Nachlaßpfleger hinsichtlich der Kündigung aktiv und passiv legitimiert. Führt der Erbe des verstorbenen Mieters dessen Handelsgeschäft fort (§ 27 HGB), so kann er gleichwohl gemäß § 569 BGB das Mietverhältnis kündigen[56].

**263** Umstritten ist die Rechtslage beim Tod eines von mehreren Mietern. Da das Mietverhältnis nur insgesamt aufgelöst werden darf, kann es nicht mit Wirkung nur gegen den Erben gekündigt werden. Dies steht außer Zweifel. Fraglich ist jedoch, ob der Vermieter oder der Erbe des verstorbenen Mieters befugt sind, das Mietverhältnis auch mit Wirkung gegen den überlebenden Mitmieter zu beenden. Das Reichsgericht[57] hat eine vermittelnde Ansicht vertreten. Danach ist abzuwägen, ob nach den Umständen des einzelnen Falles unter Beachtung des Rechtsgedankens des § 569 BGB und unter Berücksichtigung des zwischen den mehreren Mietern bestehenden Innenverhältnisses der Erbe das Mietverhältnis mit Wirkung gegen alle Beteiligte kündigen kann. Zum Kündigungsrecht des Vermieters, für den dasselbe gelten muß, besagt die Entscheidung nichts.

Die Ansicht des Reichsgerichts hat den Nachteil, daß sie eine erhebliche Rechtsunsicherheit mit sich bringt. Insbesondere kann der Vermieter nicht abschätzen, ob auf Grund der Rechtsbeziehungen zwischen den mehreren Mietern seine Kündigung oder die des Erben gerechtfertigt ist.

Sachgerecht erscheint es daher, beim Tod eines von mehreren Mietern das Sonderkündigungsrecht des § 569 BGB nicht eingreifen zu lassen. Dies entspricht den Grundsätzen, die der Bundesgerichtshof zum Konkurs eines von mehreren Mietern entwickelt hat[58]. Wollen jedoch der Erbe *und* der überlebende Mieter das Mietverhältnis kündigen, so sollte dies im Rahmen des § 569 BGB zulässig sein.

---

55) LG Berlin ZMR 1988, 181.
56) RGZ 130, 52.
57) RGZ 90, 328, 330.
58) Urt. v. 26. 11. 1957 – VIII ZR 92/57 = BGHZ 26, 102 = NJW 1958, 421.

## IV. Die Beendigung des Mietverhältnisses

**264** Ungeklärt ist auch, inwieweit beim Tod eines persönlich haftenden Gesellschafters einer Personenhandelsgesellschaft, die als Mieterin auftritt, eine Kündigung gemäß § 569 BGB gerechtfertigt ist. Handelt es sich um eine Gesellschaft unter Familienmitgliedern und ist von vornherein vereinbart, daß bei einem Personenwechsel der Mietvertrag aufrechterhalten bleibt, so ist das Sonderkündigungsrecht ausgeschlosssen, denn der Personenwechsel soll ohne Bedeutung für das Mietverhältnis sein[59]. Besteht aber eine solche besondere Abrede nicht, so ist der Tod des Komplementärs einer Kommanditgesellschaft dem Tod des Mieters gleichzusetzen. Daß das Handelsgeschäft fortgeführt wird, schließt, wie erwähnt, das Sonderkündigungsrecht nicht aus. Bei Tod eines von mehreren Komplementären einer Kommanditgesellschaft oder eines Gesellschafters einer offenen Handelsgesellschaft ist die Rechtslage dieselbe wie beim Tod eines von mehreren Mietern.

Hat eine juristische Person gemietet, so besteht bei Tod ihres gesetzlichen Vertreters oder Organs kein Sonderkündigungsrecht. Dies gilt auch bei der sogenannten Ein-Mann-GmbH.

### 3.3.3 Verweigerung der Erlaubnis zur Untervermietung (§ 549 Abs. 1 Satz 2 BGB)[60]

**265** Ohne Einverständnis des Vermieters ist der Mieter nicht berechtigt, die Mietsache einem Dritten zu überlassen, insbesondere sie unterzuvermieten. Er hat keinen Anspruch auf Gestattung der Untervermietung, kann jedoch das Mietverhältnis unter Einhaltung der gesetzlichen Frist (§ 565 Abs. 5 BGB) kündigen, wenn der Vermieter die Erlaubnis verweigert oder eine erteilte Erlaubnis widerruft, ohne daß in der Person des vorgesehenen Untermieters ein wichtiger Grund vorliegt. Zudem steht dem Mieter wegen Entziehung des vertragsgemäßen Gebrauchs die fristlose Kündigung gemäß § 542 BGB zu[61], wenn er zur Untervermietung vertraglich berechtigt ist.

Seine Einwände gegen den in Aussicht genommenen Dritten hat der Vermieter darzulegen und gegebenenfalls zu beweisen.

Inwieweit ein wichtiger Grund vorliegt, der den Vermieter zur Versagung der Erlaubnis berechtigt, ist im Einzelfall unter Abwägung der Interessen der Vertragsparteien zu beurteilen. Dem Vermieter ist stets zuzubilligen, daß die Mietsache durch die Weiterüberlassung an einen Dritten nicht überbeansprucht werden darf. Bei der Raummiete muß der Charakter eines Geschäfts-

---

59) Vgl. BGH, Urt. v. 9. 12. 1974 – VIII ZR 157/73 = WM 1975, 99.
60) Nicht bei der Pacht.
61) BGH, Urt. v. 11. 1. 1984 – VIII ZR 237/82 = BGHZ 89, 308 = WM 1984, 343 = NJW 1984, 1031.

hauses unverändert bleiben. So ist der Vermieter berechtigt, die Erlaubnis zur Untervermietung zu versagen, wenn der Verwendungszweck der Mietsache grundlegend verändert und der vertragsgemäße Gebrauch nicht mehr eingehalten wird. Insbesondere braucht der Vermieter nicht die Umwandlung von Gewerberaum zu Wohnraum zu dulden, denn dies beeinträchtigt den Mietwert bei einer späteren Neuvermietung[62]. Die Erlaubnis kann ferner verweigert werden, wenn an Stelle *eines* Mieters eine Vielzahl von Untermietern die Mietsache nutzen soll, wenn von dem Untermieter eine Störung anderer Mieter zu befürchten ist oder wenn der Untermieter zu dem Vermieter, einem im Haus ansässigen Mieter oder einem anderen Mieter, dem der Vermieter Konkurrenzschutz schuldet, in Wettbewerb treten wird[63]. Auch persönliche Streitigkeiten und Abneigungen zwischen Vermieter und Untermieter sind beachtlich.

**266** Nach Ansicht des Reichsgerichts[64], der das Schrifttum weitgehend gefolgt ist, soll Insolvenz des Untermieters kein Versagungsgrund sein, weil der Mieter für den Mietzins haftet. Dem ist nicht zuzustimmen. Zunächst können unmittelbare Ansprüche des Vermieters gegen den Untermieter entstehen (vgl. Rz. 353 f), die bei Insolvenz des Untermieters nicht durchzusetzen sind. Außerdem werden im Zweifel die Mittel für die Bezahlung des Mietzinses durch den Einsatz der Mietsache erwirtschaftet. Ist der Mietzinsanspruch des Hauptmieters gegen den Untermieter nicht gesichert, so ist in vielen Fällen auch der Anspruch des Vermieters gegen den Hauptmieter gefährdet.

**267** Erlaubt der Vermieter die Überlassung der Mietsache an einen Dritten nur mit Einschränkungen, die im Mietvertrag keine Stütze finden, so kann der Mieter gleichfalls kündigen[65], z. B. wenn der Vermieter die Erlaubnis davon abhängig macht, daß in den Mieträumen ein bestimmtes Gewerbe betrieben wird. Fordert der Vermieter, ohne daß der Vertrag eine entsprechende Regelung enthält, Zahlung eines Zuschlags zum Mietzins für den Fall der Untervermietung, wird im Regelfall der Mieter berechtigt sein, das Mietverhältnis zu kündigen. Im Einzelfall kann allerdings die Abwägung der Interessen der Beteiligten ergeben, daß der Vermieter die Erlaubnis der Untervermietung von der Entrichtung eines Mietzinszuschlags abhängig machen darf.

Erlaubt der Vermieter nur hinsichtlich eines Teils der gemieteten Räume die Untervermietung oder untersagt er dem Mieter, einen Teil unterzuvermieten,

---

62) OLG Koblenz NJW-RR 1986, 1343 = MDR 1986, 496.
63) *Staudinger/Emmerich*, § 549 Rz. 36; MünchKomm-*Voelskow*, § 549 Rz. 34; *Soergel/Kummer*, § 549 Rz. 14.
64) RGZ 74, 176.
65) BGH, Urt. v. 8. 5. 1972 – VIII ZR 36/71 = BGHZ 59, 3 = WM 1972, 731 = NJW 1972, 1267.

## IV. Die Beendigung des Mietverhältnisses

ist der Mieter zur Kündigung des gesamten Mietverhältnisses berechtigt[66] (zur Teilkündigung in einem solchen Fall vgl. Rz. 246).

Die Kündigung des Mietverhältnisses muß nicht sofort nach Versagung der Erlaubnis zum nächstmöglichen Termin erfolgen. Vielmehr ist dem Mieter eine angemessene Überlegungsfrist zuzubilligen, damit er beurteilen kann, ob er das Mietobjekt gleichwohl nutzen kann. Diese Frist läuft jedenfalls nicht vor dem Zeitpunkt ab, zu dem er bis zum nächsten nach § 565 Abs. 5 BGB zulässigen Termin kündigen kann[67]. Eine weit zurückliegende Versagung der Untermieterlaubnis berechtigt nicht mehr zur außerordentlichen Kündigung. **268**

Die häufig anzutreffende Vertragsklausel, der Mieter sei nur mit Zustimmung des Vermieters zur Untervermietung berechtigt, schließt das Sonderkündigungsrecht nicht aus, denn sie wiederholt nur den Inhalt der gesetzlichen Regelung. **269**

Eine Klausel, daß Untervermietung nicht gestattet ist, stellt jedoch für die Zukunft klar, daß der Mieter nicht mit der Erlaubnis zur Untervermietung rechnen kann. Sie ist daher im Zweifel dahin auszulegen, daß damit auch das Sonderkündigungsrecht gemäß § 549 Abs. 1 BGB ausgeschlossen wird.

Gegen einen Ausschluß des Sonderkündigungsrechts durch Allgemeine Geschäftsbedingungen oder vorformulierte Vertragsklauseln werden im Schrifttum[68] vielfach Bedenken geäußert, wobei darauf verwiesen wird, eine solche Klausel verstoße gegen den Grundgedanken der gesetzlichen Regelung. Diese Bedenken sind jedoch nicht gerechtfertigt[69]. Das Interesse des Vermieters, die Mietsache nur dem ihm bekannten Mieter zur Nutzung zu überlassen und insoweit auf Einhaltung der vertraglichen Bindung zu bestehen, ist nicht unbillig. Auch bei Abschluß eines Formularvertrages sollte der Vermieter über die Art und Weise der Nutzung der Mietsache durch einen Dritten in jeder Hinsicht bestimmen können. Der Mieter wird auch nicht unangemessen benachteiligt, denn er kann vor Vertragsschluß bedenken, wie er die Mietsache nutzt. Im übrigen trägt er das Risiko der Verwendbarkeit der Mietsache für seine Zwecke. Der Bundesgerichtshof hat die Frage bisher offen gelassen[70].

---

66) BGH, Urt. v. 21. 2. 1973 — VIII ZR 44/71 = WM 1973, 383.
67) BGH, aaO (Fußn. 65).
68) *Staudinger/Emmerich*, § 549 Rz. 34 a; MünchKomm-*Voelskow*, § 549 Rz. 30; *Wolf/Horn/Lindacher*, § 9 M 78; *Löwe/v. Westphalen/Trinkner*, Miet-AGB Rz. 35; *Sternel*, II. Rz. 252 und IV. Rz. 487; *Bub* in: Bub/Treier, II. Rz. 506.
69) So auch OLG Düsseldorf EWiR § 857 ZPO 1/88, 829 *(Eckert)* = NJW 1988, 1676 = WM 1988, 880.
70) Urt. v. 11. 2. 1987 — VIII ZR 56/86 = ZIP 1987, 517 = EWiR § 549 BGB 2/87, 557 *(Eckert)* = WM 1987, 783 = NJW 1987, 1692; v. 4. 7. 1990 — VIII ZR 288/89 = ZIP 1990, 1133 = EWiR § 549 BGB 1/90, 971 *(Eckert)* = WM 1990, 1620.

### 3.3.4 Kündigung wegen beabsichtigter Verbesserung der Mieträume (§ 541 b Abs. 2 BGB)

**270** Will der Mieter eines Gebäudes oder von Räumen Maßnahmen zur baulichen Verbesserung des Mietobjekts oder zur Einsparung von Heizenergie nicht dulden (vgl. Rz. 206), so kann er das Mietverhältnis zum Ablauf des auf die Ankündigung der vorgesehenen Maßnahmen folgenden Monats kündigen. Das Kündigungsrecht ist ausgeschlossen, wenn das Vorhaben des Vermieters nur mit unwesentlichen Einwirkungen auf die Mieträume verbunden ist.

### 3.3.5 Erlöschen des Nießbrauchs (§ 1056 BGB) oder des Erbbaurechts (§ 30 ErbbaurechtsVO) und Eintritt der Nacherbfolge (§ 2135 BGB)

**271** Hat der Nießbraucher eines Grundstücks, der Vorerbe oder der Erbbauberechtigte über die Dauer seines Rechts hinaus das Grundstück oder Räume vermietet, so gelten nach Ablauf des Rechts die Regeln über die Veräußerung des Mietgrundstücks (Rz. 362 ff). Der Eigentümer tritt also in das bestehende Mietverhältnis ein. Er ist jedoch berechtigt, das Mietverhältnis in der gesetzlichen Frist des § 565 Abs. 5 BGB zu kündigen (§ 1056 Abs. 2 BGB, § 30 Abs. 2 ErbbaurechtsVO). Im Fall des Erlöschens des Erbbaurechts ist die Kündigung nur zu einem der ersten beiden Termine möglich; dem Eigentümer bleibt also im günstigsten Fall eine Überlegungsfrist von knapp zwei Monaten. Bei Erlöschen des Nießbrauchs und Eintritt der Nacherbfolge ist das Kündigungsrecht nicht zeitlich begrenzt. Andererseits soll der Mieter nicht mit der Ungewißheit belastet werden, ob der Eigentümer sein Sonderkündigungsrecht ausübt. Der Mieter kann daher in allen Fällen nach § 1056 Abs. 3 BGB bzw. § 30 Abs. 3 ErbbaurechtsVO dem Eigentümer eine angemessene Frist zur Entscheidung setzen; dieser kann dann nur noch bis zum Fristablauf kündigen.

Ist der Grundstückseigentümer Erbe des Nießbrauchers, rückt er also als Erbe in die Vertragsstellung ein, so ist das Sonderkündigungsrecht gem. § 1056 Abs. 2 BGB ausgeschlossen[71].

Verzichtet der Nießbraucher, Vorerbe oder Erbbauberechtigte vorzeitig auf sein Recht, so kann der Eigentümer frühestens nach Ablauf der vorgesehenen Nießbrauchs- bzw. Erbbaurechtsdauer kündigen (§ 1056 Abs. 2 BGB, § 30 Abs. 2 ErbbaurechtsVO).

---

71) BGH, Urt. v. 20. 10. 1989 – V ZR 341/87 = EWiR § 1056 BGB 1/90, 249 *(Michalski)* = WM 1990, 354 = NJW 1990, 443.

IV. Die Beendigung des Mietverhältnisses

### 3.3.6 Weitere Sonderkündigungsrechte

Wegen der Sonderkündigungsrechte im Falle des Konkurses, des Vergleichs und der Zwangsversteigerung wird auf Rz. 426 f, 439, 396 verwiesen. 272

### 3.4 Außerordentliche fristlose Kündigung

Die fristlose Kündigung hat zur Folge, daß das Mietverhältnis mit ihrem Zugang beendet ist. Der Mieter ist zur sofortigen Rückgabe der Mietsache verpflichtet; er hat keinen Anspruch auf Einräumung einer Rückgabefrist. Andererseits erlischt auch der Anspruch des Vermieters auf Mietzins mit Zugang der Kündigung; im voraus entrichteter Mietzins ist zu verrechnen. 273

#### 3.4.1 Entziehung oder Nichtgewährung des vertragsgemäßen Gebrauchs und gesundheitsgefährdender Zustand von Mieträumen (§§ 542, 544 BGB)

Bei Nichtgewährung oder Entzug des vertragsgemäßen Gebrauchs der Mietsache ist der Mieter zur fristlosen Kündigung berechtigt. Die Kündigung ist allerdings erst zulässig, wenn der Vermieter eine ihm gesetzte Abhilfefrist ungenutzt hat verstreichen lassen. Wegen der Einzelheiten wird auf Rz. 104 verwiesen.

Bei gesundheitsgefährdendem Zustand von Räumen, die zum Aufenthalt von Menschen bestimmt sind, ist der Mieter gleichfalls zur fristlosen Kündigung berechtigt. Auf dieses Kündigungsrecht kann nicht verzichtet werden. Es besteht auch dann, wenn der Mieter bei Vertragsschluß oder Überlassung der Räume deren Zustand kannte. Es setzt nicht voraus, daß der Mieter dem Vermieter eine Frist zur Abhilfe gesetzt hat. Im übrigen wird auf Rz. 105 Bezug genommen.

#### 3.4.2 Vertragswidriger Gebrauch der Mietsache (§ 553 BGB)

Gebraucht der Mieter oder Untermieter die Mietsache in vertragswidriger Weise (vgl. Rz. 201), so kann der Vermieter fristlos kündigen, wenn der Mieter den vertragswidrigen Gebrauch auch nach Abmahnung fortsetzt. Bei einer Mehrheit von Mietern genügt vertragswidriges Verhalten eines Mieters[72]; jedoch müssen alle Mieter abgemahnt werden. Voraussetzung der Kündigung ist stets, daß die Rechte des Vermieters in erheblicher Weise verletzt werden. 274

---

72) OLG Düsseldorf NJW-RR 1987, 1370.

Hierzu zählt insbesondere die unberechtigte Gebrauchsüberlassung an Dritte[73].

Die Kündigungsgründe hat der Vermieter zu beweisen.

### 3.4.3 Zahlungsverzug des Mieters (§ 554 BGB)

**275** Gerät der Mieter mit der Entrichtung des Mietzinses in Verzug, ist der Vermieter zur fristlosen Kündigung berechtigt,

1. wenn sich der Mieter mit zwei aufeinanderfolgenden Mietzinszahlungen in Verzug befindet oder

2. wenn er mit nicht unerheblichen Teilen zweier aufeinanderfolgender Mietzinsraten in Verzug ist (beide Fälle § 554 Abs. 1 Satz 1 Nr. 1 BGB) oder

3. wenn er mehrfach den Mietzins teilweise schuldig bleibt und der Rückstand die Höhe des Mietzinses für zwei Monate erreicht (§ 554 Abs. 1 Satz 1 Nr. 2 BGB).

Während die 1. und 3. Alternative eindeutige Tatbestände betreffen, können sich bei der 2. Alternative Unklarheiten ergeben. Was „nicht unerheblich" ist, richtet sich nicht nach dem für den einzelnen Termin rückständigen Mietzins, sondern nach dem gesamten Mietzinsrückstand. Dieser ist jedenfalls dann nicht mehr unerheblich, wenn er den Mietzins für einen Monat übersteigt[74].

Das Kündigungsrecht erfordert Verzug; somit muß die verspätete Zahlung auf Umständen beruhen, die der Mieter zu vertreten hat. Daß der Vermieter durch eine Barkaution abgesichert ist, hindert nicht den Eintritt des Verzuges. Auch bei Streit über die Höhe des Mietzinses oder über Gegenrechte des Mieters setzt die fristlose Kündigung nicht voraus, daß der Vermieter zuvor die Rückstände eingeklagt hat[75].

Ist der Mieter jedoch zur Zurückbehaltung des Mietzinses auf Grund der Einrede des nicht erfüllten Vertrages berechtigt oder schuldet er nur einen geminderten Mietzins, gerät er nicht in Verzug. Steht ihm hingegen nur ein Zurückbehaltungsrecht aus sonstigen Gründen (§ 273 BGB) zu, so hindert das Bestehen des Gegenrechts den Verzug nicht; der Mieter muß es ausdrücklich

---

73) BGH, Urt. v. 28. 11. 1984 – VIII ZR 186/83 = WM 1985, 233 = NJW 1985, 2527; Urt. v. 17. 12. 1986 – VIII ZR 328/85 = EWiR § 549 BGB 1/87, 229 (Eckert) = WM 1987, 431 = NJW-RR 1987, 526; OLG Hamburg NJW 1982, 1157; OLG Frankfurt ZMR 1988, 461 = NJW-RR 1989, 16; dazu Rz. 348.
74) BGH, Urt. v. 15. 4. 1987 – VIII ZR 126/86 = WM 1987, 932 = NJW-RR 1987, 903.
75) BVerfG, Beschl. v. 15. 3. 1989 – 1 BvR 1428/88 = NJW 1989, 1917.

## IV. Die Beendigung des Mietverhältnisses

geltend machen. Die bloße Einbehaltung der Zahlung steht dem nicht gleich[76].

Hat der Mieter fällige Gegenansprüche gegen den Vermieter, mit denen er aufrechnen kann, kommt er trotz der Aufrechnungslage in Verzug, solange er die Mietzinsforderung nicht durch die Aufrechnungserklärung erfüllt.Erklärt er unverzüglich nach Zugang der fristlosen Kündigung die Aufrechnung, so wird diese hinfällig (§ 554 Abs. 1 Satz 3 BGB).

Der Vermieter verliert sein Kündigungsrecht, wenn der Mieter zahlt, bevor ihm die Kündigung zugegangen ist. Diese Wirkung tritt nur ein, wenn der Mieter den vollen Zahlungsrückstand ausgleicht. Die Zahlung wesentlicher Teilbeträge reicht nicht aus[77]. Zahlt der Mieter nach Zugang der Kündigung den Rückstand, so wird die fristlose Kündigung nicht hinfällig (anders § 554 Abs. 2 Nr. 2 BGB bei Wohnraum). Kreuzen sich Zahlung und Kündigung, so ist die Kündigung unwirksam, wenn der Vermieter vor deren Zugang befriedigt war. Der Vermieter muß den Zeitpunkt des Zugangs der Kündigung beweisen, der Mieter den Zugang der Zahlung.

**276** Unsicher ist die Rechtslage bei ständiger verspäteter Zahlung. Mit Urteil vom 24. 2. 1959[78] hat der Bundesgerichtshof entschieden, daß der Mieter, der fortgesetzt verspätet den Mietzins zahlt, jeweils in Verzug kommt, auch wenn der Vermieter die verspäteten Zahlungen unbeanstandet entgegennimmt. Gerät der Mieter erstmals auf diese Weise mit zwei aufeinanderfolgenden Zahlungen in Verzug, so widerspricht es nicht Treu und Glauben, wenn der Vermieter nunmehr fristlos kündigt. Diese strenge Auffassung hat der Bundesgerichtshof später modifiziert[79]. Danach soll die Kündigung nach § 554 BGB ausgeschlossen sein, wenn der Vermieter längere Zeit unpünktliche Zahlungen widerspruchslos hingenommen hat. Es bedarf dann zur Wirksamkeit der Kündigung einer vorherigen Abmahnung. Diese kann jedoch in einer auf § 554 BGB gestützten, aber unwirksamen Kündigung liegen.

**277** Der Verzug mit Nebenkostenvorauszahlungen kann gleichfalls die fristlose Kündigung nach § 554 BGB rechtfertigen. Nebenkosten zählen im weitesten Sinn zum Überlassungsentgelt[80]. Da der Vermieter zur Erfüllung seiner Verbindlichkeiten gegenüber Versorgungsunternehmen, öffentlichen Kassen usw. auf den pünktlichen Eingang der Nebenkostenvorauszahlungen angewie-

---

76) BGH, Urt. v. 5. 5. 1971 – VIII ZR 59/70 = WM 1971, 1020.
77) Vgl. BGH, Urt. v. 14. 7. 1970 – VIII ZR 12/69 = WM 1970, 1141.
78) VIII ZR 33/58 = NJW 1959, 766.
79) Urt. v. 5. 5. 1971 – VIII ZR 59/70 = WM 1971, 1020; v. 22. 9. 1971 – VIII ZR 135/70 = WM 1971, 1439.
80) BGH, Urt. v. 28. 5. 1975 – VIII ZR 70/74 = WM 1975, 897; v. 15. 4. 1987 – VIII ZR 126/86 = EWiR § 554 BGB 2/87, 761 *(Sonnenschein)* = WM 1987, 932 = NJW-RR 1987, 903; OLG Koblenz NJW 1984, 2369.

## A. Mietvertrag

sen ist, muß er als Druckmittel zur Durchsetzung seiner Forderungen das Recht zur fristlosen Kündigung haben[81].

§ 554 BGB ist seinem Sinn nach jedoch nicht auf Nebenkostennachzahlungen anzuwenden[82]. Bei Verzug mit der Zahlung der vereinbarten Kaution greift § 554 BGB nicht ein, denn diese zählt nicht zum Überlassungsentgelt. Im übrigen kann sich der Vermieter durch Vereinbarung entsprechend hoher Vorauszahlungen dagegen schützen, daß sich aus der Abrechnung eine allzu hohe Nachzahlung ergibt.

**278** Das Recht, das Mietverhältnis wegen Zahlungsverzugs des Mieters nach § 554 BGB zu kündigen, wird vielfach nicht als ausreichender Schutz angesehen. Daher sollte es zulässig sein, ein Kündigungsrecht bei geringeren Rückständen, als in § 554 BGB vorgesehen, zu vereinbaren. Bei monatlicher oder quartalsweiser Mietzinszahlung ist eine Klausel, daß bereits der Zahlungsverzug von mehr als dreißig Tagen mit einer Mietzinsrate ausreicht, nicht unangemessen. Eine Klausel, die die fristlose Kündigung bei geringfügigem oder kurzfristigem Zahlungsverzug oder gar bei nicht zu vertretendem Zahlungsrückstand zuläßt, ist unangemessen und kann nicht geltungserhaltend auf den zulässigen Inhalt reduziert werden[83]. Nach Ansicht des Bundesgerichtshofs[84] muß darüber hinaus eine dem Mieter nachteilige Abweichung von § 554 BGB regelmäßig als unangemessen angesehen werden. Abweichungen werden nicht dadurch ausgeglichen, daß die Klausel in formeller Hinsicht die fristlose Kündigung von zusätzlichen Erfordernissen – etwa schriftliche Mahnung – abhängig macht. Kündigungsklauseln, die auf den Zahlungsrückstand anstatt auf – verschuldeten Verzug – abstellen, benachteiligen den Mieter unangemessen und sind daher nach § 9 AGBG unwirksam[85].

Unbedenklich ist auch eine Klausel, wonach der Vermieter bei mehrfachem Verzug mit einem Teil des Mietzinses zur Kündigung berechtigt ist (vgl. dazu Rz. 280), denn darin kann eine erhebliche Vertragsverletzung liegen.

---

81) OLG Frankfurt NJW-RR 1989, 973; dazu Nichtannahmebeschluß des BGH v. 25. 1. 1989 – VIII ZR 314/87.
82) LG Berlin MDR 1980, 670; LG Freiburg ZMR 1981, 370; OLG Koblenz NJW 1984, 2369.
83) BGH, Urt. v. 25. 3. 1987 – VIII ZR 71/86 = EWiR § 554 BGB 1/87, 665 *(Eckert)* = ZIP 1987, 916 = WM 1987, 904 = NJW 1987, 2506.
84) BGH (Fußn. 83); *Staudinger/Emmerich,* § 554 Rz. 44 d; *Ulmer/Brandner/Hensen,* Anh. § 9–11 Rz. 510.
85) BGH, Urt. v. 15. 4. 1987 (Fußn. 80); Urt. v. 22. 3. 1989 – VIII ZR 154/88 = EWiR § 9 AGBG 11/89, 525 *(Heinrichs)* = WM 1989, 799; OLG Düsseldorf NJW-RR 1989, 500.

IV. Die Beendigung des Mietverhältnisses

### 3.4.4. Vereinbarte Kündigungsgründe bei Verschlechterung der Vermögensverhältnisse des Mieters

279 Vorformulierte Vertragsklauseln, die das Recht zur fristlosen Kündigung bei Verschlechterung der Vermögenssituation des Mieters oder schon bei Anzeichen hierfür erweitern, sind in der Praxis häufig anzutreffen. Sie werden unterschiedlich beurteilt. Die Klausel, daß sich der Vermieter das Recht zur fristlosen Kündigung ausbedingt, wenn in das Vermögen des Mieters die Zwangsvollstreckung betrieben wird, hält beim Leasing, wohl auch bei der Vermietung beweglicher Sachen, der Inhaltskontrolle stand[86].

Zwangsvollstreckungsmaßnahmen deuten auf Verschlechterung der Vermögenssituation hin, denn sie zeigen, daß der Mieter selbst titulierte Forderungen nicht mehr erfüllen kann. Bei der Vermietung beweglicher Sachen besteht zudem die Gefahr, daß auch das Mietobjekt gepfändet wird und der Vermieter sich hiergegen mit der – lästigen – Drittwiderspruchsklage wehren muß.

Bei der Geschäftsraummiete hingegen mag dies anders sein; insoweit brauchte der Bundesgerichtshof sich nicht festzulegen.

Unbedenklich ist es, für den Fall der Konkurseröffnung eine kürzere Frist als die gesetzliche (§ 19 KO) auszubedingen[87].

Dasselbe sollte gelten, wenn ein Recht zur fristlosen Kündigung bei Eröffnung des Konkursverfahrens über das Vermögen des Mieters ausbedungen wird[88]. Eine solche Klausel entfernt sich nicht weit vom Regelungsgehalt des § 19 KO. Im übrigen geht dem Konkursantrag regelmäßig zumindest ein fruchtloser Vollstreckungsversuch voraus.

Werden Tatbestände, die zur fristlosen Kündigung berechtigen sollen, unklar oder unzureichend beschrieben, so hält eine dahingehende Klausel der Inhaltskontrolle nicht stand. So hat der Bundesgerichtshof die Klausel, daß ungünstige Auskünfte über den Mieter oder Umstände, die auf Verschlechterung der Vermögensverhältnisse hindeuten, zur fristlosen Kündigung berechtigen, beanstandet[89].

Die Formulierung: „Zahlungsverzug, nicht pünkliche Einlösung von Wechseln/Schecks sowie bei Zweifeln an der Zahlungsfähigkeit oder Kreditwürdigkeit ..." ist im Hinblick auf den Grundgedanken des § 321 BGB bedenklich[90].

---

86) BGH, Urt. v. 7. 12. 1983 – VIII ZR 257/82 = ZIP 1984, 115 = WM 1984, 163 = NJW 1984, 871.
87) BGH, Urt. v. 6. 6. 1984 – VIII ZR 65/83 = ZIP 1984, 1114 = WM 1984, 1217.
88) v. *Westphalen*, BB 1988, 218, 224.
89) BGH, Urt. v. 6. 10. 1982 – VIII ZR 201/81 = WM 1982, 1354 = NJW 1983, 159, 162; v. 29. 2. 1984 – VIII ZR 350/82 = WM 1984, 663 = NJW 1985, 53; v. 8. 10. 1990 – VIII ZR 247/90 = ZIP 1990, 1406 = EWiR § 9 AGBG 16/90, 1149 *(v. Westphalen)* = NJW 1991, 102.
90) BGH, Urt. v. 26. 11. 1984 – VIII ZR 188/83 = ZIP 1985, 288 = EWiR § 321 BGB 1/85, 57 *(v. Westphalen)* = WM 1985, 167 = NJW 1985, 1220.

A. Mietvertrag

Das Schrifttum steht Kreditunwürdigkeitsklauseln generell sehr kritisch gegenüber[91].

Bemerkenswert ist, daß der BGH bei einer Vermischung unbestimmter Kreditunwürdigkeitsmerkmale mit genau bezeichneten Sachverhalten („bei ungünstigen Auskünften über den Mieter sowie bei Konkurs- oder Vergleichsverfahren oder ähnliches") die Klausel nicht insgesamt für unwirksam erklärt, sondern mit dem unbeanstandeten Inhalt („bei Konkurs- oder Vergleichsverfahren") aufrechterhält[92].

### 3.4.5 Erhebliche Vertragsverletzungen (§ 554 a BGB)

280 Als Auffangtatbestand gewährt § 554 a BGB ein Recht zur fristlosen Kündigung, wenn eine Vertragspartei ihre Pflichten so nachhaltig verletzt, daß der anderen die Fortsetzung des Mietverhältnisses nicht mehr zugemutet werden kann. Voraussetzung der Kündigung ist ein vertragswidriges Verhalten, das zu vertreten ist. Die Partei, die die andere zur Vertragsverletzung provoziert, kann in der Regel deswegen nicht kündigen. Ob die Fortsetzung des Mietverhältnisses unzumutbar ist, ist im Rahmen einer Gesamtabwägung aller Umstände zu entscheiden[93].

Anwendungsfälle sind die grundlose Erfüllungsverweigerung durch unbegründete Kündigung oder Anfechtung (vgl. oben Rz. 128), die in aller Regel die Unzumutbarkeit der Fortsetzung des Mietverhältnisses nach sich ziehen. In Betracht kommen auch grobe Ungehörigkeiten einer Partei, aber auch die Verletzung von Nebenabsprachen. So hat der Bundesgerichtshof im Fall einer Vereitelung des Vormietrechts des Mieters hinsichtlich weiterer, bisher nicht gemieteter Räume die Kündigung gemäß § 554 a BGB zugelassen[94].

Auch ständige unpünktliche Mietzinszahlungen des Mieters trotz Mahnungen des Vermieters können nach § 554 a BGB zur Kündigung berechtigen[95], wenn diese nicht nach § 554 BGB begründet ist, weil der Mieter darauf achtet, die dort gesetzten Grenzen nicht zu überschreiten. § 554 BGB besagt keineswegs, daß bei Zahlungsverzug des Mieters nur unter den dort genannten Voraussetzungen ein Kündigungsrecht besteht, schließt also die Anwendung des § 554 a BGB nicht aus. Die Zahlungsrückstände

---

91) Ulmer/Brandner/Hensen, § 10 Nr. 3 Rz. 15; Staudinger/Schlosser, § 10 Nr. 3 AGBG Rz. 13; v. Westphalen, EWiR § 321 BGB 1/85, 57.
92) Urt. v. 29. 2. 1984 – VIII ZR 350/82 = WM 1984, 663 = NJW 1985, 53.
93) BGH, Urt. v. 4. 12. 1985 – VIII ZR 33/85 = WM 1986, 172; OLG Düsseldorf EWiR § 553 BGB 1/90, 347 (Sonnenschein).
94) Urt. v. 6. 2. 1974 – VIII ZR 239/72 = WM 1974, 345.
95) BGH, Urt. v. 23. 9. 1987 – VIII ZR 265/86 = EWiR § 554a BGB 1/88, 35 (Eckert) = WM 1988, 62 = NJW 1988, 77.

## IV. Die Beendigung des Mietverhältnisses

und der Zeitraum der unpünktlichen Zahlungen müssen erheblich sein, um eine Kündigung nach § 554 a BGB zu rechtfertigen. Für die Unzumutbarkeit einer Fortsetzung des Mietverhältnisses sprechen insbesondere gerichtliche Auseinandersetzungen und Zwangsvollstreckungsmaßnahmen. Obwohl § 554 a BGB nur für die Raummiete gilt, sollte bei der Vermietung beweglicher Sachen nichts anderes gelten. Nachträgliches Wohlverhalten — Ausgleich der Rückstände und pünktliche Zahlung der fällig werdenden Mietzinsraten — lassen die Kündigung nicht hinfällig werden.

Bei Weigerung des Mieters, die vereinbarte Kaution zu erbringen, oder bei Zahlungsunvermögen wird das Sicherungsbedürfnis des Vermieters erheblich tangiert. In solchen Fällen kann eine fristlose Kündigung nach § 554a BGB in Betracht zu ziehen sein, insbesondere dann, wenn der Mieter auch im übrigen fällige Zahlungen nicht pünktlich leistet.

Die Kündigung des Mietverhältnisses wegen schuldhafter Vertragsverletzungen ist an keine Frist gebunden. Sie braucht nicht sofort erklärt zu werden; ein zu langes Abwarten des Kündigenden berechtigt indessen zu dem Schluß, daß trotz der Vertragsstörung die Fortsetzung des Mietverhältnisses für ihn nicht unzumutbar ist[96].

### 3.4.6 Kündigung aus wichtigem Grund

Trotz der Regelung in § 554 a BGB gewährt die Rechtsprechung ein Recht zur außerordentlichen Kündigung aus wichtigem Grund, das auf dem Grundsatz von Treu und Glauben beruht. Danach ist die Kündigung gerechtfertigt, wenn einem der Vertragspartner die Fortsetzung des Mietverhältnisses nicht mehr zugemutet werden kann. Zu den dabei zu berücksichtigenden Umständen kann auch ein Verhalten vor Vertragsschluß herangezogen werden[97]. Zur Kündigung aus wichtigem Grund berechtigt insbesondere eine nachhaltige Zerrüttung des Vertrauensverhältnisses, ohne daß nachzuweisen ist, daß eine der Parteien dies allein oder überwiegend zu vertreten hat[98]. Eine vorherige Abmahnung ist nicht erforderlich, denn diese ist nicht geeignet, das Vertrauensverhältnis wiederherzustellen.

Darüber hinaus kann in diesem Fall des denkbaren, praktisch aber seltenen Wegfalls der Geschäftsgrundlage (vgl. Rz. 52, 53) ein Recht zur Kündigung aus wichtigem Grund in Betracht kommen. Bedeutsam ist hierbei, daß Umstände

---

96) BGH, Urt. v. 23. 3. 1983 — VIII ZR 336/81 = WM 1983, 660; v. 3. 10. 1984 — VIII ZR 118/83 = WM 1984, 1537.
97) Vgl. BGH, Urt. v. 21. 12. 1977 — VIII ZR 119/76 = WM 1978, 271.
98) Vgl. BGH, Urt. v. 22. 2. 1963 — V ZR 100/61 = NJW 1963, 1451; v. 4. 6. 1969 — VIII ZR 134/67 = WM 1969, 959 = NJW 1969, 1845; v. 21. 12. 1977 — VIII ZR 119/76 = WM 1978, 271.

aus dem eigenen Risikobereich niemals das Recht gewähren, sich von dem Vertrag zu lösen[99].

Sind die formellen Voraussetzungen für eine fristlose Kündigung nach § 542 BGB (dazu oben Rz. 104) nicht erfüllt, so kann derselbe Kündigungsgrund nicht zum Anlaß einer fristlosen Kündigung aus wichtigem Grund genommen werden, sofern nicht weitere, das Vertragsverhältnis erheblich gefährdende Umstände hinzutreten[100].

Bei Vermietung an mehrere Mieter berechtigt Streit unter diesen oder Auflösung ihrer Gesellschaft den Vermieter nicht zur Kündigung aus wichtigem Grund[101]; Einigkeit auf der Mieterseite gehört nicht zur Geschäftsgrundlage des Vertrages.

### 4. Aufhebungsvertrag

**282** Im Rahmen der Vertragsfreiheit können die Parteien jederzeit das Mietverhältnis einverständlich auflösen. Formbedürftig ist ein solcher Vertrag nicht. Er kommt, wie jeder andere Vertrag, durch Angebot und Annahme zustande.

Die Angebotserklärung muß deutlich erkennen lassen, daß der Vertragspartner das Mietverhältnis einverständlich aufzuheben wünscht. Infolgedessen kann eine unwirksame Kündigung nur unter besonderen Umständen in ein Angebot auf einverständliche Vertragsaufhebung umgedeutet werden (vgl. Rz. 256).

Auch die Annahme muß deutlich erklärt werden; konkludentes Verhalten kann ausreichen. Zur Frage, wie Schweigen auf ein auf Vertragsauflösung gerichtetes Angebot zu werten ist, hat der Bundesgerichtshof mit Urteil vom 24. 9. 1980[102] Stellung genommen. Schweigen gilt danach, auch unter Kaufleuten, grundsätzlich nicht als Zustimmung. Es besteht keine Pflicht, auf rechtserhebliche Erklärungen der Gegenseite zu reagieren. Auch das Mietverhältnis begründet keine besonders enge oder gar persönliche Verbindung zwischen den Parteien, so daß sich hieraus keine Pflicht herleiten läßt, Erklärungen der Gegenseite zu beantworten. Bei der Prüfung, ob ein Vertragsangebot stillschweigend angenommen wurde, ist weiterhin die Interessenlage des Schweigenden zu beachten. Bringt der angebotene Aufhebungsvertrag für ihn rechtliche oder wirtschaftliche Nachteile, kann das Schweigen

---

99) BGH, Urt. v. 7. 7. 1971 – VIII ZR 10/70 = WM 1971, 1300; v. 10. 12. 1980 – VIII ZR 186/79 = WM 1981, 66.
100) BGH, Urt. v. 1. 7. 1987 – VIII ZR 117/86 = ZIP 1987, 1187 = WM 1987, 1131 = NJW 1988, 204.
101) OLG Düsseldorf MDR 1989, 641.
102) VIII ZR 299/79 = WM 1980, 1397 = NJW 1981, 43.

## IV. Die Beendigung des Mietverhältnisses

kaum als Zustimmung gewertet werden. Da in diesem Fall die Bereitschaft zur Annahme des Vertragsantrags besonders gering sein wird, kann auch der Antragende nicht mit einer Annahme rechnen, solange sie nicht ausdrücklich erklärt ist.

Auch wenn die Vertragspartei, die der Gegenseite die Aufhebung des Vertrages vorschlägt, ihrem Schreiben hinzufügt, sie gehe von der Zustimmung des Vertragsgegners aus, falls dieser keine anderweitige Äußerung abgebe, gilt nichts anderes. Auf diese Weise läßt sich eine Beantwortung nicht erzwingen.

Jedoch greifen unter Kaufleuten die Grundsätze des kaufmännischen Bestätigungsschreibens ein, wenn sie sich mündlich auf die Vertragsaufhebung geeinigt haben und eine der Vertragsparteien dies schriftlich bestätigt. Antwortet nunmehr die Gegenseite nicht, so wird der Aufhebungsvertrag mit den schriftlich niedergelegten Modalitäten geschlossen.

Selbst wenn der Mieter die Mietsache vorzeitig zurückgibt oder räumt und der Vermieter die Mietsache oder die ihm zugesandten Schlüssel annimmt, kommt kein Aufhebungsvertrag zustande, denn dem Vermieter bleibt nichts anderes übrig, als die Sachen, die der Mieter nicht behalten will, in Obhut zu nehmen[103]. Dies gilt auch dann, wenn der Mieter eine unberechtigte Kündigung zurückgewiesen und seinerseits eine Vertragsauflösung zu einem späteren Termin vorgeschlagen hatte[104]. Auch eine Weitervermietung vorzeitig zurückgegebener Sachen läßt nicht darauf schließen, daß der Vermieter mit der vom Mieter angestrebten Vertragsauflösung einverstanden ist, denn die Weitervermietung erfolgt in der Regel, um den Parteien Nachteile infolge der Nichtbenutzung der Mietsache zu ersparen. Eine schlüssige Aufhebung des Hauptmietvertrages liegt auch dann nicht vor, wenn nach Auszug des bisherigen Hauptmieters der Untermieter die Sache weiter nutzt und hierfür unmittelbar an den Vermieter ein Entgelt zahlt[105].

Selbst dann, wenn sich der Mieter dem Druck einer vom Vermieter ausgesprochenen unbegründeten Kündigung beugt und das Mietobjekt zurückgibt, ist dies nicht zwingend als Vertragsaufhebung anzusehen[106].

Im Einzelfall ist es zwar nach der Entscheidung des Bundesgerichtshofs vom 24. 9. 1980[107], wie sein Hinweis auf die Interessenlage zeigt, nicht

---
103) BGH, aaO (Fußn. 102).
104) BGH, Urt. v. 4. 2. 1984 – VIII ZR 206/82 = WM 1984, 171.
105) OLG Düsseldorf ZMR 1988, 202.
106) BGH, Urt. v. 26. 6. 1963 – VIII ZR 54/62 = WM 1963, 867; vgl. auch OLG Karlsruhe NJW 1982, 54.
107) BGH, aaO (Fußn. 102).

## A. Mietvertrag

ausgeschlossen, eine stillschweigende Annahme eines auf Vertragsauflösung gerichteten Angebots anzunehmen, jedoch ist insoweit äußerste Zurückhaltung geboten.

Beweispflichtig für das Zustandekommen eines Aufhebungsvertrages ist derjenige, der sich darauf beruft.

283  Besteht auf der Mieterseite eine Personenmehrheit, kann jeder einzelne Mieter unabhängig von dem anderen sein Ausscheiden aus dem Mietverhältnis mit dem Vermieter vereinbaren. Eine solche Absprache wirkt sich nur unter den unmittelbar Beteiligten aus; der Mieter hat keinen Anspruch auf Gebrauchsgewährung mehr, der Vermieter keinen Anspruch auf Mietzinszahlung gegen den ausgeschiedenen Mieter. Das Innenverhältnis zwischen den mehreren Mietern wird nicht berührt. Der Ausgeschiedene ist also weiterhin zum Ausgleich untereinander verpflichtet (§ 432 BGB).

Nach anderer Ansicht[108] kommt ein Aufhebungsvertrag zwischen dem Vermieter und einem von mehreren Mietern ohne Einverständnis des oder der Mitmieter erst gar nicht zustande.

284  In dem Aufhebungsvertrag werden häufig sämtliche Folgen der Vertragsbeendigung im einzelnen niedergelegt, insbesondere auch zusätzliche Zahlungen vereinbart[109]. Für derartige, sich aus der Vereinbarung über die vorzeitige Vertragsauflösung ergebende Ansprüche gilt nicht ohne weiteres ein im Mietvertrag zu Lasten des Mieters enthaltenes Verbot der Aufrechnung[110].

### 5. Stillschweigende Verlängerung des Mietverhältnisses

285  Nach § 568 BGB verlängert sich ein Mietverhältnis auf unbestimmte Zeit, wenn der Mieter oder ein Dritter, dem er die Mietsache überlassen hat, nach Vertragsende den Gebrauch der Mietsache fortsetzt, sofern nicht eine der Vertragsparteien innerhalb von zwei Wochen ihren entgegenstehenden Willen erklärt. Diese Bestimmung soll im Interesse beider Parteien einen vertragslosen Zustand und die damit verbundene Rechtsunsicherheit verhindern.

Eine Fortsetzung des Mietgebrauchs liegt immer dann vor, wenn dessen Art und Umfang, wie er bis zum Vertragsende ausgeübt wurde, über diesen Zeitpunkt hinaus tatsächlich aufrechterhalten bleibt. Eine Einschränkung oder Aufhebung der Gebrauchstauglichkeit hindert eine Vertragsverlängerung nach

---

108) OLG Celle WuM 1982, 102 und BayObLG WuM 1983, 107.
109) Zur Umsatzsteuer auf Abfindungen: OLG Düsseldorf EWiR § 557 BGB 1/85, 849 *(Eckert)* = ZMR 1985, 297; zur formularmäßigen Vereinbarung einer Pauschale für erhöhten Verwaltungsaufwand: OLG Hamburg ZMR 1990, 270 = NJW-RR 1990, 909.
110) Vgl. BGH, Urt. v. 13. 10. 1982 – VIII ZR 155/81 = WM 1982, 1329.

## IV. Die Beendigung des Mietverhältnisses

§ 568 BGB nicht[111]. Da tatsächlicher Gebrauch der Mietsache nicht erforderlich ist[112], können der Mieter oder Vermieter nicht einwenden, der Mieter habe die Sache nicht mehr genutzt. Nutzt der Untermieter das Mietobjekt in der bisherigen Weise weiter, so ist dies eine Fortsetzung des Mietgebrauchs durch den Mieter, mag er auch selbst damit nicht einverstanden sein. Entscheidend ist die tatsächliche Situation.

Nur der ausdrücklich erklärte Widerspruch schließt die Rechtsfolge des § 568 BGB aus. Bei mehreren Mietern oder Vermietern genügt der Widerspruch eines von ihnen. Der übereinstimmende Wille von Vermieter und Mieter, die beide das Mietverhältnis als beendet ansehen, reicht nicht aus[113]. Trotz des Wortlauts enthält § 568 BGB keine widerlegliche Vermutung, sondern schreibt als Folge des unterlassenen Widerspruchs die Vertragsverlängerung zwingend vor.

Die zweiwöchige Frist beginnt für den Mieter mit dem Zeitpunkt der Fortsetzung des Mietgebrauchs, für den Vermieter in dem Zeitpunkt, in dem er davon erfährt.

Diese Bestimmung, die häufig übersehen wird, gilt für alle privatrechtlichen Beendigungsgründe, auch für die fristlose Kündigung[114]. Sie greift grundsätzlich auch bei der einverständlichen Aufhebung des Mietverhältnisses ein[115], ist jedoch nicht anzuwenden, wenn die Parteien in einer Räumungsvereinbarung erklären, den Vertrag nicht fortsetzen zu wollen[116], oder wenn die Parteien im Rahmen eines Prozeßvergleichs das Mietverhältnis beenden und damit gleichzeitig einen vollstreckbaren Räumungstitel schaffen.

Der Widerspruch gegen die Verlängerung des Mietverhältnisses ist nach dem Gesetzeswortlaut nach Vertragsende zu erklären. Es reicht jedoch aus, wenn der Widerspruch vor Ablauf des Vertrages, jedoch im zeitlichen Zusammenhang mit dem Ablauftermin erhoben wird[117]. Insbesondere kann er schon im Kündigungsschreiben enthalten sein[118]. Ob eine fristlose Kündigung stets auch ohne ausdrücklichen Widerspruch diesen zum Inhalt hat, ist fraglich. Der

---

111) A. A. OLG Koblenz EWiR § 568 BGB 1/90, 1075 *(Eckert)* = NJW-RR 1989, 1526.
112) *Staudinger/Emmerich,* § 568 Anm. 15; MünchKomm-*Voelskow,* § 568 Rz. 13.
113) BGH, Urt. v. 9. 4. 1986 – VIII ZR 100/85 = EWiR § 568 BGB 1/86, 561 *(Eckert)* = WM 1986, 914 = NJW-RR 1986, 1020.
114) BGH, Urt. v. 26. 3. 1980 – VIII ZR 150/79 = WM 1980, 805 = NJW 1980, 1577.
115) A. A. MünchKomm-*Voelskow,* § 568 Rz. 11; *Palandt/Putzo,* § 568 Anm. 1 b; für Auslegung des Aufhebungsvertrages im Einzelfall: *Staudinger/Emmerich,* § 568 Rz. 11; *Grapentin,* in: Bub/Treier, IV. Rz. 288.
116) BGH, Urt. v. 20. 2. 1965 – VIII ZR 76/63 = WM 1965, 411.
117) BGH, Urt. v. 8. 1. 1969 – VIII ZR 184/66 = WM 1969, 298; Urt. v. 9. 4. 1986 (Fußn. 113); BayObLG ZMR 1982, 16.
118) Vgl. OLG Hamburg NJW 1981, 2258; OLG Schleswig NJW 1982, 449.

## A. Mietvertrag

Bundesgerichtshof[119] nimmt einen Widerspruch jedenfalls dann an, wenn in der Kündigung die Gründe, aus denen sich die Unzumutbarkeit der Fortsetzung des Mietverhältnisses ergibt, ausdrücklich genannt werden. Nach Ansicht des OLG Schleswig[120] bringt der Vermieter mit der fristlosen Kündigung, selbst wenn er eine Räumungsfrist gewährt, einen der Fortsetzung des Mietverhältnisses entgegenstehenden Willen zum Ausdruck.

Der Widerspruch ist in jedem Fall in der Erhebung der Klage auf Rückgabe oder Räumung des Mietobjekts enthalten. Allerdings muß diese innerhalb der Widerspruchsfrist anhängig gemacht und zugestellt werden. „Demnächstige" Zustellung nach Einreichung der Klage (§ 270 Abs. 3 ZPO) genügt nicht[121]. § 270 Abs. 3 ZPO gilt nur, wenn die Fristwahrung nur unter Mitwirkung des Gerichts möglich ist, nicht hingegen, wenn die Frist durch Willenserklärung eingehalten werden kann[122].

§ 568 BGB ist abdingbar[123]. Auch eine dahingehende vorformulierte Vertragsklausel ist nicht unangemessen[124]. Das Risiko, von den ungewollten Folgen des § 568 BGB überrascht zu werden, ist für beide Teile gleich groß. Die Vereinbarung eines Optionsrechts (oben Rz. 25 ff.) oder die Klausel, daß die Parteien gehalten sind, bei Vertragsende über eine Neu- oder Weitervermietung zu verhandeln, ist im Zweifel nicht als Ausschluß des § 568 BGB auszulegen.

Die sich auf die Vertragsverlängerung berufende Partei hat nachzuweisen, daß der Mieter nach Vertragsende den zuvor bestehenden Zustand fortgesetzt hat. Derjenige, der behauptet, diese Wirkung durch seinen Widerspruch verhindert zu haben, muß die Erklärung und den Zugang des Widerspruchs beweisen.

Im übrigen gelten für den Widerspruch die allgemeinen Grundsätze für die Kündigung, so hinsichtlich Zugang, Form, Vollmacht und Personenmehrheiten.

---

119) Urt. v. 16. 9. 1987 – VIII ZR 156/86 = WM 1988, 88 = NJW-RR 1988, 76; offen gelassen im Urt. v. 26. 3. 1980 – VIII ZR 150/79 = WM 1980, 805 = NJW 1980, 1577.
120) NJW 1982, 449.
121) OLG Stuttgart NJW-RR 1989, 788 = ZMR 1987, 179; LG Paderborn MDR 1984, 581; *Sonnenschein*, NJW 1984, 2121, 2130.
122) BGH, Urt. v. 11. 10. 1974 – V ZR 25/73 = NJW 1975, 39; *Baumbach/Lauterbach/Albers/Hartmann*, § 270 Anm. 4.B.b.
123) BGH, Urt. v. 20. 2. 1965 – VIII ZR 76/63 = WM 1965, 411.
124) Vgl. OLG Hamm NJW 1983, 826; MünchKomm-*Voelskow*, § 568 Rz. 9; *Sonnenschein*, NJW 1984, 2130; *Eckert*, EWiR § 568 BGB 1/86, 561; a. A. *Emmerich/Sonnenschein*, § 568 Rz. 10.

IV. Die Beendigung des Mietverhältnisses

**6. Erlöschen einer juristischen Person**

Das Erlöschen einer juristischen Person bringt auch das Mietverhältnis zum Untergang[125]. Jedoch hat nur das Erlöschen im strengen Sinn diese Rechtswirkung (z. B. § 74 BGB, § 273 AktG).  **286**

Die Auflösung einer Aktiengesellschaft oder Gesellschaft mit beschränkter Haftung berührt das Mietverhältnis nicht, denn hierdurch wandelt sich die zuvor werbende in eine Liquidationsgesellschaft um. Die Auflösung gibt auch kein Sonderkündigungsrecht des Vermieters oder Mieters. Denkbar und interessengerecht wäre es, § 569 BGB (vgl. Rz. 262) entsprechend heranzuziehen[126], denn den Liquidatoren muß daran gelegen sein, ein langfristiges Mietverhältnis vorzeitig beenden zu können. Andererseits wird auch der Vermieter daran interessiert sein, die Mietsache nicht einem in Liquidation befindlichen Unternehmen weiter überlassen zu müssen.

Umwandlung und Verschmelzung von Handelsgesellschaften bewirken eine Universalsukzession, berühren also nicht den Bestand eines Mietverhältnisses.

**7. Aufhebung des Mietverhältnisses durch Verwaltungsakt**

Mietverhältnisse können insofern der Parteiautonomie entzogen sein, als sie durch Verwaltungsakt, also nicht durch privatrechtliche Gestaltung, aufgehoben werden können.  **287**

Eine solche Möglichkeit sieht § 61 Abs. 1 Baugesetzbuch[127] (BauGB, früher Bundesbaugesetz (BBauG)) vor. Danach darf ein Mietverhältnis über ein Grundstück, das in einem Umlegungsgebiet liegt, durch Anordnung der Gemeinde beendet werden. Außerdem können durch Enteignung gemäß § 86 Abs. 1 Nr. 3 BauGB (früher § 86 BBauG) Rechte entzogen werden, die zum Besitz oder zur Nutzung eines Grundstücks berechtigen; hierzu zählt das Nutzungsrecht auf Grund eines Mietvertrages.

Nach § 182 Abs. 1 BauGB (früher § 27 Städtebauförderungsgesetz (StBFG)) können Mietverhältnisse über Grundstücke, die in einem Sanierungsgebiet liegen, auf Antrag des Eigentümers oder in Hinblick auf ein städtebauliches Gebot mit einer Frist von sechs Monaten aufgehoben werden. Vor der Aufhebung eines Mietverhältnisses über Geschäftsraum hat die Gemeinde mit dem Mieter die Möglichkeit einer anderweitigen Unterbringung zu erör-

---

125) RG HRR 1942, Nr. 257.
126) *Erman/Schopp*, § 569 Rz. 5; a. A. *Brandner*, NJW 1960, 127; MünchKomm-*Voelskow*, § 569 Rz. 5; *Emmerich/Sonnenschein*, § 569 Rz. 5.
127) BGBl I. 1986, 2191; in Kraft getreten am 1. 7. 1987.

## A. Mietvertrag

tern. Strebt der Mieter eine solche an, so *soll* die Gemeinde das Mietverhältnis erst aufheben, wenn angemessener Ersatzraum zur Verfügung steht.

Bei Nutzungsänderung kann das Mietverhältnis auf Antrag des Eigentümers aufgehoben werden, wenn es der neuen Nutzung entgegensteht (§ 183 BauGB).

Auch der Mieter vermag auf die Beendigung des Mietverhältnisses hinzuwirken. Nach § 182 Abs. 3 BauGB (früher § 27 Abs. 4 StBFG) kann er beantragen, daß die Gemeinde das Mietverhältnis aufhebt, wenn die Erwerbsgrundlage seines Geschäftes durch die Durchführung der Sanierung derart beeinträchtigt wird, daß ihm die Fortsetzung des Mietverhältnisses nicht mehr zuzumuten ist. Diese Regelung ist insofern wichtig, als sie dem Mieter einen Weg zur Auflösung des Mietverhältnisses eröffnet, auch wenn er wegen der Durchführung der Sanierung keine privatrechtliche Vertragsauflösung erreichen kann.

Wird ein Mietverhältnis durch Verwaltungsakt aufgehoben oder wird ein Nutzungsrecht durch Enteignung entzogen, so sind die Beteiligten wegen der Nachteile, die sie durch die vorzeitige Vertragsaufhebung erleiden, angemessen zu entschädigen[128].

Da das Mietverhältnis nicht mehr der Parteidisposition unterliegt, scheidet eine stillschweigende Verlängerung durch Fortsetzung des Mietgebrauchs (§ 568 BGB) aus.

Die Räumung des Mietobjektes ist mit privatrechtlichen Mitteln durchzusetzen. Inhaber des Räumungsanspruchs ist der Vermieter, nicht die Gemeinde, er kann ihr jedoch den Anspruch abtreten[129].

## V. Abwicklung des beendeten Mietverhältnisses

**288** Nach Beendigung des Mietverhältnisses ist es von den Vertragsparteien abzuwickeln. Das geschieht nicht nur nach mietrechtlichen Bestimmungen. Da der Mieter nicht mehr zum Besitz berechtigt ist, können, sofern der Vermieter zugleich Eigentümer der Mietsache ist, die Regeln über das Eigentümer-Besitzer-Verhältnis (§§ 987 ff BGB) ergänzend eingreifen. Dies ist zwar in der Literatur bestritten, die Rechtsprechung zieht aber, soweit erforderlich, diese Regeln ergänzend heran.

---

128) Zur Bemessung der Entschädigung BGH, Urt. v. 15. 11. 1971 – III ZR 162/69 = WM 1972, 509 = NJW 1972, 528; v. 7. 1. 1982 – III ZR 114/80 = BGHZ 83, 1 = NJW 1982, 2181.
129) Vgl. BGH, Urt. v. 13. 10. 1982 – VIII ZR 197/81 = WM 1982, 1333 = NJW 1983, 112.

## V. Abwicklung des beendeten Mietverhältnisses

In jedem Fall kann der Vermieter, der Eigentümer ist, seinen Herausgabeanspruch auch auf § 985 BGB stützen.

Auch das Recht der ungerechtfertigten Bereicherung ist grundsätzlich nicht ausgeschlossen und kommt insbesondere dann in Betracht, wenn keine speziell mietrechtlichen Ansprüche eingreifen.

### 1. Rückgabe der Mietsache (§ 556 BGB)

#### 1.1 Inhalt der Rückgabepflicht

Die Verpflichtung des Mieters, das Mietobjekt zurückzugeben, entsteht unmittelbar mit der Beendigung des Mietverhältnisses. Sein Besitzrecht erlischt. Besitz- und Nutzungsrecht fallen uneingeschränkt an den Vermieter zurück. Die Mietsache ist am letzten Tag der Mietzeit, nicht am folgenden, im vertragsgerechten Zustand zurückzugeben[1]. § 193 BGB ist anzuwenden. Auch nach fristloser Kündigung muß der Mieter die Mietsache sofort zurückgeben, ohne daß er hierzu eine angemessene Frist beanspruchen kann. Dies gilt auch bei der Grundstücks- und Raummiete.

**289**

Zur Rückgabe der Mietsache reicht die Besitzaufgabe durch den Mieter nicht aus[2]. Der Rückgabeanspruch gemäß § 556 Abs. 1 BGB wird durch Einräumung des unmittelbaren Besitzes erfüllt, und zwar auch dann, wenn der Mieter selbst niemals unmittelbarer Besitzer der Mietsache war, weil er sie von vornherein einem Dritten überlassen hatte. Der Vermieter kann verlangen, daß ihm die Sache zur freien Verfügung zurückgegeben wird. Bei beweglichen Sachen erfordert dies körperliche Übergabe. Bei Grundstücken und Räumen hat der Mieter seine Sachen vollständig aus dem Mietobjekt zu entfernen und die Schlüssel zurückzugeben. Beides ist notwendig. Wenn er das Mietobjekt geräumt hat, die Schlüssel jedoch zurückbehält, ist die Rückgabepflicht in aller Regel nicht erfüllt[3]. Die unmittelbare Übergabe der Mietsache an den Mietnachfolger ersetzt die Rückgabe an den Vermieter nur, wenn dieser damit einverstanden ist. Wegen der Bedeutung der Rückgabe für den Beginn der Verjährungsfrist (§ 558 BGB) muß der Vermieter in die Lage versetzt werden, den Zustand der Mietsache überprüfen zu können.

Passivlegitimiert ist der Mieter oder derjenige, der Vertragserfüllung schuldet, ggf. also der aus einer offenen Handelsgesellschaft ausgeschiedene

---
1) BGH, Urt. v. 19.10.1988 – VIII ZR 22/88 = WM 1989, 318 = NJW 1989, 451; a. A. MünchKomm-*Voelskow*, § 556 Rz. 15; *Emmerich/Sonnenschein*, § 556 Rz. 16.
2) OLG Düsseldorf ZMR 1987, 377.
3) Vgl. BGH, Urt. v. 10.1.1983 – VIII ZR 304/81 = WM 1983, 233 = NJW 1983, 1049; OLG Düsseldorf ZMR 1987, 215.

## A. Mietvertrag

Gesellschafter[4] (vgl. Rz. 359) oder der vollmachtlose Vertreter, der gemäß § 179 BGB nach Verweigerung der Genehmigung den Vertrag auf der Mieterseite zu erfüllen hatte[5]. Übt ein Dritter, gleichgültig aus welchem Rechtsgrund, den unmittelbaren Besitz aus, so braucht sich der Vermieter nicht darauf verweisen zu lassen, den besitzenden Dritten unmittelbar auf Herausgabe in Anspruch zu nehmen. Die Abtretung der dem Mieter gegen den besitzenden Dritten zustehenden Ansprüche vermag die Rückgabe der Mietsache nicht zu ersetzen.

Da der Anspruch aus § 556 BGB, anders als der Eigentumsherausgabeanspruch nach § 985 BGB, nicht den Besitz des Mieters voraussetzt, kann der Mieter den Rückgabeanspruch des Vermieters nicht dadurch vereiteln, daß er den Besitz an der Mietsache aufgibt[6]. Auch Zubehör ist vollständig zurückzugeben, z. B. Kraftfahrzeugpapiere. Bei der gewerblichen Vermietung hat der Mieter auch Schilder und ähnliche Einrichtungen, die auf seinen Betrieb oder seine Praxis hinweisen, zu entfernen; allerdings ist ihm das Recht zuzubilligen, für eine Übergangszeit nach seinem Auszug einen Hinweis auf seine neue Anschrift zurückzulassen[7].

Hatte der Mieter niemals Besitz an der Mietsache, weil er diesen zur Ausübung seines Nutzungsrechts nicht benötigte, muß er die tatsächliche Nutzung einstellen, z. B. einen Warenautomaten oder eine Reklameeinrichtung entfernen.

Auch wenn der Mieter die Mietsache in verändertem oder verschlechtertem Zustand zurückgibt, erfüllt er, wenn auch nicht vertragsgerecht, seine Rückgabepflicht[8]. Weist der Vermieter die Mietsache wegen des vertragswidrigen Zustandes zurück, so gerät er in Annahmeverzug mit der Folge einer Haftungserleichterung zugunsten des Mieters (vgl. Rz. 311). Dem Vermieter bleibt also nichts anderes übrig, als die Sache trotz ihres nicht vertragsgemäßen Zustandes zurückzunehmen und vom Mieter Schadensersatz zu fordern[9].

Der Anspruch des Vermieters auf Rückgabe der Mietsache gemäß § 556 BGB ist abtretbar[10]. Eine Inhaltsänderung ist damit nicht verbunden.

---

4) BGH, Urt. v. 1. 4. 1987 – VIII ZR 15/86 = EWiR § 556 BGB 1/87, 559 *(Wolf)* = ZIP 1989, 842 = WM 1987, 847 = NJW 1987, 2367.
5) OLG Düsseldorf ZMR 1984, 379.
6) BGH, Urt. v. 30. 6. 1971 – VIII ZR 147/69 = BGHZ 56, 308 = WM 1971, 994 = NJW 1971, 2065 = ZIP 1987, 842 = NJW 1987, 2367.
7) OLG Düsseldorf NJW 1988, 2545.
8) BGH, Urt. v. 23. 1. 1974 – VIII ZR 219/72 = WM 1974, 260; v. 10. 1. 1983 – VIII ZR 304/81 = WM 1983, 233 = NJW 1983, 1049; OLG Hamburg ZMR 1977, 302.
9) BGH, Urt. v. 10. 1. 1983 (Fußn. 8).
10) BGH, Urt. v. 13. 10. 1982 – VIII ZR 197/81 = WM 1982, 1333 = NJW 1983, 112.

## V. Abwicklung des beendeten Mietverhältnisses

### 1.2 Rückgabeort

Bei der Grundstücks- und Raummiete ergibt sich der Erfüllungsort für die Rückgabeverpflichtung aus der Lage des Mietobjekts. **290**

Bewegliche Sachen sind im Zweifel dort zurückzugeben, wo sie überlassen worden sind. Zulässig ist es, einen anderen Rückgabeort zu vereinbaren. Auch eine vorformulierte Klausel, daß der Mieter nach Vertragsende die Mietsache an eine vom Vermieter zu bestimmende Anschrift zurückzuliefern hat, begegnet keinen Bedenken. Jedoch bindet sich der Vermieter damit auch selbst. Teilt er dem Mieter nach Vertragsende nicht mit, wohin die Mietsache zu senden ist, so kommt der Mieter nicht mit der Rückgabe in Verzug, wenn er die Mietsache nicht zurückschickt[11]. Sendet der Mieter in dieser Lage die Mietsache dem Vermieter zu, genügt er seiner Rückgabepflicht und der Vermieter kann die Sendung nicht als vertragswidrig zurückweisen.

### 1.3 Beweislast bei Streit über den Zustand der Mietsache; Übernahmeprotokoll

Beweispflichtig für die Erfüllung der Rückgabepflicht ist der Mieter als Schuldner. Da er auch mit Rückgabe der Mietsache in vertragswidrigem Zustand seiner Rückgabepflicht genügt, braucht er nicht zu beweisen, daß sich die Mietsache bei Rückgabe in ordnungsgemäßem Zustand befand. Vielmehr gibt der Vermieter durch die vorbehaltlose Rücknahme der Mietsache zu erkennen, daß er sie als vertragsgerechte Leistung angenommen hat. Behauptet er nachträglich, die Rückgabepflicht sei nicht ordnungsgemäß erfüllt, ist er hierfür beweispflichtig, sofern er nicht bei Rücknahme des Mietobjekts einen Vorbehalt bezüglich der Mängel erklärt hat. Diesen Vorbehalt muß er bei Bestreiten des Mieters nachweisen. **291**

Empfehlenswert für beide Seiten ist daher eine Übergabeverhandlung und die Aufnahme eines Rückgabeprotokolls. Deren Bedeutung erschöpft sich nicht in der Verteilung der Beweislast. Sinn und Zweck ist es vielmehr, späteren Streit über Vorhandensein und Art von Schäden am Mietobjekt zu vermeiden. Hieraus folgert der Bundesgerichtshof[12], daß der Mieter nur für Schäden verantwortlich gemacht werden kann, die im Übergabeprotokoll vermerkt sind. Dies gilt nach Ansicht des Bundesgerichtshofs auch für solche Mängel, die nur ein Fachmann erkennen kann, denn es ist Aufgabe des Vermieters, zur Übernahmeverhandlung gegebenenfalls einen Sachkundigen hinzuzuziehen.

---

11) BGH, Urt. v. 31. 3. 1982 – VIII ZR 125/81 = ZIP 1982, 700 = WM 1982, 666 = NJW 1982, 1747.
12) Urt. v. 10. 11. 1982 – VIII ZR 252/81 unter VI = WM 1983, 44 = NJW 1983, 446.

## 1.4 Teilrückgabe und unvollständige Räumung des Mietobjekts

**292** Nach § 266 BGB ist der Schuldner zu Teilleistungen nicht berechtigt. Da überdies das Mietverhältnis ohnehin auf eine unteilbare Leistung gerichtet ist, erfüllt der Mieter seine Rückgabepflicht nicht, wenn er die Mietsache nur zum Teil zurückgibt.

Läßt der Mieter von Räumen im Mietobjekt Einrichtungsgegenstände zurück, so hat er seine Rückgabepflicht gleichfalls nicht erfüllt, denn der Vermieter kann verlangen, daß ihm leere Räume, so wie er sie überlassen hat, zurückgegeben werden.

Bleiben in den Räumen dagegen nur einzelne Sachen zurück, an denen der Mieter anscheinend nicht mehr interessiert ist, ist der Vermieter nicht gehindert, das Mietobjekt wieder in Besitz zu nehmen; er darf also die Rücknahme nicht verweigern, will er nicht in Gläubigerverzug geraten[13]. Er ist dann berechtigt, die zurückgebliebenen Sachen aus den Miträumen zu entfernen, damit diese weiter genutzt werden können. Ersatzansprüche wegen seines etwaigen Aufwandes für die vollständige Räumung bleiben unberührt und sichern die Interessen des Vermieters ebenso wie Ersatzansprüche bei Rückgabe der Mietsache in beschädigtem oder verschlechtertem Zustand.

Ob bei Zurückbleiben einzelner Gegenstände die Räumungspflicht als erfüllt anzusehen ist oder nicht, hängt von den Umständen des Einzelfalles ab[14].

Wegen der Obhutspflicht des Vermieters für zurückgelassene Sachen des Mieters wird auf Rz. 299 verwiesen.

## 1.5 Rückgabe durch mehrere Mieter

**293** Haben mehrere Mieter eine Sache gemietet, so haften sie für die Erfüllung der Rückgabepflicht als Gesamtschuldner (§ 431 BGB). Jeder von ihnen schuldet die Rückgabe als gleiche unteilbare Leistung[15].

Demgemäß kann sich bei der Grundstücks- und Raummiete einer von mehreren Mietern nicht dadurch von seiner Rückgabepflicht befreien, daß *er* auszieht, dem Vermieter die Schlüssel zurücksendet und ihm mitteilt, er werde das Mietobjekt nicht mehr nutzen. Solange der Vermieter die Mietsache nicht zurückerlangt hat, schuldet auch der Mieter, der ausgezogen ist, die Rückgabe. Daß er nicht mehr Besitzer ist, steht dem nicht entgegen (vgl. Rz.

---

13) Vgl. BGH, Urt. v. 10. 1. 1983 – VIII ZR 304/81 = WM 1983, 233 = NJW 1983, 1049; OLG Düsseldorf ZMR 1987, 215; OLG Düsseldorf ZMR 1988, 175.
14) BGH, Urt. v. 11. 5. 1988 – VIII ZR 96/87 = ZIP 1988, 917 = NJW 1988, 2665 = WM 1988, 1277.
15) OLG Düsseldorf ZMR 1987, 377 = NJW-RR 1987, 911 und ZMR 1987, 423 = NJW-RR 1987, 1370.

## V. Abwicklung des beendeten Mietverhältnisses

289). Seine Leistung ist nicht unmöglich, denn sie kann objektiv, nämlich von den Mitmietern, erbracht werden. Die — allerdings für den Fall der Wohnraummiete — entgegengesetzte Ansicht des OLG Schleswig[16] verkennt das Wesen der Gesamtschuld. Überdies berücksichtigt sie nicht, daß sich der ausgezogene Mieter im Einvernehmen mit den in den Mieträumen verbliebenen Räumungsschuldnern wieder in den Mitbesitz der Räume setzen kann, solange diese sie noch benutzen.

Selbst wenn wegen der Besonderheiten der vertragsgemäßen Nutzung nur einer der mehreren Mieter in tatsächlicher Hinsicht die Rückgabepflicht erfüllen kann, besteht die Haftung der Mitmieter für die vertragsgerechte Rückgabe fort. Dies hat der Bundesgerichtshof[17] für den Fall ausgesprochen, daß von zwei Mietern eines Kraftfahrzeugs nur der eine eine Fahrerlaubnis besaß und nur dieser berechtigt war, das Mietfahrzeug zu führen. Der führerscheinlose Mitmieter hat gleichwohl für die vertragsgerechte Rückgabe einzustehen und haftet, wenn der andere das Fahrzeug nicht ordnungsgemäß zurückgibt. Demgemäß benachteiligt eine Vertragsklausel, die eine gesamtschuldnerische Haftung der mehreren Mieter für die Rückgabepflicht vorsieht, diese nicht unangemessen[18]; jedem der Mieter ist zuzumuten, die Zuverlässigkeit des anderen zu überprüfen und das Risiko hierfür zu übernehmen.

Erfüllt einer der Mieter ordnungsgemäß den Rückgabeanspruch oder wird der Rückgabetitel gegen den besitzenden Mieter vollstreckt[19], so wirkt dies zu Gunsten des Mieters, der die Mietsache nicht in Besitz hatte.

### 1.6 Zurückbehaltungsrecht des Mieters

Der Mieter beweglicher Sachen kann zur Durchsetzung von Gegenansprüchen gemäß § 273 BGB ein Zurückbehaltungsrecht geltend machen und die Rückgabe der Sache verweigern. Dieses Zurückbehaltungsrecht berechtigt ihn jedoch nur zum Besitz, nicht zur Nutzung der Mietsache[20].

**294**

Bei der Grundstücks- und Raummiete ist ein solches Zurückbehaltungsrecht ausgeschlossen (§ 556 Abs. 2 BGB), denn die Gegenansprüche des Mieters werden regelmäßig außer Verhältnis zum Wert der Mieträume stehen. Ist jedoch der Mietvertrag unwirksam, so kann gegenüber dem auf Eigentum (§ 985 BGB) oder ungerechtfertigte Bereicherung (§ 812 BGB)

---

16) NJW 1982, 2672.
17) Urt. v. 29. 10. 1975 — VIII ZR 136/74 = BGHZ 65, 226 = WM 1975, 1229= NJW 1976, 287.
18) *Ulmer/Brandner/Hensen*, Anh. §§ 9—11 Rz. 512; a. A. *Wolf/Horn/Lindacher*, § 9 Rz. M 42.
19) BayObLG NJW-RR 1989, 1291.
20) BGH, Urt. v. 2. 7. 1975 — VIII ZR 87/74 = BGHZ 65, 56 = WM 1975, 858 = NJW 1975, 1773; v. 21. 1. 1981 — VIII ZR 41/80 = BGHZ 79, 232 = WM 1981, 341 = NJW 1981, 865.

## A. Mietvertrag

gestützten Rückgabeanspruch das Zurückbehaltungsrecht geltend gemacht werden.

### 1.7 Verjährung und Verwirkung

**295** Der Anspruch auf Rückgabe der Mietsache verjährt erst in dreißig Jahren. Die lange Frist gilt auch für den Anspruch auf Rückgabe von Zubehör, der erst nach Rückgabe der Hauptsache geltend gemacht wird. § 558 BGB greift nicht ein[21].

Der Rückgabeanspruch wird nicht dadurch verwirkt, daß der Vermieter längere Zeit mit der gerichtlichen Durchsetzung zuwartet[22]. Ist das Mietverhältnis beendet, so muß von dem Mieter erwartet werden, daß er die Mietsache freiwillig zurückgibt. Dem Vermieter, der gleichwohl nicht umgehend gerichtlich vorgeht, darf hieraus kein Nachteil erwachsen. Andernfalls würde neben die Regelung des § 568 BGB ein weiterer Tatbestand der Fortsetzung eines an sich beendeten Mietverhältnisses treten.

### 1.8 Rücknahme der Mietsache durch Selbsthilfe des Vermieters

**296** Gibt der Mieter nach Vertragsbeendigung die Mietsache nicht freiwillig zurück, so ist der Vermieter nicht berechtigt, sie an sich zu nehmen. Auch wenn der Mieter von Räumen die Mietsache nicht mehr nutzt, möglicherweise gar unbekannten Aufenthaltes ist, ist der Vermieter nicht befugt, das Mietobjekt ohne gerichtliches Verfahren an sich zu nehmen. Dies wäre verbotene Eigenmacht[23], gegen die sich der Mieter nach §§ 858 f BGB zur Wehr setzen darf. Da der Vermieter durch das eigenmächtige Vorgehen im Verhältnis zum Mieter nur fehlerhaften Besitz erlangt, kann der Mieter Wiedereinräumung des Besitzes verlangen, obwohl er kein vertragliches Recht mehr hat (§§ 861, 862 BGB).

Der Anspruch auf Wiedereinräumung des Besitzes erlischt ein Jahr nach der Besitzentziehung. Diesen Anspruch kann der Mieter sogar einklagen, allerdings kann der Vermieter nach § 864 Abs. 2 BGB der Klage mit dem Einwand begegnen, es stehe rechtskräftig fest, daß der Mieter ihm gegenüber kein Recht zum Besitz mehr habe. Den Anspruch auf Besitzeinräumung kann der Mieter auch durch einstweilige Verfügung (§§ 935, 940 ZPO) geltend machen, wobei der Vermieter in diesem Verfahren nicht die mangelnde Besitzberechtigung des Mieters einwenden kann.

---

21) BGH, Urt. v. 17. 9. 1975 – VIII ZR 157/74 = BGHZ 65, 86 = WM 1975, 1112 = NJW 1975, 2103.
22) BGH, Urt. v. 23. 9. 1987 – VIII ZR 265/88 = EWiR § 554a BGB 1/88, 35 *(Eckert)* = WM 1988, 62 = NJW-RR 1988, 77.
23) BGH, Urt. v. 27. 4. 1971 – VI ZR 191/69 = WM 1971, 943.

## V. Abwicklung des beendeten Mietverhältnisses

Ob sich der Vermieter vertraglich ein Recht zur Selbsthilfe für den Fall, daß der Mieter die Mietsache nicht rechtzeitig zurückgibt, ausbedingen kann, erscheint fraglich. Der Bundesgerichtshof hat insoweit Zweifel geäußert, ohne abschließend zu entscheiden[24]. Bedenken sind sicherlich begründet, denn Selbsthilfe sollte nach der gesetzgeberischen Grundentscheidung, die den §§ 229 ff BGB zugrunde liegt, nur ausnahmsweise zulässig sein. Selbst wenn der Mietvertrag ein Selbsthilferecht des Vermieters für den Fall des Rückgabeverzugs vorsieht, begeht der Vermieter gleichwohl verbotene Eigenmacht, wenn im Zeitpunkt seines Vorgehens der Mieter nicht mehr gewillt ist, dies hinzunehmen[25].

Der Vermieter ist dem Mieter zum Schadensersatz verpflichtet, wenn er nach Vertragsende die Mietsache eigenmächtig an sich bringt, denn der Besitz des Mieters ist nach § 823 BGB geschützt. Die Ersatzpflicht besteht nach § 231 BGB auch dann, wenn der Vermieter irrtümlich glaubt, zur Selbsthilfe berechtigt zu sein[26]. **297**

Den Umfang des zu ersetzenden Schadens schränkt der Bundesgerichtshof jedoch in bemerkenswerter Weise ein[27]. Aus dem Besitzschutz, den der Mieter gegenüber dem Vermieter beanspruchen kann, folgt nicht, daß er gegen ihn auch einen Anspruch auf Ersatz seines Nutzungsschadens hat. Fehlt dem Mieter das Recht zum Besitz und zur Nutzung der Mietsache, steht dies seinem Anspruch auf Ersatz des durch die Besitzentziehung entstandenen Nutzungsausfalls, etwa des entgangenen Gewinns, entgegen. Selbst wenn der Mieter redlich an das Fortbestehen seines Besitzrechts glaubt, ist ein Ersatzanspruch ausgeschlossen. Zwar belassen §§ 987 ff BGB dem redlichen unberechtigten Besitzer die gezogenen Nutzungen. Jedoch bedeutet auch dies nicht, daß er einen Anspruch auf Nutzung hat, dessen Beeinträchtigung den Eigentümer zum Schadensersatz verpflichtet.

Keine Ersatzpflicht besteht, wenn der Mieter die Mietsache zu gesetzlich verbotener Tätigkeit, z. B. zur Schwarzarbeit nutzen will[28].

---

24) Urt. v. 6. 7. 1977 – VIII ZR 277/75 = WM 1977, 1126 = NJW 1977, 1818.
25) BGH, aaO (Fußn. 24).
26) BGH, Urt. v. 27. 4. 1971 – VI ZR 191/69 = WM 1971, 943; BGH, aaO (Fußn. 24).
27) Urt. v. 21. 1. 1981 – VIII ZR 41/80 = BGHZ 79, 232 = WM 1981, 341 = NJW 1981, 865.
28) OLG Düsseldorf ZMR 1987, 329.

## A. Mietvertrag

### 1.9 Sicherung des Rückgabeanspruchs durch einstweilige Verfügung

**298** Bei nicht freiwilliger Rückgabe besteht die Gefahr, daß bis zur Erwirkung eines vollstreckbaren Titels der Wert der Mietsache infolge der Weiterbenutzung sinkt. Bei Kraftfahrzeugen oder technischen Geräten liegt dies auf der Hand.

In derartigen Fällen kann der Rückgabeanspruch durch Anordnung der Sequestration im Wege der einstweiligen Verfügung (§ 935 ZPO) gesichert werden. Verfügungsgrund ist die Weiterbenutzung und der damit verbundene Wertverlust, sofern man darin die „Veränderung eines bestehenden Zustandes" sieht. Die Rechtsprechung ist indessen zurückhaltend. Das OLG Köln[29] weist darauf hin, daß der Vermieter durch Überlassung des Mietobjekts das Risiko für die infolge der Weiterbenutzung eintretende Wertminderung übernommen habe; es läßt eine einstweilige Verfügung nur bei übermäßiger Benutzung und wesentlicher Substanzveränderung zu. Das OLG Düsseldorf legt hingegen einen großzügigeren Maßstab an; es meint, der Vermieter habe vertraglich das Risiko der Benutzung der Mietsache nur bis zum Vertragsende übernommen[30].

### 1.10 Obhut für in den Mieträumen zurückgelassene Sachen des Mieters

**299** Läßt der Mieter trotz Rückgabe des Mietobjekts einzelne Sachen vertragswidrig zurück, ist der Vermieter verpflichtet, diese vor Verlust und Beschädigung zu bewahren[31]. Bei Verletzung dieser Verpflichtung ist der Vermieter wegen positiver Vertragsverletzung zum Schadensersatz verpflichtet. Es ist nicht zu verkennen, daß diese Pflicht dem Vermieter außerordentlich zur Last fällt. Auch wertlose oder für den Mieter offensichtlich nicht mehr interessante Sachen darf er nicht wegwerfen. Aufbewahrungskosten kann er dem Mieter in Rechnung stellen, weil dieser seine Rückgabepflicht nur unzureichend erfüllt hat, aber diese werden häufig den Wert der Sachen übersteigen, so daß sich die Realisierung des Anspruchs von vornherein als unsicher erweist. Durch Individualvereinbarung kann die nachvertragliche Obhutspflicht des Vermieters abbedungen werden. Ob und inwieweit dies durch vorformulierte Vertragsbedingungen zulässig ist, ist fraglich. Das OLG Hamburg[32] spricht sich bei der Kraftfahrzeugvermietung dagegen aus. Trotz der insoweit gefestigten Rechtsprechung gehört die nachvertragliche Obhutspflicht nicht in einem solchen Maß zum Leitbild des Mietvertrages, daß ihr Ausschluß als

---

29) ZIP 1988, 445 = EWiR § 935 ZPO 1/88, 415 *(Reinking)*
30) MDR 1984, 411; dazu *Baumbach/Lauterbach/Albers/Hartmann*, § 935 Anm. 2 B.
31) BGH, Urt. v. 27. 4. 1971 – VI ZR 191/69 = WM 1971, 943.
32) OLG Hamburg NJW-RR 1989, 881, 883.

## V. Abwicklung des beendeten Mietverhältnisses

unangemessen zu bezeichnen ist. Immerhin ist es der Mieter, der eine wesentliche Vertragspflicht nur ungenügend erfüllt und dem Vermieter zusätzliche Lasten auferlegt. In jedem Fall sollte sich der Vermieter das Recht ausbedingen können, nach einer gewissen Zeit die in der Mietsache verbliebenen Gegenstände wegwerfen zu dürfen.

Die Dauer der Aufbewahrungspflicht des Vermieters ist nicht abzuschätzen. Nach einer gewissen Zeit verstößt jedenfalls der Mieter gegen Treu und Glauben, wenn er Schadensersatz wegen Verletzung der Obhutspflicht fordert, obwohl er selbst sich um die Sachen nicht mehr gekümmert hat.

Möglich ist es, den Mieter auf Abholung der Sachen zu verklagen. Wegen der Kosten, die der Vermieter vorzuleisten hat, erscheint dieser Weg jedoch nicht praktikabel.

### 2. Wiederherstellung des ursprünglichen Zustandes

Die Mietsache ist, abgesehen von den unvermeidlichen Änderungen infolge **300** des vertragsgemäßen Gebrauchs, in dem Zustand zurückzugeben, in dem sie sich bei Überlassung befand. Umbauten hat der Mieter zu entfernen, Einrichtungen und Veränderungen sind zu beseitigen, und zwar ohne Rücksicht auf den erforderlichen Aufwand. Dies gilt auch dann, wenn der Vermieter Einrichtungen oder Veränderungen geduldet oder genehmigt oder wenn der Mieter mit Zustimmung des Vermieters Einbauten des vorherigen Mieters übernommen hatte[33]. Das Einverständnis bezieht sich nur auf die Vertragszeit und soll dem Mieter die Nutzung der Mietsache entsprechend seinen Vorstellungen und Zielen ermöglichen, bedeutet jedoch nicht, daß er die Sache in verändertem Zustand zurückgeben darf. Hat er ein unbebautes Grundstück gemietet, so ist er zur Beseitigung des von ihm errichteten Bauwerks auch dann verpflichtet, wenn der Vermieter nach §§ 94, 946 BGB Eigentümer des Gebäudes geworden ist[34].

Die Pflicht des Mieters zur Herstellung des ursprünglichen Zustandes ist nach der Rechtsprechung des Bundesgerichtshofs[35] dann Hauptleistungspflicht i. S. d. § 326 BGB, wenn erhebliche Kosten zur Wiederherstellung aufzuwenden sind. In diesen Fällen kann der Vermieter nur nach Erfüllung der Voraussetzungen des § 326 BGB (Nachfristsetzung und Ablehnungsandrohung; dazu unten Rz. 322, 323) zum Schadensersatzanspruch übergehen. Fällig ist der Anspruch am letzten Tag der Vertragszeit.

---

33) OLG Hamburg ZMR 1990, 341.
34) BGH, Urt. v. 27. 6. 1966 – VIII ZR 148/64 = WM 1966, 765.
35) BGH, Urt. v. 16. 3. 1988 – VIII ZR 184/87 = BGHZ 104, 6 = EWiR § 558 BGB 1/88, 561 *(Emmerich)* = WM 1988, 909 = NJW 1988, 1778; v. 12. 4. 1989 – VIII ZR 52/88 = BGHZ 107, 179 = ZIP 1989, 711 = EWiR § 558 BGB 2/89, 551 *(Eckert)* = NJW 1989, 1854 = WM 1989, 1000.

## A. Mietvertrag

Bei vorzeitiger Beendigung des Mietverhältnisses kann die Erfüllung der Wiederherstellungspflicht zu unangemessenen Härten zu Lasten des Mieters führen, wenn dieser seinen Investitionsaufwand nicht vollständig ausnutzen kann, obwohl er die Vertragsbeendigung nicht zu vertreten hat. In solchen Fällen sollte ein Ausgleich nach Treu und Glauben gesucht werden. Hat der Vermieter die vorzeitige Vertragsbeendigung zu vertreten, kann sein Verlangen, den ursprünglichen Zustand wiederherzustellen, rechtsmißbräuchlich sein. Daher erweckt eine Klausel, wonach der Vermieter auch bei vorzeitigem Vertragsende Entfernung von Einrichtungen verlangen kann, zumindest dann Bedenken, wenn sie auch den Fall der vom Vermieter zu vertretenden Vertragsauflösung einschließt[36].

Nach Ansicht des Bundesgerichtshofs[37] entfällt das Recht des Vermieters, bei Vertragsende Wiederherstellung des alten Zustandes zu verlangen, wenn er nach Beendigung des Mietverhältnisses die Räume in der Weise umbauen will, daß die Wiederherstellungsmaßnahmen des Mieters wieder beseitigt werden müßten. In dieser Situation soll dem Vermieter – anders als bei Nichtdurchführung von Schönheitsreparaturen (vgl. unten Rz. 327) – kein Ausgleichsanspruch auf Geldzahlung zustehen.

Der Anspruch auf Wiederherstellung des ursprünglichen Zustandes der Mietsache und auf Beseitigung von Einrichtungen verjährt in sechs Monaten nach Rückgabe der Mietsache. Auch wenn im Mietvertrag bestimmt ist, daß der Mieter den ursprünglichen Zustand nur auf ausdrückliches Verlangen herzustellen hat, beginnt der Lauf der Sechsmonatsfrist nicht erst mit der Aufforderung des Vermieters. Mit dem Zweck des § 558 BGB wäre es nicht zu vereinbaren, dem Vermieter die Möglichkeit zu geben, den Beginn der Verjährung hinauszuschieben, indem er sein Wahlrecht erst spät ausübt[38]. Sieht der Vertrag jedoch vor, daß beide Parteien nach Vertragsende über Art und Umfang der Wiederherstellungsarbeiten zu verhandeln haben, so entsteht der Herstellungsanspruch erst mit Abschluß oder endgültigem Scheitern der Verhandlungen; folglich beginnt erst mit diesem Termin die Verjährungsfrist[39].

Für die Verjährung des Schadensersatzanspruchs wegen Nichterfüllung des Wiederherstellungsanspruchs kommt es darauf an, ob der Mieter eine Haupt- oder eine Nebenpflicht verletzt hat.

---

36) Vgl. BGH, Urt. v. 11. 7. 1979 – VIII ZR 246/78 = WM 1979, 1106.
37) Urt. v. 23. 10. 1985 – VIII ZR 231/84 = BGHZ 96, 141 = WM 1986, 52 = NJW 1986, 309; dazu kritisch *(Eckert)*, EWiR § 556 BGB 1/86, 137.
38) BGH, Urt. v. 7. 11. 1979 – VIII ZR 291/78 = WM 1980, 40 = NJW 1980, 389.
39) BGH, Urt. v. 12. 4. 1989 – VIII ZR 52/88 = BGHZ 107, 179 = ZIP 1989, 719 = EWiR § 558 BGB 2/89, 551 *(Eckert)* = NJW 1989, 1854 = WM 1989, 1000.

## V. Abwicklung des beendeten Mietverhältnisses

Bei Verletzung einer Nebenpflicht, entsteht der Schadensersatzanspruch mit Rückgabe der Sache in nicht vertragsgerechtem Zustand; der Anspruch verjährt nach § 558 BGB in sechs Monaten nach Rückgabe.

Bei Nichterfüllung einer Hauptleistungspflicht entsteht der Schadensersatzanspruch erst mit Ablauf der vom Vermieter gem. § 326 BGB gesetzten Nachfrist. Die Verjährung dieses Schadensersatzanspruchs beginnt mit seiner Entstehung und endet nicht schon mit Ablauf von sechs Monaten nach Rückgabe der Mietsache, sondern erst sechs Monate nach Entstehung, ohne daß hierauf die Verjährungsfrist für den Erfüllungsanspruch, soweit diese verstrichen ist, angerechnet wird[40]. Der Grundsatz des § 198 BGB wird durch § 558 BGB nicht eingeschränkt.

Macht – bei Nichterfüllung einer Hauptpflicht – der Vermieter innerhalb von sechs Monaten nach Rückgabe des Mietobjektes einen auf Geldzahlung gerichteten Schadensersatzanspruch rechtshängig, ohne dem Mieter zuvor für die Erbringung der Sachleistung eine mit einer Ablehnungsandrohung verbundene Nachfrist gesetzt zu haben, so unterbricht diese Klage nicht die Verjährung, weil der Vermieter keinen Geldanspruch, sondern noch den Erfüllungsanspruch hatte[41]. Der Schadensersatzanspruch und der Wiederherstellungsanspruch sind nach Ansicht des Bundesgerichtshofs verschiedene Streitgegenstände.

Abgrenzungskriterium für die Unterscheidung zwischen Neben- und Hauptpflicht ist der erforderliche Aufwand für die Herstellung des geschuldeten Zustandes. Diese unscharfe Abgrenzung führt zu Zweifelsfällen. Es kann daher nur empfohlen werden, die Anforderungen des § 326 BGB so früh zu erfüllen, daß noch innerhalb von sechs Monaten nach Rückgabe des Mietobjekts Klage erhoben werden kann.

### 3. Ansprüche wegen verspäteter Rückgabe der Mietsache

Gibt der Mieter nach Vertragsende die Mietsache nicht sofort zurück, steht dem Vermieter in erster Linie ein vertraglicher Anspruch auf Nutzungsentschädigung gemäß § 557 BGB zu. Hierdurch werden Ansprüche nach allgemeinen Regeln wegen Verzugs oder Schlechterfüllung der Rückgabepflicht sowie Ansprüche wegen ungerechtfertigter Bereicherung[42] und

301

---

40) BGH, Urt. v. 12. 4. 1989 (Fußn. 39).
41) BGH, Urt. v. 16. 3. 1988 – VIII ZR 184/87 = BGHZ 104, 6 = EWiR § 558 BGB 1/88, 561 *(Emmerich)* = WM 1988, 909 = NJW 1988, 1778.
42) BGH, Urt. v. 10. 11. 1965 – VIII ZR 12/64 = BGHZ 44, 241 = WM 1965, 1215 = NJW 1966, 248; v. 21. 2. 1973 – VIII ZR 44/71 = WM 1973, 383; v. 23. 1. 1974 – VIII ZR 219/72 = WM 1974, 260; v. 27. 4. 1977 – VIII ZR 246/75 = BGHZ 68, 307 = WM 1977, 766 = NJW 1977, 1335; v. 21. 12. 1988 – VIII ZR 277/87 = WM 1989, 545, 547 = NJW 1989, 2133.

sachenrechtliche Ansprüche auf Nutzungsherausgabe[43] nicht ausgeschlossen.

## 3.1 Vertraglicher Anspruch auf Nutzungsentschädigung (§ 557 BGB)

§ 557 BGB hat den Zweck, dem Vermieter die Verfolgung seiner Ansprüche zu erleichtern, wenn der Mieter die Mietsache nicht rechtzeitig zurückgibt. Die Bestimmung gewährt dem Vermieter einen zu seinen Gunsten pauschalierten Anspruch eigener Art, der an die Stelle des Mietzinsanspruchs tritt, ohne die Geltendmachung weitergehender Ansprüche auszuschließen.

### 3.1.1 Anwendungsbereich

Der Anspruch gemäß § 557 BGB setzt die Beendigung des Mietverhältnisses und das Bestehen des Rückgabeanspruchs voraus. Bei rechtskräftiger Verurteilung des Mieters zur Rückgabe ist dieser in einem späteren Rechtsstreit, in dem der Vermieter ihn auf Schadensersatz wegen verspäteter Rückgabe in Anspruch nimmt, wegen der Rechtskraftwirkung des im ersten Verfahren ergangenen Urteils mit der Einwendung ausgeschlossen, der Vermieter habe keinen Anspruch auf Rückgabe der Mietsache gehabt[44].

Verlängert sich das Mietverhältnis nach § 568 BGB (vgl. Rz. 285), so behält der Vermieter den Mietzinsanspruch. § 557 BGB ist also nicht anzuwenden, und zwar auch nicht für die Schwebezeit, in der unklar war, ob eine der Vertragsparteien durch ihren Widerspruch die Fortsetzung des Mietverhältnisses verhindern würde.

§ 557 BGB ist nur dann anzuwenden, wenn ein wirksames Mietverhältnis bestanden hat. Ein unwirksamer Vertrag wird nach allgemeinen Regeln (§§ 812, 987 ff BGB) abgewickelt.

§ 557 BGB setzt ferner voraus, daß die Mietsache zurückgegeben werden kann[45]. Ist sie unauffindbar verloren, gestohlen oder untergegangen, darf der Vermieter lediglich Schadensersatz nach allgemeinen Regeln verlangen, nicht aber Nutzungsentschädigung gemäß § 557 BGB.

Erlangt der Vermieter für die ihm vorenthaltenen Räume Mietzins von dem neuen Mieter, der sich seinerseits mit dem bisherigen, in Rückgabeverzug befindlichen Mieter auf die Begründung eines Untermietverhältnisses geeinigt hat, so erleidet der Vermieter keinen Nutzungsausfall, kann folglich von

---

43) BGH, Urt. v. 6. 11. 1968 — V ZR 85/65 = WM 1968, 1370; v. 28. 6. 1967 — VIII ZR 59/65 = NJW 1968, 197.
44) BGH, Urt. v. 12. 3. 1969 — VIII ZR 97/67 = WM 1969, 638.
45) RGZ 90, 230.

dem bisherigen Mieter keine Entschädigung gemäß § 557 BGB beanspruchen[46].

Bei der Grundstücksmiete steht der Anspruch auf Nutzungsentschädigung wegen Räumungsverzugs auch dann dem Erwerber des Mietobjekts zu, wenn der Veräußerer vor dem Eigentumswechsel das Mietverhältnis durch Kündigung beendet hat. Mit dem Eigentumswechsel geht nämlich der Rückgabeanspruch auf den neuen Eigentümer über; folglich befindet sich der Mieter diesem gegenüber in Verzug (vgl. Rz. 384).

Sofern der Vermieter den Rückgabeanspruch abgetreten hat, wird im Zweifel auch der Abtretungsempfänger Inhaber des Entschädigungsanspruchs. Der Mieter gerät ihm gegenüber als Gläubiger in Verzug, nicht dem Vermieter gegenüber.

Soll jedoch das Nutzungsrecht trotz der Abtretung des Rückgabeanspruchs nicht auf den Nutzungsempfänger übergehen, verbleibt dem Vermieter der Entschädigungsanspruch, wenn der Mieter dem Abtretungsempfänger die Sache vorenthält[47]. Das Auseinanderfallen von Rückgabeanspruch und Entschädigungsanspruch wird jedoch nur ausnahmsweise anzunehmen sein.

### 3.1.2 Vorenthaltung der Mietsache

Die Regelung des § 557 BGB soll Druck auf den Mieter ausüben, um ihn zur vertragsgerechten Rückgabe der Mietsache anzuhalten. Der Anspruch aus § 557 BGB ist begründet, wenn der Mieter nach Beendigung des Mietverhältnisses dem Vermieter die Sache vorenthält; ob er sie tatsächlich nutzt und ob er die verspätete Rückgabe zu vertreten hat, ist unerheblich. Jedoch muß die Mietsache noch existieren. Ist sie während der Vertragszeit untergegangen, verloren gegangen oder unbenutzbar geworden, so wird sie nicht vorenthalten. Wendet der Mieter dies gegenüber dem Entschädigungsanspruch des Vermieters ein, so ist er hierfür beweispflichtig[48].

**302**

Zur Erfüllung des Tatbestandes der Vorenthaltung reicht der Rückerlangungswille des Vermieters aus. Daher kann er Nutzungsentschädigung auch dann verlangen, wenn er dem Mieter eine Rückgabefrist bewilligt hat[49] (vgl. § 557 Abs. 3 BGB). Er kommt dem Mieter damit lediglich in der Weise entgegen, daß er bis zum Fristablauf stillhält und nicht auf Rückgabe klagt.

---

46) BGH, Urt. v. 10. 11. 1982 – VIII ZR 252/81 = BGHZ 85, 267 = WM 1983, 44 = NJW 1983, 446.
47) BGH, Urt. v. 13. 10. 1982 = VIII ZR 197/81 = WM 1982, 1333 = NJW 1983, 112.
48) A. A. OLG Koblenz EWiR § 568 BGB 1/88, 1075 (*Eckert*) = NJW-RR 1989, 1526 = DB 1989, 2014.
49) BGH, Urt. v. 13. 10. 1982 (Fußn. 47); *Staudinger/Sonnenschein*, § 557 Rz. 26; dazu auch BGH, Urt. v. 29. 4. 1987 – VIII ZR 258/86 = EWiR § 557 BGB 1/87, 867 (*Eckert*) = WM 1987, 1045 = NJW-RR 1987, 907.

## A. Mietvertrag

Gibt der Mieter nur einen Teil der Mietsache zurück, so genügt er insgesamt seiner Rückgabepflicht nicht, enthält also die gesamte Mietsache dem Vermieter vor. Ob bei Zurücklassen einzelner Gegenstände oder Einrichtungen Vorenthalten anzunehmen ist, hängt von den Umständen des Einzelfalles ab. Jedenfalls braucht der Vermieter zurückgelassene Einrichtungen nicht selbst zu entfernen; ihm kann nicht der Einwand mitwirkenden Verschuldens (§ 254 BGB) entgegen gehalten werden, weil der Anspruch nach § 557 BGB kein Schadensersatzanspruch ist[50].

Vorenthaltung liegt auch vor, wenn der an sich rückgabewillige Mieter das Mietobjekt nicht zurückgeben kann, weil der Untermieter wegen des fortbestehenden Untermietverhältnisses die Rückgabe verweigert. Der Mieter trägt das Risiko, daß er wegen der Untervermietung die Mietsache nicht zurückgeben kann. Der Anspruch des Vermieters auf Nutzungsentschädigung wird nicht dadurch beeinträchtigt, daß er nach § 556 Abs. 3 BGB den Untermieter unmittelbar auf Rückgabe in Anspruch nehmen kann[51].

Sind mehrere Mieter zur Rückgabe verpflichtet, so schulden alle Mieter als Gesamtschuldner Nutzungsentgelt, auch wenn nur einer von ihnen dem Vermieter die Mietsache vorenthält. Maßgeblich ist die Sicht des Vermieters: i h m wird vorenthalten.

Macht der Mieter einer beweglichen Sache nach Ablauf des Mietverhältnisses berechtigterweise ein Zurückbehaltungsrecht an der Mietsache geltend, so handelt es sich nicht um ein Vorenthalten, solange er sich auf die bloße Zurückbehaltung beschränkt. Das Zurückbehaltungsrecht wäre nämlich wertlos, wenn es eine Entschädigungspflicht zur Folge hätte. Setzt er jedoch darüber hinaus den Gebrauch der Mietsache im bisherigen Umfang fort, überschreitet er das Zurückbehaltungsrecht und ist dem Vermieter zur Entschädigung gemäß § 557 BGB verpflichtet[52].

„Vorenthalten" verlangt ein Zurückbehalten der Mietsache gegen den Willen des Vermieters. Ein Mieter, der die Sache deshalb nicht zurückgibt, weil der Vermieter der Ansicht ist, das Mietverhältnis bestehe noch fort, enthält sie diesem nicht vor[53]. § 557 BGB greift auch nicht ein, wenn der Mieter im Einvernehmen mit dem Vermieter oder nach entsprechender

---

50) BGH, Urt. v. 11. 5. 1988 – VIII ZR 96/87 = BGHZ 104, 285 = ZIP 1988, 917 = EWiR § 557 BGB 1/88, 975 *(Weiß)* = WM 1988, 1277 = NJW 1988, 2665.
51) BGH, Urt. v. 15. 2. 1984 – VIII ZR 213/82 = BGHZ 90, 145 = ZIP 1984, 612 = WM 1984, 568 = NJW 1984, 1527; im Ergebnis zustimmend: *Emmerich/Sonnenschein*, § 557 Rz. 12.
52) BGH, Urt. v. 2. 7. 1975 – VIII ZR 87/74 = BGHZ 65, 56 = WM 1975, 858 = NJW 1975, 1773.
53) BGH, Urt. v. 22. 3. 1960 – VIII ZR 177/59 = NJW 1960, 909; v. 21. 2. 1973– VIII ZR 44/71 = WM 1973, 383.

## V. Abwicklung des beendeten Mietverhältnisses

Aufforderung Reparaturen in den Mieträumen ausführt[54]; die Bestimmung sanktioniert nur die Vorenthaltung der Mietsache, nicht die Verletzung weiterer Pflichten.

Bietet der Mieter dem Vermieter die Sache in verändertem oder verschlechtertem Zustand zur Rückgabe an, lehnt dieser aber wegen ihres Zustandes die Rücknahme ab, liegt gleichfalls kein Vorenthalten vor[55], und zwar selbst dann nicht, wenn der Zustand der Mietsache eine Benutzung oder Weitervermietung nicht zuläßt.

Vorenthalten kann ferner dann nicht angenommen werden, wenn der Vermieter sein gesetzliches Pfandrecht geltend macht und der Mieter deshalb eingebrachte Sachen in den Mieträumen zurückläßt[56].

Von Vorenthalten kann außerdem nicht die Rede sein, wenn der Mieter einer beweglichen Sache dem Vermieter die Sache nicht zurückgibt, weil dieser es trotz entsprechender vertraglicher Regelung unterlassen hat, dem Mieter mitzuteilen, wohin die Mietsache nach Vertragsende zu senden ist[57]. Bei dieser Vertragsgestaltung darf der Mieter abwarten, was der Vermieter veranlaßt; er ist nicht gehalten, die Mietsache dem Vermieter zuzusenden.

Ein „Vorenthalten" i. S. d. § 557 BGB liegt schließlich auch dann nicht vor, wenn über die Mieträume, die der bisherige Mieter dem Vermieter nicht zurückgegeben hat, der neue Mieter mit dem bisherigen – berechtigt oder unberechtigt – einen Untermietvertrag abschließt. Bei dieser Sachlage hat der in den Mieträumen verbliebene bisherige Mieter ein Recht zum Besitz, das er von dem Nachfolgemieter ableitet. Dieses Recht kann er dem Vermieter entgegenhalten, denn dieser ist dem Mieter, jener wiederum dem bisherigen Mieter zur Gebrauchsüberlassung verpflichtet. Der Vermieter hat gegen den neuen Mieter einen Anspruch auf Mietzinszahlung, weil die ihm geschuldete Gebrauchsüberlassung als erfüllt gilt[58].

---

54) OLG Hamburg MDR 1990, 247 = ZMR 1990, 142 = EWiR § 557 BGB 1/90, 139 *(Emmerich)*.
55) BGH, Urt. v. 23. 1. 1974 – VIII ZR 219/72 = WM 1974, 260; OLG Hamburg ZMR 1977, 302.
56) LG Mannheim DWW 1978, 72 = ZMR 1979, 341; OLG Hamburg BB 1989, 2212 = NJW-RR 1990, 86.
57) BGH, Urt. v. 31. 3. 1982 – VIII ZR 125/81 = ZIP 1982, 700 = WM 1982, 666 = NJW 1982, 1747; OLG Hamm ZIP 1989, 45 = EWiR § 557 BGB 1/89, 137 *(Sternel);* OLG Koblenz EWiR § 568 BGB 1/88, 1075 *(Eckert)* = NJW-RR 1989, 1526 = DB 1989, 2014.
58) BGH, Urt. v. 10. 11. 1982 – VIII ZR 252/81 = BGHZ 85, 267 = WM 1983, 44 = NJW 1983, 446.

A. Mietvertrag

### 3.1.3 Inhalt des Entschädigungsanspruchs

**303** Als Mindestbetrag kann der Vermieter Zahlung des vereinbarten Mietzinses verlangen. Hätte sich während der Dauer der Vorenthaltung der Mietsache der Mietzins auf Grund einer Anpassungsklausel erhöht, so ist als Entschädigung auch der erhöhte Betrag zu zahlen[59]. Eine Pauschalierung des Nutzungsentgelts, insbesondere die Ausbedingung eines höheren Entgelts für die Zeit der Vorenthaltung ist gem. § 11 Nr. 5 AGBG unwirksam.

Ist der Marktwert der Mietsache gesunken, eine Weitervermietung also nur zu einem geringeren als dem vereinbarten Mietzins möglich, darf sich der Mieter hierauf nicht berufen. Hatte er jedoch bei Vertragsende nur einen gemäß § 537 BGB geminderten oder durch Parteivereinbarung herabgesetzten Mietzins zu entrichten, wirkt sich dies auch auf die Höhe der geschuldeten Nutzungsentschädigung aus. Hingegen kann der Mieter keine Herabsetzung der Nutzungsentschädigung verlangen, wenn die Mietsache nach Vertragsende mangelhaft wird[60], denn er hat auf die Gewährung des vertragsgemäßen Gebrauchs keinen Anspruch mehr und der Vermieter ist nicht mehr zur Erhaltung der Mietsache verpflichtet. Dasselbe gilt, wenn der Vermieter keine Wartungsleistungen mehr erbringt, mögen diese auch gesondert bei der Mietzinskalkulation ausgewiesen sein.[61]

Statt des vereinbarten Mietzinses ist der Vermieter bei der Grundstücks- und Raummiete nach § 557 Abs. 1 Satz 1, 2. Halbsatz BGB auch befugt, eine höhere Entschädigung in Höhe des durch die Weitervermietung erzielbaren ortsüblichen Mietzinses für vergleichbare Objekte zu fordern. Diese Regelung nimmt dem Mieter den Anreiz, dem Vermieter das Mietobjekt deshalb vorzuenthalten, weil vergleichbarer Ersatzraum nur gegen ein höheres Entgelt zu beschaffen ist. Bei beweglichen Sachen kann der Vermieter Zahlung einer Entschädigung, die den vereinbarten Mietzins übersteigt, nur unter dem Gesichtspunkt des Verzugs verlangen.

Schuldet der Mieter den Mietzins zuzüglich Umsatzsteuer, so hat er auch die Nutzungsentschädigung nach § 557 BGB zuzüglich Umsatzsteuer zu

---

59) BGH, Urt. v. 21. 2. 1973 – VIII ZR 44/71 = WM 1973, 383.
60) BGH, Urt. v. 7. 12. 1960 – VIII ZR 16/60 = WM 1961, 455; v. 21. 2. 1990 – VIII ZR 116/89 = WM 1990, 993 = NJW-RR 1990, 884.
61) BGH, Urt. v. 21. 2. 1990 (Fußn. 60).

## V. Abwicklung des beendeten Mietverhältnisses

leisten[62], weil auch insoweit steuerrechtlich ein Leistungsaustausch vorliegt[63]. Es kommt hierbei nicht darauf an, ob der Mieter die Mietsache tatsächlich nutzt[64].

Bei Vermietung geringwertiger Güter, z. B. Video-Kassetten, übersteigt die Nutzungsentschädigung häufig den Wert der Mietsache, wenn die Vorenthaltung länger andauert. In der Rechtsprechung ist deshalb streitig, ob in diesem Fall der Anspruch auf Nutzungsentgelt zu begrenzen ist[65]. Da dem Vermieter die Möglichkeit genommen wird, die Mietsache weiterzuvermieten, ist kein Grund ersichtlich, seinen Anspruch zu beschränken. Auch kann ihm nicht entgegengehalten werden, er müsse rechtzeitig Ersatz beschaffen, denn er kann nicht absehen, wie lange die Vorenthaltung andauert. Mitverschuldensgesichtspunkte sind ohnehin im Rahmen des Anspruchs nach § 557 BGB unbeachtlich[66]. Vielmehr ist es allein Sache des Mieters, die Rechtsfolgen des § 557 BGB zu vermeiden[67].

Die Nutzungsentschädigung gemäß § 557 BGB ist entsprechend der Fälligkeitsvereinbarung des Mietvertrages zu entrichten[68]. Ein zulässiges Verbot, gegen Mietzinsforderungen aufzurechnen, wirkt weiter (vgl. oben Rz. 146).

Die Entschädigungspflicht des Mieters endet mit der Rückgabe der Mietsache. Für die Zeit danach, in der der Vermieter die Sache wegen des Rückgabeverzugs nicht weitervermieten konnte, weil nicht abzusehen war, wann der Verzug endete, kann er Schadensersatz nur nach den Regeln des Verzugs geltend machen. Gibt der Mieter etwa ein Grundstück in der Mitte des Monats zurück, wird es aber erst zu Beginn des nachfolgenden Monats weitervermietet, so braucht der Mieter für die zweite Monatshälfte keine Entschädigung nach § 557 BGB zu leisten.

---

62) BGH, Urt. v. 11. 5. 1988 – VIII ZR 96/87 = ZIP 1988, 917 = EWiR § 557 BGB 1/88, 975 *(Weiß)* = WM 1988, 1277 = NJW 1988, 2665; v. 22. 3. 1989 – VIII ZR 155/88 = ZIP 1989, 647 = WM 1989, 742 = NJW 1989, 1730; OLG Hamm ZMR 1980, 375; OLG Düsseldorf EWiR § 557 BGB 1/85, 849 *(Eckert)* = ZMR 1985, 297; OLG Hamm ZIP 1986, 1473 = EWiR § 535 BGB 3/86, 1085 *(Eckert)*.
63) Vgl. Erlaß des Bundesfinanzministers vom 15. 7. 1981, BB 1981, 1447.
64) A. A. OLG Hamm ZIP 1986, 1473 = EWiR § 535 BGB 3/86, 1085 *(Eckert)*.
65) Dafür: OLG Hamm NJW-RR 1988, 661; LG Dortmund NJW-RR 1988, 661; dagegen: LG Köln NJW-RR 1988, 1248.
66) BGH, Urt. v. 11. 5. 1988 – VIII ZR 96/87 = BGHZ 104, 285 = ZIP 1988, 917 = WM 1988, 1277 = NJW 1988, 2665.
67) Vgl. BGH, Urt. v. 22. 3. 1989 – VIII ZR 155/55 = BGHZ 107, 123 = ZIP 1989, 647 = EWiR § 537 BGB 2/89, 549 *(v. Westphalen)* = WM 1989, 742 = NJW 1989, 1730.
68) BGH, Urt. v. 23. 1. 1974 – VIII ZR 219/72 = WM 1974, 260 = NJW 1974, 556.

### 3.1.4 Beweislast

**304** Bei Streit, ob der Mieter die Sache zurückgegeben hat, muß nach allgemeinen Beweislastregeln der Mieter als Rückgabeschuldner nachweisen, daß er seine Schuld erfüllt hat[69].

Steht fest, daß der Mieter die Sache nicht zurückgegeben hat, muß er beweisen, daß er gleichwohl dem Vermieter die Sache nicht vorenthalten hat, sei es, daß der Vermieter die Rücknahme abgelehnt hat oder daß die Mietsache untergegangen oder gestohlen worden ist.

Wird einer von mehreren Mietern in Anspruch genommen, muß er auch hinsichtlich der Mitmieter den Nachweis führen, daß diese zurückgegeben haben und die Sache nicht vorenthalten.

### 3.2 Schadensersatz wegen Verzugs oder Schlechterfüllung der Rückgabepflicht

**305** Wie sich aus § 557 Abs. 1 Satz 2 BGB ergibt, ist dem Vermieter die Geltendmachung eines weitergehenden Schadens nicht verwehrt. Mit dem Anspruch des Vermieters auf Nutzungsentschädigung gemäß § 557 BGB konkurriert in der Regel sein Anspruch auf Ersatz des Verzugsschadens gemäß § 286 BGB. Da die Rückgabepflicht des Mieters nicht zu den vertraglichen Hauptpflichten gehört, ist § 326 BGB nicht anwendbar; die Geltendmachung des Verzugsschadens setzt also nicht voraus, daß der Vermieter dem bereits in Verzug befindlichen Mieter eine Nachfrist zur Bewirkung seiner Leistung setzt.

Der Verzug erfordert, anders als das Vorenthalten, daß der Mieter die verspätete Rückgabe zu vertreten hat. Die Bewilligung einer Rückgabefrist durch Gerichtsbeschluß steht dem Verzug nicht entgegen. Bewilligt der Vermieter eine Rückgabefrist, so kann dies bedeuten, daß die Rückgabe bis zum Fristablauf gestundet sein soll, so daß der Verzug aufgehoben ist. Es kann aber auch bedeuten, daß der Vermieter auf zwangsweise Durchsetzung seines Anspruchs verzichtet, mit der Folge, daß der Mieter in Verzug gerät bzw. bleibt. Welche Alternative zutrifft, kann nur im Einzelfall durch Auslegung der Parteivereinbarung entschieden werden[70]. In Zweifelsfällen ist davon auszugehen, daß der Vermieter dem Mieter nur so weit entgegenkommen will, wie es dessen Interesse erfordert; diesem ist auch dann geholfen, wenn

---

69) *Scheuer* in: Bub/Treier, V. A. Rz. 111; a. A. *Mittelstein*, Die Miete, 4. Aufl., S. 511; Münch-Komm-*Voelskow*, § 557 Rz. 20.
70) BGH, Urt. v. 29. 4. 1987 – VIII ZR 258/86 = EWiR § 557 BGB 1/87, 867 *(Eckert)* = WM 1987, 1045 = NJW-RR 1987, 907.

## V. Abwicklung des beendeten Mietverhältnisses

er bei fortdauernder Nutzung der Mietsache riskiert, sich wegen Verzugs schadensersatzpflichtig zu machen.

Ein Rechtsirrtum über die Rückgabepflicht steht der Annahme des Verzugs nur dann entgegen, wenn der auf Rückgabe verklagte Mieter ohne Fahrlässigkeit mit einer abweichenden Beurteilung durch die Gerichte nicht zu rechnen brauchte[71]. Hieran sind aber so strenge Anforderungen zu stellen, daß dies praktisch kaum vorkommen wird. Mit einer abweichenden Rechtsansicht eines Rechtsmittelgerichts muß der Mieter immer rechnen.

Praktisch bedeutsam ist der Anspruch auf Ersatz des Verzugsschadens, den der Vermieter deshalb erleidet, weil er dem Mietnachfolger die Mietsache nicht rechtzeitig überlassen kann und seinerseits diesem Ersatz schuldet. Bei Weitervermietung in Kenntnis dessen, daß der Mieter in Verzug geraten wird, ist dem Vermieter nach Ansicht des OLG München Mitverursachung seines Schadens vorzuwerfen[72]. Der Mieter hat nach § 286 BGB auch den auf seinem Verzug beruhenden Mietzinsausfall zu ersetzen, der dem Vermieter erst nach Beendigung der Vorenthaltung erwächst, also insbesondere den Schaden, der entsteht, weil die Mietsache nicht sofort nach Rückgabe weitervermietet werden kann.

Da bei der Miete beweglicher Sachen § 557 Abs. 1 Satz 1, 2. Halbsatz BGB nicht anzuwenden ist, kann der Vermieter Ersatz eines Schadens, der der Höhe nach den vereinbarten Mietzins übersteigt, nur nach § 286 BGB geltend machen.

Bei Rückgabe der Mietsache in nicht vertragsgerechtem Zustand gerät der Mieter zwar nicht in Verzug, hat aber seine Rückgabepflicht schlecht erfüllt. Er haftet unter dem Gesichtspunkt der positiven Vertragsverletzung für den Schaden, den der Vermieter erleidet, weil der Zustand der Mietsache eine sofortige Weitervermietung nicht zuläßt.

### 3.3 Anspruch wegen ungerechtfertigter Bereicherung (§ 812 BGB)

Nutzt der Mieter die Mietsache nach Vertragsende weiter, so ist er ohne rechtlichen Grund auf Kosten des Vermieters um den Nutzungswert der Mietsache bereichert, ist also nach §§ 812, 818 Abs. 1 BGB zur Herausgabe der tatsächlichen Nutzungen verpflichtet. Dieser Anspruch wird durch § 557 BGB, der keine Einschränkung der Rechte des Vermieters bewirkt, nicht

**306**

---

71) BGH, Urt. v. 2. 4. 1969 – VIII ZR 107/67 = WM 1969, 838.
72) ZMR 1989, 224.

## A. Mietvertrag

verdrängt; vielmehr besteht Anspruchskonkurrenz[73]. Auch konkurrierende Ansprüche aus dem Eigentümer-Besitzer-Verhältnis nach §§ 987 ff BGB lassen den Bereicherungsanspruch unberührt[74].

Bedeutsam ist der Ausgleich nach Bereicherungsrecht, wenn der Anspruch des Vermieters aus § 557 BGB scheitert, weil der Mieter die Sache trotz weiterer Nutzung nicht vorenthalten hat[75] oder der Vermieter keinen Schaden erlitten hat. Hat der Vermieter die Rücknahme abgelehnt, weil er das Mietverhältnis als fortbestehend ansah, befand sich der Mieter auch nicht in Verzug. Er muß dann den Nutzungswert nach § 812 BGB vergüten, soweit er die Sache tatsächlich genutzt hat. Bei Beschränkung auf ihren bloßen Besitz besteht kein Anspruch gemäß § 812 BGB. Bei Zurücklassen vereinzelter Gegenstände gewährt das OLG Düsseldorf einen Bereicherungsanspruch in Höhe des Nutzungswertes der von den zurückgebliebenen Sachen konkret belegten Fläche[76].

Die nach § 812 BGB geschuldete Nutzungsentschädigung ist nicht mit dem vereinbarten Mietzins gleichzusetzen. Eine im Mietvertrag enthaltene Wertsicherungsklausel bleibt unberücksichtigt. Vielmehr ist die Nutzungsentschädigung entsprechend dem objektiven Mietwert zu bemessen[77]. Das Entgelt, das der Mieter auf Grund einer Untervermietung erzielt, wird zu beachten sein, denn es entspricht im Zweifel dem ortsüblichen Mietzins[78]. Ein besonderer Gewinn bleibt dem Mieter. Auch eine nach § 812 BGB geschuldete Nutzungsentschädigung richtet sich hinsichtlich der Fälligkeit nach der Vereinbarung zur Fälligkeit des Mietzinses[79].

Darlegungs- und beweispflichtig für die Höhe der verlangten Nutzungsentschädigung ist der Vermieter. Er genügt seiner Darlegungslast nicht mit dem Hinweis auf den vereinbarten Mietzins, sondern muß unter Beweis stellen, welchen objektiven Mietwert die Mietsache hat.

---

73) BGH, Urt. v. 21. 12. 1988 − VIII ZR 277/87 = WM 1989, 547 = NJW 1989, 2133; OLG Hamm ZIP 1989, 45; a. A. *Sternel*, IV. Rz. 692 und EWiR § 557 BGB 1/89, 137.
74) BGH, Urt. v. 28. 6. 1967 − VIII ZR 59/65 = NJW 1968, 197.
75) Vgl. BGH, Urt. v. 21. 2. 1973 − VIII ZR 44/71 = WM 1973, 383.
76) ZMR 1988, 175.
77) BGH, Urt. v. 10. 11. 1965 − VIII ZR 12/64 = BGHZ 44, 241 = WM 1965, 1215 = NJW 1966, 248.
78) BGH, Urt. v. 21. 12. 1966 − VIII ZR 195/64 = WM 1967, 116 = NJW 1967, 821.
79) BGH, Urt. v. 23. 1. 1974 − VIII ZR 219/72 = WM 1974, 260.

## V. Abwicklung des beendeten Mietverhältnisses

### 3.4 Sachenrechtlicher Anspruch auf Nutzungsherausgabe (§§ 987 ff BGB)

Inwieweit neben den vertraglichen und bereicherungsrechtlichen Ansprüchen auf Nutzungsentschädigung auch Ansprüche aus dem Eigentümer-Besitzer-Verhältnis herangezogen werden können, ist umstritten. In der Literatur[80] überwiegt die Ansicht, daß die Ansprüche aus §§ 987 ff BGB nicht ausgeschlossen sind. Dem ist zuzustimmen, denn § 557 Abs. 1 Satz 2 BGB spricht für die Anspruchskonkurrenz.

**307**

Das OLG Hamm[81] gewährt uneingeschränkt einen Anspruch nach §§ 987 ff BGB. Die Rechtsprechung des Bundesgerichtshofs war jedoch bisher zurückhaltend.

In der Entscheidung vom 28. 6. 1967[82] ging der Bundesgerichtshof davon aus, daß Ansprüche auf Nutzungsherausgabe gemäß §§ 987 ff BGB neben den vertraglichen Ansprüchen bestehen.

Im Urteil vom 6. 11. 1968[83] mußte sich der Bundesgerichtshof auf §§ 987, 990 BGB stützen, um dem Vermieter nach Beendigung des Hauptmietverhältnisses zu einem unmittelbaren Anspruch gegen den Untermieter zu verhelfen (vgl. Rz 355).

In einem weiteren Urteil[84] wurden die §§ 987 ff BGB für die Zeit nach Rechtshängigkeit für anwendbar erklärt; im übrigen hat der Bundesgerichtshof jedoch Zweifel angemeldet.

Geht man von der Anwendbarkeit der §§ 987 ff BGB aus, so haftet nur der hinsichtlich seines fehlenden Besitzrechts bösgläubige oder der auf Rückgabe verklagte Mieter auf Nutzungsherausgabe. Er hat auch die Nutzungen zu ersetzen, die er schuldhaft durch Verstoß gegen die Regeln einer ordnungsgemäßen Geschäftsführung nicht gezogen hat (z. B. durch unentgeltliche Überlassung an Dritte nach Vertragsende[85]). Der hinsichtlich seines fortbestehenden Rechts redliche und unverklagte Mieter (= unrechtmäßiger Besitzer) ist jedoch nicht verpflichtet, den Wert gezogener Nutzungen zu ersetzen. Indessen wird Redlichkeit nur selten zu bejahen sein, denn der Mieter weiß in aller Regel, daß er die Mietsache bei Vertragsende zurückzugeben hat und daß sein Besitzrecht entfällt.

---

80) Vgl. Staudinger/Sonnenschein, § 557 Rz. 64; MünchKomm-Voelskow, § 557 Rz. 19; Scheuer in: Bub/Treier, V. A. Rz. 127; Soergel/Kummer § 557 Rz. 26, 27; a. A. Palandt/Putzo, § 557 Anm. 5 b; Sternel IV Rz. 692.
81) ZIP 1989, 45 = EWiR § 557 BGB 1/89, 137 (Sternel).
82) VIII ZR 59/65 = NJW 1968, 197.
83) V ZR 85/65 = WM 1968, 1370.
84) Urt. v. 23. 1. 1974 – VIII ZR 219/72 = WM 1974, 260 = NJW 1975, 556.
85) OLG Hamm ZIP 1989, 45.

A. Mietvertrag

## 3.5 Verjährung

**308** Der Anspruch auf Nutzungsentschädigung verjährt wie der Mietzinsanspruch in vier (§ 197 BGB) bzw. zwei Jahren (§ 196 Nr. 6 BGB), weil er als vertraglicher Anspruch eigener Art an die Stelle des Mietzinsanspruchs tritt. Diese Frist gilt auch für konkurrierende Ansprüche (Verzug, Bereicherung, Eigentümer-Besitzer-Verhältnis); der Zweck der §§ 197, 196 Nr. 6 BGB, die Ansammlung rückständiger Zahlungen zu verhindern und im übrigen die Beziehungen zwischen Vermieter und Mieter rasch zu bereinigen, greift auch hier ein[86].

Höchstrichterlich nicht entschieden ist die Verjährung von Ansprüchen, die nur auf ungerechtfertigte Bereicherung oder auf Verzug gestützt werden können, weil der Mieter dem Vermieter die Sache nicht vorenthalten hat. Auch in diesem Fall sollte nicht die regelmäßige Verjährung nach § 195 BGB eingreifen[87], sondern die Verjährungsregelung der §§ 197, 196 Nr. 6 BGB. Vom Zweck her ist dies gerechtfertigt. Es ist auch nicht einzusehen, warum die an die Stelle des Erfüllungsanspruchs tretende Forderung in längerer Frist als dieser verjähren sollte[88].

## 4. Haftung für den Zustand der Mietsache nach Vertragsende

### 4.1 Wegfall der Erhaltungspflicht des Vermieters

**309** Da mit Ende des Mietverhältnisses die Gebrauchsgewährungspflicht des Vermieters entfällt, ist er auch nicht mehr verpflichtet, die Mietsache in vertragsgerechtem Zustand zu erhalten[89]. Stellt sich nach Vertragsende, aber vor Rückgabe der Mietsache ein Mangel ein, kann der Vermieter die Mängelbeseitigung ablehnen, ohne sich Schadensersatzansprüchen auszusetzen. Behebt der Mieter einen Mangel selbst, ist der Vermieter nur unter eng begrenzten Voraussetzungen zum Aufwendungsersatz verpflichtet (vgl. Rz. 333 ff).

Der Vermieter wird jedoch nicht von seiner Verkehrssicherungspflicht befreit. Er muß also weiterhin zumindest eine gefahrfreie Nutzung der Miträume und ihrer Zugangswege gewährleisten und bleibt nach § 823 BGB schadensersatzpflichtig, wenn der Mieter oder ein in den Schutzbereich des Vertrages einbezogener Dritter infolge der Verletzung der Verkehrssicherungspflicht einen Schaden erleidet.

---

86) Vgl. BGH, Urt. v. 27. 4. 1977 – VIII ZR 246/75 = BGHZ 68, 307 = NJW 1977, 1335 = WM 1977, 766.
87) So KG NJW 1971, 432.
88) Vgl. BGH, Urt. v. 17. 1. 1968 – VIII ZR 207/65 = WM 1968, 281 = NJW 1968, 692.
89) Vgl. LG Hamburg NJW-RR 1986, 441.

## V. Abwicklung des beendeten Mietverhältnisses

### 4.2 Haftungsverschärfung bei Rückvergabeverzug

310 Gibt der Mieter nach Vertragsende die Sache nicht zurück, wird er selbstverständlich nicht von seiner Pflicht zur sorgfältigen und schonenden Behandlung der Mietsache befreit. Er haftet also auch für Verschlechterung und Untergang der Mietsache, die nach Vertragsende eintreten. Diese Haftung ist verschärft, wenn er sich mit der Rückgabe in Verzug befindet. Er haftet dann nicht nur, wenn er die Verschlechterung oder den Untergang der Mietsache zu vertreten hat, sondern ist auch für den Zufall verantwortlich, es sei denn, der Schaden wäre auch bei rechtzeitiger Rückgabe eingetreten. Das ergibt sich aus § 287 BGB. Diese Bestimmung betrifft nicht nur die Unmöglichkeit der Rückgabe, d. h. den Untergang der Mietsache, sondern auch die Verschlechterung der Mietsache als Fall der Teilunmöglichkeit.

Praktisch bedeutsam ist das zunächst für Schäden auf Grund natürlichen Verschleißes, die der Mieter an sich nicht zu vertreten hat. Aber auch bei sonstigen Schäden, die der Mieter nicht zu vertreten hat, greift die Haftungsverschärfung ein. Wird beispielsweise ein gemietetes Fahrzeug durch einen Unfall beschädigt, der sich für den Mieter als unabwendbares Ereignis darstellt, haftet er gleichwohl, denn bei rechtzeitiger Rückgabe wäre er nicht mit dem gemieteten Fahrzeug in den Unfall verwickelt worden. Der Mieter haftet ferner, wenn der Wagen während des Rückgabeverzugs in seiner Garage durch Blitzschlag beschädigt wird. Wird andererseits ein gemietetes Gebäude während des Räumungsverzugs durch Blitzschlag in Brand gesetzt, so hat der Mieter dies nicht zu verantworten, denn auch bei rechtzeitiger Räumung des Mietobjekts wäre dasselbe Naturereignis eingetreten.

### 4.3 Haftungserleichterung bei Annahmeverzug des Vermieters

311 Weigert sich der Vermieter, die ihm vom Mieter zur Rückgabe angebotene Mietsache zurückzunehmen, z. B. weil er eine Kündigung des Mieters für unbegründet ansieht oder weil er zur Annahme einer beschädigten Mietsache nicht bereit ist, so mildert sich die Obhutspflicht des Mieters. Er hat nunmehr nur noch Vorsatz und grobe Fahrlässigkeit zu vertreten (§ 300 Abs. 1 BGB). Grobe Fahrlässigkeit wird dann anzunehmen sein, wenn der Mieter mögliche Maßnahmen zur Abwehr einer konkret dem Mietobjekt drohenden Gefahr unterläßt, etwa bei starkem Frost keine Vorkehrungen gegen das Einfrieren von Wasserrohren oder Heizungsanlagen trifft. Daß er glaubt, wegen des Annahmeverzugs des Vermieters nicht mehr zum Handeln verpflichtet zu sein, steht der Annahme der groben Fahrlässigkeit nicht entgegen[90]. Es bleibt

---

90) BGH, Urt. v. 10. 1. 1983 – VIII ZR 304/81 = WM 1983, 233 = NJW 1983, 1049.

## A. Mietvertrag

jedoch stets zu erwägen, inwieweit den im Annahmeverzug befindlichen Vermieter ein Mitverschulden gemäß § 254 BGB trifft.

Der Mieter eines Grundstücks oder von Räumen kann sich von seiner Obhutspflicht dadurch befreien, daß er nach vorheriger Androhung den Besitz aufgibt (§ 303 BGB).

### 5. Rückerstattung von Mietzinsvorauszahlungen (§ 557 a BGB)

**312** Mietzinsvorauszahlungen, die bei Vertragsende noch nicht verbraucht sind, hat der Vermieter nach § 557 a BGB zurückzuerstatten. Diese Bestimmung begründet eine vertragliche Rückzahlungspflicht und unterscheidet hinsichtlich des Umfangs der Rückzahlungspflicht danach, ob der Vermieter die Vertragsbeendigung zu vertreten hat oder nicht.

Nicht vertreten muß der Vermieter die Beendigung des Vertrages durch Zeitablauf, auf Grund einer ordentlichen Kündigung sowie auf Grund einer fristlosen Kündigung, deren Ursachen dem Mieter zuzurechnen sind.

Mit der Ausübung von Sonderkündigungsrechten handelt der Vermieter grundsätzlich nicht vertragswidrig[91].

Nicht zu vertreten hat der Vermieter daher die vorzeitige Vertragsbeendigung durch Kündigung wegen Konkurses oder Vergleichs über das Vermögen des Mieters gemäß § 19 KO und § 51 VglO; zudem liegt letztlich die Ursache hierfür im Zahlungsunvermögen des Mieters.

Auch die außerordentliche Kündigung des Vermieters wegen Todes des Mieters und die Kündigung des Erstehers in der Zwangsversteigerung sind nicht zu vertreten, obwohl sie ausschließlich auf dem Willensentschluß des Vermieters beruhen.

**313** Hat der Vermieter die Vertragsauflösung zu vertreten, muß er die Vorauszahlung, soweit sie den Zeitraum nach Vertragsende betrifft, nach Rücktrittsregeln zurückzahlen. Den für die Zeit nach Vertragsaufhebung im voraus erhaltenen Mietzins hat der Vermieter vom Empfang an zu verzinsen (§ 347 Satz 3 BGB).

Bei nicht zu vertretender Vertragsbeendigung hat der Vermieter die nicht verbrauchte Vorauszahlung nur nach Bereicherungsgrundsätzen zurückzugewähren; § 557 a BGB enthält eine Rechtsfolgenverweisung. Der Vermieter kann sich auf den Wegfall seiner Bereicherung gemäß § 818 Abs. 3 BGB

---

91) Vgl. BGH, Urt. v. 6. 7. 1990 – LwZR 8/89 = ZIP 1990, 1485 = EWiR § 547 BGB 1/90, 1189 *(Eckert)*; ferner zur Kündigung nach § 19 KO; v. 11. 7. 1958 – VIII ZR 114/57 = WM 1958, 1046 = NJW 1958, 1582.

## V. Abwicklung des beendeten Mietverhältnisses

berufen, falls die empfangene Leistung wirtschaftlich gesehen in seinem Vermögen nicht mehr vorhanden ist[92]. Die zurückzuzahlende Summe hat der Vermieter nur dann zu verzinsen, wenn er sie zinsbringend angelegt hatte (§ 818 Abs. 1 BGB); hierin liegt der bedeutsame Unterschied zur Rückzahlung nach Rücktrittsregeln.

Bei Vereinbarung einer Mietvorauszahlung wird häufig ausbedungen, daß **314** bei einer vom Mieter zu vertretenden vorzeitigen Vertragsauflösung sein Rückerstattungsanspruch entfällt. Auf eine solche Verfallklausel sind die Bestimmungen über die Vertragsstrafe anzuwenden[93]. Ein Mieter, der nicht Kaufmann ist, kann folglich nach § 343 BGB Herabsetzung der Vertragsstrafe und damit verbunden zumindest eine teilweise Rückzahlung des nicht verbrauchten Anteils verlangen, wenn der nicht verbrauchte Teil der Vorauszahlung außer Verhältnis zum Mietzinsausfallschaden des Vermieters steht.

Vorformulierte Verfallklauseln sind bei Verwendung gegenüber einem Nichtkaufmann nach § 11 Nr. 6 AGBG unwirksam. Sie begegnen im übrigen Bedenken gemäß § 9 AGBG.

Der Rückzahlungsanspruch des Mieters verjährt in dreißig Jahren. § 558 **315** BGB ist nicht einmal dann anzuwenden, wenn die Parteien vertragsgemäß vorgenommene Verwendungen des Mieters auf die Mietsache als Mietzinsvorauszahlung behandeln[94].

## 6. Schadensersatz wegen vorzeitiger Vertragsbeendigung

### 6.1 Anspruchsgrundlage

Verursacht eine Vertragspartei durch vertragswidriges Verhalten die vor- **316** zeitige Beendigung des Mietverhältnisses, trifft sie unter dem Gesichtspunkt der positiven Vertragsverletzung die Verpflichtung, der Gegenseite den hierdurch entstehenden Schaden zu ersetzen. Es handelt sich hierbei um einen Ersatzanspruch eigener Art, der keine Nachfristsetzung verlangt[95]. Der Berechtigte kann gegen Treu und Glauben verstoßen, wenn der Ersatz-

---

92) BGH, Urt. v. 21. 10. 1970 – VIII ZR 63/69 = BGHZ 54, 347 = NJW 1970, 2289 = WM 1970, 1456; dazu *Emmerich/Sonnenschein*, § 557 a Rz. 11, 12.
93) BGH, Urt. v. 22. 5. 1968 – VIII ZR 69/66 = WM 1968, 799.
94) BGH, Urt. v. 21. 10. 1970 – VIII ZR 63/69 = BGHZ 54, 347 = WM 1970, 1456 = NJW 1970, 2289; a. A. MünchKomm-*Voelskow*, § 558 Rz. 5.
95) BGH, Urt. v. 4. 4. 1984 – VIII ZR 313/82 = ZIP 1984, 1107 = WM 1984, 933 = NJW 1984, 2687.

## A. Mietvertrag

verpflichtete schon früher seinerseits zur fristlosen Kündigung berechtigt gewesen wäre, hiervon aber abgesehen hat[96].

Von Bedeutung ist insoweit insbesondere die Kündigung des Vermieters wegen Zahlungsverzugs des Mieters gemäß § 554 BGB. Der Mietzinsanspruch erlischt mit Zugang der Kündigung; der Vermieter kann sich nicht ausbedingen, daß der Mieter gleichwohl den Mietzins bis zum vorgesehenen Vertragsablauf oder bis zum ersten Termin für eine ordentliche Kündigung zu entrichten hat[97]. Andererseits erleidet der Vermieter einen Schaden, weil er seinen Mietzinsanspruch verliert und die Mietsache im Regelfall nicht umgehend weiterzuverwenden vermag. Diesen dem Vermieter infolge der fristlosen Kündigung entstehenden Schaden, im wesentlichen den Mietzinsausfall, hat der Mieter zu ersetzen[98].

Schadensersatzansprüche sind auch in den übrigen Fällen der Vertragsbeendigung, zu der eine Partei durch schuldhaftes vertragswidriges Verhalten Anlaß gegeben hat, berechtigt; hierzu zählen insbesondere Fälle der Erfüllungsverweigerung (vgl. Rz. 129). Dies gilt sowohl zugunsten des Vermieters als auch zugunsten des Mieters[99].

Darüber hinaus hat die Rechtsprechung Schadensersatz sogar dann zugebilligt, allerdings in gemäß § 254 BGB eingeschränktem Umfang, wenn beide Vertragsparteien durch ihr Verhalten schuldhaft das Vertrauensverhältnis so nachhaltig zerrüttet haben, daß die Fortsetzung des Mietverhältnisses nicht mehr zumutbar war[100]. Auf das Verschuldenserfordernis kann jedoch nicht verzichtet werden. Unwirksam ist daher eine vorformulierte Klausel, mit der sich eine Vertragspartei auch für den Fall der vorzeitigen einvernehmlichen Vertragsauflösung, die von der Gegenpartei nicht zu vertreten ist, einen Anspruch auf Schadensersatz oder auf Vertragsstrafe versprechen läßt[101]. Der Bundesgerichtshof hat offen gelassen, ob eine dahingehende Individualabrede wirksam ist.

**317** Die Zubilligung von Schadensersatz hängt nicht unbedingt davon ab, daß das Mietverhältnis durch Kündigung aufgelöst wird. Seine Grundlage findet der Schadensersatz nicht in der Kündigung, sondern in dem zur Kündigung berechtigenden Verhalten der Gegenseite, also in dem „Auflösungsverschulden". Folglich können Schadensersatzansprüche auch dann erhoben werden,

---

96) OLG Bamberg ZMR 1984, 373.
97) BGH, Urt. v. 5. 4. 1978 – VIII ZR 49/77 = BGHZ 71, 196 = WM 1978, 570 = NJW 1978, 1432.
98) BGH, Urt. v. 17. 1. 1968 – VIII ZR 207/65 = WM 1968, 281 = NJW 1968, 692; v. 28. 10. 1981 – VIII ZR 302/80 = BGHZ 82, 121 = ZIP 1982, 64 = WM 1981, 1378 = NJW 1982, 870.
99) Vgl. BGH, Urt. v. 6. 2. 1974 – VIII ZR 239/72 = WM 1974, 345.
100) BGH, Urt. v. 4. 6. 1969 – VIII ZR 134/67 = WM 1969, 959 = NJW 1969, 1845.
101) BGH, Urt. v. 18. 4. 1984 – VIII ZR 50/83 = WM 1984, 931 = NJW 1985, 57.

## V. Abwicklung des beendeten Mietverhältnisses

wenn eine Vertragspartei durch ihr Verhalten einen Kündigungsgrund gibt, die Parteien sich aber gleichwohl auf eine einverständliche Vertragsaufhebung einigen[102]. Bei dieser Form der Vertragsbeendigung bleibt aber stets zu prüfen, inwieweit der zur Kündigung Berechtigte im Einzelfall auf Schadensersatz verzichtet, wenn er sich mit der Vertragsaufhebung einverstanden erklärt.

Die unbegründete Kündigung weist keine Rechtswirkungen auf. Gibt der Mieter als Kündigungsgegner gleichwohl die Mietsache zurück, so sind Schadensersatzansprüche des Mieters nicht ausgeschlossen. Den Vermieter trifft nämlich ein Auflösungsverschulden. Daß der Mieter die Mietsache zurückgegeben hat, ohne hierzu verpflichtet zu sein, berührt die Schadensersatzpflicht des Vermieters nicht[103], denn dies geschah weniger aus freiem Entschluß, als vielmehr deshalb, weil der Mieter sich nicht dem Prozeßrisiko aussetzen wollte. Der Vermieter bleibt auch dann wegen positiver Vertragsverletzung zum Schadensersatz verpflichtet, wenn er in erster Instanz obsiegt und seinen Rückgabetitel vollstreckt hat, das Urteil jedoch im Rechtsmittelzug aufgehoben wird[104]. Zusätzlich haftet der Vermieter dann gem. § 717 Abs. 2 ZPO. **318**

Zweifelhaft ist, inwieweit dem Kündigungsgegner ein Mitverschulden anzulasten ist, wenn er die Kündigung annimmt und das Mietobjekt zurückgibt. Je gewichtiger die Gründe sind, die für die Wirksamkeit der Kündigung sprechen, desto weniger kann dem Kündigungsgegner zugemutet werden, sich auf einen Rechtsstreit einzulassen. Von Bedeutung ist in diesem Zusammenhang auch, ob und in welcher Höhe sich der Kündigungsgegner Schadensersatzansprüchen ausgesetzt sieht, wenn er die Wirksamkeit der Kündigung bestreitet. Nur wenn das Fehlen eines Kündigungsgrundes auf der Hand liegt oder dem Gegner im Einzelfall zuzumuten ist, sich gegen die Kündigung zu wehren, kann die Ersatzpflicht des Kündigenden ganz oder teilweise entfallen[105].

Gegen die Schadensminderungspflicht verstößt der Mieter nicht, wenn er später das Angebot des Vermieters, das Mietobjekt erneut, aber zu einem höheren Mietzins anzumieten, ablehnt.

### 6.2 Schadensumfang

Der *Mieter* ist berechtigt, als Schadensersatz Erstattung der Kosten zu verlangen, die ihm infolge der Aufgabe der Mietsache und Beschaffung einer **319**

---

102) Vgl. BGH, Urt. v. 29. 11. 1966 – VII ZR 202/63 = BGHZ 44, 271 = NJW 1966, 347; v. 27. 1. 1982 – VIII ZR 295/80 = NJW 1982, 2432.
103) OLG Karlsruhe NJW 1982, 54.
104) BGH, Urt. v. 14. 1. 1988 – IX ZR 265/88 = EWiR § 717 ZPO 1/88, 517 *(Eckert)* = WM 1988, 553 = NJW 1988, 1268.
105) BGH, Urt. v. 11. 1. 1984 – VIII ZR 255/82 = BGHZ 89, 296 = WM 1984, 370 = NJW 1984, 1028.

## A. Mietvertrag

Ersatzsache erwachsen. Hierzu zählen Umzugskosten, Inseratskosten sowie die erforderlichen Aufwendungen, um Ersatzräume in einen gebrauchsfähigen Zustand zu versetzen[106]. In diesem Rahmen können auch nutzlose oder nicht ausgenutzte Investitionen des Mieters abgegolten werden. Ist Ersatz nur zu einem höheren Mietzins zu erlangen, hat der Vermieter, zeitlich begrenzt durch den erstmöglichen ordentlichen Beendigungstermin, die Mietzinsdifferenz zu erstatten. Auch die Geltendmachung entgangenen Gewinns ist nicht ausgeschlossen, wenn der Mieter wegen der Verlegung seines Betriebs oder seiner Praxis Umsatzeinbußen erleidet. Im Einzelfall wird jedoch zu prüfen sein, ob die Kosten nicht ohnehin angefallen wären, etwa wenn das Mietverhältnis in absehbarer Zeit auch ohne die vorzeitige Auflösung beendet worden wäre.

Ist der *Vermieter* ersatzberechtigt, schuldet der Mieter den Betrag, den er bei normalem Vertragsverlauf bis zum erstmöglichen Termin als Mietzins hätte zahlen müssen. Der Ersatzanspruch wird nicht dadurch beeinträchtigt, daß er einem Mietinteressenten die unentgeltliche Nutzung des Mietobjekts gestattet[107] oder Umbau- oder Renovierungsarbeiten im Mietobjekt durchführen läßt; der Rechtsgedanke des § 552 BGB kann nicht auf den Schadensersatzanspruch übertragen werden[108]. Da die Ersatzleistung keinen steuerbaren Leistungsaustausch darstellt, braucht der Mieter nur den Ausfall des Nettomietzinses ohne Umsatzsteuer auszugleichen[109] (dazu Rz. 510). Der Vermieter muß sich ersparte Aufwendungen und andere Vorteile, die er durch die vorzeitige Vertragsauflösung erlangt, anrechnen lassen[110]. Zu berücksichtigen ist, daß der Mietzins nur in Raten zu zahlen war. Daher wird der Schadensersatzanspruch, sofern nichts abweichendes vereinbart ist, gleichfalls nur sukzessiv fällig[111]. Dies ist für eine etwaige Aufrechnung von Bedeutung[112].

Da der Vermieter Schadensersatz, nicht Vertragserfüllung verlangt, ist er nach § 254 Abs. 2 BGB verpflichtet, sich um die anderweitige Vermietung des Mietobjekts zu bemühen[113]. Gelingt dies nur zu einem geringeren Mietzins, besteht die Ersatzpflicht des vorherigen Mieters in Höhe der Differenz fort.

---

106) BGH, Urt. v. 6. 2. 1974 – VIII ZR 239/72 = WM 1974, 345.
107) OLG Düsseldorf ZMR 1985, 89.
108) OLG Düsseldorf ZMR 1987, 376.
109) BGH, Urt. v. 11. 2. 1987 – VIII ZR 27/86 = ZIP 1987, 517 = EWiR § 1 UStG 1/87, 397 (v. *Westphalen*) = WM 1987, 562 = NJW 1987, 1690; OLG Hamm ZIP 1986, 1473 = EWiR § 535 BGB 3/86, 1085 *(Eckert)*.
110) BGH, Urt. v. 28. 10. 1981 – VIII ZR 302/80 = BGHZ 82, 121 = ZIP 1982, 64 = WM 1981, 1378 = NJW 1982, 870.
111) BGH, Urt. v. 11. 7. 1979 – VIII ZR 183/78 = WM 1979, 1104; BGH, aaO (Fußn. 81).
112) BGH, Urt. v. 11. 7. 1979, aaO (Fußn. 111).
113) Vom BGH offengelassen: Urt. v. 4. 2. 1984 – VIII ZR 206/82 = WM 1984, 171.

## V. Abwicklung des beendeten Mietverhältnisses

Kosten, die dem Vermieter anläßlich der Weitervermietung entstehen, darf er anrechnen, sofern die verbleibende Vertragszeit nicht so kurz war, daß sie ohnehin alsbald angefallen wären.

Einen Verstoß gegen die Schadensminderungspflicht durch den Vermieter hat der ersatzpflichtige Mieter darzulegen und zu beweisen.

Der Schadensersatzanspruch des Vermieters wegen Mietzinsausfalls verjährt in derselben Frist wie die Mietzinsforderung[114].

### 6.3 Schadenspauschalierung

Vermieter beweglicher Sachen bedingen sich häufig aus, daß der Mieter im Fall einer von ihm zu vertretenden vorzeitigen Vertragsbeendigung einen in einer Summe zu zahlenden pauschalierten Ersatzbetrag, zumeist in Höhe eines bestimmten Prozentsatzes des in der Restmietzeit anfallenden Mietzinses, leisten soll. Eine derart pauschalierte Schadensabgeltung beschleunigt die Bereinigung des schadensstiftenden Ereignisses, sie erspart sonst vermeidbare, meist hohe Kosten und liegt deshalb im Interesse aller Beteiligten. **320**

Schadenspauschalierungen sind auch in Allgemeinen Geschäftsbedingungen nicht grundsätzlich unzulässig[115]. Gegenüber einem Nichtkaufmann ist eine Schadenspauschalierung in den Grenzen des § 11 Nr. 5 AGBG zulässig. Aber auch im kaufmännischen Verkehr sind diese Einschränkungen gemäß § 9 AGBG relevant.

Danach darf die Schadenspauschale nicht in einem offenen Mißverhältnis zur Höhe des branchenüblichen Gewinns stehen und so zu einer ungerechtfertigten Benachteiligung des vertragsbrüchigen Partners führen.

In dem Umfang, in dem eine Schadenspauschalierung zulässig ist, bringt sie dem geschädigten Vermieter und Verwender eine Beweiserleichterung. Sie darf aber andererseits nicht zu einer vollen Beweisbelastung des Schädigers führen, denn das würde ihn regelmäßig in eine praktisch aussichtslose Beweislage drängen. Der Mieter kennt nämlich in der Regel weder die Kalkulationsprinzipien noch die Kalkulationsfaktoren, die darüber Aufschluß geben, ob die Pauschale im Verhältnis zu individueller Schadensermittlung seinem Vertragspartner generell ungerechtfertigte Vorteile verschafft oder nicht. Den Zugang hierzu könnte er sich nur über eine Auskunft des Vermieters oder eines sachkundigen Dritten verschaffen.

---

114) BGH, Urt. v. 17. 1. 1968 – VIII ZR 207/65 = WM 1968, 281 = NJW 1968, 692.
115) Vgl. BGH, Urt. v. 10. 11. 1976 – VIII ZR 115/67 = BGHZ 67, 312 = WM 1977, 55 = NJW 1977, 381.

A. Mietvertrag

Der Vermieter muß danach vortragen, daß ihm bei vorzeitiger Beendigung des Mietverhältnisses im Regelfall ein Schaden entsteht, der unter Berücksichtigung ersparter Aufwendungen und anderweitiger Einsatzmöglichkeiten der Mietsache dem pauschalierten Betrag entspricht. Damit ist, ohne den Vermieter als Klauselverwender unzumutbar zu belasten, auch den berechtigten Interessen des Mieters Rechnung getragen, weil er, wenn er es für angezeigt hält, einzelne, die Höhe der Pauschale bestimmende Faktoren — dafür allerdings mit dem Kosten- und Beweisrisiko belastet — angreifen kann.

Dieses Recht zum Gegenbeweis darf ihm durch die Klausel nicht abgeschnitten werden (§ 11 Nr. 5 b AGBG). Ein Ausschluß des Gegenbeweises ist jedoch nur dann anzunehmen, wenn dem Schädiger der Gegenbeweis ausdrücklich oder doch auf Grund der Diktion der Sache nach verwehrt wird. Demgemäß ist schon die Formulierung „mindestens" zu beanstanden[116]. Hingegen blieben Formulierungen wie „ohne Nachweis" oder „ohne weiteren Nachweis" unbeanstandet[117]. Nicht erforderlich ist, daß der Verwender den anderen Teil ausdrücklich auf das Recht zum Gegenbeweis aufmerksam macht[118].

### 7. Ersatzpflicht des Mieters wegen nicht durchgeführter Schönheitsreparaturen

**321** Hat der Mieter vertraglich die Durchführung der Schönheitsreparaturen übernommen (vgl. Rz. 136), ergeben sich während der laufenden Vertragszeit in der Regel kaum Streitigkeiten, weil er im eigenen Interesse bemüht sein wird, die Mieträume in ordentlichem Zustand zu erhalten. Häufig zieht er aber aus, ohne die ihm obliegenden Schönheitsreparaturen ausgeführt zu haben. Selbstverständlich kann der Vermieter ihn auch dann noch auf Vornahme der Schönheitsreparaturen gerichtlich in Anspruch nehmen; empfehlenswert ist dies indessen nicht, steht doch während des Prozesses der Zustand der Mieträume einer Weitervermietung entgegen. Zudem wird der Vermieter keinen vollen Ersatz seines Mietausfalles erlangen können, denn er muß gemäß § 254 Abs. 2 BGB mit dem Einwand rechnen, er habe gegen seine Schadensminderungspflicht verstoßen, weil er die Mieträume nicht selbst hergerichtet und weitervermietet habe.

---

116) BGH, Urt. v. 26. 1. 1983 — VIII ZR 342/81 = ZIP 1983, 452 = NJW 1983, 1320; v. 28. 5. 1984 — III ZR 231/82 = ZIP 1984, 1324 = NJW 1984, 2941.
117) BGH, Urt. v. 16. 6. 1982 — VIII ZR 89/81 = ZIP 1982, 1092 = WM 1982, 907 = NJW 1982, 2316; v. 10. 3. 1983 — VII ZR 301/82 = ZIP 1983, 577 = NJW 1983, 1491.
118) BGH, Urt. v. 16. 6. 1982, aaO (Fußn. 117).

## V. Abwicklung des beendeten Mietverhältnisses

### 7.1 Schadensersatz gemäß § 326 BGB und wegen positiver Vertragsverletzung

**322** Der Vermieter ist im Regelfall auf einen Schadensersatzanspruch gegen den Mieter in Höhe der für die Durchführung der Schönheitsreparaturen erforderlichen Kosten angewiesen.

Da die dem Vermieter gemäß § 326 BGB obliegende Erhaltungspflicht zu seinen vertraglichen Hauptpflichten gehört, zählt auch die vom Mieter übernommene Verpflichtung zur Durchführung der Schönheitsreparaturen zu dessen Hauptpflichten[119]. Kommt der Mieter dieser Verpflichtung, die am letzten Tag der Vertragszeit fällig wird[120], nicht nach, ergibt sich der Schadensersatzanspruch des Vermieters regelmäßig aus § 326 BGB. Dieser Anspruch setzt voraus, daß der Vermieter dem in Verzug befindlichen Mieter eine angemessene Nachfrist zur Erbringung der Sachleistung setzt und erklärt, er lehne nach ungenutztem Fristablauf die Annahme der Leistung ab.

Insofern besteht ein wesentlicher Unterschied zur Geltendmachung von Ersatz für Schäden, die der Mieter durch Verletzung der Sorgfalts- und Obhutspflicht zu vertreten hat; dahingehende, auf Geldzahlung gerichtete Ersatzansprüche stehen dem Vermieter auch ohne vorherige Nachfristsetzung zu[121].

Soweit der Vermieter Schadensersatz nur gemäß § 326 BGB verlangen kann, ist dies mit praktischen Schwierigkeiten verbunden. Hat der Mieter die Räume in renoviertem Zustand zurückzugeben, tritt die Fälligkeit seiner Leistung erst am letzten Tag der Vertragszeit ein. Vorher befindet er sich nicht in Verzug. Der Vermieter kann ihm also die nach § 326 BGB gebotene Nachfrist erst *nach* Ablauf der Vertragszeit setzen und erst nach Ablauf dieser Frist die Arbeiten selbst vornehmen. Dieses Vorgehen bewirkt zwangsläufig einen Mietzinsausfall. Hält der Vermieter aber die formellen Voraussetzungen des § 326 BGB nicht ein, läuft er Gefahr, seinen Ersatzanspruch zu verlieren.

**323** Fristsetzung und Ablehnungsandrohung sind nach § 326 Abs. 2 BGB jedoch entbehrlich, wenn die Erfüllung des Vertrages infolge des Verzugs des Schuldners (= Mieters) für den Gläubiger (= Vermieter) nicht mehr von Interesse ist. Dies mag der Fall sein, wenn der Mieter ausgezogen und der Besitz an den Mieträumen auf den Vermieter übergegangen ist. Der Vermieter wird dann

---

119) BGH, Urt. v. 20. 10. 1976 – VIII ZR 51/75 = WM 1976, 1277 = NJW 1977, 36; v. 25. 6. 1980 – VIII ZR 260/79 = BGHZ 77, 301 = WM 1980, 1176 = NJW 1980, 2341; v. 10. 11. 1982 – VIII ZR 252/81 = BGHZ 85, 267 = WM 1983, 44 = NJW 1983, 446; Beschl. v. 30. 10. 1984 – VIII ARZ 1/84 = BGHZ 92, 363 = WM 1985, 65 = NJW 1986, 480.
120) BGH, Urt. v. 19. 10. 1988 – VIII ZR 22/88 = WM 1989, 318 = NJW 1989, 451.
121) BGH, Urt. v. 13. 1. 1982 – VIII ZR 186/80 = WM 1982, 333.

## A. Mietvertrag

häufig nicht mehr daran interessiert sein, dem Mieter oder den von ihm beauftragten Handwerkern den Zutritt zu den ehemaligen Mieträumen zu gestatten, damit sie die Schönheitsreparaturen durchführen können[122]. In seinem Rechtsentscheid vom 30. 10. 1984[123] weist der Bundesgerichtshof zutreffend darauf hin, der Mieter habe nach Ablauf der Vertragszeit keinen Zutritt mehr zu den Räumen; Besitz und Nutzung stünden uneingeschränkt dem Vermieter zu.

Ob hieraus schon gefolgert werden kann, der Vermieter dürfe nach Ablauf der Vertragszeit dem Mieter, der die Schönheitsreparaturen durchführen wolle, den Zutritt verwehren[124], dessen Angebot auf Naturalrestitution zurückweisen und eine Geldzahlung verlangen, ist fraglich. Ohne weiteres wird der Bundesgerichtshof seine an § 326 BGB orientierte Rechtsprechung nicht aufgeben.

Entbehrlich sind Fristsetzung und Ablehnungsandrohung, wenn der Mieter ernsthaft und endgültig die Erfüllung verweigert hat. Es wäre eine überflüssige Förmelei, vom Vermieter gleichwohl eine mit einer Ablehnungsandrohung verbundene Nachfristsetzung zu fordern. Die endgültige Erfüllungsverweigerung stellt einen Fall der positiven Vertragsverletzung dar[125]. Ob eine endgültige Erfüllungsverweigerung anzunehmen ist, hängt von den Umständen des Einzelfalls ab. Grundsätzlich sind insoweit strenge Anforderungen zu stellen. Die Annahme ist nur berechtigt, wenn der Mieter eindeutig zum Ausdruck bringt, er werde seinen Verpflichtungen nicht nachkommen, und eine Änderung seines Entschlusses ausgeschlossen erscheint[126]. Solange dies zweifelhaft ist, muß der Vermieter versuchen, den Mieter umzustimmen, beziehungsweise eine eindeutige Entscheidung in dem einen oder anderen Sinne herbeizuführen. Hinhaltende Äußerungen des Mieters rechtfertigen nicht die Annahme einer endgültigen Erfüllungsverweigerung, denn seine Sachleistung wird erst am letzten Tag der Vertragszeit fällig und er darf sich bis zu diesem Zeitpunkt noch entscheiden, ob er selbst renoviert.

In dem Auszug des Mieters ohne Vornahme der Schönheitsreparaturen kann bereits eine endgültige Erfüllungsverweigerung liegen[127]. Zwingend ist

---

122) Vgl. BGH, Urt. v. 8. 4. 1981 − VIII ZR 142/80 = WM 1981, 797.
123) VIII ARZ 1/84 = BGHZ 92, 363 = WM 1985, 65 = NJW 1986, 480.
124) So OLG München NJW-RR 1986, 443.
125) BGH, Urt. v. 20. 10. 1976 − VIII ZR 51/75 = WM 1976, 1277 = NJW 1977, 36; v. 19. 10. 1988 − VIII ZR 22/88 = WM 1989, 318 = NJW 1989, 451.
126) Vgl. BGH, Urt. v. 13. 1. 1982 − VIII ZR 186/80 = WM 1982, 333; v. 25. 3. 1987 − VIII ZR 71/86 = ZIP 1987, 916 = WM 1987, 904.
127) BGH, Urt. v. 14. 7. 1971 − VIII ZR 28/70 = WM 1971, 1189 = NJW 1971, 1839.

## V. Abwicklung des beendeten Mietverhältnisses

das jedoch nicht. Nutzt etwa der bis dahin in jeder Hinsicht vertragstreue Mieter die Mieträume bis zum letzten Tag der Vertragszeit zu seinen Zwecken und gibt er diese unrenoviert zurück, so ist der Auszug allein kein Anzeichen für eine Erfüllungsverweigerung.

Das Bestreiten der Renovierungspflicht in der vor Vertragsende geführten Korrespondenz und der nachfolgende Auszug ohne vorherige Renovierung hat der Bundesgerichtshof allerdings als endgültige Erfüllungsverweigerung gewertet[128]. Bei einer Räumung des Mietobjeks im Wege der Zwangsvollstreckung kann nicht unterstellt werden, der Mieter habe die Durchführung der ihm obliegenden Schönheitsreparaturen endgültig verweigert[129].

**324** Der Vermieter erleichtert sich den Übergang zur Schadensersatzforderung, die auf Geldzahlung gerichtet ist, indem er mit dem Mieter vereinbart, daß dieser Geld schuldet, wenn er die fälligen Schönheitsreparaturen bis Vertragsende nicht hat durchführen lassen. Durch Individualvereinbarung kann dies geschehen. Bedenken bestehen jedoch hinsichtlich dahingehender vorformulierter Vertragsklauseln. Eine einheitliche Auffassung hat sich insoweit noch nicht gebildet.

Nach der hier vertretenen Auffassung liegt eine Ausgleichszahlung an Stelle einer Sachleistung ohnehin im beiderseitigen Interesse (vgl. oben Rz. 137). Der Mieter wird auch deshalb nicht unangemessen benachteiligt, weil er finanziell durch die Geldleistung nicht wesentlich stärker belastet wird als durch die Sachleistung. Indessen verbietet § 11 Nr. 4 AGBG im nichtkaufmännischen Verkehr eine Klausel, die den Verwender von der gesetzlichen Obliegenheit befreit, den anderen Teil zu mahnen oder ihm eine Nachfrist zu setzen. Diese Klausel wird auch im kaufmännischen Verkehr als unangemessen angesehen[130]. Der Vermieter kann sich also nicht den Verzicht auf die Nachfristsetzung ausbedingen[131].

Eine Klausel, die den Vermieter nach vorheriger Fristsetzung ohne Ablehnungsandrohung zur Ersatzvornahme berechtigt, hat der Bundesgerichtshof jedoch gebilligt[132] und hieraus sogar einen Anspruch auf Vorschuß hergeleitet. Vereinzelt wird eine Klausel, nach der der Mieter bei Ende der Vertragszeit

---

128) Urt. v. 13. 1. 1982 – VIII ZR 186/80 = WM 1982, 333; Urt. v. 19. 10. 1988 (Fußn. 125); ferner OLG Köln ZMR 1987, 461.
129) BGH, Urt. v. 20. 10. 1976 – VIII ZR 51/75 = WM 1976, 1277 = NJW 1977, 36.
130) BGH, Urt. v. 18. 12. 1985 – VIII ZR 47/85 = ZIP 1986, 371 = EWiR § 9 AGBG 3/86, 213 *(Löwe)* = WM 1986, 325 = NJW 1986, 842.
131) *Löwe/v. Westphalen/Trinkner*, Miet-AGB Rz. 30; *Wolf/Horn/Lindacher*, § 9 M 70; OLG Karlsruhe NJW 1982, 2829.
132) Urt. v. 11. 4. 1984 – VIII ZR 315/82 = WM 1984, 973 = NJW 1985, 267; ähnlich OLG Hamm NJW 1983, 1332.

## A. Mietvertrag

nicht mehr zur Sachleistung, sondern zur Geldzahlung verpflichtet wird, unbeanstandet gelassen[133].

**325** Ist nach dem Mietvertrag das Mietobjekt unabhängig vom Zustand der Räume in renoviertem Zustand zurückzugeben (dazu oben Rz. 136), können unbillige Härten eintreten, wenn der Mieter während der Mietzeit die ihm zu bestimmten Terminen obliegenden Schönheitsreparaturen stets fristgerecht und gewissenhaft durchgeführt hat und das Mietverhältnis zwischen zwei derartigen Terminen endet. Hat der Mieter erst kurz zuvor renoviert, so wäre es unzulässige Rechtsausübung, wenn der Vermieter unter Berufung auf den Vertragsinhalt nochmalige Renovierung forderte.

Ist das Mietobjekt während der Vertragszeit jeweils nach Ablauf bestimmter Zeiten zu renovieren und wird es vor dem nächsten Instandsetzungstermin zurückgegeben, liegt es nahe, die Renovierungslast im Verhältnis der Besitzzeiten zu verteilen und dem Vermieter als Schadensersatz nur einen Teil der von ihm aufgewendeten Kosten zuzubilligen[134]. Eine dahingehende ergänzende Vertragsauslegung ist möglich und vermag durchaus interessengerecht sein. Entsprechende Klauseln in vorformulierten Verträgen hat der Bundesgerichtshof[135] grundsätzlich gebilligt.

**326** Zum Schadensersatz bleibt der Mieter schließlich dann verpflichtet, wenn es der Nachfolgemieter übernimmt, auf eigene Kosten bei Vertragsbeginn die erforderlichen Schönheitsreparaturen auszuführen. Der Nachfolger will hierdurch nämlich eine zusätzliche Leistung gegenüber dem Vermieter erbringen, nicht aber den Mietvorgänger entlasten, zu dem er nicht in Vertragsbeziehungen steht[136]. Auch die Veräußerung der Mietsache berührt den Ersatzanspruch des Vermieters nicht[137].

Als Schadensersatz hat der Mieter, der trotz Fristsetzung und Ablehnungsandrohung die Schönheitsreparaturen nicht durchgeführt hat, zu erstatten, was der Vermieter aufgewendet hat oder aufzubringen hat, ohne einwenden zu können, er habe die Arbeiten billiger oder in Eigenleistung erbracht[138].

---

133) OLG Stuttgart ZMR 1983, 14; OLG Karlsruhe NJW-RR 1988, 331.
134) BGH, Urt. v. 10. 11. 1982 – VIII ZR 252/81 unter IV.3. = BGHZ 85, 267 = WM 1983, 44 = NJW 1983, 446.
135) Beschl. v. 6. 7. 1988 – VIII ARZ 1/88 = BGHZ 105, 71 = EWiR § 535 BGB 4/88, 971 *(Blank)* = WM 1988, 1338 = NJW 1988, 2790.
136) BGH, Urt. v. 15. 11. 1967 – VIII ZR 150/65 = BGHZ 49, 56 = WM 1967, 1252 = NJW 1968, 491; OLG Hamburg ZMR 1984, 342.
137) OLG Düsseldorf MDR 1989, 262.
138) BGH, Urt. v. 11. 4. 1984 – VIII ZR 315/82 = WM 1984, 973 = NJW 1985, 267.

## 7.2 Ersatzanspruch des Vermieters bei Umbau oder Zerstörung des Mietobjekts

Führt der Mieter bei Auszug die ihm obliegenden Schönheitsreparaturen nicht durch, weil der Vermieter die Mieträume anschließend umbauen will, und ist dieser daher auch an einer Sachleistung des Mieters nicht interessiert, so war früher umstritten, wie sich diese Fallgestaltung auf die Ersatzpflicht des Mieters auswirkt. Daß der Vermieter nicht mehr berechtigt ist, vom Mieter Durchführung der Renovierungsarbeiten zu fordern, liegt auf der Hand; andererseits steht es im offensichtlichen Widerspruch zum Vertragsinhalt, den Mieter von seiner Verpflichtung zu befreien. Der Bundesgerichtshof[139] löst diese Streitfrage nicht unter dem Gesichtspunkt des Schadensersatzes, sondern legt den Mietvertrag ergänzend dahin aus, daß der Mieter nicht mehr zur Renovierung verpflichtet ist, jedoch bei Beendigung des Mietverhältnisses einen Ausgleich durch Geldzahlung schuldet. Dieser besteht im Wert dessen, was der Mieter bei Durchführung der erforderlichen Schönheitsreparaturen hätte aufwenden müssen. Den entsprechenden Betrag muß der Mieter zahlen. Die Höhe des Geldanspruchs hängt von den Umständen des Einzelfalles ab. Insbesondere kann es von Bedeutung sein, ob der Vermieter sich nach dem mutmaßlichen Parteiwillen auf die Durchführung der Schönheitsreparaturen durch den Mieter persönlich oder Verwandte und Bekannte des Mieters hätte einlassen müssen. In diesem Fall ist der ihm zustehende Geldbetrag möglicherweise geringer, als wenn er die Ausführung der Schönheitsreparaturen durch einen Handwerker hätte verlangen können. Die vom Bundesgerichtshof befürwortete ergänzende Vertragsauslegung erfaßt auch den Fall, daß der vertragstreue Mieter bereit ist, vor Vertragsende die geschuldete Renovierung durchzuführen. Die Entscheidung läßt erkennen, daß der Vermieter auch dann berechtigt sein soll, die Sachleistung zurückzuweisen und einen Geldausgleich zu fordern[140].

**327**

Diese Auslegungsgrundsätze sollten auch dann anzuwenden sein, wenn das Mietobjekt bei oder nach Vertragsende, aber bevor die Verpflichtung des Mieters zur Schadensersatzleistung durch Geldzahlung feststeht, abgerissen oder zerstört wird oder wenn der Mieter aus sonstigen tatsächlichen Gründen an der Durchführung der Schönheitsreparaturen gehindert ist[141].

---

139) Urt. v. 25. 6. 1980 – VIII ZR 260/79 = BGHZ 77, 301 = WM 1980, 1176 = NJW 1980, 2341; vgl. auch OLG Schleswig NJW 1983, 1333; OLG Düsseldorf DB 1988, 495.
140) RE v. 30. 10. 1984 – VIII ARZ 1/84 = BGHZ 92, 363 = WM 1985, 65 = NJW 1985, 480.
141) So auch *Scheuer* in: Bub/Treier, V. A. Rz. 190; vgl. aber BGH, Urt. v. 22. 5. 1985 – VIII ZR 220/84 = EWiR § 249 BGB 2/85, 547 *(Köhler)* = WM 1985, 1147 = NJW 1985, 2413.

A. Mietvertrag

**7.3 Ausgleich bei Scheitern vertraglicher Ansprüche**

**328** Hat der Vermieter die Schönheitsreparaturen selbst durchgeführt, kann ihm aber ein Ersatzanspruch nicht zugebilligt werden, weil er die Voraussetzungen des § 326 BGB nicht eingehalten hat und weil auch eine Erfüllungsverweigerung des Mieters nicht festzustellen ist, dann drängt sich die Frage auf, ob der Mieter, der durch die Selbstvornahme des Vermieters von seiner Verbindlichkeit befreit worden ist, gleichwohl einen Ausgleich zu leisten hat.

Geschäftsführung ohne Auftrag würde voraussetzen, daß der Vermieter ein Geschäft des Mieters geführt hätte; wegen der Interessenlage kommt dies nicht in Betracht.

Nicht ausgeschlossen erscheint jedoch ein Anspruch des Vermieters aus ungerechtfertigter Bereicherung (§ 812 BGB)[142]. Die Rechtsprechung hat diesen Gedanken nur gelegentlich aufgegriffen. In dem Urteil vom 20. 10. 1976[143] hat der Bundesgerichtshof die Klage des Vermieters abgewiesen, weil dieser die Voraussetzungen des § 326 BGB nicht eingehalten hatte und auch eine Erfüllungsverweigerung des Mieters abgelehnt werden mußte. Offen blieb, ob der Mieter auf Kosten des Vermieters ungerechtfertigt bereichert war. In einer früheren Entscheidung hat der Bundesgerichtshof[144] bei vergleichbarer Sachlage darauf abgestellt, daß der Mieter auf Kosten des Vermieters Aufwendungen erspart hatte. Es widerspräche der Billigkeit, dem Vermieter den Anspruch gemäß § 812 BGB nur deshalb zu versagen, weil er, ohne die vom Mieter zu erbringende Leistung bestimmt zu haben, selbst erfüllt hatte.

Im Gegensatz hierzu hat der VII. Zivilsenat des Bundesgerichtshofs[145] bei einer vergleichbaren Fallgestaltung aus dem Werkvertragsrecht dem Besteller den Ersatz von Aufwendungen zur Mängelbeseitigung gemäß § 633 Abs. 3 BGB aberkannt, da dieser den Werkunternehmer nicht in Verzug gesetzt hatte. Einen auf ungerechtfertigte Bereicherung gestützten Anspruch hat der Senat gleichfalls verneint; er sah in der abschließenden Regelung des § 633 Abs. 3 BGB den Grund für den Rechtsverlust dessen, der voreilig Mängel selbst beseitigt[146].

---

142) *Gelhaar* in: BGB-RGRK, §§ 535, 536 Rz. 93; dagegen: *Scheuer* in: Bub/Treier, V. A. Rz. 195.
143) VIII ZR 51/75 = WM 1976, 1277 = NJW 1977, 36; Fall der Zwangsräumung, vgl. Rz. 323.
144) Urt. v. 3. 6. 1958 – VIII ZR 51/57 = MDR 1958, 686.
145) Urt. v. 28. 9. 1967 – VII ZR 81/65 = NJW 1968, 43.
146) So auch OLG Hamburg MDR 1973, 587 und *Gursky*, NJW 1971, 782 ff.

## V. Abwicklung des beendeten Mietverhältnisses

**7.4 Verjährung**

Der Anspruch des Vermieters auf Durchführung der Schönheitsreparaturen, d. h. sein Erfüllungsanspruch, verjährt nach § 558 BGB (dazu oben Rz. 193) in sechs Monaten nach Rückgabe des Mietobjekts.  **329**

Die Verjährung des Schadensersatzanspruchs, der nach § 326 BGB nach Fristsetzung und Ablehnungsandrohung entsteht, verjährt nach den Grundsätzen, die der Bundesgerichtshof in seinem Urteil vom 12. 4. 1989[147] entwickelt hat, in sechs Monaten nach seiner Entstehung, somit nach fruchtlosem Ablauf der vom Vermieter gesetzten Nachfrist. Hierauf wird die Verjährungsfrist für den Erfüllungsanspruch, soweit diese verstrichen ist, nicht angerechnet.

Erfüllungsanspruch und Schadensersatzanspruch sind verschiedene Streitgegenstände. Wird ein Anspruch eingeklagt, so unterbricht dies nicht die Verjährung des anderen Anspruchs (vgl. oben Rz. 300). Haben die Parteien von vornherein Geldzahlung des Mieters statt Sachleistung vereinbart, so verjährt der Anspruch auch in sechs Monaten, wenn die geschuldete Geldsumme durch Vergleich (§ 779 BGB) festgesetzt wird[148].

**8. Abrechnung der Kaution**

Mit dem Ende des Mietverhältnisses entsteht zwar der Anspruch des Mieters auf Rückzahlung der Kaution, wird aber noch nicht fällig. Ihr Sicherungszweck ist vielmehr erst dann erreicht, wenn der Mieter seinen Verbindlichkeiten nachgekommen ist. Daher ist dem Vermieter eine angemessene Frist einzuräumen, innerhalb derer er sich entscheiden kann, ob und in welcher Weise er auf die Kaution zur Abdeckung seiner Ansprüche zurückgreifen muß. Auch während dieser Übergangsphase darf der Mieter noch nicht Rückzahlung verlangen[149]. Zugunsten des Vermieters ist zu berücksichtigen, daß die Feststellung und Begutachtung etwaiger Schäden, aber auch die Beschaffung der Unterlagen für die Berechnung der Betriebskosten, insbesondere bei Beendigung des Mietverhältnisses während des laufenden Wirtschaftsjahres, erhebliche Zeit in Anspruch nehmen kann. Welche Überlegungsfrist dem Vermieter zuzubilligen ist, ist unter Berücksichtigung der Umstände des Einzelfalls zu entscheiden[150]. Bei Sachen, die sofort weiterver-  **330**

---

147) VIII ZR 52/88 = BGHZ 107, 179 = ZIP 1989, 711 = EWiR § 558 BGB 2/89, 551 *(Eckert)* = WM 1989, 1000 = NJW 1989, 1854.
148) OLG Düsseldorf ZMR 1989, 335 = NJW-RR 1989, 1171; ähnlich OLG Düsseldorf ZMR 1990, 340.
149) BGH, Urt. v. 8. 3. 1972 – VIII ZR 183/70 = WM 1972, 776 = NJW 1972, 721.
150) 6 Monate: OLG Celle NJW 1985, 1715; OLG Karlsruhe ZMR 1987, 215 = NJW-RR 1987, 720; u. U. auch mehr als 6 Monate: OLG Hamburg ZMR 1988, 264 = NJW-RR 1988, 651.

## A. Mietvertrag

mietet werden, wie Ferienwohnungen, und bei denen auch keine schwierigen Abrechnungen anfallen, ist dem Vermieter zuzumuten, sich bei Auszug des Mieters von ihrem Zustand zu überzeugen und sofort zu erklären, inwieweit er auf die Kaution zurückgreift. Klauseln, wonach der Vermieter erst mehrere Wochen nach Rückgabe der Mietsache die Kaution zurückerstatten muß, sind daher bei Ferienwohnungen[151], vermieteten Wohnmobilen oder Booten unangemessen gem. § 9 AGBG.

Treffen der Anspruch des Vermieters auf Entrichtung der Kaution, mit deren Einzahlung der Mieter sich bis Vertragsende in Verzug befindet, und die Geltendmachung der durch sie zu sichernden Forderungen zusammen, besteht für den Vermieter grundsätzlich die Wahl, ob er die Kaution einklagt und zur Begründung schlüssig vorträgt, welche noch zu sichernden Forderungen bestehen, oder ob er diese Ansprüche selbst einklagt[152]. Er ist allerdings nicht befugt, beide Forderungen gleichzeitig einzuklagen, weil bei Erfüllung der zu sichernden Ansprüche die Kaution sofort zurückzugeben wäre[153]. Der einfachere Weg besteht für den Vermieter darin, die Kaution geltend zu machen. Die darauf gerichtete Klage ist nämlich schon begründet, wenn er schlüssig vorträgt, noch Ansprüche gegen den Mieter zu haben, ohne daß über diese bei Bestreiten des Mieters Beweis erhoben wird.

Läßt der Vermieter mit Rücksicht auf die empfangene Kaution Ansprüche wegen Veränderung oder Verschlechterung der Mietsache verjähren, darf der Mieter auch nach Eintritt der Verjährung der gegen ihn gerichteten Forderungen nicht mehr Rückzahlung der Kaution verlangen. Gegenüber der Forderung des Mieters kann der Vermieter weiterhin aufrechnen, soweit sein auf Geldzahlung gerichteter Schadensersatzanspruch begründet ist[154]. Nach § 390 Satz 2 BGB ist nämlich die Aufrechnung mit einer verjährten Forderung statthaft. Die Kautionsabrede schließt die Erhaltung des Aufrechnungsrechts nicht stillschweigend aus[155].

Soweit der Vermieter auf Geldzahlung gerichtete Ersatzansprüche nur unter den Voraussetzungen des § 326 BGB erlangen kann (bei Verletzung der Pflicht zur Wiederherstellung des vertragsgerechten Zustandes der Mietsache oder bei Nichtdurchführung von Schönheitsreparaturen) kann die Aufrechnung mit eigenen Ansprüchen gegen den Rückzahlungsanspruch des Mieters scheitern: Nach § 387 BGB können nur gleichartige Forderungen aufgerechnet

---

151) BGH, Urt. v. 12. 10. 1989 – VII ZR 339/88 = BGHZ 109, 29 = EWiR Art. 16 EuGÜV 1/90, 903 *(Schwerdtner)* = WM 1989, 1936 = NJW 1990, 317.
152) A. A. *Sternel*, III. 225.
153) BGH, Urt. v. 12. 1. 1981 – VIII ZR 332/79 = WM 1981, 252 = NJW 1981, 976.
154) BGH, Beschl. v. 1. 7. 1987 – VIII ARZ 2/87 = BGHZ 101, 244 = EWiR § 390 BGB 1/87, 967 *(Eckert)* = WM 1987, 966 = NJW 1987, 2372; OLG Karlsruhe ZMR 1987, 148.
155) So aber OLG Celle NJW 1985, 1715; OLG Karlsruhe ZMR 1987, 215 = NJW-RR 1987, 720.

## V. Abwicklung des beendeten Mietverhältnisses

werden. Der Vermieter kann also erst dann die Aufrechnung erklären, wenn sein Sachleistungsanspruch gemäß § 326 BGB in einen Geldanspruch übergegangen ist. Läßt der Vermieter sich damit nach Rückgabe des Mietobjekts reichlich Zeit und verjährt sein Erfüllungsanspruch, ohne daß dieser gem. § 326 BGB in einen Geldanspruch übergegangen ist, so fehlt es an der Gleichartigkeit der Ansprüche; eine Aufrechnung scheitert somit.

Gleichwohl sollte bei dieser Sachlage der vertragsbrüchige Mieter nicht auf der Rückerstattung der Kaution bestehen können. Zur Vermeidung von Unbilligkeiten kann sich der Vermieter gegenüber seinem Zahlungsverlangen auf ein Zurückbehaltungsrecht nach § 273 BGB berufen; entsprechend dem Rechtsgedanken des § 390 Satz 2 BGB greift dieses auch gegenüber verjährten Ansprüchen durch[156].

Umgekehrt kann die Untätigkeit des Vermieters auch den Mieter in eine mißliche Lage bringen, muß er doch befürchten, daß der Vermieter die Kaution ohne Rechnungslegung einbehält. Klagt er auf Rückzahlung der Kaution, so riskiert er, daß sich seine Klage wegen berechtigter Aufrechnung mit Ansprüchen des Vermieters als von vornherein unbegründet erweist, und er nach § 91 ZPO die Verfahrenskosten zu tragen hat[157]. Ein Fall der Erledigung der Hauptsache nach § 91 a ZPO liegt nicht vor, denn die Klage war bei Rechtshängigkeit unbegründet. Der Rechtsgedanke des § 93 ZPO – der Vermieter hat durch seine Untätigkeit Anlaß zur Klage des Mieters gegeben[158] – liegt sehr fern. Daß beide Parteien übereinstimmend den Rechtsstreit in der Hauptsache für erledigt erklären und den Weg zu einer dem Mieter günstigen Kostenentscheidung eröffnen, dürfte in der Praxis nicht vorkommen.

Zur Vermeidung dieses Kostenrisikos bleibt dem Mieter daher nur die Klage auf Abrechnung. Ob ein dahingehender Anspruch des Mieters besteht, ist im Schrifttum[159] umstritten. Nach höchstrichterlicher Rechtsprechung[160] ist ein Auskunftsanspruch bei Rechtsverhältnissen gegeben, deren Wesen es mit sich bringt, daß der Berechtigte in entschuldbarer Weise über Bestand und Umfang seiner Rechte im Ungewissen ist, der Verpflichtete hingegen in der Lage ist, unschwer Auskunft zu erteilen. Diese Grundsätze treffen auf die Kautionsabrede zu; der Mieter kann in aller Regel nicht wissen, welche

---

156) BGH, Urt. v. 16. 6. 1967 – V ZR 122/64 = BGHZ 48, 116 = NJW 1967, 1902 = WM 1967, 669.
157) A. A. OLG Karlsruhe ZMR 1987, 148 = NJW-RR 1987, 720; zum Kostenrisiko ausführlich *Wiek*, WuM 1989, 549.
158) So *Wiek* WuM 1989, 549, 550.
159) Dagegen: *Sternel*, III. 255; *Emmerich/Sonnenschein*, § 550b Rz. 5a; *Wiek*, WuM 1989, 549, 550; dafür: *Scheuer* in: Bub/Treier, V. B. Rz. 290.
160) RGZ 158, 377; BGH, Urt. v. 18. 10. 1953 – II ZR 149/52 = BGHZ 10, 385 = NJW 1954, 70; v. 27. 6. 1973 – IV ZR 50/72 = BGHZ 61, 180 = NJW 1973, 1876 = WM 1973, 1116; v. 18. 1. 1978 – VIII ZR 262/76 = WM 1978, 373 = NJW 1978, 1002; v. 7. 5. 1980 – VIII ZR 120/79 = NJW 1980, 2463 = WM 1980, 771.

## A. Mietvertrag

Ansprüche der Vermieter noch gegen ihn hat; besonders bei Nebenkosten ist dies der Fall. Daher hat der Mieter nach Ablauf der angemessenen Überlegungsfrist einen einklagbaren Anspruch gegen den Vermieter auf Abrechnung der Kaution. Auch kann er im Wege der Stufenklage vorgehen.

Die vorbehaltlose Rückzahlung der Kaution bedeutet nicht, daß der Vermieter keine Ansprüche mehr gegen den Mieter hat oder gar darauf verzichten will. Im Einzelfall mag dies zutreffen; zu weit geht jedoch das OLG München, wenn es ohne weiteres einen Verzicht auf Schadensersatzansprüche annimmt[161].

### 9. Verwendungsersatzansprüche und verwandte Forderungen

**331** Der Anspruch des Mieters auf Verwendungsersatz entsteht mit der Verwendung und nicht erst mit Vertragsende. Gleichwohl handelt es sich im Regelfall um einen Abwicklungsanspruch, weil er typischerweise erst nach Vertragsende geltend gemacht wird.

Der Anspruch des Mieters auf Ersatz von Verwendungen, die er während der Vertragszeit gemacht hat, findet seine Regelung in § 547 BGB; andere Anspruchsgrundlagen sind jedoch nicht ausgeschlossen. Inwieweit der Mieter anspruchsberechtigt ist, hängt von der Notwendigkeit der Verwendungen ab. Wegen notwendiger Verwendungen steht ihm ein vertraglicher Erstattungsanspruch nach § 547 Abs. 1 BGB zu, während der Vermieter sonstige Verwendungen nur nach den Regeln über die Geschäftsführung ohne Auftrag zu ersetzen hat (§ 547 Abs. 2 BGB)[162]. Greifen auch diese nicht ein, bleibt ein Ausgleich wegen ungerechtfertigter Bereicherung zu prüfen.

Macht der Mieter nach Vertragsende noch Verwendungen auf die Mietsache, bestimmen sich seine Rechte ausschließlich nach den Vorschriften über das Eigentümer-Besitzer-Verhältnis.

#### 9.1 Vertragliche Ansprüche (§ 547 Abs. 1 BGB)

**332** Um den Vermieter nicht allzu weitgehenden Ansprüchen auszusetzen, ist der Begriff der Verwendung restriktiv auszulegen. Nicht jede Maßnahme, die der Mietsache zugute kommt, kann als Verwendung angesehen werden, sondern nur diejenige, die darauf abzielt, den Bestand der Mietsache zu erhalten oder wiederherzustellen. Daher fallen Aufwendungen, die die Mietsache verändern, nicht unter den Begriff der Verwendung. Dies gilt insbesondere für die Bebauung eines Grundstücks und zwar selbst dann, wenn der

---

161) OLG München NJW-RR 1990, 20.
162) Zur Passivlegitimation bei Vermietung durch Nießbraucher, OLG Frankfurt ZMR 1986, 358.

## V. Abwicklung des beendeten Mietverhältnisses

Vermieter als Grundstückseigentümer gemäß §§ 94, 946 BGB auch Eigentümer des Bauwerks geworden ist[163].

Eine Baumaßnahme kann nur als Verwendung i. S. d. § 547 BGB anerkannt werden, sofern sie der Erhaltung oder Wiederherstellung des Gebäudes dient, etwa dann, wenn ein hochwassergefährdetes Grundstück eingedeicht oder abschüssiges Gelände durch eine Mauer gestützt wird[164].

Notwendig sind Verwendungen, welche zur Abwendung einer der Mietsache drohenden Gefahr oder zu ihrer Erhaltung unerläßlich sind. Aufwendungen, die dazu dienen, die Sache in den vertragsgemäßen Zustand zu versetzen oder einen Sachmangel zu beheben, sind nicht unbedingt notwendig[165]. Diese enge Begrenzung der notwendigen Verwendungen ist im Hinblick auf § 538 Abs. 2 BGB geboten, denn Ersatz von Aufwendungen zur Mängelbeseitigung darf der Mieter nur verlangen, wenn sich der Vermieter damit in Verzug befand. Bauliche Veränderungen können demgemäß ebenfalls nicht als notwendig bezeichnet werden[166]. War die Verwendung des Mieters notwendig, muß der Vermieter ihm die erforderlichen Kosten erstatten. Auch der Wert der eigenen Arbeitsleistung des Mieters ist zu ersetzen. Unerheblich ist, ob der Vermieter die Arbeiten selbst hätte billiger ausführen lassen können oder ob die Verwendung zu einer Verbesserung der Mietsache geführt hat.

Ausgeschlossen ist der Anspruch des Mieters, wenn er es selbst zu vertreten hat, daß die Verwendungen erforderlich wurden, oder wenn er vertraglich zu Verwendungen auf die Mietsache verpflichtet war.

### 9.2 Ansprüche wegen Geschäftsführung ohne Auftrag (§§ 547 Abs. 2, 683 BGB)

Ersatz von Verwendungen, die nicht notwendig waren, kann der Mieter nach den Bestimmungen über die Geschäftsführung ohne Auftrag verlangen. Voraussetzung eines solchen Anspruchs ist, daß er den Willen hatte, mit der Verwendung ein Geschäft des Vermieters zu führen und daß die Verwendung dem Interesse *und* dem tatsächlichen oder mutmaßlichen Willen des Vermieters entsprach. Diese Regelung bewahrt den Vermieter davor, für aufgedrängte Verwendungen Ersatz leisten zu müssen.

Da die Verwendung stets auf eine Sache gemacht wird, die dem Mieter

333

---

163) Vgl. BGH, Urt. v. 10. 7. 1953 – V ZR 22/52 = BGHZ 10, 171 = NJW 1953, 1466; v. 23. 10. 1953 – V ZR 38/52 = NJW 1954, 265.
164) BGH, Urt. v. 26. 2. 1964 – V ZR 105/61 = BGHZ 41, 157 = NJW 1964, 1125.
165) BGH, Urt. v. 13. 2. 1974 – VIII ZR 233/72 = WM 1974, 348 = NJW 1974, 743; v. 30. 3. 1983 – VIII ZR 3/82 = WM 1983, 766; v. 6. 7. 1990 – LwZR 8/89 = ZIP 1990, 1485 = EWiR § 547 BGB 1/90, 1189 *(Eckert)*.
166) BGH, Urt. v. 22. 5. 1967 – VIII ZR 25/65 = NJW 1967, 2255 = WM 1967, 750.

## A. Mietvertrag

nicht gehört, darf der Fremdgeschäftsführungswille oder der Wille des Mieters, mit der Verwendung nicht nur ein eigenes, sondern auch ein Geschäft des Vermieters zu führen, in vielen Fällen ohne nähere Prüfung angenommen werden. Eine dahingehende Vermutung besteht jedoch nicht, denn gerade bei Verwendungen im Rahmen eines langfristigen Mietvertrages wird der Mieter häufig davon ausgehen, daß die Maßnahme nur ihm selbst zugute kommt, und er wird oft gar nicht beabsichtigen, vom Vermieter Ersatz zu erlangen (§ 685 BGB)[167].

Zurückhaltung ist bei der Prüfung angebracht, ob die Verwendung dem Interesse und Willen des Vermieters entsprach. Duldet dieser eine Maßnahme, die er zu untersagen berechtigt wäre, so spricht dies weder für seinen Willen noch für sein Interesse[168]. Auch bei fehlender Einigung der Parteien über Umfang und Finanzierung von beabsichtigten Verwendungen des Mieters kann der Vermieter nicht unter dem Gesichtspunkt der Geschäftsführung ohne Auftrag zur Kostenbeteiligung herangezogen werden[169]. Äußerste Zurückhaltung ist auch bei der Annahme einer stillschweigenden Genehmigung (§ 684 Satz 2 BGB) geboten[170].

Die berechtigte Vorsicht bei Zuerkennung von Ersatzansprüchen des Mieters wegen Geschäftsführung ohne Auftrag zeigt beispielhaft das Urteil des Bundesgerichtshofes vom 22. 5. 1967[171]. In dem zugrundeliegenden Fall hatte der Mieter Räume gemietet, in denen zuvor eine Drogerie betrieben worden war. Nach dem auf zehn Jahre geschlossenen Mietvertrag sollte der Mieter die Räume auf eigene Kosten zum Betrieb einer Gaststätte umbauen lassen. Er nahm die Konzessionsverweigerung zum Anlaß, sich vom Vertrag zu lösen. Selbst in diesem Fall, in dem dem Mieter die Bauarbeiten nicht zugute kamen, hat der Bundesgerichtshof Ansprüche wegen Geschäftsführung ohne Auftrag versagt, weil die Verwendungen — sofern die Umbauten überhaupt hierzu gezählt werden können — nicht im Interesse des Vermieters lagen, und einen Ausgleich nur nach den Bestimmungen über die ungerechtfertigte Bereicherung zugelassen.

---

167) Vgl. BGH, Urt. v. 10. 10. 1984 — VIII ZR 152/83 = WM 1984, 1613 = NJW 1985, 313.
168) BGH, Urt. v. 13. 10. 1959 — VIII ZR 193/58 = NJW 1959, 2163.
169) Vgl. dazu BGH, Urt. v. 12. 1. 1955 — VI ZR 273/53 = LM Nr. 3 zu § 683 BGB; v. 25. 11. 1981 — VIII ZR 299/80 = BGHZ 82, 323 = ZIP 1982, 294 = WM 1982, 148 = NJW 1982, 875.
170) BGH, Urt. v. 10. 10. 1984, aaO (Fußn. 167); OLG Karlsruhe NJW 1972, 2224, 2225.
171) VIII ZR 25/65 = WM 1967, 750 = NJW 1967, 2255.

## 9.3 Ansprüche wegen ungerechtfertigter Bereicherung (§ 812 BGB)

Kommen weder vertragliche Ansprüche noch solche aus Geschäftsführung ohne Auftrag in Betracht, bleiben zwar Ansprüche wegen ungerechtfertigter Bereicherung zu erörtern, aber allenfalls in Fällen, in denen die Maßnahmen nicht unter den Begriff der Verwendung fallen oder in denen die Verwendungen nicht dem Willen und Interesse des Vermieters entsprachen (§ 684 BGB). Im übrigen gehen die vertraglichen Regelungen vor[172].

**334**

Hat die Mietsache durch die Maßnahme des Mieters eine Wertverbesserung erfahren, ist der Vermieter rechtsgrundlos auf Kosten des Mieters bereichert. Sofern der Mieter als rechtmäßiger Besitzer auf dem gemieteten Grundstück ein Bauwerk errichtet hat, wird der Grundstückseigentümer gemäß §§ 94, 946 BGB Eigentümer des Gebäudes, das wesentlicher Bestandteil des Grundstücks geworden ist. Der Bereicherungsanspruch des Mieters ergibt sich aus §§ 951, 812 BGB.

Allerdings schuldet der Vermieter nicht Ersatz der Aufwendungen des Mieters; die Vergütung bemißt sich vielmehr nur nach der Erhöhung des Ertragswertes des Grundstücks[173].

Ferner haftet der Vermieter nicht für aufgedrängte Verwendungen, denn er darf nicht gezwungen werden, Wertersatz für etwas zu leisten, was er nicht haben will. Diesem Gesichtspunkt hat der Bundesgerichtshof in einem Fall Rechnung getragen, in dem der Mieter das Mietgrundstück vertragswidrig bebaut hatte. Zur Abwehr der Ersatzansprüche des Mieters wurde dem Vermieter in entsprechender Anwendung des § 1001 Satz 2 BGB das Recht zugebilligt, ihm das unerwünschte Gebäude zum Abbruch zu überlassen[174]. Diesem Ergebnis ist auch deshalb zuzustimmen, weil der Mieter nicht berechtigt sein darf, die Sache in vertragswidrig verändertem Zustand zurückzugeben (dazu oben Rz. 300). Vielmehr muß der Anspruch des Vermieters auf Rückgabe des Mietobjekts in vertragsgerechtem Zustand vorrangig bleiben. Kann er also schon gemäß § 556 BGB Entfernung des vertragswidrig erstellten Gebäudes fordern, so wäre es widersinnig, dem Mieter seine Schuld zu erlassen und ihm zusätzlich noch einen Ausgleichsanspruch zuzubilligen.

---

172) Vgl. BGH, Urt. v. 6. 7. 1990 – LwZR 8/89 = ZIP 1990, 1485 = EWiR § 547 BGB 1/90, 1189 *(Eckert)*.
173) BGH, Urt. v. 22. 5. 1967 – VIII ZR 25/65 = WM 1967, 750 = NJW 1967, 2255; v. 4. 4. 1990 – VIII ZR 71/89 = EWiR § 812 BGB 5/90, 1081 *(Reuter)* = WM 1990, 1580 = NJW 1990, 1789.
174) BGH, Urt. v. 21. 12. 1956 – V ZR 110/56 = BGHZ 23, 61 = NJW 1957, 460.

## A. Mietvertrag

### 9.4 Ansprüche aus dem Eigentümer-Besitzer-Verhältnis (§§ 994 ff BGB)

**335** Auf Verwendungen, die der Mieter während der Vertragszeit macht, sind die §§ 994 ff BGB nicht anzuwenden, denn er ist rechtmäßiger Besitzer[175]. Nach Ablauf der Vertragszeit entfällt diese Berechtigung. Macht er dennoch Verwendungen auf die Mietsache, beurteilen sich seine Ersatzansprüche nach §§ 994 bis 1003 BGB, und zwar nur nach diesen Bestimmungen, denn sie regeln nunmehr die Ansprüche des nicht mehr besitzberechtigten Mieters erschöpfend[176]. Auch Bereicherungsansprüche sind ausgeschlossen.

Dies bedeutet eine erhebliche Einschränkung der Rechte des Mieters. Gegen den Vermieter hat er nur Ansprüche, wenn dieser zugleich Eigentümer ist. Nur bei Redlichkeit des Mieters hinsichtlich seines fortbestehenden Besitzrechtes kann er unbeschränkt, wie ein Mieter während der Vertragsdauer, Ersatz für notwendige Verwendungen erlangen. Ist er jedoch bezüglich seines Rechts zum Besitz bösgläubig oder auf Rückgabe verklagt, trifft den Vermieter die Verpflichtung zum Ersatz notwendiger Verwendungen nur, wenn die Voraussetzungen der Geschäftsführung ohne Auftrag erfüllt sind. Da der im Rückgabeverzug befindliche Mieter zwar nicht immer, aber doch im Regelfall bösgläubig ist, haftet der Vermieter in der Mehrzahl der Fälle nur nach §§ 677, 683 BGB. Doch die Voraussetzungen dieses Anspruchs werden nur selten erfüllt sein; da der Vermieter nicht mehr zur Erhaltung der Mietsache verpflichtet ist, werden selbst notwendige Maßnahmen zur Mängelbeseitigung häufig nicht seinem Willen und seinem Interesse entsprechen.

Ersatz sonstiger Verwendungen steht dem Mieter nur zu, wenn er trotz Beendigung des Mietverhältnisses hinsichtlich seines Besitzrechtes gutgläubig und auch nicht auf Rückgabe verklagt war. Aber selbst dann muß der Wert der Mietsache noch im Zeitpunkt der Rückgabe der Mietsache infolge der Verwendung erhöht sein.

Der bösgläubige oder verklagte Besitzer kann also keinen Ersatz für nicht notwendige Verwendungen geltend machen, auch wenn der Vermieter hierdurch bereichert ist.

---

[175] BGH, Urt. v. 22. 5. 1967 − VIII ZR 25/67 = WM 1967, 750 = NJW 1967, 2255.
[176] BGH, Urt. v. 4. 10. 1967 − VIII ZR 105/66 = WM 1967, 1250; vgl. auch BGH, Urt. v. 5. 10. 1979 − V ZR 71/78 = BGHZ 75, 288 = WM 1980, 176 = NJW 1980, 833.

## V. Abwicklung des beendeten Mietverhältnisses

### 9.5 Abweichende Vereinbarungen

#### 9.5.1 Ansprüche auf Grund besonderer Parteivereinbarung

Häufig sehen Mietverträge vor, daß der Mieter Umbauten oder sonstige Maßnahmen veranlaßt, deren Wert der Vermieter, gegebenenfalls teilweise, zu erstatten hat. In einem solchen Fall ergibt sich ein besonderer Erstattungsanspruch aus der Parteivereinbarung. Sie muß aus Gründen der Rechtssicherheit im Regelfall ausdrücklich getroffen werden. Eine stillschweigende Vereinbarung ist zwar nicht ausgeschlossen, jedoch nur ausnahmsweise anzunehmen. Bei der Würdigung der Umstände des Einzelfalls wird stets zu beachten sein, daß der Vermieter sich kaum ohne entsprechende Verpflichtung zusätzlichen finanziellen Belastungen unterwerfen wird, die im Regelfall nicht in seinem Interesse liegen. Insbesondere kann aus dem Umstand, daß er Maßnahmen duldet, die er untersagen könnte, nicht auf sein Einverständnis und schon gar nicht auf seine Verpflichtung, die Aufwendungen des Mieters nach Vertragsende zu vergüten, geschlossen werden.

336

#### 9.5.2 Ausschluß von Ersatzansprüchen

Die Ansprüche des Mieters auf Verwendungsersatz oder auf Ersatz des Wertes für Umbauten oder sonstige Veränderungsmaßnahmen sind abdingbar, gleichgültig auf welchem Rechtsgrund sie beruhen[177]. Gegen den Ausschluß von Ersatzansprüchen bestehen insbesondere dann keine Bedenken, wenn die Verpflichtung zur Umgestaltung der Mietsache Teil der Entgeltvereinbarung ist und wenn die Vertragszeit so bemessen ist, daß der Mieter seine Investitionen wieder erwirtschaften kann[178]; an Sittenwidrigkeit wird nur in extremen Ausnahmefällen zu denken sein.

337

Soweit vorformulierte Klauseln Ersatzansprüche für nicht notwendige Verwendungen ausschließen, ist dies nicht unangemessen i. S. d. § 9 AGBG, denn der Mieter nimmt diese im eigenen Interesse vor und der Vermieter muß berechtigt sein, sich gegen zusätzliche finanzielle Belastungen zu sichern.

Ersatzansprüche für notwendige Verwendungen dürfen in dem Rahmen abbedungen werden, wie die Pflicht zur Erhaltung der Mietsache auf den Mieter abgewälzt werden kann (vgl. Rz. 135).

---

177) BGH, Urt. v. 13. 10. 1959 – VIII ZR 193/58 = NJW 1959, 2163; vgl. auch OLG Karlsruhe NJW-RR 1986, 1394.
178) BGH, Urt. v. 11. 10. 1989 – VIII ZR 285/88 = ZIP 1989, 1611 = EWiR § 3 AnfG 1/90, 7 *(Brehm)* = WM 1990, 78 = NJW-RR 1990, 142; vgl. zum Ausschluß bei einer vom Mieter zu vertretenden Vertragsbeendigung BGH, Urt. v. 6. 7. 1990 – LwZR 8/89 = ZIP 1990, 1485 = EWiR § 547 BGB 1/90, 1189 *(Eckert)*.

## A. Mietvertrag

Eine Klausel, wonach der Mieter bei einer von ihm zu vertretenden vorzeitigen Vertragsauflösung nicht befugt ist, Verwendungsersatz geltend zu machen, ist bei Verwendung gegenüber einem Nichtkaufmann gemäß § 11 Nr. 6 AGBG unwirksam und dürfte im übrigen gemäß § 9 AGBG unangemessen sein.

Trotz zulässigen Ausschlusses von Verwendungsersatzansprüchen oder verwandten Ansprüchen können bei vorzeitiger Beendigung des Mietverhältnisses zugunsten des Mieters Bereicherungsansprüche entstehen, wenn der Vermieter früher als es dem Willen der Parteien entsprach, in den Besitz der durch den Mieter verbesserten oder veränderten Mietsache gelangt[179]. Soweit sich der Verkehrs- oder Ertragswert der Mietsache erhöht hat, ist der Vermieter verpflichtet, ihn auszugleichen.

In einem besonders gelagerten Fall hat der Bundesgerichtshof allerdings eine ergänzende Vertragsauslegung dahingehend gebilligt, daß etwaige Bereicherungsansprüche des Mieters jedenfalls dann ausgeschlossen sind, wenn die vorzeitige Beendigung des Vertrages auf Umständen beruht, für die der Mieter verantwortlich ist[180].

### 9.6 Verjährung, Verwirkung und Erlöschen von Verwendungsersatzansprüchen

#### 9.6.1 Verjährung vor Vertragsbeendigung

**338** Ansprüche des Mieters auf Verwendungsersatz verjähren gemäß § 558 BGB in sechs Monaten nach Beendung des Mietverhältnisses. Da sie nicht erst bei Vertragsende fällig werden, sondern schon vorher mit Vornahme der Verwendung, ist zweifelhaft, ob die Ansprüche schon vor Vertragsende verjähren können. Das OLG Celle[181] bejaht dies; danach unterliegen die Verwendungsersatzansprüche des Mieters der regelmäßigen Verjährungsfrist von dreißig Jahren; diese Frist wird durch § 558 BGB bei Vertragsende abgekürzt. Der Bundesgerichtshof[182] hingegen schließt aus § 558 BGB, daß die Verjährung von Verwendungsersatzansprüchen erst lange Zeit nach Begründung der Forderung beginnen kann; offensichtlich nimmt er an, während der Vertragszeit sei die Verjährung ausgeschlossen. Zum Ausgleich läßt der BGH bei langem Zeitablauf eine Verwirkung des Anspruchs zu.

---

179) Vgl. RGZ 158, 394; BGH, Urt. v. 10. 12. 1955 – VI ZR 44/53 = LM Nr. 4 zu § 994 BGB = MDR 1956, 598; Urt. v. 22. 5. 1967 – VIII ZR 25/65 = WM 1967, 750 = NJW 1967, 2255.
180) Urt. v. 15. 6. 1970 – VIII ZR 161/68 = WM 1970, 1142; vgl. OLG Karlsruhe NJW-RR 1986, 1394.
181) NJW 1962, 1918.
182) Urt. v. 12. 5. 1959 – VIII ZR 43/58 = NJW 1959, 1629.

## 9.6.2 Verjährung nach Vertragsende

Praktisch bedeutsamer als die Verjährung oder Verwirkung des Anspruchs vor Vertragsablauf ist die sechsmonatige Verjährung nach Beendigung des Mietverhältnisses. Diese Frist gilt für alle Ansprüche, gleich aus welchem Rechtsgrund[183]. Mit der Beendigung ist das rechtliche Ende des Mietverhältnisses gemeint, nicht die Rückgabe der Mietsache. Die Verjährung ist nach § 852 Abs. 2 BGB gehemmt, solange die Parteien verhandeln[184]. § 852 Abs. 2 BGB ist nämlich auf alle Ansprüche, die nach § 558 BGB verjähren, anzuwenden[185].

**339**

Wechselt der Vermieter infolge Veräußerung des Grundstücks gemäß § 571 BGB (vgl. Rz. 362 ff, 381), so endet im Sinne von § 558 Abs. 2 BGB das Mietverhältnis mit dem ursprünglichen Vermieter mit dessen Ausscheiden aus dem Mietverhältnis. Der Anspruch des Mieters auf Ersatz von Verwendungen, die er vor dem Eigentumsübergang gemacht hat, verjährt also in sechs Monaten nach dem Eigentumswechsel[186].

§ 558 BGB ist nicht anzuwenden, wenn die Leistung des Mieters nicht in Hinblick auf das Mietverhältnis erbracht wird, wenn sie also keinen rechtlichen Bezug zum Mietvertrag hat. Daran fehlt es, wenn Vermieter und Mieter einen Werkvertrag, etwa über die Reparatur der Mietsache, abschließen, aber auch wenn der Mieter zugleich Teilhaber der vermieteten Miteigentümergemeinschaft ist und in dieser Eigenschaft zur Erhaltung der Mietsache beiträgt[187] oder wenn der Mieter Verwendungen auf die Mietsache in der Erwartung macht, er oder seine Ehefrau werde sie später erben, diese Erwartung aber enttäuscht wird[188].

Behandeln die Parteien eine vereinbarte Verwendung des Mieters und seinen daraus folgenden Ersatzanspruch als Mietzinsvorauszahlung, wird der Verwendungsersatzanspruch durch den Anspruch des Mieters nach § 557 a BGB (vgl. Rz. 312) überlagert, so daß die kurze Verjährungsfrist des § 558 BGB nicht eingreift[189].

Zur Verjährung von Verwendungsersatzansprüchen des Mieters gegen den Eigentümer, zu dem keine Vertragsbeziehungen bestehen, wird auf Rz. 353 verwiesen.

---

183) BGH, Urt. v. 13. 2. 1974 – VIII ZR 233/72 = WM 1974, 348 = NJW 1974, 743; v. 12. 7. 1989 – VIII ZR 286/89 = BGHZ 108, 256 = WM 1989, 1942 = NJW 1989, 2745.
184) A. A. LG Karlsruhe ZMR 1987, 154.
185) BGH, Urt. v. 4. 2. 1987 – VIII ZR 355/87 – EWiR § 852 BGB 1/87, 365 *(Eckert)* = WM 1987, 596 = NJW 1987, 2072.
186) BGH, Urt. v. 19. 3. 1965 – V ZR 268/62 = WM 1965, 527 = NJW 1965, 1225.
187) BGH, Urt. v. 13. 2. 1974 – VIII ZR 233/72 = WM 1974, 348 = NJW 1974, 743.
188) BGH, Urt. v. 12. 7. 1989 (Fußn. 183).
189) BGH, Urt. v. 21. 10. 1970 – VIII ZR 63/69 = BGHZ 54, 347 = WM 1970, 1456 = NJW 1970, 2289.

## A. Mietvertrag

### 9.6.3 Erlöschen von Ansprüchen auf Verwendungsersatz

**340** Nimmt der Mieter als nicht mehr berechtigter Besitzer nach Vertragsende Verwendungen vor, erlöschen seine Ansprüche gemäß § 1002 BGB. Bei beweglichen Sachen beträgt die Frist einen Monat, bei Grundstücken und Räumen sechs Monate nach Rückgabe. Wie die Verjährungsfrist, wird auch diese Frist durch Klageerhebung unterbrochen. Außerdem bleiben die Ansprüche des Mieters erhalten, wenn der Eigentümer die Verwendungen genehmigt.

### 10. Wegnahmerecht des Mieters (§ 547 a BGB)

**341** Nach § 547 a BGB ist der Mieter bei Vertragsende berechtigt, Einrichtungen wegzunehmen, mit denen er die Mietsache versehen hat. Diesem Recht des Mieters entspricht die Verpflichtung, die Mietsache in dem Zustand zurückzugeben, in dem sie sich bei Überlassung befand.

#### 10.1 Ausübung des Wegnahmerechts

Unter Einrichtung ist die Verbindung beweglicher Sachen mit der Mietsache zu verstehen, z. B. die Installation einer Heizung, sanitäre Installationen, Anbringen einer Antenne, Einbau eines Wandschrankes, Einbau von Maschinen, die mit dem Gebäude fest verbunden werden, aber auch eine Anpflanzung. Ein Gebäude ist jedoch keine Einrichtung[190]. Sofern die Einrichtungen durch Verbindung wesentliche Bestandteile der Mietsache werden, fallen sie nach §§ 94, 946 BGB in das Eigentum des Eigentümers der Mietsache. Hierdurch wird jedoch das Wegnahmerecht des Mieters nicht beeinträchtigt; er ist berechtigt, sich die Einrichtungen durch Trennung von der Mietsache wieder anzueignen[191].

Übt der Mieter sein Wegnahmerecht aus, ist der Vermieter nicht zur Mitwirkung verpflichtet. Er braucht die Sache nicht herauszugeben. Dies gilt auch, wenn der Mieter Eigentümer der Einrichtungen geblieben ist. Sein Eigentumsherausgabeanspruch gemäß § 985 BGB wird durch das speziell mietrechtliche Wegnahmerecht und durch die Verpflichtung, die Mietsache in unverändertem Zustand zurückzugeben, verdrängt. Der Vermieter hat demnach lediglich die Wegnahme zu dulden; zu diesem Zweck muß er aber dem Mieter den Zutritt zum Mietobjekt gestatten.

Die Verpflichtung zur Duldung der Wegnahme entfällt jedoch, wenn der

---

190) BGH, Urt. v. 23. 10. 1953 – V ZR 38/52 = NJW 1954, 265.
191) BGH, Urt. v. 8. 7. 1981 – VIII ZR 326/80 = BGHZ 81, 146 = ZIP 1981, 1095 = WM 1981, 1060 = NJW 1981, 2564.

## V. Abwicklung des beendeten Mietverhältnisses

Vermieter hinsichtlich des Einrichtungsgegenstandes sein gesetzliches Pfandrecht geltend macht.

Der Vermieter von Räumen kann die Wegnahme abwenden, wenn er dem Mieter für seinen Rechtsverlust eine angemessene Entschädigung zahlt (§ 547 a Abs. 2 BGB). Der Mieter kann allerdings auf der Wegnahme bestehen, sofern er ein berechtigtes Interesse daran hat.

Übt der Mieter sein Wegnahmerecht aus, hat er auf seine Kosten die Mietsache wieder in den ursprünglichen Zustand zu versetzen (§ 258 BGB). Der Vermieter kann die Duldung davon abhängig machen, daß der Mieter für die zu erwartenden Schäden Sicherheit leistet (§ 258 Satz 2, 2. Halbsatz BGB).

Das Wegnahmerecht des Mieters verjährt nach § 558 BGB in sechs Monaten nach Ende des Mietverhältnisses. Gibt der Mieter die Mietsache erst später als sechs Monate nach Vertragsende zurück, ohne die Einrichtungen vorher entfernt zu haben, so ist sein Wegnahmerecht schon verjährt. Die Verjährung tritt auch ein, wenn der Vermieter den Mieter an der Ausübung des Wegnahmerechts hindert. Die Verjährung wird auch dann nicht gehemmt, wenn der Vermieter gegenüber dem Wegnahmerecht sein gesetzliches Pfandrecht geltend macht[192]; § 202 Abs. 2 BGB ist entsprechend anzuwenden.

### 10.2 Ausschluß des Wegnahmerechts durch Parteivereinbarung

Die Parteien können den Ausschluß des Wegnahmerechts von einer Entschädigung durch den Vermieter abhängig machen. Aber auch der entschädigungslose Ausschluß des Wegnahmerechts kann nicht als unangemessen bezeichnet werden[193]; es ist zu berücksichtigen, daß der Mieter die Mietsache im eigenen Interesse mit Einrichtungen versieht und daß der Vermieter Beschädigungen des Mietobjekts bei Ausübung des Wegnahmerechts befürchten muß.

Wird der vollständige Ausschluß des Wegnahmerechts als Folge einer Kündigung des Mieters oder einer von ihm zu vertretenden vorzeitigen Vertragsauflösung vereinbart, so ist eine dahingehende Klausel bei Verwendung gegenüber einem Nichtkaufmann nach § 11 Nr. 6 AGBG unwirksam.

Verpflichtet sich der Mieter, die Mietsache mit bestimmten Einrichtungen zu versehen, ist dies im Zweifel Teil des Überlassungsentgelts. Derartige

---

192) BGH, Urt. v. 13. 5. 1987 – VIII ZR 136/86 = BGHZ 101, 37 = EWiR § 558 BGB 2/87, 763 (*Sonnenschein*) = WM 1987, 1109 = NJW 1987, 2861; im Schrifttum umstritten, vgl. *Sonnenschein* EWiR 1987, 763.
193) Vgl. BGH, Urt. v. 14. 10. 1958 – VIII ZR 155/57 = NJW 1958, 2109; a. A. *Sternel*, IV. Rz. 625; *Scheuer* in: Bub/Treier, V. B. Rz. 273; *Wolf/Horn/Lindacher*, § 9 M 74.

## A. Mietvertrag

Einrichtungen unterliegen daher nicht dem Wegnahmerecht[194]. Im Einzelfall kann jedoch eine andere Auslegung angebracht sein. Zu derartigen Investitionen verpflichtet sich der Mieter im Regelfall nur bei entsprechender Vertragsdauer, denn er will weitgehend in den Genuß seiner Aufwendungen kommen. Endet das Mietverhältnis vor Ablauf der vorgesehenen Vertragszeit, bleibt das Wegnahmerecht ausgeschlossen. Der Vermieter hat aber dem Mieter einen Ausgleich zu zahlen, sofern er durch die ihm verbleibenden Einrichtungen auf dessen Kosten ungerechtfertigt bereichert ist[195].

### 10.3 Rechtslage bei Nichtausübung des Wegnahmerechts

#### 10.3.1 Schadensersatzpflicht des Vermieters bei Vereitelung der Wegnahme

**343** Gibt der Mieter die Mietsache zurück und weigert sich der Vermieter unberechtigt, die Wegnahme von Einrichtungen zu dulden, so ist er dem Mieter wegen positiver Vertragsverletzung zum Schadensersatz in Höhe des Wertes der zurückgebliebenen Sachen verpflichtet[196].

Ist streitig, ob der Mieter freiwillig auf die Wegnahme verzichtet oder ob der Vermieter die Duldung verweigert hat, muß der Mieter beweisen, daß der Vermieter den Verbleib der Einrichtungen in den Mieträumen verlangt hat. Steht fest, daß der Vermieter auf dem Unterlassen der Wegnahme bestanden hat, ist es seine Sache, gegebenenfalls nachzuweisen, daß er damit nur die Bestätigung eines zuvor vom Mieter erklärten freiwilligen Verzichts auf die Wegnahme gefordert hat[197].

Der Schadensersatzanspruch des Mieters wegen Vereitelung des Wegnahmerechts verjährt gleichfalls in sechs Monaten nach Ende des Mietverhältnisses. Das OLG Hamm[198] schränkt dies dahin ein, daß die Verjährungsfrist erst ab Eintritt des Schadens läuft. Dies erscheint bedenklich, denn es ist nicht einzusehen, warum der Ersatzanspruch später als der vereitelte Anspruch verjähren sollte.

---

194) BGH, Urt. v. 14. 10. 1958, aaO (Fußn. 193).
195) Vgl. RGZ 158, 394.
196) BGH, Urt. v. 18. 11. 1968 – VIII ZR 189/66 = WM 1968, 1399 = NJW 1969, 40.
197) BGH, Urt. v. 14. 7. 1969 – VIII ZR 5/68 = WM 1969, 1114 = NJW 1969, 1855 (L).
198) MDR 1981, 674.

## 10.3.2 Sachenrechtliche Folgen des Verzichts auf die Wegnahme oder der Verjährung des Wegnahmerechts

Bei Verzicht auf die Wegnahme oder Verjährung des Wegnahmerechts ist der Vermieter zum Besitz der Einrichtungen berechtigt, und zwar ohne Rücksicht darauf, wer Eigentümer der Einrichtungen ist. Der Vermieter kann dem früheren Mieter sein Recht zum Besitz als dauernde Einrede entgegenhalten. Dies hat zur Folge, daß der Vermieter dem früheren Mieter keine Entschädigung für die Nutzung der zurückgelassenen Einrichtung schuldet[199]. 344

Auch eine Steigerung des Werts der Mietsache wegen der Einrichtung braucht der Vermieter nicht auszugleichen; ein derartiger Bereicherungsanspruch ist mit dem Zweck des faktischen Rechtsverlusts auch dann nicht zu vereinbaren, wenn der Vermieter das Grundstück veräußert hat[200].

Sofern der Vermieter Besitz und Nutzung der Einrichtung einem Dritten überläßt, wird dieser besitzberechtigt, weil er sein Recht zum Besitz von dem zuvor hierzu berechtigten Vermieter ableitet. Daher braucht der Dritte die Einrichtung dem früheren Mieter nicht herauszugeben und er hat diesem auch nicht den Wert gezogener Nutzungen zu ersetzen[201].

# VI. Untermiete

### 1. Begriff der Untermiete

Das Gesetz spricht in §§ 549, 556 Abs. 3 BGB von der Überlassung der Mietsache an einen Dritten. Hierunter fällt nicht nur die entgeltliche Weiterüberlassung der Mietsache durch den Mieter, sondern auch die unentgeltliche[1]. Untermiete liegt nur vor, wenn der Mieter seine Rechte und Pflichten aus dem Mietverhältnis behält. Scheidet er aus dem Mietverhältnis aus, handelt es sich um einen Mieterwechsel (vgl. Rz. 357). Untermiete ist hingegen anzunehmen, wenn der Mieter seine Rechte aus dem Mietvertrag abtritt, ohne daß der Vermieter zustimmt. Diese Abtretung ist nämlich nach § 399 BGB unwirksam, weil nur der Mieter, wie § 549 Abs. 1 BGB zeigt, zur Nutzung der Mietsache berechtigt ist. 345

---

199) BGH, Urt. v. 8. 7. 1981 – VIII ZR 326/80 = BGHZ 81, 146 = ZIP 1981, 1095 = WM 1981, 1060 = NJW 1981, 2564.
200) BGH, Urt. v. 13. 5. 1987 – VIII ZR 136/86 = BGHZ 101, 37 = EWiR § 558 BGB 2/87, 763 (Sonnenschein) = WM 1987, 1109 = NJW 1987, 2861.
201) OLG Düsseldorf ZMR 1987, 328.
1) BGH, Urt. v. 8. 5. 1972 – VIII ZR 36/71 = BGHZ 59, 3 = WM 1972, 731 = NJW 1972, 1267.

## A. Mietvertrag

Ein Untermietverhältnis wird nicht begründet, wenn trotz Veränderung der Rechtsform auf der Mieterseite die Herrschaft und Obhut über die Mietsache den Personen verbleibt, denen der Vermieter sie vertragsgemäß überlassen hat. Demzufolge wird der Gebrauch nicht einem Dritten überlassen, wenn die Gesellschafter einer Gesellschaft bürgerlichen Rechts eine offene Handelsgesellschaft bilden, die den in den Mieträumen geführten Gewerbebetrieb fortführt[2].

Überläßt eine BGB-Gesellschaft oder eine offene Handelsgesellschaft die von ihr gemieteten Räume einer Gesellschaft mit beschränkter Haftung, die die Gesellschafter zur Fortführung ihres Gewerbes gegründet haben und die unter ihrer alleinigen Geschäftsführung steht, so nutzen weiterhin die ursprünglichen Mieter, die auch für die Forderungen aus dem Mietverhältnis persönlich haften, das Mietobjekt. Daher liegt auch in diesem Fall keine Untermiete vor[3]. Gründen jedoch die Gesellschafter mit einem Dritten, der bisher nicht Mieter war, eine Gesellschaft mit beschränkter Haftung oder überlassen die Gesellschafter, die den Mietvertrag abgeschlossen haben, die Geschäftsführung der von ihnen gegründeten Gesellschaft mit beschränkter Haftung einem Dritten, dann liegt die Obhut über das Mietobjekt nicht mehr bei den Mietern; folglich handelt es sich um Untermiete. Dasselbe gilt, wenn der Mieter einen Gesellschafter aufnimmt und nunmehr die Gesellschaft den Gewerbebetrieb in den Mieträumen fortführt[4], oder wenn ein freiberuflich tätiger Mieter (Arzt, Rechtsanwalt, Architekt o. ä.) sich mit einem Partner zur Ausübung einer gemeinschaftlichen Praxis verbindet.

Keine Untermiete liegt weiterhin vor, wenn der Mieter in den Mieträumen entgeltlich fremde Waren lagert[5], denn er allein behält die Herrschaft über die Mieträume. Auch wenn der Mieter die Räume ausdrücklich zur Lagerung eigener Erzeugnisse angemietet hat, aber später Waren anderer Hersteller einlagert, handelt es sich nicht um Untervermietung[6].

---

2) BGH, Urt. v. 22. 1. 1955 – VI ZR 70/53 = NJW 1955, 1066.
3) BGH, Urt. v. 21. 12. 1966 – VIII ZR 195/64 = WM 1967, 116 = NJW 1967, 821.
4) Vgl. BGH, Urt. v. 10. 6. 1958 – VIII ZR 135/57 = LM Nr. 55 zu § 242 BGB Cd = ZMR 1959, 8.
5) BGH, Urt. v. 19. 1. 1966 – VIII ZR 1/64 unter III 2. b. = WM 1966, 479, 481.
6) OLG Hamm WM 1973, 525.

## VI. Untermiete

## 2. Rechtsbeziehungen zwischen Vermieter und Mieter

### 2.1 Erlaubnis des Vermieters

Ohne Erlaubnis des Vermieters ist der Mieter nicht zur Untervermietung berechtigt (§ 549 Abs. 1 Satz 1 BGB). Dies gilt auch beim Leasing[7]. Das Gesetz schützt also das Interesse des Vermieters, die Mietsache nur demjenigen zur Obhut zu überlassen, der ihm genehm ist. Der Mieter hat daher, sofern dies nicht anders vereinbart ist, im Regelfall keinen Anspruch auf Erteilung der Erlaubnis. Der Vermieter ist selbst dann nicht verpflichtet, einer geplanten Untervermietung zuzustimmen, wenn dem Mieter ohne die Untervermietung die volle Ausnutzung der Vorteile eines langjährigen günstigen Mietverhältnisses nicht möglich ist[8]. In den besonderen Fällen der Gebrauchsüberlassung an einen Dritten, bei denen der Mieter letztlich die Herrschaft über die Mietsache behält und auch weiterhin maßgeblichen Einfluß auf die Betriebsführung des Dritten ausübt, kann der Vermieter jedoch verpflichtet sein, darin einzuwilligen, daß der Dritte die Mietsache mitbenutzt. Dies ist anzunehmen bei Aufnahme eines Gesellschafters oder Sozius sowie bei Überlassung des Mietobjekts an eine unter Beteiligung des Mieters gegründete bürgerlichrechtliche oder handelsrechtliche Gesellschaft. Entscheidend ist insoweit jeweils die Interessenlage[9].

**346**

Die Erlaubnis zur Gebrauchsüberlassung an Dritte deckt nicht eine Untervermietung, die zu einem Mietgebrauch führt, der dem Mieter selbst nicht gestattet wäre[10]. Sie bezieht sich grundsätzlich nur auf einen bestimmten in Aussicht genommenen Untermietvertrag, denn die Person des Dritten ist für den Vermieter von maßgeblicher Bedeutung. Die Erlaubnis ist also im Regelfall nicht dahin auszulegen, daß der Vermieter jeglicher Untervermietung ohne Ansehung der Person des Dritten zustimmt.

Formbedürftig ist die Erlaubnis nicht. Sie kann durch konkludentes Verhalten erklärt werden. In der bloßen Duldung wird im Regelfall keine Erlaubnis liegen[11]. Je länger der Vermieter jedoch eine Untervermietung unbeanstandet hinnimmt, desto stärker deutet sein Verhalten auf ein Einverständnis hin. Verhandelt der Vermieter mit dem Untermieter über den Abschluß eines unmittelbaren Vertrages zwischen ihnen, so spricht auch dies nicht für eine Gestattung[12].

---

7) BGH, Urt. v. 4. 7. 1990 – VIII ZR 288/89 = ZIP 1990, 1133 = EWiR § 549 BGB 1/90, 971 *(Eckert)* = WM 1990, 1620; OLG Düsseldorf EWiR § 857 ZPO 1/88, 829 *(Eckert)* = WM 1988, 880 = NJW 1988, 1676; *v. Westphalen*, Rz. 574; dazu Rz. 464.
8) BGH, Urt. v. 28. 2. 1968 – VIII ZR 200/65 = WM 1968, 650.
9) Vgl. *Brandner*, NJW 1960, 127, 130.
10) BGH, Urt. v. 11. 1. 1984 – VIII ZR 237/82 = BGHZ 89, 308 = WM 1984, 343 = NJW 1984, 1031.
11) BGH, Urt. v. 17. 12. 1986 – VIII ZR 328/85 = EWiR § 549 BGB 1/87, 229 *(Eckert)* = WM 1987, 431 = NJW-RR 1987, 526.
12) S. Fußn. 11.

## A. Mietvertrag

Zum Widerruf der Erlaubnis ist der Vermieter berechtigt, soweit er sich dies ausdrücklich vorbehalten hat. Eine vorformulierte uneingeschränkte Klausel, wonach der Vermieter seine Erlaubnis jederzeit widerrrufen kann, benachteiligt den Mieter jedoch unangemessen und ist daher unwirksam[13]. Ohne Vorbehalt kann der Vermieter aus wichtigem Grund die Erlaubnis jedenfalls dann widerrufen, wenn er wegen des vertragswidrigen Verhaltens des Untermieters, das dieser trotz Abmahnung fortsetzt, zur Kündigung des Hauptmietverhältnisses berechtigt wäre. In diesem Fall wäre es nicht interessengerecht, den Vermieter auf sein Recht zur Kündigung des Hauptmietvertrages zu verweisen, wenn ihm daran gelegen ist, sich den solventen und im übrigen vertragstreuen Mieter zu erhalten.

Dem Interesse des Mieters, der ohne die Untervermietung das Mietobjekt möglicherweise nicht sinnvoll nutzen kann, trägt das Gesetz dadurch Rechnung, daß es ihm ein Recht zur außerordentlichen Kündigung des Mietverhältnisses gewährt, wenn der Vermieter die Erlaubnis versagt, ohne daß in der Person des Dritten ein wichtiger Grund vorliegt (§ 549 Abs. 1 Satz 2 BGB; vgl. Rz. 265). Dieses Kündigungsrecht ist dem Mieter auch dann zuzubilligen, wenn der Vermieter auf Grund eines Vorbehalts die Erlaubnis widerruft, ohne daß Mieter und Untermieter durch ihr Verhalten hierzu Anlaß gegeben haben. Darüber hinaus ist der Mieter, der einen Anspruch auf Gestattung der Untervermietung hat, gemäß § 542 BGB zur fristlosen Kündigung berechtigt[14].

Ist der Vermieter nach dem Vertrag nicht verpflichtet, die Untervermietung zu erlauben, so macht er sich mit der Verweigerung nicht schadensersatzpflichtig[15]; er begeht jedoch eine zum Schadensersatz verpflichtende Vertragsverletzung, wenn nach dem Vertrag der Mieter die Erlaubnis beanspruchen kann[16].

Verweigert der Vermieter die Erlaubnis, ist er gehalten, dem Mieter seine Gründe mitzuteilen, damit dieser die Berechtigung der Erlaubnisverweigerung nachprüfen und seinerseits abwägen kann, ob er zur außerordentlichen Kündigung des Mietverhältnisses befugt ist[17]. Das Reichsgericht hat darüber hinaus den Vermieter mit der Geltendmachung von Verweigerungsgründen ausgeschlossen, die er nicht mitgeteilt hatte, und das Nachschieben eines Versa-

---

13) BGH, Urt. v. 11. 2. 1987 – VIII ZR 56/86 = EWiR § 549 BGB 87, 557 *(Eckert)* = WM 1987, 783 = NJW 1987, 1692.
14) BGH, Urt. v. 11. 1. 1984 – VIII ZR 237/82 = WM 1984, 343 = NJW 1984, 1031.
15) *Traumann*, BB 1985, 628, 629.
16) *Emmerich/Sonnenschein*, § 549 Rz. 12.
17) RGZ 74, 176.

## VI. Untermiete

gungsgrundes im Rechtstreit nur zugelassen, wenn er dem Vermieter unbekannt war und auch nicht bekannt sein konnte[18].

Hat der Mieter untervermietet, obliegt ihm der Nachweis, daß der Vermieter zugestimmt hat, denn er beruft sich auf die ihm günstige Rechtsfolge.

### 2.2 Rechtsfolgen der Untervermietung

Ohne entsprechende Absprache ist der Mieter nicht zur Zahlung eines erhöhten Mietzinses verpflichtet. Die Vereinbarung eines Untermietzuschlages ist zulässig und begegnet auch bei vorformulierter Vertragsgestaltung keinen Bedenken. **347**

Die Verantwortlichkeit des Mieters für den Zustand der Mietsache wird insofern erweitert, als er nach § 549 Abs. 3 BGB jedes Verschulden des Dritten zu vertreten hat. Beschädigt also der Untermieter schuldhaft die Mietsache bei deren Gebrauch, ist der Mieter auch bei erlaubter Untervermietung dem Vermieter zum Schadensersatz verpflichtet. Dies gilt auch bei vorsätzlicher unerlaubter Handlung – Beschädigung, Zerstörung, Unterschlagung – des Untermieters[19].

Stört der Untermieter den Vermieter oder andere Mitmieter oder gebraucht er die Mietsache in vertragswidriger Weise, so hat der Mieter auch dies zu vertreten. Der Vermieter kann ihn deswegen abmahnen und auch auf Unterlassung der Störung oder des vertragswidrigen Gebrauchs in Anspruch nehmen. Schließlich rechtfertigt das vertragswidrige Verhalten des Untermieters die fristlose Kündigung des Hauptmietverhältnisses (§§ 553, 554 a BGB).

Bei Beendigung des Hauptmietverhältnisses ist der Mieter zur Rückgabe der Mietsache verpflichtet, selbst wenn sie sich in unmittelbarem Besitz des Untermieters befindet. Der Mieter kann den Vermieter nicht darauf verweisen, unmittelbar vom Untermieter Herausgabe des Mietobjekts zu verlangen. Auch wenn gleichzeitig mit dem Hauptmietverhältnis das Untermietverhältnis beendet worden ist, vermag der Mieter seine Rückgabepflicht nicht dadurch zu erfüllen, daß er dem Vermieter seinen Herausgabeanspruch gegen den Untermieter abtritt[20].

Wenn der Untermieter nach Beendigung des Hauptmietverhältnisses die Mietsache dem Vermieter oder Mieter nicht zurück gibt, ist der Mieter dem

---

18) RGZ 92, 118.
19) BGH, Urt. v. 17. 10. 1990 – VIII ZR 213/89 = ZIP 1990, 1480 = EWiR § 549 BGB 1/91, 33 *(Eckert)*; OLG München NJW-RR 1987, 727; *Mittelstein*, S. 381; a. A. Staudinger/Emmerich, § 549 Rz. 69; *Sternel*, II. Rz. 262.
20) Vgl. BGH, Urt. v. 30. 6. 1971 – VIII ZR 147/79 = BGHZ 56, 308 = WM 1971, 994 = NJW 1971, 2065.

## A. Mietvertrag

Vermieter gegenüber zur Zahlung der Nutzungsentschädigung nach § 557 BGB, gegebenenfalls auch aus anderen Rechtsgründen, verpflichtet (vgl. Rz. 301 ff).

### 2.3 Zusätzliche Folgen der unerlaubten Untervermietung

**348** Eine Untervermietung ohne Erlaubnis des Vermieters ist unberechtigt, selbst wenn der Vermieter die Erlaubnis ohne triftigen Grund versagt hat. Auch wenn der Mieter ausnahmsweise einen Anspruch auf Erlaubnis hat, vermag dieser Anspruch die Einwilligung nicht zu ersetzen; die Untervermietung bleibt unberechtigt, solange der Vermieter sie nicht gestattet hat. Für den Mieter besteht nur die Möglichkeit, den Vermieter auf Erteilung der Erlaubnis zu verklagen.

Bei unberechtigter Untervermietung darf der Vermieter verlangen, daß der Mieter das Untermietverhältnis beendet. Außerdem ist der Vermieter nach erfolgloser Abmahnung gemäß § 553 BGB zur fristlosen Kündigung berechtigt. Es bedarf hierzu nicht der Feststellung, daß die Rechte des Vermieters erheblich beeinträchtigt sind[21]. Hat der Mieter auf die Erlaubnis einen Anspruch, so kann er dies im Prozeß gegenüber dem Unterlassungs- oder Rückgabeanspruch widerklagend geltend machen. Auch handelt der Vermieter rechtsmißbräuchlich, wenn er Unterlassung der Untervermietung oder – nach Kündigung des Mietverhältnisses – Rückgabe des Mietobjekts verlangt, obwohl er verpflichtet ist, der Untermietung zuzustimmen[22]. Im übrigen wird gegenüber der Kündigung des Vermieters nur in Ausnahmefällen der Einwand des Rechtsmißbrauchs durchgreifen. Er hat einen Anspruch auf gewissenhafte Vertragserfüllung, und der Mieter hat die Grenzen seines Nutzungsrechts zu beachten. Mit der Kündigung verstößt der Vermieter nicht einmal dann gegen Treu und Glauben, wenn der Mieter einen durch Vormerkung gesicherten Anspruch auf Erwerb des Mietgrundstücks nach Vertragsende hat. Erst als Eigentümer darf er mit dem Grundstück nach Belieben verfahren[23]. Daß der Mieter das Grundstück bebaut und in einen Zustand versetzt hat, der beträchtliche Mieteinkünfte ermögliche, rechtfertigt keine andere Beurteilung. Die Vorteile, die der Vermieter dadurch erzielt, sind nach Bereicherungsgrundsätzen auszugleichen (vgl. oben Rz. 337).

Als Folge der unberechtigten Untervermietung verschärft sich die Haftung des Mieters für den Zustand der Mietsache. Über die Regelung in § 549 Abs.

---

21) BGH, Urt. v. 28. 11. 1984 – VIII ZR 186/83 = WM 1985, 233 = NJW 1985, 2527; OLG Hamburg NJW 1982, 1157; OLG Frankfurt ZMR 1988, 461 = NJW-RR 1989, 10.
22) OLG Hamburg NJW 1982, 1157.
23) BGH, Urt. v. 28. 11. 1984, aaO (Fußn. 21).

## VI. Untermiete

3 BGB hinaus haftet er auch für eine zufällige Beschädigung oder Zerstörung der Mietsache, sofern der Schaden nicht auch ohne die unberechtigte Gebrauchsüberlassung eingetreten wäre[24].

Nach wie vor umstritten ist die Frage, ob der Vermieter vom Mieter Abführung des Untermietzinses verlangen kann, soweit dieser höher ist als der vom Mieter geschuldete Mietzins. Der Bundesgerichtshof hat dies bisher abgelehnt[25]. Aus dem Mietverhältnis ergibt sich ein derartiger Anspruch nicht.

Auch unter dem Gesichtspunkt der unechten Geschäftsführung ohne Auftrag (§ 687 Abs. 2 BGB) läßt sich eine dahingehende Forderung nicht begründen, denn der Mieter, der unerlaubt untervermietet, nimmt damit nicht ein Geschäft wahr, das objektiv ein Geschäft des Vermieters ist; die Nutzung des Mietobjekts ist vielmehr ein eigenes Geschäft des Mieters. Der Bundesgerichtshof verneint auch einen Anspruch des Vermieters wegen ungerechtfertigter Bereicherung und verweist darauf, daß der Vermieter auch bei erlaubter Untervermietung keinen Anspruch gegen den Mieter auf Abführung des höheren Untermietzinses hat. Demgegenüber befürwortet *Diederichsen*[26] eine entsprechende Anwendung des § 816 Abs. 1 BGB. Dem Mieter, so führt er aus, stehe es nur zu, die Mietsache selbst zu gebrauchen; er sei nicht berechtigt, den Gebrauch an einen Dritten zu übertragen. Dies komme, genauso wie jede Vermietung einer fremden Sache, einer Verfügung über die Mietsache gleich. Mit der Genehmigung des Vermieters werde die Verfügung ihm gegenüber wirksam, so daß der Mieter verpflichtet sei, das durch die Verfügung Erlangte herauszugeben.

Dieses Ergebnis entspricht der Interessenlage, denn der Mieter erzielt durch die unberechtigte Untervermietung einen Gewinn, der wirtschaftlich gesehen nicht ihm, sondern dem zur Verwertung der Mietsache berechtigten Vermieter zusteht. In dem vergleichbaren Fall einer Weitervermietung hat der Bundesgerichtshof unter Hinweis auf § 816 Abs. 2 BGB in diesem Sinne entschieden[27].

### 3. Rechtsbeziehungen zwischen Mieter und Untermieter

Der Untermietvertrag ist ein Mietvertrag wie jeder andere. Daher finden auf ihn die für den Mietvertrag geltenden Bestimmungen Anwendung. Sofern der Vermieter bei der Gestattung der Untervermietung keine besonderen Aufla-

**349**

---

24) RGZ 157, 363, 367.
25) Urt. v. 20. 5. 1964 – VIII ZR 235/63 = WM 1964, 860 = NJW 1964, 1853; v. 2. 6. 1972 – V ZR 154/70 = BGHZ 59, 51, 58 = WM 1972, 886 = NJW 1972, 1416.
26) NJW 1964, 2296; ferner *Staudinger/Emmerich*, § 549 Rz. 60.
27) BGH, Urt. v. 10. 11. 1982 – VIII ZR 252/81 = BGHZ 85, 267 = WM 1983, 44 = NJW 1983, 446.

gen erteilt hat, ist der Mieter bei der Ausgestaltung des Untermietverhältnisses frei. Er kann insbesondere zu einem geringeren Mietzins als dem im Hauptmietverhältnis geschuldeten untervermieten, bei der gewerblichen Zwischenvermietung von Wohnraum also zu einem Mietzins unterhalb der sog. Garantiemiete[28].

Schließt nach Beendigung des Hauptmietvertrages der Vermieter einen neuen Mietvertrag ab, so geht auch bei fortdauerndem Mietgebrauch des Untermieters das Untermietverhältnis nicht auf den neuen Hauptmieter über[29].

### 3.1 Vertragsschluß

Wird ein Grundstück auf die Dauer von mehr als einem Jahr untervermietet, so ist der Vertrag nach § 566 BGB formbedürftig. Zwar wird der primäre Zweck des § 566 BGB, der Schutz eines etwaigen Grundstückserwerbers im Hinblick auf § 571 BGB, bei der Untervermietung nicht berührt, weil die Rechtsstellung des Vermieters durch das Untermietverhältnis nicht betroffen wird. Dies rechtfertigt jedoch keine Ausnahme von dem Grundsatz, daß für die Untermiete alle mietvertraglichen Bestimmungen gelten. Die Warnfunktion, die das Schriftformerfordernis hat, spricht jedenfalls für die Anwendbarkeit der § 566 BGB. Auch von der Interessenlage her wäre es nicht einzusehen, daß ein langfristiger Hauptmietvertrag über ein Grundstück der Schriftform bedarf, nicht jedoch ein vom Mieter abgeschlossener Untermietvertrag mit gleichem Inhalt und gleicher Laufzeit[30].

Der Untermietvertrag ist auch dann gültig, wenn der Vermieter die Erlaubnis verweigert[31]; Kenntnis beider Parteien des Untermietvertrages hiervon steht der Gültigkeit des Vertrages nicht entgegen. Ist der Mieter infolgedessen an der Gebrauchsüberlassung gehindert, haftet er gemäß § 541 BGB wegen eines Rechtsmangels. Dies kann der Mieter dadurch vermeiden, daß er den Untermietvertrag vorbehaltlich der Erlaubnis des Vermieters abschließt. Enthält der Untermietvertrag die Klausel, daß der Hauptmieter zur Untervermietung der Erlaubnis des Vermieters bedürfe oder daß er sich verpflichte, diese

---

28) OLG Hamburg EWiR § 549 BGB 1/88, 245 *(Eckert)* = ZMR 1988, 54.
29) BGH, Urt. v. 22. 5. 1989 – VIII ZR 192/88 = EWiR § 571 BGB 2/89, 667 *(Emmerich)* = WM 1989, 1176 = NJW 1989, 2053; dazu unten Rz. 362.
30) BGH, Urt. v. 15. 6. 1981 – VIII ZR 166/80 = BGHZ 81, 46 = WM 1981, 1032 = NJW 1981, 2246; v. 13. 1. 1982 – VIII ZR 225/80 = WM 1982, 431.
31) BGH, Urt. v. 9. 10. 1985 – VIII ZR 198/84 = WM 1985, 1536 = NJW 1986, 308; v. 17. 12. 1986 – VIII ZR 328/85 = EWiR § 549 BGB 1/87, 229 *(Eckert)* = WM 1987, 431 = NJW-RR 1987, 526.

## VI. Untermiete

Erlaubnis einzuholen, bedeutet dies noch nicht, daß das Wirksamwerden des Untermietvertrages durch die Einwilligung des Vermieters bedingt ist[32].

Auch wenn die Parteien des Untermietvertrages stillschweigend davon ausgehen, der Vermieter werde der Untervermietung zustimmen, verbleibt das Risiko der Erlaubniserteilung oder -verweigerung beim Mieter als demjenigen, der die Gebrauchsgewährung schuldet. Der Untermietvertrag ist also weder bedingt abgeschlossen, noch entfällt seine Geschäftsgrundlage, wenn der Vermieter die Erlaubnis versagt.

Die Wirksamkeit des Untermietvertrages hängt nicht davon ab, daß beide Parteien das Untermietverhältnis als solches auffassen. Selbst wenn der Untermieter meint, der Untervermieter sei Hauptvermieter und er selbst werde Hauptmieter, kommt das Untermietverhältnis zustande. Ein Anfechtungsgrund gemäß § 119 Abs. 2 BGB ist nicht ersichtlich, denn der Mieter war weder über eine Eigenschaft der Mietsache noch über die Person des Vermieters im Irrtum.

### 3.2 Kündigungsrecht wegen Gefahr eines Rechtsmangels

Glaubt der Untermieter irrig, er sei Hauptmieter, so drängt sich die Frage auf, inwieweit er an den Vertrag gebunden ist. Ein Rechtsmangel (§ 541 BGB) liegt nicht vor, denn der Mieter und Untervermieter ist zur Gebrauchsgewährung in der Lage, solange das Hauptmietverhältnis fortbesteht[33]. Er entsteht erst, wenn der Vermieter als besser Berechtigter dem Untermieter den Gebrauch der Mietsache entzieht. Das OLG Köln hat daher zutreffend ein Kündigungsrecht nach § 542 BGB abgelehnt[34].

**350**

Es ist jedoch zu berücksichtigen, daß der Untermieter das zusätzliche, von ihm bei Vertragsschluß nicht erkannte Risiko des Fortbestehens des Hauptmietverhältnisses trägt. Dieses Risiko ist besonders belastend, weil er auf dieses Mietverhältnis keinen Einfluß nehmen kann. Selbst wenn das Untermietverhältnis auf lange Zeit abgeschlossen wird, ist der Untermieter nicht davor geschützt, auch bei vertragsgerechtem Verhalten Besitz und Nutzung der Mietsache auf Grund des Herausgabeverlangens des Vermieters nach § 556 Abs. 3 BGB zu verlieren. Daß er sich für den Hauptmieter hält, steht dem nicht entgegen. Ersatzansprüche gegen den Mieter vermögen dies nicht auszugleichen. Für den Mieter, der nicht weiß, daß sein als Vermieter auftre-

---

32) Vgl. BGH, Urt. v. 30. 6. 1959 – VIII ZR 128/58 = LM Nr. 1 zu § 542 BGB = MDR 1959, 1005 = ZMR 1960, 10.
33) BGH, Urt. v. 17. 12. 1986 – VIII ZR 328/85 = EWiR § 549 BGB 1/87, 229 *(Eckert)* = WM 1987, 431 = NJW-RR 1987, 526.
34) ZMR 1981, 177.

## A. Mietvertrag

tender Vertragspartner seinerseits nur Mieter ist, gehört es daher zur Geschäftsgrundlage des Vertrages, daß er Hauptmieter ist. Er muß berechtigt sein, wegen eines wichtigen Grundes das Mietverhältnis zu kündigen oder vor Überlassung der Mietsache vom Vertrag zurückzutreten[35].

Entsprechendes gilt, wenn der Untermieter nicht weiß, daß der Vermieter die Untervermietung nicht gestattet hat, oder wenn der Untermieter nach dem Inhalt des Untermietvertrages davon ausgehen durfte, die Erlaubnis des Hauptvermieters sei bereits oder werde noch erteilt. Dann besteht nämlich das Risiko, daß der Vermieter wegen der unerlaubten Untervermietung das Mietverhältnis kündigt. Dem Untermieter ist es aber nicht zuzumuten, seinen Betrieb auf rechtlich ungesicherter Grundlage zu führen. Daher kann er das Untermietverhältnis aus wichtigem Grund kündigen[36]. Wegen der wirtschaftlichen Tragweite der zu treffenden Entscheidung wird man dem Untermieter eine längere Überlegungsfrist zubilligen müssen.

Läßt sich der Untermieter jedoch bewußt auf das Wagnis ein, daß die Erlaubniserteilung durch den Vermieter ungesichert ist, so ist er nicht schutzwürdig.

### 3.3 Haftung des Mieters und Untervermieters für den Bestand des Hauptmietverhältnisses

**351** Der Bestand des Untermietverhältnisses hängt nicht vom Bestehen des Hauptmietverhältnisses ab. Es ist durchaus möglich, den Untermietvertrag auf mehrere Jahre abzuschließen, obwohl das Hauptmietverhältnis auf unbestimmte Zeit läuft und vor Ende des Untermietverhältnisses gekündigt werden darf. Endet das Hauptmietverhältnis, bleibt der Mieter dem Untermieter gegenüber zur Gebrauchsgewährung verpflichtet. Zulässig und rechtswirksam ist eine Vertragsbestimmung, wonach das Untermietverhältnis mit Auflösung des Hauptmietvertrages endet[37]. Die ausdrückliche Klarstellung, daß nur ein Untermietverhältnis begründet wird, bedeutet noch keine Abhängigkeit des Untermietverhältnisses vom Bestand des Hauptmietvertrages.

Ist der Mieter als Untervermieter infolge Beendigung des Hauptmietverhältnisses nicht mehr in der Lage, dem Untermieter den Gebrauch der Mietsache

---

35) Wie hier: *Kraemer* in: Bub/Treier, III. B. Rz. 1187; a. A. *Sternel*, II. Rz. 268.
36) BGH, Urt. v. 30. 6. 1959 – VIII ZR 128/58 = LM Nr. 1 zu § 542 BGB = MDR 1959, 1005 = ZMR 1960, 10; v. 9. 10. 1985 – VIII ZR 198/84 = WM 1985, 1536 = NJW 1986, 308; v. 17. 12. 1986 (Fußn. 33).
37) Vgl. BGH, Urt. v. 19. 11. 1984 – II ZR 6/84 = EWiR § 281 BGB 1/85, 359 *(Eckert)* = WM 1985, 270 = NJW-RR 1986, 234.

## VI. Untermiete

zu gewähren, so haftet er nach § 541 BGB wegen eines Rechtsmangels[38]. Die Haftung entfällt nicht gemäß §§ 539, 543 BGB deshalb, weil der Untermieter weiß, daß der Mieter ihm nur in den Grenzen des Hauptmietvertrages den Mietgebrauch überlassen kann. Diese Möglichkeit stellt nämlich keinen Rechtsmangel dar; ein solcher entsteht erst dann, wenn der Vermieter dem Untermieter auf Grund seines Rechts den Gebrauch der Mietsache entzieht.

Der vertragsmäßige Gebrauch wird dem Untermieter schon dann entzogen, wenn der Vermieter von ihm gemäß § 556 Abs. 3 BGB (vgl. Rz. 354) Rückgabe der Mietsache fordert. Von diesem Zeitpunkt ab gewährt der Mieter, der selbst nicht mehr nutzungsberechtigt ist, dem Untermieter nicht mehr den vertragsgemäßen Gebrauch[39]. Dies hat zur Folge, daß auch der Mietzinsanspruch des Mieters gegen den Untermieter entfällt, denn wenn dem Untermieter der vertragsgemäße Gebrauch der Mietsache entzogen ist, also der Mieter nicht mehr die vertraglich geschuldete Leistung erbringt, muß der Untermieter von der Verpflichtung zur Gegenleistung befreit sein. Diese Konsequenz ist allerdings in der Rechtsprechung bisher nur vom OLG Hamm[38] ausgesprochen worden. Der Bundesgerichtshof geht jedoch offensichtlich auch davon aus. Bei der gewerblichen Zwischenvermietung von Wohnraum hat er nach Beendigung des Hauptmietverhältnisses dem Vermieter einen unmittelbaren Anspruch gegen den Untermieter auf Zahlung eines Nutzungsentgelts zugebilligt, allerdings nach § 242 BGB, obwohl das Untermietverhältnis fortbestand[40]. Dies wäre nicht zu rechtfertigen, wenn der Untermieter dem Mieter noch Mietzins schuldete, denn dann wäre er der Gefahr ausgesetzt, doppelt in Anspruch genommen zu werden.

Verlangt der Hauptvermieter vom Untermieter Herausgabe der Mietsache, ist dieser nach § 542 BGB zur fristlosen Kündigung des Untermietvertrages berechtigt. Einer vorherigen Fristsetzung bedarf es nicht, wenn das Hauptmietverhältnis endgültig aufgelöst ist[41]. Unter den Voraussetzungen des § 538 BGB (vgl. Rz. 67) kann der Untermieter vom Mieter Schadensersatz verlangen. Da ein nachträglicher Rechtsmangel vorliegt, haftet der Mieter nur, wenn er diesen und somit die Beendigung des Hauptmietverhältnisses zu vertreten hat[42]. Zu vertreten hat der Mieter die Beendigung des Hauptmietverhältnisses insbesondere dann, wenn er selbst das Hauptmietverhältnis kün-

---

38) OLG Hamm EWiR § 541 BGB 1/88, 141 *(Eckert)* = NJW-RR 1987, 1304 (zum Rechtsmangel bei Konkurs des gewerblichen Zwischenvermieters von Wohnraum).
39) BGH, Urt. v. 30. 10. 1974 – VIII ZR 69/73 = BGHZ 63, 132 = WM 1974, 1180 = NJW 1975, 44; OLG Hamm (Fußn. 38).
40) RE. v. 21. 4. 1982 – VIII ARZ 16/81 = BGHZ 84, 90 = WM 1982, 770 = NJW 1982, 1696; dazu *Reinelt*, NJW 1984, 2869.
41) BGH, Urt. v. 28. 5. 1975 – VIII ZR 70/74 = WM 1975, 897.
42) BGH, aaO (Fußn. 39).

## A. Mietvertrag

digt[43], aber auch wenn der Vermieter wegen einer Vertragsverletzung des Mieters, insbesondere Zahlungsverzugs, kündigt. Dies gilt ebenfalls, wenn der Vermieter die unberechtigte Untervermietung zum Anlaß nimmt, das Hauptmietverhältnis gemäß § 553 BGB fristlos zu kündigen, denn der Mieter mußte vor Abschluß des Untermietvertrages die Erlaubnis des Vermieters einholen. Auch dann steht § 539 BGB dem Schadensersatzanspruch des Untermieters nicht entgegen, denn bei Abschluß des Vertrages lag noch kein Rechtsmangel vor[44]. Dem Untermieter kann jedoch ein Mitverschulden gemäß § 254 Abs. 1 BGB angelastet werden, wenn er bei Abschluß des Untermietvertrages wußte, daß die Erlaubnis des Vermieters nicht vorlag, und er gleichwohl das Risiko einer vorzeitigen Beendigung des Hauptmietverhältnisses einging.

Zuzurechnen ist dem Mieter auch eine ordentliche Beendigung des Hauptmietverhältnisses; er muß nämlich von vornherein darauf bedacht sein, sich gegenüber dem Untermieter nur so lange zu binden, wie er vom Vermieter Erfüllung des Hauptmietvertrages verlangen darf.

Kündigt der Vermieter das Hauptmietverhältnis wegen des Verhaltens des Untermieters, so hat zwar im Verhältnis zum Vermieter der Mieter das Verhalten des Untermieters zu vertreten; im Verhältnis zum Untermieter ist ihm jedoch die vorzeitige Auflösung des Hauptmietvertrages nicht zuzurechnen. Auch die Auflösung des Hauptmietverhältnisses auf Grund eines Sonderkündigungsrechtes ist dem Mieter, vom Fall der Eröffnung des Konkurs- und Vergleichsverfahrens über sein Vermögen abgesehen, nicht anzulasten.

Bei einverständlicher Aufhebung des Hauptmietvertrages hat der Mieter den Rechtsmangel im Untermietverhältnis zu vertreten. Sind Schadensersatzansprüche des Untermieters wegen vorzeitiger Beendigung seines Vertrages ausgeschlossen, so gilt diese Regelung auch für den Fall der einverständlichen Auflösung des Hauptmietverhältnisses; jedoch muß der Mieter nach Treu und Glauben auf die Interessen des Untermieters Rücksicht nehmen. Hat der Mieter für die Auflösung des Hauptmietverhältnisses eine Abfindung für sich ausgehandelt, so soll nach Ansicht des II. Zivilsenats des Bundesgerichtshofs[45] diese entsprechend § 281 BGB dem Untermieter als Surrogat seines untergegangenen Erfüllungsanspruchs zustehen. Der vereinbarte Verzicht auf Schadensersatzansprüche soll dem nicht entgegenstehen.

---

43) Vgl. OLG Hamm ZMR 1989, 417.
44) Dazu *(Eckert)*, EWiR § 549 BGB 1/87, 230.
45) Urt. v. 19. 11. 1984 – II ZR 6/84 = WM 1985, 270 = NJW-RR 1986, 234; a. A. BGH, Urt. v. 15. 4. 1955 – V ZR 22/54 = BGHZ 17, 127 = NJW 1955, 948; *(Eckert)*, EWiR § 281 BGB 1/85, 359.

VI. Untermiete

### 3.4 Beendigung und Abwicklung des Untermietverhältnisses

Das Untermietverhältnis wird wie das Mietverhältnis beendet. § 568 BGB gilt auch hier. **352**

Nach Beendigung des Untermietverhältnisses kann der Mieter Rückgabe der Mietsache an sich verlangen. Ist gleichzeitig das Hauptmietverhältnis beendet, ist der Untermieter auch gegenüber dem Vermieter, sofern dieser es verlangt, zur Rückgabe verpflichtet. Vorrangig ist keiner der Rückgabeansprüche. Der Untermieter wird gegenüber dem Mieter befreit, wenn er die Mietsache dem Vermieter zurückgibt[46].

Schließen nach Auflösung beider Mietverhältnisse der Vermieter und der Untermieter einen Mietvertrag über die beim Untermieter verbleibende Sache ab, kann der Mieter nicht mehr Rückgabe der Sache an sich verlangen; der Untermieter enthält sie ihm nicht vor, wenn er unter Berufung auf den neuen Mietvertrag die Rückgabe verweigert.

Ist das Untermietverhältnis beendet und gibt der Untermieter die Mietsache nicht zurück, steht dem Mieter wie jedem Vermieter ein Anspruch auf Nutzungsentschädigung gemäß § 557 BGB oder wegen Verzugs (§ 286 BGB) zu. Zweifelhaft ist jedoch, ob der Mieter bei gleichzeitiger Beendigung des Haupt- und Untermietverhältnisses vom Untermieter Nutzungsentschädigung beanspruchen darf, wenn der Vermieter vom Untermieter Rückgabe der Mietsache fordert. Da der Untermieter mit der Herausgabe des Mietobjekts an den Vermieter seiner Rückgabeverpflichtung gegenüber dem Mieter genügt, gerät er diesem gegenüber nicht in Verzug. Gibt der Untermieter die Mietsache weder dem Mieter noch dem Vermieter zurück, kommt er gegenüber beiden in Verzug. Der Mieter erleidet jedoch keinen Nutzungsausfallschaden, weil er selbst nicht mehr zur Nutzung berechtigt ist. Geht man zudem davon aus, daß nach Beendigung des Hauptmietverhältnisses der Anspruch des Mieters gegen den Untermieter auf Zahlung des Untermietzinses erlischt, wenn der Vermieter unmittelbar den Untermieter auf Rückgabe in Anspruch nimmt (vgl. Rz. 354), so muß folgerichtig auch der Anspruch des Mieters gegen den Untermieter auf Nutzungsentschädigung entfallen.

---

46) OLG München NJW-RR 1989, 524.

## 4. Rechtsbeziehungen zwischen Vermieter und Untermieter

### 4.1 Ansprüche während des Bestehens des Hauptmietverhältnisses, Schadensersatz und Verwendungsersatz

**353** Vertragliche Beziehungen bestehen zwischen Vermieter und Untermieter nicht. Daher unterliegen die vom Untermieter in die Mieträume eingebrachten Sachen nicht dem Vermieterpfandrecht des Vermieters. Der Mieter kann seine Ansprüche gegen den Untermieter mit dem Pfandrecht an den Vermieter abtreten[47]. Der Untermieter ist nicht in den Schutzbereich des Mietvertrages einbezogen[48]. Folglich kann der Untermieter den Vermieter nicht auf Mängelbeseitigung oder Schadensersatz gemäß § 538 BGB in Anspruch nehmen.

Plant der Vermieter Erhaltungs- oder Modernisierungsmaßnahmen (§§ 541 a und b BGB), so hat er mangels vertraglicher Beziehung gegen den Untermieter keinen unmittelbaren Duldungsanspruch[49]. Ein gegen den Mieter erstrittener Duldungstitel wirkt nicht gegen den Untermieter. Der Vermieter kann lediglich von seinem Vertragspartner verlangen, daß dieser den Untermieter auf Duldung in Anspruch nimmt. Daß dem Vermieter dadurch die Erfüllung seiner Erhaltungspflicht erschwert wird, rechtfertigt es nicht, ihm einen unmittelbaren Anspruch gegen den Untermieter zuzubilligen.

Bei Störungen, die der Untermieter verursacht, oder bei unsachgemäßer Behandlung der Mietsache kann der Vermieter, sofern er Eigentümer ist, unmittelbar gegen ihn nach §§ 823, 1004 BGB vorgehen und Unterlassung verlangen. Umgekehrt hat der Untermieter gegen den Vermieter Besitzschutzrechte gemäß §§ 858, 861 BGB.

Gegenseitige Schadensersatzansprüche bestehen nach § 823 BGB. Der Vermieter haftet dem Untermieter gegenüber insbesondere wegen Verstoßes gegen die Verkehrssicherungspflicht[50]. Der Untermieter ist dem Vermieter gegenüber zum Schadensersatz verpflichtet, sollte er schuldhaft die Mietsache beschädigen; soweit Hilfspersonen den Schaden verursachen, vermag er sich gemäß § 831 BGB zu entlasten. Bei einer vom Untermieter verschuldeten Beschädigung der Mietsache sind sowohl er als auch der Mieter dem Vermieter gegenüber zum Schadensersatz verpflichtet; es

---

47) BGH, Urt. v. 19. 10. 1983 – VIII ZR 169/82 = WM 1983, 1337.
48) BGH, Urt. v. 15. 2. 1978 – VIII ZR 47/77 = BGHZ 70, 327 = WM 1978, 429 = NJW 1978, 883; vgl. Rz. 238, 239.
49) *Sternel* II Rz. 303; a. A. MünchKomm-*Voelskow*, § 541 a Rz. 5; *Kraemer* in: Bub/Treier, III. A. Rz. 1095.
50) Vgl. BGH, Urt. v. 19. 12. 1989 – VI ZR 182/89 = NJW 1990, 1236 = WM 1990, 767.

## VI. Untermiete

besteht eine unechte Gesamtschuld. Im Innenverhältnis ist der Untermieter dem Mieter gegenüber zum vollen Ausgleich verpflichtet.

Gegen den Hauptvermieter hat der Untermieter keinen vertraglichen Anspruch auf Verwendungsersatz. In Betracht kommen jedoch — insbesondere bei notwendigen Verwendungen — unmittelbare Ansprüche gegen den Vermieter wegen Geschäftsführung ohne Auftrag oder wegen ungerechtfertigter Bereicherung[51] (vgl. Rz. 333, 334), wobei ein vertraglicher Anspruch gegen den Mieter (= Untervermieter) wegen derselben Verwendung nicht ausgeschlossen ist.

Gilt im Verhältnis zwischen Hauptvermieter und Untermieter mangels vertraglicher Beziehung nicht die Verjährungsregelung des § 558 BGB, so ergeben sich kaum lösbare Ungereimtheiten:

Der deliktische Schadensersatzanspruch des Vermieters gegen den Untermieter verjährt nach § 852 BGB in drei Jahren, ohne Rücksicht darauf, ob der Vermieter die Mietsache zurückerhalten hat. Die Verjährung beginnt zu dem Zeitpunkt, in dem der Vermieter von dem Schaden und der Person des Ersatzpflichtigen Kenntnis erlangt. Somit kann der Vermieter, obwohl nach Rückgabe der Mietsache die Ersatzansprüche gegen den jeweiligen Mieter im Haupt- und Untermietverhältnis nach § 558 BGB verjährt sind, gegen den Untermieter nach § 823 BGB vorgehen, ohne daß dieser sich auf Verjährung berufen kann.

Ähnliches gilt für Verwendungsersatzansprüche, denn die diesbezüglichen Ansprüche des Untermieters gegen den Hauptvermieter unterliegen der regelmäßigen Verjährung, obwohl in den Vertragsverhältnissen § 558 BGB gilt. Der Untermieter, der nach Beendigung des Untermietverhältnisses seine Ansprüche gegen seinen Vertragspartner hat verjähren lassen, kann ggf. gleichwohl noch den Hauptvermieter in Anspruch nehmen, ohne daß dieser dies unter Berufung auf die mehr als sechs Monate zurückliegende Beendigung des Hauptmietvertrages abwehren kann.

Für den Fall, daß sich der Vermieter unmittelbar gegenüber dem Untermieter verpflichtet hat, dessen Verwendungen auf die Mietsache zu vergüten, hat der Bundesgerichtshof[52] den Anspruch des Untermieters gegen den Hauptvermieter der kurzen Verjährung nach § 558 BGB unterworfen. Die Parteien, so die Begründung, haben eine Erstattungsregelung getroffen, wie sie ähnlich für Mieter und Vermieter nach § 547 BGB gilt.

---

51) RGZ 158, 394, 402; BGH, Urt. v. 10. 12. 1955 — VI ZR 44/53 = MDR 1956, 598.
52) Urt. v. 2. 10. 1985 — VIII ZR 326/84 = EWiR § 558 BGB 3/85, 955 *(Eckert)* = WM 1985, 1499 = NJW 1986, 254; ähnlich OLG Düsseldorf EWiR § 558 BGB 1/89, 27 *(Eckert)* = ZMR 1988, 380 = MDR 1988, 1056.

Auch in den übrigen Fällen läßt sich die Verjährungsfrage nur mit einer entsprechenden Anwendung des § 558 BGB zufriedenstellend lösen. Von ihrem Zweck her erfaßt diese Bestimmung auch deliktische Ansprüche und Verwendungsersatzforderungen zwischen Untermieter und Hauptvermieter, ohne daß darin eine Einbeziehung des Untermieters in die Wirkung des Hauptmietvertrages liegt.

### 4.2 Rückgabeanspruch des Vermieters gegen den Untermieter (§ 556 Abs. 3 BGB)

**354** Sofern der Vermieter nicht verpflichtet ist, nach Beendigung des Hauptmietverhältnisses in das Untermietverhältnis einzutreten[53], kann er nicht nur vom Mieter, sondern auch vom Untermieter Rückgabe der Mietsache verlangen. Dieser Anspruch knüpft an die tatsächliche Überlassung der Mietsache an; auch wenn das Untermietverhältnis unwirksam ist oder der Dritte die Mietsache ohne vertragliche Grundlage nutzt, darf der Vermieter von ihm Rückgabe verlangen. Der Anspruch des Vermieters entfällt, wenn der Untermieter dem Mieter die Sache zurückgibt[54].

Haben Vermieter und Mieter das Hauptmietverhältnis in unredlicher Weise aufgehoben, um dem Untermietverhältnis die Grundlage zu entziehen, so ist das Rückgabeverlangen des Hauptvermieters gegen den Untermieter rechtsmißbräuchlich[55].

Bei der aus steuerlichen Gründen („Bauherrenmodell") weit verbreiteten gewerblichen Zwischenvermietung von Wohnraum (Rz. 10) kann sich der Untermieter gegenüber dem Räumungsanspruch des Hauptvermieters auf die für Wohnraum geltenden Schutzbestimmungen (§§ 556 a, 564 b BGB) berufen, wenn ihm bei Abschluß seines Mietvertrages nicht bewußt war, daß er nur ein Untermietverhältnis einging[56]. Der Hauptvermieter muß dann hinnehmen, daß der Untermieter vertragslos die Wohnung weiter nutzt[57]. Keinesfalls kommt ein unmittelbares Mietverhältnis zwischen Hauptvermieter und Untermieter zustande; auch ist eine dahingehende Verpflichtung der Beteiligten nicht zu begründen.

---

53) Bei der gewerblichen Zwischenvermietung verbreitet; dazu OLG Hamburg EWiR § 549 BGB 1/88, 245 *(Eckert)* = ZMR 1988, 54.
54) OLG München NJW-RR 1989, 524.
55) BGH, Beschl. v. 21. 4. 1982 – VIII ARZ 16/81 = BGHZ 84, 90 = WM 1982, 770 = NJW 1982, 1696.
56) BGH, Beschl. v. 21. 4. 1982, aaO (Fußn. 55); OLG Karlsruhe NJW 1984, 313; OLG Hamm, Vorlagebeschluß v. 19. 9. 1990 – 30 RE Miet 2/90 = BB 1990, 2258, will dem Untermieter auch bei Kenntnis Schutz zubilligen.
57) Zu den Konsequenzen des vertraglosen Zustandes eingehend *Sternel*, IV. Rz. 587 ff.; *Reinstorf* in: Bub/Treier, I. Rz. 88; MünchKomm-*Voelskow*, § 556 Rz. 30.

## VI. Untermiete

Der sich auf die für ihn günstigen Schutzbestimmungen berufende Untermieter muß nachweisen, daß ihm bei Vertragsschluß die Zwischenvermietung unbekannt war[58].

Untermieter und Untervermieter haften gesamtschuldnerisch für die Rückgabe; der Anspruch des Vermieters gegen sie ist inhaltsgleich. Kann er vom Mieter Beseitigung von Einrichtungen und Veränderungen der Mietsache fordern, so ist auch der Untermieter hierzu verpflichtet, ohne sich auf anderweitige Absprachen mit dem Mieter (Untervermieter) berufen zu können[59].

Der Vermieter kann beide Rückgabeschuldner gemeinsam verklagen. Dies ist zu empfehlen, denn aus einem gegen den Mieter erstrittenen Urteil auf Rückgabe der Mietsache kann er nicht gegen den Untermieter vollstrecken. Bei gleichzeitiger Auflösung des Untermietverhältnisses ist der Vermieter berechtigt, auf Grund des Rückgabetitels gegen den Mieter dessen Rückgabeanspruch gegen den Untermieter zu pfänden und sich zur Einziehung überweisen zu lassen (§ 836 ZPO). Auf diese Weise verhindert der Vermieter, daß der Untermieter die Sache an den Mieter herausgibt. Er darf aber auch dann nicht gegen den Untermieter vollstrecken, sondern muß diesen auf Rückgabe verklagen.

Ein Herausgabeurteil gegen den Mieter wirkt nach § 325 ZPO nur dann gegen den Untermieter, wenn der Mieter diesem erst nach Rechtshängigkeit der auf Rückgabe gerichteten Klage die Mietsache überlassen hat. Der Vermieter ist dann berechtigt, die Vollstreckungsklausel gegen den Untermieter umschreiben zu lassen (§ 727 ZPO) und unmittelbar gegen ihn die Zwangsvollstreckung zu betreiben.

Wegen der Folgen eines eigenmächtigen Vorgehens des Vermieters gegen den Untermieter wird auf Rz. 296, 298 verwiesen.

### 4.3 Anspruch auf Nutzungsentschädigung

Gibt nach Beendigung des Hauptmietverhältnisses der Untermieter dem Vermieter trotz Aufforderung das Mietobjekt nicht zurück, ist zweifelhaft, ob und in welchem Umfang der Vermieter unmittelbar gegen den Untermieter Ansprüche erheben kann.

**355**

Nach überwiegender Ansicht greift § 557 BGB in diesem Verhältnis nicht

---

58) Umstr., vgl. *Emmerich/Sonnenschein*, § 556 Rz. 28.
59) *Emmerich/Sonnenschein*, § 556 Rz. 33.

ein[60]. Das OLG Köln[61] folgert jedoch aus dem Zusammenhang der §§ 556 und 557 BGB, daß der Untermieter dem Vermieter als Nutzungsentschädigung zumindest den zwischen dem Hauptmieter und dem Vermieter vereinbarten Mietzins bzw. den für die von ihm genutzten Räume entsprechenden Anteil schuldet.

Um dem Vermieter zu einem unmittelbaren Anspruch gegen den Untermieter zu verhelfen, können die Regeln über das Eigentümer-Besitzer-Verhältnis (§§ 987, 991 BGB) herangezogen werden[62].

Bei der gewerblichen Zwischenvermietung von Wohnraum[63] billigt der Bundesgerichtshof dem Vermieter nach Treu und Glauben einen unmittelbaren Anspruch gegen den Untermieter auf Zahlung eines Nutzungsentgelts zu (vgl. Rz. 10, 354).

Da der Untermieter nach Beendigung des Hauptmietverhältnisses verpflichtet ist, dem Vermieter die Mietsache zurückzugeben (§ 556 Abs. 3 BGB), haftet er dem Vermieter in jedem Fall wegen Verzugs (§ 286 BGB) auf Schadensersatz[64], und zwar gesamtschuldnerisch mit dem Hauptmieter.

## VII. Wechsel der Vertragsparteien

### 1. Wechsel des Mieters

#### 1.1 Tod des Mieters

**356** Bei Tod des Mieters tritt sein Erbe als Gesamtrechtsnachfolger nach §§ 1922, 1967 ff BGB in die Rechte und Pflichten aus dem Mietverhältnis ein; er kann jedoch seine Haftung für die Nachlaßverbindlichkeiten auf den Nachlaß beschränken. Beide Parteien haben ein Sonderkündigungsrecht (Rz. 262).

Ist das Mietverhältnis zum Betrieb eines Handelsgewerbes eingegangen, etwa über Geschäftsräume, aber auch über bewegliche Sachen wie Fernsprech- oder EDV-Anlagen, und führt der Erbe das Geschäft nach § 27 HGB unter der bisherigen Firma fort, so haftet er nach § 25 Abs. 1 HGB für die im

---

60) *Staudinger/Sonnenschein*, § 557 Rz. 9; *Soergel/Kummer*, § 556 Rz. 22; *Palandt/Putzo*, § 557 Anm. 2a; MünchKomm-*Voelskow* § 557 Rz. 8; *Scheuer* in: Bub/Treier, V. A. Rz. 235.
61) NJW 1961, 30.
62) BGH, Urt. v. 6. 11. 1968 − V ZR 85/65 = WM 1968, 1370; LG Tübingen ZMR 1990, 181; LG Stuttgart NJW-RR 1990, 654; MünchKomm-*Voelskow*, § 557 Rz. 8; a. A. *Staudinger/Emmerich*, § 549 Rz. 66.
63) BGH, Beschl. v. 21. 4. 1982 = BGHZ 84, 90 = WM 1982, 770 = NJW 1982, 1696; a. A. LG Köln NJW-RR 1990, 1231.
64) OLG Hamburg ZMR 1958, 298; MünchKomm-*Voelskow*, § 557 Rz. 8.

## VII. Wechsel der Vertragsparteien

Geschäft begründeten Verbindlichkeiten, also für Mietzinsrückstände und sonstige offenstehende Forderungen aus dem Mietverhältnis. Diese Haftung ist entsprechend § 25 Abs. 2 HGB beschränkbar, wobei eine einseitige Erklärung des Erben genügt. Die Beschränkung wirkt nur, wenn sie in das Handelsregister eingetragen wird oder wenn der Erbe sie unmittelbar dem Vermieter anzeigt.

Die unbeschränkte Haftung des Erben tritt nach § 27 Abs. 2 HGB nicht ein, wenn die Fortführung des Geschäfts vor Ablauf von drei Monaten nach dem Zeitpunkt, in dem der Erbe von dem Anfall der Erbschaft Kenntnis erlangt hat, eingestellt wird. Bei Betriebsstillegung innerhalb dieser Frist kann der Erbe seine Haftung wieder nach erbrechtlichen Grundsätzen beschränken.

### 1.2 Mieterwechsel durch Rechtsgeschäft

Der Wechsel des Mieters kann in zweierlei Weise vollzogen werden: Der ausscheidende und der eintretende Mieter können vereinbaren, daß der neue an Stelle des alten Mieters in die Rechte und Pflichten aus dem Mietvertrag eintritt. Da das Recht des Mieters auf Gebrauchsgewährung nicht abtretbar ist, wird eine solche Vereinbarung erst wirksam, wenn der Vermieter zustimmt[1]. Dies leuchtet ein, denn der Vermieter braucht die Mietsache nur einer ihm genehmen Person zu überlassen. Etwas anderes gilt, wenn der Mieter nach dem Mietvertrag berechtigt ist, einen Substituten zu stellen[2], oder wenn sich der Vermieter verpflichtet hat, unter bestimmten Umständen der Übertragung des Mietverhältnisses auf einen anderen Mieter zuzustimmen. Soweit die Zustimmung nicht schon im Mietvertrag enthalten ist, muß der Vermieter in die Übertragung des Mietverhältnisses einwilligen, sofern nicht gewichtige Gründe in der Person des Nachfolgers dagegen sprechen. Der Bundesgerichtshof stellt insoweit vor allem auf die kaufmännische Qualifikation des Interessenten ab. Ein Ausländer darf als solcher nicht zurückgewiesen werden, wenn er im übrigen solvent und kreditwürdig ist[3]; im Gastronomiegewerbe ist ein tüchtiger Kaufmann auch ohne Fachkenntnisse akzeptabel[4].

Der Mieterwechsel kann auch durch ein einheitliches Geschäft, d. h. dreiseitige Vereinbarung zwischen dem Vermieter, dem ausscheidenden und

357

---

1) Vgl. BGH, Urt. v. 7. 11. 1962 – VIII ZR 120/60 = WM 1963, 217; v. 12. 4. 1967 – VIII ZR 122/66 = WM 1967, 796.
2) Vgl. BGH, Urt. v. 2. 11. 1983 – VIII ZR 135/82 = WM 1984, 93.
3) Urt. v. 25./27. 11. 1969 – VIII ZR 259/67 = WM 1970, 93.
4) Urt. v. 2. 11. 1983 – VIII ZR 135/82 = WM 1984, 93.

dem eintretenden Mieter, vollzogen werden[5]. Ohne Rücksicht darauf, in welcher Weise die Beteiligten den Mieterwechsel regeln, ändert sich der Inhalt des Mietvertrages nicht[6].

Zum Formerfordernis bei einem langfristigen Mietvertrag über ein Grundstück vgl. Rz. 36.

Inwieweit der alte Mieter für Forderungen aus dem Mietverhältnis, die nach seinem Ausscheiden fällig werden, haftet und inwieweit der neue Mieter auch für Verbindlichkeiten einzustehen hat, die vor seinem Eintritt entstanden und fällig geworden sind, ist Auslegungsfrage. Haben die Beteiligten keine besondere Abrede getroffen und enthält ihre Vereinbarung keine auslegungsfähigen Hinweise, tritt mit dem Wechsel des Mieters eine Zäsur ein. Bei Weiterhaftung des bisherigen Mieters besteht Gesamtschuld mit dem neuen Mieter; er behält alle Einwendungen aus dem Mietverhältnis, kann also insbesondere Mietzinsminderung geltend machen. Bleibt die vom früheren Mieter gestellte Kaution stehen, so sichert sie auch nach dem Wechsel fällige Forderungen gegen den neuen Mieter. Der Bürge haftet hingegen nicht für die in der Person des neuen Mieters begründeten Verbindlichkeiten[7].

### 1.3 Wechsel der Inhaberschaft eines Unternehmens

**358** Bei Veräußerung eines Handelsgeschäftes gehen Mietverhältnisse, die der Mieter in Zusammenhang mit dem Geschäft eingegangen ist, nicht von selbst auf den Erwerber über. Vielmehr sind die Rechte und Pflichten aus dem Mietverhältnis zu übertragen. Hierzu bedarf es, wie bei jedem Mieterwechsel, der Zustimmung des Vermieters. Dieser ist grundsätzlich nicht verpflichtet, dem Eintritt des Geschäftsübernehmers in den Mietvertrag zuzustimmen. Eine Zustimmungspflicht kann sich jedoch aus den Umständen des Einzelfalles ergeben. *Brandner*[8] und *Roquette*[9] unterscheiden insoweit zutreffend zwischen unternehmensbezogenen und inhaberbezogenen Mietverhältnisses. Ein unternehmensbezogener Mietvertrag liegt vor, wenn für den Vermieter weniger der Inhaber des Handelsgeschäfts, als vielmehr Art und Ansehen des Unternehmens von Bedeutung sind. Wechselt der Inhaber, so ist der Vermieter verpflichtet, dem Wechsel des Mieters zuzustimmen. Allerdings

---

5) Vgl. BGH, Urt. v. 28. 11. 1969 – V ZR 20/66 = WM 1970, 195; v. 20. 6. 1985 – IX ZR 173/84 = EWiR § 398 BGB 2/85, 649 *(Heinrichs)* = WM 1985, 1172 = NJW 1985, 2528; v. 27. 11. 1985 – VIII ZR 316/84 = ZIP 1986, 164 = EWiR § 123 BGB 1/86, 237 *(v. Westphalen)* = WM 1986, 163 = NJW 1986, 918.
6) BGH, Urt. v. 21. 6. 1978 – VIII ZR 155/77 = WM 1978, 1017 = NJW 1978, 2504.
7) *(Heinrichs)*, EWiR § 398 BGB 2/85, 649 f.
8) NJW 1960, 127.
9) DB 1965, 281.

## VII. Wechsel der Vertragsparteien

wird man dem Vermieter zubilligen müssen, seine Einwilligung davon abhängig zu machen, daß der Erwerber seine Haftung für bestehende Verbindlichkeiten ihm gegenüber nicht gemäß § 25 Abs. 2 HGB beschränkt.

Bildet jedoch das persönliche Vertrauen zwischen Vermieter und Geschäftsinhaber die Grundlage des Mietvertrages, trifft den Vermieter keine Verpflichtung, einem Mieterwechsel zuzustimmen. Gleichwohl wird der Vermieter einen Mieterwechsel hinzunehmen haben, wenn kein echter Inhaberwechsel vorliegt, sondern sich lediglich die Rechtsform auf der Mieterseite ändert, z. B. wenn die bisherigen Gesellschafter eine Gesellschaft mit beschränkter Haftung gründen, die das Handelsgewerbe fortführt.

Mit der Frage der Zustimmungspflicht des Vermieters war die höchstrichterliche Rechtsprechung bisher nur selten befaßt. Der Oberste Gerichtshof für die Britische Zone[10] hat den Vermieter für verpflichtet gehalten, einem Mieterwechsel zuzustimmen, wenn er an eine Firma in dem Sinne vermietet hatte, daß der jeweilige Inhaber als Mieter anerkannt werden sollte. Der Bundesgerichtshof, der abschließend noch nicht Stellung zu nehmen brauchte, steht jedenfalls der Unterscheidung nach unternehmens- und inhaberbezogenen Mietverhältnissen nicht ablehnend gegenüber[11].

Bei Fortführung des Handelsgeschäfts durch den Erwerber unter der bisherigen Firma haftet dieser nach § 25 Abs. 1 HGB, allerdings beschränkbar nach § 25 Abs. 2 HGB, für die im Betrieb begründeten Verbindlichkeiten. Sofern sich der Vermieter weigert, dem Mieterwechsel zuzustimmen, können Veräußerer und Erwerber des Handelsgeschäfts einen Untermietvertrag abschließen; auch damit genügt der Veräußerer seiner Verpflichtung, das Mietverhältnis auf den Erwerber zu übertragen. Allerdings bedarf auch dies der Erlaubnis des Vermieters. Im Falle des Scheiterns haftet der Veräußerer dem Erwerber nach kaufrechtlichen Regeln wegen eines Rechtsmangels gemäß § 437 BGB[12].

### 1.4 Wechsel der Gesellschafter und Veränderung der Rechtsform

Von der Veräußerung des Handelsgewerbes zu unterscheiden ist der Wechsel in der personellen Zusammensetzung einer Gesellschaft.

Eine offene Handelsgesellschaft oder Kommanditgesellschaft bleibt identisch, auch wenn die Gesellschafter wechseln. Es liegt daher kein Mieterwechsel vor. Die Belange des Vermieters werden dadurch nicht beeinträch-

---

10) NJW 1950, 502.
11) Urt. v. 21. 12. 1966 – VIII ZR 195/64 = WM 1967, 116 = NJW 1967, 821.
12) Vgl. BGH, Urt. v. 7. 1. 1970 – I ZR 99/69 = WM 1970, 319 = NJW 1970, 556.

## A. Mietvertrag

tigt, denn der ausgeschiedene Gesellschafter schuldet weiterhin die Erfüllung aller Verbindlichkeiten aus dem Mietverhältnis gemäß § 128 HGB — auch die Rückgabe[13] —, selbst wenn diese erst nach seinem Ausscheiden entstehen oder fällig werden. Seine Haftung beschränkt sich jedoch auf den Zeitraum bis zum ersten auf das Ausscheiden folgenden ordentlichen Kündigungstermin[14]. Nimmt der Vermieter eine Möglichkeit, das Mietverhältnis fristlos zu kündigen, nicht wahr, so tritt nach Ansicht des BGH keine Enthaftung ein. Bei langfristigen Mietverhältnissen haftet der ehemalige Gesellschafter außerdem nicht für solche Ansprüche gegen die Gesellschaft, die erst fünf Jahre nach Eintragung seines Ausscheidens im Handelsregister entstehen oder fällig werden[15]. Dasselbe gilt für denjenigen, der aus der Stellung eines persönlich haftenden Gesellschafters in die eines an der Geschäftsführung nicht beteiligten Kommanditisten überwechselt[16]. Hingegen greift diese Haftungsbegrenzung auf fünf Jahre nicht zu Gunsten eines ehemaligen persönlich haftenden Gesellschafters ein, der als Kommanditist in der Gesellschaft verbleibt und deren Geschäfte als Geschäftsführer der Komplementär-GmbH weiterführt[17].

Im übrigen verjähren die Ansprüche des Vermieters gegen den ausgeschiedenen Gesellschafter nach § 159 HGB spätestens in fünf Jahren nach dem Ausscheiden, sofern sie nicht aus anderen Gründen früher verjähren.

Soweit der Bundesgerichtshof die Enthaftung des ausgeschiedenen Gesellschafters nur bei Unterlassen einer ordentlichen Kündigung annimmt, erscheint dies zu eng. Er begründet dies einmal damit, daß der ausgeschiedene Gesellschafter unangemessen begünstigt werde, wenn er mit dem nachträglichen Hinweis auf ein Recht zur Kündigung aus wichtigem Grund der Haftung entgehen könne. Zum andern sei eine ausgesprochene Kündigung aus wichtigem Grund in zahlreichen Fällen nur mit erheblichen Schwierigkeiten durchzusetzen und der ausgeschiedene Gesellschafter hätte nicht einmal während der Zeit der — möglicherweise gerichtlichen — Durchsetzung zu haften. Diese Erwägungen treffen nicht für Situationen zu, in denen das Gesetz dem Vermieter die Möglichkeit gibt, die Vertrauensgrundlage für die Fortsetzung des Vertrages zu überdenken. Bei einzelnen Sonderkündigungs-

---

13) BGH, Urt. v. 1. 4. 1987 — VIII ZR 15/86 = ZIP 1987, 842 = WM 1987, 847 = NJW 1987, 2367 = EWiR § 556 BGB 1/87, 559 *(Wolf)*.
14) BGH, Urt. v. 8. 10. 1984 — II ZR 312/83 = ZIP 1985, 212 = EWiR § 128 HGB 1/85, 185 *(Eckert)* = WM 1985, 53 = NJW 1985, 1899; OLG Frankfurt WM 1979, 1274.
15) BGH, Urt. v. 19. 5. 1983 — II ZR 50/82 = ZIP 1983, 813 = WM 1983, 698 = NJW 1983, 2254 (zur Versorgungszusage); v. 8. 10. 1984 (Fußn. 14) zum Leasingvertrag.
16) BGH, Urt. v. 19. 5. 1983 — II ZR 207/81 = ZIP 1983, 817 = WM 1983, 703.
17) BGH, Urt. v. 19. 5. 1983 — II ZR 49/82 = ZIP 1983, 819 = WM 1982, 700 = NJW 1983, 2256; und II ZR 129/81 = ZIP 1983, 821; dazu *Priester/K. Schmidt*, ZIP 1984, 1064.

rechten, z. B. Tod des Komplementärs (§ 569 BGB, dazu Rz. 264) oder Konkurs des Mieters (§ 19 KO, dazu Rz. 425), sollte der Vermieter sich nicht darauf verlassen können, daß der ausgeschiedene Gesellschafter weiter haftet. Bei der praktisch besonders wichtigen fristlosen Kündigung wegen Zahlungsverzugs, die jeder wirtschaftlich denkende Vermieter aussprechen wird, grenzt es fast an Rechtsmißbrauch, wenn der Vermieter im Vertrauen auf die weitere Haftung des früheren Gesellschafters davon absieht. Andererseits begegnet die Übertragung der für Versorgungszusagen entwickelten Enthaftung nach Ablauf von fünf Jahren auf Miet- und Leasingverträge erheblichen Bedenken. Bei einer Vertragsdauer von sieben, acht oder zehn Jahren ist eine vorzeitige Enthaftung nur auf Grund Zeitablaufs nicht zu rechtfertigen; der Vertrag, an dessen Abschluß der frühere Gesellschafter beteiligt war, enthält nämlich schon die zeitliche Begrenzung seiner Haftung.

Auf das Mietverhältnis wirkt es sich nicht aus, sollte eine offene Handelsgesellschaft oder Kommanditgesellschaft ihr Handelsgewerbe aufgeben, denn sie besteht als Gesellschaft bürgerlichen Rechts weiter[18]. **360**

Umgekehrt wird der Mietvertrag auch nicht berührt, wenn Kaufleute, die in Form einer BGB-Gesellschaft ein Handelsgewerbe betreiben, ihre Gesellschaft in eine offene Handelsgesellschaft umwandeln[19].

Bei einer als Mieterin auftretenden Gesellschaft bürgerlichen Rechts bedeutet der Wechsel eines Gesellschafters auch einen Mieterwechsel. Sind jedoch bei einer Familiengesellschaft die Beteiligten von vornherein übereingekommen, den Mietvertrag ohne Rücksicht auf einen Gesellschafterwechsel innerhalb der Familie aufrechtzuerhalten, so berührt die Änderung der personellen Zusammensetzung das Mietverhältnis nicht[20].

## 2. Wechsel des Vermieters durch Rechtsgeschäft

Das Vertragsverhältnis kann unter Aufrechterhaltung seiner Identität auf einen neuen Vermieter übertragen werden. Dies kann durch Vereinbarung zwischen neuem und altem Vermieter geschehen, wobei dies der Zustimmung des Mieters bedarf[21]. Die Vertragsübernahme kann aber auch durch dreiseitige Vereinbarung zwischen früherem und neuem Vermieter sowie dem Mieter erfolgen, ohne daß das Geschehen in Vertragsauflösung und Neuabschluß oder Schuldübernahmen und Abtretungen aufgespalten wird. **361**

---

18) BGH, Urt. v. 9. 12. 1974 – VIII ZR 157/73 = WM 1975, 99; v. 1. 2. 1989 – VIII ZR 126/88 = ZIP 1989, 375 = WM 1989, 724 = NJW-RR 1989, 589.
19) BGH, Urt. v. 21. 12. 1966 – VIII ZR 195/64 = WM 1967, 116 = NJW 1967, 821.
20) BGH, aaO (Fußn. 18).
21) Vgl. BGH, Urt. v. 3. 7. 1974 – VIII ZR 6/73 = WM 1974, 908 = NJW 1974, 1551.

Der neue Vermieter tritt in alle Rechte und Pflichten ein. Er erwirbt auch die Sicherheiten. Entsprechend dem Rechtsgedanken des § 572 BGB erstreckt sich eine Mietbürgschaft auch auf Mietzinsansprüche, die in der Person des neuen Vermieters entstehen[22].

### 3. Vermieterwechsel infolge Veräußerung des Mietgrundstücks (§§ 571 ff BGB)

**362** Nach § 571 BGB gehen Mietverträge über Grundstücke und Räume bei Veräußerung des Mietgrundstücks auf den Erwerber über; er tritt in die Rechte und Pflichten aus dem Mietverhältnis ein. Diese Bestimmung dient dem Schutz des Mieters. Er soll davor bewahrt werden, wegen des Eigentümerwechsels das Mietgrundstück oder die Räume, häufig seine Erwerbsgrundlage, aufgeben zu müssen. Andererseits kann dies für den Mieter auch von Nachteil sein, denn er muß sich einen neuen Vertragspartner aufdrängen lassen und bleibt diesem, mit dem er möglicherweise niemals kontrahiert hätte, zur Fortführung des Mietverhältnisses verpflichtet.

§ 571 BGB ist ferner anzuwenden bei der Erstehung des Grundstücks in der Zwangsversteigerung (§ 57 ZVG, vgl. Rz. 396) und bei der Veräußerung des Mietgrundstücks durch den Konkursverwalter (§ 21 Abs. 4 KO, vgl. Rz. 420). Die Bestimmung gilt weiterhin bei Beendigung des dinglichen Nießbrauchs (§ 1056 BGB), bei Heimfall des Erbbaurechts (§ 30 ErbbauVO) und bei Eintritt der Nacherbfolge (§§ 2135, 1056 BGB) (dazu oben Rz. 271), wenn der Vermieter das Mietobjekt über die Dauer seines Rechts hinaus vermietet hat; in diesen Fällen stehen der Grundstückseigentümer und der Nacherbe dem Erwerber gleich. Schließlich greifen gemäß § 577 BGB die Bestimmungen über den Übergang des Mietverhältnisses ein, wenn der Eigentümer nach Überlassung der Mietsache das Grundstück mit dem Recht eines Dritten, etwa Nießbrauch oder Erbbaurecht, belastet. In diesem Fall tritt der Berechtigte wie der Erwerber in das Mietverhältnis ein.

Eine analoge Anwendung des § 571 BGB über diese Fälle hinaus kommt nicht in Betracht. Insbesondere ist die Vorschrift nicht auf den Wechsel des Untervermieters im Rahmen der gewerblichen Zwischenvermietung von Wohnraum anzuwenden[23]; es werden nämlich nur schuldrechtliche Positionen ausgewechselt.

---

[22] BGH, Urt. v. 20. 6. 1985 – IX ZR 173/84 = WM 1985, 1172 = NJW 1985, 2528; OLG Hamm ZMR 1985, 162.
[23] BGH, Urt. v. 22. 5. 1989 – VIII ZR 192/88 = ZIP 1989, 919 = EWiR § 571 BGB 2/89, 667 *(Emmerich)* = WM 1989, 1176 = NJW 1989, 2053.

VII. Wechsel der Vertragsparteien

## 3.1 Voraussetzungen des Vertragsübergangs

### 3.1.1 Mietverhältnis zwischen Veräußerer und Mieter

Voraussetzung des Vermieterwechsels ist es, daß zwischen dem Veräußerer und Mieter ein Mietverhältnis besteht. Ein Mietvorvertrag steht dem nicht gleich, denn er verpflichtet den Vermieter noch nicht zur Gebrauchsüberlassung, mag auch der in Aussicht genommene Mieter das Mietobjekt schon nutzen. Ein Mietverhältnis, das vor dem Eigentümerwechsel endet, kann gleichfalls nicht übergehen, jedoch tritt der Erwerber in einzelne Rechte und Pflichten aus dem Abwicklungsverhältnis ein (vgl. Rz. 384).

363

Ist der Vermieter nicht Eigentümer des Grundstücks, geht das Mietverhältnis nicht auf den Erwerber über, selbst wenn der Eigentümer zuvor die Vermietung durch den Nichtberechtigten hingenommen hat.

Hinsichtlich der Identität zwischen Veräußerer und Vermieter verhält sich die Rechtsprechung sehr formal. Dies ist gerechtfertigt, weil der Veräußerer nicht wie ein Bürge für Verpflichtungen haften soll (§ 571 Abs. 2 BGB, vgl. Rz. 386), die nicht in seiner Person, sondern in der Person eines Dritten begründet worden sind. Identität von Veräußerer und Vermieter ist demnach abzulehnen, wenn eine Miteigentümergemeinschaft das ihr gehörende Grundstück veräußert, Vermieter aber nur einer der Miteigentümer ist[24]. Hat jedoch der andere Miteigentümer der Vermietung zugestimmt, so sollte § 571 BGB eingreifen[25].

Es gehen nur die Rechte und Pflichten über, die sich aus dem Mietverhältnis ergeben, d. h. in unlösbarem Zusammenhang mit ihm stehen. Hierzu zählen beispielsweise Rechte aus Konkurrenzschutzvereinbarungen oder das Recht zur Untervermietung nach Erlaubnis des Veräußerers. Ein Optionsrecht zugunsten des Mieters und ein Vormietrecht, das der Vermieter dem Mieter zu dem Zweck eingeräumt hat, diesem die Fortsetzung des Mietverhältnisses auch nach Beendigung des ursprünglichen Vertrages zu ermöglichen, gehen ebenfalls über[26]. Das gleiche gilt für die Rechte aus einer Substitutionsabrede oder einer Nachfolgerklausel. Auch eine Gerichtsstandvereinbarung wirkt, sofern sie zulässig ist, gegen den Erwerber[27]. Zu den Verpflichtungen, in die der Erwerber eintritt, gehören nicht nur schon bestehende, sondern auch

---

24) BGH, Urt. v. 3. 7.1974 – VIII ZR 6/73 = WM 1974, 908 = NJW 1974, 1551.
25) OLG Karlsruhe NJW 1981, 1278.
26) BGH, Urt. v. 2. 12. 1970 – VIII ZR 77/69 = BGHZ 55, 71 = WM 1971, 131 = NJW 1971, 422.
27) Vgl. Staudinger/Emmerich, § 571 Rz. 54.

## A. Mietvertrag

solche, die sich erst nach Ausübung eines dem Mieter eingeräumten Gestaltungsrechts (Rücktritts- oder Kündigungsrecht) ergeben[28].

**364** Verpflichtungen, die die Parteien lediglich aus Anlaß des Vertragsschlusses oder in wirtschaftlichem Zusammenhang mit dem Mietverhältnis begründet haben, gehen nicht auf den Erwerber über[29]. So wirkt die Vereinbarung einer Zahlungspflicht des Vermieters als Gegenleistung für die Abkürzung der Vertragsdauer nicht gegen den Erwerber[30]. Auch die Vereinbarung eines Wettbewerbsverbots für die Zeit nach Ende des Mietvertrages steht nicht in unlösbarem Zusammenhang mit dem Mietverhältnis[30a].

Der Erwerber tritt auch nicht in Rechte und Pflichten ein, die im Verhältnis zu Dritten begründet sind. Ein Vormietrecht zugunsten eines an der Anmietung interessierten Dritten fällt daher nicht unter § 571 BGB. Auch das Belegrecht, das in einem Mietvertrag zugunsten eines Dritten vereinbart worden ist und das den Vermieter verpflichtet, nach Vertragsende mit einer von dem Dritten benannten Person einen neuen Mietvertrag abzuschließen, bindet den Erwerber nicht[31].

### 3.1.2 Grundstück als Mietobjekt

**365** Nur Mietverträge über Grundstücke, Gebäude und Räume (sowie eingetragene Schiffe, § 580 a BGB) können nach § 571 BGB auf den Erwerber übergehen.

Demgemäß fällt der Automatenaufstellvertrag nicht unter § 571 BGB, denn das charakteristische Merkmal dieses Vertragstyps ist weniger die Überlassung einer Fläche, als vielmehr die Einbettung in den gewerblichen Betrieb eines anderen[32]. Ein Altenheimvertrag geht allenfalls dann auf den Erwerber über, wenn im Einzelfall nach dem Vertragszweck weniger die Dienstleistungen, als vielmehr die Wohnungsgewährung den Vertragsinhalt bestimmen[33].

Ob bei der Vermietung einer Wandfläche zur Anbringung von Automaten, Schaukästen oder Reklameeinrichtungen § 571 BGB Anwendung findet, ist umstritten[34]. Da die Wand weder einem Grundstück noch Räumen gleichge-

---

28) BGH, Urt. v. 15. 11. 1965 – VIII ZR 288/63 = WM 1966, 96.
29) Vgl. BGH, Urt. v. 21. 9. 1965 – V ZR 65/63 = NJW 1965, 2198.
30) BGH, Urt. v. 28. 6. 1961 – VIII ZR 46/60 = WM 1961, 1025.
30a) A. A. OLG Celle NJW-RR 1990, 974 = ZMR 1990, 414
31) BGH, Urt. v. 12. 7. 1967 – VIII ZR 250/64 = BGHZ 48, 244 = WM 1967, 982 = NJW 1967, 2258.
32 ) Vgl. BGH, Urt. v. 22. 3. 1967 – VIII ZR 10/65 = BGHZ 47, 202 = WM 1967, 754 = NJW 1967, 1414.
33) BGH, Urt. v. 14. 10. 1981 – VIII ZR 331/80 = WM 1981, 1310 = NJW 1982, 221.
34 ) Vgl. LG Düsseldorf NJW 1965, 160; LG Bochum ZMR 1975, 334; OLG München NJW 1972, 1995; OLG Hamm MDR 1976, 143; *Staudinger/Emmerich*, § 571 Rz. 14; *Palandt/Putzo*, § 571 Anm. 1 b bb.

## VII. Wechsel der Vertragsparteien

stellt werden kann, ist dies abzulehnen; auch der Schutzzweck des § 571 BGB spricht dagegen. Hingegen greift § 571 BGB ein, sofern der Vermieter dem Mieter einen Grundstücksstreifen zur Aufstellung oder Abstützung einer Reklametafel überläßt[35].

### 3.1.3 Überlassung des Mietobjekts

§ 571 BGB setzt weiter voraus, daß der Eigentümerwechsel nach Überlassung des Mietobjekts erfolgt. Der Sinn dieser Einschränkung des Anwendungsbereichs liegt darin, daß der Erwerber oder Kaufinteressent durch den Besitz des Mieters auf das Bestehen eines Mietverhältnisses hingewiesen und damit veranlaßt wird, sich nach Mietverträgen zu erkundigen.

**366**

Überlassen i. S. d. § 571 BGB ist das Grundstück nur dann, wenn der Vermieter seiner Überlassungspflicht nach §§ 535 f BGB genügt hat[36] (vgl. oben Rz. 54); eine weitere äußere Kundgabe der Überlassung ist nicht erforderlich[37]. Sollte die Mietsache nicht überlassen sein, vermag die Vereinbarung der Parteien, daß sie als überlassen gilt, die Überlassung nicht zu ersetzen[38]. Auch wenn der Vermieter dem Mieter das Mietobjekt zur Übergabe angeboten hat, dieser sich aber in Annahmeverzug befindet, ist die Mietsache nicht überlassen.

Soll der bereits abgeschlossene Mietvertrag rechtlich erst nach dem Eigentümerwechsel beginnen, greift § 571 BGB ein, falls der Mieter auf Grund einer vorläufigen Regelung im Zeitpunkt des Eigentumsübergangs die Mietsache besitzt[39].

Schließt der Eigentümer über das später veräußerte Grundstück einen weiteren Mietvertrag ab und geht der zweite Mieter gleichzeitig für die Laufzeit des ersten Mietvertrages ein Untermietverhältnis mit dem ersten Mieter ein, so wird dem zweiten Mieter mit der – vor der Grundstücksveräußerung erfolgten – Einräumung des Untermietbesitzes das Mietobjekt zugleich aufgrund des zweiten Hauptmietvertrages überlassen, wenn darin vereinbart ist, das Mietverhältnis solle unmittelbar in Anschluß an das Untermietverhältnis beginnen[40].

---

35) Vgl. OLG Hamm DB 1975, 1986 = MDR 1976, 143.
36) BGH, Urt. v. 1. 2. 1989 – VIII ZR 126/87 = ZIP 1989, 375 = EWiR § 571 BGB 1/89, 665 *(Eckert)* = WM 1989, 724 = NJW-RR 1989, 589.
37) BGH, Urt. v. 22. 10. 1975 = VIII ZR 122/74 = BGHZ 65, 137 = WM 1975, 1231 = NJW 1976, 105.
38) BGH, aaO (Fußn. 37).
39) BGH, Urt. v. 30. 6. 1964 – V ZR 7/63 = BGHZ 42, 333 = WM 1964, 991 = NJW 1964, 1851.
40) BGH, Urt. v. 2. 11. 1988 – VIII ZR 7/88 = WM 1989, 153 = NJW 1989, 524.

## A. Mietvertrag

**367** Für ein Mietverhältnis, das vor dem Eigentumswechsel geschlossen wurde, aber zu diesem Zeitpunkt noch nicht vollzogen ist, besteht die Sonderregelung des § 578 BGB. Danach geht das Mietverhältnis nicht auf den Erwerber über und dieser ist nicht zur Gebrauchsgewährung verpflichtet. Dem Mieter bleiben Schadensersatzansprüche gegen den Vermieter und Veräußerer nach § 325 BGB und § 538 BGB. Überläßt der neue Eigentümer jedoch gleichwohl dem Mieter entsprechend dem abgeschlossenen Vertrag das Mietobjekt, bestimmen sich die Rechtsfolgen nicht nach § 571 BGB. Vielmehr spricht dies für ein formlos zustande gekommenes Mietverhältnis zwischen Erwerber und Mieter, für das im Zweifel die Bedingungen des zwischen Veräußerer und Mieter geschlossenen Vertrages gelten. Wegen der fehlenden Schriftform ist jedoch § 566 Satz 2 BGB zu beachten.

**368** Die Rechtsfolgen des § 571 BGB treten ein, wenn der neue Eigentümer dem Veräußerer gegenüber die Erfüllung der sich aus dem Mietverhältnis ergebenden Verpflichtungen übernimmt. Gleichgültig ist, ob er die Erfüllungsübernahme vor oder nach dem Eigentumswechsel erklärt. Auch bei Erfüllungsübernahme geht das Mietverhältnis nur dann auf den Erwerber über, wenn die übrigen Voraussetzungen des § 571 BGB erfüllt sind. Bedeutsam ist dies, wenn der veräußernde Eigentümer und der Mieter nicht identisch sind. Ein Eintritt des Erwerbers in den Mietvertrag wäre in einem solchen Fall nur in Form einer rechtsgeschäftlichen Auswechslung der Vertragsparteien möglich; diese bedarf aber der Mitwirkung des Mieters. Die Annahme einer Übernahme der Verpflichtungen des Vermieters durch den Erwerber (vgl. § 329 BGB) wird in der Regel daran scheitern, daß nicht ohne weiteres unterstellt werden darf, der Erwerber wolle für die Erfüllung der Vermieterpflichten einstehen, ohne zugleich dessen Rechte, insbesondere die Mietzinsansprüche, zu erlangen[41].

**369** Das Mietverhältnis geht auch dann nicht auf den neuen Eigentümer über, wenn der Mieter vor dem Eigentümerwechsel trotz fortbestehenden Mietverhältnisses den Besitz des Mietobjektes aufgegeben oder es dem Vermieter vorzeitig zurückgegeben hat[42]. Der Wortlaut des § 571 BGB deutet auf einen Übergang des Mietverhältnisses hin, denn dieser setzt nur voraus, daß der Eigentumswechsel *nach* Überlassung der Mietsache erfolgt. Sinn und Zweck des § 571 BGB sprechen jedoch gegen einen Vertragsübergang. Die Bestimmung soll den Mieter schützen, der die Mietsache nutzt. Auch besteht für den Erwerber nur dann Anlaß, sich über ein etwaiges Mietverhältnis zu informie-

---

41) BGH, Urt. v. 3. 7. 1974 – VIII ZR 6/73 = WM 1974, 908 = NJW 1974, 1551.
42) BGB-RGRK-*Gelhaar*, § 571 Rz. 13; *Palandt/Putzo*, § 571 Anm 3 a; a. A. *Staudinger/Emmerich*, § 571 Rz. 40; *Heile* in: Bub/Treier, II. Rz. 868.

## VII. Wechsel der Vertragsparteien

ren, wenn der Mieter das Mietobjekt in Besitz hat. Steht es leer oder wird es vom Vermieter genutzt, darf der Erwerber annehmen, es sei nicht vermietet. Hat es der Vermieter gar einem Dritten weiter überlassen, um den Mieter von seinen Verpflichtungen teilweise zu entlasten (vgl. Rz. 162), so braucht der Erwerber nicht mit dem Bestehen eines zweiten Mietverhältnisses zu rechnen. Zwar kann der Mieter, sofern er sich nicht in Widerspruch zu seinem eigenen Verhalten setzt, Wiedereinräumung des Mietgebrauchs verlangen, solange das Mietverhältnis läuft; er ist jedoch nicht schutzwürdiger als der Mieter, dem die Mietsache noch nicht überlassen ist.

### 3.1.4 Eigentumswechsel

§ 571 BGB knüpft an den Eigentümerwechsel an, gleichgültig auf welchem Rechtsgrund (Kauf, Tausch, Schenkung, Vermächtnis oder Einbringung in eine Gesellschaft) er beruht. Der Eigentumserwerb durch Erbfolge fällt nicht unter § 571 BGB, denn der Erbe tritt ohnehin im Wege der Universalsukzession in die Rechte und Pflichten des verstorbenen Vermieters ein. Ein Eigentümerwechsel durch Enteignung löst nicht die Rechtsfolgen des § 571 BGB aus; dies gilt auch für die vorläufige Besitzeinweisung im Rahmen des Enteignungsverfahrens[43].

**370**

Mietverhältnisse, die zum Zeitpunkt des Eigentumsübergangs bestehen, gehen über. Maßgeblich ist die Eintragung im Grundbuch (§ 873 BGB). Durch die Eintragung einer Auflassungsvormerkung zugunsten des Erwerbers wird der maßgebliche Zeitpunkt nicht vorverlegt. Vermietet der Veräußerer noch als Grundstückseigentümer nach Eintragung der Auflassungsvormerkung das Grundstück, so tritt der Erwerber in das Mietverhältnis ein, denn es besteht im Zeitpunkt des Eigentümerwechsels. Der neue Eigentümer kann nicht einwenden, der Veräußerer habe das Grundstück vermietet, als er dazu nicht mehr berechtigt war. § 883 Abs. 2 BGB findet keine Anwendung, denn die – schuldrechtliche – Vermietung eines Grundstücks kann nicht der – sachenrechtlichen – Verfügung gleichgestellt werden[44]. Umgekehrt kann sich ein Mieter nicht auf § 571 BGB stützen, wenn er mit einem Grundstücksbesitzer, zu dessen Gunsten eine Auflassungsvormerkung eingetragen war, einen Mietvertrag abgeschlossen hat, die Vormerkung aber nicht zum Eigentum erstarkt, weil das Grundstück überhaupt nicht oder an einen Dritten übereignet wird[45]. Es fehlt wiederum an der Identität von Eigentümer und Vermieter.

---

43) OLG Bamberg NJW 1970, 2108.
44) BGH, Urt. v. 3. 3. 1954 – VI ZR 259/52 = BGHZ 13, 1 = NJW 1954, 953; v. 19. 10. 1988 – VIII ZR 22/88 = WM 1989, 318 = NJW 1989, 451.
45) LG München I NJW 1962, 2159.

## A. Mietvertrag

**371** Der Termin, den der alte und neue Eigentümer als maßgeblich für den Übergang der Nutzungen festlegen, oder die Übergabe des Grundstücks sind für den Zeitpunkt des Übergangs der Rechte und Pflichten aus dem Mietverhältnis ohne Bedeutung. Zwar stehen nach § 446 Abs. 1 Satz 2 BGB dem Käufer von der Übergabe der Sache an die Nutzungen zu. Diese Bestimmung betrifft aber nur das Verhältnis zwischen Veräußerer und Erwerber. Erlangt der Erwerber vor Eintragung des Eigentumswechsels im Grundbuch den Besitz des Mietgrundstücks, so bleibt gleichwohl der Veräußerer noch Vermieter; der Mieter schuldet ihm weiterhin den Mietzins. Etwas anderes gilt nur, wenn der alte Eigentümer seine Ansprüche gegen den Mieter an den Erwerber abtritt. Eine solche Abtretung ist nicht schon in der Vereinbarung über die Übergabe des Grundstücks und den Übergang von Besitz und Nutzungen enthalten.

**372** Bei Veräußerung des Grundstücks an mehrere Erwerber treten diese in das Mietverhältnis ein und haften dem Mieter als Gesamtschuldner für die Erfüllung der Vertragspflichten.

Wird das vermietete Grundstück real geteilt und werden die Teile an verschiedene Erwerber veräußert, so bewirkt dies keine Teilung des Mietverhältnisses in mehrere auf die einzelnen Grundstücke bezogene Mietverhältnisse. Es bleibt bei einem einheitlichen Mietvertrag, der nunmehr mit mehreren Vermietern fortbesteht[46]. Auch die mehreren Erwerber haften für die Vermieterpflichten hinsichtlich des gesamten Mietobjekts als Gesamtschuldner[47].

### 3.1.5 Abdingbarkeit

**373** Die Parteien des Mietvertrages können die Rechtsfolgen des § 571 BGB durch Individualvereinbarung abbedingen. Dies bedeutet nicht, daß das Mietverhältnis mit dem Eigentumswechsel endet; es bleibt zwischen Veräußerer und Mieter bestehen. Da der Veräußerer nicht mehr in der Lage ist, dem Mieter den vertragsgemäßen Gebrauch zu gewähren, ist er ihm zum Schadensersatz verpflichtet (vgl. Rz. 66, 67). Der Verzicht auf die Wirkungen des § 571 BGB läßt nicht die Auslegung zu, daß der Mieter auf diese Schadensersatzansprüche verzichtet; dies bedarf einer ausdrücklichen Abrede.

Gegen einen Ausschluß der Folgen des § 571 BGB durch eine vorformulierte Vertragsklausel bestehen Bedenken[48]. Der Grundsatz „Kauf bricht nicht

---

46) Vgl. RGZ 124, 195.
47) BGH, Urt. v. 24. 1. 1973 – VIII ZR 163/71 = WM 1973, 330 = NJW 1973, 455.
48) MünchKomm-*Voelskow*, § 571 Rz. 7; *Heile* in: Bub/Treier, II. 871.

## VII. Wechsel der Vertragsparteien

Miete" gehört so sehr zum Leitbild des Grundstücksmietvertrages, daß eine zum Nachteil des Mieters hiervon abweichende Vertragsgestaltung unangemessen i. S. d. § 9 AGBG ist. Die Schadensersatzansprüche, die dem Mieter bei Ausschluß der Wirkungen des § 571 BGB gegen den Vermieter zustehen, vermögen die Nachteile nicht aufzuwiegen, die er erleidet, wenn er trotz fortbestehenden Mietverhältnisses das Mietobjekt aufgeben muß.

### 3.2 Rechte und Pflichten des Erwerbers im einzelnen

#### 3.2.1 Erfüllungs- und Gewährleistungspflicht

Vom Augenblick des Eigentümerwechsels an ist der Erwerber verpflichtet, dem Mieter den vertragsgemäßen Gebrauch des Mietobjekts zu gewähren. Er haftet dafür wie jeder Vermieter. So hat er Mängel der Mietsache zu beheben, mit denen diese bei Eigentumsübergang behaftet ist. Er schuldet dem Mieter nach § 538 Abs. 2 BGB Aufwendungsersatz, wenn der Veräußerer mit der Behebung eines Sachmangels in Verzug geraten war und der Mieter nach dem Eigentumswechsel den Schaden selbst behebt[49]. Sogar für das Fehlen einer vom alten Eigentümer zugesicherten Eigenschaft der Mietsache hat der Erwerber einzustehen.

374

Hinsichtlich der Schadensersatzpflicht des Vermieters gemäß § 538 Abs. 1 BGB bedeutet der Eigentumsübergang eine Zäsur. Ist der Schaden vorher entstanden, so ist allein der Veräußerer zum Schadensersatz verpflichtet, ohne daß der Erwerber in diese Verpflichtung eintritt. Tritt der Schaden des Mieters nach dem Eigentümerwechsel ein, trifft den Erwerber die Schadensersatzpflicht.

Die Aufteilung der Haftung für einen Sachmangel zwischen altem und neuem Eigentümer darf dem Mieter nicht die Vorteile der Garantiehaftung des Vermieters nehmen. Beruht ein nach dem Eigentumswechsel aufgetretener Schaden auf einem anfänglichen Mangel des Mietobjekts, so hat der Erwerber Schadensersatz zu leisten, auch wenn er den Mangel nicht vertreten muß[50]. Bei einem späteren, nach dem Eigentümerwechsel entstandenen Mangel kann der Mieter Ersatz des darauf beruhenden Schadens nur beanspruchen, falls der Erwerber die Schadensursache zu vertreten hat. Beruht der nach dem Eigentümerwechsel eingetretene Schaden auf einem Mangel der Mietsache, der nach Abschluß des Mietvertrages, aber vor der Veräuße-

---

49) LG Berlin NJW-RR 1990, 23; *Sternel*, I. Rz. 68; *Emmerich/Sonnenschein*, § 538 Rz. 73; *Heile* in: Bub/Treier, II. Rz. 894.
50) BGH, Urt. v. 22. 1. 1968 – VIII ZR 195/65 = BGHZ 49, 350 = WM 1968, 438 = NJW 1968, 885; v. 13. 12. 1972 – VIII ZR 213/72 = WM 1973, 239.

## A. Mietvertrag

rung des Mietgrundstücks aufgetreten ist, haftet der Erwerber ebenfalls nur, wenn *er* den Mangel als Schadensursache vertreten muß. Der Vertrag mit dem Veräußerer begründet keine neue Garantiehaftung[51]; die zu diesem Zeitpunkt vorhandenen Mängel des Mietobjekts sind nicht anfänglichen Fehlern gleichzustellen. Soweit gefordert wird[52], der Vermieter müsse das Mietobjekt eingehend besichtigen, um etwaige Mängel festzustellen, ist dem nicht zu folgen. Im Zweifel fehlt ihm zu einer solch eingehenden Besichtigung die Berechtigung (vgl. Rz. 208), sofern kein besonderer Anlaß besteht. Im übrigen ist nicht einzusehen, warum der Erwerber in stärkerem Umfang als jeder andere Vermieter verpflichtet sein soll, das Mietobjekt auf etwaige Mängel zu untersuchen (vgl. Rz. 98).

### 3.2.2 Mietzins und Nebenkosten, Vorauszahlung und Verfügung über den Mietzins

**375** Für die Aufteilung des Rechts, vom Mieter Zahlung des Mietzinses und der Nebenkostenvorauszahlung zu verlangen, kommt es nicht darauf an, welche Zeit der Gebrauchsgewährung abgegolten wird. Ausschlaggebend ist vielmehr die Fälligkeit der einzelnen Raten. Die bis zum Eigentümerwechsel fällig werdenden Mietzinsraten und Nebenkostenvorauszahlungen kann der Vermieter vom Mieter einziehen, auch wenn bei der Vorausentrichtung mit der Zahlung Zeiten der Gebrauchsgewährung nach dem Eigentumsübergang erfaßt werden. Ist der Mietzins in einer Summe im voraus zu entrichten und hat der Mieter gezahlt, steht dem Erwerber gegen ihn kein Anspruch mehr zu.

Inwieweit der Eigentumswechsel für die Nebenkostenabrechnung und die sich danach ergebenden Nachforderungen oder Rückzahlungsansprüche von Belang sind, ist in der Rechtsprechung bisher nicht entschieden. Da für den Mietzins und die Nebenkostenvorauszahlungen der Eigentumswechsel eine Zäsur bedeutet und der jeweilige Vermieter die durch die Nebenkostenvorauszahlungen abgedeckten Zahllasten (an Versorgungsträger, Grundbesitzabgaben, Versicherungen) oder Nebenleistungen (Heizung, Warmwasserversorgung, Beleuchtung usw.) zu erfüllen hat, sollte die Zäsur auch für die Abrechnung sowie für Nachforderungen oder Rückzahlungen gelten. Bezüglich etwaiger Guthaben des Mieters ist § 572 BGB nicht entsprechend anzuwenden. Der Nachforderungsanspruch entsteht jeweils mit Zahlung der Nebenkosten ebenso wie der Rückzahlungsanspruch jeweils mit Überzahlung, also u. U. vor dem Eigentumswechsel. Weder der Nachforderungsanspruch noch

---

51) *Sternel*, I. Rz. 68; *Heile* in: Bub/Treier, II. Rz. 894; a. A. MünchKomm-*Voelskow*, § 571 Rz. 17.
52) LG Mönchengladbach VersR 1965, 1187; *Staudinger/Emmerich*, § 571 Rz. 75; *Sternel*, I. Rz. 68; *Heile* in: Bub/Treier, II. Rz. 894.

## VII. Wechsel der Vertragsparteien

eine Rückzahlungsverpflichtung gehen, soweit sie vor dem Eigentumswechsel entstanden sind, auf den Erwerber über.

**376** Der Mieter ist weitgehend davor geschützt, infolge einer Zahlung an den nicht mehr Berechtigten oder noch nicht Berechtigten doppelt in Anspruch genommen zu werden. Zeigt der Vermieter und Veräußerer dem Mieter den Eigentumsübergang an, so kann der Mieter mit befreiender Wirkung an den Erwerber zahlen, auch wenn der Eigentumsübergang nicht erfolgt oder unwirksam ist (§ 576 BGB). Selbst wenn der Mieter weiß, daß der angekündigte Wechsel unterblieben ist, wird er durch Zahlung an den Erwerber von seiner Mietzinsschuld befreit. Die Wirkung der Anzeige kann der Veräußerer nur mit Zustimmung des Erwerbers beseitigen (§ 576 Abs. 2 BGB).

Umgekehrt schützt § 574 BGB den Mieter, der in Unkenntnis des Eigentumswechsels den fälligen Mietzins weiterhin an den alten Eigentümer zahlt, davor, nochmals vom Erwerber in Anspruch genommen zu werden. Diese Bestimmung stellt zugunsten des Mieters nicht auf den Zeitpunkt des Eigentumsübergangs ab, sondern auf die Kenntnis des Mieters. Sie betrifft nicht nur die Tilgung fälliger Mietzinsansprüche, sondern alle Rechtsgeschäfte zwischen Vermieter und Mieter, die sich auf den Mietzins beziehen, also auch Erlaß, Aufrechnung, Stundung oder Vorauszahlung. Ohne Rücksicht darauf, ob sie vor oder nach dem Eigentumsübergang vorgenommen werden, sind diese Rechtsgeschäfte dem Erwerber gegenüber wirksam, soweit sie nicht die Mietzinsraten betreffen, die nach Ablauf des Kalendermonats, in dem der Mieter von der Veräußerung erfährt, fällig werden. Das Rechtsgeschäft ist sogar hinsichtlich eines weiteren Monats wirksam, wenn der Mieter erst nach dem 15. Tag eines Monats von der Veräußerung Kenntnis erlangt. Dem Mieter schadet nur positive Kenntnis, nicht schon grob fahrlässige Unkenntnis. § 574 BGB schützt ihn also nicht in jedem Fall davor, doppelt in Anspruch genommen zu werden. Der Schutz reicht nur bis zu dem Zeitpunkt, in dem er von dem Eigentumswechsel erfährt. Allerdings muß der Erwerber beweisen, daß und gegebenenfalls ab wann der Mieter Kenntnis hatte.

Von besonderer praktischer Bedeutung ist die Regelung in § 574 BGB bei der Vorauszahlung nicht fälligen Mietzinses. Diese ist dem Erwerber gegenüber nur in den Grenzen der §§ 573, 574 BGB wirksam[53]. Umstritten ist, inwieweit dies auch dann gilt, wenn die Vorauszahlung schon im ursprünglichen Mietvertrag vereinbart worden ist. Da der Erwerber den Inhalt des Mietvertrages gegen sich gelten lassen muß, sollte die im Mietvertrag verein-

---

53) BGH, Urt. v. 11. 7. 1962 – VIII ZR 98/61 = BGHZ 37, 346 = WM 1962, 901 = NJW 1962, 1860; v. 30. 11. 1966 – VIII ZR 145/65 = WM 1967, 74 = NJW 1967, 555.

## A. Mietvertrag

barte Vorauszahlung ihm gegenüber in vollem Umfang wirksam sein[54]. Der Bundesgerichtshof nimmt jedoch auch dann eine Vorausverfügung i. S. d. § 574 BGB an, wenn der Mietzins nach Zeitabschnitten bemessen ist und die Vorauszahlung im ursprünglichen Mietvertrag ausbedungen ist[55]. Ist die Vorauszahlung jedoch bestimmungsgemäß zum Aufbau des vermieteten Gebäudes oder zur Herstellung der Mieträume verwendet worden, so wirkt sie unabhängig von der Regelung der §§ 573, 574 BGB stets gegen den Erwerber, weil die unter ihrem Einsatz geschaffenen Werte ihm zugute kommen. Dies gilt auch dann, wenn die Vorauszahlung erst auf Grund späterer Vereinbarung geleistet wurde. Soll eine Mietvorauszahlung oder ein Aufbaudarlehen zugleich als Kaution dienen, kann der Erwerber gegenüber dem Rückzahlungsanspruch des Mieters nicht gemäß § 572 Abs. 2 BGB einwenden, der Voreigentümer habe den empfangenen Betrag nicht an ihn abgeführt[56].

Soweit die Mietzinsvorauszahlung gegenüber dem Erwerber wirksam ist, tritt dieser auch in die Verpflichtung ein, nach Beendigung des Mietverhältnisses den nicht verbrauchten Anteil gemäß § 557 a BGB zurückzuerstatten[57].

**377** Zum Schutz des Mieters bleibt ihm nach § 575 BGB auch das Aufrechnungsrecht erhalten. Gegenüber Mietzinsforderungen des neuen Eigentümers darf er trotz fehlender Gegenseitigkeit der Ansprüche mit Forderungen gegen den Veräußerer aufrechnen, wobei diese nicht einmal in dem Mietverhältnis begründet sein müssen. Die Aufrechnung bleibt ausgeschlossen, wenn der Mieter die Forderung gegen den Voreigentümer nach Kenntniserlangung von dem Eigentumsübergang erworben hat oder wenn seine Gegenforderung erst nach diesem Zeitpunkt oder später als der Mietzinsanspruch des Erwerbers fällig geworden ist.

**378** Dem Ausgleich der Interessen des Voreigentümers, Erwerbers und Mieters dient weiterhin § 573 BGB. Diese Bestimmung betrifft Verfügungen des Veräußerers über den Mietzins, die er vor dem Eigentumsübergang, aber für die Zeit danach, vorgenommen hat. Insbesondere werden Geschäfte mit Dritten, etwa Abtretung oder Verpfändung (§ 1273 BGB), erfaßt. Aber auch Rechtsgeschäfte mit dem Mieter, die eine Verfügung darstellen, wie Aufrechnung, Stundung, Erlaß oder Annahme von Mietzinszahlungen, fallen

---

54) *Staudinger/Emmerich*, § 573 Rz. 8.
55) BGH, Urt. v. 11. 7. 1962, aaO (Fußn. 53).
56) OLG Frankfurt NJW 1964, 453.
57) BGH, Urt. v. 17. 12. 1954 − V ZR 4/54 = BGHZ 16, 31 = NJW 1955, 182; v. 29. 10. 1969 − VIII ZR 130/68 = BGHZ 53, 35 = WM 1969, 1418 = NJW 1970, 93.

nach überwiegender Meinung in den Anwendungsbereich des § 573 BGB. Allerdings ist die praktische Bedeutung im Verhältnis zum Mieter gering, weil dieser durch § 574 BGB weitgehend geschützt ist.

Nach der Rechtsprechung des Reichsgerichts[58], der das Schrifttum überwiegend folgt[59], steht die Pfändung der Mietzinsansprüche durch einen Gläubiger des Vermieters der rechtsgeschäftlichen Verpfändung der Forderungen gleich. *Voelskow*[60] tritt dem entgegen und meint, diese für den Mieter nachteilige Rechtsfolge müsse für die Zwangsvollstreckung in der ZPO ausdrücklich geregelt sein.

Vorausverfügungen des Vermieters über den Mietzins sind nach § 573 Satz 1 BGB dem Grundstückserwerber gegenüber insoweit wirksam, als sie sich auf den Mietzins für den zur Zeit des Eigentümerwechsels laufenden Monat beziehen; wechselt der Eigentümer nach dem 15. Tag eines Monats, sind auch Verfügungen wirksam, die sich auf den nachfolgenden Monat beziehen. Ist der Mietzins nach längeren Zeitabschnitten bemessen, z. B. vierteljährlich zu entrichten, gilt § 573 BGB für die entsprechenden Monatsanteile. Hat jedoch der Erwerber im Zeitpunkt des Eigentumsübergangs – nicht bei Abschluß des Kausalgeschäfts – Kenntnis von der Vorausverfügung, wirkt sie in vollem Umfang gegen ihn.

Zur Erläuterung ein Beispiel: Hat der Voreigentümer die Mietzinsforderungen für ein Kalenderjahr an einen Dritten abgetreten und wird am 16. März der Eigentumswechsel im Grundbuch eingetragen, so ist die Abtretung bis zum Mietzins für April dem Erwerber gegenüber wirksam; ab Mai darf dieser Zahlung an sich verlangen. War er bei Abschluß des schuldrechtlichen Grundgeschäfts über die Vorausverfügung nicht unterrichtet, erfährt er aber am 15. März davon, ist die Abtretung ihm gegenüber insgesamt wirksam.

Beweispflichtig für die Kenntnis des Erwerbers und den Zeitpunkt der Kenntniserlangung ist der Dritte oder der Mieter, der daraus die für ihn günstige Rechtsfolge herleitet.

Sofern der Veräußerer nach dem Eigentumswechsel über die Mietzinsforderung verfügt, ist dies als Verfügung eines Nichtberechtigten grundsätzlich unwirksam. Der Mieter wird jedoch durch § 574 BGB geschützt. Tritt also der Veräußerer nach dem Eigentumswechsel den Mietzinsanspruch ab, wird der Mieter, der in Unkenntnis des Eigentumswechsels an den Abtretungsempfän-

---

58) RGZ 58, 181; 59, 177; 64, 415, 418 und 76, 116, 118.
59) *Staudinger/Emmerich*, § 573 Rz. 7 a; *Soergel/Kummer*, § 573 Rz. 4; RGRK-*Gelhaar*, § 573 Rz. 4; *Mittelstein*, S. 684; *Heile* in: Bub/Treier, II. Rz. 884.
60) MünchKomm, § 573 Rz. 6.

## A. Mietvertrag

ger zahlt, von seiner Mietzinsverpflichtung befreit. Der Abtretungsempfänger hat allerdings im Verhältnis zum Erwerber als Nichtberechtigter über die Mietzinsforderung verfügt und muß daher an ihn das Erlangte nach § 816 BGB abführen. Sein guter Glaube an die Berechtigung des Veräußerers, über den Mietzins zu verfügen, wird nicht geschützt.

### 3.2.3 Schadensersatzansprüche wegen Veränderung oder Verschlechterung der Mietsache

**379** Wird die Mietsache nach dem Eigentumswechsel beschädigt, ist allein der Erwerber schadensersatzberechtigt, unabhängig davon, ob der Mieter von der Veräußerung Kenntnis hatte.

Tritt ein Schaden, eine Veränderung oder Verschlechterung jedoch vor der Veräußerung ein, hat z. B. der Mieter nach dem Fristenplan fällige Schönheitsreparaturen nicht ausgeführt, steht der Ersatzanspruch dem alten Eigentümer zu, ohne daß der Erwerber in dieses Recht eintritt[61].

Der Ersatzanspruch des Veräußerers unterliegt — wie der Verwendungsersatzanspruch des Mieters gegen den Veräußerer (vgl. Rz. 381) — der kurzen Verjährungsfrist des § 558 BGB. Nach Sinn und Zweck der Vorschrift ist es geboten, daß sich Veräußerer und Mieter rasch hinsichtlich der Schadensersatzforderungen auseinandersetzen, denn das Mietverhältnis zwischen ihnen endet im rechtlichen Sinne mit dem Ausscheiden des Veräußerers aus dem Mietverhältnis. Als maßgeblicher Zeitpunkt für den Beginn der Verjährungsfrist ist — entsprechend der Rückgabe — auf die Übergabe des Mietobjekts an den Erwerber abzustellen.

### 3.2.4 Sicherheiten, insbesondere Kaution

**380** Nach § 572 BGB tritt der Erwerber in bestehende Sicherungsrechte ein. Diese Bestimmung ordnet den Übergang der Sicherheiten kraft Gesetzes an.

Demgemäß erlangt der Erwerber ohne weiteres die Rechte aus einer Bürgschaft, die zur Sicherung der Ansprüche aus dem Mietverhältnis besteht.

Das gesetzliche Vermieterpfandrecht (§ 559 BGB) geht ebenfalls auf den Erwerber über, jedoch nicht uneingeschränkt. Dienen eingebrachte Sachen noch der Sicherung offenstehender Forderungen des Veräußerers gegen den Mieter, so haften die Sachen weiterhin für die Ansprüche des Veräußerers. Das gesetzliche Pfandrecht steht altem und neuem Eigentümer gemeinsam zu, und zwar in gleichem Rang.

---

61) BGH, Urt. v. 19. 10. 1988 – VIII ZR 22/88 = NJW 1989, 451 = WM 1989, 318.

## VII. Wechsel der Vertragsparteien

Der Erwerber tritt auch in die Rechte aus einer Kautionsabrede ein, jedoch nicht ohne weiteres in die Pflichten (§ 572 Satz 2 BGB). Hat der Mieter die Kaution vor dem Eigentümerwechsel nicht vollständig gestellt, kann der Erwerber vom Mieter Zahlung der Kautionssumme oder Auffüllung fordern, wenn sich der Veräußerer zur Abdeckung offenstehender Forderungen aus der Kaution bedient hat.

Sofern der Mieter die Kaution gestellt hat, kann der Erwerber vom Veräußerer Auszahlung verlangen, soweit dieser sie nicht mehr zur Sicherung seiner Forderungen gegen den Mieter benötigt[62]. Auszuhändigen sind, soweit Verzinsung zugunsten des Mieters vereinbart ist, auch die angefallenen Zinsen, denn diese erhöhen die Sicherheit.

Unterbleibt die Weiterleitung der Kaution an den Erwerber, braucht der Mieter nicht nochmals zu zahlen, da er seine Verpflichtung aus der Kautionsabsprache erfüllt hat.

Der Rückerstattungsanspruch des Mieters, der bei der Abwicklung des beendeten Mietverhältnisses fällig wird, richtet sich gegen den Erwerber, wenn der Veräußerer die Kaution an ihn weitergeleitet oder wenn der Erwerber die Verpflichtung zur Rückgewähr übernommen hat (§ 572 Satz 2 BGB). Hat der Veräußerer die Kaution nicht an den Erwerber weitergeleitet, so kann der Mieter nach vollständiger Erfüllung seiner Vertragspflichten nur den Veräußerer auf Rückgewähr der Kaution in Anspruch nehmen. Somit entfällt auch eine Aufrechnungsmöglichkeit des Mieters[63]. Der Erwerber kann demnach z. B. Schadensersatz wegen vorzeitiger Beendigung des Mietverhältnisses oder nicht durchgeführter Schönheitsreparaturen fordern, ohne hierbei den Kautionsbetrag zu verrechnen. Selbst wenn der Voreigentümer insolvent ist, verringert sich die Schadensersatzschuld des Mieters nicht um den Betrag der von ihm gestellten Kaution.

Bei Streit zwischen Erwerber und Mieter, ob der Veräußerer die Sicherheit abgeführt hat, muß der Erwerber beweisen, daß er die Kaution nicht erhalten hat[64]. Der Mieter darf davon ausgehen, daß der Erwerber seine Ansprüche gegen den Veräußerer durchsetzt und die Kautionssumme zurückerstattet oder verrechnet. Leugnet der Erwerber seine Haftung, muß er die Voraussetzungen hierfür beweisen; im übrigen liegt der umstrittene Vorgang in seiner Sphäre.

---

62) OLG Hamburg MDR 1970, 1015; OLG Düsseldorf MDR 1983, 405; OLG Frankfurt NJW-RR 1987, 786; MünchKomm-*Voelskow*, § 572 Rz. 4.
63) A. A. LG Stuttgart NJW 1977, 1885.
64) MünchKomm-*Voelskow*, § 572 Rz. 7; *Sternel*, III. Rz. 237; *von Martius* in: Bub/Treier, III. A. Rz. 784; a. A. *Staudinger/Emmerich*, § 572 Rz. 19.

## A. Mietvertrag

**381**  Wegen der für ihn äußerst nachteiligen Folgen, die sich ergeben, wenn der alte Eigentümer dem neuen die Kaution nicht aushändigt, hat der Mieter einen Anspruch darauf, daß die Kaution weitergeleitet wird[65], soweit der frühere Eigentümer sie nicht mehr zur Sicherung seiner Ansprüche benötigt. Dieser Anspruch des Mieters ist auch deshalb gerechtfertigt, weil der Veräußerer ihm gegenüber keinen Rechtsgrund mehr hat, die Kaution einzubehalten, denn der Sicherungszweck ist in diesem Verhältnis entfallen.

Sofern man dem Mieter einen Anspruch auf Weiterleitung der Kaution zubilligt, hat dies zur Folge, daß er einen gleichwertigen Schadensersatzanspruch gegen den Erwerber erwirbt, wenn dieser vertragswidrig den — damals noch, jetzt nicht mehr solventen — Veräußerer nicht auf Abführung der Kaution in Anspruch genommen hat[66]. Der Schaden des Mieters liegt darin, daß er nach Beendigung des Mietverhältnisses seinen jetzt erst fälligen Anspruch gegen den Veräußerer nicht durchsetzen kann. Diese Lösung vermeidet Unbilligkeiten, die sich daraus ergeben, daß der Mieter das Risiko der zwischenzeitlichen Insolvenz des Veräußerers zu tragen hat. Zu erwägen bleibt, ob dem Mieter ein Mitverschulden (§ 254 BGB) vorzuwerfen ist, weil er seinen Anspruch auf Weiterleitung der Kaution nicht durchgesetzt hat[67].

Ob der Veräußerer, der die Kaution an den Erwerber abgeführt hat, gleichwohl weiter im Rahmen des § 571 Abs. 2 Satz 1 BGB für die Rückerstattung haftet, ist im Schrifttum[68] umstritten. Eine Haftung ist abzulehnen. Die Interessenlage spricht dagegen, denn der Mieter hat eine Aufrechnungsmöglichkeit gegenüber dem Erwerber als neuem Vermieter und wird insoweit gegen dessen Insolvenz weitgehend geschützt. Überdies greift § 571 Abs. 2 BGB bezüglich der Kautionsabrede nicht ein, denn § 572 Satz 2 BGB regelt die Rückzahlungspflicht des Erwerbers, ohne durch Verweisung auf § 571 Abs. 2 BGB die Mithaftung des Veräußerers anzuordnen.

---

65) Vgl. OLG Karlsruhe NJW-RR 1989, 267 = ZMR 1989, 89; *Sternel* III Rz. 236; *von Martius* in: Bub/Treier, III. Rz. 779; *Palandt/Putzo*, § 572 Anm 1; BGB-RGRK-*Gelhaar*, § 572 Rz. 1; a. A. *Staudinger/Emmerich*, § 572 Rz. 9; MünchKomm-*Voelskow*, § 572 Rz. 6; *Gölz*, ZIP 1981, 127, 130.
66) *Sternel*, III. Rz. 236.
67) *von Martius* in: Bub/Treier, III. A. 780.
68) Für weitere Haftung: *Staudinger/Emmerich*, § 572 Rz. 13; MünchKomm-*Voelskow*, § 572 Rz. 7; *Soergel/Kummer*, § 572 Rz. 9; *Palandt/Putzo*, § 572 Anm. 1; *Sternel*, III. Rz. 237; *Boecken*, ZMR 1982, 134; dagegen: BGB-RGRK-*Gelhaar*, § 572 Rz. 2; *von Martius* in: Bub/Treier, III. A. Rz. 783; *Gölz* ZIP 1981, 130.

## 3.2.5 Verwendungsersatz

Auch für Verwendungsersatzansprüche des Mieters, gleich aus welchem Rechtsgrund, bedeutet der Eigentümerwechsel eine Zäsur. Für Verwendungen vor der Veräußerung haftet der Voreigentümer[69], es sei denn der Anspruch wird nach den getroffenen Vereinbarungen erst nach dem Eigentümerwechsel fällig[70].

382

Der Ersatzanspruch gegen den Veräußerer verjährt in sechs Monaten nach dem Eigentumsübergang, denn damit endet i. S. d. § 558 BGB das Mietverhältnis zwischen Veräußerer und Mieter[71].

## 3.2.6 Kündigung des Mietverhältnisses

Gegen den neuen Vertragspartner kann sich der Mieter nicht wehren; ihm steht kein Sonderkündigungsrecht zu. Auch der rechtsgeschäftliche Erwerber des Mietgrundstücks hat, anders als der Ersteher in der Zwangsversteigerung (§ 57 a ZVG), der Erwerber im Konkurs des Vermieters (§ 21 KO), der Nacherbe und Eigentümer nach Erlöschen des Nießbrauchs oder Erbbaurechts (§§ 1056 BGB, 30 ErbbauVO) kein Sonderkündigungsrecht. Er darf einen Mietvertrag, der nicht unter Beachtung der vorgeschriebenen Schriftform (§ 566 BGB) geschlossen wurde, nach § 566 Satz 2 BGB ordentlich kündigen, ohne daß der Mieter ihm gegenüber einwenden kann, die Berufung auf den Formmangel stelle eine unzulässige Rechtsausübung dar, mag dieser Einwand auch gegenüber dem Veräußerer als dem am Vertragsschluß beteiligten Partner berechtigt gewesen sein.

383

Zur Kündigung des Mietverhältnisses durch den Vermieter ist bis zum Eigentumswechsel allein der Veräußerer berechtigt. Eine von ihm für einen Termin nach dem Eigentumsübergang ausgesprochene Kündigung wird durch die Veräußerung nicht hinfällig, sondern beendet das Mietverhältnis zu dem bestimmten Termin.

Nach dem Eigentumswechsel ist nur der Erwerber zur Kündigung berechtigt. Dabei stellt sich die Frage, inwieweit ein Recht zur außerordentlichen Kündigung auf ihn übergeht, wenn die tatsächlichen Voraussetzungen, etwa Zahlungsverzug oder sonstige Vertragsverletzungen, vor dem Eigentümerwechsel vollständig oder teilweise erfüllt worden sind. Nach überwiegender Meinung geht ein entstandenes Kündigungsrecht nicht auf den neuen Eigen-

---

[69] A. A. *Picker*, NJW 1982, 8; *Lente*, DWW 1982, 175; *Sonnenschein*, NJW 1984, 2121, 2123.
[70] BGH, Urt. v. 14. 10. 1987 – VIII ZR 246/86 = WM 1988, 129 = NJW 1988, 705; BFH, Urt. v. 22. 10. 1986 – II R 125/84 = NJW 1987, 2702.
[71] BGH, Urt. v. 19. 3. 1965 – V ZR 268/62 = WM 1965, 527 = NJW 1965, 1225.

## A. Mietvertrag

tümer über[72]. Befindet sich etwa der Mieter im Zeitpunkt des Eigentümerwechsels mit zwei Mietzinsraten in Verzug, ist er nur gegenüber dem Veräußerer in Rückstand. Da trotz der Veräußerung der alte Eigentümer weiter Zahlung des rückständigen Mietzinses an sich zu fordern berechtigt ist, gerät der Mieter nicht gegenüber dem Erwerber in Zahlungsverzug; folglich darf dieser nicht gemäß § 554 BGB kündigen. Andererseits ist der Veräußerer, da nicht mehr Vermieter, nicht zur Kündigung befugt.

Für sonstige Rechte zur fristlosen Kündigung gilt nichts anderes. Durch die Vertragsverletzung wird nur die jeweilige Vertragspartei betroffen.

Hat jedoch der Mieter die Kündigungsvoraussetzungen teils gegenüber dem alten, teils gegenüber dem neuen Eigentümer verwirklicht, so reicht dies zur fristlosen Kündigung durch den Erwerber aus[73].

**384** Für die Kündigung des Mietverhältnisses durch den Mieter kommt es ferner grundsätzlich darauf an, wer sein Vertragspartner ist. Jedoch greift bei seiner Kündigung der Rechtsgedanke des § 574 BGB ein. Sofern der Mieter von der Veräußerung keine Kenntnis hat, wirkt eine nach dem Eigentümerwechsel gegenüber dem Veräußerer ausgesprochene Kündigung gegen den Erwerber[74]. § 571 BGB soll den Mieter schützen, nicht die Ausübung seiner Rechte erschweren. Außerdem kann der Mieter, der das Mietverhältnis beenden möchte, entsprechend § 576 Abs. 1 BGB auf eine Anzeige des Eigentümerwechsels vertrauen.

Zweifelhaft ist, inwieweit Gründe, die den Mieter zur fristlosen Kündigung berechtigen, durch die Veräußerung des Mietgrundstücks hinfällig werden. Vermag er nach § 542 BGB das Mietverhältnis fristlos zu kündigen, weil sich der Veräußerer mit der Behebung eines Mangels in Verzug befindet, bleibt der Mieter auch nach dem Eigentumsübergang zur Kündigung gegenüber dem Erwerber berechtigt, denn diesen trifft als Vermieter die Gebrauchsgewährungspflicht. Die Gewährleistungsrechte des Mieters würden geschmälert, wenn er dem neuen Eigentümer nochmals eine Abhilfefrist setzen müßte. Er wäre dann infolge des Eigentümerwechsels länger an das Mietverhältnis gebunden als ohne die Veräußerung.

Hingegen ist die fristlose Kündigung wegen sonstiger Vertragsverletzungen nur gegenüber dem jeweiligen Vermieter begründet, der die Vertragsverletzung begangen hat. Ein vertragswidriges Verhalten des Voreigentümers braucht sich der Erwerber im Zweifel nicht zurechnen zu lassen.

---

72) Staudinger/Emmerich, § 571 Rz. 62 m. w. N.; Sternel, I. Rz. 62; Heile in: Bub/Treier, II. Rz. 890.
73) Sternel, I. Rz. 62; Emmerich/Sonnenschein, § 571 Rz. 17.
74) Sternel, I. Rz. 62; Staudinger/Sonnenschein, § 571 Rz. 62 e.

## VII. Wechsel der Vertragsparteien

Das Sonderkündigungsrecht gemäß § 549 Abs. 1 BGB darf der Mieter nur gegenüber demjenigen ausüben, der die Erlaubnis zur Untervermietung verweigert hat. Sollte der Mieter nach Verweigerung der Erlaubnis bis zum Eigentümerwechsel von seinem Kündigungsrecht noch keinen Gebrauch gemacht haben, ist es ihm zuzumuten, die Entschließung des neuen Eigentümers abzuwarten.

### 3.2.7 Rückgabe des Mietobjekts und Nutzungsentschädigung

Sofern das Mietverhältnis nach dem Eigentümerwechsel endet, ist der Erwerber Vermieter geworden; er hat das auf ihn übergegangene Mietverhältnis abzuwickeln.   385

Ist das Mietverhältnis vor dem Eigentumsübergang beendet, hat der Mieter aber das Mietobjekt bis zu diesem Zeitpunkt nicht geräumt, so kann das Mietverhältnis nicht mehr auf den Erwerber übergehen, weil es nicht mehr besteht. Es wirkt jedoch als Abwicklungsverhältnis fort, solange der Mieter das Mietobjekt nicht zurückgegeben hat, und in dieses Abwicklungsverhältnis tritt der Erwerber entsprechend § 571 BGB ein. Daher steht nur ihm der Rückgabeanspruch (§ 556 BGB) als Folge des beendeten Mietverhältnisses zu[75]. Folglich ist auch nur er, vorbehaltlich einer anderweitigen Vereinbarung zwischen altem und neuem Eigentümer, berechtigt, Nutzungsentschädigung (§ 557 BGB oder andere Rechtsgrundlagen, vgl. Rz. 301 ff) oder Ersatz des Verzugsschadens (§ 286 BGB) geltend zu machen.

### 3.2.8 Wegnahmerecht

Hinsichtlich des Wegnahmerechts des Mieters nach § 547 a BGB ist zu unterscheiden: Hat er das Mietobjekt vor dem Eigentümerwechsel zurückgegeben, ist nur der Veräußerer als alleiniger Vertragspartner zur Duldung der Wegnahme verpflichtet. Da der Mieter zu dem Erwerber in keinen Vertragsbeziehungen, nicht einmal in einem Abwicklungsverhältnis stand, trifft diesen keine Verpflichtung, die Wegnahme zu dulden oder dem Mieter Einrichtungsgegenstände herauszugeben. Der Mieter kann sich nur an den Veräußerer als seinen alleinigen Vertragspartner halten. Jedoch werden insoweit kaum Schadensersatzansprüche wegen Vereitelung des Wegnahmerechts zu begründen sein, denn der Veräußerer darf über die ihm zurückgegebene Mietsache einschließlich der Einrichtungen des Mieters verfügen. Es ist Sache des Mieters, die Mietsache in unverändertem Zustand zurückzugeben und sich um die seinem Wegnahmerecht unterliegenden Einrichtungen zu kümmern.   386

---

75) BGH, Urt. v. 28. 6. 1978 – VIII ZR 139/77 = BGHZ 72, 147 = WM 1978, 1159 = NJW 1978, 2148.

## A. Mietvertrag

Hat der Mieter jedoch dem Erwerber das Mietobjekt zurückgegeben, ist dieser nach § 547 a BGB verpflichtet, die Wegnahme zu dulden, auch wenn das Mietverhältnis vor dem Eigentümerwechsel beendet war. Das Wegnahmerecht steht nämlich in engem Zusammenhang zur Rückgabe der Mietsache.

### 3.3 Haftung des Veräußerers gegenüber dem Mieter

#### 3.3.1 Bürgenhaftung nach § 571 Abs. 2 BGB

**387** Mit dem Übergang des Eigentums scheidet der Veräußerer aus dem Mietverhältnis aus und darf nicht mehr vom Mieter auf Erfüllung der Vermieterpflichten in Anspruch genommen werden. Für bereits vor dem Eigentümerwechsel entstandene Ansprüche des Mieters gegen ihn (z. B. Schadensersatz, Aufwendungs- oder Verwendungsersatz) haftet er weiter. Zum Schutz des Mieters, der sich gegen den anderen Vertragspartner nicht wehren kann, ordnet § 571 Abs. 2 Satz 1 BGB an, daß der Veräußerer dem Mieter gegenüber wie ein selbstschuldnerischer Bürge haftet, sollte der Erwerber seine Pflichten gegenüber dem Mieter nicht erfüllen. Der Veräußerer braucht jedoch nicht für die Erfüllung einzustehen, sondern haftet lediglich für Schadensersatzansprüche, die dem Mieter bei Nichterfüllung des Vertrages gegen den Erwerber zustehen. Ist der Erwerber nach dem Inhalt des Vertrages zu einer Geldleistung an den Mieter verpflichtet und erfüllt er diese Verpflichtung nicht, muß der Veräußerer entsprechend § 571 Abs. 2 BGB für die Erfüllung dieser Verbindlichkeit einstehen[76]. Der Veräußerer haftet jedoch nur für vertragliche Ansprüche des Mieters gegen den Erwerber, nicht für etwaige Ansprüche wegen unerlaubter Handlung.

Die bürgenähnliche Haftung des Veräußerers erlischt, sobald Erwerber und Mieter einen neuen Mietvertrag abschließen. Auch bei einer Vertragsverlängerung auf Grund einer Verlängerungsklausel, eines Optionsrechts oder infolge widerspruchsloser Fortsetzung des Mietgebrauchs (§ 568 BGB) endet die Haftung des Veräußerers mit dem Ablauf der vereinbarten Vertragszeit. In diesen Fällen erfordert der Schutz des Mieters keine Forthaftung des Veräußerers.

Seine bürgenähnliche Haftung kann der Voreigentümer nach § 571 Abs. 2 Satz 2 BGB zeitlich begrenzen, indem er den Mieter von dem Eigentumswechsel unterrichtet. Er wird dann vom erstmöglichen Kündigungstermin an von seiner Haftung befreit, sofern der Mieter das Mietverhältnis über diesen

---

[76] BGH, Urt. v. 18. 12. 1968 – VIII ZR 29/68 = BGHZ 51, 273 = WM 1969, 124 = NJW 1969, 417.

## VII. Wechsel der Vertragsparteien

Termin hinaus fortsetzt. Hierdurch gibt der Mieter zu erkennen, daß er mit dem neuen Vertragspartner einverstanden ist; daher besteht kein Bedürfnis mehr, ihn weiterhin zu sichern.

Die Mitteilung des Veräußerers ist nicht formbedürftig. Die Vorschriften über die Stellvertretung sind anzuwenden (vgl. Rz. 249); die Anzeige kann durch einen prozessualen Schriftsatz von Anwalt zu Anwalt erfolgen[77]. Zur Herbeiführung des Haftungsfortfalls ist es nicht erforderlich, daß der Veräußerer den Mieter auf die Rechtsfolgen der Mitteilung hinweist. Ein solches Erfordernis ist dem Gesetz nicht zu entnehmen; für eine Belehrung des Mieters besteht auch kein Bedürfnis. Wird der Mieter über den Eigentumswechsel und die Person des neuen Vertragspartners unterrichtet, mag er sich überlegen, ob er das Mietverhältnis fortsetzt. Unerheblich ist weiterhin, ob der Veräußerer selbst die Wirkungen seiner Mitteilung erkennt; diese treten kraft Gesetzes ein.

Beweispflichtig für Abgabe und Zugang der Mitteilung ist der Veräußerer, der hieraus den Wegfall seiner Haftung herleitet.

### 3.3.2 Haftung für die Verrechnung von Mietzinsvorauszahlungen

Die Vereinbarung einer Mietzinsvorauszahlung ist grundsätzlich dahin auszulegen, daß der Vermieter dem Mieter gegenüber für die Möglichkeit einstehen will, die Vorauszahlungen auf den jeweils fälligen Mietzins verrechnen zu können. Erweisen sich nach Veräußerung des Mietgrundstücks Vorauszahlungen dem Erwerber gegenüber als unwirksam (vgl. Rz. 376), so haftet der Veräußerer dem Mieter weiterhin aus der Vereinbarung über die Vorauszahlung. Er ist daher dem Mieter zum Schadensersatz verpflichtet, wenn dieser fällige Mietzinszahlungen nicht mit der Vorauszahlung verrechnen kann[78]. **388**

### 3.3.3 Schadensersatzpflicht nach § 325 BGB

Die Verpflichtung, den Mietvertrag während der vereinbarten Vertragsdauer aufrechtzuerhalten, geht nur in Grenzen auf den Erwerber über. Soweit er oder der ihm gleichgestellte Eigentümer oder Nacherbe (vgl. Rz. 271) ein Sonderkündigungsrecht haben, ist er nicht mehr zur Erfüllung des Mietvertrages verpflichtet, so daß § 571 Abs. 2 BGB ausscheidet, wenn der Erwerber das Mietverhältnis vorzeitig beendet. **389**

Der Veräußerer haftet jedoch weiter auf Grund des zwischen ihm und dem Mieter abgeschlossenen Mietvertrages dafür, daß dem Mieter während der

---

77) BGH, Urt. v. 18. 1. 1966 − V ZR 113/63 = BGHZ 45, 11 = WM 1966, 197 = NJW 1966, 590.
78) BGH, Urt. v. 6. 7. 1966 − VIII ZR 169/64 = WM 1966, 1043 = NJW 1966, 1703.

A. Mietvertrag

vereinbarten Vertragszeit der Gebrauch der Mietsache verbleibt. Ist dies wegen der vorzeitigen Auflösung des Mietvertrages durch den Erwerber nicht möglich, so hat der Veräußerer dem Mieter nach § 325 BGB den dadurch entstehenden Schaden zu ersetzen.

## VIII. Auswirkungen von Zwangsvollstreckung, Konkurs- und Vergleichsverfahren

### 1. Zwangsvollstreckung in die Mietsache und in Forderungen aus dem Mietverhältnis

#### 1.1 Pfändung des Anspruchs des Mieters auf Gebrauchsgewährung

390  Da der Mieter oder Leasingnehmer seinen Anspruch auf Gebrauchsgewährung ohne Zustimmung des Vermieters bzw. Leasinggebers nicht übertragen kann (§ 549 Abs. 1 BGB), ist dieser Anspruch nach § 851 Abs. 1 ZPO unpfändbar[1]. Hat jedoch der Vermieter die Gebrauchsüberlassung an jeden Dritten gestattet oder stimmt er einer Pfändung des Anspruchs auf Gebrauchsüberlassung zu, unterliegt der Anspruch nach § 857 Abs. 4 ZPO der Pfändung durch Gläubiger des Mieters. In diesem Falle muß allerdings der pfändende Gläubiger den Mietzins zahlen, sofern der Mieter ihn nicht im voraus entrichtet hat. Die grundsätzliche Unübertragbarkeit des Gebrauchsgewährungsanspruchs hat zur Folge, daß der Pfandgläubiger das Gebrauchsrecht nicht wie einen veräußerlichen Gegenstand verwerten, sondern sich nur durch Nutzung der Mietsache befriedigen darf[2].

#### 1.2 Pfändung des Mietzinsanspruchs des Vermieters

Die Mietzinsforderung ist grundsätzlich nach § 829 ZPO wie jede Geldforderung pfändbar. Die Pfändung umfaßt im Zweifel auch den nach Vertragsende an die Stelle des Mietzinsanspruchs tretenden Anspruch auf Nutzungsentschädigung, nicht hingegen Schadensersatzansprüche wegen Mietzinsausfalles nach vorzeitiger Vertragsbeendigung.

---

1) OLG Düsseldorf EWiR § 857 ZPO 1/88, 829 *(Eckert)* = WM 1988, 880 = NJW 1988, 1676; v. *Westphalen* Rz. 574.
2) Vgl. BGH, Urt. v. 20. 2. 1974 – VIII ZR 20/73 = BGHZ 62, 133 = WM 1974, 324 = NJW 1974, 796.

## 1.2.1 Vollstreckungsschutz zugunsten des Vermieters eines Grundstücks (§ 851 b ZPO)

Zum Schutz des Vermieters eines Grundstücks ordnet § 851 b ZPO an, daß die Pfändung von Mietzinsforderungen auf seinen Antrag hin aufzuheben ist, soweit er die Mietzinseinnahmen zur Unterhaltung des Grundstücks, zur Vornahme notwendiger Instandsetzungsarbeiten oder zur Befriedigung vorgehender Rechte (§ 10 ZVG), insbesondere zur Begleichung öffentlicher Lasten oder von Ansprüchen der Realgläubiger, benötigt. Unentbehrlich sind die Mieteinkünfte nur, wenn dem Vermieter andere Mittel nicht zur Verfügung stehen. Daß er die Einnahmen regelmäßig zu den genannten Zwecken verwendet, reicht nicht aus; er muß also seine sonstigen Vermögensverhältnisse offen legen, wenn er den Antrag stellt.   **391**

Eine Pfändung der Mietzinsforderungen ist nicht unwirksam. Der Vermieter hat lediglich die Möglichkeit, Aufhebung zu beantragen. Dies muß innerhalb einer Frist von zwei Wochen nach Zustellung des Pfändungs- und Überweisungsbeschlusses geschehen (§ 813 a Abs. 2 ZPO). Nur wenn ausnahmsweise offensichtlich die Voraussetzungen des § 851 b ZPO vorliegen, ist die Pfändung von vornherein als unzulässig abzulehnen.

## 1.2.2 Schutz des Grundstückserwerbers

Der Grundstückserwerber, der nach § 571 BGB in das Mietverhältnis eintritt, ist gegen die Wirksamkeit einer Pfändung zukünftig fällig werdender Mietzinsansprüche geschützt. § 573 BGB ist auch auf die Pfändung von Mietzinsforderungen anzuwenden (vgl. Rz. 378).

## 1.2.3 Verhältnis zur Immobiliarzwangsvollstreckung

Nach § 1123 BGB sind die Mietzinsansprüche in die Haftung für Grundpfandrechte einbezogen. Demgemäß erstreckt sich die Zwangsvollstreckung in das unbewegliche Vermögen nach § 865 Abs. 1 ZPO grundsätzlich auch auf Mietzinsforderungen, jedoch erst, wenn ihre Beschlagnahme angeordnet ist (§ 865 Abs. 2 Satz 2 ZPO). Somit können Mietzinsforderungen gepfändet werden, solange nicht die Zwangsverwaltung des Grundstücks beschlossen ist (vgl. Rz 400; §§ 148, 21 Abs. 2 ZVG). Wird eine Mietzinsforderung trotz Beschlagnahme des Grundstücks zum Zweck der Zwangsverwaltung gepfändet, ist nach Ansicht des Reichsgerichts[3] die Pfändung nichtig. Das überwiegende Schrifttum[4] hält die Pfändung allerdings für wirksam, solange der   **392**

---

3) RGZ 59, 87.
4) Vgl. *Staudinger/Emmerich*, § 573 Rz. 5 b m.w.N.

A. Mietvertrag

Zwangsverwalter dagegen nicht mit der Erinnerung gemäß § 766 ZPO vorgeht.

Die Pfändung von Mietzinsansprüchen bleibt hingegen zulässig, wenn das Grundstück zum Zweck der Zwangsversteigerung beschlagnahmt ist (vgl. Rz. 396).

#### 1.2.4 Schutz des Mieters (Grundstücke und bewegliche Sachen)

**393** Durch die Pfändung der Mietzinsansprüche wird der Mieter nicht betroffen. Er hat die Anordnung des Pfändungs- und Überweisungsbeschlusses zu befolgen und den Mietzins an den pfändenden Gläubiger zu zahlen, bis dieser befriedigt oder der Pfändungsbeschluß aufgehoben ist.

Soweit der Mieter den Mietzins im voraus entrichtet hat und der Vermieter keine Forderung mehr gegen ihn besitzt, wirkt die Erfüllung auch gegen den pfändenden Gläubiger. Auch das Recht des Mieters, durch Aufrechnung mit einer Gegenforderung den Mietzins zu begleichen, bleibt weitgehend erhalten. Nach § 392 BGB ist infolge der Pfändung die Aufrechnung gegen eine Mietzinsforderung nur dann ausgeschlossen, wenn der Mieter seine Forderung gegen den Vermieter erst nach der Pfändung erworben hat oder seine Forderung erst nach der Pfändung oder später als die gepfändete Mietzinsforderung fällig wird. Ausgeschlossen wird hierdurch vor allem die Befugnis, mit dem Anspruch auf Rückgewähr der Kaution aufzurechnen, denn dieser Anspruch wird regelmäßig erst nach Vertragsende, also später als die gepfändeten Mietzinsansprüche fällig.

### 1.3 Pfändung der Mietsache durch Gläubiger des Mieters

**394** Eine bewegliche Mietsache, die sich im Gewahrsam des Mieters befindet, unterliegt dem Vollstreckungszugriff seiner Gläubiger (§ 808 Abs. 1 ZPO). Selbst wenn der Mieter den Gerichtsvollzieher darauf hinweist, daß die Sache ihm nicht gehört, sondern nur gemietet ist, darf dieser nicht von der Pfändung absehen. Nur bei offensichtlich fehlendem Eigentum des Mieters hat die Pfändung der Mietsache zu unterbleiben.

Für den Vermieter als Eigentümer besteht nur die Möglichkeit, den Gläubiger zur Freigabe der gepfändeten Mietsache aufzufordern und gegen ihn gemäß § 771 ZPO mit der Drittwiderspruchsklage vorzugehen. Um sicherzustellen, daß der Vermieter von der Pfändung Kenntnis erlangt, sehen Mietverträge häufig die Verpflichtung des Mieters vor, dem Vermieter die Pfändung der Mietsache anzuzeigen. Gegen eine dahingehende Vertragsklausel bestehen keine Bedenken. Im Gegenteil, auch ohne vertragliche Regelung wird der

## VIII. Auswirkungen von Zwangsvollstreckung, Konkurs, Vergleich

Mieter im Rahmen seiner Obhutspflicht gehalten sein, den Vermieter von einer Pfändung der Mietsache zu verständigen.

Wird die gepfändete Sache verwertet, erwirbt derjenige, der die Sache ersteigert (§ 817 ZPO), kraft Hoheitsaktes unbelastetes Eigentum. Der Vermieter als früherer Eigentümer kann sich jedoch auch dann noch wegen des Erlöses an den pfändenden Gläubiger halten und von ihm nach § 812 Abs. 1 Satz 1 BGB Herausgabe verlangen[5].

### 1.4 Pfändung der Mietsache und des Rückgabeanspruchs durch Gläubiger des Vermieters

Ist der Vermieter Eigentümer der Mietsache, so gehört sie zu seinem Vermögen, muß also auch dem Vollstreckungszugriff seiner Gläubiger unterliegen. Da der Vermieter die Mietsache nicht in Gewahrsam hat, ist ihre Pfändung nur zulässig, wenn der Mieter als Gewahrsamsinhaber zur Herausgabe bereit ist (§ 809 ZPO). Solange das Mietverhältnis fortbesteht und der Mieter an dem weiteren Gebrauch der Mietsache interessiert ist, wird dies nicht der Fall sein. **395**

Dem Gläubiger, der gleichwohl in die Mietsache vollstrecken will, bleibt nur der Ausweg, nach § 846 ZPO den Anspruch des Vermieters auf Rückgabe der Mietsache zu pfänden. Daß dieser Anspruch bei bestehendem Mietverhältnis nicht fällig ist, steht der Pfändung nicht entgegen. Der Gläubiger kann hierdurch verhindern, daß der Vermieter die Mietsache zurückerhält und anderweitig über sie verfügt. Für den Rückgabeanspruch bleibt jedoch weiterhin die materielle Rechtslage maßgeblich. Erst nach Beendigung des Mietverhältnisses ist der Gläubiger berechtigt, Herausgabe der Sache zu verlangen; auch ein auf unbestimmte Zeit abgeschlossenes Mietverhältnis vermag er nicht zu kündigen; dieses Recht steht allein den Vertragsparteien zu.

### 2. Zwangsversteigerung des Mietgrundstücks

Bei der Zwangsversteigerung des Mietgrundstücks ist die Rechtslage im wesentlichen dieselbe wie bei der Veräußerung des Grundstücks. Nach § 57 ZVG gelten die §§ 571, 572, 573 Satz 1, 574 und 575 BGB entsprechend, sofern die Voraussetzungen für den Eintritt des Erwerbers (= Erstehers) in das Mietverhältnis (vgl. Rz. 363 ff) vorliegen. Auch die bürgenähnliche Haftung des Voreigentümers gemäß § 571 Abs. 2 BGB greift ein. **396**

---

5) Vgl. RGZ 156, 395.

## A. Mietvertrag

### 2.1 Sonderkündigungsrecht des Erstehers (§ 57 a ZVG)

Da das Interesse der Bieter beeinträchtigt sein wird, wenn das zu versteigernde Grundstück langfristig vermietet ist, gewährt § 57 a ZVG dem Ersteher ein Sonderkündigungsrecht, das er unabhängig von den Vereinbarungen über die Dauer des Mietverhältnisses und von Kündigungsfristen ausüben kann. Dem Mieter hingegen steht dieses Recht nicht zu. Das Sonderkündigungsrecht des Erstehers ist nach § 183 ZVG ausgeschlossen, wenn die Zwangsversteigerung zum Zweck der Auseinandersetzung einer Gemeinschaft betrieben wird. Das Kündigungsrecht entfällt ferner nach § 57 c ZVG, wenn der Mieter sich am Aufbau des Grundstücks finanziell beteiligt hat, sei es durch eine Mietzinsvorauszahlung, ein Aufbaudarlehen oder einen verlorenen Baukostenzuschuß. Zwischen Bauförderung und Leistung des Mieters muß ein Zusammenhang bestehen[6]; leistet der Mieter eine Vorauszahlung, obwohl die Mieträume schon fertiggestellt sind, besteht kein Grund, das Sonderkündigungsrecht auszuschließen[7]. Hat der Vermieter dem Mieter dessen für das Mietobjekt zu leistenden Finanzierungsbeitrag darlehensweise zuvor zur Verfügung gestellt, so entfällt ebenfalls der Kündigungsschutz[8]. Die Rechtsprechung tendiert insgesamt zu einer Einschränkung des Kündigungsschutzes. Ohne Rücksicht darauf, inwieweit die Vorauszahlung dem Ersteher gegenüber wirksam ist, bleibt die Kündigung gemäß § 57 a ZVG solange unzulässig, wie die Vorauszahlung oder das Darlehen auf fällige Mietzinsraten zu verrechnen oder ein verlorener Zuschuß nicht durch die bisherige Vertragsdauer als getilgt anzusehen ist (hierzu insbesondere § 57 c Abs. 2 und 3 ZVG)[9]. Da für den Ersteher die Frage, ob er den Mietvertrag außerordentlich kündigen darf, von wesentlicher Bedeutung ist, hat das Vollstreckungsgericht den Mieter aufzufordern, bis zum Versteigerungstermin darzulegen, welche Beträge er insoweit geleistet hat (§ 57 d ZVG). Gibt der Mieter keine Erklärung ab, so ist es ihm später verwehrt, sich gegenüber einer Kündigung des Erstehers auf den Schutz des § 57 c ZVG zu berufen.

Auch auf Betreiben des Mieters kann das Sonderkündigungsrecht des Erstehers entfallen. Als Beteiligter des Zwangsversteigerungsverfahrens (§ 9 Nr. 2 ZVG) ist er nach § 59 ZVG zu dem Antrag befugt, in den Versteigerungsbedingungen das Kündigungsrecht gemäß § 57 a ZVG auszuschließen.

Schließlich wird in Ausnahmefällen die Kündigung des Erstehers wegen

---

6) BGH, Urt. v. 30. 11. 1966 − VIII ZR 145/65 = WM 1967, 74 = NJW 1967, 555.
7) OLG Hamm ZMR 1987, 466.
8) BGH, Urt. v. 30. 3. 1989 − IX ZR 276/88 = EWiR § 57 c ZVG 1/89, 725 *(Sternel)* = WM 1989, 866 = NJW-RR 1989, 714.
9) Vgl. dazu BGH, Urt. v. 19. 10. 1983 − VIII ZR 159/82 = WM 1983, 1364.

Verstoßes gegen Treu und Glauben unwirksam sein. Hierzu reicht es jedoch nicht aus, daß der Ersteher das Grundstück nur ersteigert, um die bestehenden Mietverhältnisse zu kündigen. Unredlich ist das Vorgehen des Erstehers hingegen, wenn er mit dem Vermieter einen Kaufvertrag über das Grundstück abgeschlossen hatte, diesen aber rückgängig macht und sodann im Einverständnis mit dem Vermieter die Voraussetzungen für die Zwangsversteigerung herbeiführt[10]. Bei der gewerblichen Zwischenvermietung von Wohnraum (vgl. Rz. 354) kann zwar der Ersteher wirksam das Hauptmietverhältnis gegenüber dem Mieter und Untervermieter nach § 57 a ZVG kündigen, dem Räumungsanspruch nach § 556 Abs. 3 BGB kann der Untermieter, der sich bei Vertragsschluß für den Hauptmieter hielt, jedoch die Schutzbestimmungen für Wohnraum entgegensetzen[11].

Die Kündigungsfrist beträgt nach § 565 Abs. 1 und 5 BGB bei Mietverhältnissen über Geschäftsräume und gewerblich genutzte unbebaute Grundstücke drei Monate zum Quartalsende; bei der Pacht ist die Kündigung nur bis zum Ende des Pachtjahres (§ 584 BGB) zulässig[12]. Der Ersteher kann die Kündigung nur für den ersten Termin, zu dem sie zulässig ist, aussprechen, gerechnet vom Zuschlag an. Dies erfordert unter Umständen eine sofortige Entschließung. Wird z. B. am 2. April der Zuschlag erteilt, so kann der Ersteher nur noch am folgenden Tag die Kündigung zum 30. Juni erklären.

Wird das Mietverhältnis durch Kündigung gemäß § 57 a ZVG vorzeitig beendet, schuldet der Voreigentümer dem Mieter Schadensersatz wegen Nichterfüllung (vgl. Rz. 389).

## 2.2 Beschlagnahme des Mietzinses, Vorausverfügungen über den Mietzins, Mietzinsvorauszahlungen und Aufrechnung gegen Mietzinsansprüche

Durch die Anordnung der Zwangsversteigerung werden die Mietzinsforderungen beschlagnahmt (§ 148 Abs. 1, § 21 Abs. 2 ZVG), und zwar auch dann, wenn nicht der Grundstückseigentümer, sondern der noch nicht im Grundbuch als Eigentümer eingetragene Erwerber vermietet hat[13].

**397**

Vom Zuschlag ab steht dem Ersteigerer nach § 56 ZVG die Nutzung des

---

10) BGH, Urt. v. 17. 5. 1978 – VIII ZR 48/77 = WM 1978, 929.
11) BGH, Beschl. v. 21. 4. 1982 – VIII ARZ 16/81 = BGHZ 84, 90 = WM 1982, 770 = NJW 1982, 1696.
12) OLG Celle NJW-RR 1989, 80.
13) OLG Düsseldorf ZMR 1988, 226.

ersteigerten Grundstücks zu; er ist insbesondere berechtigt, Zahlung des Mietzinses an sich zu verlangen[14].

Für Vorausverfügungen des Vermieters über den Mietzins, für Rechtsgeschäfte zwischen ihm und dem Mieter über den Mietzins und für die Aufrechnung durch den Mieter (vgl. Rz. 376 ff) gelten nach § 57 b Abs. 1 ZVG – nicht jedoch bei der Zwangsversteigerung zur Auseinandersetzung einer Gemeinschaft (§ 183 ZVG) – die Bestimmungen der §§ 573 Satz 1, 574 und 575 BGB mit folgenden Änderungen:

Soweit es in § 573 Satz 1 BGB auf den Eigentumsübergang ankommt, ist bei der Zwangsversteigerung der Beschlagnahmebeschluß gemäß § 20 ZVG maßgebend. Die Anordnung der Zwangsverwaltung steht dem gleich, wenn es später zur Zwangsversteigerung kommt (§ 57 b Abs. 2 ZVG). Da § 573 Satz 2 BGB bei dem Grundstückserwerb durch Erstehung in der Zwangsversteigerung nicht eingreift, sind auch solche Vorausverfügungen, die der Ersteher kennt, ihm gegenüber im Rahmen des § 573 Satz 1 BGB unwirksam.

Soweit die Kenntnis des Mieters vom Eigentümerwechsel ausschlaggebend ist (§§ 574, 575 BGB), kommt es bei der Zwangsversteigerung auf seine Kenntnis von der Beschlagnahme an. Von Zustellung des Beschlagnahmebeschlusses an ihn an gilt die Beschlagnahme als bekannt (§ 22 ZVG). Der Beschluß ist auch etwaigen neu hinzukommenden Mietern zuzustellen. Unterbleibt die Zustellung des Beschlagnahmebeschlusses, kann der Mieter sich, soweit er Vorauszahlungen geleistet hat oder mit Ansprüchen gegen Mietzinsforderungen aufrechnet, gegenüber dem Ersteher auf den Schutz der §§ 574 und 575 BGB berufen.

**398** Die Beschlagnahme des Grundstücks belastet den Mieter mit einer Unsicherheit, sofern er nicht nur den Mietzins für den laufenden Monat zu entrichten hat. Muß er vertraglich eine Vorauszahlung leisten, bleibt er auch nach Zustellung des Beschlagnahmebeschlusses dem Vermieter zur Zahlung verpflichtet. Er muß aber damit rechnen, daß diese dem Ersteher gegenüber unwirksam ist. Andererseits weiß er nicht, wer das Grundstück ersteigern wird. Der Mieter kann sich daher nach § 372 BGB wegen Ungewißheit über die Person des Gläubigers durch Hinterlegung des geschuldeten Betrages von seiner Zahlungspflicht befreien.

---

14) Vgl. OLG Celle ZMR 1978, 342.

VIII. Auswirkungen von Zwangsvollstreckung, Konkurs, Vergleich

## 3. Zwangsverwaltung des Mietgrundstücks

Durch die Anordnung der Zwangsverwaltung (Beschlagnahme) verliert der Eigentümer (Schuldner) die Verwaltung und Nutzung des Grundstücks (§ 148 Abs. 2 ZVG). Das Recht zur Verwaltung und Nutzung geht auf den Verwalter über. Gleichwohl vom Eigentümer als Vermieter geschlossene Mietverträge sind nicht nichtig, sondern nur dem Zwangsverwalter gegenüber nach §§ 135, 136 BGB relativ unwirksam. Der Vermieter, der den Mietinteressenten nicht über die Zwangsverwaltung aufklärt, macht sich wegen culpa in contrahendo schadensersatzpflichtig[15]. **399**

### 3.1 Fortführung bestehender Mietverhältnisse

Bestehende Mietverhältnisse sind nach § 152 Abs. 2 ZVG dem Verwalter gegenüber wirksam. Voraussetzung ist jedoch, daß das Mietobjekt dem Mieter vor der Beschlagnahme überlassen worden ist (vgl. Rz. 366). Während der Zwangsverwaltung kann der Mieter nur vom Verwalter Erhaltung oder Herstellung des vertragsgemäßen Gebrauchs verlangen. Das Sonderkündigungsrecht gemäß § 57 a ZVG steht dem Zwangsverwalter nicht zu.

Ein bestehendes Mietverhältnis, das im Zeitpunkt der Beschlagnahme nicht vollzogen war, braucht der Verwalter nicht zu erfüllen. Der Mieter ist berechtigt, vom Vermieter Schadensersatz wegen Nichterfüllung zu verlangen.

Überläßt trotz der Beschlagnahme der Vermieter ohne Zustimmung des Verwalters dem Mieter in Erfüllung des vorher geschlossenen Vertrages das Mietobjekt, so bindet dies den Verwalter nicht. Er braucht dem Mieter die Mietsache nicht zu belassen, kann aber andererseits von ihm keinen Mietzins beanspruchen. Der Mieter schuldet ihm nach Bereicherungsrecht eine Nutzungsentschädigung in Höhe des angemessenen Mietzinses, ohne einwenden zu können, daß er den vereinbarten Mietzins an den Vermieter geleistet hat.

Ein zum Zeitpunkt der Beschlagnahme beendetes Mietverhältnis fällt nicht unter § 152 Abs. 2 ZVG. Der Zwangsverwalter ist also nicht mit der Abwicklung befaßt, auch dann nicht, wenn noch Forderungen offenstehen.

### 3.2 Mietzins, Nebenkosten und Nutzungsentschädigung

Die Beschlagnahme zum Zweck der Zwangsverwaltung erstreckt sich nach §§ 148 Abs. 1, 21 Abs. 2 ZVG auf die Mietzinsforderungen einschließlich der zum Überlassungsentgelt zählenden Nebenkostenforderungen. Rückständige **400**

---

[15] OLG Hamm BB 1988, 1842.

## A. Mietvertrag

Mietzinsansprüche werden jedoch nicht erfaßt, wenn sie mehr als ein Jahr vor der Beschlagnahme fällig geworden sind (§ 1123 Abs. 2 Satz 1 BGB). Zahlt der Mieter trotz der Beschlagnahme den Mietzins an den Vermieter, sind diese Zahlungen dem Verwalter gegenüber nur wirksam, wenn dem Mieter die Beschlagnahme nicht bekannt war. Dies wird nur ausnahmsweise der Fall sein, denn der Beschlagnahmebeschluß ist dem Mieter zuzustellen.

Die Beschlagnahme einer bereits rechtshängigen Mietzinsforderung im Wege der Zwangsverwaltung hat auf den laufenden Prozeß und die Prozeßführungsbefugnis des klagenden Vermieters keine Auswirkungen. Wegen der veränderten materiellen Rechtslage muß er den Klageantrag auf Zahlung an den Zwangsverwalter umstellen. Dies gilt auch für die Prozeßführungsbefugnis des Konkursverwalters über das Vermögen des Vermieters, falls nach Konkurseröffnung die Zwangsverwaltung über das Mietgrundstück angeordnet wird. Unterbleibt die Umstellung, so ist die Klage wegen fehlender Aktivlegitimation als unbegründet abzuweisen[16].

Nach Ansicht des OLG Hamburg[17] hat der Verwalter ein sich nach der Nebenkostenabrechnung zu Gunsten des Mieters ergebendes Guthaben an diesen auszuzahlen, auch soweit dieser Nebenkostenvorauszahlungen vor Anordnung der Zwangsverwaltung an den Vermieter geleistet hat. Dem OLG Hamburg ist zwar darin zu folgen, daß sich die gegenteilige, dem Verwalter günstige Auffassung nicht mit einer Analogie zu §§ 57 ZVG, 572 BGB (dazu Rz. 403) begründen läßt. Gleichwohl bestehen Bedenken. Wegen des Zwecks der Nebenkostenvorauszahlungen und der Rechtsnatur des Rückzahlungsanspruches, der gem. § 812 BGB jeweils mit der Vorauszahlung entsteht (dazu Rz. 375), sollte die Beschlagnahme wie der Eigentumswechsel eine Zäsur bedeuten[18].

**401** Inwieweit Schadensersatzansprüche, die an die Stelle von Mietzinsansprüchen treten, von der Beschlagnahme erfaßt werden, ist zweifelhaft. Nach Ansicht des LG Frankfurt[19] erstreckt sich die Beschlagnahme nach den Grundsätzen der dinglichen Surrogation auch auf die an die Stelle der Mietzinsforderungen tretenden Schadensersatzansprüche des Vermieters gemäß § 19 Satz 3 KO, sofern der Konkursverwalter bei Konkurs des Mieters das Mietverhältnis über ein unter Zwangsverwaltung stehendes Grundstück kündigt. Dagegen sollen nach Ansicht des OLG Düsseldorf[20] die Ansprüche auf

---

16) BGH, Urt. v. 12. 3. 1986 – VIII ZR 64/85 = ZIP 1986, 583 = EWiR § 265 ZPO 1/86, 523 *(Gerhardt)* = WM 1986, 800 = NJW 1986, 3206.
17) EWiR § 152 ZVG 1/90, 311 *(Eckert)* = ZIP 1990, 320 = ZMR 1990, 109.
18) Zur Abrechnungspflicht des Zwangsverwalters nach Aufhebung der Zwangsverwaltung vgl. AG Bergisch Gladbach ZIP 1990, 531.
19) NJW 1979, 934; so auch *Belz* in: Bub/Treier, VIII. A. Rz. 145.
20) NJW 1971, 2081.

## VIII. Auswirkungen von Zwangsvollstreckung, Konkurs, Vergleich

Nutzungsentschädigung nach beendetem Mietverhältnis von der Beschlagnahme nicht erfaßt werden, denn diese Ansprüche sind weder in §§ 1123, 1126 BGB, auf die § 20 Abs. 2 ZVG verweist, noch in § 21 Abs. 2 ZVG erwähnt. Das OLG Düsseldorf folgert daraus, der Zwangsverwalter sei nicht berechtigt, Ansprüche gegen den Mieter wegen Vorenthaltung der Mietsache zu erheben. Hiergegen sind jedoch Bedenken angebracht. Da die Nutzung des Grundstücks nicht mehr dem Vermieter, sondern dem Verwalter zusteht (§ 148 Abs. 2 ZVG), muß der Mieter, der die Mietsache nach Beendigung des Mietverhältnisses nicht zurückgibt, auch dem Verwalter zur Nutzungsherausgabe verpflichtet sein. Besonders deutlich wird dies, wenn das Mietverhältnis nach Beschlagnahme endet. Unzweifelhaft ist der Zwangsverwalter im Interesse der Gläubiger des Vermieters berechtigt und verpflichtet, die Mietzinsforderungen einzuziehen; es ist nicht einzusehen, warum er nicht befugt sein sollte, nach Vertragsbeendigung auch die Nutzungsentschädigung geltend zu machen. Dasselbe muß für Ansprüche gegen den Mieter auf Ersatz des Mietzinsausfalls gelten, wenn dieser die vorzeitige Beendigung des Mietverhältnisses zu vertreten hat.

### 3.3 Vorausverfügungen über den Mietzins und Vorauszahlungen

Die Wirksamkeit von Vorausverfügungen des Vermieters über den Mietzins und von Rechtsgeschäften über den Mietzins zwischen ihm und dem Mieter ist gemäß §§ 1123 Abs. 2, 1124 BGB und § 57 b ZVG in Verbindung mit §§ 573, 574 BGB zu beurteilen. Sachlich besteht kein Unterschied zur Rechtslage im Fall der Zwangsversteigerung (vgl. Rz. 397). **402**

Nach § 57 b Abs. 3 ZVG findet § 57 b Abs. 1 und 2 ZVG auf Verfügungen und Rechtsgeschäfte des Verwalters über den Mietzins keine Anwendung. Verfügt also der Verwalter über den Mietzins oder nimmt er Vorauszahlungen des Mieters an, so ist dies dem späteren Ersteher gegenüber im Rahmen der §§ 573, 574 BGB wirksam. Maßgeblich sind also der Eigentumsübergang und der Zeitpunkt, in dem der Mieter Kenntnis vom Zuschlag erlangt.

### 3.4 Kaution

Gegenüber den vom Zwangsverwalter erhobenen Mietzinsforderungen kann der Mieter nach §§ 392, 1124, 1125 BGB nicht mit seinem Anspruch auf Kautionsrückzahlung aufrechnen, und zwar auch dann nicht, wenn dieser Anspruch fällig ist[21]. **403**

Umstritten ist, inwieweit der Zwangsverwalter zur Rückgewähr der Kaution nach beendetem Mietverhältnis verpflichtet ist.

---

21) BGH, Urt. v. 20. 9. 1978 – VIII ZR 2/78 = WM 1978, 1326.

## A. Mietvertrag

Vielfach wird eine Anwendung des § 572 Satz 2 BGB befürwortet[22]. Dies hat zur Folge, daß der Verwalter die Kaution nur dann zurückerstatten muß und der Mieter ihm gegenüber nur dann aufrechnen kann, wenn der Vermieter die Kaution an den Verwalter abgeführt hat; das wird regelmäßig nicht der Fall sein.

Ohne zu entscheiden, ob § 572 BGB im Verhältnis zwischen Zwangsverwalter und Mieter eingreift, führt der Bundesgerichtshof[23] – allerdings eher beiläufig – aus, der Vermieter bleibe Schuldner des Rückgewähranspruchs des Mieters.

Die Ansicht, aus § 146 Abs. 1 ZVG ergebe sich die Anwendung des § 57 ZVG, der wiederum auf § 572 BGB verweise, ist abzulehnen[24]. § 146 Abs. 1 ZVG erklärt nur die Vorschriften über die Anordnung der Zwangsversteigerung für anwendbar, also die §§ 15 bis 27 ZVG, nicht jedoch § 57 ZVG. Da nicht anzunehmen ist, daß die Fassung des § 146 Abs. 1 ZVG auf einem Redaktionsversehen beruht, sollte § 572 BGB im Verhältnis zwischen Zwangsverwalter und Mieter nicht herangezogen werden. Vorrangig bleibt vielmehr § 152 ZVG.

Die Lösung hängt somit von der Reichweite der Eintritts- und Erfüllungspflicht des Zwangsverwalters ab. Schließt diese die Kautionsabrede als Bestandteil des Mietverhältnisses ein[25], so ist der Verwalter bei der Abwicklung des Mietverhältnisses zur Verrechnung bzw. Rückgewähr verpflichtet; ggf. muß er hierzu auf die beschlagnahmten Mietzinseinkünfte zurückgreifen, obwohl diese der Befriedigung der das Zwangsverwaltungsverfahren betreibenden Gläubiger dienen. Begrenzt man hingegen die Erfüllungspflicht auf die Gebrauchsgewährungspflicht und schränkt sie bezüglich der weiteren Pflichten im Interesse der Gläubiger des Vermieters am Erhalt der Haftungsmasse (vgl. §§ 392, 1124 Abs. 2, 1125 BGB) ein, so haftet der Zwangsverwalter für die Rückgewähr der Kaution nur, soweit dies nicht zu einer Verringerung der Haftungsmasse führt, also nur, wenn er die Kaution auch erhalten hat[26]. Der Mieter steht dann anderen Gläubigern des Vermieters gleich.

---

22) LG Berlin NJW 1978, 1633; *Staudinger/Emmerich*, § 572 Rz. 16; MünchKomm-*Voelskow*, § 572 Rz. 9; *Zeller/Stöber*, ZVG, § 57 Rz. 4.6; *Gölz*, ZIP 1981, 127, 128.
23) Urt. v. 20. 9. 1978 – VIII ZR 2/78 = WM 1978, 1326.
24) BGH, aaO (Fußn. 23).
25) Vorauflage Rz. 403; *Belz* in: Bub/Treier, VII. A. Rz. 152 unter Hinweis auf RGZ 144, 199.
26) LG Köln EWiR § 152 ZVG 4/90, 935 *(Eckert)*.

VIII. Auswirkungen von Zwangsvollstreckung, Konkurs, Vergleich

### 3.5 Neuabschluß von Mietverträgen

Nach der Beschlagnahme des Grundstücks ist nur der Verwalter, nicht der **404**
Eigentümer oder Schuldner, zum Abschluß oder zur Änderung eines Mietvertrages berechtigt. Der Verwalter kann sogar mit dem Eigentümer ein Mietverhältnis eingehen, soll hierzu jedoch die Zustimmung des Vollstreckungsgerichts einholen.

Ein vom Verwalter abgeschlossener Mietvertrag bindet den Eigentümer auch für die Zeit nach Aufhebung der Zwangsverwaltung.

Bei Abschluß oder Änderung eines Mietvertrages hat der Verwalter § 6 der Verordnung über die Geschäftsführung und Vergütung des Zwangsverwalters vom 26. 2. 1970 (BGBl I, 185) zu beachten; ein Verstoß führt jedoch nicht zur Nichtigkeit oder teilweisen Unwirksamkeit des Vertrages. Nach dieser Bestimmung ist der Mietvertrag stets schriftlich abzuschließen. Die Dauer des Mietverhältnisses soll, soweit der Eigentümer als später gebundener Vertragspartner nicht zustimmt, ein Jahr nicht überschreiten. Die Vermietung durch den Zwangsverwalter darf außerdem eine etwaige spätere Zwangsversteigerung nicht erschweren. Aus diesem Grunde ist er gehalten, für den Fall der Zwangsversteigerung auszubedingen, daß der Mieter nicht berechtigt ist, Ansprüche aus dem Vertrag zu stellen, wenn das Grundstück vor Überlassung des Mietobjekts veräußert wird. Außerdem soll er vereinbaren, daß die bürgenähnliche Haftung des Vermieters nach § 571 Abs. 2 BGB entfällt und daß dem Mieter keine Schadensersatzansprüche gegen den Vermieter zustehen, falls der Ersteher das Mietverhältnis vorzeitig nach § 57 a ZVG kündigt.

### 4. Konkursverfahren über das Vermögen des Vermieters

Mit der Eröffnung des Konkursverfahrens ändert das Vermögen des **405**
Gemeinschuldners seine Funktion. Es dient von diesem Zeitpunkt an ausschließlich der Befriedigung der Gläubiger. Zur Konkursmasse gehören auch die vermieteten Sachen des Gemeinschuldners. Für die Fortführung, Erfüllung und Abwicklung von Mietverhältnissen, die bei Konkurseröffnung bestehen, ist der Konkursverwalter zuständig (§ 6 KO). Etwas anderes gilt nur, wenn eine Sache des Gemeinschuldners ausnahmsweise nicht zur Konkursmasse gehört, z. B. dann, wenn der Konkursverwalter ein Grundstück wegen Überbelastung mit Grundpfandrechten oder einer bereits früher angeordneten Zwangsverwaltung freigibt (vgl. § 114 KO).

Für den Konkurs des Vermieters trifft lediglich § 21 KO eine besondere Regelung. Sie schützt, wenn auch in Grenzen, den Mieter, indem sie die Fortwirkung des Mietverhältnisses anordnet.

303

## A. Mietvertrag

### 4.1 Konkurseröffnung vor Überlassung des Mietobjekts

**406** § 21 KO setzt voraus, daß das Mietobjekt dem Mieter vor der Konkurseröffnung überlassen worden ist. Überlassen bedeutet, wie beim Eintritt des Grundstückserwerbers in das Mietverhältnis gemäß § 571 BGB (vgl. Rz. 54, 366), daß der Vermieter seiner Überlassungspflicht gemäß § 535 BGB genügt und dem Mieter den Besitz an der Mietsache verschafft hat[27]. Bei Überlassung des Mietobjekts am Tag der Konkurseröffnung wird gemäß § 7 Abs. 3 KO vermutet, daß dies erst nach der Verfahrenseröffnung geschah. Befindet sich der Mieter in Annahmeverzug, so ist ihm die Mietsache nicht überlassen. Hat der Mieter trotz fortbestehenden Mietverhältnisses den Besitz des Mietobjekts vor Konkurseröffnung aufgegeben und es dem Vermieter vorzeitig zurückgegeben, erfordern Sinn und Zweck des § 21 KO nicht, daß das Mietverhältnis gegenüber der Konkursmasse wirksam ist, denn der Mieter hat auf dessen Erfüllung verzichtet.

Sofern das Mietobjekt nicht überlassen ist, wird der Bestand des Mietverhältnisses durch die Eröffnung des Konkursverfahrens über das Vermögen des Vermieters nicht berührt. Der Mieter kann jedoch nicht auf Überlassung der Mietsache bestehen, vielmehr darf der Konkursverwalter wählen, ob er den Vertrag erfüllen will – dann hat auch der Mieter einen Anspruch auf Erfüllung – oder ob er die Erfüllung ablehnt (§ 17 KO). Der Konkursverwalter kann also abwägen, ob die Vollziehung des Mietvertrages für die Masse wirtschaftlich günstig ist oder ob er die Mietsache auf andere Weise besser verwerten kann. Eine länger andauernde Ungewißheit braucht der Mieter nicht hinzunehmen. Nach § 17 Abs. 2 Satz 1 KO ist er berechtigt, auch schon vor dem vereinbarten Überlassungstermin den Konkursverwalter zur Entschließung aufzufordern. Dieser muß dann unverzüglich erklären, ob er zur Vertragserfüllung bereit ist. Reagiert er nicht, so gilt dies als Ablehnung (§ 17 Abs. 2 Satz 2 KO).

**407** Entscheidet sich der Konkursverwalter für die Erfüllung, ist der Mietvertrag aus der Masse zu erfüllen und gegebenenfalls abzuwickeln (§ 59 Abs. 1 Nr. 2, 1. Alt. KO); diese bleibt entsprechend dem Mietvertrag gebunden. Hat z. B. der Mieter bei Vertragsschluß eine Mietzinsvorauszahlung geleistet, ist dies gegenüber der Masse uneingeschränkt wirksam, ohne daß der Konkursverwalter nochmalige Zahlung zu fordern vermag. Im Fall der freiwilligen Veräußerung eines Mietgrundstücks gilt § 21 Abs. 4 KO (vgl. Rz. 420) nicht, so daß der Erwerber kein Sonderkündigungsrecht entsprechend § 57 a ZVG hat. Läßt der Konkursverwalter jedoch das Grundstück zwangsversteigern, gilt § 57 a

---

[27] Vgl. BGH, Urt. v. 22. 10. 1975 – VIII ZR 122/74 = BGHZ 65, 137 = WM 1975, 1231 = NJW 1976, 105.

## VIII. Auswirkungen von Zwangsvollstreckung, Konkurs, Vergleich

ZVG zugunsten des Erstehers unmittelbar. Der sich dann ergebende Schadensersatzanspruch des Mieters wegen vorzeitiger Vertragsbeendigung (vgl. Rz. 389) ist nach § 59 Abs. 1 Nr. 2 KO aus der Konkursmasse zu befriedigen, weil er als Folge des Erfüllungsverlangens des Konkursverwalters entsteht.

Lehnt der Konkursverwalter die Erfüllung des Mietvertrages ab, ist der Mieter nicht mehr befugt, Gewährung oder, falls ihm die Mietsache nach Konkurseröffnung überlassen worden ist, Belassen des Mietgebrauchs zu verlangen. Das Mietverhältnis wird jedoch nicht beendet; dies kann der Mieter durch fristlose Kündigung gemäß § 542 BGB bewirken. Vielmehr wandelt es sich um. Der Mieter darf Schadensersatz wegen Nichterfüllung verlangen, jedoch nur als einfache Konkursforderung (§ 26 Satz 2 KO). Auch eine Mietzinsvorauszahlung ist nur als Konkursforderung zurückzuverlangen (§ 26 Satz 1 KO). **408**

Unzulässig ist eine vertragliche Vereinbarung, wonach der Mieter im Fall des Konkurses des Vermieters auf der Erfüllung des Vertrages bestehen kann, denn dadurch wird dem Konkursverwalter zum Nachteil der Gläubiger das Wahlrecht gemäß § 17 KO genommen.

### 4.2 Konkurseröffnung nach Überlassung des Mietobjekts

#### 4.2.1 Fortführung des Mietverhältnisses durch die Konkursmasse

Hat der Vermieter (Gemeinschuldner) dem Mieter die Mietsache vor Eröffnung des Verfahrens überlassen, ist der Mietvertrag der Konkursmasse gegenüber wirksam. Dies setzt voraus, daß ein bindender Mietvertrag abgeschlossen wurde; nutzt der Mieter auf Grund eines Mietvorvertrages das in Aussicht genommene Mietobjekt, braucht die Konkursmasse den Vorvertrag nicht zu erfüllen. **409**

Im Konkurs des Vermieters hat keine der Parteien ein Sonderkündigungsrecht. Gegen eine entsprechende Vereinbarung bestehen jedoch keine Bedenken.

Den Anspruch des Mieters auf Gewährung des vertragsgemäßen Gebrauchs der Mietsache muß der Konkursverwalter nach § 59 Abs. 1 Nr. 2 KO aus der Masse erfüllen. Insbesondere ist er zur Erhaltung der Mietsache verpflichtet. Auch nach Konkurseröffnung entstandene Schadensersatzansprüche des Mieters nach § 538 BGB sind als Masseschuld zu befriedigen[28]. Dasselbe gilt bei Untergang der Mietsache für die Ersatzansprüche gemäß

---

28) BGH, Urt. v. 12. 3. 1986 – VIII ZR 64/85 = ZIP 1986, 583 = EWiR § 265 ZPO 1/86, 523 (Gerhardt) = WM 1986, 800 = NJW 1986, 3206.

## A. Mietvertrag

§ 325 BGB. Die Mietzins- und Nebenkostenansprüche stehen der Konkursmasse zu; Zahlungen an den Gemeinschuldner oder Zessionar befreien den Mieter nicht (§ 7 Abs. 1 KO), sofern er nicht in Unkenntnis der Konkurseröffnung leistet (§ 8 Abs. 2 und 3 KO). Bei der Grundstücksmiete können jedoch Hypothekengläubiger (vgl. § 4 KO) auf Grund der zu ihren Gunsten erfolgten Beschlagnahme zur Einziehung des Mietzinses berechtigt sein[29]. Wird durch Zahlungen an den Zessionar die Masse ausnahmsweise entlastet, so wirken sie gegenüber dieser schuldbefreiend[30].

Zur Kündigung des Mietverhältnisses oder Entgegennahme einer Kündigung ist an Stelle des Vermieters der Konkursverwalter befugt. Seine Kündigung wird nicht mit der Aufhebung des Konkursverfahrens gegenstandslos. Haben der Vermieter oder der Mieter noch vor Eröffnung des Verfahrens das Mietverhältnis zu einem Zeitpunkt nach Eröffnung gekündigt, bleibt die Kündigung wirksam.

Sofern der Konkursverwalter das Mietobjekt aus der Masse freigibt, ist diese aus dem Mietverhältnis nicht mehr berechtigt und verpflichtet. Die Freigabe wirkt nur für die Zukunft. Rückständige Mietzinsansprüche stehen weiterhin der Masse zu[31]. Entstandene Masseschulden, etwa Schadensersatzansprüche des Mieters gemäß § 538 BGB, müssen noch aus der Masse befriedigt werden.

Der Konkursverwalter hat die Nebenkostenabrechnung wie im Mietvertrag vorgesehen zu erstellen. Eine Nachforderung gegen den Mieter steht der Masse zu. Ergibt die Abrechnung ein Guthaben des Mieters, so ist der Anteil, der nach Konkurseröffnung durch Überzahlungen des Mieters angefallen ist, aus der Masse, die insoweit rechtsgrundlos bereichert ist, zu erfüllen.

Da der Anspruch des Mieters auf Rückerstattung zuviel gezahlter Nebenkosten ratierlich mit den Vorauszahlungen entsteht, aber erst nach der Abrechnung fällig wird, ist seine Rückzahlungsforderung, soweit sie vor Konkurseröffnung gezahlte Nebenkosten betrifft, nach § 3 KO einfache Konkursforderung.

---

29) Vgl. BGH, Urt. v. 8. 4. 1968 – VIII ZR 70/60 = WM 1968, 947.
30) BGH, Urt. v. 12. 3. 1986, aaO (Fußn. 28).
31) RGZ 138, 69.

VIII. Auswirkungen von Zwangsvollstreckung, Konkurs, Vergleich

### 4.2.2 Vorausverfügungen und Rechtsgeschäfte über den Mietzins bei der Vermietung von Grundstücken und Räumen

Bei der Grundstücks- und Raummiete sind Vorausverfügungen des Vermieters und Rechtsgeschäfte zwischen ihm und dem Mieter über den Mietzins in den Grenzen des § 21 Abs. 2 KO wirksam. Diese Bestimmung entspricht der Regelung in §§ 573, 574 BGB und 57 b ZVG. Wirksam sind danach die vor Konkurseröffnung vorgenommenen Verfügungen und Rechtsgeschäfte einschließlich der Vorauszahlungen des Mieters, soweit sie sich auf den Mietzins für den zur Zeit der Verfahrenseröffnung laufenden Kalendermonat und, bei Konkurseröffnung nach dem 15. Tag eines Monats, auf den nachfolgenden Monat beziehen. **410**

Auch eine schon im Mietvertrag vereinbarte Vorauszahlung ist nur in den Grenzen des § 21 Abs. 2 KO der Masse gegenüber wirksam[32]. Dagegen ist sie unbeschränkt wirksam, soweit sie einen Baukostenvorschuß oder ein Aufbaudarlehen darstellt und die mit ihrem Einsatz geschaffenen Werte noch der Konkursmasse zugute kommen[33]. Sollte eine Vorausverfügung der Konkursmasse gegenüber wirksam sein, kann sie gleichwohl nach §§ 29 ff KO der Konkursanfechtung wegen Gläubigerbenachteiligung unterliegen.

Soweit der Mieter von der Masse nochmals in Anspruch genommen wird, weil die Vorauszahlung ihr gegenüber unwirksam ist, kann er vom Gemeinschuldner nach § 812 BGB Rückerstattung der Vorauszahlung verlangen, allerdings nur als einfache Konkursforderung.

### 4.2.3 Vorausverfügungen und Rechtsgeschäfte über den Mietzins bei der Vermietung beweglicher Sachen

Für die Vermietung beweglicher Sachen fehlt eine ausdrückliche gesetzliche Regelung. Im Umkehrschluß aus § 21 Abs. 2 KO und unter Berufung auf dessen Entstehungsgeschichte folgern der überwiegende Teil des Schrifttums[34] und der Bundesgerichtshof[35] – letzterer anläßlich eines Leasingfalles –, daß Vorausverfügungen des Vermieters über den nach Konkurseröffnung **411**

---

32) Vgl. BGH, Urt. v. 11. 7. 1962 – VIII ZR 98/61 = BGHZ 37, 346 = WM 1962, 901 = NJW 1962, 1860; *Kuhn/Uhlenbruck*, § 21 Rz. 6; *Jaeger/Henckel*, § 21 Rz. 18; a. A. *Siegelmann*, KTS 1968, 213, 215 unter Hinweis auf RGZ 144, 194.
33) Vgl. BGH, Urt. v. 6. 6. 1952 – V ZR 79/51 = BGHZ 6, 202 = NJW 1952, 867.
34) *Jaeger/Lent*, 8. Aufl., § 21 Rz. 5; *Kuhn/Uhlenbruck*, § 21 Rz. 11; *Kilger*, § 21 Anm. 4; *Vortmann*, WM 1988, 1117; *Uhlenbruck/Sinz*, WM 1989, 1113; *Bernstein*, DB 1989, 567; a. A. *Jaeger/ Henckel*, KO, 9. Aufl., § 21 Rz. 34, 36; Vorauflage Rz. 411; OLG Düsseldorf ZIP 1989, 54 = EWiR § 21 KO 1/89, 387 *(Eckert)* = WM 1989, 272.
35) Urt. v. 14. 12. 1989 – IX ZR 283/88 = BGHZ 109, 368 = ZIP 1990, 180 = EWiR § 21 KO 1/90, 173 *(Ackmann)* = WM 1990, 197 = NJW 1990, 1113.

fällig werdenden Mietzins der Masse gegenüber unbeschränkt wirksam werden können. Den aus dem Zusammenhang der §§ 17, 59 KO entwickelten Grundsatz, daß Forderungen der Konkursmasse, die sich als Gegenleistungen für Leistungen der Masse darstellen, nur in der Weise getilgt werden dürfen, daß die Masse nicht verkürzt wird[36], sieht der IX. Zivilsenat des BGH nicht als einschlägig an.

Fraglich ist indessen, ob und inwieweit § 15 KO der Wirksamkeit von Vorausverfügungen entgegensteht. Verfügungen, deren Entstehungstatbestände bei Konkurseröffnung noch nicht vollendet sind, z. B. die Abtretung von Ansprüchen, die nach Vertragsverlängerung entstehen, oder das Nutzungsentgelt wegen Vorenthaltung der Mietsache nach § 557 BGB[37], sind gem. § 15 KO der Masse gegenüber unwirksam, selbst wenn die Zessionsvereinbarung sie ausdrücklich einschließt. Ob auch der Anspruch auf den während der Vertragszeit anfallenden Mietzins von § 15 KO erfaßt wird, ist zweifelhaft. Ist der Mietzinsanspruch eine betagte Forderung, so ist der Erwerbstatbestand zum Zeitpunkt der Konkurseröffnung abgeschlossen, so daß § 15 KO der Wirksamkeit einer Vorausverfügung nicht entgegensteht. Sieht man den Mietzinsanspruch hingegen als befristete Forderung an, so entsteht er abschnittsweise für den jeweiligen Gebrauchsüberlassungszeitraum; dann ist der Erwerbstatbestand bei Konkurseröffnung nicht vollendet, eine Vorausverfügung gegenüber der Masse somit nach § 15 KO unwirksam.

Die Rechtsprechung des BGH schwankt. Während er im Urteil vom 5. 4. 1965[38] sich für betagte Forderung entschieden hat, blieb im Urteil vom 9. 2. 1983[39] diese Frage offen. In jüngster Zeit hat der VIII. Zivilsenat klargestellt, daß es sich bei der eigentlichen Mietzinsforderung um einen befristeten Anspruch handelt, der jeweils entsprechend der Gebrauchsüberlassung fällig wird[40] (zum Leasing unten Rz. 542).

---

36) BGH, Urt. v. 9. 2. 1983 – VIII ZR 305/81 = BGHZ 86, 382 = ZIP 1983, 332 = WM 1983, 372 = NJW 1983, 1119; v. 20. 12. 1988 – IX ZR 50/88 = ZIP 1989, 171 = EWiR § 17 KO 1/89, 283 *(Pape)* = WM 1989, 229 = NJW 1989, 1282.
37) Dazu *Eckert*, ZIP 1990, 187.
38) VIII ZR 10/64 = WM 1965, 628 = NJW 1965, 1373.
39) VIII ZR 305/81 (Fußn. 36).
40) Urt. v. 28. 3. 1990 – VIII ZR 17/89 = ZIP 1990, 646 = EWiR § 398 BGB 2/90, 559 *(Eckert)* = WM 1990, 935 = NJW 1990, 1785.

### 4.2.4 Aufrechnung gegenüber Ansprüchen der Masse

Ein vertragliches Aufrechnungsverbot wird mit Konkurseröffnung hinfällig, **412** so daß der Mieter unter diesem Gesichtspunkt nicht mehr an einer Aufrechnung gehindert ist[41].

Im Interesse der Konkursmasse schränkt § 55 KO jedoch die Aufrechnungsbefugnis des Mieters ein, der Gegenansprüche gegen den Vermieter besitzt. Für die Mietzinsansprüche der Masse erlangt insbesondere § 55 Abs. 1 Nr. 1 KO Bedeutung. Danach ist die Aufrechnung unzulässig, wenn der Aufrechnende nach der Konkurseröffnung „etwas zur Masse schuldig" geworden ist. Zwar hat die Mietzinsforderung ihre Grundlage in dem vor Konkurseröffnung abgeschlossenen Mietvertrag; ausgelöst wird der Anspruch jedoch erst durch die Gebrauchsgewährung. Soweit diese nach Konkurseröffnung erfolgt, wird der Mieter auch erst nach Verfahrenseröffnung „etwas zur Masse schuldig"[42], kann also gegenüber Mietzinsansprüchen nicht mit Forderungen gegen den Vermieter, mag er diese vor oder nach Verfahrenseröffnung erworben haben, aufrechnen.

Als Ausnahme von § 55 KO hat der Mieter eines Grundstücks nach § 21 Abs. 3 KO ein erweitertes Aufrechnungsrecht. Hat er eine Forderung gegen den Gemeinschuldner, darf er gegen die Mietzinsforderung der Masse aufrechnen, soweit nach § 21 Abs. 2 KO eine Vorauszahlung wirksam wäre. Er ist also befugt, gegen Mietzinsforderungen für den bei Konkurseröffnung laufenden, gegebenenfalls auch für den nachfolgenden Monat, mit Ansprüchen gegen den Gemeinschuldner aufzurechnen.

Hat der Mieter Geldansprüche gegen die Masse, etwa auf Schadensersatz gemäß § 538 BGB, ist es ihm nicht verwehrt, mit diesen gegen Mietzinsforderungen der Masse aufzurechnen, denn es besteht Gegenseitigkeit der Ansprüche[43].

### 4.2.5 Verwendungsersatz

Für Verwendungsersatzansprüche des Mieters (§ 547 BGB) kommt es **413** darauf an, zu welchem Zeitpunkt der Mieter die Verwendungen gemacht hat. Ist dies vor Konkurseröffnung geschehen, so bestand sein Ersatzanspruch – gleich aus welchem Rechtsgrund – schon zu diesem Zeitpunkt, ist also Konkursforderung. Dies gilt auch dann, wenn der Wert seiner Verwendung noch der Masse zugute kommt.

---

41) BGH, Urt. v. 2. 12. 1974 – II ZR 132/73 = WM 1975, 134 = NJW 1975, 442; v. 14. 12. 1983 – VIII ZR 352/83 = BGHZ 89, 189 = ZIP 1984, 190 = WM 1984, 231 = NJW 1984, 1557.
42) BGH, Urt. v. 9. 2. 1983 – VIII ZR 305/81 = BGHZ 86, 382 = ZIP 1983, 332 = WM 1983, 372 = NJW 1983, 1119; vgl. auch Urt. v. 28. 3. 1990 (Fußn. 40).
43) BGH, Urt. v. 12. 3. 1986 – VIII ZR 64/85 = ZIP 1986, 583 = WM 1986, 800 = NJW 1986, 3206.

## A. Mietvertrag

Bei der Miete beweglicher Sachen darf der Mieter, auch wenn die Verwendung vor Konkurseröffnung vorgenommen worden ist, gegenüber dem Rückgabeverlangen wegen seines unerfüllten Ersatzanspruches ein Zurückbehaltungsrecht gemäß § 273 BGB geltend machen. Auf Grund dessen hat er nach § 49 Abs. 1 Nr. 3 KO ein Recht auf abgesonderte Befriedigung, sofern der Vorteil der Verwendung bei Konkurseröffnung noch vorhanden war. Bei der Miete von Grundstücken und Räumen gilt dies nicht, weil insoweit das Zurückbehaltungsrecht gemäß § 556 Abs. 2 BGB ausgeschlossen ist.

Notwendige Verwendungen auf die Mietsache, die nach Konkurseröffnung, aber vor Vertragsende erfolgt sind, werden nach § 59 Abs. 1 Nr. 2 KO als Masseschuld ersetzt. Verwendungen des Mieters und deren Ersatz durch den Vermieter stehen innerhalb der beiderseitigen Vertragserfüllung in einem gewissen Gegenleistungsverhältnis, das die Anwendung des § 59 Abs. 1 Nr. 2 KO rechtfertigt, obwohl keine Gegenseitigkeit der Leistungen im strengen Sinne vorliegt.

Bei nicht notwendigen Verwendungen wird Geschäftsführung ohne Auftrag, die an sich nach § 547 Abs. 2 BGB als Anspruchsgrundlage in Betracht kommt, häufig ausscheiden; die Geschäftsführung des Mieters liegt nur selten im Interesse der Masse, die nicht zusätzlich belastet werden soll. Werterhöhungen, die die Masse erlangt hat, sind jedoch als rechtsgrundlose Bereicherung nach § 59 Abs. 1 Nr. 4 KO als – nachrangige (§ 60 KO) – Masseschuld auszugleichen, wenn die sonstigen Voraussetzungen des § 812 BGB (vgl. Rz. 334) vorliegen.

### 4.2.6 Abwicklung des während des Konkursverfahrens endenden Mietverhältnisses

**414** Endet das Mietverhältnis während des Konkursverfahrens, so hat es der Verwalter für die Masse abzuwickeln. Die Vermieteransprüche stehen der Masse zu.

Für die Ansprüche des Mieters, die sich auf Grund der Vertragsbeendigung ergeben, ist jeweils zu entscheiden, ob sie als Konkursforderung oder als Masseschuld zu befriedigen sind.

Ausgangspunkt der Erörterung ist hierbei, daß auch die Abwicklungsansprüche im Mietvertrag begründet, also vor Konkurseröffnung entstanden sind. Sie stellen Konkursforderungen dar, sofern sie nicht auf Handlungen des Konkursverwalters beruhen (§ 59 Abs. 1 Nr. 1 KO) oder Folge der Erfüllungspflicht (§ 59 Abs. 1 Nr. 2 KO) sind. Letzteres ist nicht anzunehmen. Nach der

## VIII. Auswirkungen von Zwangsvollstreckung, Konkurs, Vergleich

Rechtsprechung des Bundesgerichtshofes[44)] bezweckt § 59 Abs. 1 Nr. 2 KO, demjenigen, der der Masse seine vollkommene Leistung zukommen läßt, die volle Gegenleistung zu gewähren. Dies trifft nur bei der Erfüllung des Mietvertrages zu, nicht jedoch bei der Abwicklung, wenngleich auch in diesem Rahmen beiderseitige Verpflichtungen bestehen. Die Abwicklungsansprüche werden daher von dieser Bestimmung nicht erfaßt. Ihnen gegenüber genießt der Gesichtspunkt der gleichen Befriedigung aller Gläubiger und der Erhaltung der Masse Vorrang.

Hiervon ausgehend ist der Anspruch des Mieters auf Rückerstattung einer Mietzinsvorauszahlung (§ 557 a BGB), der ohnehin nur dann in Betracht kommt, wenn diese der Masse gegenüber wirksam ist (vgl. Rz. 410, 411), Konkursforderung gemäß § 3 KO. Der Anspruch war auf Grund des Mietvertrages oder einer nachträglichen Vereinbarung vor Konkurseröffnung — wenn auch aufschiebend bedingt — begründet; § 59 Abs. 1 Nr. 1 und 2 KO greifen nicht ein. **415**

Wird das Mietverhältnis durch eine vom Mieter erklärte fristlose Kündigung aufgelöst, haftet die Masse für seinen Schadensersatzanspruch wegen vorzeitiger Vertragsbeendigung, wenn der Konkursverwalter den Kündigungsgrund vertreten muß, etwa weil er trotz Fristsetzung einen Rechts- oder Sachmangel nicht behoben hat. Leistungsstörungen, die dem Konkursverwalter zuzurechnen sind, begründen Masseschulden nach § 59 Abs. 1 Nr. 1 und 2 KO[45)]. **416**

Beruht der Kündigungsgrund auf einem Verhalten des Gemeinschuldners vor Konkurseröffnung, ist der Schadensersatzanspruch des Mieters nur Konkursforderung, und zwar auch dann, wenn er erst nach Konkurseröffnung kündigt. Das den Ersatzanspruch begründende Ereignis ist nicht die Kündigung, sondern das zur Kündigung berechtigende Verhalten des Vermieters. Im übrigen wäre es nicht interessengerecht, der Konkursmasse das vertragswidrige Verhalten des Gemeinschuldners zuzurechnen.

Ob der Anspruch des Mieters auf Rückgewähr der Kaution Masseschuld oder Konkursforderung ist, ist umstritten. Der Zweck der Kaution spricht für die Annahme einer Masseschuld[46)]. Gleichwohl bestehen Bedenken. Ein Fall des § 59 Abs.1 Nr. 1 KO liegt nicht vor. Auch § 59 Abs. 1 Nr. 2 KO kann nach seinem Zweck (oben Rz. 414) nicht eingreifen. Der Anspruch auf Rückzahlung der Kaution wird zwar fällig, wenn der Mieter seinen Verpflichtungen aus dem **417**

---

44) Urt. v. 6. 11. 1978 — VIII ZR 179/77 = BGHZ 72, 263 = WM 1978, 1413 = NJW 1979, 310.
45) *Jaeger/Henckel*, § 3 Rz. 36; *Kuhn/Uhlenbruck*, § 59 Rz. 11; *Kilger*, § 59 Anm. 3.
46) *Sternel*, III. 239; *Staudinger-Emmerich*, § 572 Rz. 15; MünchKomm-*Voelskow*, § 572 Rz. 9; BGB-RGRK-*Gelhaar*, vor § 535 Rz. 205; *Patzer*, DWW 1975, 157; *Derleder*, WuM 1986, 39.

Mietverhältnis vollständig nachgekommen ist. Die Rückzahlung der Kaution stellt jedoch nicht die Gegenleistung für Leistungen des Mieters, insbesondere nicht für die Rückgabe der Mietsache dar. Somit ist der Rückzahlungsanspruch, durch die Beendigung des Mietverhältnisses aufschiebend bedingt, bereits vor Konkurseröffnung entstanden und damit Konkursforderung gemäß § 3 KO[47].

Der Mieter kann jedoch aussondern, wenn der Vermieter den Kautionsbetrag entsprechend der Parteivereinbarung von seinem Vermögen getrennt auf einem Sonderkonto angelegt hat[48]. Eine konkursfeste Anlage kommt indessen nur zustande, wenn das Treugut (Kautionssumme) unmittelbar aus dem Vermögen des Mieters als Treugeber auf das Sonderkonto gelangt[48]. Dies ist nicht der Fall, wenn der Vermieter den Kautionsbetrag zunächst für eigene Zwecke verwendet und erst später dem Kautionssonderkonto gutbringt[49]; dann fehlt nämlich die Unmittelbarkeit der treuhänderischen Anlage. Ob gleichwohl auch bei nachträglicher Anlage des Sonderkontos ein aussonderungsfähiges Fremdvermögen entsteht, ist bei der gewerblichen Vermietung zweifelhaft[50]. Jedenfalls ist Voraussetzung für eine nachträgliche konkursfeste Anlage der Kaution, daß der Zustand hergestellt wird, der bei unmittelbarer Gutschrift der Kautionssumme auf dem Sonderkonto eingetreten wäre. Hieran fehlt es, wenn die einzelnen Kautionsbeträge und -gläubiger nicht zu identifizieren sind. Legt der Vermieter erst in der Krise oder gar nach Stellung des Konkursantrages das Sonderkonto an, so ist eine Konkursanfechtung nach § 30 KO in Betracht zu ziehen[51].

Scheitert die Aussonderung, weil der Vermieter die Kaution vertragswidrig nicht konkursfest angelegt hat, so stehen dem Vermieter Schadensersatzansprüche zu, die jedoch wegen des Konkurses des Vermieters weitgehend wertlos sind. Ist der Vermieter eine juristische Person, so kommt eine Haftung des Organs wegen unerlaubter Handlung in Betracht, sofern man dessen Verhalten als Untreue im Sinn des § 266 StGB qualifiziert[52].

**418** Das Wegnahmerecht des Mieters nach § 547 a BGB richtet sich gegen denjenigen, der die Rückgabe der Mietsache verlangen kann. Daher hat die

---

47) OLG Hamburg ZIP 1990, 115 = EWiR § 59 KO 1/90, 77 *(Eckert)* = NJW-RR 1990, 213; OLG München ZMR 1990, 413; OLG Düsseldorf ZIP 1988, 449 = EWiR § 46 KO 1/88, 385 *(Eckert)* = DB 1988, 333, neigt dazu; *Kuhn/Uhlenbruck,* § 59 Rz. 12; *Kilger,* § 21 Rz. 4; *Gölz,* ZIP 1981, 127; *Eckert,* ZIP 1983, 771; *Jauch,* WuM 1989, 277.
48) BayObLG ZIP 1988, 789 = EWiR § 46 KO 2/88, 703 *(Eckert)* = NJW 1988, 1796.
49) OLG Schleswig EWiR § 46 KO 1/89, 185 *(Eckert)* = ZIP 1989, 252; hierzu ausführlich *Derleder,* ZIP 1988, 415, 419.
50) *Eckert,* EWiR § 46 KO 2/88, 703.
51) Vgl. *Derleder,* ZIP 1988, 415, 419; *Eckert,* EWiR § 46 KO 2/88, 703.
52) Dazu OLG Düsseldorf ZMR 1989, 434; OLG Frankfurt ZMR 1990, 342.

VIII. Auswirkungen von Zwangsvollstreckung, Konkurs, Vergleich

Konkursmasse die Wegnahme zu dulden, auch wenn hierdurch ihr Wert verringert wird. Weigert sich der Konkursverwalter, die Wegnahme von Einrichtungen zu dulden, so beruht der daraus folgende Schadensersatzanspruch des Mieters (vgl. Rz. 343) auf einer positiven Vertragsverletzung des Verwalters. Folglich ist der Anspruch als Masseschuld nach § 59 Abs. 1 Nr. 1 KO zu befriedigen. Daß der Verwalter mit der Vereitelung der Wegnahme lediglich eine Abwicklungspflicht verletzt, steht dem ausnahmsweise nicht entgegen. Wenn die Masse die Wegnahme zu dulden hat, also eine Wertverringerung, muß sie auch die bei verhinderter Wegnahme entstehende Werterhöhung ausgleichen.

### 4.2.7 Veräußerung der beweglichen Mietsache durch den Konkursverwalter

Da die Konkursmasse Geld benötigt, wird es bei der Verwertung der zur ihr **419** gehörenden Gegenstände (§ 117 KO) regelmäßig zur Veräußerung der Mietsache kommen.

Das Mietverhältnis wird hiervon nicht berührt. Die Konkursmasse bleibt weiterhin zur Gebrauchsgewährung verpflichtet. Entzieht der Erwerber auf Grund seines Eigentums dem Mieter den Gebrauch der Mietsache, so führt dies zu einem Rechtsmangel i. S. d. § 541 BGB, den der Konkursverwalter zu vertreten hat. Der Mieter kann nach § 542 BGB fristlos kündigen. Er hat aber auch Schadensersatzansprüche gemäß § 538 BGB (vgl. Rz. 65). Diese Ansprüche sind aus der Konkursmasse zu erfüllen, denn sie entstehen infolge einer Leistungsstörung, die dem Konkursverwalter zuzurechnen ist.

### 4.2.8 Veräußerung des Mietgrundstücks durch den Konkursverwalter

Die Veräußerung des Mietgrundstücks durch den Konkursverwalter wirkt **420** nach § 21 Abs. 4 KO wie eine Zwangsversteigerung. Das Mietverhältnis geht also nach § 57 ZVG und § 571 BGB auf den Erwerber über. Dieser hat das Sonderkündigungsrecht gemäß § 57 a ZVG.

Für Vorausverfügungen über den Mietzins und Mietzinsvorauszahlungen gilt § 57 b ZVG nicht; deren Wirksamkeit dem Erwerber gegenüber bestimmt sich nur nach §§ 573, 574 BGB (vgl. Rz. 375 ff). § 572 Satz 2 BGB ist anzuwenden, so daß der Erwerber nur dann zur Rückzahlung der Kaution an den Mieter verpflichtet ist, wenn der Vermieter oder der Konkursverwalter sie ihm ausgehändigt hat; regelmäßig wird dies nicht der Fall sein.

Verwertet der Konkursverwalter das Grundstück durch Zwangsversteigerung, finden §§ 57 ff ZVG uneingeschränkt Anwendung, auch § 57 b ZVG.

# A. Mietvertrag

Ist der Gemeinschuldner Miteigentümer des Mietgrundstücks und veräußert der Konkursverwalter seinen Anteil oder betreibt er zur Aufhebung der Gemeinschaft die Zwangsversteigerung, so steht dem Erwerber bzw. Ersteher nicht das Recht zu, das Mietverhältnis vorzeitig gemäß § 57 a ZVG zu kündigen.

Sofern der Erwerber oder Ersteher das Sonderkündigungsrecht ausübt, gebührt dem Mieter Schadensersatz (vgl. Rz. 389). Nach überwiegender Ansicht[53] ist dieser Anspruch einfache Konkursforderung. Dies begegnet Bedenken. Schadensersatzansprüche wegen eines Rechtsmangels, der in Erfüllung der Verwaltungsaufgabe durch den Konkursverwalter entsteht, sind nach § 59 Abs. 1 Nr. 1 KO grundsätzlich aus der Masse zu befriedigen[54].

Unbestritten beruht der Anspruch des Mieters gegen den gemäß § 571 Abs. 2 BGB bürgenähnlich haftenden Vermieter, also gegen die Masse, auf einem Geschäft des Konkursverwalters, stellt also eine Masseschuld nach § 59 Abs. 1 Nr. 1 KO dar.

### 4.3 Abwicklung eines vor Konkurseröffnung beendeten Mietverhältnisses

**421** In diesem Fall hat der Konkursverwalter das Mietverhältnis abzuwickeln, ohne daß Erfüllungspflichten bestehen. § 59 Abs. 1 Nr. 2 KO greift also nicht ein. Sämtliche Ansprüche des Mieters sind vor Konkurseröffnung entstanden, also einfache Konkursforderungen.

### 4.4 Neuabschluß von Mietverträgen

**422** Der Konkursverwalter ist im Rahmen seines Verwaltungsauftrages berechtigt, über eine zur Masse gehörende Sache einen Mietvertrag abzuschließen. Er begründet damit unzweifelhaft Masseschulden gemäß § 59 Abs. 1 Nr. 1 KO. Nach Aufhebung des Konkursverfahrens bleibt der Gemeinschuldner als Vermieter an den Vertrag gebunden.

## 5. Konkursverfahren über das Vermögen des Mieters

### 5.1 Konkurseröffnung vor Überlassung des Mietobjekts

**423** Befindet sich der Mieter im Zeitpunkt der Konkurseröffnung noch nicht im Besitz der Mietsache, so wird der Bestand des Mietverhältnisses durch die Verfahrenseröffnung zwar nicht berührt, jedoch ist keine der Vertragsparteien

---

53) RGZ 67, 372, 376; *Jaeger/Henckel*, § 21 Rz. 25; *Kuhn/Uhlenbruck*, § 21 Rz. 16.
54) Vgl. *Kilger*, § 59 Anm 3; *Eckert*, ZIP 1983, 770, 772.

## VIII. Auswirkungen von Zwangsvollstreckung, Konkurs, Vergleich

zur Erfüllung verpflichtet. Der Vermieter, dem nicht angesonnen werden kann, dem in Konkurs gefallenen Mieter bzw. dem Verwalter die Mietsache zu überlassen, ist nach § 20 Abs. 1 KO zum Rücktritt vom Vertrag berechtigt. Entscheidet er sich dafür, sind bereits empfangene Leistungen zurückzugewähren (§ 346 BGB), etwa eine Mietzinsvorauszahlung. Schadensersatzansprüche löst der Rücktritt weder für den Vermieter noch für die Konkursmasse aus. Kann der Vermieter, vom Konkurs des Mieters überrascht, nach seinem Rücktritt das Mietobjekt nicht umgehend weitervermieten, steht ihm kein Anspruch auf Ersatz des Mietzinsausfalls zu, nicht einmal als Konkursforderung.

Nach Aufforderung durch den Konkursverwalter muß der Vermieter unverzüglich erklären, ob er vom Vertrag zurücktritt. Gibt der Vermieter keine Erklärung ab oder teilt er mit, nicht zurücktreten zu wollen, ist der Verwalter noch nicht zur Vertragserfüllung verpflichtet. Er kann sich nunmehr nach § 17 KO für oder gegen die Vertragserfüllung entscheiden. Dieses Wahlrecht besitzt er auch dann, wenn der Mieter seine Leistung schon vollständig erbracht, also den Mietzins im voraus entrichtet hat. Der Vermieter ist befugt – auch schon vor dem vereinbarten Überlassungstermin –, den Konkursverwalter zur Entschließung aufzufordern. Äußert sich dieser nicht unverzüglich, gilt dies nach § 17 Abs. 2 KO als Ablehnung. Die Ablehnung der Erfüllung durch den Konkursverwalter ist für den Vermieter günstiger als sein Rücktritt gemäß § 20 Abs. 1 KO, denn er kann Schadensersatz wegen Nichterfüllung verlangen, allerdings nur als Konkursforderung (§ 26 KO).

Entscheiden sich Vermieter und Konkursverwalter für die Vertragserfüllung, sind alle Ansprüche des Vermieters als Masseschulden nach § 59 Abs. 1 Nr. 2 KO zu behandeln. Dies gilt nicht nur für die Erfüllungsansprüche, sondern auch für die Abwicklungsansprüche, die entstehen, wenn das Mietverhältnis während des Konkursverfahrens endet. Die Entscheidung des Konkursverwalters, den vom Gemeinschuldner vor Konkurseröffnung abgeschlossenen Mietvertrag zu erfüllen, steht einem Neuabschluß gleich.

Haben sich die Parteien für die Erfüllung des Vertrages entschieden, hat keine von ihnen ein Sonderkündigungsrecht, der Vermieter auch dann nicht, wenn die Masse unzulänglich wird. Auch in diesem Fall muß er ihr den Gebrauch der Mietsache belassen, bis die Voraussetzungen für eine fristlose Kündigung gemäß § 554 BGB vorliegen.

A. Mietvertrag

## 5.2 Konkurseröffnung nach Überlassung des Mietobjekts

### 5.2.1 Fortführung des Mietverhältnisses

**424** Bei Überlassung der Mietsache an den Mieter vor Eröffnung des Verfahrens muß die Masse das Mietverhältnis fortführen. Vom Sonderkündigungsrecht (§ 19 KO) abgesehen, besitzt der Konkursverwalter grundsätzlich dieselben Rechte und Pflichten wie der Mieter. Daß er an seiner Stelle den Mietgebrauch ausübt, bedeutet keine unberechtigte Gebrauchsüberlassung i. S. d. § 549 Abs. 1 BGB.

Rückständige Mietzinsforderungen, die vor Konkurseröffnung fällig geworden sind, sind Konkursforderungen[55]; dies gilt auch für die während der Sequestration angefallenen Mietzinsraten[56].

Sonstige vor Konkurseröffnung entstandene Ansprüche des Vermieters, z. B. auf Schadensersatz wegen Verschlechterung der Mietsache, sind Konkursforderungen.

Ansprüche des Vermieters, die nach Konkurseröffnung entstehen, sind aus der Masse zu befriedigen[57]. Dies gilt insbesondere für die Mietzinsforderung, denn der Mietzins ist die Gegenleistung zur Gewährung des Gebrauchs der Mietsache (§ 59 Abs. 1 Nr. 2 KO), ferner für Sachleistungen, die als Entgelt für den Mietgebrauch geschuldet werden[58].

Bei unzulänglicher Masse sind die Mietzinsansprüche des Vermieters nicht als sog. Neumasseschuld privilegiert[59].

### 5.2.2 Gebrauchsüberlassung als Gesellschafterdarlehen (§ 32 a GmbH)

**425** Besondere Probleme bereitet die Betriebsaufspaltung (Besitzgesellschaft vermietet an eine Betriebs-GmbH) oder die Vermietung der Mietsache an eine GmbH, an der der Vermieter kapitalmäßig beteiligt ist. In seinem Urteil vom 16. 10. 1989[60] hat sich der BGH für die wirtschaftliche Vergleichbarkeit von Darlehen und Gebrauchsüberlassung ausgesprochen; danach sind die Grundsätze des kapitalersetzenden Darlehens (§ 32 b GmbHG) heranzuziehen,

---

55) Dazu *Heilmann*, NJW 1985, 2505.
56) OLG Düsseldorf KTS 1984, 699.
57) Dazu im einzelnen *Eckert*, ZIP 1983, 770, 774.
58) OLG Düsseldorf ZMR 1989, 177.
59) Vgl. BGH, Urt. v. 15. 2. 1984 – VIII ZR 213/82 = BGHZ 90, 145 = ZIP 1984, 612 = WM 1984, 568 = NJW 1984, 1527; *Eckert*, ZIP 1984, 615, 616.
60) II ZR 307/88 = BGHZ 109, 55 = ZIP 1989, 1542 = EWiR § 32 a GmbHG 1/90, 371 *(Fabritius)* = WM 1989, 1844 = NJW 1990, 516, gegen OLG Düsseldorf ZIP 1988, 1201 = EWiR § 32 a GmbHG 2/88, 1217 *(Eckert)* = WM 1988, 1266 = BB 1988, 1699.

## VIII. Auswirkungen von Zwangsvollstreckung, Konkurs, Vergleich

wenn die Vermietung nach Eintritt der Krise erfolgt oder wenn der Vermieter das Mietverhältnis während der Krise fortsetzt, obwohl er zu einer Kündigung berechtigt ist. Die Gebrauchsüberlassung, so der BGH, ermöglicht der GmbH nämlich den Fortbestand in einer Zeit, während der ein außenstehender Dritter ihr weder die Nutzung des Wirtschaftsguts noch einen Kredit zu dessen Anschaffung zur Verfügung stellen würde. Hieraus folgt, daß der Vermieter während der Krise gezahlte Mietzinsraten entsprechend § 31 GmbHG zurückzuerstatten hat. In der Krise schuldig gebliebene Mietzinsraten unterliegen entsprechend § 30 GmbHG einem Auszahlungsverbot, so daß der Vermieter sie nicht einmal als Konkursforderung geltend machen kann; hinsichtlich dieser Ansprüche kann der Vermieter sich auch nicht auf ein etwaiges Vermieterpfandrecht und abgesonderte Befriedigung berufen. Weiterhin greifen die Grundsätze des § 32a GmbHG auch ein, wenn der Vermieter fällige Mietzinsraten stundet, obwohl er erkennt oder erkennen muß, daß die der Gesellschaft belassenen Mittel der Kapitalergänzung dienen[61]. Dieser Gesichtspunkt wird relevant, wenn der Vermieter keine Möglichkeit hat, ein andauerndes Mietverhältnis zu beenden, ferner wenn er fällige Forderungen stundet und auf die Verzugsfolgen verzichtet.

Der BGH hat nicht entschieden, welche Folgen in bezug auf das Mietobjekt sich aus der Gleichstellung von Gebrauchsüberlassung und Darlehen ergeben. Die Meinungen im Schrifttum gehen auseinander; so ist umstritten, ob die Mietsache wie ein Darlehen in das Vermögen der mietenden Gesellschaft einzubeziehen ist[62] mit der Folge, daß der Konkursverwalter sie verwerten kann, ohne daß Vermieter aussondern kann, ob nur der Nutzungswert der Mietsache in das haftende Kapital fällt[63], oder ob die Substanz der Mietsache in der Weise in das Vermögen der Mieterin fällt, daß sie einen Wertersatzanspruch in Höhe des Substanzwertes gegen den Vermieter (Gesellschafter) hat, von dem dieser sich durch Preisgabe befreien kann[64].

---

61) Allgemein zum Stehenlassen von Forderungen: BGH, Urt. v. 26. 11. 1979 – II ZR 104/77 = BGHZ 75, 334 = ZIP 1980, 115 = WM 1980, 78 = NJW 1980, 542; v. 13. 7. 1981 – II ZR 256/79 = BGHZ 81, 252 = ZIP 1981, 974 = WM 1981, 876 = NJW 1981, 2570; v. 6. 5. 1985 – II ZR 132/84 = ZIP 1985, 1075 = EWiR § 32a GmbHG 3/85, 685 *(Fleck)* = NJW 1985, 2719 = WM 1985, 1028; zu Mietzinsraten: *Scholz/K. Schmidt*, §§ 32a und b Rz. 91; *Baumbach/Hueck*, § 32a Rz. 35, 37; *Knobbe-Keuk*, BB 1984, 1, 4; *Wiedemann*, ZIP 1986, 1293, 1297.
62) *Braun*, ZIP 1983, 1175, 1181; *Schulze-Osterloh*, ZGR 1983, 123, 142; *Wiedemann*, ZIP 1986, 1293, 1300.
63) *Ulmer*, ZIP 1984, 1163, 1173; *Baumbach/Hueck*, § 32a Rz. 32; *Hueck*, ZGR 1989, 216, 237; *Brandes*, ZGR 1989, 244, 247.
64) *Fischer/Lutter/Hommelhoff*, §§ 32a/b Rz. 75; *Bäcker*, ZIP 1989, 681, 691.

A. Mietvertrag

Für das Finanzierungsleasing sind wegen der Nähe zur Kreditierung die Grundsätze des § 32a GmbHG uneingeschränkt heranzuziehen[65].

### 5.2.3 Sonderkündigungsrecht (§ 19 KO)

**426** Über die vertraglichen und gesetzlichen Kündigungsrechte hinaus gewährt § 19 Satz 1 KO sowohl dem Verwalter als auch dem Vermieter das Recht, das Mietverhältnis vorzeitig zu kündigen. Hierbei ist die gesetzliche Frist des § 565 Abs. 5 BGB einzuhalten. Es begegnet keinen Bedenken, im Mietvertrag für den Fall der Eröffnung des Konkursverfahrens über das Vermögen des Mieters eine kürzere Frist oder das Recht zur fristlosen Kündigung zu vereinbaren[66]. Unzulässig ist es hingegen, für diesen Fall eine längere Kündigungsfrist als die gesetzliche oder einen Ausschluß des Kündigungsrechts des Verwalters vorzusehen; dies kann zu einer erheblichen Benachteiligung der Masse und zu einer Einengung der Befugnisse des Verwalters führen.

Das Kündigungsrecht nach § 19 KO braucht nicht zum erstzulässigen Termin ausgeübt zu werden. Es kann durchaus im Sinn der Beteiligten sein, zunächst die Entwicklung der Dinge abzuwarten. Der Vermieter darf auch dann kündigen, wenn das Mietobjekt für die weitere Konkursabwicklung benötigt wird.

Ist eine offene Handelsgesellschaft oder eine Kommanditgesellschaft Mieterin, so löst der Konkurs des persönlich haftenden Gesellschafters nicht das Sonderkündigungsrecht aus.

Sofern der Mieter verstorben und über seinen Nachlaß das Konkursverfahren eröffnet ist, können der Verwalter und der Vermieter das Mietverhältnis auch nach § 569 BGB (vgl. Rz. 262) kündigen, allerdings nur zum erstmöglichen Termin. Für den Verwalter hat dies den Vorteil, daß er damit Schadensersatzansprüche des Vermieters nach § 19 Satz 3 KO (vgl. Rz. 427) umgeht.

Fällt nur einer von mehreren Mietern in Konkurs, ist der Vermieter nicht zur Kündigung gemäß § 19 KO berechtigt[67]. Das Interesse des Vermieters erfordert es nicht, ihm auch in diesem Fall das Sonderkündigungsrecht zuzubilligen, denn er kann von den Mitmietern weiterhin Vertragserfüllung verlangen. Überdies kann sich der Vermieter durch eine entsprechende Vereinbarung dagegen sichern, das Mietverhältnis im Fall des Konkurses eines Mieters fortsetzen zu müssen.

---

65) *Scholz/K. Schmidt*, §§ 32a und b Rz. 90; *Baumbach/Hueck*, § 32a Rz. 33; *Schulze/Osterloh*, ZGR 1983, 123, 137; *Hueck*, ZGR 1989, 216, 227.
66) BGH, Urt. v. 6. 6. 1984 – VIII ZR 65/83 = ZIP 1984, 1114 = WM 1984, 1217.
67) BGH, Urt. v. 26. 11. 1957 – VIII ZR 92/57 = BGHZ 26, 102 = NJW 1958, 421.

## VIII. Auswirkungen von Zwangsvollstreckung, Konkurs, Vergleich

Umgekehrt darf jedoch der Konkursverwalter das Mietverhältnis auch dann nach § 19 KO kündigen, wenn nur einer von mehreren Mietern in Konkurs gefallen ist. Im Interesse der Masse ist dies geboten, denn sie hätte sonst keine Möglichkeit, sich von den Verpflichtungen aus dem Mietvertrag zu befreien[68]. Die Kündigung des Verwalters wirkt nicht nur für und gegen die Masse; dem steht der Grundsatz der Einheitlichkeit des Mietverhältnisses entgegen. Vielmehr löst die Kündigung des Verwalters das Mietverhältnis insgesamt mit Wirkung für und gegen die Mitmieter auf. Dies gilt jedoch nur bei der Ausübung des Sonderkündigungsrechts. In den übrigen Fällen müssen Verwalter und Mitmieter gemeinsam kündigen, wenn sie das Mietverhältnis beenden möchten (vgl. Rz. 253).

Dem nicht in Konkurs gefallenen Mitmieter steht das Sonderkündigungsrecht nicht zu; er muß es hinnehmen, im Innenverhältnis stärker belastet zu sein und seine Ausgleichsansprüche gegen den Mitmieter nicht durchsetzen zu können.

### 5.2.4 Folgen der Kündigung nach § 19 KO

Kündigt der Verwalter das Mietverhältnis nach § 19 Satz 1 KO, so hat der Vermieter nach § 19 Satz 3 KO einen Schadensersatzanspruch, soweit ihm durch die vorzeitige Beendigung des Mietverhältnisses ein Schaden entsteht (vgl. Rz. 319). Nach der ausdrücklichen Regelung in § 26 Satz 2 KO ist dieser Anspruch Konkursforderung, obwohl er durch eine Handlung des Konkursverwalters ausgelöst wird. Hat der Konkursverwalter das Mietverhältnis gemäß § 19 Satz 1 KO mit gesetzlicher Frist gekündigt, erklärt aber später der Vermieter auf Grund eines vereinbarten Rechts zur fristlosen Kündigung diese zu einem früheren Zeitpunkt, so beendet die Kündigung des Vermieters das Mietverhältnis; er hat also keinen Schadensersatzanspruch[69].

Im Konkurs einer offenen Handelsgesellschaft oder Kommanditgesellschaft haftet ein vor Konkurseröffnung ausgeschiedener Gesellschafter nach § 128 HGB (vgl. Rz. 359) auch für die Schadensersatzforderung des Vermieters nach § 19 Satz 3 KO[70]. Auch dieser Anspruch hat seine Grundlage in dem Mietvertrag. Es wäre nicht interessengerecht, die fortbestehende Haftung des ausgeschiedenen Gesellschafters gerade dann entfallen zu lassen, wenn die Gesellschaft in Konkurs gefallen ist, denn dem Gläubiger soll im Fall der Insolvenz der Gesellschaft der Zugriff auf das Vermögen des früheren Gesellschafters erhalten bleiben.

---

68) RGZ 141, 391; OLG Celle NJW 1974, 2012; OLG Düsseldorf EWiR § 19 KO 1/88, 83 *(Eckert)* = ZMR 1987, 422 = BB 1988, 450.
69) BGH, Urt. v. 6. 6. 1984 – VIII ZR 65/83 = ZIP 1984, 1114 = WM 1984, 1217.
70) RGZ 140, 10; OLG Frankfurt WM 1979, 1274.

## A. Mietvertrag

Falls bei Konkurs eines von mehreren Mietern der Verwalter das Mietverhältnis auch mit Wirkung für die Mitmieter kündigt, ist nur der Gemeinschuldner dem Vermieter zum Schadensersatz verpflichtet. Nach § 425 Abs. 2 BGB haften die Mitmieter nicht für die Folgen der Kündigung[71]. Durch Individualvereinbarung sollte sich der Vermieter gegen diese Folge einer außerordentlichen Kündigung absichern können; der Mitmieter kann nicht gehindert sein, das volle Vertragsrisiko zu übernehmen und eine Haftung ohne Verschulden auf sich zu nehmen. Gegen eine dahingehende vorformulierte Klausel bestehen jedoch Bedenken, denn der Vermieter bedingt sich einen Ersatzanspruch aus, der den Mitmieter auch dann trifft, wenn er sich stets vertragsgetreu verhalten und die vorzeitige Beendigung des Mietverhältnisses nicht zu vertreten hat.

**428** Kündigt der Vermieter nach § 19 Satz 1 KO, so löst dies keine Schadensersatzansprüche aus, weder für die Masse noch für ihn. Dies ergibt der Umkehrschluß aus § 19 Satz 3 KO, wonach nur die Kündigung des Verwalters zu Schadensersatzansprüchen führt[72] (dazu Rz. 522).

Ob sich der Vermieter für den Fall seiner Kündigung gemäß § 19 Satz 1 KO einen Schadensersatzanspruch ausbedingen kann, ist zweifelhaft[73]. Das Reichsgericht[74] hat dies mit der Begründung bejaht, der Mietvertrag sei grundsätzlich der Masse gegenüber wirksam. Da § 19 KO die Kündigung des Vermieters auch zuläßt, wenn Gemeinschuldner und Masse ihren Vertragspflichten vollständig nachgekommen sind, erscheint es unangemessen, daß der Vermieter gleichwohl schadensersatzberechtigt sein soll und diesen Anspruch allein durch seine Entscheidung auslösen kann, obwohl der Mieter sich bis zur Konkurseröffnung als vertragstreu erwiesen hat. Ist jedoch der Mieter schon in Zahlungsverzug geraten – wenn auch nicht in dem Umfang, den § 554 BGB verlangt – und nimmt der Vermieter die Konkurseröffnung zum Anlaß, weiteren Schaden von sich abzuwenden, so dürfte eine andere Beurteilung geboten sein.

### 5.2.5 Abwicklung des während des Konkursverfahrens endenden Mietverhältnisses

**429** Zur Rückgabe der Mietsache ist der Verwalter verpflichtet; eine Herausgabeklage ist gegen ihn zu richten. Die Frage, ob die Rückgabepflicht als solche

---

71) OLG Celle NJW 1974, 2012; OLG Düsseldorf EWiR § 19 KO 1/88, 83 *(Eckert)* = ZMR 1987, 422 = NJW-RR 1987, 369 = BB 1988, 450.
72) RGZ 115, 271; BGH, Urt. v. 6. 6.. 1984 (Fußn. 69).
73) Vgl. *Jaeger/Henckel*, § 19 Rz. 71; vom BGH im Urt. v. 6. 6. 1984 (Fußn. 69) offengelassen.
74) RGZ 115, 271.

Masseschuld ist, stellt sich nicht. Zweifelhaft ist jedoch, wie Ersatzansprüche des Vermieters bei nicht gehöriger Erfüllung der Rückgabepflicht einzuordnen sind. Entscheidender Gesichtspunkt ist auch hierbei, daß Abwicklungspflichten nicht den Erfüllungspflichten gleichstehen und deren Verletzung keine Masseschuld begründet (vgl. Rz. 414).

Demgemäß hat der Bundesgerichtshof entschieden[75], daß der Anspruch des Vermieters auf Erstattung der durch die Abholung der Mietsache entstandenen Kosten nur Konkursforderung ist.

Gibt der Konkursverwalter die Mietsache nicht rechtzeitig zurück, ist der Anspruch des Vermieters auf Nutzungsentgelt gemäß § 557 BGB Masseschuld; dieser Anspruch tritt als vertraglicher Anspruch eigener Art an die Stelle des weggefallenen Mietzinsanspruchs[76]. Dies ist jedoch zweifelhaft, wenn die Masse zwar „vorenthält", ihr aber der Nutzungswert des Mietobjekts nicht oder nur zum Teil zufließt, z. B. weil sie es nicht nutzt oder weil der insolvente Untermieter ihr es nicht zurückgibt[77].

Wird der Anspruch auf ungerechtfertigte Bereicherung (vgl. Rz. 306) gestützt, so ist dieser zwar nach § 59 Abs. 1 Nr. 4 KO aus der Masse zu befriedigen[78], jedoch nur nachrangig (§ 60 KO).

Verlangt der Vermieter nach § 286 BGB Ersatz des Verzugsschadens, ist dieser Anspruch Konkursforderung, weil er durch nicht gehörige Erfüllung der Rückgabepflicht ausgelöst wird[79].

Endet das Mietverhältnis durch fristlose Kündigung des Vermieters, sind **430** seine Schadensersatzansprüche wegen vorzeitiger Vertragsbeendigung als Masseschuld gemäß § 59 Abs. 1 Nr. 1 und 2 KO zu befriedigen, sofern sie darauf beruhen, daß der Verwalter die Pflichten aus dem Mietvertrag verletzt, etwa die Mietsache in vertragswidriger Weise genutzt hat oder mit der Zahlung des Mietzinses in Verzug geraten ist (vgl. Rz. 275). Ein Verhalten des Gemeinschuldners vor Konkurseröffnung, das den Vermieter zur Kündigung veranlaßt, ist der Masse nicht zuzurechnen; Schadensersatzansprüche stellen in diesem Fall Konkursforderungen dar.

---

75) Urt. v. 6. 11. 1978 – VIII ZR 179/77 = BGHZ 72, 263 = WM 1978, 1413 = NJW 1979, 310; vgl. auch LG Hannover ZIP 1988, 116 (Kosten des Abrisses eines Messestandes nach Beendigung des Mietverhältnisses über den Standplatz).
76) BGH, Urt. v. 15. 2. 1984 – VIII ZR 213/82 = BGHZ 90, 145 = ZIP 1984, 612 = WM 1984, 568 = NJW 1984, 1527.
77) *Eckert*, ZIP 1984, 615.
78) Vgl. BGH, Urt. v. 11. 10. 1984 – VII ZR 216/83 = NJW 1985, 1082.
79) BGH, aaO (Fußn. 75).

## A. Mietvertrag

**431** Den Schadensersatzanspruch des Vermieters wegen Rückgabe des Mietobjekts in nicht vertragsgerechtem Zustand[80] löst nicht die Rückgabe der Mietsache in verändertem oder verschlechtertem Zustand aus, sondern die Verletzung der Obhutspflicht und die Beschädigung oder Verschlechterung der Mietsache vor Vertragsende. Häufig ist ein Schaden schon vor Konkurseröffnung eingetreten, oder der Mieter befand sich schon zu diesem Zeitpunkt mit der Durchführung fälliger Schönheitsreparaturen in Verzug. Dann aber ist der Ersatzanspruch des Vermieters vor Konkurseröffnung entstanden, und er bleibt Konkursforderung, auch wenn der Vermieter die Mietsache erst nach Konkurseröffnung zurückerlangt.

Es ist daher darauf abzustellen, ob und inwieweit die Verschlechterung oder Veränderung der Mietsache nach Konkurseröffnung eingetreten ist[81]. Wenn sich der Zustand der Mietsache sowohl vor als auch nach Konkurseröffnung verändert oder verschlechtert hat, ist eine Aufteilung geboten.

Wird die Mietsache erst nach Beendigung des Mietverhältnisses beschädigt, so gilt der Grundsatz, daß die Verletzung von Abwicklungspflichten nicht von § 59 Abs. 1 Nr. 1 und 2 KO erfaßt wird[82]. Folglich entstehen dann wiederum Konkursforderungen.

Die Aufrechnung gegen den Anspruch auf Rückzahlung der Kaution ist zulässig. Ist die Kaution auf einem Sparkonto gutgebracht, so zählt die Guthabenforderung zur Haftungsmasse des Mieters, sofern der Vermieter nicht eine dingliche Berechtigung, die ihn zur Ab- oder Aussonderung berechtigt, erlangt hat[83].

### 5.2.6 Das Vermieterpfandrecht im Konkurs des Mieters[84]

**432** Im Konkurs des Mieters gewährt das gesetzliche Pfandrecht (§ 559 BGB) an den eingebrachten Sachen des Mieters dem Vermieter ein Recht auf abgesonderte Befriedigung (§ 49 Abs. 1 Nr. 2 KO). Für die Entstehung des Pfandrechts ist die Zäsur des § 15 KO zu beachten. Außerdem ist das Einbringen eine Rechtshandlung i. S. d. § 7 KO[85]. Sachen, die der Mieter und Gemeinschuldner nach Konkurseröffnung einbringt, unterliegen deshalb nicht dem Pfandrecht. Hingegen kann der Konkursverwalter einbringen, z. B. bei

---

80) Für Masseschuld: AG Kassel ZMR 1969, 179; OLG Frankfurt BB 1974, 1322.
81) *Kübler*, ZIP 1981, 755; *Jaeger/Henckel*, § 19 Rz. 76; *Kilger*, § 59 Anm. 4a, tritt generell für Konkursforderung ein.
82) BGH, Urt. v. 6. 11. 1978 – VIII ZR 179/77 = BGHZ 72, 263 = WM 1978, 1413 = NJW 1979, 310.
83) Dazu BGH, Urt. v. 2. 5. 1984 – VIII ZR 344/82 = ZIP 1984, 1118 = WM 1984, 799 = NJW 1984, 1749; *Eckert*, ZIP 1984, 1121.
84) Dazu *Eckert*, ZIP, 1984, 663.
85) *Jaeger/Henckel*, § 15 Rz. 22.

## VIII. Auswirkungen von Zwangsvollstreckung, Konkurs, Vergleich

Fortführung des Mietverhältnisses oder bei Invollzugsetzen im Fall der Konkurseröffnung vor Überlassung der Mietsache. Das Pfandrecht sichert dann Masseschulden.

Um die Konkursmasse vor ·übermäßig hohen Absonderungsrechten zu schützen, entfällt das Pfandrecht über die Beschränkung des § 559 Satz 2 BGB hinaus, soweit der Vermieter sein Pfandrecht für eine frühere Zeit als das letzte Jahr vor der Konkurseröffnung geltend macht. Auch der Entschädigungsanspruch, der dem Vermieter nach § 19 Satz 3 KO als Folge einer vorzeitigen Kündigung des Mietverhältnisses zusteht, wird nicht durch das Pfandrecht gesichert. Die Wirkung des Vermieterpfandrechts ist jedoch nicht nach § 49 Abs. 1 Nr. 2 KO begrenzt, wenn es mit dem Pfändungspfandrecht eines Gläubigers des Mieters kollidiert. In diesem Fall streiten sich Gläubiger und Vermieter um den Verwertungserlös, ohne daß die Konkursmasse beeinträchtigt wird[86].

Das dem Vermieter nach § 560 BGB zustehende Recht, der Entfernung eingebrachter Sachen zu widersprechen, greift nicht ein, wenn der Konkursverwalter diese zum Zweck der Verwertung aus den Miträumen entfernt. Der Vermieter, der nicht im Besitz der eingebrachten Sachen ist, muß deren Verwertung hinnehmen (§ 127 Abs. 1 Satz 2 KO). Sein Pfandrecht, das auch ohne Ausübung der Rechtsbehelfe des § 561 BGB fortbesteht, berechtigt ihn, ein Absonderungsrecht am Erlös geltend zu machen. Ist der Erlös nicht unterscheidbar zur Masse gelangt, so ist diese auf Kosten des Vermieters rechtsgrundlos bereichert; der Vermieter hat gegen sie eine Forderung nach § 59 Abs. 1 Nr. 4 KO. Auch kommt eine persönliche Haftung des Konkursverwalters nach § 82 KO (vgl. Rz. 435) in Betracht.

Der Erlös ist sofort an den Absonderungsberechtigten auszukehren, andernfalls drohen hohe Zinsansprüche[87].

### 5.3 Abwicklung eines vor Konkurseröffnung beendeten Mietverhältnisses

Grundsätzlich sind alle Abwicklungsansprüche vor Konkurseröffnung entstanden, also Konkursforderungen. Ausnahmsweise können jedoch Ansprüche gegen die Konkursmasse entstehen, soweit diese nicht auf vertraglicher Grundlage beruhen. Das ist beispielsweise der Fall, wenn der Verwalter das Mietobjekt weiterhin für die Masse nutzt. Ein Anspruch nach § 557 BGB ist aus der Masse zu berichten, sofern diese das Mietobjekt tatsächlich nutzt.

**433**

---

86) BGH, Urt. v. 13. 10. 1959 – VIII ZR 186/58 = NJW 1959, 2251.
87) Vgl. OLG Düsseldorf ZIP 1990, 1014 = EWiR § 849 BGB 1/90, 775 *(Brehm/Bruggner-Wolter)* = NJW-RR 1989, 1253.

Ein Bereicherungsanspruch gleichen Inhalts ist nach § 59 Abs. 1 Nr. 4 KO als Masseschuld zu begleichen.

### 5.4 Untermietverhältnis

**434** Hat der in Konkurs gefallene Mieter das Mietobjekt untervermietet, so gelten im Untermietverhältnis die Regeln über den Konkurs des Vermieters, im Hauptmietverhältnis die Bestimmungen über den Konkurs des Mieters.

Nach Überlassung der Mietsache an den Untermieter kann der Konkursverwalter nicht das Untermietverhältnis, wohl aber das Hauptmietverhältnis nach § 19 Satz 1 KO vorzeitig kündigen, so daß der Untermieter nach § 556 Abs. 3 BGB zur Rückgabe der Mietsache an den Vermieter verpflichtet ist. Der infolgedessen dem Untermieter nach §§ 541, 538 BGB gegen den Mieter zustehende Schadensersatzanspruch (vgl. Rz. 351) ist nach Ansicht des Bundesgerichtshofes[88] Konkursforderung; als Folge der Konkurseröffnung soll er unter § 26 KO fallen. Dasselbe soll gelten, wenn Konkursverwalter und Vermieter das Hauptmietverhältnis einverständlich aufheben[89].

### 6. Ansprüche gegen den Konkursverwalter persönlich[90]

**435** Aus dem Mietverhältnis sind gegen den Verwalter persönlich keine Ansprüche herzuleiten. Nach § 82 KO haftet er, auch der im Konkurseröffnungsverfahren bestellte Sequester[91], jedoch allen Beteiligten gegenüber für die Erfüllung der ihm obliegenden Pflichten. Beteiligte im Sinne dieser Bestimmung sind Mieter und Vermieter. Zwischen ihnen und dem Verwalter begründet § 82 KO ein gesetzliches Schuldverhältnis. Soweit sie durch eine pflichtwidrige Handlung, die der Verwalter zu vertreten hat, geschädigt werden, können sie ihn persönlich auf Schadensersatz in Anspruch nehmen.

Die jüngere Rechtsprechung des Bundesgerichtshofs schränkt die Eigenhaftung des Konkursverwalters stark ein: Von Tatbeständen der unerlaubten Handlung abgesehen, haftet er nur, wenn er konkursspezifische, d. h. sich aus der Konkursordnung ergebende, Pflichten verletzt[92], ferner wenn er ausdrücklich eigene Pflichten übernimmt oder insoweit einen Vertrauenstatbestand

---

88) Urt. v. 15. 4. 1955 – V ZR 22/54 = BGHZ 17, 127 = NJW 1955, 948.
89) Zweifelhaft, vgl. *Eckert*, ZIP 1983, 770, 771.
90) Dazu *Merz*, KTS 1989, 277.
91) BGH, Urt. v. 29. 9. 1988 – IX ZR 39/88 = BGHZ 105, 230 = ZIP 1988, 1411 = EWiR § 82 KO 7/88, 1113 *(Lüke)* = WM 1988, 1610 = NJW 1989, 1034.
92) BGH, Urt. v. 4. 12. 1986 – IX ZR 47/86 = BGHZ 99, 151 = ZIP 1987, 115 = EWiR § 82 KO 2/86, 1229 *(Merz)* = NJW 1987, 844; v. 17. 9. 1987 – IX ZR 156/86 = ZIP 1987, 1398 = EWiR § 82 KO 6/87, 1127 *(Eckert)* = WM 1987, 1404 = NJW-RR 1988, 89; v. 18. 1. 1990 – IX ZR 71/89 = ZIP 1990, 242 = EWiR § 82 KO 2/90, 395 *(Lüke)* = WM 1990, 329 = NJW-RR 1990, 411.

schafft, an dem er sich festhalten lassen muß[93]. Demgemäß werden das Verlangen, einen nicht vollzogenen Mietvertrag zu erfüllen (vgl. Rz. 423), oder das Absehen von einer außerordentlichen Kündigung nach § 19 KO (vgl. Rz. 425), obwohl Masseunzulänglichkeit droht, in aller Regel nicht die persönliche Haftung des Konkursverwalters nach sich ziehen. Dasselbe gilt bei einer Vertragsverletzung im Interesse der Masse, etwa bei Rückgabeverzug[94] oder bei Verletzung von Obhuts- oder Verkehrssicherungspflichten[95]. Unberührt bleibt seine Haftung nach Deliktsrecht, so bei Beschädigung der Mietsache, mit der Möglichkeit der Exkulpation gem. § 831 BGB. Die persönliche Haftung des Konkursverwalters kann mit der Haftung der Masse gem. § 59 Abs. 1 KO konkurrieren[95].

### 7. Vergleichsverfahren über die Vermögen des Vermieters und Mieters

Während das Konkursverfahren dazu dient, zum Zweck der Gläubigerbefriedigung das Vermögen des Gemeinschuldners zu liquidieren, ist es Sinn des Vergleichsverfahrens, durch Herabsetzung der Verbindlichkeiten das Unternehmen des Vergleichsschuldners zu erhalten. Der Schuldner behält das Verfügungs- und Verwaltungsrecht; allerdings sind einzelne Beschränkungen möglich (§ 58 VglO). Der Vergleichsverwalter hat im wesentlichen Überwachungsfunktion. Seine persönliche Haftung nach § 42 VerglO ist beschränkt auf die Verletzung vergleichstypischer Pflichten[96]. Insgesamt bedeutet die Eröffnung des Vergleichsverfahrens keinen so tiefgreifenden Einschnitt in ein Vertragsverhältnis wie die Konkurseröffnung. Nur Forderungen, die vom Vergleich betroffen sind (Vergleichsforderungen), werden quotenmäßig herabgesetzt. **436**

Für Mietverträge sind § 50 und § 51 VglO die zentralen Vorschriften.

### 7.1 Vergleich über das Vermögen des Vermieters

Hierzu bestimmt § 51 Abs. 1 VglO lediglich, daß § 50 VglO, der entsprechend § 17 KO ein Recht des Vergleichsschuldners vorsieht, die Erfüllung nicht oder nicht vollständig erfüllter gegenseitiger Verträge abzulehnen, keine Anwendung findet. Folglich sind sowohl Vermieter als auch Mieter ohne Rücksicht darauf, ob die Mietsache bereits überlassen ist, zur Vertragserfüllung verpflichtet. Mit seinen Ansprüchen auf Gebrauchsgewährung und Schadensersatz wegen nicht ordnungsgemäßer Erfüllung ist der Mieter nach § 36 Abs. 1 VglO nicht **437**

---
93) BGH, Urt. v. 14. 4. 1987 – IX ZR 260/86 = BGHZ 100, 346 = ZIP 1987, 650 = EWiR § 82 KO 3/87, 609 *(Baur)* = WM 1987, 695 = NJW 1987, 3133.
94) Vgl. OLG Hamm, ZIP 1985, 628.
95) BGH, Urt. v. 17. 9. 1987 (Fußn. 92).
96) BGH, Urt. v. 25. 2. 1988 – IX ZR 139/87 = BGHZ 103, 310 = ZIP 1988, 526 = EWiR § 42 VerglO 1/88, 511 *(Lüke)* = WM 1988, 556 = NJW-RR 1988, 1488.

A. Mietvertrag

Vergleichsgläubiger; sie werden also nicht herabgesetzt. Etwas anderes gilt nur für vor Verfahrenseröffnung entstandene Forderungen; sie werden herabgesetzt.

Der Mietzins steht weiterhin dem Vermieter zu; insoweit kommt jedoch eine Verfügungsbeschränkung nach § 58 VglO in Betracht. Vorausverfügungen des Vermieters und Mietzinsvorauszahlungen des Mieters behalten nach Eröffnung des Vergleichsverfahrens ihre Wirksamkeit.

Soweit der Mieter Vergleichsgläubiger ist, kann er auch nach Eröffnung des Verfahrens mit Gegenansprüchen aufrechnen.

Nach § 54 VglO sind die Bestimmungen der Konkursordnung über die Erweiterung (§ 54 KO) und Beschränkung (§ 55 KO) der Aufrechnungsbefugnis entsprechend anzuwenden (vgl. Rz. 412). Demgemäß ist insbesondere die Aufrechnung gegen Mietzinsansprüche, die nach Verfahrenseröffnung fällig werden, ausgeschlossen. Auch nach Abschluß des Verfahrens kann der Mieter nicht mit dem die Vergleichsquote übersteigenden Teil seiner Gegenforderung gegen die während des Verfahrens und später angefallenen Mietzinsansprüche aufrechnen[97].

Nach Beendigung ist das Mietverhältnis von den Vertragsparteien abzuwickeln. Der Anspruch des Mieters auf Rückerstattung der Kaution stellt keine Vergleichsforderung dar[98].

Wird erst nach Beendigung des Mietverhältnisses das Vergleichsverfahren über das Vermögen des Vermieters eröffnet, ist der Mieter mit seinen Abwicklungsansprüchen Vergleichsgläubiger.

### 7.2 Vergleich über das Vermögen des Mieters

#### 7.2.1 Vergleichseröffnung vor Überlassung des Mietobjekts

**438** War dem Mieter vor Eröffnung des Verfahrens die Mietsache noch nicht überlassen, so bestimmen sich die Rechtsfolgen, wie aus § 51 Abs. 2 VglO zu schließen ist, nach § 50 VglO. Danach ist der Mieter berechtigt, die Erfüllung des Mietvertrages abzulehnen, bedarf hierzu aber nach § 50 Abs. 2 VglO der Ermächtigung des Gerichts, das vor der Entscheidung den Vermieter zu hören hat. Der Vermieter bleibt an den Vertrag gebunden. Er kann sich durch Vereinbarung eines Rücktrittsrechts für den Fall der Eröffnung des Vergleichsverfahrens über das Vermögen des Mieters hiergegen absichern.

---

97) BGH, Urt. v. 9. 2. 1983 – VIII ZR 305/81 = ZIP 1983, 332 = WM 1983, 372 = NJW 1983, 1119.
98) Vgl. *Bley/Mohrbutter*, VglO, 4. Aufl., § 51 Rz. 13.

## VIII. Auswirkungen von Zwangsvollstreckung, Konkurs, Vergleich

Lehnt der Mieter die Erfüllung ab, steht dem Vermieter Schadensersatz zu; mit diesem Anspruch ist er vom Vergleich betroffen (§ 52 Abs. 1 VglO).

Sollte sich der Mieter für die Vertragserfüllung entscheiden, nimmt der Vermieter mit seinen Forderungen am Vergleich nicht teil, insbesondere ist der Mietzins ungekürzt zu entrichten. Für die Erfüllung und Abwicklung des Mietverhältnisses ergeben sich keine Besonderheiten.

### 7.2.2 Vergleichseröffnung nach Überlassung des Mietobjekts

Forderungen des Vermieters, die vor Verfahrenseröffnung entstanden sind, z. B. rückständige Mietzinsansprüche oder Schadensersatzansprüche, sind nach § 25 VglO Vergleichsforderungen, während der Vermieter mit seinen Ansprüchen auf Zahlung des laufenden Mietzinses nicht am Vergleich teilnimmt. **439**

Nach § 51 Abs. 2 VglO hat der Mieter (nicht der Vermieter) das Recht, das Mietverhältnis unter Einhaltung der gesetzlichen Kündigungsfrist zu kündigen. Da im übrigen insoweit § 50 VglO gilt, bedarf er hierzu der Ermächtigung des Gerichts, das den Vermieter hierzu zu hören hat. Die Kündigung braucht nicht zum erstmöglichen Termin erklärt zu werden, ist jedoch innerhalb von zwei Wochen nach Zustellung des Ermächtigungsbeschlusses auszusprechen.

Betrifft das Vergleichsverfahren nur einen von mehreren Mietern, gelten für die Kündigung des Mieters die Grundsätze zum Sonderkündigungsrecht im Konkursfall (Rz. 426) entsprechend. Das Gericht wird in dieser Situation besonders die Belange des Vermieters und der Mitmieter zu berücksichtigen haben.

Die Kündigung gemäß § 51 Abs. 2 VglO löst einen Schadensersatzanspruch des Vermieters aus, der vom Vergleich betroffen wird (§ 52 Abs. 1 VglO). Sein gesetzliches Pfandrecht kann der Vermieter nicht für diesen Ersatzanspruch geltend machen.

Ob die Ansprüche des Vermieters, die sich ergeben, wenn das Mietverhältnis während des Vergleichsverfahrens endet, am Vergleich teilnehmen, ist zweifelhaft. *Bley/Mohrbutter*[99] sprechen sich dagegen aus. Dies erscheint jedoch nicht interessengerecht. Auch im Rahmen des Vergleichsverfahrens steht die Abwicklung eines Vertrages nicht der Erfüllung, für die § 36 VglO gilt, gleich. Sachgerecht erscheint es daher, solche Abwicklungsansprüche, die im Konkurs des Mieters Masseschulden wären (vgl. Rz. 429), am Vergleich nicht teilnehmen zu lassen und solche Forderungen, die Konkursforderungen wären, als Vergleichsforderungen einzustufen.

---

[99] AaO, § 51 Rz. 34.

# B.
# Pachtvertrag

## I. Vom Mietrecht abweichende Regeln

**440**   Auf den Pachtvertrag (vgl. Rz. 1) finden im wesentlichen die Bestimmungen des Mietrechts Anwendung (§ 581 Abs. 2 BGB). Abweichende Regeln bestehen zunächst für die Verpachtung eines Grundstücks mit Inventar (§§ 582 ff BGB, vgl. Rz. 441).

Nach § 584 BGB beträgt die Frist für die ordentliche Kündigung eines Pachtvertrages über ein Grundstück oder ein Recht sechs Monate; sie ist nur zum Schluß eines Pachtjahres zulässig. Ist das Pachtjahr im Vertrag nicht definiert, so beginnt es jeweils mit dem dem Vertragsbeginn entsprechenden Datum.

§ 584 BGB gilt auch bei der Pacht von Räumen[1], nicht aber bei Pacht einer beweglichen Sache. Soweit in der Pacht eines Unternehmens (vgl. Rz. 444) die Überlassung eines Raumes oder Grundstücks enthalten ist, greift § 584 BGB gleichfalls ein. Die Frist für die außerordentliche Kündigung eines Pachtverhältnisses mit gesetzlicher Frist bestimmt sich ebenfalls nach § 584 Abs. 1 BGB.

Nach § 584a Abs. 1 BGB kann der Pächter das Pachtverhältnis nicht außerordentlich kündigen, wenn der Verpächter die Erlaubnis zur weiteren Gebrauchsüberlassung verweigert.

Bei Tod des Pächters sind nur dessen Erben, nicht aber der Verpächter zur außerordentlichen Kündigung des Vertrages nach § 569 BGB berechtigt.

Bei der Bemessung des Nutzungsentgelts wegen Vorenthaltung des Pachtobjekts (vgl. § 557 BGB) trägt § 584b BGB dem Umstand Rechnung, daß die Nutzungen nicht unbedingt gleichmäßig während des Pachtjahres anfallen. Im übrigen sind die Anspruchsvoraussetzungen dieselben wie in § 557 BGB.

---

1) BGH, Urt. v. 19. 3. 1957 – VIII ZR 43/56 = LM Nr. 2 zu § 595 BGB = NJW 1957, 826 (L).

## II. Besonderheiten einzelner Pachtverhältnisse

### 1. Pacht eines Grundstücks mit Inventar

Gewerblich genutzte Grundstücke werden vielfach mit beweglichem **441** Inventar verpachtet, d. h. mit einer Ausstattung, die die Ausübung des Gewerbebetriebes ermöglicht, z. B. die Einrichtung einer Gaststätte oder der Maschinenpark einer Fabrik. Das Inventar ist die Gesamtheit aller beweglichen — und zwar nur der beweglichen — Sachen, die mit dem Grundstück in räumlichem Zusammenhang stehen[2]. Der Inventarbegriff geht weiter als der des Zubehörs; auch Warenvorräte können davon erfaßt werden. Der Verpächter bleibt Eigentümer des Inventars. Soll es in das Eigentum des Pächters übergehen, so liegt ein zusätzlicher Kaufvertrag vor, auch wenn eine Rückkaufverpflichtung oder -berechtigung vereinbart wird. Die Pachtverträge enthalten in aller Regel Bestimmungen über die Erhaltung und Ergänzung des Inventars, so daß die gesetzlichen Vorschriften vielfach nicht eingreifen. Für den Fall, daß die Parteien keine Absprache getroffen haben, regeln § 582 BGB und § 582 a ff BGB zwei typische Vertragsgestaltungen.

#### 1.1 Verpachtung mit Inventar gemäß § 582 BGB

Haben sich die Parteien auf die Vereinbarung beschränkt, daß das Grundstück mit Inventar verpachtet wird, so ist nach § 582 Abs. 1 BGB der Pächter in Abweichung von § 536 BGB zur Erhaltung des Inventars verpflichtet. Er hat also auf seine Kosten Ausbesserungen und Wartungsarbeiten durchzuführen und in diesem Rahmen auch Schäden zu beheben, die sich auf Grund natürlichen Verschleißes einstellen. Die Erhaltungspflicht bezieht sich nicht nur auf kleinere Reparaturen, sondern gegebenenfalls auch auf umfangreiche Maßnahmen. Sie schließt jedoch nicht die Verpflichtung ein, das Inventar zu versichern.

Der Verpächter hat nach § 582 Abs. 2 BGB die Inventarstücke zu ergänzen, die weder auf Grund natürlichen Verschleißes, noch infolge eines vom Pächter zu vertretenden Umstandes untergegangen oder in Verlust geraten sind.

Nach Vertragsende hat der Pächter das bewegliche Inventar zurückzugeben, und zwar auch solche Teile, die er zum Ersatz beschafft hat. Hat er zur Ergänzung des Inventars auch eigene Sachen angeschafft, so braucht er diese nicht herauszugeben. Im Streitfall muß der Verpächter beweisen, daß die vom Pächter erworbenen Stücke als Ersatzbeschaffung zum Inventar

---

[2] OLG Düsseldorf ZMR 1987, 377 = NJW-RR 1987, 911.

gehören[3]. Die gemäß § 1006 BGB zugunsten des Besitzers bestehende Eigentumsvermutung begünstigt auch den Pächter.

Wegen seiner Ansprüche, die das Inventar betreffen, z. B. auf Rückgewähr einer hierfür gestellten Kaution, hat der Pächter nach § 583 BGB ein gesetzliches Pfandrecht am Inventar. Dieses Pfandrecht bezweckt, ihn vor der Gefahr zu schützen, infolge von Herausgabeansprüchen oder einer gegenüber dem Verpächter erwirkten Pfändung in der Verfügung über das Pachtinventar beeinträchtigt zu werden. Es setzt nicht voraus, daß der Verpächter Eigentümer ist[4].

### 1.2 Übernahme zum Schätzwert gemäß § 582 a BGB

**442** Die Gefahr der zufälligen Verschlechterung oder Zerstörung des Inventars geht völlig auf den Pächter über, wenn die Parteien vereinbaren, daß der Pächter das Inventar zum Schätzwert übernimmt und es nach Vertragsende zum Schätzwert zurückgewähren muß. Der Pächter hat in Verlust geratene Teile zu ersetzen; diese gehen mit der Einverleibung in das Inventar in das Eigentum des Verpächters über.

Nach Vertragsende hat der Pächter das Inventar einschließlich der von ihm beschafften Ersatzstücke zurückzugeben. Eine Werterhöhung oder -minderung gegenüber dem Schätzwert bei Vertragsbeginn ist auszugleichen (§ 582 a Abs. 3 BGB). Der Verpächter kann aber die Übernahme überflüssiger oder zu wertvoller Teile ablehnen, um dem Ausgleichsanspruch zu entgehen. Mit der Ablehnung wird der Pächter Eigentümer.

Wegen seiner Ansprüche, die das Inventar betreffen – auch wegen seiner Ausgleichsforderung –, steht dem Pächter bei der Übernahme zum Schätzwert ein gesetzliches Pfandrecht nach § 583 BGB zu.

### 1.3 Verjährung

**443** Der Anspruch des Pächters auf Wertersatz für Sachen, die in seinem Eigentum stehen, aber von ihm nach dem Vertrag bei Beendigung des Pachtverhältnisses dem Verpächter zu überlassen sind, ist kein Verwendungsersatzanspruch, unterliegt also nicht der kurzen Verjährung des § 558 BGB[5]. Dies dürfte auch für den Ausgleichsanspruch des Pächters nach § 582 a Abs. 3 BGB gelten. Umgekehrt ist eine Verringerung des Schätzwertes nicht einer Verschlechterung der Pachtsache gleichzusetzen, so daß für den Ausgleichs-

---

3) BGH, Urt. v. 7. 7. 1960 – VIII ZR 105/59 = WM 1960, 1148.
4) BGH, Urt. v. 21. 12. 1960 – VIII ZR 146/59 = BGHZ 34, 153, 157 = NJW 1961, 502.
5) RGZ 152, 100.

II. Besonderheiten einzelner Pachtverhältnisse

anspruch des Verpächters gleichfalls nicht die Verjährungsregelung des § 558 BGB eingreift.

## 2. Pacht eines Unternehmens

Bei der im Wirtschaftsleben nicht seltenen Verpachtung eines Unternehmens wird nicht nur die Überlassung eines zur Führung des Betriebes und zur Gewinnerzielung geeigneten Pachtobjekts geschuldet, vielmehr soll der Pächter das Unternehmen als Inbegriff aller Sachen und Rechte mit seinen gesamten wirtschaftlichen Beziehungen nutzen. Er soll insbesondere von dem vorhandenen Kundenstamm und von dem Ansehen des Unternehmens (good will) profitieren. Häufig ist er berechtigt oder gar verpflichtet, die Firma des Verpächters fortzuführen.

**444**

Soweit die Verpachtung eines Unternehmens auch die Überlassung eines Grundstücks zum Inhalt hat, bedarf der Vertrag der Schriftform des § 566 BGB[6]. Enthält der Pachtvertrag eine Bezugsbindung des Pächters (z. B. bei der Gaststätten- oder Tankstellenpacht), so ergibt sich das Schriftformerfordernis häufig aus § 34 GWB[7].

Bezugsbindungen sind, auch bei der Verpachtung von Gaststätten durch Brauereien oder von Tankstellen durch Mineralölunternehmen, nicht vertragsimmanent, sondern bedürfen ausdrücklicher vertraglicher Abrede[8]. Eine Bezugsbindung des Eigentümers geht bei Verpachtung nur dann auf den Pächter über, wenn er sie übernimmt oder ihr beitritt[9].

Weit verbreitet ist die Pachtzinsbemessung unter Zugrundelegung bestimmter Jahresbezugsmengen. Für den Fall, daß die veranschlagte Menge nicht abgenommen wird, wird dann eine einmalige Entschädigung ausbedungen. Eine derartige Abmachung ist weder nach § 138 BGB noch gem. § 9 AGBG unwirksam; sie ist letztlich nur eine Variante der zulässigen Vereinbarung eines umsatzabhängigen Mietzinses[10]. Auch eine Entschädigung in Höhe von 25% des Bezugspreises der nicht abgenommenen Menge hat der BGH nicht beanstandet[10]. Stellt sich indessen heraus, daß der von beiden Parteien bei Vertragsschluß übereinstimmend als erreichbar angesetzte Mindestumsatz unter keinen Umständen erzielt werden kann, so kann dies eine Anpas-

---

6) BGH, Urt. v. 13. 1. 1982 – VIII ZR 225/80 = WM 1982, 431.
7) BGH, Urt. v. 15. 6. 1981 – VIII ZR 166/80 = WM 1981, 1032 = NJW 1981, 2246; v. 23. 3. 1982 – KZR 18/81 = BGHZ 83, 234 = NJW 1982, 2066; dazu *Hesse*, NJW 1981, 1586; *Emmerich*, NJW 1980, 1263.
8) BGH, Urt. v. 25. 11. 1987 – VIII ZR 283/86 = BGHZ 102, 237 = EWiR § 581 1/88, 37 *(Thamm)* = WM 1988, 92 = NJW 1988, 703.
9) BGH, Urt. v. 3. 6. 1987 – VIII ZR 158/86 = WM 1987, 1288 = NJW-RR 1988, 199.
10) BGH, Urt. v. 6. 12. 1989 – VIII ZR 310/88 = BGHZ 109, 314 = ZIP 1990, 103 = EWiR § 1 c AbzG 1/90, 209 *(Sternel)* = WM 1990, 519 = NJW 1990, 567.

sung des Vertrages nach den Grundsätzen über das Fehlen der Geschäftsgrundlage rechtfertigen[10].

Nach Beendigung des Pachtverhältnisses steht dem Pächter gegen den Verpächter kein Ausgleichsanspruch für den sog. good will des Geschäfts zu[11]. Das Risiko des Pächters, die objekt- und standortgebundenen Vorteile des Geschäfts nach Ende der Vertragszeit ersatzlos zu verlieren, folgt aus dem Wesen der Verpachtung als Nutzungsüberlassung auf Zeit. Nach der Wertung des Gesetzes fällt dem Verpächter der Wertzuwachs zu. Die Regeln über den Ausgleichsanspruch des Handelsvertreters (§ 89 b HGB) oder Eigenhändlers sind nicht entsprechend anzuwenden. Auch wenn der Verpächter stiller Gesellschafter des pachtenden Geschäftsinhabers war, gilt nichts anderes.

### 2.1 Haftung des Pächters für Schulden des Verpächters oder früheren Pächters

**445** Die Pacht des Unternehmens kann für den Pächter auch mit Risiken verbunden sein. Führt er die Firma des Verpächters fort, so begründet dies nach § 25 HGB – jedoch gemäß § 25 Abs. 2 HGB beschränkbar – seine Haftung für Verbindlichkeiten, die im Betrieb des Verpächters begründet sind. Aber auch wenn die Firma nicht förmlich und ausdrücklich übertragen wird, genügt es, daß die Firmen des Verpächters und Pächters einander gleichen, denn der Rechtsverkehr schließt hieraus auf einen Wechsel des Inhabers bei identischem Unternehmen. Dies führt zur Haftung nach § 25 HGB, auch wenn der neue Inhaber das Unternehmen nur gepachtet hat[12]. Wer ein gepachtetes Unternehmen unter der bisherigen Firma fortführt, haftet nach § 25 HGB sogar für die im Betrieb des Geschäfts begründeten Verbindlichkeiten eines früheren Pächters[13]. Darüber hinaus kommt der Verpachtung und dem Pächterwechsel auch die Bedeutung eines Betriebsübergangs gemäß § 613 a BGB zu, so daß der Pächter in die Rechte und Pflichten aus Arbeitsverhältnissen eintritt[14]. Umgekehrt treten die gleichen Rechtsfolgen bei Rückfall des Unternehmens an den Verpächter ein[15].

---

11) BGH, Urt. v. 12. 5. 1986 – II ZR 11/86 = WM 1986, 908 = NJW 1986, 2306.
12) BGH, Urt. v. 29. 3. 1982 – II ZR 166/81 = ZIP 1982, 560 = WM 1982, 555 = NJW 1982, 1647.
13) BGH, Urt. v. 16. 1. 1984 – II ZR 114/83 = WM 1984, 474 = NJW 1984, 1186 mit zust. Anm. v. *Karsten Schmidt.*
14) BAG, Urt. v. 25. 2. 1981 – 5 ARZ 991/78 = BAGE 35, 104 = ZIP 1981, 521 = NJW 1981, 2212; BGH, Urt. v. 4. 7. 1985 – IX ZR 172/84 = ZIP 1985, 1156 = EWiR § 613 a BGB 13/85, 859 *(Schwerdtner)* = WM 1985, 1272 = NJW 1985, 2643.
15) BAG, Urt. v. 26. 2. 1987 – 2 AZR 768/85 = EWiR § 613 a BGB 6/87, 565 *(Willemsen)* = ZIP 1987, 731.

II. Besonderheiten einzelner Pachtverhältnisse

## 2.2 Betriebsrisiko

Auch bei der Unternehmenspacht trägt grundsätzlich allein der Pächter das **446** Risiko für geschäftlichen Erfolg oder Mißerfolg. Es gilt nichts anderes als bei der Miete. Selbst wenn der good will des Unternehmens hinter den Erwartungen des Pächters zurückbleibt, ist das Pachtobjekt nicht mangelhaft. Der Pächter muß auch damit rechnen, daß frühere Kunden des Verpächters ausbleiben.

Eine andere Risikoverteilung ist jedoch geboten, soweit der Pächter gegenüber dem Verpächter eine soziale Bindung eingeht. So kann dem Pächter einer Werkskantine nicht dasselbe volle Risiko wie einem Gastwirt aufgebürdet werden, weil er durch vertragliche Bindungen im Leistungs- und Warenangebot, in der Preisgestaltung, mithin in seiner gesamten Kalkulation nicht frei ist. Diese Bindungen werden ihm im wirtschaftlichen Interesse des Verpächters auferlegt, der durch Verpachtung der Kantine einen Teil der sozialen Leistungen, die er seinen Arbeitnehmern schuldet, durch einen selbständigen Dritten erbringen läßt. Das rechtfertigt es, den Verpächter an den Risiken zu beteiligen, die die Bewirtschaftung einer Kantine mit sozial gebundenen Preisen mit sich bringt[16].

Wer als Pächter einer Betriebsgaststätte auf Veranlassung des Betriebsinhabers und Verpächters die Kapazität der Küche durch entsprechende Investitionen und Personalaufwand vergrößert, kann Ersatz dieser Kosten verlangen, wenn ihr Einsatz deshalb nutzlos wird, weil der Verpächter seiner Vertragspflicht, die Betriebsangehörigen zum Besuch der Gaststätte anzuhalten, nicht nachkommt, etwa einen Boykott duldet oder fördert[17].

## 2.3 Betriebspflicht

Ob der Grundsatz, daß der Pächter ohne entsprechende Vereinbarung nicht **447** zur Nutzung des Pachtobjekts verpflichtet ist[18], bei der Unternehmenspacht uneingeschränkt gilt, ist zweifelhaft. Dem steht entgegen, daß der Unternehmenswert sinkt, wenn der Betrieb stillgelegt wird. Nach Ablauf des Pachtverhältnisses kann der Verpächter nur noch Grundstück und Inventar weiter verpachten, nicht aber mehr das Unternehmen. Die Betriebsstillegung bedeutet also in aller Regel eine Verschlechterung des Pachtobjekts und eine

---

16) BGH, Urt. v. 10./14. 3. 1977 – VIII ZR 183/75 = WM 1977, 591.
17) BGH, Urt. v. 28. 6. 1977 – VIII ZR 240/75 = WM 1977, 1089.
18) Vgl. RGZ 136, 433; 160, 361; BGH, Urt. v. 4. 4. 1979 – VIII ZR 118/78 = NJW 1979, 2351.

## B. Pachtvertrag

vertragswidrige Nutzung. Daher wird der Pächter in der Regel zur Fortführung des gepachteten Unternehmens verpflichtet sein[19].

### 2.4 Wettbewerbsverbot

**448** Der Pachtvertrag über ein Unternehmen begründet keine vertragsimmanente Pflicht des Pächters, während der Vertragszeit kein anderes gleichartiges Unternehmen zu betreiben oder nach Vertragsende ein konkurrierendes Unternehmen zu eröffnen. Vielfach wird jedoch ein Wettbewerbsverbot im Interesse des Verpächters zu Lasten des Pächters vereinbart. Dies ist grundsätzlich nicht zu beanstanden; allerdings darf die wirtschaftliche Bewegungsfreiheit des Pächters hierdurch nicht im Übermaß beeinträchtigt werden. Eine Wettbewerbsbeschränkung muß daher zeitlich begrenzt sein und darf nicht über die schutzwürdigen Interessen des Verpächters hinausgehen. Hinsichtlich der zeitlichen Grenzen sind die handelsrechtlichen Regeln über Konkurrenzverbote für Handlungsgehilfen und Handelsvertreter nicht entsprechend anzuwenden[20]. Ein Verbotszeitraum bis zu drei Jahren erscheint im Regelfall angemessen[21]. Verstößt der Pächter gegen das Konkurrenzverbot, so ist er nicht nur zum Schadensersatz oder, falls ausbedungen, zur Zahlung einer Vertragsstrafe verpflichtet; vielmehr bleibt er gehalten, insgesamt während der angemessenen Zeit auf Wettbewerb zu verzichten, so daß sich die Frist um den Zeitraum der Zuwiderhandlung verlängert[22].

Aber auch ohne Vereinbarung eines Wettbewerbsverbotes ist der Pächter insofern nicht völlig frei, als er gemäß § 1 UWG unlauteren Wettbewerb zu unterlassen hat. Er darf zwar ein Konkurrenzunternehmen eröffnen, läuft aber Gefahr, gegen § 1 UWG zu verstoßen, wenn er allzu intensiv frühere Geschäftsverbindungen ausnutzt. So handelt ein Pächter wettbewerbswidrig, wenn er das Pachtverhältnis kündigt, gleichzeitig ein Konkurrenzunternehmen eröffnet und den Kundenstamm des vorher von ihm geführten Unternehmens an sich zieht, ohne den Verpächter rechtzeitig von seinem bevorstehenden Ausscheiden zu unterrichten und ohne die Kunden auf die neue Wettbewerbssituation hinzuweisen[23].

---

19) Vgl. *Mittelstein*, S. 24; MünchKomm-*Voelskow*, § 581 Rz. 4; a. A. *Staudinger/Sonnenschein*, § 581 Rz. 221; *Soergel/Kummer*, § 1581 Rz. 30.
20) BGH, Urt. v. 30. 4. 1957 – VIII ZR 201/56 = BGHZ 24, 165 = NJW 1957, 988.
21) BGH, Urt. v. 10. 6. 1964 – VIII ZR 262/63 = NJW 1964, 2203; OLG Stuttgart NJW 1978, 2340; OLG Celle NJW-RR 1990, 974.
22) BGH, aaO (Fußn. 21).
23) BGH, Urt. v. 3. 12. 1969 – I ZR 151/67 = WM 1970, 357 = NJW 1970, 471.

## II. Besonderheiten einzelner Pachtverhältnisse

### 3. Pacht einer Apotheke

Nach § 9 Apothekengesetz ist die Verpachtung einer Apotheke nur ausnahmsweise zulässig, wenn der Verpächter, der noch im Besitz der Betriebserlaubnis ist, aus wichtigen persönlichen Gründen die Apotheke nicht selbst betreiben kann, wenn seine Erlaubnis wegen körperlicher oder geistiger Gebrechen widerrufen worden ist, oder wenn seine Approbation durch Wegfall der gesetzlichen Voraussetzungen erloschen ist[24]. Ist der Erlaubnisinhaber verstorben, so können die erbberechtigte Witwe (laut Gesetz nicht der Witwer!) bis zu ihrer Wiederverheiratung oder erbberechtigte Kinder, bis das jüngste das 23. Lebensjahr vollendet hat, die Apotheke verpachten. Durch die Verpachtung darf die berufliche Verantwortung und Entscheidungsfreiheit des pachtenden Apothekers nicht eingeschränkt werden (§ 9 Abs. 2 Satz 2 ApothekenG). Ein Pachtvertrag, der entgegen § 9 Abs. 1 ApothekenG geschlossen wird, ist nichtig (§ 12 ApothekenG). Dies gilt auch für Umgehungsgeschäfte.

**449**

Werden nicht leere Räume, sondern Räume mit geeigneter Ausstattung „zum Weiterbetrieb einer Apotheke" überlassen und erreicht der Mietzins eine entsprechende Höhe, liegt eine Umgehung des Verpachtungsverbotes nahe[25]. Daß die Parteien ihren Vertrag ausdrücklich als Mietvertrag bezeichnen, steht der Annahme eines Pachtvertrages nicht entgegen. In dem vom OLG Karlsruhe entschiedenen Fall war der „Mieter" zusätzlich verpflichtet, die Bezeichnung der Apotheke, unter der sie eingeführt war, beizubehalten; dies deutet insbesondere auf einen Pachtvertrag hin.

Die Vermietung leerer Räume zum Betrieb einer Apotheke ist grundsätzlich unbedenklich.

Da gem. § 8 Satz 2 ApothekenG partiarische Verhältnisse mit Apothekern untersagt sind, ist die Vereinbarung eines umsatzabhängigen Mietzinses unzulässig[26]. Bei der zulässigen Apothekenpacht kann ein am Umsatz ausgerichteter Pachtzins vereinbart werden.

### 4. Pacht von Rechten

Die Pacht eines Rechtes spielt im Wirtschaftsleben eine untergeordnete Rolle, weil insoweit vielfach spezielle Vertragsformen, etwa der Lizenzvertrag, eingreifen.

**450**

---

24) Dazu BVerfGE 17, 232 = NJW 1964, 1067.
25) OLG Karlsruhe NJW 1970, 1977.
26) Zur Bemessung des Mietzinses nach Auslaufen der Übergangsregelung OLG Oldenburg NJW-RR 1990, 84.

## B. Pachtvertrag

Ein derzeit praktizierter Anwendungsfall ist die Verpachtung von Konzessionen nach dem Personenbeförderungsgesetz[27] und dem Güterkraftverkehrsgesetz. Nach § 2 Abs. 3 PBefG und § 10 Abs. 4 GüKG ist die isolierte pachtweise Übertragung der sich aus der Konzession erwachsenen Rechte und Pflichten unzulässig. Der Verstoß führt nach § 134 BGB zur Nichtigkeit des Rechtsgeschäfts. Wirksam ist hingegen die Übertragung des ganzen Unternehmens oder wesentlicher abgrenzbarer Teile des Unternehmens, auch wenn diese schwerpunktmäßig die Rechte aus der Konzession betrifft[28]. Derartige Rechtsgeschäfte sind auch unter Berücksichtigung einer etwaigen Benachteiligung der übrigen Konzessionsbewerber und eines Bewerberüberhanges nicht sittenwidrig[29].

Als Auffangtatbestand nimmt die Rechtsprechung einen Pachtvertrag über ein Recht an, wenn die Überlassung eines Nutzungsrechts nicht als Miete oder Pacht von Sachen angesehen werden kann, weil der Nutzungsberechtigte keine Verfügungsgewalt über die Sache erlangt. So liegt in der entgeltlichen Gestattung, in einem Raum ein Gewerbe auszuüben, dann kein Mietverhältnis, wenn der Nutzungsberechtigte nicht einmal teilweise oder zeitweilig die Verfügungsgewalt über den Raum hat. Den Nutzungsvertrag hat der Bundesgerichtshof als Rechtspacht eingeordnet[30].

### 5. Know-how-Vertrag und Nutzungsvertrag über Computerprogramm

**451** Für den Know-how-Vertrag, die Überlassung der Nutzung eines nicht schutzrechtsfähigen Fertigungsverfahrens gegen Entgelt, werden die Regeln des Pachtrechts, insbesondere das Gewährleistungsrecht, als sachgerecht angesehen[31].

Die Überlassung eines Computerprogramms (Software) zur Nutzung auf Zeit unterliegt dem Pachtrecht, wenn es sich um Standardsoftware handelt[32]. Anderes gilt bei der Fertigung und Überlassung von Software, die speziell auf die Bedürfnisse des Benutzers zugeschnitten ist. Der BGH unterstellt, wenn

---

27) Vgl. BGH, Urt. v. 4. 6. 1986 – VIII ZR 160/85 = WM 1986, 1359 = NJW-RR 1986, 1243.
28) BGH, Urt. v. 27. 9. 1989 – VIII ZR 57/89 = BGHZ 108, 364 = ZIP 1990, 45 = EWiR § 134 BGB 1/90, 13 *(Teichmann)* = WM 1990, 246 = NJW 1990, 1354.
29) Dazu BVerfG NJW 1990, 1352; OLG Düsseldorf MDR 1990, 719.
30) Urt. v. 15. 10. 1954 – V ZR 42/54 = LM Nr. 11 zu § 581 BGB – Buchhandel im Bahnhof; 20. 11. 1967 – VIII ZR 92/65 = WM 1968, 7 – Ausschank in einer Markthalle.
31) MünchKomm-*Voelskow*, vor § 581 Rz. 14; *Pfaff*, BB 1974, 565; *Engel*, BB 1985, 1159, 1164 m. w. N.; wohl auch BGH, Urt. v. 3. 6. 1981 – VIII ZR 153/80 = ZIP 1981, 869 = WM 1981, 954 = NJW 1981, 2684.
32) BGH (Fußn. 31); *Engel*, BB 1985, 1159; *Mehrings*, NJW 1986, 1904, 1905; *Scholz*, MDR 1989, 107.

## II. Besonderheiten einzelner Pachtverhältnisse

auch eher beiläufig, diesen Vertragstyp dem Werkvertragsrecht[33]; im Schrifttum[34] wird diese Auffassung geteilt.

Die unterschiedliche Einteilung ist für das Gewährleistungsrecht von erheblicher Bedeutung. Bei Anwendung von Pachtrecht (§§ 537, 538, 542 BGB) sind insbesondere die Voraussetzungen der Schadensersatzpflicht für den Hersteller ungünstig: verschuldensunabhängige Haftung für anfängliche Mängel, Ersatzpflicht auch ohne vorherige Nachbesserungsmöglichkeit. Hingegen haftet der Hersteller nach Werkvertragsrecht nur, wenn er den Mangel zu vertreten hat und auch nur, wenn er Gelegenheit zur Abhilfe hatte (§ 635 BGB). Wegen des hohen Risikos von Störungen in der Anlaufphase wird deshalb im Schrifttum[35] gefordert, bei der Nutzung von Software die miet- und pachtrechtlichen Gewährleistungsregeln nicht anzuwenden und, unabhängig von der rechtlichen Einordnung des Vertrages, die Garantiehaftung für anfängliche Sachmängel entfallen zu lassen sowie dem Hersteller ein Nachbesserungsrecht zuzubilligen. Dies erscheint inkonsequent; gilt Pachtrecht, dann auch § 538 BGB. Durch Vereinbarung von Geschäftsbedingungen, die den Benutzer weniger günstig stellen, können die Vertragsparteien etwaige Härten der gesetzlichen Regelung ausgleichen. In Hinblick auf § 9 AGBG bestehen insoweit keine Bedenken.

Der Fehlerbegriff des § 537 BGB gilt grundsätzlich auch bei der Nutzungsüberlassung von Software, jedoch kommt der subjektiven Komponente, d. h. der Eignung für den sich aus dem Vertrag ergebenden Zweck (dazu Rz. 78) besondere Bedeutung zu; eine „Normalbeschaffenheit" dürfte bei Software kaum zu definieren sein. Die Leistungsbeschreibung ist daher für den Begriff des Mangels ausschlaggebend[36]. Obwohl diese in aller Regel sehr genau Funktionen und Fähigkeiten wiedergibt, liegt darin keine Zusicherung von Eigenschaften (dazu Rz. 75).

Kein Fehler ist das Vorhandensein einer vom Hersteller programmierten Sperre (expiration date), die dem Schutz vor unbefugter Ausnutzung dient[37]; bei sachgerechtem Einsatz der Software beeinträchtigt sie nicht den vertragsgemäßen Gebrauch. Verwendet der Ersteller des Programms die Sperre jedoch über die Schutzfunktion hinaus, um Druck auf den Benutzer auszu-

---

33) Urt. v. 11. 2. 1971 − VII ZR 170/69 = WM 1971, 615; v. 30. 6. 1983 − VII ZR 193/83 = WM 1983, 1043 = NJW 1983, 2439.
34) MünchKomm-*Soergel,* § 631 Rz. 80; *Palandt/Thomas,* vor § 631 Anm. 5; *Engel,* BB 1985, 1159, 1161; *Mehrings,* NJW 1986, 1904; *Scholz,* MDR 1989, 107.
35) *Mehrings,* NJW 1986, 1904, 1908; *Tellis* BB 1990, 500, 503.
36) *Mehrings,* NJW 1986, 1904, 1906; *Scholz,* MDR 1989, 107.
37) BGH, Urt. v. 3. 6. 1981 (Fußn. 31); v. 25. 3. 1987 − VIII ZR 43/86 = ZIP 1987, 788 = EWiR § 139 BGB 1/87, 653 *(v. Westphalen)* = WM 1987, 818 = NJW 1987, 2004.

## B. Pachtvertrag

üben, insbesondere um weitere vom Vertrag nicht gedeckte Zwecke zu verfolgen, so entzieht er den vertragsgemäßen Gebrauch.

### 6. Bodenabbauverträge

**452** Verträge, durch die der Eigentümer eines Grundstücks einem anderen die Ausbeutung der Bodenbestandteile überläßt, sind Pachtverträge, wenn das Schwergewicht auf der Fruchtziehung durch den Berechtigten liegt, so bei einem Vertrag über die Ausbeutung eines Steinbruchs[38], einer Sandgrube[39] oder eines Kies-[40] oder Bimsvorkommens[41]. Das gilt auch dann, wenn der Vertrag als Kaufvertrag über das Recht auf Aneignung der Bodenbestandteile bezeichnet wird, die Dauer der Ausbeutungsbefugnis nicht bestimmt ist, und die Gegenleistung sich nach der abgebauten Menge richtet[42].

Wenn nicht anders vereinbart, haftet der Verpächter dafür, daß dem Abbau keine öffentlich-rechtlichen Hindernisse entgegenstehen[43]. Auch hat der Verpächter, sofern nicht anders ausbedungen, dafür einzustehen, daß das Grundstück für die Gewinnung der erwarteten Bodenbestandteile tauglich ist. Sind diese nicht vorhanden, so ist das Pachtobjekt mangelhaft. Der Verpächter muß jedoch nicht dafür einstehen, daß der Abbau für den Pächter wirtschaftlich rentabel ist[44]. Ist die Abbaumenge geringer als erwartet, so fällt dies in den Risikobereich des Pächters. Die Grenze zum Mangel des Pachtobjekts dürfte jedoch erreicht sein, wenn die Ausbeute derart dürftig ist, daß dies dem Nichtvorhandensein gleichkommt.

Bei Pachtverträgen, die die Kiesgewinnung aus dem Grundstück regeln, unternehmen Verpächter immer wieder den Versuch, sich an künftigen Ausbeutungsvorhaben des Pächters zu beteiligen. Sie nehmen daher in den Vertrag eine Klausel auf, wonach der Pächter zeitlich unbegrenzt verpflichtet ist, in einem bestimmten Umkreis um das Pachtgelände keine Auskiesung ohne Zustimmung des Verpächters zu betreiben. Eine solche Vereinbarung ist nichtig, wenn der Verpächter selbst nicht anderweitig Kies ausbeutet und auch nicht der Entdecker des Vorkommens ist. Die Klausel bezweckt, ihm ohne eigene Leistung und, vom Gewinnstreben abgesehen, ohne eigenes

---

38) BGH, Urt. v. 10. 6. 1958 – VIII ZR 135/57 = LM Nr. 55 zu § 542 BGB Cd = ZMR 1959, 8.
39) BGH, Urt. v. 7. 2. 1973 – VIII ZR 205/71 = WM 1973, 386.
40) BGH, Urt. v. 17. 3. 1982 – VIII ZR 281/81 = WM 1982, 595 = NJW 1982, 2062; v. 7. 3. 1983 – VIII ZR 331/81 = WM 1983, 531.
41) BGH, Urt. v. 7. 12. 1984 – V ZR 189/83 = BGHZ 93, 142 = WM 1985, 419 = NJW 1985, 1025.
42) BGH, Urt. v. 7. 12. 1984, aaO (Fußn. 41).
43) BGH, Urt. v. 17. 3. 1982 – VIII ZR 281/81 = WM 1982, 595 = NJW 1982, 2062; v. 7. 12. 1984 (Fußn. 41).
44) BGH, Urt. v. 17. 3. 1982, aaO (Fußn. 43).

## II. Besonderheiten einzelner Pachtverhältnisse

Interesse mit Hilfe des Druckmittels in Form eines Unterlassungsanspruchs eine wirtschaftliche Beteiligung an künftigen Kiesausbeutungen des Pächters zu sichern. Darin liegt eine unzulässige Beschränkung der wirtschaftlichen Freiheit des Pächters, die durch die Nutzungsüberlassung allein nicht gerechtfertigt ist[45].

Ohne besondere vertragliche Vereinbarung ist der Pächter nicht verpflichtet, die Bodenbestandteile abzubauen. Übernimmt er jedoch eine dahingehende Verpflichtung, insbesondere durch Zusicherung einer bestimmten Mindestentnahme, so ist der Verpächter zur fristlosen Kündigung berechtigt, wenn der Pächter die Bodenbestandteile nicht abbaut[46].

Regelmäßig führt die vertragsgemäße Nutzung des Pachtobjekts zu seiner Veränderung. Jedoch ist der Pächter ohne entsprechende Vereinbarung nicht verpflichtet, das Pachtobjekt vor Vertragsende wieder aufzufüllen. Dies bedarf einer besonderen vertraglichen Regelung.

Bei Überschreiten der vereinbarten oder nach öffentlichem Recht zulässigen Abbaugrenzen macht sich der Pächter schadensersatzpflichtig. Nicht ausgeschlossen ist die Verpflichtung zur Naturalrestitution[47]. Den Wert des über die Abbaugrenzen hinaus gewonnenen Materials hat der Pächter dem Verpächter nach §§ 812 Abs. 1, 818 Abs. 2 BGB zu erstatten; nach § 816 Abs. 1 BGB hat er sogar den höheren Verkaufserlös abzuführen.

---

45) BGH, Urt. v. 7. 6. 1972 – VIII ZR 175/70 = BGHZ 59, 64 = WM 1972, 882 = NJW 1972, 1421; v. 28. 5. 1975 – VIII ZR 200/74 = WM 1975, 777.
46) BGH, Urt. v. 7. 3. 1983 – VIII ZR 331/81 = WM 1983, 531.
47) BGH, Urt. v. 8. 1. 1986 – VIII ZR 292/84 = WM 1986, 492.

# C.
# Verträge mit übergreifendem Inhalt

## I. Leasing

### 1. Wirtschaftlicher Ansatz des Leasing

**453** Zu den über das Mietrecht hinausgreifenden Rechtsgeschäften gehört, in den Grenzbereichen von Miete, Darlehen und Kauf anzusiedeln, das Leasing. Es weist mietrechtliche Züge auf, weil der Leasinggeber dem Leasingnehmer eine zeitlich begrenzte Nutzungsmöglichkeit des Leasingobjekts verschafft, darlehensrechtliche Züge hat es, weil der Leasinggeber die Nutzungsmöglichkeit finanziert, kaufrechtliche Züge gewinnt das Leasing schließlich, soweit der Leasingvertrag Modalitäten des endgültigen Verbleibs des Leasingobjekts nach Ablauf der Nutzungsdauer beim Leasingnehmer regelt und insbesondere insoweit, als es sich um die Gefahrtragung für das Leasingobjekt und um Gewährleistungsansprüche handelt. Seine seit 1960 stetig gewachsene Bedeutung im Wirtschaftsleben verdankt das Leasing zum einen dem chronischen Eigenkapitalmangel in weiten Bereichen der Wirtschaft, der eine Finanzierung unerläßlicher Investitionen allein aus laufenden Erträgen erlaubt, und zum anderen dem Umstand, daß von den Herstellern von Investitions- und gehobenen Konsumgütern regelmäßig die Finanzierung des Absatzes ihrer Erzeugnisse verlangt wird. Diese zu Produktion und Vertrieb hinzugetretene Aufgabe übersteigt nicht selten die Möglichkeiten selbst größerer Unternehmen und zwingt sie zu weitgehender, ertragsmindernder, oft existenzgefährdender Fremdfinanzierung. Es liegt deshalb nahe, daß die um Aufträge und Absatz bemühten Hersteller und der Handel sich eines Verfahrens bedienen, das ihnen nicht nur die Aufgabe der Absatzfinanzierung nimmt, sondern ihnen auch die Vorteile eines Barverkaufs wieder zugute kommen läßt und darüber hinaus auf der anderen Seite dem Interessenten Investitionen aus laufenden Erträgen und in nicht geringem Umfang durch Steuerersparnisse ermöglicht. Es kann deshalb nicht verwundern, daß – unter einer Vielfalt von Möglichkeiten – die Ausgestaltung des Leasinggeschäfts als Finanzierungsleasing, d. h. in der Form mehrseitigen Zusammenwirkens von Hersteller/Händler, Leasinggeber und Leasingnehmer, in der Praxis gegenüber dem Herstellerleasing, bei dem Hersteller/Händler und Leasinggeber identisch sind, bei weitem überwiegt. Die Entwicklung entspricht derjenigen beim finanzierten Abzahlungs-

## I. Leasing

kauf, in deren Verlauf das vom Hersteller/Händler selbst finanzierte Abzahlungsgeschäft (eigenfinanzierter Abzahlungskauf) durch das von dritter Seite finanzierte Abzahlungsgeschäft (fremdfinanzierter Abzahlungskauf) praktisch verdrängt worden ist.

Die inzwischen umfangreiche Literatur zum Leasing rechtfertigt es, hier darauf zu verzichten, das neuartige Schuldverhältnis auch nur in seinen Grundzügen nachzuzeichnen. Erörtert werden nur Fragen, die zu Auseinandersetzungen zwischen Leasingvertragspartnern geführt und demzufolge die Instanzgerichte und den Bundesgerichtshof beschäftigt haben.

Leasing verdankt seine Verbreitung zu einem nicht geringen Teil steuerlichen Erwägungen. Seit Verkündung des Urteils des Bundesfinanzhofs vom 26. Januar 1970 – IV R 144/66[1] bemüht sich der Bundesminister der Finanzen im Erlaßwege um eine einheitliche Rechtsanwendung durch die nachgeordneten Verwaltungsbehörden:

BMF, Erlaß vom 19. April 1971, IV B/2 – S 2170–31/71 = BStBl 1971 I, S. 264 – ertragssteuerliche Behandlung von Leasingverträgen über bewegliche Wirtschaftsgüter –

BMF, Schreiben vom 21. März 1972, F/IV B 2 – S 2170–11/72 = BB 1972, 433 – ertragssteuerliche Behandlung von Finanzierungsleasingverträgen über bewegliche Wirtschaftsgüter –

BMF, Erlaß vom 22. Dezember 1975, IV B/2 – S 2170–161/75 = BB 1976, 72 – steuerrechtliche Zurechnung des Leasinggegenstandes beim Leasinggeber –.

Das Kernproblem der steuerlichen Behandlung von Leasingverträgen ist die Zuordnung des Leasingobjekts beim Leasinggeber oder Leasingnehmer. Entsprechend der Praxis im Umsatzsteuerrecht bedient sich auch hier der Bundesfinanzhof und ihm folgend die Finanzverwaltung des Begriffs des wirtschaftlichen Eigentums. Damit mögen sich die steuerlichen Probleme lösen lassen, für die zivilrechtliche Behandlung ist damit indessen nichts gewonnen[2].

Die Variationsbreite in der Ausgestaltung von Leasingverträgen nimmt **454**

---

1) BStBl 1970 II S. 264 = NJW 1970, 1148.
2) Vgl. zu den steuerlichen Aspekten des Leasing, die hier nicht darzustellen sind, u. a. *Flume*, Leasing in zivilrechtlicher und steuerrechtlicher Sicht, 1972, S. 8 ff, 39 ff; *Bernstein*, Der Tatbestand des Mobilien-Finanzierungsleasingvertrages und seine rechtliche Einordnung als Vertrag „sui generis", Frankfurter Dissertation, 1983, S. 46–78 m. w. N. und *v. Westphalen*, Der Leasingvertrag, 3. Aufl., Rz. 18 ff, 32 ff.

ständig zu[3]. In rechtlicher und in wirtschaftlicher Hinsicht problemanfällig sind, wie Literatur und Rechtsprechungspraxis deutlich werden lassen, – von den Beteiligten her gesehen – das Finanzierungsleasing und – von der inhaltlichen Ausformung her betrachtet – das Teilamortisationsleasing. Das liegt daran, daß es sich dabei jeweils um die Weiterentwicklung einfacherer Grundstrukturen, nämlich des Hersteller- bzw. des Vollamortisationsleasing handelt, Vertragstypen, die aus wirtschaftlichen Gesichtspunkten oder steuerrechtlichen Gründen keine praktische Bedeutung gewinnen konnten. Hersteller und Händler können oder wollen nicht selbst Leasinggeber sein. Deshalb hat das Finanzierungsleasing das Herstellerleasing verdrängt. Dem Leasinggeber wird das Leasingobjekt als wirtschaftliches Eigentum in steuerrechtlichem Sinn nur dann zugeordnet, wenn die Vertragsdauer mindestens 40% und höchstens 90% der betriebsgewöhnlichen Nutzungsdauer des Leasingobjekts beträgt. Von der Zuordnung des Leasingobjekts zum Leasinggeber aber hängt der vom Leasingnehmer erstrebte Steuervorteil ab.

Will der Leasinggeber in der auf 90% der betriebsgewöhnlichen Nutzungsdauer verkürzten Laufzeit des Leasingvertrages über die Leasingraten Anschaffungspreis, Finanzierungskosten, Refinanzierungskosten, allgemeine Geschäftsunkosten und Gewinn erwirtschaften, müßten die Leasingraten entsprechend höher kalkuliert sein, um eine Vollamortisation zu erreichen. Zu derartig erhöhten Leasingraten aber sind Leasingverträge nicht unterzubringen. Da Teilamortisation andererseits zwangsläufig zu Verlusten beim Leasinggeber führen würde, bedarf es einer Ergänzung des Leasingvertrages, die es dem Leasinggeber einerseits erlaubt, einen Ertrag zu erwirtschaften, andererseits aber die vom Leasingnehmer erstrebten Steuervorteile nicht gefährdet. Dies geschieht durch Vereinbarung einer Verlängerungsoption, einer Kaufoption oder eines Andienungsrechts. Erfüllen Anschlußmiete und Kaufpreis bei solcher Vertragsgestaltung bestimmte Voraussetzungen, so bleibt es steuerrechtlich bei der Zuordnung des Leasinggutes als wirtschaftliches Eigentum des Leasinggebers[4]. Zu den Teilamortisationsverträgen gehört auch das Operating-Leasing, das darauf angelegt ist, durch mindestens zwei – gelegentlich mehrere – aufeinanderfolgende (Teilamortisations-) Leasingverträge im Ergebnis eine volle Amortisation zu erreichen[5]. Schließlich führen auch Teilamortisationsleasingverträge,

---

3) Vgl. v. Westphalen, aaO (Fußn. 2), Rz. 2 ff; Hagenmüller, Leasing-Handbuch, 4. Aufl., 1981, S. 27 ff; Autenrieth, JA 1980, 407.
4) Vgl. dazu v. Westphalen, aaO (Fußn. 2), Rz. 19 ff.
5) Vgl. dazu BGH, Urt. v. 5. 4. 1978 – VIII ZR 49/77 = BGHZ 71, 196, 202 = WM 1978, 570, 572 = NJW 1978, 1432.

die dem Leasingnehmer ein ordentliches Kündigungsrecht einräumen, dieses aber mit einer Abschlußzahlung verknüpfen, wirtschaftlich zur Vollamortisation.

Als zentraler Vertragstyp im Bereich des Leasing kann danach das finanzierte Teilamortisationsleasing mit und ohne Kaufoption, mit und ohne Verlängerungsoption und mit und ohne Andienungsrecht gelten.

## 2. Einordnung des Finanzierungsleasing in das Besondere Schuldrecht

Der Meinungsstreit um die Einordnung des Finanzierungsleasingvertrages in das System des Besonderen Schuldrechts dauert an. Einen Überblick über den Diskussionsstand geben v. *Westphalen*[6], *Klamroth*[7], *Seifert*[8], *Emmerich*[9], *Bronotte*[10], sowie *Bernstein*[11], dessen Argumentation einer zunehmenden Tendenz folgt, das Finanzierungsleasing als Vertrag eigener Art zu werten, der sich der Zuordnung zu einem der Vertragstypen des Besonderen Schuldrechts entziehe und der auch nicht als schlichte Kombination von Elementen der Miete, des Kaufs und des Darlehens verstanden werden könne. Die Charakterisierung des Finanzierungsleasing als eines atypischen Vertrages findet zwar ihre dogmatische Rechtfertigung im Prinzip der Vertragsfreiheit (§ 305 BGB), schafft jedoch andererseits für die beteiligten Kreise eher Schwierigkeiten, als daß sie solche löst. Sie verläßt den Boden zwingenden Rechts, gibt keinen verläßlichen Anhalt dafür, welche – dispositiven – Normen im Falle lückenausfüllender und ergänzender Vertragsauslegung heranzuziehen sind, nach welchen Kriterien zu beurteilen ist, ob eine AGB-Klausel überraschend oder unangemessen ist; für die Inhaltskontrolle, sei es nach § 9 AGBG, sei es nach § 242 BGB, fehlt ebenso wie z. B. für die Behandlung des Finanzierungsleasing im Konkurs des Leasingnehmers das an einem typischen Vertrag orientierte Leitbild.

**455**

Für die Rechtsprechung stellt sich das Einordnungsproblem hier, wie in anderen Fällen des Auftauchens neuartiger Schuldverhältnisse – wie etwa des Factoring –, niemals allgemein, sondern stets unter dem Gesichtspunkt einer konkreten Fallgestaltung. Auch der Bundesgerichtshof entscheidet

**456**

---

6) AaO (Fußn. 2), Rz. 42 ff. und in DB, Beilage Nr. 6/82, S. 2; *derselbe,* Ausgewählte Fragen zum Leasing-Vertrag, RWS-Skript 116, 2. Aufl., S. 25 ff.
7) BB 1982, 1449.
8) DB, Beilage Nr. 1/83, S. 2–4.
9) JuS 1990, 1.
10) DRiZ 1990, 396.
11) AaO (Fußn. 2), S. 133 ff, 149.

## C. Verträge mit übergreifendem Inhalt

grundsätzlich nicht mehr, als der Einzelfall erfordert[12]. So wenig *Hiddemann*[13] auf eine abschließende Entscheidung des Bundesgerichtshofs zur rechtlichen Einordnung des Finanzierungsleasingvertrages in das System schuldrechtlicher Verträge hinweisen konnte, so wenig kann das jetzt geschehen. Auf Grund einer Gesamtschau der bisher entschiedenen Fälle[14] kann nunmehr jedoch als gesichert gelten, daß das Finanzierungsleasing grundsätzlich dem Mietrecht zuzuordnen ist. Zu einem prinzipiellen Umdenken liefert auch *Lieb*, in der von ihm selbst als „unvoreingenommen" bezeichneten, jedenfalls aber verdienstvollen Untersuchung keinen überzeugenden Grund[15]. Das bestätigt die Studie von *Emmerich*[16]. Der Bundesgerichtshof ist in den zitierten Entscheidungen davon ausgegangen, daß die Beteiligten durch die Formulierung des Vertragstextes eindeutig zu verstehen gegeben haben, daß sie das Rechtsgeschäft als Mietvertrag „in dem vom Gesetzgeber vorgeschriebenen Sinne verstanden wissen wollen"[17]. Daß die Verwendung mietrechtlicher Terminologie im Leasingvertrag der Vergangenheit angehöre und auf einer Verkennung der zivilrechtlichen Gegebenheiten beruht habe, wie *Ziganke* meint[18], kann aus der Rechtsprechungspraxis nicht bestätigt werden. An dem

---

12) Vgl. *Pagendarm*, WM 1967, 434.
13) WM 1978, 834.
14) BGH, Urt. v. 8. 10. 1975 − VIII ZR 81/74 = NJW 1977, 195 = WM 1975, 1203; v. 2. 6. 1976 − VIII ZR 204/74 (nicht veröffentlicht); v. 23. 2. 1977 − VIII ZR 124/75 = BGHZ 68, 118 = NJW 1977, 848 = WM 1977, 447; v. 9. 3. 1977 − VIII ZR 192/73 = WM 1977, 473 = NJW 1977, 1058; v. 5. 4. 1978 − VIII ZR 42/77 = BGHZ 71, 189 = WM 1978, 510 = NJW 1978, 1383; v. 5. 4. 1978 − VIII ZR 49/77 = BGHZ 71, 196 = WM 1978, 570 = NJW 1978, 1432; v. 24. 10. 1979 − VIII ZR 235/78 = WM 1979, 1385 = NJW 1980, 234; v. 16. 9. 1981 − VIII ZR 265/80 = BGHZ 81, 298 = ZIP 1981, 1215 = WM 1981, 1219 = NJW 1982, 105; v. 28. 10. 1981 − VIII ZR 302/80 = BGHZ 82, 121 = ZIP 1982, 64 = WM 1981, 1378 = NJW 1982, 870; v. 2. 12. 1981 − VIII ZR 273/80 = ZIP 1982, 186 = WM 1982, 151 = NJW 1982, 873; v. 24. 5. 1982 − VIII ZR 105/81 = ZIP 1982, 842 = WM 1982, 873 = NJW 1982, 2249; v. 27. 2. 1985 − VIII ZR 328/83 = BGHZ 94, 44 = ZIP 1985, 546 = EWiR § 537 BGB 3/85, 273 *(v. Westphalen)* = WM 1985, 573 = NJW 1985, 1535; v. 9. 10. 1985 − VIII ZR 217/84 = BGHZ 96, 103 = ZIP 1985, 1398 = EWiR § 9 AGBG 14/85, 923 *(v. Westphalen)* = WM 1985, 1447 = NJW 1986, 179; v. 19. 2. 1986 − VIII ZR 91/85 = BGHZ 97, 135 = ZIP 1986, 716 = EWiR § 537 BGB 2/86, 559 *(v. Westphalen)* = WM 1986, 591 = NJW 1986, 1744; v. 1. 7. 1987 − VIII ZR 117/86 = ZIP 1987, 1187 = WM 1987, 1131 = NJW 1988, 204 = EWiR § 542 BGB 1/87, 1075 *(v. Westphalen)*; v. 30. 9. 1987 − VIII ZR 226/86 = ZIP 1987, 1390 = NJW 1988, 198 = EWiR § 9 AGBG 18/87, 1151 *(v. Westphalen)* = WM 1987, 1338; v. 2. 11. 1988 − VIII ZR 121/88 = ZIP 1989, 44 = WM 1988, 1845 = EWiR § 56 GewO 1/89, 361 *(v. Westphalen)* = NJW 1989, 460; v. 25. 1. 1989 − VIII ZR 302/87 = BGHZ 106, 304 = ZIP 1989, 377 = EWiR § 537 BGB 1/89, 461 *(v. Westphalen)* = WM 1989, 442 = NJW 1989, 1279; v. 20. 9. 1989 − VIII ZR 239/88 = ZIP 1989, 1461 = EWiR § 564 BGB 1/89, 1185 *(v. Westphalen)* = WM 1989, 1694 = NJW 1990, 247.
15) DB 1988, 946 ff.
16) JuS 1990, 1 ff.
17) So z. B. Urt. v. 8. 10. 1975 − VIII ZR 81/74 = NJW 1977, 195 = WM 1975, 1203.
18) BB 1982, 706.

## I. Leasing

mietrechtlichen Kern des Finanzierungsleasing ist solange nicht erfolgreich zu rütteln, als es zu den Vertragspflichten des Leasinggebers gehört, dem Leasingnehmer gegen Entgelt den Gebrauch des Leasingobjekts für bestimmte Zeit in einem für den Vertragszweck geeigneten Zustand zu überlassen, eine Hauptpflicht, von der sich der Leasinggeber jedenfalls nicht formularmäßig freizeichnen kann[19]. Soweit danach ein Finanzierungsleasingvertrag im Einzelfall ergänzender oder lückenausfüllender Auslegung bedarf oder einzelne Bestimmungen als überraschend oder unangemessene Regelung angesehen werden müssen, sind die Vorschriften der §§ 535 ff BGB maßgebend.

Enthält das gesetzliche Mietrecht für die im Einzelfall zu lösenden Fragen keine Regelung, wie es z. B. hinsichtlich des Inhalts und der Wirkungen einer Rahmenvereinbarung zwischen Leasinggeber und Leasingnehmer über eine für längere Zeit geplante Abwicklung einer noch unbestimmten Anzahl von Leasinggeschäften der Fall sein kann, so bedarf es im Streitfalle der tatrichterlichen Vertragsauslegung, die auch zu einer Ergänzung der getroffenen Vereinbarungen führen kann[20].

Die Zuordnung des Finanzierungsleasingvertrages zum Mietrecht und das für Ausnahmevorschriften grundsätzlich geltende Analogieverbot haben den Bundesgerichtshof gehindert, einen Finanzierungsleasingvertrag als Darlehensvertrag im Sinne des § 56 Abs. 1 Nr. 6 GewO anzusehen. Auch vom Schutzzweck dieser Norm her ist die entsprechende Anwendung nicht für geboten erachtet worden[21].

### 3. Abschluß und Abschlußmängel

#### 3.1 Form

Leasingverträge bedürfen grundsätzlich nicht der Schriftform. Beim langfristigen Immobilienleasing ist § 566 BGB zu beachten.

**457**

---

19) BGH, Urt. v. 16. 9. 1981 – VIII ZR 265/80 = BGHZ 81, 298 = ZIP 1981, 1215 = WM 1981, 1219 = NJW 1982, 105.
20) BGH, Urt. v. 5. 11. 1986 – VIII ZR 151/85 = ZIP 1987, 38 = EWiR § 535 BGB 1/87, 29 (Eckert) = WM 1987, 108.
21) BGH, Urt. v. 2. 11. 1988 – VIII ZR 121/88 = ZIP 1989, 44 = EWiR § 56 GewO 1/89, 361 (v. Westphalen) = WM 1988, 1845 = NJW 1989, 460.

## 3.2 Inhaltsbestimmung

### 3.2.1 Einbeziehung von AGB

**458** Beim Leasing ist die Verwendung von Formularverträgen unter Einbeziehung der AGB des Leasinggebers üblich. Die Einbeziehung von AGB in Leasingverträge geschieht, wie auch sonst, nach den Regeln des § 2 AGBG. Überraschende Klauseln werden nicht Vertragsbestandteil[22]. Individuelle Absprachen haben Vorrang vor den AGB.

### 3.2.2 Entstehung des Dreiecksverhältnisses von Hersteller/Lieferant−Leasinggeber−Leasingnehmer; Kongruenz von Erwerbsgeschäft und Leasingvertrag

**459** Als typischer Lebenssachverhalt kann nach den bisher gewonnenen Erfahrungen gelten, daß der Leasingnehmer die Auswahl des Leasingobjekts vornimmt und deshalb die mit der Herstellung und Beschaffung des Leasingobjekts verbundenen Verhandlungen mit dem Hersteller/Lieferanten selbst bis zur Abschlußreife führt, in diesem Zusammenhang auch die zum vorgesehenen vertragsgemäßen Gebrauch wichtigen Eigenschaften beschreibt und ggf. auf entsprechende Zusicherungen und Garantien des Herstellers/Lieferanten hinwirkt. Es liegt auf der Hand, daß dabei auch die Weichen für die Einbeziehung der AGB der Hersteller/Lieferanten gestellt werden. Holt der Leasingnehmer schriftliche Angebote ein, wird das regelmäßig nicht zu Schwierigkeiten führen. Bei ausschließlich mündlich gepflogenen Verhandlungen kommt es auf die Umstände des Einzelfalles an, ob die AGB zum Inhalt des (Kauf-)Vertrages werden. Als charakteristisch für das Finanzierungsleasing kann ferner gelten, daß es regelmäßig Sache des Leasinggebers ist, den Kaufvertrag über das vom Leasingnehmer ausgesuchte Objekt abzuschließen, um es diesem alsdann im Wege des Leasing zu Gebrauch und Nutzung zu überlassen. Entsteht auf diese Weise das für das Finanzierungsleasing typische Dreiecksverhältnis zwischen Hersteller/Lieferant-Leasinggeber-Leasingnehmer, so liegt es in der Natur der Sache, daß der Leasinggeber auch im Rahmen des Leasingvertrages alle zwischen Leasingnehmer und Hersteller/Lieferanten im Zusammenhang mit dem Erwerb des Leasingobjekts ausgehandelten technischen und wirtschaftlichen Modalitäten für und gegen sich gelten lassen muß[23]. Im Verhältnis zum Hersteller/Lieferanten, also im Rah-

---

22) Vgl. dazu z. B. BGH, Urt. v. 15. 10. 1986 − VIII ZR 319/85 = ZIP 1986, 1566 = EWiR § 9 AGBG 22/86, 1159 (v. Westphalen) = WM 1987, 38 = NJW 1987, 377.
23) Vgl. dazu BGH, Urt. v. 20. 6. 1984 − VIII ZR 131/83 = ZIP 1984, 1101 mit Anm. von v. Westphalen, aaO, 1105 = WM 1984, 1089 unter I 2. a = NJW 1985, 129; s. unten Rz. 462.

men der kaufrechtlichen Beziehungen, folgt das aus dem allgemeinen, in § 166 Abs. 1 BGB enthaltenen Rechtsgedanken, daß derjenige (= Leasinggeber), der einen anderen (= Leasingnehmer) — unabhängig von einem Vertretungsverhältnis — mit der Erledigung bestimmter Angelegenheiten in eigener Verantwortung betraut, sich das in diesem Rahmen erlangte Wissen des anderen (= Leasingnehmer) zurechnen lassen muß[24]. Nichts anderes gilt, wenn der Hersteller/Lieferant — entsprechend einer in der Leasingbranche inzwischen verbreiteten Praxis — mit Billigung des Leasinggebers die vorbereitenden Verhandlungen zum Abschluß des Finanzierungsleasingvertrages führt und sich dabei der ihm zu diesem Zweck überlassenen Formularverträge des Leasinggebers und sonstiger für den Vertragsabschluß wichtiger Unterlagen bedient[25]. Da der Erwerb der Leasingsache durch den Leasinggeber einerseits und die Gebrauchsüberlassung und Finanzierung im Leasingvertrag andererseits sich wirtschaftlich als Einheit darstellen, folgt aus diesem inneren Zusammenhang, daß die Beteiligten darauf vertrauen dürfen, das Verhandlungsergebnis werde sowohl dem Kaufvertrag als auch dem Leasingvertrag zugrundegelegt.

Wer das Prinzip der deckungsgleichen Verhandlungsergebnisse nicht gelten lassen will, muß das ausdrücklich erklären. Hat der Hersteller/Lieferant einer Computeranlage dem — späteren — Leasingnehmer bei den Kaufvertragsverhandlungen ein Rücktrittsrecht für den Fall zugesagt, daß die gewünschte Software (Organisationsprogramm für das Auftragswesen, die Buchhaltung) nicht erstellt werde, so bindet diese Zusage den Leasinggeber mit der Folge, daß er Leasingraten bei Vorliegen der Rücktrittsvoraussetzungen nicht verlangen kann, und zwar selbst dann nicht, wenn der Hersteller/Lieferant ihn von der Zusage des Rücktrittsrechts nicht in Kenntnis gesetzt hat[26]. Der Bundesgerichtshof hat ausgeführt, bei Kenntnis der Lieferantenzusage könne sich der Leasinggeber — bei berechtigterweise erklärtem Rücktritt vom Kaufvertrag — auf die Wirksamkeit des Leasingvertrages nicht mehr berufen. Offengeblieben ist, ob in einem solchen Fall das Rücktrittsrecht stillschweigend zum Bestandteil des Leasingvertrages wird, jedenfalls hatte der Leasinggeber die Pflicht, den Leasingnehmer ausdrücklich darauf hinzuweisen, der Leasingvertrag solle trotz der vom Leasingnehmer vorausgesetzten und ihm zugesagten Verknüpfung von Hardware- und Softwarevertrag

**460**

---

24) Vgl. BGH, Urt. v. 25. 3. 1982 — VII ZR 60/81 = BGHZ 83, 293 = ZIP 1982, 670 = WM 1982, 707 = NJW 1982, 1585.
25) Vgl. dazu die — in anderem Zusammenhang stehenden — Ausführungen in BGH, Urt. v. 24. 4. 1985 — VIII ZR 95/84 = BGHZ 94, 195 = ZIP 1985, 615 = EWiR § 6 AbzG 2/85, 221 *(v. Westphalen)* = WM 1985, 628 unter III. 4. c cc = NJW 1985, 1539.
26) BGH, Urt. v. 3. 7. 1985 — VIII ZR 102/84 = BGHZ 95, 170 = ZIP 1985, 935 = EWiR § 278 BGB 1/85, 643 *(Paulusch)* = WM 1985, 906.

völlig unabhängig vom Schicksal des Softwarevertrages gelten. Bei mangelnder Kenntnis könne dem Leasinggeber zwar eine Pflichtverletzung aus eigenem Verschulden nicht angelastet werden, dann aber hafte er für das Verschulden des Lieferanten gemäß § 278 BGB, wenn dieser den gebotenen Hinweis an den Leasingnehmer bei den ihm vom Leasinggeber anvertrauten Verhandlungen zur Vorbereitung des Leasingvertrages unterlassen habe. So wichtig die Entscheidung für die Haftung aus Verschulden bei Vertragsverhandlungen ist, hätte es des Umweges über die Erfüllungsgehilfenhaftung nicht bedurft, um zu dem Ergebnis zu gelangen, daß die Zusage des Lieferanten über das Recht zum Rücktritt vom Hardware-Kaufvertrag bei Nichtlieferung der Software Inhalt des Finanzierungsleasingvertrages geworden ist. Ist der Lieferant Verhandlungsgehilfe des Leasinggebers bei Abschluß des Leasingvertrages (wofür die Überlassung der Vertragsformulare und der Leasingratentabellen sowie die Einräumung der Befugnis zum Ausfüllen der Vertragsformulare ein wichtiges Indiz sind), so kommt es in entsprechender Anwendung des § 166 Abs. 1 BGB auf die Kenntnis des Lieferanten vom Rücktrittsvorbehalt an. Die Kenntnis des Lieferanten steht der des Leasinggebers gleich. Die bereits zitierte Entscheidung des Bundesgerichtshofs vom 3. Juli 1985[27] wird danach, bei Lichte besehen, bereits durch die Erwägung getragen, daß der Leasinggeber, der das für den Kaufvertrag erzielte Verhandlungsergebnis nicht uneingeschränkt für den Leasingvertrag gelten lassen möchte, im Hinblick auf die Pflicht zu wechselseitiger Rücksichtnahme[28] zu einem entsprechenden Hinweis verpflichtet ist. Ebenso einleuchtend – und aus der Natur des Dreiecksverhältnisses abzuleiten – ist, wie eingangs gesagt, die Annahme, daß das für den Kaufvertrag (Erwerbsgeschäft) erzielte Verhandlungsergebnis stillschweigend auch für den Leasingvertrag (Gebrauchsüberlassungs- und Finanzierungsgeschäft) als vereinbart gilt, sofern kein ausdrücklicher Vorbehalt gemacht wird. Weder bei entsprechender Anwendung des § 166 Abs. 1 BGB noch bei der Annahme kongruenten Vertragsinhalts kraft stillschweigender Vereinbarung greift schon vom Regelungsgehalt her eine AGB-Klausel nicht Platz, durch die die Haftung des Leasinggebers für Dritte, insbesondere den Lieferanten, ausgeschlossen werden soll, so daß sich deren Inhaltskontrolle erübrigt. Daß eine derartige Klausel, sofern sie auf einen totalen Haftungsausschluß abzielt, mit § 9 AGBG nicht in Einklang zu bringen ist, hat der Bundesgerichtshof im Urteil vom 3. Juli 1985[29] ausgesprochen (s. u. Rz. 475).

**461** Kongruente Deckung von Erwerbsgeschäft und Leasingvertrag wird – ins-

---

27) AaO (Fußn. 26).
28) BGH, Urt. v. 3. 7. 1985, aaO (Fußn. 26), unter I 3 b.
29) S. Fußn. 26.

besondere auch was die Einbeziehung von AGB des Herstellers/Lieferanten angeht – regelmäßig problemloser erreicht, wenn der – nachmalige – Leasingnehmer den Kaufvertrag selbst schließt und der Leasinggeber erst später in diesen Vertrag – bei gleichzeitigem Ausscheiden des ursprünglichen Käufers – eintritt. Dazu kommt es nicht selten, wenn sich der ursprüngliche Käufer vorbehält, den Erwerb auf klassische Weise zu finanzieren oder sich die Nutzung des Gegenstandes im Wege des Leasing zu verschaffen. Bei derartiger Fallgestaltung wird vom Käufer gelegentlich übersehen, daß er den Kaufpreis – in bar – schuldet, wenn er eine Finanzierung durch Bankkredit oder den Abschluß eines Leasingvertrages nicht zu Wege bringt[30].

### 3.2.3 EDV-Leasing

**462** Die Erfahrung lehrt, daß bei der Festlegung des Vertragsgegenstandes beim EDV-Leasing besondere Sorgfalt geboten ist. Der Betrieb einer EDV-Anlage setzt das Vorhandensein von Hardware, Betriebssoftware und Anwendersoftware voraus, wobei bei der Anwendersoftware zwischen standardisierter und eigens auf die spezielle Aufgabenstellung des Kunden zugeschnittener Anwendersoftware (Anwendersoftware im engeren Sinn) zu unterscheiden ist. Daß auch Software, d. h. die Summe aller programmierten Arbeitsanweisungen an den Computer zur Regelung von kaufmännischen und technischen Geschehensabläufen in einem Unternehmen, Gegenstand eines Miet-/Leasingvertrages sein kann, unterliegt keinem Zweifel. Das gilt in Sonderheit dann, wenn Standardprogramme oder ein im wesentlichen normierter Programmaufbau geliefert werden[31]. Daran ändert auch der Umstand nichts, daß in der Überlassung von Standardsoftware – und erst recht in der Überlassung von Anwendersoftware im engeren Sinn – ein Nutzungsvertrag im wesentlichen über ein geistiges Werk gesehen wird, der häufig als Lizenz- oder Know-how-Vertrag bezeichnet wird[32]. Wie auch immer der Nutzungsvertrag über die Software einzuordnen ist, ist hier von weitreichender praktischer Bedeutung, ob er mit dem Kaufvertrag über die Hardware und daher auch mit dem Hardwareleasing eine Einheit bildet oder nicht, denn je nachdem, ob Einheitlichkeit zu bejahen ist oder nicht, sind die Rechtsfolgen bei Leistungsstörungen (Nichtlieferung, Verzug, Gewährleistung) unterschiedlich. Aus dem einen Computerkauf und eine zeitlich nicht begrenzte Überlassung von Software

---

30) BGH Urt. v. 9. 5. 1990 – VIII ZR 222/89 = EWiR § 157 BGB 1/90, 647 *(Martinek)* = NJW-RR 1990, 1009 = WM 1990, 1241.
31) BGH, Urt. v. 6. 6. 1984 – VIII ZR 83/83 = ZIP 1983, 962 = WM 1983, 1092 = NJW 1984, 2938.
32) BGH, Urt. v. 3. 6. 1981 – VIII ZR 153/80 = ZIP 1981, 868 = WM 1981, 954 = NJW 1981, 2684 und Urt. v. 25. 3. 1987 – VIII ZR 43/86 = ZIP 1987, 788, 818 = WM 1987, 818 = EWiR § 139 BGB 1/87, 653 *(v. Westphalen)* = NJW 1984, 2004.

## C. Verträge mit übergreifendem Inhalt

betreffenden Urteil des Bundesgerichtshofs vom 25. März 1987[33)] kann auch für das Leasing hergeleitet werden, daß die Zusammenfassung zweier Vereinbarungen über das Leasing von Hardware und die unbefristete Überlassung von Software in ein und derselben Vertragsurkunde – lediglich – eine Vermutung dafür begründet, daß ein einheitlicher Vertrag mit gleichen Folgewirkungen bei Störungen in einem der Teilbereiche abgeschlossen werden sollte. Fehlt eine ausdrückliche Festlegung des Vertragsgegenstandes in Finanzierungsleasingverträgen, die EDV-Anlagen betreffen, bedarf es mithin der Auslegung, ob außer der Hardware auch die Software Vertragsgegenstand ist[34)]. Wird das Leasingobjekt z. B. als ein „Praxisdaten-Verarbeitungssystem" bezeichnet, so liegt die Annahme nahe, daß Gegenstand des Leasingvertrages auch die Anwendersoftware ist; das gilt auch für standardisierte Anwenderprogramme, die für immer wiederkehrende Aufgaben, etwa in Arztpraxen, Architekten- oder Steuerberaterbüros, entwickelt worden und nicht von den Bedürfnissen eines einzelnen Kunden bestimmt sind. Wird eine EDV-Anlage aus einer Hand geleast, so geschieht das deshalb, weil der Kunde überzeugt ist, gerade diese Kombination von Hard- und Software werde seiner Aufgabenstellung am besten gerecht. Der Abschluß eines Wartungsvertrages für die Anlage kann als weiteres Indiz dafür gelten, daß Hard- und Software Gegenstand des Leasing sind.

Die unmißverständliche Festlegung des Vertragsgegenstandes bei Vertragsschluß zeigt ihre erhebliche praktische Bedeutung beim Streit darüber, ob vollständig erfüllt ist[35)], und in Gewährleistungsfällen. Ist z. B. – wie in der Praxis häufig – die Hardware fehlerfrei, während sich die Software als unbrauchbar erweist, so erfaßt ihre Mangelhaftigkeit das Erwerbsgeschäft – und als Folge dessen auch den Leasingvertrag – insgesamt, wenn Hardware und Software als Einheit Vertragsgegenstand sind, andernfalls bleiben das Erwerbsgeschäft – und der Leasingvertrag – über die Hardware unberührt[36)]. Im Zusammenhang mit der Frage, ob sich bei einem Lieferungsvertrag über eine aus Hardware, Standardsoftware und Spezialsoftware bestehende EDV-Anlage der hinsichtlich der Spezialsoftware begründete Rücktritt des Erwerbers auch auf die restlichen Vertragsteile erstreckt, hat der Bundesgerichtshof ausführlich dargestellt, auf welche Art und Weise Einheitlichkeit der Vertragsteile herbeigeführt werden kann (technische Unteilbarkeit der

---

33) AaO (Fußn. 32).
34) BGH, Urt. v. 20. 6. 1984 – VIII ZR 131/83 = ZIP 1984, 1101 = WM 1984, 1089 = NJW 1985, 129.
35) BGH Urt. v. 1. 7. 1987 – VIII ZR 117/86 = ZIP 1987, 1187 = EWiR § 542 BGB 1/87, 1075 (v. Westphalen) = WM 1987, 1131 = NJW 1988, 204; v. 27. 4. 1988 – VIII ZR 84/87 = BGHZ 104, 232 = ZIP 1988, 974 = EWiR § 11 Nr. 14 AGBG 2/88, 633 (v. Westphalen) = WM 1988, 979 unter II. 2. b und c = NJW 1990, 2465; v. 7. 3. 1990 – VIII ZR 56/89 = WM 1990, 987.
36) Vgl. dazu BGH, Urt. v. 20. 6. 1984 – VIII ZR 131/83, aaO (Fußn. 34); v. 7. 3. 1990 (Fußn. 35).

## I. Leasing

Gesamtleistung — willentliche Unteilbarkeit der Gesamtleistung durch entsprechende ausdrückliche oder konkludent getroffene Absprache)[37].

### 3.2.4 Entstehung des Anspruchs auf Leasingraten

**463** Im Zusammenhang mit der von ihm verneinten Frage, ob die Refinanzierungsbank, der mit Kenntnis des Leasingnehmers im Wege der Forfaitierung der Anspruch des Leasinggebers auf die künftigen Leasingraten abgetreten worden ist, eine — nachträglich — vom Leasinggeber und Leasingnehmer vereinbarte Vertragsaufhebung oder auch nur die Abkürzung der Vertragslaufzeit gegen sich gelten lassen muß, hat der VIII. Zivilsenat des Bundesgerichtshofs die zuvor vom IX. Zivilsenat in konkursrechtlichem Zusammenhang vertretene Auffassung bestätigt, daß bei einem auf bestimmte Zeit abgeschlossenen Leasingvertrag der Anspruch auf Zahlung sämtlicher Leasingraten als betagte Forderung bereits mit Vertragsschluß entsteht[38]. Während der IX. Zivilsenat seinen Standpunkt nicht näher begründet hat, hat der VIII. Zivilsenat die Entscheidung mit leasingtypischen Besonderheiten im Vergleich zur Rechtslage beim reinen Mietvertrag, insbesondere damit begründet, daß Leasingraten nicht nur das Entgelt für eine zeitlich begrenzte Gebrauchsüberlassung, sondern auch für die vom Leasinggeber bei Abschluß des Leasingvertrages bereits erbrachte Finanzierungsleistung darstellen. Durch beide Entscheidungen ändert sich nichts daran, daß es sich beim Anspruch auf künftige Mietzinsraten um eine Forderung handelt, die erst zur Entstehung gelangt, wenn sie abschnittsweise für den jeweiligen Gebrauchsüberlassungszeitraum fällig wird. Aus dem Urteil des IX. Zivilsenats vom 14. Dezember 1989 (vgl. dort unter II 2 b bb) kann keinesfalls hergeleitet werden, daß beim reinen Mietvertrag der Anspruch auf die künftigen Mietzinsraten nur dann als befristete Forderung entsteht, wenn die Parteien das vereinbaren.

### 3.2.5 Ausschluß des Rechts zur Untervermietung in formularmäßig gestalteten Leasingverträgen

**464** Die Untervermietung von Mietsachen ist eine Form des Gebrauchs durch den Mieter, deren Vertragsgemäßheit nach dem Willen des Gesetzes von der Erlaubnis des Vermieters abhängt. § 549 Abs. 1 BGB ist dispositiver Natur. Kraft individueller Absprache kann nicht nur die Befugnis zur außerordentli-

---

37) BGH, Urt. v. 7. 3. 1990, aaO (Fußn. 35); vgl. weiter OLG Frankfurt EWiR § 535 BGB 5/90, 763 (Eckert).
38) BGH, Urt. v. 14. 12. 1989 – IX ZR 283/88 = BGHZ 109, 368 = ZIP 1990, 180 = WM 1990, 197 = NJW 1990, 1113 = EWiR § 21 KO 1/90, 173 (Ackmann); v. 28. 3. 1990 – VIII ZR 17/89 = ZIP 1990, 646 = EWiR § 398 BGB 2/90, 559 (Eckert) = NJW 1990, 1785 = WM 1990, 935.

chen Kündigung für den Fall der Erlaubnisverweigerung ausgeschlossen, sondern die Untervermietung schlechthin verboten, d. h. die Regelung des § 549 Abs. 1 BGB insgesamt abbedungen werden. Für das Mietrecht wird überwiegend die Meinung vertreten, daß eine Klausel, die das außerordentliche Kündigungsrecht des Mieters gemäß § 549 Abs. 1 Satz 2 BGB für den Fall der Verweigerung der Untervermietungserlaubnis, ohne daß ein wichtiger Grund in der Person des Untermieters vorliegt, ausschließt, gegen wesentliche Grundgedanken der gesetzlichen Regelung verstößt und deshalb gemäß § 9 Abs. 2 Nr. 1 AGBG unwirksam ist (vgl. Rz. 269).

Für das Finanzierungsleasing stellt der Ausschluß der Rechte des Leasingnehmers nach § 549 Abs. 1 BGB nach Auffassung des Bundesgerichtshofs keine unangemessene Benachteiligung im Sinne des § 9 Abs. 2 AGBG dar[39]. Das ist mit den Besonderheiten des Leasing im Vergleich zum reinen Mietrecht begründet worden. Finanzierungsfunktion und Amortisationsprinzip hat der Bundesgerichtshof als wesentliches Unterscheidungsmerkmal in den Vordergrund gerückt. Der Grundsatz der Vollamortisation, auf den sich der Leasingnehmer bei Abschluß des Vertrages einlasse, könne nicht realisiert werden, wenn der Leasingnehmer schon während der Mindestmietzeit bei verweigerter Zustimmung des Leasinggebers zur Untervermietung das Vertragsverhältnis nach § 549 Abs. 1 Satz 2 BGB ohne Ausgleich der weiteren Ratenzahlungen mit der Folge sollte kündigen können, daß dem Leasinggeber der Finanzierungsaufwand einschließlich des kalkulierten anteiligen Gewinns nicht wieder zufließen würde. Schon von der Grundstruktur des Finanzierungsleasingverhältnisses her passe die Regelung des § 549 Abs. 1 BGB nicht auf dieses Schuldverhältnis. Darüber hinaus hat der Bundesgerichtshof ein rechtlich beachtliches Interesse des Leasinggebers daran anerkannt, daß der Leasingnehmer nicht seinerseits im Wege der Untervermietung als Leasinggeber auf dem Markt in Erscheinung trete. Durch eine Untervermietung würde das Leasinggut zudem einer erhöhtem Abnutzung ausgesetzt sein, so daß seine Verwertung nach Ablauf der Grundmietzeit durch den Leasinggeber erschwert wäre.

### 3.2.6 Vertragliche Risikobegrenzung zugunsten des Leasinggebers

**465** Das Streben von Leasinggebern, das Risiko ihrer Engagements auszuschließen oder zumindest in Grenzen zu halten, hat unterschiedlichen Ausdruck in der Vertragsgestaltung gefunden.

---

39) BGH, Urt. v. 4. 7. 1990 – VIII ZR 288/89 = ZIP 1990, 1113 = WM 1990, 1620 = EWiR § 549 BGB 1/90, 971 *(Eckert)*; vgl. dazu auch OLG Düsseldorf EWiR § 857 ZPO 1/88, 829 *(Eckert)* = WM 1988, 880 = NJW 1988, 1676.

## I. Leasing

Die Verpflichtung eines am Dreiecksverhältnis zwischen Lieferanten, Leasinggeber und Leasingnehmer unbeteiligten Dritten gegenüber dem Leasinggeber, die Leasingsache, falls der Leasingvertrag notleidend wird, zum jeweils valutierenden Finanzierungsstand zu übernehmen, hat der Bundesgerichtshof als aufschiebend bedingten Kaufvertrag zwischen Leasinggeber und Drittem ausgelegt und gegen die weitaus häufigeren Fälle von Rückkaufsvereinbarungen abgegrenzt. Seine Realisierung, heißt es im Urteil vom 13. Dezember 1989[40], hänge nicht nur vom Eintritt der Leistungsstörung im Verhältnis Leasingnehmer/Leasinggeber, dem „Notleidend-Werden", sondern außerdem von der Kündigung des Leasingvertrages durch den Leasinggeber ab. Ohne eine Kündigung wäre der Leasinggeber zur weiteren Gebrauchsüberlassung an den Leasingnehmer verpflichtet. Damit ließe sich eine gleichzeitige Pflicht zur Übereignung des Leasinggutes an den Dritten bei Zahlung der Gegenleistung nicht vereinbaren. Einzig sinnvoll sei daher die Auslegung, Bedingung für das Wirksamwerden des Kaufvertrages sei der Verzug des Leasingnehmers und die darauhin erfolgte Kündigung des Leasingvertrages. Durch die Formulierung, „nach dem jeweiligen Finanzierungsstand", ist der Kaufpreis bestimmbar. Er ergibt sich aus dem für jeden beliebigen Zeitpunkt feststellbaren Stand der noch ausstehenden Zahlungen des Leasingnehmers nach den Grundsätzen über die Schadensberechnung im Falle vorzeitiger Vertragsbeendigung; da der Dritte das Leasingobjekt „übernimmt", entfällt naturgemäß dabei die Anrechnung eines Verwertungserlöses[41].

Ist in dem Leasingvertrag dem Leasingnehmer ein Erwerbsrecht eingeräumt, so daß, wenn die Förmlichkeiten des § 1a AbzG nicht gewahrt sind, ein verdecktes Abzahlungsgeschäft vorliegt, so wird der Kaufpreis, welchen der Dritte zu zahlen hat, auf der Grundlage des Barzahlungspreises bestimmt.

**466** Eine Vereinbarung zwischen Leasinggeber und Lieferanten, daß dieser bei Verzug des Leasingnehmers die Leasingsache zum Preise in Höhe der abgezinsten ausstehenden Leasingraten anzukaufen habe, ist nach der Rechtsprechung des Bundesgerichtshofs weder als Ausfallgarantie oder Ausfallbürgschaft – durchaus denkbare Sicherungsmittel zugunsten des Leasinggebers für Fälle von Leistungsstörungen im Leasingverhältnis –, sondern als Wiederverkaufsrecht des Leasinggebers gegenüber dem Lieferanten zu verstehen. Inhalt und Rechtsfolgen dieser Absprache, zu der es kommen kann, wenn der

---

40) BGH, Urt. v. 13. 12. 1989 – VIII ZR 168/88 = WM 1990, 268 = EWiR § 535 BGB 2/90, 345 (v. Westphalen).
41) Vgl. dazu BGH, Urt. v. 28. 10. 1981 – VIII ZR 175/80 = BGHZ 82, 121, 128f = ZIP 1982, 64 = WM 1981, 1378 = NJW 1982, 870; v. 4. 4. 1984 – VIII ZR 313/82 = ZIP 1984, 1107 = NJW 1984, 2687 = WM 1984, 933; v. 6. 6. 1984 – VIII ZR 65/83 = WM 1984, 1217 = ZIP 1984, 1114.

## C. Verträge mit übergreifendem Inhalt

Lieferant den Abschluß des Leasingvertrages vermittelt, richten sich nach Kaufrecht[42]. Ist in einem solchen Falle bei Wirksamwerden des Wiederverkaufsrechts die Leasingsache beschädigt (in den am 31. 1. 1990 entschiedenen Fällen lag Gebrauchsuntauglichkeit einer EDV-Anlage vor), so haftet der Leasinggeber dafür nach §§ 459 ff BGB, sofern seine Gewährleistung nicht wirksam vertraglich abbedungen ist. Auf eine gesetzliche Haftungsbeschränkung durch analoge Anwendung des § 498 Abs. 2 Satz 2 BGB kann sich der Leasinggeber nicht mit Erfolg berufen; sie scheitert an der erforderlichen Rechtsähnlichkeit der Sachverhalte. Die gesetzliche Regelung knüpft an den Umstand an, daß es allein vom Entschluß des Wiederkäufers abhängt, ob es zum Wiederverkauf kommt. Hat aber der Wiederverkäufer keinen Einfluß darauf, ob er die Sache behält oder sie dem Wiederkäufer überlassen muß, leuchtet ohne weiteres ein, daß ihn das Risiko zufälliger Verschlechterung der Kaufsache während seiner Besitzzeit nicht treffen soll. In den vom Bundesgerichtshof entschiedenen Fällen bezweckte dagegen die Wiederverkaufsberechtigung des Leasinggebers allein den Schutz seines Interesses daran, die Abdeckung der noch nicht gezahlten Leasingraten gesichert zu sehen, so wie es auch mit einer Bürgschaft oder einer Garantievereinbarung zu erreichen wäre. Haftet mangels anderweitiger vertraglicher Regelung der Leasinggeber im Wiederverkaufsfalle nach §§ 459 ff BGB, so kann ihm der zum Rückkauf verpflichtete Lieferant Gebrauchsuntauglichkeit der — verleasten — Kaufsache schon vor der Übergabe einredeweise entgegenhalten.

Die zitierten Entscheidungen beruhen im Kern auf der „Wanderung" der Sach- und Preisgefahr, die beim Abschluß des ursprünglichen Kaufvertrages vom Lieferanten auf den Leasinggeber als dem Käufer nach gesetzlicher Regel übergeht. Aufgrund zulässiger Überwälzung im Leasingvertrag trifft sie sodann den Leasingnehmer[43], aus dessen Rechtsposition, was den Besitz am Leasingobjekt angeht, der Leasinggeber gegebenenfalls das Seine zur Erfüllung des Wiederverkaufs an den Lieferanten zu tun hat. Aus der Verlagerung der Sach- und Preisgefahr ergibt sich weiter zwingend, daß es im Falle der Vereinbarung zwischen Leasinggeber und Lieferanten, dieser sei berechtigt oder verpflichtet, im Falle des Notleidens des Leasingvertrages einen Nachmieter zu benennen, ihm, dem Lieferanten, verwehrt ist, sich auf Beschädigungen oder Gebrauchsuntauglichkeit des Leasingobjekts zu berufen[44].

---

42) BGH, Urt. v. 31. 1. 1990 — VIII ZR 280/88 = BGHZ 110, 183 = ZIP 1990, 866 = EWiR § 498 BGB 1/90, 759 *(v. Westphalen)* = WM 1990, 882 = NJW 1990, 2546; v. 31. 1. 1990 — VIII ZR 261/88 = NJW 1990, 3014.
43) Ständige Rechtsprechung, z. B. BGH, Urt. v. 15. 10. 1986 — VIII ZR 319/85 = ZIP 1986, 1566 = EWiR § 9 AGBG 22/86, 1159 *(v. Westphalen)* = WM 1987, 38 = NJW 1987, 377.
44) BGH, Urt. v. 31. 1. 1990 — VIII ZR 280/88, aaO (Fußn. 42).

## 3.2.7 Übernahme der Mithaftung des Abschlußvertreters für die Verpflichtungen des Leasingnehmers in Formularverträgen

Wie in anderen Wirtschaftszweigen[45] ist auch beim Leasing das Bestreben unverkennbar, den Abschlußvertreter als mithaftende Vertragspartei dingfest zu machen. In Individualverträgen bestehen dagegen keine Bedenken. Durch Formularvertrag kann das wirksam nur unter Beachtung des § 11 Nr. 14a AGBG geschehen. Einen Sachverhalt, in dem das gelungen ist, hat das Urteil des Bundesgerichtshofs vom 27. April 1988 zum Gegenstand[46]. Ihm sind folgende Leitsätze vorangestellt:

467

Die in einem vorformulierten, Allgemeine Geschäftsbedingungen enthaltenden Leasingvertrag unter die Vertragsunterschriften gesetzte, ebenfalls vorformulierte und von dem Vertreter des Leasingnehmers nochmals unterschriebene Erklärung, er übernehme neben dem Leasingnehmer die gesamtschuldnerische Haftung aus dem Vertrag unter Anerkennung „der vorstehenden und umseitigen Vertragsbedingungen", ist keine individuelle, sondern eine nach dem AGB-Gesetz zu beurteilende, für eine Vielzahl von Fällen vorformulierte und nicht ausgehandelte Erklärung. Eine derartige Erklärung ist nicht nach § 11 Nr. 14a AGBG unwirksam; insbesondere genügt sie dem Erfordernis einer gesonderten, ausdrücklichen Verpflichtung, ohne daß es drucktechnischer Hervorhebung oder einer besonderen Einbeziehungsvereinbarung (§ 2 AGBG) bedarf. Die Erfüllung der in § 11 Nr. 14a AGBG gestellten Anforderung schließt die Unwirksamkeit der Verpflichtung aus konkreten anderen Gründen (§§ 3, 5, 9 AGBG) nicht grundsätzlich aus (dazu oben Rz. 16).

### 3.3 Inhaltskontrolle

Leasingverträge unterliegen als Formularverträge, deren Regelungsgehalt sich meist nahezu vollständig aus AGB ergibt, der Inhaltskontrolle gemäß § 9 AGBG, und zwar auch im kaufmännischen Bereich. Die AGB sind gegebenenfalls an den Vorschriften der §§ 10 und 11 AGBG zu messen. Soweit die höchstrichterliche Rechtsprechung zur Wirksamkeit einzelner Klauseln in den AGB der Leasinggeber Stellung bezogen hat, wird dies im jeweiligen Sachzusammenhang dargestellt.

468

Im übrigen können die Vertragsparteien den Inhalt des Leasingvertrages gemäß § 305 BGB frei bestimmen. Dabei sind Einschränkungen, die sich aus der Zuordnung des Leasing zum Mietrecht ergeben, und die Grenzen von Treu

---

45) Vgl. BGH, Urt. v. 23. 3. 1988 – VIII ZR 175/87 = BGHZ 104, 95 = ZIP 1988, 851 = EWiR § 11 Nr. 14 AGBG 1/88, 631 *(Hensen)* = WM 1988, 874 = NJW 1988, 1908.
46) BGH, Urt. v. 27. 4. 1988 – VIII ZR 84/87 = BGHZ 104, 232 = ZIP 1988, 974 = EWiR § 11 Nr. 14 AGBG 2/88, 633 *(v. Westphalen)* = WM 1988, 979 = NJW 1988, 2465.

## C. Verträge mit übergreifendem Inhalt

und Glauben zu beachten, auf Verkehrssitte und Gewohnheiten der Branche ist Rücksicht zu nehmen.

### 3.4 Verschulden bei den Vertragsverhandlungen im Dreiecksverhältnis Hersteller/Lieferant-Leasinggeber-Leasingnehmer

**469** Pflichtwidriges Verhalten bei den Vertragsverhandlungen, die auf das Zustandekommen des Erwerbsgeschäfts und des Leasingvertrages abzielen, besteht regelmäßig in der Verletzung von Aufklärungs-, Hinweis- und Beratungspflichten. Sie stehen vorwiegend in Zusammenhang mit der Auswahl des Leasingobjekts, können aber auch Einzelheiten der Vertragsgestaltung betreffen[47].

Wer einen Vertrag schließt, muß sich grundsätzlich selbst über dessen rechtlichen und wirtschaftlichen Gehalt informieren. Eine Pflicht des Leasinggebers, seinen Vertragspartner ungefragt über den Inhalt und die wirtschaftlichen Folgen aufzuklären, besteht dabei unter dem Gesichtspunkt des Vertrauensschutzes im allgemeinen nicht. Eine Aufklärungspflicht läßt sich nur aus besonderen Gründen anhand der Umstände des Einzelfalles feststellen, so z. B. wenn der Leasinggeber irrtümliche Vorstellungen des Leasingnehmers erkennt[48].

**470** Aufklärungs-, Hinweis- und Beratungspflichten, die in Beziehung zur Auswahl des Leasingobjekts stehen, treffen den Lieferanten. Die sachgerechte Erfüllung schuldet er dem das Leasingobjekt aussuchenden – späteren – Leasingnehmer. Da diese Aufklärungspflichten im Vorfeld des Erwerbsgeschäfts bestehen, gelten für Art und Umfang der Pflichten die in der höchstrichterlichen Rechtsprechung zum Kaufrecht entwickelten Maßstäbe[49].

**471** Den Versuchen von Leasingnehmern, im Hinblick auf das Aussuchen des Leasingobjekts zur Annahme selbständiger Beratungs- und Garantieverträge mit dem Hersteller/Lieferanten zu gelangen, hat der Bundesgerichtshof nicht nachgegeben. Zwar hat der Leasingnehmer ein besonderes Interesse daran, durch vollständige und richtige Beratung seitens des Herstellers/Lieferanten sicherzustellen, daß er sich ein für seine Zwecke geeignetes Leasingobjekt aussucht. Das rechtfertigt es indessen nicht, einen selbständigen Beratungsvertrag oder gar eine Garantievereinbarung anzunehmen, wenn nicht besondere Umstände darauf hindeuten. Die Aufklärung und Beratung bei der

---

47) Vgl. dazu BGH, Urt. v. 3. 7. 1985, aaO (Fußn. 26).
48) BGH, Urt. v. 11. 3. 1987 – VIII ZR 215/86 = ZIP 1987, 716 = EWiR § 6 AbzG 2/87, 413 (v. *Westphalen*) = WM 1987, 627.
49) Vgl. dazu *Paulusch*, Die Rechtsprechung des Bundesgerichtshofs zum Kaufrecht in WM 1986, Sonderbeilage 10/86, S. 28, 29.

## I. Leasing

Auswahl des Leasingobjekts ist bei lebensnaher Betrachtung stets Teil der Bemühungen des Herstellers/Lieferanten, die Ware an den Mann zu bringen. Darin unterscheidet sich die vorvertragliche Phase des Leasinggeschäfts, auch wenn die Beratung einen erheblichen Aufwand an Zeit und Mühe verursacht, nicht von den Verhandlungen über den Abschluß eines Kaufvertrages. Zu einer Verselbständigung der Beratungs- und Aufklärungspflichten besteht jedenfalls dann kein Anlaß, wenn der Besteller der Ware sich lediglich vorbehält, den Kaufpreis „auf Mietbasis" zu entrichten, dem Hersteller/Lieferanten also zumindest zunächst — bis zum Eintritt des Leasinggebers — als Vertragspartner gegenübertritt.

Als Normalfall ist mithin davon auszugehen, daß es sich bei den Aufklärungs-, Hinweis- und Beratungspflichten um Nebenpflichten im Vorfeld des Erwerbsgeschäfts handelt. Soweit es aufgrund der Vorverhandlung zum Abschluß des Kaufvertrages zwischen Hersteller/Lieferant und Leasinggeber kommt, liegt es nahe, Ersatzansprüche aus Verschulden des Herstellers/Lieferanten bei Vertragsschluß dem Leasinggeber zuzuordnen. Allerdings ist andererseits das Zustandekommen eines Vertrages nicht Voraussetzung für Ansprüche aus Verschulden bei den Vertragsverhandlungen, so daß aus Rechtsgründen der Annahme nichts im Wege steht, derartige Ansprüche sollen dem verhandelnden Leasingnehmer selbst dann zustehen, wenn von vornherein sicher ist, daß er nicht Kaufvertragspartner wird. Mit Rücksicht auf eine Vielzahl von Gestaltungsmöglichkeiten, die das Finanzierungsleasing den daran Beteiligten eröffnet, kommt es auf die Umstände des jeweiligen Sachverhalts an[50]. Begnügt sich der Leasingnehmer nicht mit der Durchführung von Vertragsverhandlungen über die Herstellung und Lieferung des Leasingobjekts, sondern schließt er den Kaufvertrag — zunächst — selbst ab, kommt es also erst nachträglich zum Eintritt des Leasinggebers in den Kaufvertrag und zu dem charakteristischen Dreiecksverhältnis, so liegt es nahe, dem Leasingnehmer aus eigenem Recht Ersatzansprüche aus dem Gesichtspunkt der Verletzung von Beratungspflichten bei der Auswahl des Leasingobjekts zuzubilligen. Der Zuordnung der Ersatzansprüche kommt freilich keine nachhaltige Bedeutung zu, denn sie sind deckungsgleich, gleichgültig ob sie dem Leasingnehmer von Anfang an zustehen oder ob er sie im Wege der Abtretung vom Leasinggeber erworben hat[51].

**472**

Zu beachten ist, daß nach höchstrichterlicher Rechtsprechung die Sondervorschriften über die Gewährleistung eine Haftung aus dem Gesichtspunkt des Verschuldens bei Vertragsschluß für fahrlässig unzutreffende Erklä-

**473**

---

50) BGH, Urt. v. 6. 6. 1984 – VIII ZR 83/83 = ZIP 1984, 962 = WM 1984, 1092 = NJW 1984, 2938.
51) BGH, Urt. v. 6. 6. 1984, aaO (Fußn. 50).

## C. Verträge mit übergreifendem Inhalt

rungen des Verkäufers ausschließen, die sich auf Eigenschaften des Liefergegenstandes beziehen[52]. Der Bundesgerichtshof hat andererseits ausgesprochen, daß in Fällen, in denen der Verkäufer im Rahmen eingehender Vertragsverhandlungen und auf Befragen des Käufers jeweils einen ausdrücklichen Rat erteilt, bei fahrlässig falscher Auskunfts- oder Ratserteilung eine Schadensersatzpflicht wegen Verletzung einer der im Rahmen des Kaufvertrages übernommenen Nebenpflichten neben Gewährleistungsansprüchen bestehen kann, und zwar auch dann, wenn sich das Verschulden des Verkäufers auf Angaben über Eigenschaften der Kaufsache bezieht[53]. Die der Anschaffung einer EDV-Anlage vorausgehende Beratungstätigkeit begründet, um ein Beispiel zu nennen, spezifische Sorgfaltspflichten des Herstellers/Lieferanten von Hardware und Software gegenüber dem Kunden. Dazu tritt regelmäßig das Vertrauen des Laien in die Fachkunde des Herstellers. Der aus der Verletzung von Sorgfaltspflichten bei der Beratung, welche Kombination von Hardware und Software der zu lösenden Aufgabe am besten gerecht würde, resultierende Schadensersatzanspruch wird von Gewährleistungsansprüchen wegen Sachmängel nicht verdrängt[54].

Von Bedeutung ist in diesem Zusammenhang schließlich, daß der Bundesgerichtshof im Urteil vom 13. Juli 1983[55] in Fortentwicklung der vorausgegangenen Rechtsprechung auch den Schadensersatzanspruch aus der schuldhaften Verletzung einer dem Verkäufer obliegenden Aufklärungs- oder Beratungspflicht über eine Eigenschaft des Kaufgegenstandes, die keinen Mangel darstellt, dann der kurzen Verjährungsfrist des § 477 Abs. 1 BGB unterworfen hat, wenn von der Eigenschaft die Verwendungsfähigkeit der Kaufsache für den nach dem Vertrag vorausgesetzten Zweck abhängt. Das ist dann der Fall, wenn aufgrund fehlerhafter Beratung des Leasingnehmers eine EDV-Anlage angeschafft worden ist, die für die Bewältigung der ihr zugedachten Aufgaben nicht geeignet ist. Für den Ersatzanspruch, der daraus hergeleitet wird, gilt deshalb eine sechsmonatige Verjährungsfrist in entsprechender Anwendung des § 477 Abs. 1 BGB[56].

**474** Betraut der Leasinggeber den Hersteller/Lieferanten mit Verhandlungen, die auf den Abschluß des Leasingvertrages gerichtet sind, so erweitern sich dessen Aufklärungs-, Hinweis- und Beratungspflichten. Ihn trifft die Verantwortung dafür, daß das Verhandlungsergebnis gleichermaßen im

---

52) BGH, Urt. v. 16. 3.1973 – V ZR 118/71 = BGHZ 60, 319 = NJW 1973, 1234.
53) Vgl. BGH, Urt. v. 13. 7. 1983 – VIII ZR 112/82 = BGHZ 88, 130 = WM 1983, 987 = NJW 1983, 2697; BGH, Urt. v. 6. 6. 1984 – VIII ZR 83/83, aaO (Fußn. 50).
54) BGH, Urt. v. 6. 6. 1984, aaO (Fußn. 50).
55) VIII ZR 112/82 = BGHZ 88, 130 = NJW 1983, 2697 = WM 1983, 987.
56) BGH, Urt. v. 6. 6. 1984, aaO (Fußn. 50).

## I. Leasing

Erwerbsgeschäft und im Leasingvertrag aufgeht. Verletzt er diese Pflichten schuldhaft, so haftet der Leasinggeber gemäß § 278 BGB[57]. „Verbindlichkeiten", deren Nicht- oder Schlechterfüllung nach dieser Bestimmung die Haftung begründet, sind auch Sorgfalts-, Aufklärungs- und Hinweispflichten vor Abschluß eines Vertrages bei dessen Vorbereitung, sofern sie bei eigenem Handeln der Vertragspartei von dieser selbst zu erfüllen gewesen wären. Dementsprechend hat der Bundesgerichtshof in ständiger Rechtsprechung § 278 BGB auf derartige Fälle angewandt, insbesondere hat er im Bereich des finanzierten Abzahlungskaufs die Finanzierungsbank für haftbar erklärt, wenn der mit ihrem Willen (auch) den Darlehensvertrag vorbereitende Verkäufer schuldhaft vorvertragliche Pflichten gegenüber dem Darlehensnehmer (Käufer) verletzt hat[58]. Auch beim Finanzierungsleasing ist § 278 BGB auf schuldhafte Handlungen einer Hilfsperson im Zusammenhang mit Vertragsverhandlungen anzuwenden, wenn im konkreten Fall Pflichten gerade aus der übertragenen Aufgabe der Vertragsvorbereitung verletzt werden; eine ständige oder enge Verbindung zwischen Leasinggeber und Hilfsperson ist nicht erforderlich. Deshalb hat es der Bundesgerichtshof abgelehnt, den Hersteller/Lieferanten nur beim sogenannten „Händler-Leasing" als Erfüllungshilfen des Leasinggebers anzusehen[59]. Erklärt der vom Leasinggeber mit der Vorbereitung eines Leasingvertrages betraute Lieferant oder dessen Vertreter dem Leasingnehmer entgegen dem schriftlichen Vertragsinhalt, nach Ablauf der Vertragszeit könne die Leasingsache käuflich erworben werden, so kann dies eine Ersatzpflicht des Leasinggebers nach § 278 BGB begründen[60]. Die Rechtsstellung des Lieferanten als Erfüllungsgehilfe des Leasinggebers bei vorvertraglichen Auskunfts- und Sorgfaltspflichten endet indessen regelmäßig mit Abschluß des Leasingvertrages; sie lebt nicht dadurch wieder auf, daß der Lieferant ohne entsprechenden Auftrag des Leasinggebers gegenüber einem am Vertragseintritt als Leasingnehmer Interessierten Auskünfte über den Vertragsinhalt erteilt[61]. Das entspricht dem Grundsatz, daß die Erfüllungsgehilfenschaft des Lieferanten, der das Leasingobjekt im Auftrage des Leasingge-

---

57) BGH, Urt. v. 3. 7. 1985 − VIII ZR 102/84 = BGHZ 95, 170 = ZIP 1985, 935 = EWiR § 278 BGB 1/85, 643 *(Paulusch)* = WM 1985, 906 = NJW 1985, 2258.
58) BGHZ 33, 293, 299; 40, 65, 69; BGH, Urt. v. 10. 7. 1980 − III ZR 177/78 = NJW 1980, 2301 = WM 1980, 1111.
59) BGH, Urt. v. 3. 7.1985 − VIII ZR 102/84, aaO (Fußn. 57).
60) BGH, Urt. v. 4. 11. 1987 − VIII ZR 313/86 = ZIP 1988, 165 = WM 1988, 84 = EWiR § 278 BGB 1/88, 133 *(v. Westphalen)* = NJW-RR 1988, 241.
61) BGH, Urt. v. 31. 5. 1989 − VIII ZR 97/88 = ZIP 1989, 1337 = WM 1989, 1142 = EWiR § 6 AbzG 3/89, 1043 *(Reinking)* = NJW-RR 1989, 1140.

bers an den Leasingnehmer auszuliefern hat, mit der vollständigen Übergabe – d. h. mit der Erfüllung der Gebrauchsüberlassungspflicht – endet[62].

**475** Ob und in welchem Maße sich der Verwender von AGB nach Inkrafttreten des AGB-Gesetzes im kaufmännischen Verkehr von der Haftung für Dritte freizeichnen kann, ist umstritten[63]. Der Bundesgerichtshof hat die Frage bisher nicht abschließend beantwortet. Auch im Urteil des BGH vom 3. Juli 1985[64] ist es nicht geschehen. Fest steht indessen, daß ein Ausschluß von jeder Haftung für Dritte in Allgemeinen Geschäftsbedingungen nach § 9 Abs. 2 Nr. 1 und 2 AGBG unwirksam ist. Unwirksam ist danach eine Klausel, die die Haftung sowohl für Pflichtverletzungen gesetzlicher Vertreter und leitender Angestellter als auch für die Verletzung von Kardinalpflichten durch Erfüllungsgehilfen selbst dann ausschließt, wenn der Verstoß auf grober Fahrlässigkeit oder Vorsatz beruht[65].

### 3.5 Einigungsmängel, Irrtum, arglistige Täuschung

**476** Was die typischen Abschlußmängel – Einigungsmängel, Irrtum und arglistige Täuschung – angeht, sind bisher beim Leasing keine Besonderheiten zutage getreten.

Die Mitwirkung des Leasingnehmers beim Erwerbsgeschäft kann ihn auch in diesem Zusammenhang in Anfechtungstatbestände verstricken. Kommt es zu dem Dreiecksverhältnis zwischen Hersteller/Lieferant-Leasinggeber-Leasingnehmer durch eine mehrseitige (Kauf-)Vertragsübernahme, die zur Folge hat, daß der Leasinggeber anstelle des Leasingnehmers alle Rechte und Pflichten aus dem von diesem mit dem Hersteller/Lieferanten abgeschlossenen Kaufvertrag über das Leasingobjekt übernimmt, so kann diese Vertragsübernahme wegen arglistiger Täuschung vom Leasinggeber nur durch eine sowohl dem Leasingnehmer als auch dem Hersteller/Lieferanten gegenüber abgegebene Erklärung angefochten werden[66]. Die Frage, ob ein Rechtsgeschäft, das mit mehreren Parteien vorgenommen worden ist, gegenüber allen angefochten werden muß, ist schon bei der Schaffung des Bürgerlichen Gesetzbuches streitig gewesen und ist es bis heute geblieben. Ist, wie bei der Vertragsübernahme, der damit erstrebte Erfolg einer Rechtsnachfolge in ein

---

62) BGH, Urt. v. 30. 9. 1987 – VIII ZR 226/86 = ZIP 1987, 1390 = NJW 1988, 198 = EWiR § 9 AGBG 18/87, 1151 *(v. Westphalen)*.
63) Vgl. zum Meinungsstand BGH, Urt. v. 19. 1. 1984 – VII ZR 220/82 = BGHZ 89, 363 = ZIP 1984, 457 = NJW 1984, 477.
64) S. Fußn. 57.
65) BGH, Urt. v. 3. 7. 1985 – VIII ZR 102/84, aaO (Fußn. 57).
66) BGH, Urt. v. 27. 11. 1985 – VIII ZR 316/84 = BGHZ 96, 302 = ZIP 1986, 164 = EWiR § 123 BGB 1/86, 237 *(v. Westphalen)* = WM 1986, 163 = NJW 1986, 918.

## I. Leasing

Schuldverhältnis überhaupt nur durch das Zusammenwirken des verbleibenden, des ausscheidenden und des übernehmenden Vertragspartners erreichbar, so muß die Anfechtung, die die Rechtsnachfolge in das Schuldverhältnis mit rückwirkender Kraft beseitigen soll, allen Beteiligten gegenüber erklärt werden, weil alle Beteiligten von der Anfechtung betroffen werden. Ficht also der Übernehmer (= Leasinggeber) den Übernahmevertrag an, so sind Anfechtungsgegner im Sinne des § 143 BGB der verbleibende Vertragspartner (= Hersteller/Lieferant) und der ausscheidende Leasingnehmer[67].

Der Lieferant, der mit Wissen und Wollen des Leasinggebers einen Finanzierungsleasingvertrag in Vorverhandlungen vorbereitet und dabei den Leasingnehmer über den Vertragsinhalt (z. B. darüber, ob die Pflege und Wartung des Leasingobjekts – „fullservice" – Bestandteil des Leasingvertrages ist) arglistig täuscht, ist nicht Dritter im Sinne des § 123 Abs. 2 BGB. Ist er vom Leasinggeber mit Verhandlungen, die zum Abschluß von Leasingverträgen führen sollen, betraut und zu diesem Zwecke mit Unterlagen ausgestattet, die es ihm erlauben, die Höhe der Leasingraten für die vorgesehene Laufzeit zu errechnen und gegebenenfalls andere Modalitäten zu besprechen und auszuhandeln, ist er nach der Rechtsprechung des Bundesgerichtshofs im Rahmen der im Verhandlungsstadium entstehenden Sorgfalts- und Aufklärungspflichten Erfüllungsgehilfe des Leasinggebers. Der Leasinggeber haftet gegenüber dem Leasingnehmer nach § 278 BGB, wenn der Lieferant diese Pflichten schuldhaft verletzt (vgl. Rz. 474). Die Voraussetzungen, die an eine derartige Erfüllungsgehilfenstellung und die Verantwortlichkeit des Vertragspartners für seine Haftung aus Verschulden bei Vertragsschluß gestellt werden, entsprechen regelmäßig denen, die nach § 123 Abs. 2 BGB für die Annahme einer „Vertrauensperson" oder eines „Repräsentanten" erfüllt sein müssen[68]. 477

### 3.6 Nichtigkeit des Leasingvertrages gemäß § 138 BGB

Der Umstand, daß die allgemeine Entwicklung des Leasinggeschäfts gelegentlich Parallelen zum finanzierten Abzahlungskauf aufweist (vgl. oben Rz. 453 ff Entwicklung vom eigenfinanzierten Herstellerleasing zum fremdfinanzierten Finanzierungsleasing; oben Rz. 474 zur Haftung der Finanzierungsbank bzw. des Leasinggebers für den Käufer als Erfüllungsgehilfen; unten Rz. 497 ff zu der inzwischen durch die höchstrichterliche Rechtsprechung zur Auswirkung der Wandlung auf den Leasingvertrag ausgeräumten Frage des 478

---

67) BGH, Urt. v. 27. 11. 1985, aaO (Fußn. 66).
68) BGH, Urt. v. 28. 9. 1988 – VIII ZR 160/87 = ZIP 1988, 1578 = EWiR § 123 BGB 1/89, 15 *(Kramer)* = WM 1988, 1869 = NJW 1989, 287.

## C. Verträge mit übergreifendem Inhalt

sogenannten Einwendungsdurchgriffs; unten Rz. 552 ff zur Umgehungsgeschäftsproblematik), erklärt Versuche in der Rechtsprechung, so des Oberlandesgerichts Karlsruhe in seinem Urteil vom 24. 10. 1985[69], die vom Bundesgerichtshof entwickelten Grundsätze zur Sittenwidrigkeit von Ratenkreditverträgen[70] auf Leasingverträge zu übertragen. Gegen diese Entscheidung ist Revision eingelegt worden. Der Rechtsstreit ist von den Parteien dann aber durch außergerichtlichen Vergleich beendet worden, so daß es zu einer höchstrichterlichen Entscheidung über die Anwendbarkeit der für die Sittenwidrigkeit von Ratenkreditverträgen geltenden Maßstäbe auf Leasingverträge nicht gekommen ist. Das Oberlandesgericht Köln hat in einem von ihm entschiedenen Fall (eingeklagt waren Leasingraten für einen gebrauchten LKW und Schadensersatz aufgrund einer vom Leasingnehmer veranlaßten fristlosen Kündigung des Leasingvertrages durch den Leasinggeber) die erörterte Frage der Sittenwidrigkeit (§ 138 BGB) mangels hinreichenden Tatsachenvortrags verneint. Die Revision gegen dieses Urteil ist insoweit nicht angenommen worden[71].

Das Oberlandesgericht Karlsruhe hat im Hinblick auf die Sittenwidrigkeit des Leasingvertrages nach § 138 Abs. 1 BGB die Vergleichbarkeit der Höhe des Effektivzinses bei Ratenkreditverträgen mit derjenigen, die ein Leasingnehmer für die Kapitalverminderung während der Nutzungszeit aufzubringen hat, beim absatzfördernden Finanzierungsleasing (Leasinggeber = konzernzugehörige Kreditbank des Herstellers) bejaht. Bei einem solchen Geschäft habe der Leasinggeber ebenso wie die Ratenkreditbank kein Interesse am Leasingobjekt selbst. Vielmehr werde das Leasingobjekt nur vom Leasinggeber gekauft, um für die vorgesehene Vertragsdauer an den Leasingnehmer vermietet und danach an einen Dritten verkauft zu werden. Demgemäß sei das Entgelt so kalkuliert, daß es die Differenz zwischen dem Neupreis des Leasingobjekts und dessen Wiederverkaufswert abdecke. Während der Leasinggeber diese Differenz als Kapitaleinsatz finanziere und kreditiere, finanziere und kreditiere die Ratenkreditbank den gesamten Kaufpreis. Ein höherer Effektivzins als bei Ratenkreditverträgen sei dem Leasingnehmer auch nicht aus steuerlichen Gründen zuzumuten[72]. Im konkreten Fall ist das Oberlandesgericht zu dem Ergebnis gelangt, daß der vom Leasingnehmer zu zahlende Effektivzins 29,9 % betragen habe, während zur Zeit des Abschlusses des

---

69) OLG Karlsruhe DB 1986, 107.
70) Vgl. u. a. BGH, Urt. v. 12. 3. 1981 – III ZR 92/79 = BGHZ 80, 153 = ZIP 1981, 369 = WM 1981, 353 = NJW 1981, 1206; BGH, Urt. v. 30. 6. 1983 – III ZR 114/82 = ZIP 1983, 1047 = WM 1983, 951 = NJW 1983, 2692.
71) BGH, Urt. v. 11. 2. 1987 – VIII ZR 27/86 = ZIP 1987, 517 = EWiR § 1 UStG 4/87, 397 *(Wolf)* = WM 1987, 562, das sich nur mit Umsatzsteuerfragen befaßt.
72) OLG Karlsruhe, aaO (Fußn. 69).

Leasingvertrages im Januar 1981 der von der Deutschen Bundesbank ausgewiesene Schwerpunktzins bei 0,67% — mit einer Schwankungsbreite von 0,62 bis 0,82% — gelegen habe, woraus sich ein Effektivzinssatz von 15,64% ergebe.

Die besondere Vertragsgestaltung beim Finanzierungsleasing, die der Bundesgerichtshof in nunmehr fast 20jähriger Spruchpraxis immer wieder betont hat, erfordert regelmäßig die Einschaltung auch einer Refinanzierungsbank. Das führt zwangsläufig zu einer Verteuerung des mit dem Finanzierungsleasing erstrebten wirtschaftlichen Zwecks. Daß diese Verteuerung dem Leasingnehmer durchschaubar gemacht werden muß, hat der Bundesgerichtshof in ständiger Rechtsprechung betont[73]. Die Verteuerung des Investitionsvorhabens, die der Leasingnehmer in Kauf nimmt, muß durch die Vorteile, die u. a. in der Steuerersparnis, aber auch darin liegen können, daß das Leasen eines Investitionsgutes aus technischen und betriebswirtschaftlichen Gründen zweckmäßiger sein kann als dessen Erwerb, soweit ausgeglichen werden, daß von einem groben Mißverhältnis zwischen Leistung und Gegenleistung und vom Vorliegen der sonstigen — auch subjektiven — Voraussetzungen des § 138 BGB nicht die Rede sein kann. Es liegt auf der Hand, daß die Entscheidung darüber, ob ein Finanzierungsleasingvertrag wegen Sittenwidrigkeit gemäß § 138 BGB nichtig ist, nur aufgrund der im konkreten Einzelfall festgestellten Umstände getroffen werden kann. Auf der Hand liegt auch, daß wegen des Wegfalls steuerlicher Vorteile auf Leasingnehmerseite beim Leasinggeschäft im privaten Bereich die Gefahr der Nichtigkeit aus § 138 Abs. 1 BGB größer ist, als bei Leasinggeschäften in der gewerblichen Wirtschaft.

### 4. Abnahme, Sacherhaltungs- und Unterhaltspflicht — Gefahrtragung

#### 4.1 Abnahme des Leasingobjekts

Wird, wie beim Finanzierungsleasing, vom Leasinggeber das Leasingobjekt zwar auf eigene Rechnung, aber im Interesse des Leasingnehmers erworben und bestimmt der Leasinggeber, die Abnahme des Gegenstandes erfolge durch den Leasingnehmer am Bestimmungsort, damit dieser sie untersuche, und macht er davon und vom Eingang der Abnahmebestätigung jegliche Verpflichtung dem Lieferanten gegenüber abhängig, so liegt es auf der Hand, daß auch der Leasingnehmer, obwohl er an den kaufrechtlichen Beziehungen unmittelbar nicht beteiligt ist, als derjenige, den der Kauf des Leasingobjekts angeht, dazu beitragen muß, daß das Vertragsverhältnis bis zur Abnahmebestätigung gedeiht. In bezug darauf ist der Leasingnehmer in

**479**

---

73) Vgl. unten Rz. 516, 517 und 530.

dem für das Finanzierungsleasing typischen Dreiecksverhältnis Erfüllungsgehilfe des Leasinggebers. Für ein etwaiges Verschulden des Leasingnehmers muß der Leasinggeber gemäß § 278 BGB haften[74]. Die Klausel „Der Eingang der Abnahmebestätigung bei uns ist Voraussetzung für jegliche Verpflichtung unsererseits dem Lieferanten gegenüber" in den Allgemeinen Bestellbedingungen des Leasinggebers des entschiedenen Falles, auf den das Einheitliche Kaufgesetz anzuwenden war, entspricht in ihrer praktischen Bedeutung der Regelung des Art. 71 Satz 2 EKG. Diese Vorschrift bestimmt, daß der Käufer nicht verpflichtet ist, den Kaufpreis zu zahlen, ehe er Gelegenheit gehabt hat, die Sache zu untersuchen. Die zitierte Klausel, die als eine die Zahlungspflicht aufschiebende Bedingung oder als ein Hinausschieben der Fälligkeit des Kaufpreises verstanden werden kann, muß auch unter Berücksichtigung der Maßstäbe des § 9 AGBG als interessengerecht angesehen werden. Sie benachteiligt den Hersteller/Lieferanten des Leasingobjekts nicht in unvertretbarer Weise.

**480** Von praktischer Bedeutung ist, welche Rechtsfolgen es nach sich zieht, wenn der Leasingnehmer die Abnahme/Übernahme des Leasingobjekts bestätigt, obwohl tatsächlich die Lieferung überhaupt nicht stattgefunden hat oder unvollständig war. Ein rechtlich bindendes Anerkenntnis ordnungsgemäßer Lieferung, das alle Einwendungen ausschließt, kann darin nicht gesehen werden. Andererseits wird durch die Bestätigung, den Mietgegenstand von der Lieferfirma „in fabrikneuem, ordnungsgemäßem, funktionsfähigem und den Vereinbarungen entsprechenden Zustand" übernommen zu haben, beim Leasinggeber das Vertrauen in eine ordnungsgemäße Erfüllung des Erwerbsgeschäfts und zugleich in die Erfüllung der eigenen Vertragspflicht begründet, das Leasingobjekt dem Leasingnehmer vereinbarungsgemäß zum Gebrauch überlassen zu haben. Die Bedeutung der Abnahme-/Übernahmebestätigung ist danach die einer Quittung[75].

**481** Geschieht das in einem Falle, in dem das „Entstehen" der Kaufpreiszahlungspflicht des Leasinggebers vom Eingang der Abnahmebestätigung abhängig gemacht worden ist, liegt die Annahme nahe, daß auch die beim Leasinggeber eingehende inhaltlich unzutreffende Abnahmebestätigung die Zahlungspflicht gegenüber dem Hersteller/Lieferanten auslöst. Zahlt er daraufhin an diesen, so kann ihm der Anspruch auf die Leasingraten gegenüber dem Leasingnehmer nicht versagt werden. Verweigert der Leasinggeber

---

[74] BGH, Urt. v. 14. 3. 1984 – VIII ZR 284/82 = BGHZ 90, 302 = WM 1984, 694 = NJW 1984, 2034.
[75] BGH, Urt. v. 1. 7. 1987 – VIII ZR 117/86 = ZIP 1987, 1187 = WM 1987, 1131 = EWiR § 542 BGB 1/87, 1075 *(v. Westphalen)* = NJW 1988, 204.

## I. Leasing

die Kaufpreiszahlung bei unstreitig nicht erfolgter Lieferung, d. h. bei unstreitig unzutreffender Abnahmebestätigung, so streitet für ihn im Verhältnis zum Hersteller/Lieferanten § 320 BGB. Im Verhältnis zum Leasingnehmer besteht, solange er zur Leistungsverweigerung gegenüber dem Hersteller/Lieferanten berechtigt ist, jedenfalls kein Anspruch auf Leasingraten, wohl aber unter Umständen ein Anspruch auf Schadensersatz, denn die schuldhafte Abgabe einer unzutreffenden Abnahme-/Übernahmebestätigung ist eine positive Vertragsverletzung. Besteht Streit darüber, ob die Lieferung, deren Übernahme bestätigt worden ist, stattgefunden hat oder nicht, folgt aus der Urkunde, die die Vermutung der Vollständigkeit und Richtigkeit besitzt, die Vermutung, daß geliefert worden ist. Das bedeutet, daß der vom Hersteller/Lieferanten auf Zahlung des Kaufpreises in Anspruch genommene Leasinggeber beweisen muß, daß nicht geliefert worden ist, die Übernahmebestätigung vielmehr unzutreffend ist. Den auf Zahlung von Leasingraten in Anspruch genommenen Leasingnehmer trifft die Beweislast dafür, daß nicht geliefert worden ist.

Ist der Leasinggeber von vornherein, d. h. ohne Rücksicht auf den Eingang der Abnahmebestätigung, zur Zahlung verpflichtet, so sind die Rechtsfolgen der Abgabe einer unzutreffenden Abnahme-/Übernahmebestätigung nicht anders zu bewerten.

**482** Schließt die unzutreffende Abnahme-/Übernahmebestätigung den Nachweis nicht aus, daß das Leasingobjekt tatsächlich nicht oder nicht vollständig geliefert worden ist, so ist der Leasingnehmer nicht gehindert, den Leasingvertrag wegen Nichtgewährung des Gebrauchs gemäß § 542 BGB fristlos zu kündigen. Die Kündigung ist erst zulässig, wenn der Leasinggeber eine ihm vom Leasingnehmer gesetzte Frist zur Abhilfe ungenutzt hat verstreichen lassen (§ 542 Abs. 1 Satz 2 BGB). Die Regel des § 542 Abs. 3 BGB, wonach den Vermieter, der die Zulässigkeit der erfolgten Kündigung gestützt auf die Behauptung, den Gebrauch der Sache rechtzeitig gewährt zu haben, die Beweislast trifft, kann dann nicht gelten, wenn beim Leasingvertrag der Leasingnehmer die ordnungsgemäße Übernahme – wahrheitswidrig – bestätigt hat. Die unzutreffende Abnahme-/Übernahmebestätigung führt vielmehr zur Umkehr der Beweislast. Das folgt aus § 363 BGB[76]; bei unvollständiger Lieferung gilt das unabhängig von der Frage, ob die Nichtlieferung als Teilnichterfüllung des Vertrages zu würdigen ist oder einen Mangel der Mietsache begründet. Geht der Streit nur um die rechtzeitige Lieferung vor

---

76) BGH, Urt. v. 5. 7. 1989 – VIII ZR 334/88 = ZIP 1989, 1333 = WM 1989, 1574 = EWiR § 537 BGB 3/89, 977 *(Eckert)* = NJW 1989, 3222; vgl. ferner BGH, Urt. v. 1. 7. 1987 aaO, (Fußn. 75) und für das Mietrecht allgemein BGH, Urt. v. 13. 2. 1985 – VIII ZR 154/84 = EWiR § 9 AGBG 1/85, 123 *(Bunte)* = WM 1985, 542 = NJW 1985, 2328.

Ablauf der Frist zur Abhilfe (§ 542 Abs. 3, 2. Alt. BGB), so bleibt es bei der gesetzlichen Beweislastverteilung.

Fraglich ist, ob der Leasinggeber eine vom Leasingnehmer dem Hersteller/ Lieferanten gesetzte Nachfrist zur Lieferung als Frist zur Abhilfe i. S. d. § 542 BGB gegen sich gelten lassen muß. Dies wird zu verneinen sein und kommt keinesfalls in Betracht, wenn und solange der Leasinggeber auf die Richtigkeit der Übernahmebestätigung vertrauen darf.

Da § 542 BGB — von Wohnraummiete abgesehen — abdingbar ist, würde dem Leasingnehmer die Vorschrift nichts nützen, wenn der Leasinggeber durch Haftungsausschluß das Risiko der Lieferung durch den Hersteller/ Lieferanten dem Leasingnehmer überbürden könnte. Durch individuelle, im einzelnen ausgehandelte Absprache ist das rechtlich möglich. Eine entsprechende Klausel in AGB, die auf einen vollständigen Ausschluß der Haftung für Dritte, insbesondere für den Lieferanten, abzielt, ist unwirksam[77]. Fraglich und vom Bundesgerichtshof bisher nicht entschieden ist, ob die Abwälzung des Lieferrisikos aus dem Erwerbsgeschäft auf den Leasingnehmer in AGB dann hinnehmbar ist, wenn der Leasinggeber seine kaufvertraglichen Rechte bei Nichtlieferung und nicht rechtzeitiger Lieferung gleichzeitig an den Leasingnehmer abtritt. Eine derartige Vertragsgestaltung würde freilich, insbesondere wenn man die übliche Gewährleistungsregelung berücksichtigt (s. unten 5.3.1), das Finanzierungsleasing zu einem fremdfinanzierten Kauf denaturieren.

### 4.2 Sacherhaltungs- und Unterhaltungspflicht — Gefahrtragung

**483** Während das Gesetz den Vermieter mit der Sacherhaltungs- und Unterhaltungspflicht belastet (§§ 535, 536 BGB), gehört es zur typischen Ausgestaltung des Finanzierungsleasing, dem Leasingnehmer das Risiko des zufälligen Untergangs, des Verlustes, der Beschädigung und des sonstigen vorzeitigen Unbrauchbarwerdens des Leasingobjekts aufzubürden, mit der Folge, daß er in den genannten Fällen die Leasingraten jedenfalls bis zum Zeitpunkt der ordentlichen Kündigung weiter leisten und den zerstörten, unter- oder verlorengegangenen Gegenstand durch einen gleichartigen und gleichwertigen ersetzen muß. Für Individualverträge begegnet das mit Rücksicht auf die Vertragsfreiheit in den Grenzen von Treu und Glauben keinen Bedenken. Ob diese Regelung, in AGB getroffen, auch im nichtkaufmännischen Verkehr Geltung beanspruchen und mit den „sachlich typischen Besonderheiten des

---

77) BGH, Urt. v. 3. 7. 1985 — VIII ZR 102/84 = BGHZ 95, 170 = ZIP 1985, 935 = EWiR § 278 BGB 1/ 85, 643 *(Paulusch)* = WM 1985, 906 = NJW 1985, 2258.

Finanzierungsleasing" gerechtfertigt werden kann, ist nicht zweifelsfrei[78]. Der Bundesgerichtshof hat im Urteil vom 8. Oktober 1975[79] die Angemessenheit derartiger Risikoverlagerung dahingestellt sein lassen, weil die entsprechende Klausel — verwendet gegenüber einem kleingewerbetreibenden Vertragspartner — als eine überraschende und deshalb nicht Vertragsbestandteil gewordene Regelung gewertet worden ist. Der VI. Zivilsenat des Bundesgerichtshofs hat in der Entscheidung vom 13. Juli 1976[80] die Wirksamkeit der Risikoverlagerung auf den Leasingnehmer — ohne Prüfung — unterstellt. Auch im Urteil vom 23. November 1976[81] wird lediglich ausgeführt, „wenn" der Leasingnehmer bei einer Zerstörung der Sache durch einen Dritten nach dem Leasingvertrag die Leasingraten fortzahlen müsse, sei er nur durch den Verlust der Gebrauchsvorteile der zerstörten Sache, nicht jedoch durch die Belastung mit den Leasingraten geschädigt[82]. In den Urteilen des Bundesgerichtshofs vom 9. März 1977[83], vom 22. Januar 1986[84] und zuletzt im Urteil vom 15. Oktober 1986[85] wird betont, die Abwälzung der Sach- und Gegenleistungsgefahr auf den Leasingnehmer gehöre zum typischen Inhalt eines Leasingvertrages und sei deshalb grundsätzlich zu billigen. Soweit das Urteil vom 15. Oktober 1986 diesen Grundsatz einschränkt (s. Rz. 545), ist das aus Gründen geschehen, die Besonderheiten des Kfz-Leasing Rechnung tragen, so daß die darin vorgenommene Eingrenzung der Möglichkeit einer Sachgefahrabwälzung auf den Leasingnehmer nicht ohne weiteres auch auf Leasingverträge über andere Wirtschaftsgüter übertragen werden kann[86]. Den mit der Abwälzung der Gegenleistungsgefahr verbundenen Ausschluß der Anwendung der §§ 320, 323 BGB und des Kündigungsrechts aus § 542 BGB in Fällen zufälligen Untergangs und zufälliger Verschlechterung des Leasingobjekts muß der Leasingnehmer im Hinblick auf die Besonderheiten des Leasing gegenüber dem allgemeinen Mietrecht hinnehmen. Er will — aus steuerlichen oder betriebswirtschaftlichen Gründen — ein für ihn zweckmäßiges Wirtschaftsgut nicht käuflich erwerben, sondern sich durch Einschaltung eines Leasinggebers nur auf Zeit nutzbar machen. In seinem Interesse — wenn

---

78) Vgl. zum Meinungsstand v. Westphalen, Der Leasingvertrag, 3. Aufl., 1987, Rz. 241, 242 ff; Flume, DB 1972, 53, 56 ff; Seiffert, DB, Beilage Nr. 1/83, S. 4; Bernstein, aaO (Fußn. 2), S. 87.
79) BGH, Urt. v. 8. 10. 1975 — VIII ZR 81/74 = WM 1975, 1203 = NJW 1977, 195.
80) BGH, Urt. v. 13. 7. 1976 — VI ZR 78/75 = WM 1977, 1133.
81) BGH, Urt. v. 23. 11. 1976 — VI ZR 191/74 = VersR 1977, 277.
82) So auch das Urt. des BGH v. 13. 7. 1976, aaO (Fußn. 80).
83) BGH, Urt. v. 9. 3. 1977 — VIII ZR 192/75 = WM 1977, 473 = NJW 1977, 1058.
84) BGH, Urt. v. 22. 1. 1986 — VIII ZR 318/84 = BGHZ 97, 65, 76 = ZIP 1986, 439 = EWiR § 558 BGB 2/86, 463 (Wolf) = WM 1986, 458 unter 3 c = NJW 1986, 1335.
85) BGH, Urt. v. 15. 10. 1986 — VIII ZR 319/85 = ZIP 1986, 1566 = EWiR § 9 AGBG 22/86, 1159 (v. Westphalen) = WM 1987, 38 = NJW 1987, 77.
86) BGH, Urt. v. 30. 9. 1987 — VIII ZR 226/86 = ZIP 1987, 1390 = EWiR § 19 AGBG 18/87, 1151 (v. Westphalen) = WM 1987, 1338 = NJW 1988, 198.

C. Verträge mit übergreifendem Inhalt

auch zugleich im eigenen – erwirbt der Leasinggeber das Leasinggut und stellt es zum Gebrauch zu Verfügung. Das Interesse an der Sache und an ihrer Benutzung liegt also weit überwiegend beim Leasingnehmer. Deshalb erscheint es gerechtfertigt, in Bezug auf die Sach- und Gegenleistungsgefahr den Leasingnehmer in Allgemeinen Geschäftsbedingungen wie einen Käufer zu behandeln und damit vom gesetzlichen Mietrecht auch in diesem Punkte abzuweichen.

Die sich für den Leasingnehmer daraus ergebende Belastung ist erträglich, weil er die Leasingsache versichern lassen kann und ihm eine dem Leasinggeber ausgezahlte Versicherungssumme zugute kommen muß[87]. Vereinbaren Leasinggeber und Lieferant, daß dieser bei Zahlungsverzug des Leasingnehmers verpflichtet ist, einen Nachfolgemieter zu benennen, und scheitert dies, weil die Leasingsache stark beschädigt oder gebrauchsunfähig ist, so ist es dem Lieferanten verwehrt, sich hierauf zu berufen, wenn der Leasinggeber in zulässiger Weise[88] die Sach- und Preisgefahr auf den Leasingnehmer abgewälzt hat und deshalb zur Wiederherstellung der Gebrauchsfähigkeit nach dem Leasingvertrag nicht mehr verpflichtet ist[89].

**484** Ist die Gefahr des zufälligen Untergangs des Leasingobjekts wirksam auf den Leasingnehmer abgewälzt, so braucht dieser gleichwohl dann nicht für den Schaden des Leasinggebers einzustehen, wenn sich das Leasingobjekt wegen einer Reparatur – leasingvertragsgemäß – im Gewahrsam eines Dritten (z. B. des Herstellers/Lieferanten) befindet. Soll mit der Klausel, die die Gefahr des zufälligen Untergangs des Leasingobjekts auf den Leasingnehmer abwälzt, eine angemessene Risikoverteilung herbeigeführt werden, muß sie dahin verstanden werden, daß sie sich auf den Zeitraum bezieht, in welchem sich das Leasinggut im Einflußbereich des Leasingnehmers befindet. Mit einer nach dem Vertrage berechtigten Rückgabe zum Zwecke der Nachbesserung wird das Leasingobjekt dem Einflußbereich des Leasingnehmers entzogen. Für das spätere Abhandenkommen kann er aus diesem Grunde nicht mehr verantwortlich gemacht werden[90].

---

87) BGH, Urt. v. 30. 9. 1987 – VIII ZR 226/86, s. Fußn. 86.
88) BGH, Urt. v. 15. 10. 1986 – VIII ZR 319/85 = ZIP 1986, 1566 = EWiR § 9 AGBG 22/86, 1159 *(v. Westphalen)* = NJW 1987, 377 = WM 1987, 38; vgl. auch Fußn. 86.
89) BGH, Urt. v. 31. 1. 1990 – VIII ZR 280/88 = BGHZ 110, 183 = ZIP 1990, 866 = WM 1990, 882 = EWiR § 498 BGB 1/90, 759 *(v. Westphalen)* = NJW 1990, 2546.
90) BGH, Urt. v. 27. 2. 1985 – VIII ZR 328/83 = BGHZ 94, 44 = ZIP 1985, 546 = EWiR § 537 BGB 3/85, 273 *(v. Westphalen)* = WM 1985, 573 = NJW 1985, 1535.

## 5. Leistungsstörungen beim Erwerbsgeschäft — Auswirkungen auf den Leasingvertrag

### 5.1 Ausbleiben der Lieferung

Ist der Hersteller/Lieferant außerstande, das Leasingobjekt zu liefern, etwa weil bei der Herstellung von Maschinen wegen veränderter Technologien weitere Erprobungszeiten erforderlich werden, unterbleibt die Lieferung also aus einem Grunde, den der Leasingnehmer nicht zu vertreten hat, so fehlt dem Leasingvertrag die Grundlage ebenso wie nach erfolgreicher Wandelung des Kaufvertrages wegen Vorhandenseins von Sachmängeln[91]. Das ist die logische Folgerung aus der Erkenntnis, daß der Erwerb der Leasingsache einerseits und die Gebrauchsüberlassung und Finanzierung im Leasingvertrag andererseits sich wirtschaftlich als Einheit darstellen[92] oder, anders formuliert, daß nach dem von beiden Vertragspartnern (Leasinggeber und Leasingnehmer) verfolgten Vertragszweck Sacherwerb durch den Leasinggeber und Gebrauchsüberlassung an den Leasingnehmer den zentralen Vertragsinhalt bilden, wobei die Verschaffung einer zum vertragsgemäßen Gebrauch geeigneten Sache Hauptpflicht des Leasinggebers ist. Danach entsteht bei Ausbleiben der Lieferung des Leasingobjekts aus Gründen in der Hersteller/Lieferanten-Sphäre, die der Leasingnehmer nicht zu vertreten hat, kein Anspruch auf Leasingraten.

**485**

Die bei feststehendem Ausbleiben der Lieferung vom Bundesgerichtshof für den Leasingvertrag gezogene Rechtsfolge, ihm fehle — wie bei erfolgreicher Wandelung — die Grundlage, erspart dem Leasingnehmer die Notwendigkeit, den Leasingvertrag gemäß § 542 BGB fristlos wegen Nichtgewährung des Gebrauchs, die die zwangsläufige Folge des Ausbleibens der Lieferung ist, zu kündigen und die Befreiung von seiner eigenen Leistungspflicht über die Vorschriften der §§ 323 ff BGB zu suchen. Besteht Streit, ob und insbesondere ob vollständig geliefert worden ist, ein Fall, der bei Abgabe einer unzutreffenden Übernahmebestätigung leicht eintreten kann, muß der auf Zahlung von Leasingraten in Anspruch genommene Leasingnehmer auf § 542 BGB zurückgreifen. Das ist schon deshalb unausweichlich, weil der kaufrechtliche Erfüllungsanspruch dem Leasinggeber zusteht und der Streit, ob, insbesondere aber ob vollständig geliefert worden ist, zwischen Leasingnehmer und Leasinggeber nur in Form des Streits über eine ordnungsgemäße

---

91) BGH, Urt. v. 9. 10. 1985 — VIII ZR 217/84 = BGHZ 96, 103 = ZIP 1985, 1398 = EWiR § 9 AGBG 14/85, 923 *(v. Westphalen)* = WM 1985, 1447 = NJW 1986, 179.
92) BGH, Urt. v. 3. 7. 1985 — VIII ZR 102/84 = BGHZ 95, 170 = ZIP 1985, 935 = EWiR § 278 BGB 1/85, 643 *(Paulusch)* = WM 1985, 906 = NJW 1985, 2258; vgl. dazu auch Rz. 489.

Gebrauchsüberlassung ausgetragen werden kann. Auf diesem Gedanken beruht die Rechtsprechung des Bundesgerichtshofs[93]. Denkbar – und naheliegend – ist indessen, den Streit darüber, ob vollständig geliefert worden ist, nicht in zwei Ebenen (Leasinggeber gegen Lieferanten – Leasingnehmer gegen Leasinggeber), sondern einheitlich auszutragen, in dem der Leasinggeber seine Rechte gegenüber dem Lieferanten aus § 326 BGB an den Leasingnehmer abtritt oder diesen – wegen der rechtlichen Bedenken, ob eine separate Abtretung dieser Rechte ohne Übertragung der Erwerberstellung möglich ist – zumindest ermächtigt, im eigenen Namen sowohl eine mit der Ablehnungsandrohung verbundene Nachfrist zu setzen als auch von den in § 326 BGB eröffneten Rechtsbehelfen Gebrauch zu machen[94]. Es versteht sich von selbst, daß bei derartiger Fallgestaltung der Leasinggeber hinsichtlich des Leasingvertrages an das Ergebnis der Auseinandersetzung über das Schicksal des Erwerbsgeschäfts gebunden ist.

Das zitierte Urteil des Bundesgerichtshofs vom 7. März 1990 behandelt für den Fall behaupteter teilweiser Nichterfüllung eines aus mehreren Vertragsteilen bestehenden Erwerbsgeschäfts, das insgesamt rückabgewickelt werden soll, auch den Rücktritt vom Vertragswerk insgesamt wegen Wegfalls des Interesses gemäß § 326 Abs. 1 Satz 2 BGB, weil Einheitlichkeit des Rechtsgeschäfts im konkreten Falle nicht feststellbar war. Von Bedeutung ist in diesem Zusammenhang, daß der Leasinggeber den Wegfall des Interesses am Ganzen nur dann mit Erfolg geltend machen kann, wenn im Verhältnis zwischen ihm und dem Leasingnehmer die Voraussetzungen des § 542 BGB vorliegen, d. h., daß der Leasingnehmer wegen der nur teilweisen Erfüllung seinerseits ein berechtigtes Interesse daran hat, sich aus dem Leasingvertrag insgesamt zu lösen. Das hat seinen Grund darin, daß das Erwerbsgeschäft allein im Hinblick auf das Leasing zustande gekommen ist, ein eigenes Nutzungsinteresse des Erwerbers/Leasinggebers also von vornherein nicht bestand.

**486** Der Leasinggeber kann beim Ausbleiben der Lieferung vom Leasingnehmer auch keinen Aufwendungsersatz verlangen, muß also Bereitstellungsprovision und Nichtabnahmeentschädigung, die seine Refinanzierungsbank verlangt, selbst tragen[95]. Mit dieser Entscheidung ist der Bundesge-

---

93) BGH, Urteile v. 1. 7. 1987 – VIII ZR 117/86 = ZIP 1987, 1187 = EWiR § 542 BGB 1/87, 1075 *(v. Westphalen)* = WM 1987, 1131 = NJW 1988, 204; v. 27. 4. 1988 – VIII ZR 84/87 = BGHZ 104, 232 = ZIP 1988, 974 = EWiR § 11 Nr. 14 AGBG 2/88, 635 *(v. Westphalen)* = NJW 1988, 2465 = WM 1988, 979 unter II 2 b u. c; v. 7. 3. 1990 – VIII ZR 56/89 = WM 1990, 987 unter III 1 b, bb.
94) BGH, Urt. v. 7. 3. 1990, aaO (Fußn. 93).
95) BGH, Urt. v. 9. 10. 1985 (Fußn. 91); dazu *v. Westphalen,* aaO (Fußn. 2), Rz. 232.

richtshof einen Schritt über sein Urteil vom 16. September 1981[96] hinausgegangen. Auch in dieser Hinsicht beruht die jüngste Entscheidung auf der Zuordnung des Finanzierungsleasing zum Mietrecht (und nicht zum Auftragsrecht oder zum Recht der Geschäftsbesorgung), was zur Folge hat, daß der Leasinggeber eben nicht nur eine im Interesse des Leasingnehmers liegende Tätigkeit schuldet, sondern — als Hauptpflicht in Gestalt der Gebrauchsüberlassung — deren durch die Übergabe des Leasingobjekts herbeigeführten Erfolg.

Eine AGB-Klausel, die in dem vom BGH am 9. Oktober 1985[97] entschiedenen Fall dem Leasinggeber zum Aufwendungsersatz verhelfen sollte („unterbleibt die Lieferung des Mietgegenstandes ... wird dieser Vertrag gegenstandslos; der Mieter erstattet dem Vermieter die entstandenen Kosten"), hat der Bundesgerichtshof wegen schwerwiegender Abweichung vom Äquivalenzprinzip und damit wegen Verstoßes gegen § 9 Abs. 2 Nr. 1 AGBG für unwirksam angesehen. Das Prinzip der Äquivalenz von Leistung und Gegenleistung gehört zum Kern des Mietvertrages und damit auch zum Leitbild des Finanzierungsleasing. Die Äquivalenz im Leasingvertrag wäre schwer gestört, wenn infolge Nichtbeschaffung der Leasingsache und damit zugleich Nichterfüllung der dem Leasinggeber obliegenden Hauptpflicht der Gebrauchsgewährung zwar der Leasinggeber von allen Verpflichtungen befreit wäre, der Leasingnehmer aber im praktischen Ergebnis einen Teil seiner Gegenleistung erbringen müßte. Zwar soll der Leasingvertrag nach der ausdrücklichen Formulierung der Klausel „gegenstandslos" sein, was die Befreiung beider Partner von ihren Vertragspflichten zur Folge haben müßte. Dem widerspricht aber die Kostenregelung. Wäre der Vertrag durchgeführt worden, so wären die auch dann entstehenden Aufwendungen, z. B. die Bereitstellungsprovision, von dem Leasingnehmer mit den Leasingraten abgedeckt und ihm nicht etwa gesondert berechnet worden. **487**

Darin zeigt sich, daß ihre Geltendmachung trotz Wegfalls der Geschäftsgrundlage des Leasingvertrages praktisch die Inanspruchnahme eines Teils der Gegenleistung des Leasingnehmers ist. Die Auffassung des Leasinggebers, die Abweichung vom Äquivalenzprinzip sei gerechtfertigt, weil die Anschaffung des Leasinggutes und damit der Grund für die Entstehung von Aufwendungen stets im Interesse des Leasingnehmers, der den Lieferanten ausgesucht und die Kaufvertragsbedingungen ausgehandelt habe, liege, so daß das Fehlschlagen der Verträge allein seinem Risikobereich zuzurechnen sei, hat der Bundesgerichtshof nicht gelten lassen und ausgeführt, träfe dies zu, so **488**

---

96) BGH, Urt. v. 16. 9. 1981 — VIII ZR 265/80 = BGHZ 81, 298 = ZIP 1981, 1215 mit Anm. v. *Westphalen* = WM 1981, 1290 = NJW 1982, 105.
97) BGH, Urt. v. 9. 10. 1985, aaO (Fußn. 91).

könnten sich sowohl für den Fall des Fehlens der Geschäftsgrundlage als auch für den der Kündigung aus wichtigem Grund eine einseitige nachwirkende Leistungspflicht des Leasingnehmers ergeben. Bereits aus der Gestaltung der Verträge mit dem Erwerb durch den Leasinggeber und der kaufmännisch kalkulierten Gebrauchsüberlassung an den Leasingnehmer gehe aber hervor, daß das Interesse an der Anschaffung keineswegs allein dasjenige des Leasingnehmers sei. Auch aus der Anbahnung der Verträge lasse sich keine generelle Risikozuweisung an ihn herleiten. Leistungsfähigkeit und -willigkeit des Lieferanten seien keine Umstände, die allgemein vom Leasingnehmer besser beurteilt werden könnten als vom Leasinggeber. Wo dies im einzelnen doch der Fall sein sollte, käme möglicherweise eine Hinweis- und Aufklärungspflicht des Leasingnehmers mit der Folge eines Schadensersatzanspruchs bei ihrer Verletzung in Betracht. Im übrigen sei auch nicht richtig, daß der Leasinggeber regelmäßig ohne Einfluß auf die Auswahl des Lieferanten und auf den Inhalt des Kaufvertrages sei. Insgesamt bestehe deshalb kein Anlaß, die in der zitierten Klausel enthaltene schwerwiegende Abweichung vom Äquivalenzprinzip mit Rücksicht auf eine besondere Risikoverteilung hinzunehmen[98].

**489** Gehört zur geschuldeten Leistung des Herstellers/Lieferanten die Lieferung einer Computeranlage und der ausgewählten Software und gehört die Gebrauchsüberlassung von Hardware und Software zur Erfüllung der Hauptpflicht des Leasinggebers, so stellt das Ausbleiben der Software keinen Sachmangel der gelieferten Computeranlage dar, es handelt sich vielmehr um eine teilweise Nichtleistung (vgl. Rz. 485).

Die Rechte des Leasinggebers beim Ausbleiben der Lieferung als Käufer des Leasingobjekts gegenüber dem Hersteller/Lieferanten folgen aus §§ 323, 325 BGB.

### 5.2 Verzögerung bei der Lieferung des Leasingobjekts

**490** Führt das Ausbleiben der Lieferung des Leasingobjekts aus Gründen, die in der Hersteller/Lieferanten-Sphäre liegen, dazu, daß dem Leasingvertrag von Anfang an die Grundlage fehlt, so hat die Verzögerung der Lieferung nach Fälligkeit die Folge, daß der Leasingnehmer dem Zahlungsbegehren des Leasinggebers mit der Einrede des nichterfüllten Vertrages begegnen kann, § 320 BGB, soweit damit die Leistung des Leasinggebers erzwungen werden soll und kann[99]. Eine Vorleistungspflicht des Leasingnehmers besteht nicht. Solange Erfüllung verlangt werden kann, versteht sich von selbst, daß § 539

---

98) BGH, Urt. v. 9. 10. 1985 – VIII ZR 217/84, aaO (Fußn. 91).
99) BGH, Urt. v. 5. 7. 1989 – VIII ZR 334/88 = ZIP 1989, 1333 = EWiR § 537 BGB 3/89, 977 *(Eckert)* = WM 1989, 1574 = NJW 1989, 3222; vgl. ferner Rz. 74 u. 116.

## I. Leasing

BGB die Position des Leasingnehmers nicht beeinträchtigt. Der Bundesgerichtshof möchte diese Vorschrift allerdings „im Rahmen der nach § 320 Abs. 2 BGB ohnehin unter Heranziehung der Grundsätze von Treu und Glauben vorzunehmenden Abwägung" ihrem Rechtsgedanken nach angewendet wissen[100].

Obliegt es, wie regelmäßig in den AGB der Leasinggeber vorgesehen, dem Leasingnehmer, die Auslieferung des Leasingobjekts zu veranlassen, so muß er den Hersteller/Lieferanten ordnungsgemäß in Verzug setzen und ihm gemäß § 326 BGB für den Fall fruchtlosen Fristablaufs androhen, daß er die Annahme der Leistung – namens des Leasinggebers – ablehnen werde. Den Leasinggeber als den Kaufvertragspartner des Hersteller/Lieferanten muß der Leasingnehmer hiervon unterrichten. Gleichzeitig muß der Leasingnehmer dem Leasinggeber – parallel zur Nachfristsetzung gegenüber dem Hersteller/Lieferanten – ebenfalls eine Frist zur Bewirkung der Leistung setzen und die Annahmeverweigerung für den Fall ihres ergebnislosen Ablaufs androhen. Die Vorschriften der §§ 323 ff BGB sind in diesem Stadium auf den Leasingvertrag ohne weiteres anwendbar. Der Leasingnehmer kann so in Fällen, in denen zweifelhaft ist, ob geliefert wird oder nicht, den „Schwebezustand" beenden.

Bleibt die Leistung aus, kann der Leasingnehmer vom Leasinggeber Schadensersatz wegen Nichterfüllung verlangen oder geltend machen, dem Leasingvertrag fehle infolge des Ausbleibens der Lieferung des Leasingobjekts die Grundlage. Diese Befugnis tritt an die Stelle des in § 326 BGB vorgesehenen Rücktritts. Da das Ausbleiben der Lieferung Nichterfüllung der Gebrauchsüberlassungspflicht bedeutet, ist der Leasingnehmer auch zur Kündigung des Leasingvertrages gemäß § 542 BGB berechtigt.

Die sich für den Leasinggeber aus § 326 BGB in bezug auf das Erwerbsgeschäft ergebenden Rechte muß dieser gegenüber dem Hersteller/Lieferanten geltend machen.

Wird – wenn auch verspätet – geliefert, so hat der Hersteller/Lieferant den Verspätungsschaden gemäß § 286 Abs. 1 BGB zu ersetzen.

---

100) BGH, Urt. v. 5. 7. 1989 – VIII ZR 334/88, s. Fußn. 99.

## 5.3 Gewährleistung bei Sachmängeln des Leasingobjekts

### 5.3.1 Ersatz mietrechtlicher durch kaufrechtliche Gewährleistung

**491** Das leasingtypische dreiseitige Rechtsverhältnis zwischen dem Hersteller/ Lieferanten als Verkäufer des Leasingobjekts, dem Leasinggeber als Käufer und Vermieter und dem Leasingnehmer als Mieter hat, ebenso wie der fremdfinanzierte Abzahlungskauf, spezifisch gewährleistungsrechtliche Probleme aufgeworfen. Sie wurzeln darin, daß der Leasinggeber, dessen Aufgabe sich nicht in der Finanzierung erschöpft, sondern der außerdem die Hauptpflicht zu erfüllen hat, dem Leasingnehmer das Leasingobjekt in einem für den Vertragszweck geeigneten Zustand zur Verfügung zu stellen[101], den Ausschluß der mietrechtlichen Gewährleistung (§§ 537 ff BGB) gegenüber dem Leasingnehmer erstrebt und diesen auf kaufrechtliche Gewährleistungsansprüche (§§ 459 ff BGB) verweist, die er ihm aus dem Vertrag mit dem Hersteller/Lieferanten abtritt.

Individualrechtlich vereinbart, begegnet diese Gewährleistungsregelung keinen Bedenken. Zu der insoweit typischen Klausel, „für Sach- und Rechtsmängel des Mietgegenstandes leistet die Vermieterin in der Weise Gewähr, daß sie mit dem Abschluß des Mietvertrages ihre Gewährleistungs-, Garantie- und Schadensersatzansprüche, soweit ihr solche gegen die Lieferfirma . . . zustehen, an den Mieter abtritt; der Mieter ist verpflichtet, die ihm abgetretenen Ansprüche fristgerecht geltend zu machen; weitergehende Ansprüche und Rechte des Mieters gegen die Vermieterin nach § 537 ff BGB oder aus positiver Forderungsverletzung sind ausgeschlossen . . .", hat der Bundesgerichtshof im Urteil vom 23. Februar 1977[102] ausgeführt:

**492** „Der in einem als Mietvertrag zu wertenden Leasingvertrag formularmäßig vereinbarte vollständige Gewährleistungsausschluß ist wirksam, wenn der Leasinggeber dem Leasingnehmer sämtliche ihm gegenüber dem Lieferanten zustehenden kaufrechtlichen Gewährleistungsansprüche einschließlich der Wandelungsbefugnis überträgt."

Diesen Standpunkt hat der Bundesgerichtshof später in seiner Entscheidung vom 16. September 1981[103], der eine wörtlich nahezu gleichlautende

---

101) BGH, Urt. v. 16. 9. 1981 – VIII ZR 265/80 = BGHZ 81, 298 = ZIP 1981, 1215 = WM 1981, 1219 = NJW 1982, 105.
102) BGH, Urt. v. 23. 2. 1977 – VIII ZR 124/75 = BGHZ 68, 118 = WM 1977, 447 = NJW 1977, 848.
103) BGH, Urt. v. 16. 9. 1981 – VIII ZR 265/80 = BGHZ 81, 298 = ZIP 1981, 1215 = WM 1981, 1219 = NJW 1982, 105.

Klausel zugrundeliegt, bekräftigt[104]. Die in der Klausel formulierte für den Finanzierungsleasingvertrag typische — vom Leitbild des Mietvertrages abweichende — Regelung, die den Leasingnehmer so stellt, als sei er selbst Käufer des Leasingobjekts, ist — in Formularverträgen und AGB im kaufmännischen Verkehr — wirksam, weil sie den Besonderheiten des Finanzierungsleasing entspricht und den Leasinggeber nicht rechtlos stellt. Als Besonderheit, die es rechtfertigt, dem Leasingnehmer eigene Gewährleistungsrechte zu nehmen und ihn mit abgeleiteten zu versehen, wird seine Nähe zum Leasingobjekt in fachlich technischer Hinsicht angesehen; sie erleichtert es ihm, die Eignung des Leasingobjekts zum vertraglich vorgesehenen Gebrauch zu beurteilen und etwaige Mängel zu erkennen und Gewährleistungsansprüche in zweckmäßiger Weise zu verfolgen[105]. Rechtlos ist der Leasingnehmer, wenn er sich auf den Ausschluß mietrechtlicher Gewährleistung einläßt, dann nicht, wenn der Leasinggeber die ihm als Käufer des Leasingobjekts gegenüber dem Hersteller/Lieferanten zustehenden Gewährleistungsrechte abtritt oder zur Ausübung überträgt, wobei dies meist als Pflicht zur unverzüglichen Geltendmachung gestaltet ist. Erfordert sie eine Inanspruchnahme der Gerichte, so verfolgt der Leasingnehmer die zur Ausübung übertragenen Ansprüche im Wege gewillkürter Prozeßstandschaft[106]. Die im Schrifttum umstrittene Frage, ob das Wandelungsrecht isoliert abgetreten werden kann, ist höchstrichterlich bisher nicht entschieden. Der Bundesgerichtshof hat in diesem Zusammenhang stets darauf verwiesen, daß im Falle des Scheiterns der Abtretung eine Umdeutung in eine Ermächtigung zur Geltendmachung der Wandelung vorgenommen werden müsse[107].

Nachdem der Bundesgerichtshof im Urteil vom 16. September 1981[108] ausdrücklich klargestellt hat, daß die früher[109] formulierten Grundsätze — entgegen dem in der Literatur teilweise geäußerten Zweifel[110] — nicht nur für eine Inhaltskontrolle nach § 242 BGB, sondern auch für die Inhaltskontrolle gemäß § 9 AGB gelten[111], stand jedenfalls für den kaufmännischen Handelsverkehr fest, daß der Leasingnehmer nicht in einer gegen Treu und Glauben verstoßenden Weise unangemessen benachteiligt wird, wenn ihm anstelle

---

104) Vgl. dazu die Anmerkung von *v. Westphalen*, ZIP 1981, 1219; *ders.*, DB, Beilage 6/82; ferner — allgemein zur Sachmängelhaftung beim Finanzierungsleasing — *v. Westphalen*, aaO (Fußn. 3), Rz. 269, *Reinicke/Tiedtke*, BB 1982, 1142; *Klamroth*, BB 1982, 1149.
105) Vgl. dazu im einzelnen *Hiddemann*, WM 1978, 834, 839.
106) Vgl. BGH, Urt. v. 23. 2. 1977 — VIII ZR 124/75 = BGHZ 68, 118 = WM 1977, 447 = NJW 1977, 848 und Urt. v. 23. 2. 1977 — VIII ZR 312/75 = WM 1977, 390.
107) BGHZ 68, 118; *Hiddemann*, WM 1978, 834, 839.
108) AaO (Fußn. 101).
109) BGH, Urt. v. 23. 2. 1977 — VIII ZR 124/75 = BGHZ 68, 118.
110) Vgl. *Ebenroth*, DB 1978, 2109, 2110.
111) Vgl. auch OLG Hamburg, Urt. v. 29. 5. 1981 = MDR 1981, 934.

## C. Verträge mit übergreifendem Inhalt

der Gewährleistungsansprüche gegen den Leasinggeber die Befugnis eingeräumt wird, notfalls den Kaufvertrag zu wandeln und damit dem Leasingvertrag den Boden zu entziehen.

**493** Aus der Diktion im zitierten Urteil vom 16. September 1981[112], auf das in der Entscheidung vom 4. April 1984[113] verwiesen wird, ließ sich bereits herleiten, daß die in Rede stehende Gewährleistungsregelung – Ersatz der mietvertraglichen durch die mit dem Hersteller/Lieferanten vereinbarte Gewährleistungsregelung, welche ihrerseits, soweit die Geltung des AGBG in Betracht kommt, dessen Anforderungen genügen muß[114] – auch im nichtkaufmännischen Geschäftsverkehr gelten soll und dort nicht als unangemessen bewertet werden kann[115]. Nachdem der Bundesgerichtshof[116] nunmehr die bisher offengelassene, insbesondere im Schrifttum, aber auch in der Rechtsprechung der Instanzgerichte umstrittene und mit kaum überschaubarer Variationsbreite beantwortete Frage, ob § 11 Nr. 10 a AGBG auf Leasingverträge anzuwenden sei, verneint hat, ist das bestätigt worden. Mit eingehender Begründung, die zum wiederholten Male betont, daß die entgeltliche Gebrauchsgewährung auf Zeit ein wesentliches Merkmal des Finanzierungsleasing ist und die den Leistungsbegriff in § 11 Nr. 10 a AGBG anhand der Entstehungsgeschichte der Vorschrift im Vergleich zum Regelungsgehalt des § 11 AGBG insgesamt erörtert, wird dargetan, daß im Hinblick auf die Besonderheiten des Leasinggeschäfts der – nichtkaufmännisch tätige – Leasingnehmer des Schutzes des § 11 Nr. 10 a AGBG nicht bedarf, weil der Ausschluß der mietrechtlichen Gewährleistung gegen Abtretung der Gewährleistungsrechte aus dem Kaufvertrag über das Leasingobjekt nach der höchstrichterlichen Rechtsprechung von vornherein nur dann und insoweit zulässig ist, als der Leasingnehmer nicht rechtlos gestellt wird[117]. Für das Immobilienleasing gilt nichts anderes[118]. Die in einem Immobilien-Leasingvertrag und einem darin vorgesehenen Generalübernehmervertrag

---

112) AaO (Fußn. 101).
113) BGH, Urt. v. 4. 4. 1984 – VIII ZR 313/82 = ZIP 1984, 1107 = WM 1984, 933 = NJW 1984, 2687.
114) Vgl. dazu z. B. *v. Westphalen*, DB Beilage 6/82, S. 3, 4.
115) Vgl. auch BGH, Urt. v. 20. 6. 1984 – VIII ZR 131/83 = ZIP 1984, 1101 = WM 1984, 1089 = NJW 1985, 129.
116) BGH, Urt. v. 24. 4. 1985 – VIII ZR 65/84 = BGHZ 94, 180 = ZIP 1985, 682 = EWiR § 11 Nr. 10 AGBG 1/85, 239 *(Hensen)* = WM 1985, 638 = NJW 1985, 1547; Anmerkung *v. Westphalen* in ZIP 1985, 1033.
117) Inzwischen bestätigt durch Urt. v. 19. 2. 1986 – VIII ZR 91/85 = BGHZ 97, 135, 147 = ZIP 1986, 716 = EWiR § 537 BGB 2/86, 559 *(v. Westphalen)* = WM 1986, 591 = NJW 1986, 1744; v. 17. 12. 1986 – VIII ZR 279/85 = ZIP 1987, 240 = EWiR § 537 BGB 6/87, 555 *(v. Westphalen)* = NJW 1987, 1072 = WM 1987, 349 u. v. 27. 4. 1988 – VIII ZR 84/87 = BGHZ 104, 232 = ZIP 1988, 974 = EWiR § 11 Nr. 14 AGBG 2/88, 633 *(v. Westphalen)* = NJW 1988, 2465 = WM 1988, 979.
118) BGH, Urt. v. 25. 1. 1989 – VIII ZR 302/87 = BGHZ 106, 304 = ZIP 1989, 377 = EWiR § 537 BGB 1/89, 461 *(v. Westphalen)* = NJW 1989, 1279 = WM 1989, 442; vgl. auch bereits BGH, Urt. v. 4. 7. 1979 – VIII ZR 338/78 = WM 1979, 1040.

## I. Leasing

dem Leasingnehmer auferlegte Verpflichtung, das zu überlassende Gebäude selbst zu errichten und für Herstellungsmängel zu haften, ist als Freizeichnung des Leasinggebers von seiner mietrechtlichen Haftung für Herstellungsmängel auszulegen. Eine derartige Haftungsfreizeichnung benachteiligt den Leasingnehmer nicht unangemessen und ist nach § 9 Abs. 1 und Abs. 2 Nr. 1 AGBG nicht unwirksam. Die Haftungsfreizeichnung gilt auch für Herstellungsmängel, die erst nach Ablauf der werkvertraglichen Gewährleistungszeit des Leasingnehmers als Generalübernehmers und nach Verjährung von dessen Ansprüchen gegen seine Subunternehmer erkennbar werden. Der Leasingnehmer ist nicht deshalb rechtlos gestellt, weil der Leasinggeber sich die Abtretung und Geltendmachung der Ansprüche gegen die Subunternehmer vorbehalten hat[119].

**494** Ist danach im kaufmännischen wie im nichtkaufmännischen Geschäftsverkehr die interessengerechte Vertragsgestaltung der Gewährleistung durch AGB in der Weise möglich, daß sich der Leasinggeber von mietrechtlicher Gewährleistung freizeichnet und dem Leasingnehmer die gegen den Hersteller/Lieferanten bestehenden Gewährleistungsansprüche abtritt oder ihn zu deren Geltendmachung ermächtigt[120], erfordert es das Gebot, den Leasingnehmer nicht rechtlos zu stellen, solche AGB-Klauseln auszugrenzen, die diesem Erfordernis nicht Rechnung tragen. Das ist z. B. dann der Fall, wenn in den AGB des Leasinggebers bestimmt ist:

„Der Vermieter haftet dem Mieter für Ansprüche jeder Art (Sach- und Rechtsmängel, Verzugsschaden, sonstigen Schadensersatz usw.) nur in dem Umfang, in dem er seinerseits gegenüber dem Lieferanten oder Dritten Ansprüche stellen kann und Befriedigung erlangt. Nach Wahl des Vermieters ist der Mieter verpflichtet, derartige Ansprüche gegenüber Lieferanten und Dritten entweder im eigenen Namen oder im Namen des Vermieters zur Leistung an den Vermieter geltend zu machen. Der Vermieter kann die in dieser Wahl liegende Ermächtigung jederzeit widerrufen und die Ansprüche selbst verfolgen. In jedem Falle trägt die Kosten der Rechtsverfolgung der Mieter".

Diese Klausel enthält an keiner Stelle die zur Wahrung der Interessen des Leasingnehmers erforderliche *unbedingte* Übertragung der kaufrechtlichen Gewährleistungsrechte. Eine Abtretung ist nicht vorgesehen. Die Klausel enthält zwar zunächst eine Ermächtigung und sogar Verpflichtung des Leasingnehmers, die Ansprüche gegen den Lieferanten entweder im eigenen Namen oder namens des Leasinggebers geltend zu machen. Diese Ermächti-

---

119) BGH, Urt. v. 25. 1. 1989, aaO (Fußn. 118).
120) BGH, Urt. v. 19. 2. 1986 – VIII ZR 91/85 = BGHZ 97, 135 = ZIP 1986, 716 = EWiR § 537 BGB 2/86, 559 *(v. Westphalen)* = WM 1986, 591 = NJW 1986, 1744; v. 17. 12. 1986 – VIII ZR 279/85 = ZIP 1987, 240 = EWiR § 537 BGB 6/87, 555 *(v. Westphalen)* = WM 1987, 349 = NJW-RR 1987, 1072; BGH, Urt. v. 27. 4. 1988, aaO (Fußn. 93).

gung kann aber nach ausdrücklicher Regelung jederzeit widerrufen werden mit der Folge, daß der Leasinggeber die Rechte selbst wahrnehmen kann. Inhalt und Sinn der Regelung gehen also dahin, daß dem Leasingnehmer die Ausübung der Gewährleistungsrechte nicht endgültig überlassen ist. Aus diesem Grunde ist die Freizeichnung von der Eigenhaftung gemäß § 9 Abs. 1 AGBG unangemessen und folglich unwirksam.

Als unwirksam hat der Bundesgerichtshof[121] auch folgende Klausel angesehen:

„Rechte auf Mängelbeseitigung, Mietminderung, Schadensersatz sowie ein Kündigungs- oder Rücktrittsrecht sind der Vermieterin gegenüber ausgeschlossen. Der Mieter kann statt dessen von der Vermieterin die Abtretung sämtlicher Gewährleistungs-, Nachbesserungs-, Garantie- und Schadensersatzansprüche gegen den Lieferanten verlangen; die Abtretung des Rechts auf Rückgängigmachung des Kaufvertrages (Wandelungs- oder Rücktrittsrecht) jedoch nur Zug um Zug gegen Zahlung sämtlicher noch ausstehender Mietzinsraten, des Restwertes (des Leasingobjekts) sowie sonstiger mit der Auslieferung des Mietgegenstandes zusammenhängender Kosten. Nach Eingang dieser Beträge wird die Vermieterin die Ausrüstung an den Mieter freigeben."

Kann der Leasingnehmer die Abtretung der Gewährleistungsansprüche gegen den Hersteller/Lieferanten nur Zug um Zug gegen Zahlung sämtlicher noch ausstehender Leasingraten, des Restwertes des Leasingobjekts und Erstattung sonstiger mit der Auslieferung dieses Gegenstandes verbundenen Kosten verlangen, so wird er rechtlos gestellt, denn das gesamte mit Sachmängeln verbundene Risiko wird auf ihn abgewälzt. Er muß den Leasinggeber so stellen, wie dieser bei ordnungsgemäßer Vertragserfüllung stünde, d. h., wie wenn er seiner – unabdingbaren – Hauptverpflichtung nachgekommen wäre, den Leasingnehmer ein zum vertragsgemäßen Gebrauch geeignetes Leasingobjekt zu überlassen. Obwohl der Leasingnehmer nur für diesen Fall Leasingraten schuldet, müßte er nach dem Willen des Klauselverwenders seine Leistung vorzeitig und in voller Höhe erbringen ohne Rücksicht darauf, ob er mit dem Wandelungsrecht durchdringen würde, was zur Folge hätte, daß dem Leasingvertrag von Anfang an die Grundlage entzogen wäre, er also Leasingraten überhaupt nicht schuldete[122].

In dem Urteil vom 4. April 1984[123], das die Rechtsprechung des Bundesgerichtshofs zum Verbot einer geltungserhaltenen Reduktion von AGB-Klauseln bestätigt, wird hervorgehoben, daß die in Rede stehende Klausel nicht als geteilte oder auch nur teilbare Regelung angesehen werden könne. Davon

---

121) AaO (Fußn. 120).
122) BGH, aaO (Fußn. 113), unter I 4 b bb.
123) AaO (Fußn. 113), unter I 4 b cc.

# I. Leasing

könne nicht die Rede sein, wenn, wie vom Verwender vorgesehen, die Abtretung des Wandelungsrechts von der Gegenleistung, dem Preis, welchen der Leasinggeber für die Übertragung der Wandelungsbefugnis verlangt, losgelöst werden müßte, um sie auf einen vertretbaren Inhalt zurückzuführen.

Fraglich bleibt nach allem nur, ob die Ersetzung mietrechtlicher durch kaufrechtliche Gewährleistung im nichtkaufmännischen Bereich als überraschende Klausel angesehen werden könnte, so daß sie gegebenenfalls aus diesem Grunde nicht Vertragsinhalt würde. Mit Rücksicht auf die Verbreitung des Leasing im täglichen Wirtschaftsleben − nicht zuletzt in der Automobilbranche − wird es nur noch in Einzelfällen und dann in Betracht kommen, wenn für den Vertragspartner nicht klar ersichtlich ist, daß er mit einem Leasingunternehmen kontrahiert[124].

495

Ist eine AGB-Klausel, durch die die mietrechtliche Gewährleistung ausgeschlossen werden soll, unwirksam, so haftet der Leasingnehmer gemäß § 6 Abs. 2 AGBG für Mängel der Mietsache nach den Vorschriften der §§ 537 ff BGB (siehe unten Rz. 511 ff).

### 5.3.2 Rechtsfolgen des Ersatzes mietrechtlicher durch kaufrechtliche Gewährleistung

#### 5.3.2.1 Bindung des Leasinggebers an das Ergebnis kaufrechtlicher Gewährleistung

Hat der Leasinggeber „von Hause aus" eine Gewährleistungspflicht gegenüber dem Leasingnehmer, und darf er ihr in der Weise gerecht werden, daß er die ihm aus dem Kaufvertrag mit dem Hersteller/Lieferanten zustehenden Gewährleistungsansprüche an den Leasingnehmer abtritt oder sie ihm zur Ausübung überläßt, so versteht sich nahezu von selbst, daß er das Ergebnis der gewährleistungsrechtlichen Auseinandersetzung zwischen Leasingnehmer und Hersteller/Lieferanten für und gegen sich gelten lassen muß[125]. Andernfalls würde die Gewährleistungsregelung leer laufen und den Leasingnehmer − im Ergebnis − rechtlos stellen. Dies gilt um so mehr, als dem Leasingnehmer unmittelbare eigene Gewährleistungsansprüche gegen den Hersteller/Lieferanten nicht zustehen[126]. Da die abgetretenen oder zur Ausübung überlassenen kaufrechtlichen Gewährleistungsrechte sich regelmäßig

496

---

124) Vgl. BGH, Urt. v. 8. 10. 1975 − VIII ZR 81/74 = WM 1975, 1204 = NJW 1977, 195 und BGH, Urt. v. 24. 4. 1985 − VIII ZR 65/84 = BGHZ 94, 180 = ZIP 1985, 682 = EWiR § 11 Nr. 10 AGBG 1/85, 239 *(Hensen)* = WM 1985, 638 = NJW 1985, 1547.
125) BGH, Urt. v. 16. 9. 1981 − VIII ZR 265/80 = BGHZ 81, 298 = ZIP 1981, 1215 = WM 1981, 1219 = NJW 1982, 105.
126) BGH, Urt. v. 23. 2. 1977 − VIII ZR 312/75 = WM 1977, 390 = NJW 1977, 847.

C. Verträge mit übergreifendem Inhalt

in dem Anspruch auf Nachbesserung und, im Falle ihres Scheiterns, in dem — insoweit unabdingbaren — Recht auf Wandelung erschöpfen, gewinnt die Bindung des Leasinggebers an das Ergebnis der gewährleistungsrechtlichen Auseinandersetzung zwischen Leasingnehmer und Hersteller/Lieferanten für ihn praktische und rechtliche Bedeutung, wenn der Leasingnehmer mit dem Wandelungsbegehren Erfolg hat, also feststeht, daß der Kaufvertrag rückabzuwickeln ist. Die Rückabwicklung des Kaufvertrages ist Sache der daran beteiligten Vertragsparteien, also Sache von Leasinggeber und Hersteller/Lieferant[127]. Der Leasinggeber ist verpflichtet, dem Hersteller/Lieferanten das Leasingobjekt zurückzuübereignen und erhält von diesem den Kaufpreis zurück[128]. Dagegen kann er nicht vom Leasingnehmer Erstattung des aufgewandten Kaufpreises einschließlich der damit verbundenen Unkosten sowie Kapitalverzinsung und Ersatz entgangenen Gewinns verlangen, Kapitalverzinsung deshalb nicht, weil der Verkäufer den Kaufpreis gemäß §§ 467, 342 BGB zumeist in Höhe von 5% verzinsen muß; Anspruch auf entgangenen Gewinn hat der Leasinggeber nicht, weil er eine gebrauchstaugliche Sache zur Verfügung zu stellen hatte und es nach Fehlschlagen des Leasingvertrages wegen Gebrauchsuntauglichkeit des Leasingobjekts nicht der Billigkeit entsprechen würde, ihm den aus dem fehlgeschlagenen Geschäft erwarteten Gewinn zuzubilligen.

### 5.3.2.2 Auswirkungen der Wandelung auf den Leasingvertrag

**497** Für das Verhältnis zwischen Leasinggeber und Leasingnehmer folgt aus dem Vollzug der Wandelung, daß dem Leasingvertrag von vornherein die Geschäftsgrundlage fehlte[129]. Die Geschäftsgrundlage ist wegen des von Anfang an, nämlich wegen des bei Übergabe des Leasingobjekts bereits vorhandenen, die Gebrauchstauglichkeit aufhebenden oder erheblich beeinträchtigenden Sachmangels nicht nachträglich für die Zukunft weggefallen, sondern hat sich als von vornherein nicht vorhanden erwiesen. Daraus folgt, vom Bundesgerichtshof als eine Anpassung des Leasingvertrages an das Fehlen der Geschäftsgrundlage gemäß § 242 BGB verstanden, daß bereits „von Vertragsschluß an" eine Verpflichtung zur Zahlung der Leasingraten (Äquivalent für die Bereitstellung einer mangelfreien Leasingsache) „wegfiel"[130]. Den in der Literatur aufgezeigten Weg, dem Leasingnehmer lediglich

---

127) BGH, Urt. v. 20. 6. 1984 — VIII ZR 131/83 = ZIP 1984, 1101 = WM 1984, 1089 = NJW 1985, 129.
128) BGH, Urt. v. 23. 2. 1977 — VIII ZR 124/75 = BGHZ 68, 118 = WM 1977, 447 = NJW 1977, 848; v. 16. 9. 1981 — VIII ZR 265/80 = ZIP 1981, 1215 = WM 1981, 1290 = NJW 1982, 105.
129) BGH, Urt. v. 16. 9. 1981, aaO (Fußn. 125) unter Bezugnahme auf BGHZ 68, 118, 126.
130) BGH, Urt. v. 16. 9. 1981, aaO (Fußn. 125).

## I. Leasing

die Befugnis einzuräumen, den Leasingvertrag gemäß § 542 BGB fristlos zu kündigen, hat der Bundesgerichtshof als unzulängliche Lösung des Konflikts und deshalb als nicht gangbar bezeichnet. Deshalb muß eine in AGB enthaltene Klausel, die dem Leasingnehmer für den Fall der Nichterfüllung oder des Scheiterns der Gewährleistung — lediglich — ein Kündigungsrecht gemäß § 542 BGB einräumt[131], als unwirksam angesehen werden (§ 9 Abs. 1 AGBG).

Für den Fall, daß der Leasingnehmer das Leasingobjekt nicht in Gebrauch genommen hat, beantwortet das Urteil vom 16. September 1981[132] die im Urteil vom 23. Februar 1977[133] offengebliebene Frage, ob der Leasingnehmer die bereits vor Wandelungserklärung geleisteten Mietzinsraten zurückverlangen kann, in positivem Sinne. Bei solcher Fallgestaltung wird der Leasingnehmer jedenfalls nicht erst „von dem Zeitpunkt an, in dem er die — wenn auch möglicherweise sich erst später als sachlich begründet erweisende — Wandelung erklärt hat, von seiner Mietzinsverpflichtung gegenüber dem Leasinggeber frei"[134], sondern von Vertragsschluß an[135]. Die noch im Urteil vom 16. September 1981[136] und später im Urteil vom 28. Oktober 1981[137] vertretene Ansicht, der Leasingnehmer, der das Leasingobjekt zunächst in Gebrauch genommen und tatsächlich genutzt habe, bleibe „zunächst zur Zahlung der Leasingraten verpflichtet", hat der Bundesgerichtshof nicht aufrechterhalten, sondern seine Rechtsprechung neu ausgerichtet[138]. Der dem Urteil vom 5. Dezember 1984[139] vorangestellte Leitsatz besagt demgemäß:

**498**

„Ist die vom Leasingnehmer nach Abtretung der Gewährleistungsansprüche an ihn gegenüber dem Hersteller/Lieferanten erklärte Wandelung des Kaufvertrages vollzogen, entfällt der Anspruch des Leasinggebers auf Zahlung der Leasingraten wegen Fehlens der Geschäftsgrundlage von Anfang an auch dann, wenn die Leasingsache zeitweilig oder teilweise benutzt werden konnte (Abweichung von BGHZ 81, 298)".

Das Ziel des Vertrages, die mangelfreie Gebrauchsüberlassung für die im Vertrag bezeichnete Zeit und zu den dort geregelten Bedingungen, kann auch im Falle der Ingebrauchnahme des Leasingobjekts nicht erreicht werden. Dem Leasingnehmer ist es nicht zuzumuten, sich zeitweilig mit einer mangelhaften Sache begnügen, dafür aber dennoch die für die Nutzung vorgesehe-

---

131) Vgl. dazu den Sachverhalt in BGH, Urt. v. 29. 1. 1986 — VIII ZR 49/85 = ZIP 1986, 512 = EWiR § 6 AbzG 1/86, 315 *(v. Westphalen)* = WM 1986, 480.
132) AaO (Fußn. 125).
133) VIII ZR 124/75 = WM 1977, 447 = NJW 1977, 848; BGHZ 68, 118, 126.
134) BGHZ, aaO (Fußn. 133).
135) BGHZ 81, 298, 307, 308 (Fußn. 125).
136) BGH, aaO (Fußn. 125).
137) BGH, Urt. v. 28. 10. 1981 — VIII ZR 175/80 = ZIP 1982, 67 = WM 1982, 7 = DB 1982, 698.
138) Hier ist auf die Ausführungen in der 4. Aufl. dieses Handbuchs (Rz. 466, 467) hinzuweisen.
139) BGH, Urt. v. 5. 12. 1984 — VIII ZR 277/83 = ZIP 1985, 226 = EWiR § 537 BGB 1/85, 71 *(v. Westphalen)* = WM 1985, 226 = NJW 1985, 796.

nen, auf eine mangelfreie Sache berechneten Raten zahlen zu müssen. Für den Leasinggeber entsteht andererseits im Vergleich zu den Fällen ganz unterbliebener Benutzung kein erheblicher Nachteil. Er hat gegen den Lieferanten den vollen Anspruch aus der Wandelung. Soweit er nach § 347 BGB Nutzung herauszugeben hat, läßt sich der Ausgleich im Verhältnis zum Leasingnehmer nach den Regeln des Bereicherungsrechts angemessen herbeiführen. Es bleibt also bei der für den *Wegfall* (nicht nur Änderung) der Geschäftsgrundlage üblichen Folge des völligen Wegfalls der vertraglichen Verpflichtung aus dem Leasingvertrag[140]. Auf diesen Grundsatz hat der Bundesgerichtshof in einem Rückabwicklungsfall nach rechtskräftiger Wandelung des Kaufvertrages zurückgegriffen und in Anwendung bereicherungsrechtlicher Grundsätze ausgesprochen, die gezahlten Leasingraten seien herauszugeben; seine Vertragskosten, insbesondere die Zahlung des Kaufpreises an den Lieferanten, könne der Leasinggeber nicht bereicherungsmindernd geltend machen; dagegen seien die vom Leasingnehmer gezogenen Nutzungen in den Bereicherungsausgleich einzubeziehen; die Darlegungs- und Beweislast für solche Nutzungen trage der Leasinggeber, der er unter Umständen pauschaliter genüge mit der Folge, daß der Leasingnehmer zu substantiiertem Bestreiten gezwungen werde[141].

**499** Im zitierten Urteil vom 5. Dezember 1984[142] hat der Bundesgerichtshof erstmals auch den Erwägungen Raum gegeben, ob, abgesehen von den bis dahin entschiedenen Fällen der Verjährung von kaufrechtlichen Mängelansprüchen[143] und der Unzumutbarkeit der Verfolgung kaufrechtlicher Gewährleistungsrechte wegen Vermögenslosigkeit des Lieferanten[144], der Leasingnehmer nicht schon vor der – zumeist nur im Prozeß durchzusetzenden – Vollziehung der Wandelung berechtigt sein muß, sich gegen den Zahlungsanspruch des Leasinggebers mit der Begründung zu wehren, dem Leasingvertrag fehle von Anfang an die Geschäftsgrundlage[145]. Als Voraussetzung dafür hat der Bundesgerichtshof ansehen wollen, daß der Leasingnehmer gleichzeitig die kaufrechtlichen Gewährleistungsansprüche in einem Rechtsstreit angriffs- oder verteidigungsweise gegen den Hersteller/Lieferant geltend macht. Im Prozeß des Leasinggebers gegen den Leasingnehmer könne dem durch eine Aussetzung des Verfahrens nach § 148 ZPO Rechnung

---

140) BGH, Urt. v. 5. 12. 1984, aaO (Fußn. 139) unter II 2 c; dazu *v. Westphalen*, aaO (Fußn. 2), Rz. 244.
141) BGH, Urt. v. 25. 10. 1989 – VIII ZR 105/88 = BGHZ 109, 139 = ZIP 1990, 175 = EWiR § 535 BGB 1/90, 137 *(Martinek)* = WM 1990, 25 = NJW 1990, 314.
142) AaO (Fußn. 139).
143) BGH, Urt. v. 23. 2. 1977 – VIII ZR 124/75 = BGHZ 68, 118, 122.
144) BGH, Urt. v. 20. 6. 1984 – VIII ZR 131/83 = ZIP 1984, 1101 = WM 1984, 1089.
145) So die Vorauflage dieses Handbuchs, Rz. 466, 467.

## I. Leasing

getragen werden, weil nach dem Sinn der Haftungsregelung des Leasingvertrages der Streit über Mängel der Leasingsache nicht im Leasingrechtsverhältnis, sondern zwischen dem Hersteller/Lieferanten und dem Leasingnehmer ausgetragen werden soll[146]. Abschließend sind diese Fragen damals nicht entschieden worden. Sie sind auch in dem weiteren Urteil vom 5. Dezember 1984[147] und im Urteil vom 24. April 1985[148] offen geblieben. In dem zuerst genannten Urteil vom 5. Dezember 1984[149] bestand die Besonderheit des Sachverhalts darin, daß durch Abtretungen das leasingtypische Dreiecksverhältnis mit der Aufspaltung in eine Erwerbs- und eine Gebrauchsüberlassungsbeziehung aufgehoben war: Hat der Leasinggeber seine Gewährleistungsansprüche aus dem Erwerbsgeschäft gegen den Hersteller/Lieferanten an den Leasingnehmer abgetreten und tritt er seine Ansprüche aus dem Leasingvertrag an den Hersteller/Lieferanten ab, so kann der Leasingnehmer im Prozeß mit dem die Leasingraten aus abgetretenem Recht einklagenden Hersteller den – ebenfalls – abgetretenen Wandelungsanspruch einredeweise geltend machen, ohne daß es der vorherigen Vollziehung der Wandelung bedarf[150]. Im zweiten Falle vom 5. Dezember 1984[151] bedurften die Fragen ebenfalls keiner Entscheidung, weil sich dort die Wandelung als endgültig unbegründet erwiesen hatte. Der Leasingnehmer war im Prozeß mit dem Hersteller/Lieferanten mit seinem Wandelungsbegehren rechtskräftig unterlegen, und zwar wegen Verjährung der Gewährleistungsansprüche. Selbst wenn also über das Vorhandensein von Mängeln des Leasingobjekts keine Feststellungen getroffen worden sind, ist der Leasingnehmer an das Ergebnis des Wandelungsprozesses im Rechtsstreit des Leasinggebers gegen ihn gebunden[152]. Im Falle vom 24. April 1985 hatte der Leasingnehmer die kaufrechtlichen Gewährleistungsansprüche weder angriffs- noch verteidigungsweise im Rechtsstreit mit dem Hersteller/Lieferanten geltend gemacht[153].

Nunmehr steht fest, daß der in Allgemeinen Geschäftsbedingungen eines **500** Leasinggebers enthaltene Ausschluß der mietrechtlichen Gewährleistung unter Abtretung der kaufrechtlichen Sachmängelansprüche gegenüber dem Lieferanten an den Leasingnehmer dahin auszulegen ist, daß der Leasingge-

---

146) BGH, Urt. v. 5. 12. 1984, aaO (Fußn. 139), unter II 2 e.
147) BGH, Urt. v. 5. 12. 1984 – VIII ZR 87/83 = WM 1985, 263.
148) BGH, Urt. v. 24. 4. 1985 – VIII ZR 65/84 = BGHZ 94, 180 = ZIP 1985, 682 = BGH EWiR § 11 Nr. 10 AGBG 1/85, 239 *(Hensen)* = WM 1985, 638 = NJW 1985, 1547; vgl. auch die Anmerkung von *v. Westphalen* in ZIP 1985, 1033.
149) AaO (Fußn. 139).
150) BGH, Urt. v. 5. 12. 1984 – VIII ZR 277/83, aaO (Fußn. 139).
151) AaO (Fußn. 147).
152) BGH, Urt. v. 5. 12. 1984 – VIII ZR 87/83, aaO (Fußn. 147).
153) BGH, aaO (Fußn. 148) unter II 2.

ber auch nicht vorläufig Zahlung von Leasingraten fordern kann, wenn der Leasingnehmer Wandelungsklage gegen den Lieferanten erhoben hat. Kann in einem solchen Fall mangels rechtskräftiger Entscheidung im Wandelungsprozeß gegen den Lieferanten ein Sachurteil über den vom Leasinggeber anhängig gemachten Anspruch auf Leasingraten noch nicht ergehen, so hat das Gericht diesen Rechtsstreit nach § 148 ZPO auszusetzen[154]. Nach der im entschiedenen Fall bestehenden Vertragslage konnten die Leasingnehmer die von ihnen behauptete Unbrauchbarkeit einer Computeranlage nicht unmittelbar dem Leasingratenanspruch der Leasinggeberin entgegenhalten. Sie waren darauf angewiesen, entsprechend der Regelung im Kaufvertrag zunächst von der Nachbesserung durch den Lieferanten Gebrauch zu machen und bei deren Erfolglosigkeit die Zustimmung zur Wandelung zu fordern und einzuklagen. Die Befreiung von ihren Verpflichtungen aus dem Leasingvertrag konnten sie nur erreichen, wenn die Wandelung vollzogen und dem Leasingvertrag dadurch die Grundlage entzogen wurde oder wenn ausnahmsweise die Durchsetzung der Wandelung unmöglich oder unzumutbar war. Diesen Weg hatten die beklagten Leasingnehmer mit ihrer Wandelungsklage gegen die Lieferanten beschritten, ohne daß sie bis zum Zeitpunkt ihrer Inanspruchnahme auf Zahlung rückständiger Leasingraten eine rechtskräftige Entscheidung im Wandelungsprozeß herbeiführen konnten, so daß nicht feststand, ob dem Leasingvertrag die Grundlage fehlt. Der Bundesgerichtshof hat seine am 19. Februar 1986 getroffene Entscheidung[155] auf die besondere Gestaltung des Leasingverhältnisses gestützt, wobei berücksichtigt worden ist, daß die Abhängigkeit des Anspruchs des Leasinggebers von der Klärung des Rechtsverhältnisses zu einem Dritten (dem Lieferanten) erst durch die Haftungsregelung in den AGB des Leasinggebers entstanden ist. Kommt es entscheidend auf die durch den Vertrag begründete Stellung der Parteien und die Ausgestaltung ihrer Rechte und Pflichten an, so gewinnt Bedeutung, daß sich die Vertragsbeteiligung des Leasinggebers nicht in der Finanzierungsfunktion erschöpft, sondern auch und gerade die Vermieterposition umfaßt. Die sich daraus und aus der Eigentümerstellung ergebende Verantwortlichkeit für die Leasingsache hindere den Leasinggeber daran, durch eine Haftungsabwälzung den Leasingnehmer so vollkommen mit der Sachgefahr zu belasten, daß ihm selbst nur noch die Stellung eines „Finanziers" verbleibe. Die darin liegende Einschränkung der zulässigen Freizeichnung rechtfertige sich durch die Zugehörigkeit der Leasingsache zum Vermögen des Leasinggebers, worin der Unterschied sowohl zu den Fällen des finanzierten Abzahlungskaufs als

---

154) BGH, Urt. v. 19. 2. 1986 – VIII ZR 91/85, BGHZ 97, 135 = ZIP 1986, 716 = EWiR § 537 BGB 2/86 (v. Westphalen) = NJW 1986, 1744 = WM 1986, 591.
155) AaO (Fußn. 154).

## I. Leasing

auch des bloßen Sicherungseigentums liege. Grundlage für die Lösung sei damit in erster Linie der angemessene Inhalt und Sinn der vertraglichen, vom Leasinggeber vorformulierten Haftungsregelung. Dieser sei nicht nur zu entnehmen, daß der Leasinggeber das Ergebnis des Gewährleistungsstreits als für sich verbindlich anerkennt; bei Berücksichtigung der gesamten Vertragskonstruktion sei sie vielmehr so zu verstehen, daß der Leasinggeber vor Beendigung des Wandelungsstreits Leasingraten auch nicht vorläufig fordern könne. Enthielte der Vertrag die Freizeichnung nicht, wäre diese Folge nicht nur nach Mietrecht, sondern auch nach Kaufrecht selbstverständlich. Zu vergleichen sei der Leasingnehmer nämlich nicht mit dem Käufer, der bereits voll gezahlt hat, sondern mit dem, den der Verkäufer auf Zahlung in Anspruch nimmt. Die Durchsetzung einer solchen Forderung vor Klärung erhobener Mängeleinwendungen wäre ausgeschlossen. Die Haftungsabwälzung in Allgemeinen Geschäftsbedingungen könne an dieser grundsätzlichen, vom gesetzlichen Rechtsschutzsystem vorgegebenen Risikoverteilung nichts ändern. Sie würde sonst die Rechtsstellung des Leasingnehmers erheblich verschlechtern, ohne daß dafür ein dringendes Bedürfnis des Leasinggebers erkennbar wäre. Anlaß und Rechtfertigung für die Haftungsfreizeichnung, meint der Bundesgerichtshof weiter, sei die besondere Situation des Leasinggebers, der weder die für die Auswahl des Leasinggutes maßgebenden Bedürfnisse des Leasingnehmers noch die Voraussetzungen für eine vertragsgemäße Leistung des Lieferanten kenne und deshalb das Vorliegen eines Mangels schlechter beurteilen könne als Leasingnehmer und Lieferant. Den Belangen des Leasinggebers werde hinreichend Rechnung getragen, wenn dem Leasingnehmer die Verantwortlichkeit dafür übertragen werde, ob und in welchem Maße Mängel der Leasingsache geltend gemacht werden sollen und mit welchem Material ein Gewährleistungsprozeß zu führen ist. Unzumutbare Nachteile entstünden für den Leasinggeber bei dieser Auslegung nicht. Das Risiko einer Insolvenz des Leasingnehmers habe er bereits mit dem Abschluß des Vertrages auf sich genommen. Schließlich bestehe auch keine durch zweckmäßige Maßnahmen nicht zu beseitigende Gefahr übermäßiger Verzögerung.

Da dem Leasingvertrag die Grundlage nur bei Vollziehung der Wandelung entzogen werde, könne sich der Leasingnehmer mit Erfolg nur wehren, wenn er nicht nur den Mangel behaupte, sondern – bei verweigerter Zustimmung des Lieferanten zur Wandelung – auch Wandelungsklage erhebe. Unterlasse er dies, so sei sein Einwand nicht schlüssig, so daß der Leasinggeber seinen Zahlungsanspruch auch im Prozeßwege durchsetzen könne[156]. Mit dieser

---

156) BGH, Urt. v. 19. 2. 1986, aaO (Fußn. 154) unter II 3 c.

Entscheidung sind jedenfalls die Konstruktion des Einwendungsdurchgriffs und die Annahme eines besonderen Leistungsverweigerungsrechts[157] gegenstandslos geworden. Die Stimmigkeit der höchstrichterlichen Rechtsprechung in sich ist durch das Urteil vom 19. Februar 1986[158] hergestellt, wenn auch mit einem Begründungsaufwand, dessen es nicht bedurft hätte: Bewirkt die vollzogene Wandelung, daß dem Leasingvertrag von Anfang an die Grundlage entzogen ist, so bestreitet der Leasingnehmer, der das im Prozeß des Leasinggebers gegen ihn geltend macht, den Fortbestand einer Verpflichtung, Leasingraten zahlen zu müssen, d. h. den Fortbestand einer Schuld. Richtig ist, daß der Leasingnehmer das nicht ins Blaue hinein geltend machen kann, sondern, soll das Bestreiten der Schuld im Zahlungsprozeß des Leasinggebers erheblich sein, zumindest die Durchsetzung des Wandelungsrechts gegen den Hersteller/Lieferanten bereits durch Klageerhebung ins Werk gesetzt haben muß, sofern der Hersteller/Lieferant die Zustimmung zur Wandelung verweigert.

**502** Darf der Leasingnehmer, der einen Wandelungsprozeß führt, danach nicht vor dessen rechtskräftigem Abschluß zur Zahlung von Leasingraten verurteilt werden, so muß der Zahlungsprozeß des Leasinggebers gegen ihn gemäß § 148 ZPO ausgesetzt werden[159].

**503** Der Leasinggeber, der seine kaufrechtlichen Gewährleistungsansprüche an den Leasingnehmer abgetreten hat, muß eine vom Leasingnehmer mit dem Lieferanten wegen Mangelhaftigkeit der Leasingsache getroffene Wandelungsvereinbarung (z. B. einen Prozeßvergleich) gegen sich gelten lassen und verliert wegen Wegfalls der Geschäftsgrundlage seinen Anspruch auf Leasingraten[160]. Der Leasinggeber hat nämlich kein Recht, die Vollziehung der Wandelung durch einen in einem streitig geführten Prozeß ergehendes Urteil zu verlangen oder eine außergerichtliche, vergleichsweise Einigung zwischen dem Leasingnehmer und dem Hersteller/Lieferanten von seiner Zustimmung abhängig zu machen. Die Durchführung eines Prozesses kann er schon deshalb nicht fordern, weil es am Rechtsschutzbedürfnis für eine Wandelungsklage fehlt, wenn der Hersteller/Lieferant außerhalb des Prozesses sein Einverständnis erklärt hat. Hat der Leasinggeber seine Gewährleistungsansprüche vorbehaltlos an den Leasingnehmer abgetreten, so ist dieser allein berechtigt und in aller Regel auch vertraglich verpflichtet, Gewährleistungsansprüche wegen Sachmängeln gegen den Hersteller/Lieferanten durchzuset-

---

157) Vgl. die 4. Aufl. dieses Handbuches, Rz. 467.
158) AaO (Fußn. 154).
159) BGH, Urt. v. 19. 2. 1986 – VIII ZR 91/85, aaO (Fußn. 154) unter II 4.
160) BGH, Urt. v. 27. 2. 1985 – VIII ZR 328/83 = BGHZ 94, 44 = ZIP 1985, 546 = EWiR § 537 BGB 3/85, 273 *(v. Westphalen)* = WM 1985, 573 = NJW 1985, 1535.

## I. Leasing

zen. Diese Anspruchsverfolgung darf der Leasinggeber nicht von der Vereinbarung bestimmter Abwicklungsmodalitäten oder von weiteren Voraussetzungen abhängig machen. Denkbar ist allerdings, daß ausnahmsweise die Wandelung des Kaufvertrages im Verhältnis zum Leasinggeber nicht wirksam wird oder der Leasingnehmer sich auf eine derartige Absprache nicht berufen kann; das wird dann der Fall sein, wenn Hersteller/Lieferant und Leasingnehmer zum Nachteil des Leasinggebers handeln, indem sie z. B. eine Wandelung vereinbaren, obwohl das durch keinen Sachmangel gerechtfertigt war[161].

Der Leasinggeber hat stets ein berechtigtes Interesse an rechtzeitiger **504** Unterrichtung über Mängel des Leasingobjekts und einen sich anbahnenden Gewährleistungsstreit des Leasingnehmers mit dem Lieferanten[162].

Im Urteil vom 27. Februar 1985[163] hat sich der Bundesgerichtshof auch mit den Sorgfaltspflichten befaßt, die den Leasingnehmer im Zusammenhang mit der Durchführung der Wandelung treffen. Mit Vollziehung der Wandelung entsteht die Verpflichtung, das Leasingobjekt an den Lieferanten zurückzuübereignen. Darauf hat der Lieferant aber nur Anspruch Zug und Zug gegen Rückzahlung des Kaufpreises. Hat es der Leasingnehmer zu vertreten, daß das Leasingobjekt ohne gleichzeitige Rückzahlung des Kaufpreises ausgehändigt wird, so ist er für einen dem Leasinggeber daraus entstehenden Schaden verantwortlich.

Scheitert beim Finanzierungsleasing die Durchsetzung der Wandelung an **505** der Vermögenslosigkeit des Herstellers/Lieferanten, so muß der Leasingnehmer im Verhältnis zum Leasinggeber so gestellt werden, wie er stünde, wenn die Wandelung des Kaufvertrages vollzogen worden wäre[164].

Die Abtretung der kaufrechtlichen Gewährleistungsansprüche an den Lea- **506** singnehmer befreit den Leasinggeber beim Finanzierungsleasing nicht von dem Risiko, daß ein begründetes Wandelungsbegehren wegen Vermögenslosigkeit des Herstellers/Lieferanten des Leasingobjekts nicht realisierbar ist. Das hat seine Ursache darin, daß die Rückabwicklung des Kaufvertrages aufgrund begründeten Wandelungsbegehrens Sache der daran beteiligten Vertragsparteien, also Sache von Leasinggeber und Hersteller/Lieferant ist.

Eine ganz andere Frage – und die zwingende Folge der zulässigen Ersetzung der mietrechtlichen durch die kaufrechtliche Gewährleistung – ist, daß

---

161) BGH, Urt. v. 27. 2. 1985 – VIII ZR 328/83, aaO (Fußn. 160) unter I 3 b bb cc.
162) BGH, Urt. v. 17. 12. 1986 – VIII ZR 279/85 = ZIP 1987, 240 = EWiR § 537 BGB 6/87, 555 (v. *Westphalen*) = WM 1987, 349 = NJW 1987, 1072.
163) AaO (Fußn. 160).
164) BGH, Urt. v. 20. 6. 1984 – VIII ZR 131/83 = ZIP 1984, 1101 = WM 1984, 1089 = NJW 1985, 129.

der Leasingnehmer, anders als der Mieter bei Bestehen eines reinen Mietverhältnisses, keinen gewährleistungsrechtlichen Schutz genießt, wenn Mängel erst während der Dauer des Leasingverhältnisses auftreten. Die kaufrechtliche Gewährleistung knüpft an das Vorhandensein von Mängeln im Zeitpunkt des Gefahrübergangs an (§ 459 BGB). Der Mieter hat Anspruch auf Gewährleistung auch, wenn später ein Mangel infolge eines Umstandes auftritt, den der Vermieter zu vertreten hat (§ 538 Abs. 1, 1. Halbs., 2. Alternative BGB). Darf der Leasinggeber die mietrechtliche Gewährleistung durch Abtretung der kaufrechtlichen Gewährleistungsansprüche ersetzen, so erschöpfen sich die Rechte des Leasingnehmers in der abgetretenen Rechtsposition. Sie wird nicht etwa durch § 538 Abs. 1, 1. Halbs. 2. Alternative BGB ergänzt. Die mietrechtliche Gewährleistung lebt bei wirksamer Ersetzung durch die kaufrechtliche nicht wieder auf (vgl. im Gegensatz dazu unten Rz. 511 ff).

### 5.3.2.3 Verlust von Gewährleistungsansprüchen — Rügeobliegenheiten im Dreiecksverhältnis

**507** Der Erwerb des Leasingobjekts stellt sich für Leasinggeber und Lieferanten in aller Regel als Handelsgeschäft dar. Zur Erhaltung von kaufrechtlichen Gewährleistungsansprüchen ist mithin die Einhaltung der Rügeobliegenheiten gemäß § 377 HGB erforderlich. Der Umstand, daß sich der Leasinggeber des Leasingnehmers regelmäßig als Erfüllungsgehilfen in bezug auf die Abnahme bedient, rechtfertigt es nicht, die den Käufer und Leasinggeber aufgrund seines Kaufvertragsschlusses treffenden Pflichten und Obliegenheiten in ihrem Bestand und Umfang nur deshalb zu verändern, weil er bei der Abnahme einen Nichtkaufmann zu Hilfe zieht. Die Pflichten und Obliegenheiten eines Schuldners beurteilen sich grundsätzlich aus seiner Person und seiner vertraglichen Beziehung zum Gläubiger, nicht aus der Person des Erfüllungsgehilfen. Auch aus der Sicht des Lieferanten besteht kein Grund, daß er gegenüber einem kaufmännischen Vertragspartner nur deshalb den Schutz des § 377 HGB verlieren sollte. Die Vorschriften über die Mängelrüge tragen in erster Linie den Belangen des Verkäufers Rechnung, der davor bewahrt werden soll, sich noch längere Zeit nach der Ablieferung Ansprüchen wegen etwaiger dann nur schwer feststellbarer Mängel ausgesetzt zu sehen, wodurch zugleich dem allgemeinen Interesse an einer raschen Abwicklung der Rechtsgeschäfte im Handelsverkehr entsprochen wird. Der Charakter des Kaufs als eines Handelsgeschäfts ändert sich nicht dadurch, daß der Abkäufer die Kaufsache zum Gegenstand eines Leasingvertrages macht und bei der Abnahme einen nichtkaufmännischen Leasingnehmer einschaltet[165]. In bezug

---

165) BGH, Urt. v. 24. 1. 1990 — VIII ZR 22/89 = BGHZ 110, 130 = ZIP 1990, 650 = EWiR § 377 HGB 1/90, 487 *(v. Westphalen)* = WM 1990, 510 = NJW 1990, 1290.

auf die Rügeobliegenheiten gilt mithin nichts anderes wie in der vergleichbaren Situation beim Streckengeschäft. Erfolgt dort die Durchlieferung an einen nichtkaufmännischen Abnehmer, so bleibt es nach allgemeiner Meinung Sache des kaufmännischen Zwischenhändlers, für eine unverzügliche Untersuchung und Mängelanzeige durch den nichtkaufmännischen Abnehmer zu sorgen. Kenntnis des Lieferanten davon, daß der Kaufgegenstand zur Erfüllung eines Leasingvertrages erworben wird, ändert an der Rechtslage nichts. Unerheblich ist es auch, wenn der Kaufvertrag zunächst zwischen dem Lieferanten und dem späteren Leasingnehmer geschlossen wird und sodann der Leasinggeber in diesen Kaufvertrag als Käufer „eintritt", und zwar ohne Rücksicht darauf, ob eine derartige Vertragsübernahme durch Aufhebung des alten und Abschluß eines neuen Kaufvertrages, durch dreiseitigen Vertrag oder durch zweiseitige Vereinbarung unter Zustimmung des dritten Teils zustande kommt. Für die erste Alternative bedarf es keiner Begründung. Auch in den beiden übrigen Fällen führt die Auswechselung des Käufers dazu, daß aus dem bisher mit einem Nichtkaufmann geschlossenen Vertrag ein Handelskauf mit dem kaufmännischen Leasinggeber wird, den nunmehr die Rügeobliegenheit des § 377 HGB trifft.

Der Umstand, daß der Leasingnehmer regelmäßig vom Leasinggeber beauftragt wird, die kaufrechtlichen Gewährleistungsrechte geltend zu machen, ändert den Charakter des Kaufvertrages zwischen Lieferanten und Leasinggeber hinsichtlich der Rügeobliegenheiten nicht.

Für den Leasinggeber folgt daraus die Notwendigkeit, den Leasingnehmer unter Hinweis auf seine eigene Kaufmannseigenschaft vertraglich zur unverzüglichen Untersuchung und Mängelanzeige anzuhalten. Dazu besteht insbesondere auch deshalb Anlaß, weil den Leasingnehmer ohne besondere Abrede – unbeschadet der sich aus § 545 Abs. 1 BGB ergebenden Mängelanzeigepflicht (vgl. Rz. 512) – keine Rügeobliegenheit nach § 377 HGB trifft, erst recht nicht, wenn er kein Kaufmann ist[166].

**508** Verursacht der Leasinggeber den Verlust der kaufrechtlichen Gewährleistungsansprüche durch Versäumung der Rügeobliegenheiten, so erweist sich die Abtretung dieser Ansprüche an den Leasingnehmer als wertlos. Daraus darf dem Leasingnehmer grundsätzlich kein Nachteil erwachsen. Das bedeutet, daß der Leasinggeber ihn so stellen muß, wie er im Falle der Erhaltung der Gewährleistungsrechte bei Beachtung der Rügeobliegenheiten stehen würde; der Leasinggeber muß, mit anderen Worten, die Gewährleistungsrechte, die der Leasingnehmer gegen den Lieferanten hätte verwirklichen

---

166) BGH, Urt. v. 24. 1. 1990, aaO (Fußn. 165).

können, gegen sich gelten lassen. Zu einer sachlich nicht gerechtfertigten Besserstellung des Leasingnehmers würde es führen, wenn die Versäumung der Rügeobliegenheiten durch den Leasinggeber zum Wiederaufleben der mietrechtlichen Gewährleistungsansprüche führen würde.

Der Rechtsgedanke, der der Regelung des § 377 Abs. 5 HGB zugrundeliegt, rechtfertigt die Annahme, daß dem Leasingnehmer weder fahrlässige Unkenntnis noch Kenntnis von der Kaufmannseigenschaft des Leasinggebers und von dessen Rügeobliegenheiten schaden.

#### 5.3.2.4 Verjährung kaufrechtlicher Gewährleistungsansprüche

**509** Die Verjährungsfrist für die kaufrechtlichen Gewährleistungsansprüche beginnt mit der Ablieferung, d. h. regelmäßig in dem Zeitpunkt, in dem der Leasingnehmer den Gegenstand für den Leasinggeber in Besitz nimmt. Unerheblich ist, wann er den Leasinggeber hiervon unterrichtet[167].

Zeigt der Leasingnehmer dem Lieferanten das Vorhandensein eines Mangels an und veranlaßt dieser daraufhin eine Fachwerkstatt mit der Instandsetzung des Leasingobjekts, so führt das in entsprechender Anwendung des § 639 Abs. 2 BGB selbst dann zur Hemmung der Verjährungsfrist, wenn Leasinggeber und Lieferant ein Nachbesserungsrecht im Kaufvertrag nicht vereinbart haben; regelmäßig genügt, daß der Verkäufer sich auf Nachbesserung einläßt[168].

Ein Anerkenntnis des Gewährleistungsanspruchs durch den Lieferanten, das gemäß § 208 BGB zur Unterbrechung der – sei es zuvor gehemmten, sei es der ungehemmt laufenden – Verjährungsfrist führt, kann gegenüber dem Leasingnehmer erfolgen. Einmal kann davon ausgegangen werden, daß der Leasingnehmer infolge der Abtretung der Gewährleistungsansprüche als „Berechtigter" im Sinne des § 208 BGB anzusehen ist, zum anderen ist das Anerkenntnis gemäß § 208 BGB keine empfangsbedürftige Willenserklärung; es genügt vielmehr jedes zur Kenntnis des Berechtigten bestimmte und geeignete Verhalten, das klar und eindeutig das Bewußtsein des Schuldners vom Bestehen der Schuld bezeugt[169].

---

167) BGH, Urt. v. 8. 7. 1987 – VIII ZR 274/86 = ZIP 1987, 1320 = EWiR § 208 BGB 1/87, 963 (Schlechtriem) = WM 1987, 1200 = NJW 1988, 254.
168) BGH, Urt. v. 6. 6. 1984 – VIII ZR 83/83 = ZIP 1984, 962 = WM 1984, 1092 = NJW 1984, 2938.
169) BGH, Urt. v. 8. 7. 1987, aaO (Fußn. 167).

## 5.3.2.5 Schutz des Leasinggebers gegen die Rückwirkung kaufrechtlicher Gewährleistung

Die Rückwirkung kaufrechtlicher Gewährleistungsansprüche, insbesondere **510** der Wandelung, auf den Leasingvertrag in Anwendung von Geschäftsgrundlageprinzipien begründet ein berechtigtes Interesse des Leasinggebers, sich vor den damit verbundenen Risiken zu schützen. Ein hierfür geeignetes Instrument sehen Leasinggeber in dem aufschiebend bedingten Abschluß des Kaufvertrages über das Leasingobjekt durch folgende in den Bestellbedingungen enthaltene Klausel:

„Die Abnahme ... erfolgt durch den Mieter am Bestimmungsort. Bis zur Abnahme, die durch Vorlage einer vom Mieter zu unterzeichnenden Abnahmebestätigung nachzuweisen ist, trägt der Lieferant die Gefahr. Der Eingang der Abnahmebestätigung bei uns ist Voraussetzung für jegliche Verpflichtung unsererseits dem Lieferanten gegenüber."

Für die Wirksamkeit einer derartigen Klausel ist von ausschlaggebender Bedeutung, daß in dem für das Finanzierungsleasing charakteristischen Dreiecksverhältnis Hersteller/Lieferant – Erwerber/Leasinggeber – Leasingnehmer der Erwerb des Leasingobjekts durch den Leasinggeber in fremdem Interesse geschieht, ein Gesichtspunkt, der letztlich auch für die Zulässigkeit der bereits erörterten Gewährleistungsregelung beim Finanzierungsleasing maßgeblich ist. Der Hersteller/Lieferant weiß, daß der Leasinggeber das Leasingobjekt im Interesse des Leasingnehmers erwirbt. Dann ist ihm aber auch bewußt, daß der Leasinggeber verpflichtet ist, dem Leasingnehmer ein Leasinggut zur Verfügung zu stellen, welches dem mietvertraglich vorausgesetzten Zweck entspricht und er, der Leasinggeber, keine Möglichkeit hat, sich von dieser Verpflichtung freizuzeichnen[170].

Unter Berücksichtigung dieses Gesichtspunktes kann die zitierte Klausel weder als überraschend noch als eine Bestimmung angesehen werden, die einseitig und treuwidrig die Interessen des Verwenders berücksichtigt. Der Leasinggeber begegnet mit dieser Klausel der Gefahr, die ihm bei Lieferung eines mangelhaften Leasingobjekts droht. Einen Schutz gegen verdeckte Mängel bietet die Klausel freilich nicht. Andererseits wirft diese Vertragspraxis die Frage auf, ob der Leasinggeber sich vom Hersteller/Lieferanten entgegenhalten lassen muß, daß der Leasingnehmer die Abnahme des Leasinggutes grundlos verweigert (§§ 162, 242 BGB). Die Frage muß bejaht werden. Der Erwerb des Leasingobjekts im fremden Interesse rechtfertigt es nicht, den Hersteller/Lieferanten vertragswidrigem Verhalten des Leasingnehmers auszusetzen.

---

170) BGH, Urt. v. 16. 9. 1981 – VIII ZR 265/80 = BGHZ 81, 298 = ZIP 1981, 1215 = WM 1981, 1219 = NJW 1982, 105.

### 5.3.3 Rechtsfolgen beim Scheitern der Ersetzung mietrechtlicher durch kaufrechtliche Gewährleistung

**511** Ist eine AGB-Klausel, durch die die mietrechtliche Gewährleistung des Leasinggebers ausgeschlossen und durch Zession kaufrechtlicher Gewährleistungsrechte ersetzt werden soll, unwirksam (siehe oben unter Rz. 491 ff), so haftet der Leasinggeber gemäß § 6 Abs. 2 AGBG für Mängel der Leasingsache gemäß §§ 537 ff BGB[171].

Ist das Leasingobjekt z. B. von Anfang an mit einem Mangel behaftet, der zwar nicht sofort, aber im Laufe der Mietzeit zur Aufhebung der Gebrauchstauglichkeit führen würde (Lackierungsschäden in der Außenhaut eines Flugzeugs, Störung der Enteisungsanlage), und nimmt der Leasinggeber es in seinen Besitz, um den Mangel beheben zu lassen, so gilt die Gebrauchstauglichkeit für die Dauer der Mängelbeseitigung als aufgehoben mit der Folge, daß der Mieter/Leasingnehmer während dieser Zeit von der Entrichtung des Mietzinses/Leasingraten – kraft Gesetzes – befreit ist, § 537 Abs. 1 Satz 1 BGB[172].

**512** Treten am Leasingobjekt während der Vertragsdauer Schäden auf, so ist der Leasingnehmer verpflichtet, dies dem *nach Mietrecht haftenden* Leasinggeber anzuzeigen, § 545 Abs. 1 Satz 1 BGB. Geschieht das nicht unverzüglich und erwächst dem Leasinggeber infolge der verspäteten Mängelanzeige ein Schadensersatzanspruch gemäß § 545 Abs. 2, 1. Halbs. BGB, etwa weil er deshalb seinerseits kaufrechtliche Gewährleistungsansprüche gegen den Hersteller/Lieferanten nicht rechtzeitig geltend machen kann, so stellt es eine unzulässige Rechtsausübung dar, wenn sich der Leasingnehmer auf die wegen des Mangels eingetretene Herabsetzung der Leasingraten (= Mietminderung) beruft[173]. Die Mangelhaftigkeit des Leasingobjekts führt zwar dazu, daß die Leasingraten vom Eintritt des Mangels an auch ohne ausdrückliche Geltendmachung herabgesetzt sind[174]. Die enge innere Beziehung zwischen der Minderung und dem durch unterlassene oder verspätete Mitteilung der Mängel entstandenen Schaden, aber auch die Eigenart des Minderungsrechts aus § 537 BGB, lassen es zu, den allgemein gebilligten Grundsatz anzuwenden, daß es treuwidrig ist, wenn ein Gläubiger (der Leasingnehmer) etwas fordert (Herabsetzung der Leasingraten unter Umständen auf 0,– DM),

---

171) BGH, Urt. v. 17. 12. 1986 – VIII ZR 279/85 = ZIP 1987, 240 = EWiR § 537 BGB 6/87, 555 *(v. Westphalen)* = WM 1987, 349.
172) BGH, Urt. v. 29. 10. 1986 – VIII ZR 144/85 = EWiR § 537 BGB 1/87, 31 *(Eckert)* = NJW 1987, 432 = WM 1987, 219.
173) BGH, Urt. v. 17. 12. 1986 – VIII ZR 279/85 = ZIP 1987, 240 = EWiR § 537 BGB 6/87, 555 *(v. Westphalen)* = WM 1987, 349.
174) Vgl. BGH, Urt. v. 7. 12. 1960 – VIII ZR 16/60 = WM 1961, 455 = NJW 1961, 916.

## I. Leasing

was er (in Gestalt von Schadensersatz) sofort wieder zurückgewähren muß[175]. Zu beachten ist, daß das Gesetz dem nach Mietrecht haftenden Leasinggeber — wie jedem „schlichten" Vermieter auch — bei einer vom Leasingnehmer unterlassenen oder verspäteten Mängelanzeige einen Ausgleich unter zwei Gesichtspunkten zubilligt. Er behält den Anspruch auf die Leasingraten in voller Höhe, soweit er infolge der Unterlassung der Mängelanzeige Abhilfe zu schaffen außerstande war, denn dem Leasingnehmer wird verwehrt, die Rechte aus §§ 537 f BGB geltend zu machen (§ 545 Abs. 2, 2. Halbs. BGB). Das setzt allerdings voraus, daß die Mängel, deren Anzeige unterblieben ist, behebbar waren. Waren sie von Anfang an unbehebbar, so war Abhilfe nicht möglich.

Die Darlegungs- und Beweislast dafür, daß Herstellung der vertragsgemäßen Gebrauchstauglichkeit (Abhilfe) ursprünglich möglich war und durch verspätete Mängelanzeige unausführbar geworden ist, trifft den Leasinggeber (Vermieter). Das hat der Bundesgerichtshof[176] aus dem Gesetzeswortlaut abgeleitet, der ein an sich bestehendes Minderungsrecht voraussetze und dem Leasinggeber/Vermieter einen dagegen gerichteten Einwand aufgrund nachträglich eingetretener Umstände gewähre.

Dem Leasinggeber ist gemäß § 545 Abs. 2, 1. Halbs. BGB der Schaden zu **513** ersetzen, der durch das Unterlassen der Mängelanzeige verursacht wird. Um einen derartigen Schaden handelt es sich, wenn die kaufrechtlichen Gewährleistungsansprüche des Leasinggebers gegen den Hersteller/Lieferanten inzwischen und infolge der unterbliebenen Anzeige ihres Vorhandenseins durch den Leasingnehmer verjährt sind. Zu ersetzen ist im Falle des § 545 BGB der „durch Unterlassung der Mitteilung" entstandene Schaden. Der Leasinggeber hat also Anspruch auf Herstellung des Zustandes, der bei rechtzeitiger Mitteilung bestanden hätte. Bei seiner Feststellung muß leasingtypischen Besonderheiten Rechnung getragen werden. Bei rechtzeitiger Mitteilung hätte der Leasinggeber, wenn das Leasingobjekt mangelhaft war, Minderung des Kaufpreises von dem Hersteller/Lieferanten fordern können. Dieser Betrag deckt sich aber nicht mit der dem Leasingnehmer zustehenden Mietminderung. Diese richtet sich nach §§ 537, 472, 473 BGB.

Entsprechend der Gebrauchsbeeinträchtigung ist die gesamte Leistung des Leasingnehmers „verhältnismäßig" herabzusetzen. In dieser Leistung — Leasingraten — ist aber nicht nur der Anschaffungswert der Leasingsache enthalten, sondern darüber hinaus der Leasingkostenanteil. Die Summe der Leasingratenminderung ist danach höher als der dem Leasinggeber entgangene

---

175) BGH, aaO (Fußn. 171).
176) BGH, aaO (Fußn. 171).

Betrag der Kaufpreisminderung. Das hat zur Folge, daß ein Ausgleich stattzufinden hat, der dazu führt, daß der Betrag der Kaufpreisminderung und die Summe der herabzusetzenden Leasingraten deckungsgleich sind[177].

## 6. Leistungsstörungen beim Leasingvertrag

### 6.1 Ausbleiben der Gebrauchsüberlassung

**514** Anders als beim reinen Mietvertrag wird beim Finanzierungsleasing die Gebrauchsüberlassung im Dreiecksverhältnis zwischen Hersteller/Lieferanten, Leasinggeber und Leasingnehmer regelmäßig dadurch bewirkt, daß der Hersteller/Lieferant dem Leasingnehmer den unmittelbaren Besitz an dem Leasingobjekt verschafft. Damit erfüllt er einerseits seine eigene Verpflichtung aus dem Kaufvertrag gemäß § 433 BGB gegenüber dem Leasinggeber/Käufer und zugleich dessen Gebrauchsüberlassungspflicht gegenüber dem Leasingnehmer. Nach der Übergabe beschränkt sich die den Leasinggeber treffende Gebrauchsüberlassungspflicht, sofern die Sach- und Gegenleistungsgefahr vertraglich auf den Leasingnehmer abgewälzt ist, auf die Verpflichtung, den Leasingnehmer nicht im Gebrauch zu stören und ihn bei der Abwehr von Störungen Dritter zu unterstützen. In diesem Sinne ist der Leasinggeber − wie ein Vermieter − verpflichtet, dem Leasingnehmer − wie einem Mieter − das Leasinggut zu belassen. Nimmt der Leasinggeber ohne vertragliche oder gesetzliche Befugnis die Sache vorzeitig an sich, so handelt er vertragswidrig und verliert deswegen für die Dauer der Gebrauchsentziehung den Anspruch auf Leasingraten[178].

Mit der Lieferung endet zugleich die Erfüllungsgehilfenschaft des Herstellers/Lieferanten in bezug auf die Verpflichtung des Leasinggebers zur Gebrauchsüberlassung[179].

Das Ausbleiben der Gebrauchsüberlassung ist regelmäßig die zwangsläufige Folge des Ausbleibens der Lieferung (siehe dazu oben Rz. 485 ff).

---

177) BGH, Urt. v. 17. 12. 1986 − VIII ZR 279/85, aaO (Fußn. 175).
178) BGH, Urt. v. 30. 9. 1987 − VIII ZR 226/86 = ZIP 1987, 1390 = EWiR § 9 AGBG 18/87, 1151 (v. *Westphalen)* = WM 1987, 1338 = NJW 1988, 198.
179) BGH, Urt. v. 30. 9. 1987 − VIII ZR 226/86, aaO (Fußn. 178).

## 6.2 Verzögerung bei der Gebrauchsüberlassung

Verzögerung bei der Gebrauchsüberlassung ist regelmäßig die Folge von Lieferungsverzug (siehe dazu oben Rz. 490).

## 6.3 Zahlungsverzug des Leasingnehmers

### 6.3.1 Fristlose Kündigung gemäß § 554 Abs. 1 Satz 1 Nr. 1 BGB

Kommt der Leasingnehmer mit der Zahlung von Leasingraten in Verzug, so ist der Leasinggeber zur fristlosen Kündigung des Leasingvertrages nach Maßgabe entsprechender vertraglicher Regelungen, die – in Grenzen – auch in AGB enthalten sein können, jedenfalls aber gemäß § 554 Abs. 1 Satz 1 Nr. 1 BGB berechtigt[180].

515

### 6.3.2 Verfallklauselpraxis

Die AGB der Leasinggeber sehen für diesen Fall regelmäßig den Verlust des Besitzrechts mit der Verpflichtung zur Herausgabe des Leasingobjekts und die sofortige Fälligkeit der für die Gesamtvertragszeit noch ausstehenden Leasingraten vor, gegebenenfalls nach Maßgabe der für die ordentliche Kündigung getroffenen Regelungen, d. h. in Gestalt der dort vorgesehenen Abschlagszahlungen, ferner das Recht des Leasinggebers, Schadensersatzansprüche geltend zu machen. Weitervermietungs- und Veräußerungserlöse werden dem Leasingnehmer in näher bestimmter Weise – in der Regel bis zur Höhe von 90% und nach Abzug von Verwaltungskosten – angerechnet. Durch Zahlung der noch ausstehenden Leasingraten kann der Leasingnehmer die vertragsbeendigende Wirkung der außerordentlichen Kündigung beseitigen und den Leasingvertrag fortsetzen[181].

516

Das Oberlandesgericht Frankfurt hat die sofortige Fälligstellung der noch

---

180) BGH, Urt. v. 28. 10. 1981 – VIII ZR 175/80 = WM 1982, 7 und VIII ZR 302/80 = BGHZ 82, 121, 129 = ZIP 1982, 64 = WM 1981, 1378; v. 4. 4. 1984 – VIII ZR 313/82 = ZIP 1984, 1107 = WM 1984, 933 = NJW 1984, 2687; BGH, Urt. v. 5. 12. 1984 – VIII ZR 277/83 = ZIP 1985, 226 = WM 1985, 226; BGH, Urt. v. 24. 4. 1985 – VIII ZR 95/84 = BGHZ 94, 195 = ZIP 1985, 615 = EWiR § 6 AbzG 2/85, 221 *(v. Westphalen)* = WM 1985, 628 = NJW 1985, 1539; BGH, Urt. v. 12. 6. 1985 – VIII ZR 148/84 = BGHZ 95, 39 = ZIP 1985, 868 = EWiR § 535 BGB 6/85, 553 *(v. Westphalen)* = WM 1985, 860 = NJW 1986, 1681; v. 29. 1. 1986 – VIII ZR 49/85 = ZIP 1986, 512 = EWiR § 6 AbzG 1/86, 315 *(v. Westphalen)* = WM 1986, 480; v. 29. 10. 1986 – VIII ZR 144/85 = EWiR § 537 BGB 1/87, 31 *(Eckert)* = WM 1987, 219; zu den tatbestandsmäßigen Voraussetzungen des außerordentlichen Kündigungsrechts aus § 554 Abs. 1 Satz 1 Nr. 1 vgl. oben Rz. 275.
181) Zum Problem der Verfallklauseln in Leasingverträgen vgl. *v. Westphalen*, Der Leasingvertrag, 3. Aufl., Rz. 436 ff; *Quittnat*, BB 1979, 1530; *Bernstein*, aaO (Fußn. 2), S. 241 ff.

ausstehenden Leasingraten bei Verzug des Leasingnehmers für zulässig gehalten und gemeint, eine nach § 11 Nr. 6 AGBG unzulässige Vertragsstrafe liege darin nicht, der Leasinggeber müsse jedoch eine Abzinsung vornehmen, dürfe andererseits aber den Mietzins für jeden abgelaufenen Monat um einen bestimmten Prozentsatz erhöhen[182].

Im Urteil vom 1. März 1978[183] hat der Bundesgerichtshof dem Vermieter das Recht zugebilligt, in seinen AGB für den Fall des Verzugs des Mieters mit der Mietzinszahlung die Befugnis zu regeln, ihm den Gebrauch der Mietsache *vorübergehend*, nämlich bis zum Ausgleich des Zahlungsrückstands zur Sicherung seiner Vermieterrechte zu entziehen, ohne daß der Mieter dadurch von der Pflicht zur Zahlung des laufenden Mietzinses frei würde. Der Bundesgerichtshof hat eine derartige Klausel als mit dem Leitbild der Miete noch für vereinbar und demgemäß nicht als unangemessen oder überraschend gewertet. Übersehen wird leicht, daß auch dieses Urteil eine enge Beziehung zum konkreten Sachverhalt betont. Darf dem Mieter/Leasingnehmer der Besitz der Mietsache/des Leasingobjekts also grundsätzlich vor Beendigung des Vertrages nicht entzogen werden, so ist der Verlust des Rechts zum Besitz andererseits die normale Beendigungs-, mithin auch die normale Kündigungsfolge. Die in einem Formularvertrag enthaltene Bestimmung, daß der Leasinggeber bei vorzeitiger Beendigung des Leasingvertrages wegen Zahlungsverzugs nebeneinander und gleichzeitig das Leasingobjekt endgültig zurücknehmen und die gesamten künftig fällig werdenden Leasingraten sofort verlangen könne, hat der Bundesgerichtshof bereits im Urteil vom 5. April 1978[184] in lapidarer Kürze – und dort für einen noch nicht dem AGBG unterfallenden Vertrag – ausgesprochen und in den Urteilen vom 28. Oktober 1981[185], [186], vom 4. November 1981[187] und vom 31. März 1982[188] bestätigt, und zwar nunmehr auch im Hinblick auf die §§ 9, 10 Nr. 7 a AGBG[189]. Mit dieser Rechtsprechung des Bundesgerichtshofs ist das – bedauerlicherweise – rechtskräftig gewordene Urteil des Oberlandesgerichts Frankfurt vom 1. März 1983[190] unvereinbar. Bereits aus der Entscheidung

---

182) OLG Frankfurt NJW 1977, 200 und DB 1981, 1459, dort mit falschem Aktenzeichen zitiert.
183) VIII ZR 183/76 = WM 1978, 406.
184) VIII ZR 49/77 = BGHZ 71, 196 = WM 1978, 570 = NJW 1978, 1432.
185) VIII ZR 302/80 = BGHZ 82, 121 = ZIP 1982, 64 = WM 1981, 1378 = NJW 1982, 870.
186) VIII ZR 175/80 = ZIP 1982, 67 = WM 1982, 7 = DB 1982, 698.
187) VIII ZR 314/80, nicht veröffentlicht.
188) VIII ZR 125/81 = ZIP 1982, 700 = WM 1982, 666 = NJW 1982, 1747.
189) Vgl. dazu auch OLG Hamm MDR 1981, 934 = DB 1981, 885, das unter Aufgabe seiner früheren Standpunkte – Urt. v. 4. 12. 1979 = DB 1980, 395 – zur Unwirksamkeit der Kumulierung der Rechte des Leasinggebers in AGB auch für den Fall gelangt ist, daß der Leasinggeber – trotz Verzugs des Leasingnehmers – am Vertrag festhalten möchte; ferner OLG Stuttgart, BB 1978, 122.
190) OLG Frankfurt ZIP 1983, 705 m. w. N.

## I. Leasing

vom 1. März 1978[191] geht hinreichend klar hervor, daß der Bundesgerichtshof nur die vorübergehende Wiederinbesitznahme der Mietsache durch den Vermieter bis zum Ausgleich des Zahlungsrückstandes für hinnehmbar angesehen hat. Das Urteil vom 31. März 1982[192] läßt vollends keinen Zweifel daran, daß es bei Verzug des Leasingnehmers nicht angängig ist, aufgrund einer in AGB getroffenen Regelung am Leasingvertrag festzuhalten, gleichwohl aber dem Leasingnehmer das Leasingobjekt solange zu entziehen, bis er alle noch ausstehenden Leasingraten beglichen hat. Das ist, wie dargelegt, mit dem Sinn und Zweck gerade des Leasingvertrages nicht vereinbar, und zwar weit weniger, als es bei reiner Miete der Fall wäre.

Die dem Leasingnehmer für den Fall der Zahlung aller noch ausstehenden Leasingraten eingeräumte Weiterbenutzungsbefugnis hat der Bundesgerichtshof als praktisch nicht realisierbares Recht gewertet, das die Äquivalenzstörung nur scheinbar mildere. Sie beseitigt insbesondere nicht die Tatsache, daß dem Leasingnehmer die für die gewählte Vertragsart typische Möglichkeit genommen wird, die Leasingraten durch den Einsatz des Leasingobjekts zu erwirtschaften. Demgegenüber erhält der Leasinggeber das auf längeren Rücklauf kalkulierte Kapital vorzeitig und, falls eine Abzinsung nicht vorgesehen ist, mit der Chance zurück, zusätzliche Gewinne zu erzielen. Auch die sofortige Fälligstellung der gesamten noch ausstehenden Leasingraten bis zum nächstmöglichen Kündigungstermin – in Leasingverträgen, die eine ordentliche Kündigung vorsehen – zuzüglich der – bei ordentlicher Kündigung zu leistenden – Abschlußzahlung macht die Kündigungsfolgenregelung nicht wirksam[193] (s. o. Rz. 529 ff). In dem der Entscheidung vom 31. März 1982 zugrundeliegenden Formularvertrag ist zwar eine Abzinsung der Abschlußzahlung vorgesehen, das beseitigt indessen die unangemessene Benachteiligung des Leasingnehmers nicht, die im Wegfall der Möglichkeit liegt, die Leasingraten aus laufenden Erträgen zu bestreiten. Sie beseitigt lediglich die zusätzliche Ertragschance des Leasinggebers, durch Einsatz des vorzeitig zurückfließenden Kapitals weiteren Zinsgewinn zu erzielen. In der vorgesehenen Anrechnung der Weitervermietungs- oder Veräußerungserlöse hat der Bundesgerichtshof in allen zitierten Entscheidungen eine nicht ausreichende Milderung der Belastung des Leasingnehmers gesehen, in dem zuletzt entschiedenen Fall deshalb, weil die Anrechnung von vornherein und ohne rechtfertigenden Grund auf 90% des Erlöses begrenzt worden ist[194].

**517**

---

191) VIII ZR 183/76 = WM 1978, 406 = NJW 1978, 1519.
192) VIII ZR 125/81, aaO (Fußn. 188).
193) BGH, Urt. v. 31. 3. 1982 – VIII ZR 125/81, aaO (Fußn. 188).
194) BGH, Urt. v. 31. 3. 1982 – VIII ZR 125/81, aaO (Fußn. 188).

Die zitierten Entscheidungen haben in der Literatur begreiflicherweise Kritik hervorgerufen[195], zeigen aber, wie *Ziganke*[196] einräumt, auch unter mietrechtlicher Betrachtungsweise des Leasing Wege auf, die letztlich materiellrechtlich auch die begründeten Ansprüche des Leasinggebers zur Geltung bringen, mithin eine nach beiden Seiten interessengerechte Konfliktslösung erlauben. Sie haben im übrigen die Rechtsunsicherheit beseitigt, die durch unterschiedliche Auffassungen der Instanzgerichte zur Wirksamkeit insbesondere der Verfallklauseln[197] entstanden war.

Die Unwirksamkeit von Verfallklauseln hat der Bundesgerichtshof in ständiger Rechtsprechung bis in die jüngste Zeit bejaht[198].

### 6.3.3 Interessengerechter Ausgleich – der Schadensersatzanspruch des Leasinggebers aufgrund einer vom Leasingnehmer veranlaßten fristlosen Kündigung

**518** Bei dem Schadensersatzanspruch des Leasinggebers gegen den Leasingnehmer, der ihm durch positive Vertragsverletzung Anlaß zur fristlosen Kündigung gegeben hat, handelt es sich um einen Anspruch eigener Art, dessen Geltendmachung keine vorherige Nachfristsetzung verlangt[199].

Bei fristloser Kündigung des Leasingvertrages – etwa wegen Zahlungsverzugs – richten sich die Ersatzansprüche des Leasinggebers primär nach den Grundsätzen, die für das Mietrecht entwickelt worden sind. Kündigt der Vermieter nach § 554 BGB, so steht ihm nach ständiger Rechtsprechung und allgemeiner Ansicht ein Anspruch auf Ersatz des durch die Kündigung verursachten Schadens zu[200]. Der Schaden des Vermieters besteht im wesentlichen in dem ihm entgehenden Mietzins, gegebenenfalls unter Berücksichtigung einer Vorteilsausgleichung. Soweit der Mietvertrag auf bestimmte Zeit abgeschlossen oder bis zu einem vereinbarten Zeitpunkt unkündbar ist, ist die Schadenshöhe in aller Regel auf den Betrag des für den unkündbaren Zeitraum vertraglich vereinbarten Mietzinses nach oben begrenzt, weil der Mieter im Falle der Vertragserfüllung zu weitergehenden Leistungen nicht verpflich-

---

195) Vgl. u. a. v. *Westphalen*, DB, Sonderbeilage 6/82; *Ziganke*, BB 1982, 706; *Klamroth*, BB 1982, 1949.
196) BB 1982, 706, 710.
197) Vgl. dazu *Bernstein*, aaO (Fußn. 2), S. 241.
198) BGH, Urt. v. 29. 6. 1983 – VIII ZR 141/82 = ZIP 1983, 1084 = WM 1983, 931; v. 4. 4. 1984 – VIII ZR 313/82 = ZIP 1984, 1107 = WM 1984, 933; v. 6. 6. 1984 – VIII ZR 65/83 = ZIP 1984, 1114 = WM 1984, 1217 = NJW 1984, 2938.
199) BGH, Urt. v. 4. 4. 1984 – VIII ZR 313/82 = ZIP 1984, 1107 = WM 1984, 933 = NJW 1984, 2687.
200) BGH, Urt. v. 17. 1. 1968 – VIII ZR 207/65 = NJW 1968, 692 = WM 1968, 281 und v. 20. 5. 1970 – VIII ZR 197/68 = NJW 1970, 1313 = WM 1970, 907.

I. Leasing

tet gewesen wäre[201]. Für den Leasingvertrag gilt grundsätzlich nichts anderes. Der Ausgangspunkt für die Schadensberechnung im einzelnen ist der gleiche wie beim Mietvertrag. Da es sich um einen Nichterfüllungsschaden handelt, muß der Leasingnehmer – auch im Hinblick auf § 252 Satz 2 BGB – den Betrag ersetzen, den er bei normalem Ablauf der Vertragserfüllung an den Leasinggeber hätte zahlen müssen, gemindert um ersparte Aufwendungen oder andere infolge der Kündigung erwachsene Vorteile des Leasinggebers.

In der höchstrichterlichen Rechtsprechung sind zunächst nur die Grundzüge eines interessengerechten Ausgleichs der Folgen einer vom Leasingnehmer verursachten vorzeitigen Beendigung des Leasingvertrages durch außerordentliche Kündigung seitens des Leasinggebers erörtert worden. Klar war von Anfang an, daß sich die Kündigungsfolgenregelung beim Leasingvertrag von derjenigen beim reinen Mietvertrag unterscheiden müsse. Ursprünglich war in diesem Zusammenhang – wie auch bei den Folgen einer vertragsgemäßen vorzeitigen (ordentlichen) Kündigung (siehe unten Rz. 529 ff) – an eine Risikoverteilung zwischen Leasinggeber und Leasingnehmer gedacht[202]. Diese Konzeption hat der Bundesgerichtshof im Urteil vom 12. Juni 1985[203] aufgegeben und ausgesprochen: Kündigt der Leasinggeber einen auf unbestimmte Dauer geschlossenen kündbaren Teilamortisationsvertrag wegen Zahlungsverzugs des Leasingnehmers gemäß § 554 BGB, so wird sein Anspruch auf Schadensersatz wegen Nichterfüllung der Höhe nach durch das Erfüllungsinteresse bei vertragsgemäßer Beendigung bestimmt. Der Anspruch auf Schadensersatz ist, falls es an einer vertraglichen Regelung fehlt, konkret zu berechnen (zu den diese grundlegende Entscheidung tragenden Gesichtspunkten vgl. unten Rz. 529 ff). In dem dem Urteil vom 12. Juni 1985[204] zugrundeliegenden Finanzierungsleasingvertrag erwies sich die AGB-Klausel über die Rechtsfolgen einer fristlosen Kündigung wegen „Rückstandes" mit drei Monatsraten als unwirksam, weil darin auf die u. a. wegen Undurchschaubarkeit für den Leasingnehmer unwirksame Folgenregelung für vertragsgemäße vorzeitige Beendigung des Leasingvertrages Bezug genommen wird (siehe unten Rz. 529 ff).

Da auch in den später in die Revisionsinstanz gelangten Fällen die Leasingverträge keine wirksame Regelung über die Schadensberechnung nach einer vom Leasingnehmer veranlaßten fristlosen Kündigung des Leasingvertrages

---

201) BGH, Urt. v. 18. 12. 1954 – VI ZR 177/53 = LM BGB § 249 – Ha – Nr. 6.
202) BGH, Urt. v. 31. 3. 1982 – VIII ZR 125/81 = ZIP 1982, 700 = WM 1982, 666 = NJW 1982, 1747.
203) BGH, Urt. v. 12. 6. 1985 – VIII ZR 148/84 = BGHZ 95, 39 = ZIP 1985, 868 = BGH EWiR § 535 BGB 6/85, 553 (v. Westphalen) = WM 1985, 860 = NJW 1985, 2253; vgl. dazu v. Westphalen, ZIP 1985, 1033.
204) AaO (Fußn. 203)

durch den Leasinggeber enthielten, mußte, wie schon früher, auf die stets zulässige konkrete Ermittlung des Nichterfüllungsschadens zurückgegriffen werden.

#### 6.3.4 Konkrete Schadensberechnung

**519** Für die konkrete Schadensberechnung gewinnt die Amortisationskalkulation entscheidende Bedeutung, weil das Erfüllungsinteresse des Leasinggebers die obere Begrenzung des Nichterfüllungsschadens markiert.

Hat der Leasinggeber beim Finanzierungsleasing für ein Nutzfahrzeug die Höhe der Leasingraten auf die Amortisation von 70% des Anschaffungspreises kalkuliert, diesen Teil des Kaufpreises auf 30 Raten verteilt und mit dem Leasingnehmer vereinbart, daß ihm, dem Leasinggeber, bei Rückgabe des Fahrzeugs nach Beendigung des Leasingvertrages dessen mit 30% angenommener Restwert auf alle Fälle zugute kommen müsse, was bei geringerem Verwertungserlös zu einer Nachzahlungspflicht des Leasingnehmers, bei höherem Verwertungserlös dagegen zu einer – mindestens – teilweisen Auskehrung des übersteigenden Betrages an ihn führen kann, so bestehen gegen eine solche Regelung keine Bedenken. Wird ein derartiger Finanzierungsleasingvertrag notleidend, weil der Leasingnehmer den Zahlungsverpflichtungen nicht nachkommt, und kündigt der Leasinggeber deshalb fristlos, so schuldet ihm der Leasingnehmer, wie dargelegt, Schadensersatz. Zu ersetzen sind, wenn der Leasingnehmer überhaupt keine Zahlungen geleistet hat, die bis zur fristlosen Kündigung fälligen Raten in voller Höhe und die Raten, die künftig fällig geworden wären, abgezinst. Der Leasinggeber hat bei dieser Fallgestaltung ferner Anspruch auf Herausgabe des Fahrzeugs und darauf, daß ihm im Wege des Schadenersatzes der mit 30% vom Kaufpreis angenommene Restwert des Fahrzeugs zugute kommt. Betrug der Kaufpreis 300 000 DM, so geht in die Schadensberechnung außer der Summe der fälligen Leasingraten und der Summe der abgezinsten künftigen Leasingraten ein Betrag von 90 000 DM ein. Dieser nach der im Leasingvertrag offengelegten Kalkulation des Leasinggebers gerechtfertigte Restwert darf nicht mit der Abschlußzahlung verwechselt werden, die die AGB von Leasinggebern im Falle ordentlicher Kündigung von Finanzierungsleasingverträgen, aber auch für den Fall der außerordentlichen Kündigung vorsehen. Auf den im dargestellten Fall einwandfrei berechneten konkreten Schaden muß sich der Leasinggeber selbstverständlich den Erlös aus der – vorzeitigen – Verwertung des Fahrzeugs anrechnen lassen[205].

---

205) BGH, Urt. v. 29. 6. 1983 – VIII ZR 141/82 = ZIP 1983, 1084; OLG Frankfurt ZIP 1983, 1209, 1211 = WM 1983, 1200, 1201.

## I. Leasing

**520** In dem dem Urteil des Bundesgerichtshofs vom 24. April 1985[206] zugrundeliegenden Fall hat die Leasinggeberin ihre Schadensberechnungen auf drei Faktoren gestützt, nämlich die Summe der restlichen Leasingraten, eine Zinsgutschrift und einen Vorfälligkeitszins für die vorzeitige Rückzahlung des Refinanzierungskredits. Da alle Schadenspositionen sich noch als klärungsbedürftig erwiesen, hat der Bundesgerichtshof dazu abschließend nicht Stellung nehmen können. Zum *Vorfälligkeitszins* heißt es im zitierten Urteil, ein Anspruch auf Erstattung bestünde insoweit nur, wenn die Leasinggeberin infolge des Scheiterns des Leasingvertrages zur vorzeitigen Rückzahlung des Refinanzierungskredits ihrerseits verpflichtet gewesen wäre. War dies nicht der Fall, beruhten etwaige Vorfälligkeitszinsen nicht auf der Vertragsverletzung des Leasingnehmers (s. unten Rz. 538).

**521** Werden restliche Leasingraten verlangt, so müssen sie abgezinst werden. Zur schlüssigen Darlegung ordnungsgemäßer *Abzinsung* gehört die Angabe der gewählten Abzinsungsformel oder Abzinsungsmethode[207].

**522** Selbstverständlich muß sich der Leasinggeber den *Restwert* des zurückgenommenen Leasingobjekts – zu 90% – anrechnen lassen[208]. Ist eine Verwertung noch nicht erfolgt, so genügt es zur Schlüssigkeit des Ersatzanspruchs, den Leasingnehmer – und das angerufene Gericht – davon zu unterrichten und die Bereitschaft zur Anrechnung des – künftigen – Erlöses erkennen zu lassen[209].

Die konkrete Schadensberechnung nach den schon im Urteil vom 29. 6. 1983[210] gezogenen Leitlinien hat in der Praxis Eingang gefunden, wie insbesondere der Fall zeigt, der am 4. April 1984 vom Bundesgerichtshof entschieden worden ist[211]. Im Anschluß an das Urteil des Bundesgerichtshofs vom 31. März 1982[212] hat das Oberlandesgericht Celle die konkrete Schadensberechnung des Leasinggebers überprüft und die Gewinnerwartung sowie den Finanzierungs- und Verwaltungsaufwand als einen wesentlichen Teil der Anschaffungskosten für das Leasingobjekt als nicht hinreichend dargetan angesehen. Dieses Urteil ist rechtskräftig geworden.

---

206) BGH, Urt. v. 24. 4. 1985 – VIII ZR 95/84 = BGHZ 94, 195 = ZIP 1985, 615 = WM 1985, 628 = NJW 1985, 1539.
207) Vgl. BGH, Urt. v. 6. 6. 1984 – VIII ZR 65/83 = ZIP 1984, 1114 = WM 1984, 1217; BGH, Urt. v. 24. 4. 1985 – VIII ZR 95/84, aaO (Fußn. 206).
208) BGH, Urt. v. 12. 6. 1985 – VIII ZR 148/84, aaO (Fußn. 203); BGH, Urt. v. 26. 11. 1986 – VIII ZR 354/85 = ZIP 1987, 172 = EWiR § 6 AbzG 1/87, 1 (*v. Westphalen*) = WM 1987, 288 = NJW 1987, 842.
209) BGH, Urt. v. 24. 4. 1985 – VIII ZR 95/84, aaO (Fußn. 206).
210) BGH, Urt. v. 29. 6. 1983 – VIII ZR 141/82 = ZIP 1983, 1084 = WM 1983, 931.
211) BGH, Urt. v. 4. 4. 1984 – VIII ZR 313/82 = ZIP 1984, 1107 = WM 1984, 933 = NJW 1984, 2687.
212) BGH, Urt. v. 31. 3. 1982 – VIII ZR 125/81 = ZIP 1982, 700 = WM 1982, 666 = NJW 1982, 1747.

**523** Mit dem Problem der Anrechnung *ersparter Aufwendungen* des Leasinggebers bei der Rückabwicklung eines vorzeitig durch fristlose Kündigung beendeten Finanzierungsleasingvertrages befaßt sich das Urteil des Bundesgerichtshofs vom 6. Juni 1984[213] ebenso wie mit etwaigen zusätzlichen Aufwendungen aufgrund vorzeitiger Beendigung. Diese regelmäßig nicht genau erfaßbaren Faktoren müssen im Streitfalle gemäß § 287 ZPO geschätzt werden. Dasselbe gilt unter Umständen für ersparten Refinanzierungsaufwand.

### 6.3.5 Schadensersatzleistungen — Umsatzsteuer

**524** Schadensersatzleistungen, die der Leasingnehmer nach außerordentlicher Kündigung des Finanzierungsleasingvertrages zu erbringen hat, sind ohne Umsatzsteuer zu berechnen, weil ihnen eine steuerbare Leistung ( (§ 1 Abs. 1 Nr. 1 UStG) nicht gegenübersteht und der Leasinggeber deshalb Umsatzsteuer auf sie nicht zu entrichten hat [214]. Das ergibt sich aus folgenden Gesichtspunkten: Die Steuerpflicht (§ 1 Abs. 1 Nr. 1 UStG) ist an die entgeltliche Leistung eines Unternehmers geknüpft. Reine Schadensersatzleistungen sind grundsätzlich kein Entgelt in diesem Sinne, weil und soweit ihnen keine Leistung des Vertragspartners im Austauschverhältnis gegenübersteht[215]. Für die Bemessung der Umsatzsteuerschuld (§ 16 UStG) sind sie nicht heranzuziehen. Wird in einem gegenseitigen Vertrag die Lieferung oder sonstige Leistung des Unternehmens nicht erbracht, weil der Abnehmer in Zahlungsverzug ist, und kann der Unternehmer deshalb Schadensersatz wegen Nichterfüllung des Vertrages verlangen, so liegt ein steuerbarer Umsatz nicht vor. Für Mietverträge und Finanzierungsleasingverträge gilt dasselbe wie für gegenseitige Verträge allgemein. Steuerpflichtige Leistung des Vermieters bzw. Leasinggebers ist nach § 1 Abs. 1 Nr. 1, § 3 Abs. 9 UStG die Gebrauchsüberlassung auf Zeit. Ist der Vertrag wegen Zahlungsverzuges des Leasingnehmers gekündigt und die Leasingsache an den Leasinggeber zurückgegeben, so ist dessen vertragliche Hauptleistung beendet. Schadensersatzzahlungen, die der Leasingnehmer für den Ausfall seiner Leasingraten zu erbringen hat, stehen deshalb nicht mehr im Austauschverhältnis mit einer Leistung des Leasinggebers und begründen für diesen keinen steuerpflichtigen Umsatz.

---

213) BGH, Urt. v. 6. 6. 1984 — VIII ZR 65/83 = ZIP 1984, 1114 = WM 1984, 1217.
214) BGH, Urt. v. 11. 2. 1987 — VIII ZR 27/86 = ZIP 1987, 517 = EWiR § 1 UStG 4/87, 397 (v. Westphalen) = WM 1987, 562.
215) BFH, Urt. v. 27. 2. 1969 — V R 102/65 = BStBl II 1969, 386; v. 7. 8. 1969 — V R 177/65 = BStBl II 1969, 696 und vom 20. 3. 1980 — V R 32/86 = BStBl II 1980, 538 = BFHE 130, 435, 438.

## 6.3.6 Risikoverteilung gemäß § 552 BGB

Weder dem Erfüllungsanspruch auf Zahlung des vereinbarten Mietzinses noch dem Schadensersatzanspruch wegen Nichterfüllung gegenüber kann der Mieter mit Erfolg einwenden, der Vermieter hätte das Mietobjekt anderweitig vermieten können[216]. Für den Leasingvertrag über bewegliche Sachen gelten keine anderen Grundsätze. Etwas anderes ist ausnahmsweise nur dann in Betracht zu ziehen, wenn das Verhalten des Leasinggebers als treuwidrig angesehen werden muß, § 242 BGB[217].

**525**

## 7. Vertragsgemäße Beendigung des Leasingvertrages

### 7.1 Ablauf der vereinbarten Dauer

Endet der Leasingvertrag durch Zeitablauf, ist das Leasingobjekt nach Maßgabe der vertraglichen Regelungen über den Rückgabeort und über Kosten- und Gefahrtragung, die meist in den AGB des Leasinggebers enthalten sind, zurückzugeben. Eine typische Rückgabeklausel (Kfz.-Leasing) lautet:

**526**

Rückgabe
1. „Am Tag der Beendigung des Vertrages ist das Leasing-Fahrzeug vom Leasing-Nehmer beim ausliefernden Betrieb in einem dem vertragsgemäßen Gebrauch entsprechenden Zustand frei von Schäden sowie verkehrs- und betriebssicher zurückzugeben.
2. Über den Zustand des Fahrzeuges wird bei Rückgabe ein gemeinsames Protokoll des Leasing-Gebers und Leasing-Nehmers angefertigt und von beiden Parteien bzw. ihren Bevollmächtigten unterzeichnet. Festgestellte Schäden und nicht vereinbarte Änderungen am Leasing-Fahrzeug kann der Leasing-Geber auf Kosten des Leasing-Nehmers beseitigen. Wird keine Einigung über den Zustand erzielt, ist ein vereidigter Kfz.-Sachverständiger einzuschalten . . ."

Ergänzend – oder anstelle unwirksamer AGB – gelten die §§ 556, 557 BGB[218].

Die Bestimmung gewährt dem Vermieter eine Mindestentschädigung, die in ihrer Höhe weder davon abhängig ist, ob und inwieweit dem Vermieter aus der Vorenthaltung der Mietsache ein Schaden erwachsen ist, noch davon, ob

---

216) BGH, Urt. v. 24. 9. 1980 – VIII ZR 299/79 = WM 1980, 1397 = NJW 1981, 43; vgl. Rz. 159.
217) BGH, Urt. v. 26. 11. 1986 = VIII ZR 354/85 = ZIP 1987, 172 = EWiR § 6 AbzG 1/87, 1 (v. Westphalen) = WM 1987, 288 = NJW 1987, 842.
218) BGH, Urt. v. 5. 4. 1978 – VIII ZR 49/77 = BGHZ 71, 205, 206 = WM 1978, 540 = NJW 1978, 1432; v. 28. 10. 1981 – VIII ZR 175/80 = WM 1982, 7, 9 = ZIP 1982, 67; v. 31. 3. 1982 – VIII ZR 125/81 = WM 1982, 666, 668 = ZIP 1982, 700 = NJW 1982, 1747; v. 22. 3. 1989 – VIII ZR 155/88 = BGHZ 107, 123 = ZIP 1989, 647 = WM 1989, 742 = EWiR § 537 BGB 2/89, 549 (v. Westphalen) = NJW 1989, 1730.

C. Verträge mit übergreifendem Inhalt

der Mieter aus dem vorenthaltenen Mietgegenstand einen entsprechenden Nutzen hat ziehen können (dazu oben Rz. 302 f). Durch die Regelung des § 557 Abs. 1 BGB wird Druck auf den Mieter ausgeübt, die geschuldete Rückgabe der Mietsachen zu vollziehen; es liegt allein an ihm, die Rechtsfolgen des § 557 Abs. 1 BGB zu vermeiden oder zu beenden. All dies gilt für Finanzierungsleasingverträge in gleicher Weise. Der Amortisationszweck spielt jedenfalls für die Sanktion vertragswidriger Vorenthaltung der Leasingsachen nach Vertragsende keine Rolle[219].

### 7.2 Verträge auf unbestimmte Dauer

527   Wird ein Finanzierungsleasingvertrag auf unbestimmte Dauer abgeschlossen, so bedeutet das, daß er nur durch Kündigung beendet werden kann. Er ist nicht etwa dahin auszulegen, daß er auf eine bestimmte Höchstdauer, die durch Erreichen der vollen Amortisation markiert wird, angelegt ist. Daran ändert sich nichts, wenn im Falle der Kündigung eine Ausgleichszahlung des Leasingnehmers nur bis zu dem Zeitpunkt der vollen Amortisation entrichtet werden soll. Das gilt auch für Formularverträge. Soweit in den Leasingverträgen von einer unterstellten Nutzungsdauer die Rede ist, handelt es sich um die Kalkulationsgrundlage für die vereinbarten Leasingraten. Auf die Vertragsdauer hat dies keinen Einfluß. Das wäre anders, wenn es beim Leasing allein um die Finanzierung einer Investition ginge. Das ist indessen nicht der Fall, denn ein wesentlicher Teil des Vertragszwecks besteht in der entgeltlichen Gebrauchsüberlassung eines Wirtschaftsgutes, das im Eigentum des Leasinggebers steht. Auch in der Vereinbarung eines Teilamortisations-Vertrages mit unbestimmter Laufzeit liegt nicht zugleich eine obere Begrenzung der Vertragsdauer auf den Zeitpunkt der Vollamortisation. Ebenso wie es für den Leasingnehmer wirtschaftliche Gründe geben kann, die Gebrauchszeit abzukürzen und dennoch allen Investitionsaufwand voll zu tragen, kann er daran interessiert sein, die Vertragszeit zu verlängern und die Leasingsache weiter zu benutzen. In diesem Fall erbringt der Leasinggeber im Vergleich zur ursprünglichen Kalkulation eine zusätzliche Leistung, für die regelmäßig eine Vergütung zu erbringen ist. Demnach muß es bei der Notwendigkeit einer mietrechtlichen Kündigung gemäß § 564 Abs. 2 BGB verbleiben, die dem Leasingnehmer die Möglichkeit einer nach seinen Bedürfnissen rechtzeitigen Vertragsbeendigung gibt[220].

Solange der auf unbestimmte Zeit geschlossene Leasingvertrag mangels

---

219) BGH, Urt. v. 22. 3. 1989, aaO (Fußn. 218).
220) BGH, Urt. v. 20. 9. 1989 – VIII ZR 239/88 = ZIP 1989, 1461 = WM 1989, 1694 = EWiR § 564 BGB 1/89, 1185 *(v. Westphalen)* = NJW 1990, 247.

## I. Leasing

Kündigung fortbesteht, kommt eine Herabsetzung der Leasingraten auf die Höhe eines reinen Gebrauchsüberlassungsentgelts nicht in Betracht, weil die Höhe der Leasingraten bei Vertragsschluß auf unbestimmte Dauer festgelegt worden ist. Davon, daß das Festhalten an diesen Leasingraten nach Ablauf der kalkulierten Vertragsdauer treuwidrig wäre, kann keine Rede sein. Auch für Bedenken aus § 9 Abs. 1 AGBG bietet eine Vertragsgestaltung, die bei unbestimmter Vertragsdauer gleichbleibende Leasingraten auch über den Vollamortisationszeitpunkt hinaus vorsieht, keinen Anlaß. Der Leasingnehmer hat es in der Hand, ob er nach diesem Zeitpunkt am Vertrage festhalten oder ihn durch ordentliche Kündigung beenden will. Irgendwelche Nachteile löst die Kündigung für ihn nicht aus[221].

In den zitierten Entscheidungen vom 20. September und 8. November 1989 hat der Bundesgerichtshof ausgesprochen, daß die Abweichung von der gesetzlichen Kündigungsfrist für Mietverträge über bewegliche Sachen (§ 565 Abs. 4 Nr. 2 BGB) in Finanzierungsleasingverträgen AGBG-verträglich ist. Bei der gesetzlichen Drei-Tage-Frist handele es sich nicht um den Ausdruck eines für die Miete beweglicher Sachen wesentlichen Grundgedankens[222].

### 7.3 Ordentliche Kündigung des Leasingvertrages

#### 7.3.1 Sinn und Zweck der ordentlichen Kündigung

Die ordentliche Kündigung des Leasingvertrages vor Ablauf der — erlaßkonform — kalkulierten Vertragsdauer ermöglicht dem Leasingnehmer, sich jeweils nach dem neuesten Stand der Technik auszustatten, der auf manchen Gebieten deutlich vor Ablauf der betriebsgewöhnlichen Nutzungsdauer des Leasingobjekts eintritt, oder innerbetrieblichen Strukturveränderungen Rechnung zu tragen. Ob das Gebrauchmachen von dieser Möglichkeit wirtschaftlich sinnvoll ist, muß der Leasingnehmer in eigener Verantwortlichkeit prüfen.

**528**

---

221) BGH, Urt. v. 20. 9. 1989, aaO (Fußn. 220); BGH, Urt. v. 8. 11. 1989 — VIII ZR 1/89 = ZIP 1990, 173 = WM 1990, 23 = EWiR § 9 AGBG 3/90, 111 *(Reinking)* = NJW-RR 1990, 182.
222) BGH, Urt. v. 20. 9. und v. 8. 11. 1989, aaO (Fußn. 221).

## 7.3.2 Ausgestaltung des Kündigungsrechts

### 7.3.2.1 Unwirksamkeit der AGB-Klauseln
— Lösungsansatz in der höchstrichterlichen Rechtsprechung
— Lösungsansätze der Oberlandesgerichte

**529** Räumt der Leasinggeber dem Leasingnehmer ein Recht zur ordentlichen Kündigung des Leasingvertrages nach bestimmter Laufzeit, aber vor Ablauf der normalen Vertragsdauer oder bei Verträgen mit unbestimmter Laufzeit ein, so liegt es in seinem Interesse, gleichwohl eine — im wesentlichen — volle Amortisation zu erlangen[223]. Deshalb wird das meist an eine Frist von sechs Monaten gebundene Kündigungsrecht mit der Verpflichtung zur Leistung von Abschlußzahlungen verknüpft, die teils nach Prozentsätzen vom Anschaffungswert berechnet, teils in Monatsmieten ausgedrückt werden. Kalkulationsprinzip ist, daß die Summe der bis zur ordentlichen Kündigung erbrachten Leasingraten und die Abschlußzahlung den Leasinggeber so stellen, wie er bei „normaler" Vertragsabwicklung stehen würde. In manchen Kündigungsklauseln ist die Abzinsung der Abschlußzahlung vorgesehen, andere besagen hierüber nichts.

Der Bundesgerichtshof hat die Verbindung des Rechts zur ordentlichen Kündigung mit der Verpflichtung, eine Abschlußzahlung zu leisten, so, wie sie in den bisher entschiedenen Fällen in AGB-Klauseln gestaltet war, als unvereinbar mit §§ 9, 10 Nr. 7 a AGBG angesehen[224]. Er hat in derartiger Erschwerung des Kündigungsrechts eine unangemessene Benachteiligung des Leasingnehmers gesehen, weil dieser, abweichend von der im Mietrecht üblichen Ausgestaltung einer Kündigungsbefugnis, trotz Vertragsbeendigung noch erhebliche Leistungen aufbringen müsse. Darüber hinaus seien die Regelungen für den Leasingnehmer nicht hinreichend durchschaubar. Er

---

223) Vgl. dazu insbesondere unter Berücksichtigung des AGB-Gesetzes *Kurstedt*, DB 1981, 2525.
224) BGH, Urt. v. 28. 10. 1981 — VIII ZR 302/80 = BGHZ 82, 121 = ZIP 1982, 64 = WM 1981, 1378 = NJW 1982, 870; v. 28. 10. 1981 — VIII ZR 175/80 = ZIP 1982, 67 = WM 1982, 7; v. 31. 3. 1982 — VIII ZR 125/81 = ZIP 1982, 700 = WM 1982, 666; v. 12. 6. 1985 — VIII ZR 148/84 = BGHZ 95, 39 = ZIP 1985, 868 m. Anm. von *v. Westphalen* = EWiR § 535 BGB 6/85, 553 *(v. Westphalen)* = WM 1985, 860 = NJW 1985, 2253: undurchschaubar; v. 6. 11. 1985 — VIII ZR 170/84 = WM 1986, 228: Fehlen der Abzinsung; v. 22. 1. 1986 — VIII ZR 318/84 = BGHZ 97, 65 = ZIP 1986, 439 = EWiR § 558 BGB 2/86, 463 *(Wolf)* = WM 1986, 458 = NJW 1986, 1335: undurchschaubar; v. 29. 1. 1986 — VIII ZR 49/85 = ZIP 1986, 512 = EWiR § 6 AbzG 1/86, 315 *(v. Westphalen)* = WM 1986, 480 = NJW 1986, 1681: unkorrekte Abzinsung; v. 19. 3. 1986 — VIII ZR 81/85 = ZIP 1986, 576 = EWiR § 535 BGB 1/86, 459 *(v. Westphalen)* = WM 1986, 673 = NJW 1986, 673: undurchschaubar, unklar, es ist nicht sichergestellt, daß der Leasingnehmer nicht über das Erfüllungsinteresse hinaus belastet wird; v. 26. 11. 1986 — VIII ZR 354/85 = ZIP 1987, 172 = EWiR § 6 AbzG 1/87, 1 *(v. Westphalen)* = NJW 1987, 842 = WM 187, 288: Anrechnung des Verwertungserlöses nicht zwingend vorgeschrieben, undurchschaubar.

## I. Leasing

könne nicht erkennen, welche Ausfälle und Nachteile der Leasinggeber in seine Berechnung einbezogen und ob er auch die ihm durch die Kündigung entstandenen Vorteile hinreichend berücksichtigt habe, insbesondere den ihm erwachsenen Zinsvorteil und den Restwert der zurückgegebenen Leasingsache. Der Bundesgerichtshof hat andererseits von Anfang an keinen Zweifel daran gelassen, daß die ordentliche Kündigung eines Finanzierungsleasingvertrages sich von der eines reinen Mietvertrages dadurch unterscheidet, daß der Leasingnehmer außer der Rückgabe des Leasingobjekts in der Tat eine Ausgleichszahlung schuldet. Anders als beim typischen Mietvertrag müsse beim Leasingvertrag grundsätzlich davon ausgegangen werden, daß zwischen den Vertragsparteien Einigkeit über eine Riskobeteiligung des Leasingnehmers im Falle einer Vertragsbeendigung vor Ablauf der Zeitspanne bestehe, innerhalb derer 90% des Anschaffungsaufwandes für das Leasinggut durch die Leasingraten getilgt werden. Das Leasing erspare dem Leasingnehmer betriebsnotwendige Investitionen aus eigenen oder durch Darlehen finanzierten Mitteln und sichere ihm Steuervorteile. Das Leasinggut entspreche seinen spezifischen Bedürfnissen und er könne es optimal benutzen. Der Bundesgerichtshof[225] hat zunächst gemeint, diese Umstände rechtfertigten es zwar, den Leasingnehmer in angemessener Weise an dem Risiko der Amortisation des Anschaffungsaufwandes einschließlich der Gewinnerwartung des Leasinggebers zu beteiligen, nicht aber, es ihm ganz aufzuerlegen. Diese Auffassung ist in der Literatur auf Kritik gestoßen [226]. Daß den Leasingnehmer „die Absicherung des Restwertes, wie sie in der Abschlußzahlung zum Ausdruck kommt", als eine einseitige Verpflichtung trifft [227], d. h., daß er verpflichtet ist, die durch die Leasingraten bis zum Ablauf der unkündbaren Vertragsdauer bewirkte Teilamortisation mittels der Abschlußzahlung zur Vollamortisation aufzustocken, hat der Bundesgerichtshof allerdings niemals in Frage gestellt, sofern nur die Vereinbarung einer Abschlußzahlung wirksam getroffen worden ist. Ist bei kündbaren Finanzierungsleasingverträgen die Verpflichtung zur Leistung einer Ausgleichszahlung Teil eines individuell vereinbarten Teilamortisationsvertrages, so ist sie bis an die der Vertragsfreiheit durch den Grundsatz von Treu und Glauben und durch die Vorschrift des § 138 BGB gezogenen Grenzen wirksam. Trägt der Leasinggeber als Verwender von AGB bei ihrer Abfassung oder formularmäßigen Gestaltung der von ihm verwendeten Verträge auch den berechtigten Belangen seiner künftigen

---

225) BGH, Urt. v. 28. 10. 1981 – VIII ZR 302/80, aaO (Fußn. 224) und v. 31. 3. 1982 – VIII ZR 125/81, aaO (Fußn. 224).
226) Vgl. v. *Westphalen*, ZIP 1983, 1021, 1030; *Seiffert*, DB Beilage 1/83, S. 8, 9; *Ziganke*, BB 1982, 706; *Klamroth*, BB 1982, 1949.
227) v. *Westphalen*, ZIP 1983, 1021, 1030

Vertragspartner Rechnung, nutzt er die Vertragsfreiheit also nicht ausschließlich zum eigenen Vorteil, so kann auch eine in AGB oder in vorformulierten Verträgen enthaltene Verpflichtung zur Leistung einer Ausgleichszahlung der Inhaltskontrolle nach § 9 AGBG standhalten und muß nicht dem Verdikt des § 10 Nr. 7 AGBG unterfallen.

**530** Im Hinblick auf die durchweg festzustellende Unwirksamkeit der von den Leasinggebern verwendeten AGB-Klauseln haben die Oberlandesgerichte auf dem Wege ergänzender Vertragsauslegung — freilich unterschiedliche — Ausgleichsregelungen angenommen. So hat das Oberlandesgericht Düsseldorf gemeint, die Parteien hätten, wenn sie die Unwirksamkeit der Kündigungsregelung gekannt hätten, eine feste Laufzeit von 72 Monaten, d. h. eine Vertragsdauer vereinbart, innerhalb derer durch Zahlung der Leasingraten volle Amortisation eingetreten wäre[228]. Das Oberlandesgericht Frankfurt hat sich auf den Standpunkt gestellt, im Hinblick auf die beim Finanzierungsleasing bestehende Interessenlage hätten die Vertragsparteien eine Regelung für die Abschlußzahlung vereinbart, kraft derer der Leasinggeber einerseits den noch nicht amortisierten Finanzierungsaufwand, den Verwaltungsaufwand und den Reingewinn zu seinen Gunsten, andererseits die Abzinsung für vorzeitige Rückerlangung des Finanzierungsaufwandes, den Vorteil der vorzeitigen Rückerlangung des Geräts und den Verkaufserlös zu seinen Lasten zu berücksichtigen habe[229]. Das Oberlandesgericht Hamm[230] schließlich hat gemeint, im Hinblick auf das Wesensmerkmal des Finanzierungsleasing, die Amortisation des vom Leasinggeber investierten Kapitals sicherzustellen, sei zu vermuten, daß die Parteien auch für den Fall der ordentlichen Vertragskündigung *vor* der vollen Amortisation durch Leasingraten Abschlußzahlungen auf eine etwa verbleibende Deckungslücke bei dem Leasinggeber vereinbart hätten.

### 7.3.2.2 Vertragsimmanente (leasingtypische) Ausgleichsregelung

**531** Mit der grundlegenden Entscheidung vom 12. 6. 1985[231] hat der Bundesgerichtshof den Risikobeteiligungsgedanken aufgegeben.

Die vorformulierte und ersichtlich in der Vertragspraxis häufig verwendete Klausel

„Der Mieter hat das Recht, den Mietvertrag mit einer Kündigungsfrist von sechs

---

228) OLG Düsseldorf, Urt. v. 11. 11. 1982 — 10 U 10/82, zit. bei OLG Frankfurt ZIP 1983, 1209, 1210 = WM 1983, 1200.
229) OLG Frankfurt ZIP 1983, 1209, 1211 = WM 1983, 1200.
230) OLG Hamm EWiR § 535 BGB 1/85, 143 *(v. Westphalen).*
231) VIII ZR 148/84 = BGHZ 95, 39 = ZIP 1985, 868 = EWiR § 535 BGB 6/85, 553 *(v. Westphalen)* = WM 1985, 860 = NJW 1985, 2253.

## I. Leasing

Monaten, erstmals zum Ablauf des 24. Monats ab Mietbeginn, zu kündigen; dann halbjährlich ebenfalls mit einer Kündigungsfrist von sechs Monaten.

Die Kündigung löst folgende Abschlagszahlungen des Mieters aus, die zum Kündigungstermin fällig sind:

Zum Ablauf des 24. Monats 68%, des 30. Monats 57%, des 36. Monats 47%, des 42. Monats 36%, des 48. Monats 25%, des 54. Monats 14%, danach 0%, jeweils vom Anschaffungswert, unter Anrechnung von 75% bzw. (im Falle des Abschlusses eines neuen, gleichwertigen Mietvertrages) 100% vom Wiederverwertungserlös, jeweils zuzüglich Mehrwertsteuer..."

hat er unter Hinweis auf das Urteil vom 28. Oktober 1981[232] wegen Undurchschaubarkeit[233] für den Leasingnehmer für unwirksam erachtet und ausgesprochen: Wird ein auf unbestimmte Dauer geschlossener kündbarer Teilamortisationsvertrag im Sinne des Erlasses des Bundesministers der Finanzen vom 22. Dezember 1975[234] vom Leasingnehmer vertragsgemäß gekündigt, bevor durch Zahlung der vereinbarten Leasingraten die mit der Beschaffung des Leasingobjekts verbundenen Gesamtkosten des Leasinggebers einschließlich des kalkulierten Gewinns ausgeglichen sind, so behält der Leasinggeber Anspruch auf volle Amortisation der Gesamtkosten einschließlich des kalkulierten Gewinns; das Erfüllungsinteresse ist, falls es an einer wirksamen vertraglichen Regelung fehlt, konkret zu berechnen. Der BGH ist zu diesem Ergebnis nicht durch ergänzende und die infolge Unwirksamkeit der Ausgleichsregelung in den AGB entstandene Lücke schließende Vertragsauslegung gelangt, sondern hat diesen Grundsatz in der Rechtsnatur des Leasing angelegt gefunden.

Die Entstehung und einen wesentlichen Teil seiner praktischen Bedeutung verdankt das Leasing ertragsteuerrechtlichen Überlegungen. Ihr Kern ist die Zuordnung des Leasingobjekts auch als wirtschaftliches Eigentum des Leasinggebers. Eigentümer des Leasingobjekts im zivilrechtlichen Sinne ist der Leasinggeber ohnehin. Aus der daraus sich ergebenden Folge, daß das Leasingobjekt vom Leasingnehmer nicht zu aktivieren ist und die Leasingraten als Betriebsausgaben gelten, verspricht sich der Leasingnehmer steuerlichen und betriebswirtschaftlichen Vorteil. Die von den beteiligten Kreisen unter diesem Gesichtspunkt entwickelten Vertragstypen stimmen darin überein, daß sie zu voller Amortisation des vom Leasinggeber eingesetzten Kapitals

**532**

---

232) VIII ZR 302/80 = BGHZ 82, 121, 130 unter IV 2 (s. a. Fußn. 224).
233) Undurchschaubarkeit in bezug auf Art und Berechnung der auszugleichenden Vor- und Nachteile, die Ermittlung der Prozentsätze vom Anschaffungswert, die Abzinsungsmethode und in bezug auf die Anrechnung des Verwertungserlöses; vgl. auch BGH, Urt. v. 22. 1. 1986 – VIII ZR 318/84, aaO (Fußn. 224) und Urt. v. 19. 3. 1986 – VIII ZR 81/85, aaO (Fußn. 224).
234) IV B/2 – S 2170 – 161/75 = BB 1976, 72.

führen. Bei den Vollamortisationsverträgen[235] geschieht das allein durch Zahlung der vereinbarten Leasingraten. Bei den Teilamortisationsverträgen soll dasselbe Ziel zum einen durch die Zahlung von Leasingraten und zum anderen mittels der Vereinbarung eines Andienungsrechts durch Zahlung eines — regelmäßig schon bei Vertragsschluß festgelegten — Kaufpreises oder mittels einer Abschlußzahlung erreicht werden[236]. Nach den erlaßkonformen Leasingvertragstypen schuldet der Leasingnehmer also stets volle Amortisation der Gesamtkosten des Leasinggebers. Während beim Vollamortisationsvertrag wegen übereinstimmender Dauer von Gebrauchsüberlassung und Tilgung sich die Abwicklung des Vertragsverhältnisses bei vertragsgemäßer Beendigung im wesentlichen in der Rückgabe des Leasingobjekts erschöpft, macht die — gleichfalls vertragsgemäße — Beendigung eines auf unbestimmte Dauer geschlossenen Finanzierungsleasingvertrages durch ordentliche Kündigung seitens des Leasingnehmers die Abwicklung gerade auch in bezug auf die vom Leasinggeber gewährte Finanzierung nötig. Es gehört zum Wesen jeglicher Finanzierung, daß die eingesetzten Mittel an den Kreditgeber zurückfließen. Das gilt auch für das Finanzierungsleasing. Im Unterschied zu sonstigen Vermietern erwirbt der Leasinggeber den vom Leasingnehmer nach dessen Bedürfnissen ausgesuchten Gegenstand zum Zwecke der Vermietung an den Leasingnehmer, wobei die Parteien des Leasingvertrages darüber einig sind, daß die vereinbarten Leasingraten nicht nur Entgelt für die Gebrauchsüberlassung, sondern auch dazu bestimmt sind, den Kapitaleinsatz des Leasinggebers einschließlich des kalkulierten Gewinns zu tilgen. Deshalb kann aus der vereinbarten Kündbarkeit des Leasingvertrages nach Ablauf der Grundmietzeit nicht hergeleitet werden, der bis zur Rückgabe des Leasingobjekts durch die bis dahin geleisteten Leasingraten nicht getilgte Teil der Gesamtkosten des Leasinggebers brauche nicht ausgeglichen zu werden. Die ordentliche Kündigung verwandelt den Finanzierungsleasingvertrag vielmehr in ein Abwicklungsschuldverhältnis, das den Leasingnehmer zur Rückgabe des Leasingobjekts und zum Ausgleich des noch nicht getilgten Teils der Gesamtkosten des Leasinggebers verpflichtet, den Leasinggeber zu bestmöglicher Verwertung des Leasingobjekts. Der — bei kurzer Vertragsdauer entsprechend höhere — Erlös kommt dem Leasingnehmer zugute. Bei erlaßkonformer Vertragsgestaltung ist er zu 90% auf die noch geschuldete Zahlung

---

[235] Erlaß des Bundesministers der Finanzen vom 19. 4. 1971 — IV B/2 — S 2170 — 31/71 = BStBl I 1971, 264.
[236] Vgl. Erlaß des Bundesministers der Finanzen vom 22. 12. 1975 — IV B/2 — S 2170 — 161/75 = BB 1976, 72.

## I. Leasing

zum Ausgleich der Differenz zwischen der Summe der Leasingraten und den Gesamtkosten des Leasinggebers anzurechnen[237].

Im Falle vertragsgemäßer Beendigung des auf unbestimmte Zeit geschlossenen Finanzierungsleasingvertrages durch ordentliche Kündigung seitens des Leasingnehmers hat der Leasinggeber mithin Anspruch auf volle Amortisation des zur Beschaffung des Leasingobjekts eingesetzten Kapitals einschließlich des kalkulierten Gewinns. Ist volle Amortisation danach auch für den kündbaren Teilamortisationsvertrag leasingtypisch und infolgedessen vertragsimmanent, so bedarf es keiner ergänzenden Vertragsauslegung, um im Falle einer ordentlichen Kündigung nach Ablauf der Grundmietzeit, aber vor Erreichen des Zeitpunktes, an dem *durch Zahlung der vereinbarten Leasingraten* volle Amortisation erreicht worden wäre, dem Leasinggeber dem Grunde nach Anspruch auf Ausgleich des durch Leasingraten und Verwertungserlös nicht gedeckten Teils seiner Gesamtkosten zuzubilligen. *Der Ausgleichsanspruch tritt – im Abwicklungsschuldverhältnis – an die Stelle des Erfüllungsanspruchs und hat, wie dieser, Entgeltcharakter*[238].

**533** Erweist sich die in AGB vorgesehene Berechnungsart für die Ausgleichszahlung als unwirksam, so muß sie – wie die Verpflichtung zur Ausgleichszahlung selbst – aus Sinn und Zweck des Leasingvertrages abgeleitet werden. Ist dem kündbaren Teilamortisationsvertrag immanent, daß jede Form vertragsgemäßer Beendigung die volle Amortisation der Gesamtkosten des Leasinggebers einschließlich des kalkulierten Gewinns sicherstellen soll, so muß im Falle einer ordentlichen Kündigung des Vertrages durch den Leasingnehmer zunächst konkret festgestellt werden, welche Leistung der Leasingnehmer noch schuldete, wenn der Vertrag bis zu dem Zeitpunkt fortbestehen würde, in welchem volle Amortisation durch Zahlung von Leasingraten eingetreten wäre. Als leasingtypisch hat danach zu gelten, daß der Leasingnehmer eine Ausgleichsleistung zu erbringen hat, die von den Gesamtkosten des Leasinggebers einschließlich seines Gewinns zu berechnen ist. Das entspricht dem Teilamortisationserlaß vom 22. Dezember 1975[239], in dem diese Ausgleichsleistung als „Abschlußzahlung" bezeichnet ist, ohne daß erwähnt wird, daß die Ausgleichsleistung eine Wertstellung auf den Zeitpunkt des durch die ordentliche Kündigung markierten Vertragsendes erfahren, d. h., daß sie abgezinst werden muß. Die Abzinsungsmethode muß nach beiden Seiten interessengerecht sein. Der sachgerechte Abzinsungssatz hängt von

---

237) BGH, Urt. v. 12. 6. 1985 – VIII ZR 148/84, aaO (Fußn. 224); Urt. v. 22. 1. 1986 – VIII ZR 318/84 = BGHZ 97, 65 = ZIP 1986, 439 = EWiR § 558 BGB 2/86, 463 *(Wolf)* = WM 1986, 458 = NJW 1986, 1335.
238) BGH, Urt. v. 22. 1. 1986 – VIII ZR 318/84, aaO (Fußn. 237).
239) AaO (Fußn. 234).

## C. Verträge mit übergreifendem Inhalt

den Umständen des einzelnen abzuwickelnden Vertragsverhältnisses ab[240]. Abzinsungsmethode und Abzinsungssatz müssen notfalls unter Hinzuziehung eines Sachverständigen geklärt werden. Eine Bestimmung in Allgemeinen Geschäftsbedingungen eines Finanzierungsleasingvertrages, die für den Fall vorzeitiger Vertragsbeendigung durch ordentliche Kündigung die Abzinsung der Ausgleichszahlung nach einem Zinssatz von 6% unabhängig davon festlegt, welcher Satz den Leasingraten zugrundegelegt war, benachteiligt den Leasingnehmer unangemessen und ist unwirksam[241]. Die Abzinsung soll den durch vorzeitigen Rückfluß des Kapitals entstehenden Vorteil ausgleichen, weil der Leasinggeber zwar keinen ungerechtfertigten Nachteil erleiden, gegenüber der Vertragsdurchführung ohne Kündigung aber auch nicht besser gestellt werden soll. Dieser Zweck könnte vereitelt werden, wenn die Leasingraten auf der Grundlage eines höheren Zinssatzes berechnet wären, dem Leasingnehmer aber nur der geringere Satz von 6% zugute käme. In dem am 29. Januar 1986 entschiedenen Fall[242] hatte die Leasinggeberin in ihren AGB selbst zwischen dem regelmäßigen Abzinsungssatz von 6% und dem „bei der ursprünglichen Mietberechnung" unterschieden. Sie hat damit zum Ausdruck gebracht, daß dem Leasingnehmer nicht der von ihr offensichtlich generell höher angesetzte Vertragszinssatz angerechnet werden soll, obwohl sie selbst Zinsen auf dieser Grundlage erspart. Diese Regelung benachteiligt den Leasingnehmer, weil sie nicht den entstandenen Vorteil, sondern nur einen willkürlich festgesetzten Teil davon ausgleichen will.

**534**  Bei kündbaren Teilamortisationsverträgen hat der Leasingnehmer Anspruch darauf, daß ihm ein Teil des Verwertungserlöses aus der Veräußerung des Leasingobjekts zugute kommt. Dafür sind nach der Entscheidung des Bundesgerichtshofs vom 12. Juni 1985[243] folgende Gesichtspunkte maßgebend: Leasingtypisch ist, daß erlaßkonforme Vollamortisationsverträge auf eine Dauer angelegt werden müssen, die 90% der betriebsgewöhnlichen Nutzungsdauer des Leasingobjekts ausmacht. Da die betriebsgewöhnliche Nutzungsdauer der Zeitspanne entspricht, innerhalb der das Leasingobjekt seinen Wert steuerrechtlich verliert, d. h. auf Null abgeschrieben wird, werden vom Leasingnehmer während der Laufzeit eines Vollamortisationsvertrages 90% des steuerrechtlichen Wertes verbraucht, 10% fallen dem Leasinggeber mit der Rückgabe des Leasingobjekts zu. Dem steuerrechtlichen Wert, dem „verbrauchten" wie dem „verbleibenden", entspricht ein tatsächlicher Wert

---

240) BGH, Urt. v. 29. 6. 1983 – VIII ZR 141/82 = ZIP 1983, 1084 = WM 1983, 931.
241) BGH, Urt. v. 29. 1. 1986 – VIII ZR 49/85 = ZIP 1986, 512 = EWiR § 6 AbzG 1/86, 315 (v. *Westphalen*) = WM 1986, 480 = NJW 1986, 1681.
242) AaO (Fußn. 241).
243) AaO (Fußn. 224).

## I. Leasing

des Leasingobjekts, der unter Zugrundelegung eines linearen tatsächlichen Wertverlustes in gleichen Prozentsätzen wie der steuerrechtliche Wertverlust dem Leasingnehmer und dem Leasinggeber zuzuordnen ist. Erhält der Leasinggeber danach bei kündigungsfreiem Ablauf der Vertragsdauer eines Vollamortisationsvertrages mit der Rückgabe des Leasingobjekts 10% seines tatsächlichen Wertes, so muß das auch gelten, wenn das Leasingverhältnis vertragsgemäß vorzeitig beendet wird, denn durch die vorzeitige Beendigung darf der Leasinggeber keine Besserstellung erfahren.

Diese Berechnung des Ausgleichsanspruchs beim kündbaren Teilamortisationsvertrag entspricht der Berechnung des Erfüllungsinteresses bei ungekündigtem Vertragsablauf und damit den steuerrechtlichen Richtlinien des Teilamortisationserlasses vom 22. Dezember 1975[244], bietet also zugleich die Gewähr dafür, daß die mit dem Leasinggeschäft erstrebten steuerlichen Vorteile erhalten bleiben. Sie erfordert, wie der Bundesgerichtshof im Urteil vom 12. Juni 1985[245] ausdrücklich betont hat, nicht mehr als die Angabe der Gesamtkosten einschließlich der Gewinnerwartung, der Amortisationsdauer bei Zahlung der vereinbarten Leasingraten, der Abzinsungsmodalitäten und die Erklärung, daß 90% des Erlöses aus der Verwertung des Leasingobjekts auf die Ausgleichzahlung des Leasingnehmers angerechnet werden. Eine dementsprechende Regelung könnte auch Eingang in Allgemeine Geschäftsbedingungen finden[246].

**535** Die aufgezeigten Grundsätze für die Ermittlung des Ausgleichsanspruchs bedürfen der Modifizierung, wenn, wie z. B. beim Kraftfahrzeugleasing häufig, die Amortisation bei unkündbarem Vertragsablauf in der Weise kalkuliert wird, daß ein Teil der Gesamtkosten einschließlich des Gewinns durch Leasingraten, der andere Teil dagegen mit Hilfe des durch Veräußerung des zurückerlangten Leasingobjekts erzielten Erlöses amortisiert werden soll. Bei derartiger Vertragsgestaltung beruht die Amortisation auf einer Mischkalkulation (Summe der in der vereinbarten Vertragsdauer zu zahlenden Leasingraten + kalkulierter (Rest-)Wert des Leasingobjekts bei Rückgabe in vertragsgemäßem Zustand). Für den Fall vorzeitiger Beendigung eines derartigen Vertrages bedeutet das, daß dem Leasinggeber ein leasingtypischer Ausgleichsanspruch auf Zahlung der Leasingraten zusteht, die bis zum Ende der vorgesehenen Laufzeit zu zahlen gewesen wären, jedoch abgezinst auf den Zeitpunkt der vorzeitigen Vertragsbeendigung. Entsprechend der gewählten Mischkal-

---

244) AaO (Fußn. 234).
245) VIII ZR 148/84, aaO (Fußn. 224).
246) BGH, Urt. v. 12. 6. 1985 – VIII ZR 148/84, aaO (Fußn. 224) unter A III 2 c dd; dazu *Bernstein*, DB 1985, 1734.

kulation für die Amortisation des Gesamtaufwandes einschließlich des kalkulierten Gewinns ist dieser Ausgleichsanspruch um den Verkehrswert des geleasten Fahrzeugs bei Rückgabe in vertragsgemäßem Zustand nach Ablauf der vorgesehenen Vertragsdauer zu ergänzen. Der Rückgabewert für das Leasingobjekt in unbeschädigtem Zustand muß – gegebenenfalls durch Einschaltung eines Sachverständigen – festgestellt werden. Beide Teilbeträge, die im Zeitpunkt der vorzeitigen Vertragsbeendigung noch ausstehenden abgezinsten Leasingraten und der Wert des Leasingobjekts bei Rückgabe in vertragsgemäßem Zustand nach Ablauf der vorgesehenen Vertragsdauer, ergeben zusammen den Ausgleichsanspruch, der sich als das Entgelt für den Fall einer vorzeitigen vertragsgemäßen Beendigung des Leasingvertrages erweist. Der aus dem Erfüllungsanspruch des Leasinggebers bei ungekündigtem Vertragsablauf hergeleitete Ausgleichsanspruch für den Fall vorzeitiger Vertragsbeendigung verliert den Charakter einer Entgeltleistung nicht dadurch, daß das Leasingobjekt in beschädigtem Zustand zurückgegeben wird. Ist der beschädigungsbedingte Minderwert dem Leasingnehmer zuzurechnen, so hat er die Differenz zwischen dem tatsächlich erzielten Erlös aus der Veräußerung des beschädigten Leasingobjekts und dem festgestellten oder noch zu ermittelnden Wert bei Rückgabe in vertragsgemäßem Zustand nach Ablauf der vorgesehenen Vertragsdauer bis zu dem Wert aufzufüllen, welcher nach der dem Vertragsverhältnis zugrundeliegenden Mischkalkulation neben den Leasingraten zur Amortisation des Gesamtaufwandes des Leasinggebers (= kalkulierter Restwert) notwendig ist[247].

**536** Diese Grundsätze gelten auch, wenn es sich um ein dem Herstellerleasing angenähertes markengebundenes Leasing handelt. Zwar wird verschiedentlich in der Literatur[248], vereinzelt auch in der Rechtsprechung[249] die Auffassung vertreten, daß es beim markengebundenen Leasing wegen der Verflechtung zwischen Lieferanten und Leasinggeber an der für das Leasinggeschäft typischen Dreiecksbeziehung zwischen den Beteiligten fehle bzw. der Leasinggeber ein „primäres produktorientiertes Absatzinteresse" verfolge, weshalb derartige Leasingverträge nicht nach den Grundsätzen des Finanzierungsleasings, sondern als reine Mietverträge zu behandeln seien. Dabei wird übersehen, daß ein Absatzinteresse das Vorliegen eines Finanzierungsinteresses nicht ausschließt. Vor allem aus der insoweit maßgeblichen Sicht des Leasingnehmers ist gleichgültig, ob er sich die von ihm erhofften Vorteile des Leasing (als Ersatz für eine Investition) bei einem markengebundenen oder

---

247) BGH, Urt. v. 22. 1. 1986 – VIII ZR 318/84 = BGHZ 97, 65 = ZIP 1986, 439 = EWiR § 558 BGB 2/86, 463 *(Wolf)* = WM 1986, 458.
248) Vgl. zuletzt *v. Westphalen*, DAR 1984, 337 m. w. Nachw.
249) OLG Frankfurt WM 1982, 723; LG Berlin DB 1982, 2452.

I. Leasing

einem „neutralen" Leasinggeber verschafft. Mit einem durch mehrfache Vermietung desselben Mietobjekts an verschiedene Mieter gekennzeichneten Operating-Leasing läßt sich das markengebundene Herstellerleasing nicht vergleichen. Das gilt insbesondere dann, wenn in den AGB des Leasinggebers der Verkauf des Leasingobjekts — unter Anrechnung des Erlöses auf die Ausgleichsforderung — für jeden Fall einer — auch vorzeitigen — Vertragsbeendigung vorgesehen ist, was eindeutig für eine einmalige Vermietung spricht[250].

### 7.3.2.3 Berechnungsgrundsätze für die Ausgleichszahlung

Auf Einzelheiten der Berechnung der Ausgleichszahlung ist der Bundesgerichtshof ausführlich im Urteil vom 19. März 1986[251] eingegangen. Danach muß die Berechnung erkennen lassen, daß die Ausgleichszahlung mit Wertstellung auf den Zeitpunkt der Kündigung an die Stelle der durch die ursprünglichen Leasingraten festgelegten Vertragsleistung tritt.

**537**

Als unzulässig wird angesehen, Vertragsnebenkosten in einem festen Prozentsatz der Anschaffungskosten in die Berechnung der Ausgleichsleistung einzustellen und Refinanzierungskosten nicht in der tatsächlichen, sondern in pauschalierter Höhe anzusetzen. Schon diese Unzulänglichkeiten der AGB-Klauseln haben dem Bundesgerichtshof ausgereicht, um ihre Unwirksamkeit wegen Verstoßes gegen § 9 Abs. 1 AGBG zu bejahen.

Dem von den Klauselverwendern ins Feld geführten Argument, die Leasinggeber seien, abgesehen von objektbezogenen Steuern und Versicherungen sowie den Refinanzierungszinsen, nicht in der Lage, die durch einen konkreten Vertrag verursachten Kosten im einzelnen zu belegen, ist der Bundesgerichtshof mit dem Hinweis entgegengetreten, Ausgangspunkt der Berechnung könne die Summe aller Leasingraten sein, weil sich darin der Gesamtaufwand einschließlich der Gewinnerwartung niederschlage. Abzusetzen seien der in den Leasingraten enthaltene reine Zinsanteil auf Refinanzierung und Eigenkapital, die auf die Zeit nach der Kündigung entfallenden Steuer- und Versicherungsanteile, vorsorglich einkalkulierte Risikoposten, weil sich die Risiken bei kürzerer Laufzeit verringerten; abzusetzen sei schließlich der auf die Zeit nach der Kündigung entfallende Gewinnanteil.

---

250) BGH, Urt. v. 22. 1. 1986 — VIII ZR 318/84, aaO (Fußn. 247).
251) VIII ZR 81/85 = ZIP 1986, 576 = EWiR § 535 BGB 1/86, 459 *(v. Westphalen)* = WM 1986, 673 = NJW 1986, 1746.

#### 7.3.2.4 Einbeziehung der Vorfälligkeitsentschädigung in die Ausgleichszahlung

**538** Allgemeiner Vertragsgestaltung im Kreditgeschäft entspricht es, daß die Banken im Falle vorzeitiger Tilgung von Darlehen, die mit fest bestimmter Laufzeit gewährt worden sind, Vorfälligkeitszinsen verlangen. Die Verpflichtung hierzu wird dem Darlehensnehmer meist nur dem Grunde nach auferlegt, weil die Höhe der Vorfälligkeitszinsen ganz wesentlich davon abhängt, zu welchen Konditionen der Darlehensgeber das vorzeitig zurückgeflossene Kapital für die vom ursprünglichen Darlehensnehmer nicht in Anspruch genommene Laufzeit wieder ausgeben kann. So gut wie nie wird aus diesem Grund das Vorfälligkeitsrisiko in den Darlehenszins bei Vertragsschluß einkalkuliert, zumal es sich bei vorzeitiger Rückzahlung in Hochzinsphasen überhaupt nicht realisiert. All dies gilt auch für die Refinanzierung, die der Leasinggeber in Anspruch nimmt, mit der Folge, daß er regelmäßig nicht in der Lage ist, seinerseits die eigene – mögliche – Vorfälligkeitszinsbelastung in die Leasingraten einzukalkulieren. Andererseits kann dieses Risiko in allen Fällen, in denen er dem Leasingnehmer das Recht vorzeitiger Vertragsbeendigung durch ordentliche Kündigung einräumt, akut werden. Da die Ausgleichszahlung nach der dargestellten höchstrichterlichen Rechtsprechung auf die Amortisation des gesamten *kalkulierten* Aufwandes einschließlich des Gewinns abzielt[252], versteht es sich nicht von selbst, daß der Bundesgerichtshof nunmehr auch eine vom Leasinggeber mit der Refinanzierungsbank vereinbarte und *gezahlte* Vorfälligkeitsentschädigung in die vom Leasingnehmer geschuldete Ausgleichszahlung einbezogen hat[253]. Maßgeblich ist dafür, daß auch sie auf der vom Leasingnehmer veranlaßten und in seinem Interesse liegenden vorzeitigen Kündigung des Leasingvertrages beruht und ferner in so engem Zusammenhang mit den Vertragskosten steht, daß sie dem Risikobereich des Leasingnehmers und nicht demjenigen des Leasinggebers zuzuordnen ist. Der zwischen anfänglich kalkulierten Kreditkosten und Vorfälligkeitsentschädigung bestehende wirtschaftliche Zusammenhang und die Typizität der Inanspruchnahme von Refinanzierungskosten für Leasingverträge rechtfertigen es, bei der Berechnung des ebenfalls auf dem vertragstypischen Vollamortisationsgrundsatz beruhenden Ausgleichsanspruchs nicht nur die einzubeziehenden Refinanzierungszinsen, sondern als selbständigen Rechnungsposten eine wirksam vereinbarte Vorfälligkeitsentschädigung zu berücksichtigen. Auf die Möglichkeit eines solchen Anspruchs hat der Bundesge-

---

252) Vgl. Fußn. 224, 241; zuletzt BGH, Urt. v. 28. 3. 1990 – VIII ZR 17/89 = EWiR § 398 BGB 2/90, 559 *(Eckert)* = ZIP 1990, 646 = WM 1990, 935 = NJW 1990, 1785.
253) BGH, Urt. v. 16. 5. 1990 – VIII ZR 108/89 = EWiR § 535 BGB 4/90, 761 *(v. Westphalen)* = ZIP 1990, 863 = WM 1990, 1244.

## I. Leasing

richtshof bereits im Urteil vom 24. April 1985[254] für den Fall eines Schadensersatzanspruchs des Leasinggebers hingewiesen, ohne daß die Frage dort endgültig entschieden werden konnte. Entgegen der Auffassung v. Westphalen[255] kann in dieser Frage, wie der Bundesgerichtshof im Urteil vom 16. Mai 1990[256] weiter ausgeführt hat, für den kündbaren Teilamortisationsvertrag bei ordentlicher Kündigung nicht anders als beim Schadensersatzanspruch entschieden werden, weil auch für den letzteren auf das durch Vertragsablauf oder ordentliche Kündigung bestimmte Erfüllungsinteresse abzustellen ist.

### 7.3.2.5 Verjährung der Ausgleichszahlung

Da es sich bei der Ausgleichszahlung des Leasingnehmers bei vorzeitiger, aber vertragsgemäßer Beendigung des Leasingverhältnisses um eine Leistung mit Entgeltcharakter handelt, verjährt der Anspruch darauf nicht binnen sechs Monaten gemäß § 558 BGB, sondern gemäß § 196 Abs. 1 Nr. 6 BGB in zwei Jahren[257]. **539**

## 8. Leasing im Insolvenzrecht

### 8.1 Kündigung nach § 19 KO

Eine Entscheidung des Bundesgerichtshofs betrifft die Kündigung eines Finanzierungsleasingvertrages mit Kaufoption durch den Konkursverwalter gemäß § 19 KO[258]. § 19 KO setzt das Bestehen eines Miet- oder Pachtverhältnisses bei Konkurseröffnung voraus. Das bedeutet jedoch nicht, daß der in Rede stehende Vertrag in allen Punkten den Vorschriften der §§ 535 ff BGB entsprechen muß. Sinn und Zweck des § 19 KO ist es, im Interesse aller Konkursgläubiger zu vermeiden, daß die Konkursmasse durch das Fortbestehen eines Dauerschuldverhältnisses belastet wird, ohne eine entsprechende Gegenleistung zu erhalten oder sie angemessen nutzen zu können. Das rechtfertigt es, § 19 KO auch auf Leasingverträge anzuwenden. Die Abgrenzung zu den nach § 17 KO zu behandelnden Fällen der Erfüllungsverweigerung bei zweiseitigen Verträgen kann sich deshalb nicht danach vollziehen, ob ein Vertrag in allen Bestimmungen einem Mietvertrag entspricht. Entscheidend muß sein, ob das Schwergewicht des Vertrages nach dem in der **540**

---

254) VIII ZR 95/84 = BGHZ 94, 195 = ZIP 1985, 615 = EWiR § 6 AbzG 2/85, 221 *(v. Westphalen)* = WM 1985, 628 = NJW 1985, 1539.
255) Der Leasingvertrag, 3. Aufl., Rz. 420 einerseits, Rz. 455 andererseits für Schadensersatzansprüche bei Vollamortisationsverträgen, insoweit zustimmend zu BGHZ 94, 195, 215.
256) Fußn. 253.
257) BGH, Urt. v. 22. 1. 1986 – VIII ZR 318/84 = BGHZ 97, 65 = ZIP 1986, 439 = EWiR § 558 BGB 2/86, 463 *(Wolf)* = WM 1986, 458 = NJW 1986, 1335.
258) BGH, Urt. v. 5. 4. 1978 – VIII ZR 42/77 = BGHZ 71, 189 = WM 1978, 510 = NJW 1978, 1383.

C. Verträge mit übergreifendem Inhalt

Formulierung zum Ausdruck gebrachten Willen der Vertragsschließenden in der für Mietverträge wesentlichen Gestaltung – in erster Linie der zeitlich begrenzten Gebrauchsüberlassung – liegt oder – im Falle des hier sonst in Betracht kommenden Kaufs – eine Veräußerung bezweckt, so daß die bloße Gebrauchsüberlassung nicht dem wirklichen Willen der Vertragsschließenden entspricht.

### 8.2 Schadensersatz nach § 19 Satz 3 KO

541 Die zweite Entscheidung[259] betrifft den Ersatzanspruch aus § 19 Satz 3 KO. Wird ein bis dahin vertragsgemäß erfüllter Finanzierungsleasingvertrag nach Konkurseröffnung über das Vermögen des Leasingnehmers vom Konkursverwalter mit gesetzlicher Frist gekündigt, sodann jedoch durch fristlose Kündigung des Leasinggebers zu einem früheren Zeitpunkt beendet, steht dem Leasinggeber ein Schadensersatzanspruch nach § 19 KO nicht zu.

Wird über das Vermögen eines Leasingnehmers, der die Leasingsache bereits in Benutzung hat, das Konkursverfahren eröffnet, so ist für den Fortbestand oder die vorzeitige Auflösung des Vertrages nicht § 17 KO, sondern § 19 KO maßgebend[260]. Es bedarf also einer Kündigung entweder des Konkursverwalters oder des Leasinggebers, wenn der Vertrag nicht fortgeführt werden soll. In dem am 6. Juni 1984 entschiedenen Fall[261] hat der Konkursverwalter mit Schreiben vom 4. Dezember 1981 als erster die Kündigung erklärt, jedoch entsprechend § 565 Abs. 4 BGB erst mit Wirkung zum Ablauf des 7. Dezember 1981. Am 5. Dezember 1981 ist dem Konkursverwalter die mit sofortiger Wirkung ausgesprochene Kündigung der Leasinggeberin zugegangen. War sie wirksam, so wurde der Vertrag durch sie aufgelöst, während die Erklärung des Konkursverwalters ins Leere ging. Nur auf den Zeitpunkt des Wirksamwerdens der Kündigung der Leasinggeberin kann es hinsichtlich der in § 19 Satz 3 KO geregelten Rechtsfolgen ankommen. Die Absicht des Gesetzes, dem Vermieter nur in bestimmten Fällen einen Schadensersatzanspruch zuzubilligen, knüpft ersichtlich an die Beendigung des Vertragsverhältnisses an. Dieses aber tritt nicht bereits mit dem Zugang der Erklärung, sondern mit dem Ablauf einer darin in Gang gesetzten Frist ein. Im entschiedenen Fall erwies sich die Kündigung der Leasinggeberin als wirksam. Zwar gewährt § 19 Satz 2 KO dem Vermieter/Leasinggeber wie auch dem Konkursverwalter grundsätzlich das Kündigungsrecht mit gesetzlicher Frist. Ausdrücklich wird aber vom Gesetz auch die Vereinbarung einer kürze-

---

259) BGH, Urt. v. 6. 6. 1984 – VIII ZR 65/83 = ZIP 1984, 1114 = WM 1984, 1217.
260) BGH, Urt. v. 5. 4. 1978, aaO (Fußn. 258).
261) AaO (Fußn. 259).

I. Leasing

ren Frist für zulässig erklärt. Von dieser Möglichkeit hat die Leasinggeberin in ihren Vertragsbedingungen Gebrauch gemacht. Bedenken gegen die Zulässigkeit einer derartigen AGB-Regelung bestehen nach Auffassung des Bundesgerichtshofs nicht[262]. § 19 Satz 3 KO räumt dem Vermieter/Leasinggeber einen Schadensersatzanspruch nur bei Kündigung durch den Konkursverwalter ein, ohne diesen Anspruch für den Fall der Kündigung durch den Vermieter ausdrücklich auszuschließen. In der Literatur überwiegt die Meinung, daß das Gesetz dem Vermieter bei dessen eigener Kündigung einen Anspruch versagt, weil sie unter Umständen dem Konkursverwalter die Möglichkeit nimmt, die Mietsache im Interesse aller Konkursgläubiger vorerst weiterzubenutzen[263]. Umstritten ist nur, ob dem Vermieter vertraglich ein die Regelung des § 19 KO abändernder Schadensersatzanspruch eingeräumt werden kann[264]. Der Bundesgerichtshof konnte die Streitfrage im Urteil vom 6. Juni 1984[265] dahingestellt sein lassen, weil der der Entscheidung zugrunde liegende Leasingvertrag weder ausdrücklich noch seinem erkennbaren Sinne nach eine Schadensersatzvereinbarung enthielt.

### 8.3 Forfaitierung von Leasingraten

Die „Konkursfestigkeit" im Wege der Forfaitierung abgetretener künftig fällig werdender Leasingraten hat der Bundesgerichtshof bejaht[266]. Entscheidend dafür ist, daß der IX. Zivilsenat – worin der VIII. Zivilsenat ihm, wie dargelegt (vgl. oben Rz. 463) inzwischen gefolgt ist – den Standpunkt eingenommen hat, Leasingraten entstünden als betagte Forderungen. **542**

Den Konkursgläubigern gegenüber unwirksam ist nur ein Rechtserwerb nach der Eröffnung des Verfahrens. Hat der spätere Gemeinschuldner künftige Forderungen gegen seine Kunden in einem den Anforderungen an die Bestimmtheit genügenden Vertrag einer Bank im Wege des Pauschalverkaufs abgetreten, so erwirbt der Zessionar die künftigen Ansprüche mit ihrer Entstehung, also regelmäßig mit dem Abschluß der Verträge, die den Anspruch des Gemeinschuldners gegen seine Kunden begründen, auch wenn die gegenseitigen Forderungen erst später fällig werden. Das gilt nunmehr auch für den Anspruch auf künftige Leasingraten. Der Anwendung der zu den §§ 15, 17 KO vom Bundesgerichtshof entwickelten Rechtsgrundsätze steht

---

262) Vgl. BGH, Urt. v. 7. 12. 1983 – VIII ZR 257/82 = NJW 1984, 871 = WM 1984, 163.
263) *Jaeger/Henckel*, KO, 9. Aufl., § 19 Rz. 70; *Kuhn/Uhlenbruck*, KO, 10. Aufl., § 19 Rz. 16; *Kilger*, KO, 15. Aufl., § 19 Anm. 8, jeweils m. w. Nachw.
264) Für Abänderbarkeit u. a.: RGZ 115, 271, 273; *Kuhn/Uhlenbruck*, aaO, Rz. 16; *Baumgarte*, Leasingverträge über bewegliche Sachen im Konkurs, 1980, S. 82; *Mittelstein*, Die Miete, 4. Aufl., S. 756 Fußn. 42; gegen Abänderbarkeit: *Jaeger/Henckel*, aaO, Rz. 71, *Kilger*, aaO, Anm. 8.
265) AaO (Fußn. 259).
266) BGH, Urt. v. 14. 12. 1989 – IX ZR 283/88 = BGHZ 109, 368 = ZIP 1990, 180 = EWiR § 21 KO 1/90, 173 *(Ackmann)* = NJW 1990, 113 = WM 1990, 197.

für die Grundmietzeit der mietrechtliche Charakter[267] des Leasingvertrages entgegen. Hat der Leasinggeber die von ihm vermieteten beweglichen Sachen dem Mieter vor der Eröffnung des Konkursverfahrens überlassen, so ist der Mietvertrag auch gegenüber der Konkursmasse wirksam (§ 21 Abs. 1 KO), und der Konkursverwalter hat den Vertrag ohne Wahlrecht zu erfüllen. Der Bundesgerichtshof hat im zitierten Urteil indessen nicht nur die auf die Grundmietzeit entfallenden Leasingraten als konkursfest angesehen, sondern auch diejenigen, die erst in der mangels Kündigung aufgrund der im Leasingvertrag getroffenen Vereinbarungen einsetzenden Verlängerungszeit fällig werden. Die Vorausverfügung über diese weiteren Leasingraten sei regelmäßig nicht nach § 15 KO den Konkursgläubigern gegenüber unwirksam, denn diese Verlängerungsmöglichkeit sei eine typische, im Leasingvertrag enthaltene Regelung, die den Mieter begünstige und im Falle des Konkurses des Vermieters vom Konkursverwalter nach § 21 Abs. 1 KO hingenommen werden müsse. Eine Aufspaltung des Vertrages in eine konkursfeste Grundmietzeit und einen nicht mehr konkursfesten Verlängerungszeitraum sei nicht möglich.

**543**   Für den Fall, daß dem Leasingnehmer im Leasingvertrag eine Kaufoption eingeräumt worden ist, hat der Bundesgerichtshof sich im Meinungsstreit darüber, wem die im voraus abgetretenen Ansprüche des Leasinggebers gegen den Leasingnehmer auf Zahlung des sogenannten Restwertes zustehen, für Trennung von Gebrauchsüberlassung und Optionsrecht ausgesprochen. Die Spaltung des Leasingvertrages in einen nach § 21 Abs. 1 KO wirksamen Teil und einen Teil, der unter die allgemeinen Vorschriften, insbesondere unter § 17 KO falle, hat der Bundesgerichtshof dadurch als gerechtfertigt angesehen, daß die Kaufoption auf die Änderung der sachenrechtlichen Zuordnung des Leasinggutes gerichtet sei und ausgeführt, die durch die Ausübung der Option gegründeten gegenseitigen Vertragspflichten könne schlechterdings nicht mehr als Nebenleistungspflicht eines Mietvertrages begriffen werden. Der Leasingnehmer sei zwar gegen die vorzeitige Auflösung des Leasingvertrages vor Ablauf der Mietzeit durch § 21 Abs. 1 KO geschützt. Danach werde er aber wie ein Käufer behandelt, dessen Schutz § 21 Abs. 1 KO gerade nicht bezwecke: Hat er die Kaufoption vor Eröffnung des Konkursverfahrens noch nicht ausgeübt oder sie zwar ausgeübt, ist der dadurch zustande gekommene Kaufvertrag jedoch beiderseits noch nicht oder nicht vollständig erfüllt, so entfällt der Erfüllungsanspruch des Leasingnehmers mit der Konkurseröffnung. Der IX. Zivilsenat hat keinen vernünftigen Grund gesehen, den Leasingnehmer im Konkurs seines Vertragspartners

---

267) BGH, Urt. v. 20. 12. 1988 – IX ZR 50/88 = BGHZ 106, 236 = ZIP 1989, 171 = EWiR § 17 KO 1/89, 283 *(Pape)* = NJW 1989, 1282 = WM 1989, 229.

besser zu stellen als den Käufer, der bei einem noch nicht erfüllten Kaufvertrag ganz oder zum Teil vorgeleistet hat.

Der Standpunkt des Bundesgerichtshofs, der zur Folge hat, daß der Anspruch des Leasinggebers auf die Gegenleistung aus Kaufoptionsvereinbarung mit der Konkurseröffnung wegfällt, weshalb danach auch dem Zessionar kein solcher Anspruch gegen den Vertragspartner des Gemeinschuldners zusteht, beruht auf grundsätzlichen Erwägungen zu Sinn und Zweck der §§ 15,17 KO. Die Meinung, zu der sich der IX. Zivilsenat letztlich bekannt hat, ist in der Vorauflage (vgl. Rz. 521, 522) nicht für richtig gehalten worden. Auch wer sich vom zitierten Urteil des Bundesgerichtshofs nicht restlos überzeugt sieht, wird ihm in der täglichen Praxis Rechnung tragen müssen.

## 9. Rechtsprechung zum Kraftfahrzeugleasing

Das Kraftfahrzeug nimmt im Alltag schuldrechtlicher Beziehungen, wie die höchstrichterliche Rechtsprechung zum Gebrauchtwagenhandel, aber auch zur Kraftfahrzeugmiete unschwer erkennen läßt, eine Sonderstellung ein. Das zeichnet sich auch für das Kraftfahrzeugleasing ab. **544**

### 9.1 Sachgefahrabwälzung auf den Kfz-Leasingnehmer in AGB

Der vom Bundesgerichtshof in ständiger Rechtsprechung betonte Grundsatz, die Abwälzung der Sach- und Gegenleistungsgefahr auf den Leasingnehmer gehöre zum typischen Inhalt eines Leasingvertrages und sei deshalb zu billigen (s. o. Rz. 483 f), hat für das Kfz-Leasing eine Einschränkung erfahren. Im Urteil vom 15. Oktober 1986[268] hat der Bundesgerichtshof ausgesprochen, dieser Grundsatz bedeute nicht, daß die beiderseitigen Interessen noch in angemessener Weise gewahrt würden, wenn der Leasinggeber den Leasingnehmer bei Verwirklichung dieser Gefahr uneingeschränkt am Vertrag festhalten könne. Als eine AGB-Klausel, die dies ermögliche – und deshalb unwirksam sei –, hat der Bundesgerichtshof die Bestimmung in den AGB eines Kfz-Leasinggebers angesehen, die für geleaste neue Pkw's die Sach- und Gegenleistungsgefahr auf den Leasingnehmer abwälzt, ohne ihm für die Fälle des Untergangs oder nicht unerheblicher Beschädigung des Fahrzeugs ein kurzfristiges Kündigungsrecht einzuräumen, das mit einer Verpflichtung zur Ausgleichszahlung verbunden sein könne. Die Klausel **545**

„– Haftung für Verlust und Beschädigung
Der Leasingnehmer haftet ohne Rücksicht auf Art und Umfang eines bestehenden

---

268) VIII ZR 319/85 = ZIP 1986, 1566 = EWiR § 9 AGBG 22/86, 1159 *(v. Westphalen)* = WM 1987, 38 = NJW 1987, 377.

## C. Verträge mit übergreifendem Inhalt

Versicherungsschutzes für Verlust und Beschädigung jeder Art des Fahrzeugs und seiner Ausstattung sowie für sämtliche unmittelbaren und mittelbaren Schäden, die dem Leasinggeber oder anderen Personen durch Gebrauch des Fahrzeugs, Gebrauchsunterbrechung oder -entzug entstehen"

hat das Revisionsgericht dahin verstanden, daß sie – zwangsläufig – auch den Ausschluß des außerordentlichen Kündigungsrechts aus § 542 BGB zur Folge habe und das allgemeine außerordentliche Kündigungsrecht aus wichtigem Grunde einschränke[269]. Nach Abwägung der beiderseitigen Interessen von Leasinggeber und Leasingnehmer, die auf die Besonderheiten des Kfz-Leasing abheben[270], heißt es, es müsse zwar dabei bleiben, daß die Sachgefahr wirtschaftlich auf den Leasingnehmer abgewälzt werden kann, weil sie sich im allgemeinen in seinem Einflußbereich realisiere und er sich gegen die Kostenlast weitgehend versichern könne. Nicht erforderlich und für den Leasingnehmer erheblich belastend aber sei es, ihm bei von keinem Vertragspartner verschuldeter Gebrauchsbeeinträchtigung nicht unerheblicher Art ausnahmslos ein Kündigungsrecht zu versagen. Dem Leasinggeber entstehe durch die Einräumung eines Kündigungsrechts kein Nachteil, denn er habe auch bei einem vertraglichen Kündigungsrecht grundsätzlich einen auf Vollamortisation seines Aufwandes gerichteten Ausgleichsanspruch[271]. Der Leasingnehmer werde bei Vorhandensein einer Kündigungsmöglichkeit, auch wenn er Ausgleichszahlungen leisten müsse, *von den zusätzlichen technischen und finanziellen Risiken weiterer Benutzung eines Kraftfahrzeugs* befreit. Außerdem komme ihm – ohne Benachteiligung des Leasinggebers – zugute, daß das Fahrzeug bei sofortiger Veräußerung einen höheren Marktwert habe als Monate oder gar Jahre später bei Ablauf der unkündbaren Vertragszeit. Die Abwälzung der Sach- und Gegenleistungsgefahr in AGB eines Kfz-Leasinggebers ist also nicht angemessen, wenn für den Fall völligen Verlustes oder einer nicht unerheblichen Beschädigung des Fahrzeugs kein kurzfristiges Kündigungsrecht des Leasingnehmers vorgesehen ist. Wegen einer angemessenen Ausgestaltung eines Kündigungsrechts hat der Bundesgerichtshof auf die im Urteil vom 22. Januar 1986[272] wiedergegebene Klausel hingewiesen.

**546** Fehlt es an einer wirksamen Gefahrabwälzung auf den Leasingnehmer, so gelten insoweit die allgemeinen mietrechtlichen Vorschriften mit der Folge, daß der Leasingnehmer in Fällen des Untergangs oder erheblicher Beschädi-

---

269) AaO (Fußn. 268) unter I 2 a aa.
270) AaO (Fußn. 268) unter I 2 a bb.
271) BGH, Urt. v. 19. 3. 1986 – VIII ZR 81/85 = ZIP 1986, 576 = EWiR § 535 BGB 1/86, 459 (v. *Westphalen*) = WM 1986, 673 = NJW 1986, 1746.
272) BGHZ 97, 65, 66 (Fußn. 257) unter XI. 1 .

gung des Fahrzeugs den Leasingvertrag gemäß § 542 BGB oder aus wichtigem Grunde gemäß § 242 BGB fristlos kündigen kann. Bei einer Beschädigung des Fahrzeugs besteht diese Befugnis indessen nur dann, wenn auch durch fachgerechte Reparatur Restrisiken der weiteren Benutzung nicht ausgeräumt werden können[273].

## 9.2 Sachgefahrabwälzung auf den Kfz-Leasingnehmer — Rechte aus der Fahrzeugschadensversicherung

Mit der leasingtypischen Abwälzung der Gefahr für zufälligen Untergang, Verlust oder Beschädigung des Fahrzeugs korrespondiert die — regelmäßig in AGB begründete — Pflicht des Leasingnehmers, sich gegen dieses Risiko zu versichern und die Rechte aus der Versicherung gegen Sicherungsschein an den Leasinggeber abzutreten. Das dementsprechend gestaltete Versicherungsverhältnis ist eine Versicherung für fremde Rechnung, bei der der in die Versicherung einbezogene Vertragspartner (= Leasinggeber) des Versicherungsnehmers (= Leasingnehmer) Versicherter ist[274]. Aus dem die Fahrzeugversicherung veranlassenden Leasingvertrag folgt eine Zweckbindung der Versicherungsleistung. Denn die Frage, ob bei einer solchen Vertragsgestaltung im Falle des Eintritts eines unfallbedingten Teilschadens an dem vermieteten Kraftfahrzeug dem Leasingnehmer Ansprüche gegen den Leasinggeber zustehen, beantwortet sich nicht nach dem Versicherungsverhältnis, sondern nach dem Innenverhältnis der Partner des Leasingvertrages. Haben diese keine abweichende Vereinbarung getroffen, so ist im Schadensfall die Entschädigungsleistung des Fahrzeugversicherers für die Wiederherstellung des beschädigten Fahrzeugs zu verwenden. Die Erteilung des Versicherungsscheins soll dem versicherten Leasinggeber lediglich dagegen sichern, daß der Leasingnehmer als Versicherungsnehmer etwaige Entschädigungsleistungen des Versicherers zu anderen Zwecken als zur Wiederherstellung des Fahrzeuges verwendet. Durch die Einbeziehung des Leasinggebers als Versicherten in den Versicherungsvertrag soll ihm die Möglichkeit verschafft werden, aus eigenem Recht dafür zu sorgen, daß die Versicherungsleistung tatsächlich zur Reparatur des Fahrzeugs verwendet wird. Im Verhältnis zum Leasingnehmer ist der Leasinggeber grundsätzlich verpflichtet, eine ihm vom Versicherer geleistete Entschädigung für die Reparatur des vermieteten Fahrzeugs zur Verfügung zu stellen. Hat der Leasingnehmer den Auftrag zur Reparatur des unfallbeschädigten Fahrzeugs im eigenen Namen erteilt, so kann er vom Leasinggeber verlangen, daß dieser ihn mit dem Entschädi-

**547**

---

273) BGH, Urt. v. 15. 10. 1986 — VIII ZR 319/85, aaO (Fußn. 268).
274) BGH, Urt. v. 12. 2. 1985 — X ZR 31/84 = BGHZ 93, 391 = ZIP 1985, 1004 = EWiR § 535 BGB 3/85, 271 *(Reinking)* = WM 1985, 602 = NJW 1985, 1537.

gungsbetrag von einer Verbindlichkeit gegenüber dem mit der Reparatur beauftragten Unternehmer befreit, die Versicherungsleistung zur Begleichung der Reparaturkosten also an diesen auszahlt. Das gilt auch dann, wenn in den AGB des Leasinggebers gesagt ist, der Leasingnehmer habe das Fahrzeug auf seine Kosten versichern zu lassen. Als Versicherungsnehmer hat der Leasingnehmer zugleich die Pflichten und Lasten aus dem Versicherungsvertrag zu tragen, so daß er in Ermangelung entgegenstehender Abreden auch die daraus sich ergebenden Vorteile erhalten muß. Der Abschluß der Versicherung wäre für ihn sinnlos, wenn der Leasinggeber die Versicherungsleistung im Schadensfall für sich behalten dürfte.

**548** Aus dieser Zweckbindung folgt, daß es dem Leasinggeber verwehrt ist, mit rückständigen oder künftigen Leasingraten gegen die Forderung aus dem Versicherungsvertrag aufzurechnen. Vielmehr kann der Leasingnehmer, der im Schadensfall einen Reparaturauftrag im eigenen Namen erteilt hat, vom Leasinggeber verlangen, daß dieser die Entschädigungsleistung des Versicherers – falls dieser sie bei Vorlage des Versicherungsscheins an ihn erbracht hat – an den mit der Reparatur beauftragten Unternehmer auszahlt. Das bedeutet, daß die Fahrzeugversicherung nicht als Mittel zur Sicherung anderer Ansprüche des Leasinggebers herangezogen werden darf. Auch bei einem Totalschaden wird die Zweckbindung der Versicherung für den versicherten Leasinggeber nicht wertlos. Denn im Totalschadensfall wird dem durch den Sicherungsschein in die Versicherung einbezogenen Versicherten mindestens der Zeitwert des Fahrzeugs ersetzt (§ 13 Abs. 4 AKB i.V.m. § 13 Abs. 1 und 2 AKB). Dadurch wird dem Versicherten Ersatz desjenigen Interesses gewährt, zu dessen Sicherung der Versicherungsvertrag für den Fall des Eintritts eines Totalschadens abgeschlossen worden ist[275]. Damit ist dem mit der Einbeziehung des Versicherten in den Versicherungsvertrag verfolgten Zweck Genüge getan. Im Teilschadensfall geht der Zweck der Einbeziehung des Versicherten in den Versicherungsvertrag ebenfalls nicht über das Interesse hinaus, welches der Versicherte an der Wiederherstellung des beschädigten Fahrzeugs hat. Nach der Instandsetzung des Fahrzeugs steht der Versicherte im wesentlichen wieder so, wie er vor dem Schadensfall gestanden hat. Hinzu kommt, daß der Versicherungsnehmer alsdann das Fahrzeug weiter benutzen kann, wodurch er vielfach erst in die Lage versetzt wird, die zur Begleichung seiner laufenden Verpflichtungen (Zahlung von Leasingraten)

---

275) Zur Berechnung der Ersatzleistung in einer Fahrzeugkaskoversicherung wegen Totalschadens eines geleasten PKW's vgl. BGH, Urt. v. 6. 7. 1988 – IV a ZR 241/87 = VersR 1988, 949 = NJW 1988, 2803; zum Gegenstand der Versicherung einer vom Leasingnehmer abgeschlossenen Vollkaskoversicherung vgl. BGH, Urt. v. 5. 7. 1989 – IV a ZR 189/88 = VersR 1989, 950 = NJW 1989, 3021.

gegenüber dem Versicherten (Leasinggeber) erforderlichen Mittel zu erwirtschaften. Der X. Zivilsenat hat seine Entscheidung vom 12. Februar 1985[276] als vereinbar mit dem Urteil des II. Zivilsenats des Bundesgerichtshofs vom 25. November 1963[277] angesehen, das einen finanzierten Kraftfahrzeugkauf betrifft und besage, versichert sei das (fremde) Sicherungsinteresse des Kreditgebers im Umfang seiner jeweils noch offenen Forderung gegen den Kreditnehmer. Mit dem Innenverhältnis zwischen Kreditgeber und Kreditnehmer und dessen Auswirkungen auf den Versicherungsvertrag aber habe sich der II. Zivilsenat nicht befaßt.

Hat der Leasingnehmer gegenüber dem Leasinggeber Anspruch auf Auszahlung der Versicherungsleistung an den Unternehmer, welcher den Schaden an dem geleasten Fahrzeug behoben hat, so versteht sich von selbst, daß der Leasinggeber treuwidrig handelt, wenn er sich für den Fall, daß der Leasingnehmer diesen Anspruch an den Unternehmer abgetreten hat, auf das in seinen AGB festgelegte Abtretungsverbot beruft.

### 9.3 Ausgleichszahlung bei ordentlicher Kündigung – Kilometerabrechnungsvertrag

Ist ein Kfz-Leasingvertrag in der Weise kalkuliert, daß bei Vertragsende die tatsächlich gefahrenen Kilometer ermittelt, der vertraglich vorgesehenen Fahrleistung von jährlich 20 000 km gegenübergestellt und mit 0,061 DM für Mehr- und 0,046 DM für Minderkilometer abgerechnet werden sollen, dann macht diese Methode – jedenfalls bei einer dem vertragsgemäßen Gebrauch entsprechenden Abnutzung – die Festsetzung eines kalkulierten und die Feststellung des tatsächlichen Restwertes des Fahrzeugs entbehrlich. Die Vereinbarung einer bestimmten jährlichen Fahrleistung beruht auf der Annahme eines bei normaler Benutzung verbleibenden Zeitwertes. Höhere oder geringere Fahrleistungen ergeben veränderte Restwerte, die durch die vereinbarten Mehr- bzw. Minderkilometerzahlungen auszugleichen sind. An dieser Vertragskalkulation muß sich der Leasinggeber auch dann festhalten lassen, wenn der Vertrag vorzeitig durch ordentliche Kündigung beendet wird. Sehen AGB-Klauseln für diesen Fall die Umstellung auf eine Restwertabrechnung vor, handelt es sich regelmäßig um überraschende Bestimmungen, die als nicht in den Vertrag einbezogen anzusehen sind, § 3 AGBG[278].

Hat der Leasinggeber dem Leasingnehmer ein vorzeitiges ordentliches Kündigungsrecht eingeräumt, so kann die in diesem Falle vom Leasingneh-

---
276) AaO (Fußn. 274).
277) II ZR 54/61 = BGHZ 40, 301 = NJW 1964, 654.
278) BGH, Urt. v. 15. 10. 1986 – VIII ZR 319/85 = ZIP 1986, 1566 = EWiR § 9 AbzG 22/86, 1159 (v. *Westphalen*) = WM 1987, 38 = NJW 1987, 377.

mer geschuldete Ausgleichszahlung auch durch Erhöhung der Leasingraten vereinbart werden[279]. Voraussetzung ist aber, daß die Regelung in ihrer Berechnungsweise und den sich daraus ergebenden Folgen durchschaubar ist, sofern nicht die Höhe der einzelnen Raten in bezug auf bestimmte Vertragszeiten festgelegt ist[280]. Sollen Berechnungsweise und -maßstab in „Tarifen" ausgedrückt werden, müssen die Tarife durchschaubar sein und dem Vertrag – wie eine Preisliste beigefügt werden.

### 9.4 Haftungsschaden des Leasingnehmers

**550** Wird ein Kraftfahrzeug durch einen Leasingvertrag auf längere Zeit einem anderen überlassen, so wird der Leasingnehmer in der Regel für die Leasingzeit alleiniger Halter[281]. Als Teilnehmer am Straßenverkehr ist der Leasingnehmer in besonderem Maße der Gefahr der Zerstörung oder Beschädigung des Leasingfahrzeugs, die er im Verhältnis zum Leasinggeber zu tragen hat, ausgesetzt. Für seine Ersatzansprüche gegen den Schädiger gelten folgende Grundsätze:

Der Leasingnehmer eines Kraftfahrzeugs, der dem Eigentümer nach Kündigung des Leasingvertrages Schadensersatz wegen Totalschadens schuldet, kann von dem Schädiger Ersatz dieses Schadens verlangen[282]. Der vermögensrechtliche Folgeschaden, der dem Leasingnehmer aus der Beschädigung des in seinem unmittelbaren Besitz befindlichen Fahrzeugs erwächst, ist der Rechtsgutsverletzung – nämlich der Verletzung des Besitzes als eines sonstigen Rechts im Sinne von § 823 Abs. 1 BGB – als adäquate Folge zuzurechnen und daher nach dieser Vorschrift ersatzfähig. Der Schaden des Leasingnehmers bei wirtschaftlichem Totalschaden des Leasingfahrzeugs besteht nicht in der Belastung mit den – ohnehin zu erbringenden – Leasingraten, sondern im Entzug der Sachnutzung. Der Wert dieser Nutzung kann keinesfalls einen Geldbetrag übersteigen, der den Erwerb eines Fahrzeugs vom gleichen Zeitwert ermöglicht. Neben dem Nutzungsschaden ist ein Haftungsschaden insoweit denkbar, als der Leasingnehmer nach den Leasingbedingungen zur sofortigen Zahlung aller noch offenen Leasingraten verpflichtet ist. Dieser Haftungsschaden ist anhand entgangener Kapitalnutzung oder entstandener

---

279) BGH, Urt. v. 12. 6. 1985 – VIII ZR 148/84 = BGHZ 95, 39 = ZIP 1985, 868 = EWiR § 535 BGB 6/85, 553 *(v. Westphalen)* = WM 1985, 860 = NJW 1985, 2253; v. 15. 10. 1986 – VIII ZR 319/85, aaO (Fußn. 278).
280) BGH, Urt. v. 12. 6. 1985 – VIII ZR 148/84, aaO (Fußn. 279); v. 22. 1. 1986 – VIII ZR 318/84 = BGHZ 97, 65 = ZIP 1986, 439 = EWiR § 558 BGB 2/86, 463 *(Wolf)* = WM 1986, 458 = NJW 1986, 1335; v. 15. 10. 1986 – VIII ZR 319/85, aaO (Fußn. 278).
281) BGH, Urt. v. 22. 3. 1983 – VI ZR 108/81 = BGHZ 87, 133 = ZIP 1983, 698 = NJW 1983, 1492 = BB 1983, 925.
282) KG MDR 1975, 579 = VersR 1975, 837.

Kreditkosten zu berechnen. Dabei können im Regelfall nur die üblichen Kreditkosten für den noch offenen Teil der Leasingraten in Fragen stehen, zeitlich bezogen auf die vertraglichen Fälligkeitspunkte[283]. Der Geschädigte muß um eine zügige Durchführung der Reparatur bemüht sein. Dies gilt insbesondere dann, wenn die während der Reparaturzeit anfallenden Mietwagenkosten außergewöhnlich hoch sind. Von den Mietwagenkosten sind, wie auch sonst üblich, die ersparten Eigenaufwendungen von pauschal 15% der angefallenen Kosten abzusetzen. Das gilt auch dann, wenn es sich bei dem unfallbeschädigten Fahrzeug um ein vom Geschädigten für die Dauer von drei Jahren geleastes Fahrzeug handelt, wobei der Leasingnehmer vom Leasinggeber zur Schadensregulierung ermächtigt ist und wie ein Eigentümer sämtliche Schadensersatzansprüche gegenüber dem Schädiger geltend macht[284].

### 9.5 Leasing- und Arbeitnehmerhaftung

Der Fallgestaltung und praktischen Bedeutung nach gehört das Urteil des Bundesgerichtshofs vom 19. September 1989 zum Kraftfahrzeug-Leasing. **551**

Mit ausführlicher Begründung hat der VI. Zivilsenat den Standpunkt eingenommen, zu Lasten außerhalb des Arbeitsverhältnisses stehender Dritter — im entschiedenen Fall eines Leasinggebers — sei für eine Beschränkung der Haftung des Arbeitnehmers nach Maßgabe der in der Rechtsprechung entwickelten Grundsätze zur gefahrgeneigten Arbeit kein Raum[285]. Ein Leasingvertrag könne allerdings durchaus, unmittelbar oder in Verbindung mit Begleitumständen, eine ergänzende Vertragsauslegung dahin verlangen, daß dem Leasinggeber bei einer Beschädigung der Leasingsache durch einen Arbeitnehmer des Leasingnehmers bei dessen Insolvenz die Inanspruchnahme des Arbeitnehmers verwehrt ist, wenn dieser den Schaden im Zuge einer gefahrgeneigten Arbeit und nur leicht fahrlässig herbeigeführt hat. Eine derartige ergänzende Vertragsauslegung komme in Betracht, wenn ein Leasinggeber, der sich über die Benutzung der Leasingsache durch Arbeitnehmer des Leasingnehmers bei gefahrgeneigten Arbeiten nicht im unklaren sein kann, die Verpflichtung übernehme, seinerseits für eine Vollkaskoversicherung zu sorgen und damit den Leasingnehmer von einer entsprechenden Vorsorge zugunsten seiner Arbeitnehmer abhalte. In einem solchen Falle liege es nahe, ihn im Wege ergänzender Vertragsauslegung für verpflichtet zu halten, sich jedenfalls bei Insolvenz des Leasingnehmers, Beschädigung der

---

283) BGH, Urt. v. 13. 7. 1976 – VI ZR 78/75 = VersR 1976, 943 = MDR 1976, 1009 = BB 1976, 1194.
284) OLG Stuttgart VersR 1977, 55.
285) BGH, Urt. v. 19. 9. 1989 – VI ZR 349/88 = BGHZ 108, 305 = ZIP 1989, 1483 = EWiR § 823 BGB 6/89, 1087 *(Heckschen)* = WM 1989, 1772 = NJW 1489, 3273.

Leasingsache durch dessen Arbeitnehmer infolge leichter Fahrlässigkeit bei gefahrgeneigter Arbeit, an die Vollkaskoversicherung zu halten. Denn soweit der Schaden über diese regulierbar sein würde, hätte er sich einer entsprechenden Absprache im Leasingvertrag nach Treu und Glauben nicht entziehen können. Er müßte sich auch dann auf die Inanspruchnahme der Kaskoversicherung verweisen lassen, wenn er den von ihm übernommenen Abschluß einer Vollkaskoversicherung versäumt hätte.

Das Urteil hat für den Bereich des Kraftfahrzeug-Leasing in Unternehmen mit Außendienstmitarbeitern erhebliche praktische Bedeutung.

## 10. Finanzierungsleasing — Mietkauf — Abzahlungskauf

### 10.1 Grundzüge der Abgrenzung

**552** Die prinzipielle Ausrichtung des Leasingvertrages an den Vorschriften des Mietrechts bringt ihn, soweit darin Erwerbsrechte zugunsten des Leasingnehmers oder ein Andienungsrecht für den Leasinggeber geregelt sind, in den Grenzbereich von Mietkauf[286] und Abzahlungsgeschäft. Nach der gefestigten Rechtsprechung des Bundesgerichtshofs[287] stellt ein Leasing- oder Mietvertrag ein verdecktes Abzahlungsgeschäft (§ 6 AbzG) dar, wenn bei wirtschaftlicher Betrachtungsweise der Vertrag darauf abzielt, die Wirkungen eines Kaufs zu erreichen. Entscheidend ist, ob der Vertrag aus der Sicht des Mieters oder Leasingnehmers die Übertragung der Sachsubstanz nach Ablauf der Mietzeit zum Endziel hat, ob also der Leasingnehmer (Mieter) damit rechnen kann, daß ihm bei störungsfreiem Verlauf die Sache endgültig verbleibt. Dies ist in aller Regel anzunehmen, wenn dem Leasingnehmer ein Erwerbsrecht eingeräumt ist. In den zitierten Urteilen sind die grundsätzlichen Fragen der Anwendbarkeit des Abzahlungsgesetzes auf Leasingverträge vom Schutzzweck des Gesetzes her gesehen und insbesondere geeignete Abgrenzungskriterien für die Feststellung behandelt worden, ob ein Erwerb als Endziel des Rechtsge-

---

286) Vgl. BGH, Urt. v. 12. 12. 1973 — VIII ZR 183/72 = BGHZ 62, 42 = WM 1974, 96 = NJW 1974, 365 als Beispiel für einen Mietkauf.
287) Urt. v. 12. 12. 1973 — VIII ZR 183/72, aaO (Fußn. 286); v. 23. 2. 1977 — VIII ZR 124/75 = BGHZ 68, 118 = WM 1977, 447 = NJW 1977, 848; v. 9. 3. 1977 — VIII ZR 192/75 = WM 1977, 473 = NJW 1977, 1058; v. 5. 4. 1978 — VIII ZR 42/77 = BGHZ 71, 189 = WM 1978, 510 = NJW 1978, 1383; v. 5. 4. 1978 — VIII ZR 49/77 = BGHZ 71, 196 = WM 1978, 570 = NJW 1978, 1432; v. 24. 10. 1979 — VIII ZR 235/78 = WM 1979, 1385 = NJW 1980, 234 und v. 24. 5. 1982 — VIII ZR 105/81 = ZIP 1982, 842 = WM 1982, 873 = NJW 1982, 2249; vgl. ferner Fußn. 293, zuletzt BGH, Urt. v. 30. 5. 1990 — VIII ZR 233/89 = ZIP 1990, 1136 = EWiR § 6 AbzG 2/90, 939 *(Reinking)* = WM 1990, 1299 m. w. Nachw.

schäfts vorgesehen war[288]. Auch im Urteil vom 24. Mai 1982[289] ist offen geblieben, ob Fälle denkbar sind, in denen trotz Einräumung eines Erwerbsrechts nach Beendigung des Leasingverhältnisses die Feststellung, die Eigentumsübertragung sei das Endziel des Vertrages, zweifelhaft bleibt. Die Frage stellt sich regelmäßig, wenn der Erwerb des Leasingobjekts im Zeitpunkt seines Vollzugs angesichts technischer Einrichtungen unwirtschaftlich wäre. Der Bundesgerichtshof hat dazu seinerzeit ausgeführt, auch in dieser Hinsicht gelte, daß sich aus dem Vertrag und aus den seinen Abschluß begleitenden Umständen eindeutig und klar ergeben müsse, ob der Leasingvertrag dem Abzahlungsgesetz unterfalle oder nicht. Auf die *typische* Unwirtschaftlichkeit des Erwerbs von im allgemeinen nach mehreren Jahren veralteten Geräten könne es nicht ankommen. Da es um die Feststellung gehe, ob *ausnahmsweise* ein Vertrag mit eingeräumter Kaufoption nicht auf den endgültigen Erwerb der Sache angelegt sei, müsse dies den besonderen Umständen des konkreten Sachverhalts entnommen werden[290]. Abgelehnt hat der Bundesgerichtshof die Auffassung, es sei für die Abgrenzung im Sinne von § 6 AbzG darauf abzustellen, ob die vom Leasingnehmer zu erbringenden Leistungen in etwa den Aufwendungen entsprechen, die unter vergleichbaren Bedingungen ein Abzahlungskäufer für den Erwerb der Sache machen müßte[291].

### 10.2 Der Schutzzweck des § 6 AbzG — Erwerbsrecht — Fehlen einer Erwerbsrechtsabsprache

**553** Mit Urteil vom 24. Januar 1984 hat das Oberlandesgericht Stuttgart[292] — erneut — vergeblich versucht, die Rechtsprechung des Bundesgerichtshofs zur Frage, unter welchen Voraussetzungen ein Finanzierungsleasingvertrag eine Umgehung des Abzahlungsgesetzes darstellt, aus den Angeln zu heben. Der Bundesgerichtshof hat sich in mehreren am 24. April 1985 verkündeten Entscheidungen[293] mit den Angriffen und Bedenken, die zum Teil auch in der

---

288) Vgl. insbesondere BGH, Urt. v. 5. 4. 1978 — VIII ZR 49/77 = BGHZ 71, 196 = WM 1978, 570 = NJW 1978, 1432; ferner *Hiddemann*, WM 1978, 834, 836 bis 839; *v. Westphalen*, MDR 1980, 441.
289) VIII ZR 105/81, aaO (Fußn. 287).
290) BGH, Urt. v. 24. 5. 1982 — VIII ZR 105/81, aaO (Fußn. 287).
291) BGH, Urt. v. 5. 4. 1978 — VIII ZR 49/77, aaO (Fußn. 288).
292) ZIP 1984, 846 = NJW 1984, 1628.
293) BGH, Urteile v. 24. 4. 1985 — VIII ZR 95/84 = BGHZ 94, 195 = ZIP 1985, 615 = EWiR § 6 AbzG 2/85, 221 *(v. Westphalen)* = WM 1985, 628 = NJW 1985, 1539; VIII ZR 73/84 = BGHZ 94, 226 = ZIP 1985, 807 = EWiR § 6 AbzG 3/85, 321 *(v. Westphalen)* = WM 1985, 634 = NJW 1985, 1544; VIII ZR 31/84 ohne amtlichen Leitsatz = WM 1985, 636 = NJW 1985, 1546; VIII ZR 65/84 = BGHZ 94, 180 = ZIP 1985, 682 = EWiR § 6 AbzG 4/85, 421 *(v. Westphalen)* = WM 1986, 638 = NJW 1985, 1547.

## C. Verträge mit übergreifendem Inhalt

Literatur erhoben worden sind[294], auseinandergesetzt und wiederum ausgesprochen, daß ein Finanzierungsleasingvertrag nur dann ein Umgehungsgeschäft i. S. von § 6 AbzG ist, wenn sein Inhalt darauf abzielt, die Leasingsache ihrer Substanz nach auf Dauer auf den Leasingnehmer zu übertragen. Als wesentliches Indiz dafür ist ein schriftlich oder mündlich – auch stillschweigend – vereinbartes Erwerbs- oder Behaltensrecht des Leasingnehmers anzusehen. Die bisherige Rechtsprechung werde gerade für Finanzierungsleasingverträge dem Bedürfnis nach Rechtssicherheit und Rechtsklarheit am besten gerecht und berücksichtige bei sinnvoller Anwendung den mit dem Abzahlungsgesetz verfolgten Schutzzweck. Da das in der Kritik an der höchstrichterlichen Rechtsprechung immer wieder in Zweifel gezogen worden ist, hat der Bundesgerichtshof[295] den Schutz vor Umgehungsgeschäften, so wie ihn § 6 AbzG bezweckt, präziser als das bisher geschehen ist, analysiert.

**554** Nach seinem Wortlaut erfaßt § 6 AbzG Verträge, deren Inhalt in anderer Rechtsform als durch käuflichen Erwerb auf die „Zwecke eines Abzahlungsgeschäfts (§ 1)" abzielt. Primärer Anknüpfungspunkt für die Gesetzesanwendung sind also nicht die in einzelnen Bestimmungen getroffenen Schutzregelungen oder die Zwecke und Ziele des Abzahlungs*gesetzes*, sondern die Zwecke des von seinem Schutz erfaßten Rechts*geschäfts*. Zu dessen Begriffsbestimmung und Abgrenzung verweist § 6 AbzG ausdrücklich auf § 1 AbzG und nicht etwa auf die §§ 1 a und 1 b AbzG. Maßstab für § 6 AbzG ist also nur die Frage, welche Zwecke typischerweise mit dem in § 1 Abs. 1 Satz 1 AbzG definierten Abzahlungsgeschäft verfolgt werden, wobei die in § 1 c AbzG geregelte Anwendungserweiterung in diesem Zusammenhang außer Betracht bleiben kann. Der Zweck eines Abzahlungskaufs ist dessen gesetzlicher Definition (§ 1 Abs. 1 Satz 1 AbzG) eindeutig zu entnehmen. Dem Käufer soll ein – der Natur der Sache nach auf Dauer angelegter – Sacherwerb gegen Entrichtung des Kaufpreises in Teilzahlungen ermöglicht werden. Da dieser Zweck nach § 6 AbzG das maßgebliche Kriterium ist, kommt es für ein „Umgehungsgeschäft" beim Leasingvertrag entscheidend darauf an, ob der Vertrag die Übertragung der Sachsubstanz zum Endziel hat, ob also die Sache bei störungsfreiem Vertragsablauf dem Leasingnehmer endgültig verbleiben soll. Denn wenn es zum wesentlichen Inhalt eines Kaufvertrages gehört, dem Käufer die dauernde Sachherrschaft – unter anderem – zum zeitlich unbeschränkten Gebrauch zu verschaffen, so muß das nach dem eindeutigen Wortlaut des § 6 AbzG entsprechend auch für Umgehungsgeschäfte aufgrund eines Miet- oder Leasingverhältnisses gelten. Daraus folgt,

---

294) *Canaris*, Großkomm. zum HGB, 3. Aufl., Bd. III/3, Bankvertragsrecht (2. Bearbeitung) Rz. 1728; *Kurstedt*, FLF 1981, 254.
295) Vgl. dazu die in Fußn. 293 angeführten Entscheidungen.

## I. Leasing

daß im Einzelfall festgestellt werden muß, ob der Leasingvertrag zum Ziel hat, dem Leasingnehmer die Sachsubstanz des Leasingobjekts auf Dauer zu übertragen. Daß dieses Ziel verfolgt wird, ist offenkundig, wenn dem Leasingnehmer im Vertrag ein Erwerbsrecht eingeräumt worden ist. Das gilt auch dann, wenn der Finanzierungsleasingvertrag in der Sonderform des „sale-and-lease-back" abgeschlossen ist, denn die Rechtsstellung des Leasingnehmers bei Abschluß und Durchführung eines derartigen Vertrages unterscheidet sich nicht von derjenigen beim schlichten Finanzierungsleasing[296]. Eine in einem Finanzierungs-Leasingvertrag enthaltene Formularregelung, die bei Vertragsbeendigung grundsätzlich die Rückgabe der Leasingsache vorsieht, den Leasingnehmer aber verpflichtet und berechtigt, die Sache im Auftrag und im Namen des Leasinggebers zum Mindestpreis des Restbuchwertes zu veräußern oder selbst zu erwerben – gegebenenfalls auch zum höheren Preis einer vom Leasinggeber nachzuweisenden anderen Verkaufsmöglichkeit –, ist als Vereinbarung eines Erwerbsrechts für den Leasingnehmer auszulegen; sie indiziert damit ein Umgehungsgeschäft im Sinne von § 6 AbzG[297].

Trotz Einräumung eines Erwerbsrechts können *besondere Umstände* zu der Wertung führen, die Übertragung der Sachsubstanz sei nicht das Endziel des Vertrages gewesen. Die indizielle Bedeutung der Vereinbarung eines Erwerbsrechts kann nur durch eindeutige bei Vertragsschluß erkennbare Umstände aufgehoben werden. Als ein solcher Umstand kann natürlich nicht, wie es in dem der Entscheidung des Bundesgerichtshofs vom 22. März 1989 zugrundeliegenden Fall das Oberlandesgericht getan hatte, die Tatsache herangezogen werden, daß der Erwerb des Leasingobjekts von einer erst nach Vertragsschluß liegenden Entscheidung des Leasingnehmers abhängt. Ob sich der Leasingnehmer zum Erwerb entschließt, hängt bei Einräumung eines Erwerbsrechts in jedem Fall von seiner späteren Entscheidung ab. Anderenfalls würde es sich nicht um ein Erwerbsrecht, sondern bereits um die Vereinbarung des künftigen Erwerbs selbst handeln.

Ist ein Erwerbsrecht nicht vereinbart und hat der Leasingnehmer nach **555** Ablauf der Mietzeit das Leasingobjekt an den Leasinggeber zurückzugeben, so spricht das deutlich gegen die Annahme, die Sachsubstanz habe dem Leasingnehmer auf Dauer übertragen werden sollen. Das Fehlen einer Erwerbsrechtsabsprache hat also die umgekehrte indizielle Bedeutung wie die Vereinbarung eines Erwerbsrechts, spricht also gegen die Annahme eines Umgehungsgeschäfts. Ausnahmefälle sind auch dabei denkbar. Die Um-

---

296) BGH, Urt. v. 29. 11. 1989 – VIII ZR 323/88 = BGHZ 109, 250 = ZIP 1990, 656 = WM 1990, 103 = EWiR § 6 AbzG 1/90, 107 *(Eckert)* = NJW 1990, 829.
297) BGH, Urt. v. 22. 3. 1989 – VIII ZR 269/87 = ZIP 1989, 713 = EWiR § 6 AbzG 1/89, 521 *(v. Westphalen)* = WM 1989, 797 = NJW 1989, 2132.

## C. Verträge mit übergreifendem Inhalt

stände, die eine Ausnahme rechtfertigen sollen, müssen von der Vertragspartei dargelegt und bewiesen werden, die sich bei Fehlen einer Erwerbsrechtsabsprache darauf beruft, die Übertragung der Sachsubstanz sei gleichwohl das Vertragsziel gewesen.

Die – mietrechts- und leasingtypische – Gebrauchsüberlassung des Leasingobjekts ist bei Beurteilung der Frage, ob ein Umgehungsgeschäft vorliegt oder nicht, wertneutral.

Die indizielle Bedeutung, die der Vereinbarung eines Erwerbsrechts oder dem Fehlen einer Erwerbsrechtsabsprache für die Feststellung zukommt, ob der Leasingvertrag ein Umgehungsgeschäft ist oder nicht, wird nicht dadurch entwertet, daß die Vertragsparteien ihre wirklichen Absichten verschleiern, indem sie z. B. mündliche Nebenabreden treffen, wonach der Leasingnehmer die Sache entgegen der im Vertragstext enthaltenen Rückgabepflicht soll behalten dürfen. Sie sind dann an diese vom Vertragstext abweichende, jedoch ernsthaft gewollte Abrede der endgültigen Überlassung ebenso wie bei der Vereinbarung eines Erwerbsrechts gebunden. Da Leasingverträge in der Regel als AGB-Klauselwerk ausgestaltet sind, folgt dies bereits aus dem Vorrang einer Individualabrede nach § 4 AGBG und aus der Vertragsfreiheit der Partner, die ihnen gestattet, eine etwaige Schriftlichkeitsvereinbarung wieder aufzuheben. Das letztere gilt ebenso bei Individualverträgen. Allerdings mag es den Betroffenen nicht in allen Fällen möglich sein, die dem schriftlichen Vertragstext zukommende Vermutung der Vollständigkeit und Richtigkeit im Rechtsstreit zu widerlegen. Dieses Risiko ist aber allein Folge des Umstandes, daß sie nicht darauf bestanden haben, die ihnen bei Vertragsschluß gemachte Zusage in den Vertragstext aufzunehmen; das kann ihnen nicht durch eine dem Gesetz widersprechende Auslegung des § 6 AbzG abgenommen werden. Die Bewertung von Zusagen am Vertragsschluß beteiligter Verhandlungsgehilfen und deren Zuordnung zum Wissen und Kenntnisstand der Vertragsparteien ist bei Leasingverhältnissen, wie auch sonst, im Einzelfall notwendig. Dabei erleichtert es der in § 166 BGB enthaltene, unabhängig von Vertretungstatbeständen anwendbare allgemeine Rechtsgedanke, daß derjenige, der einen anderen mit der Erledigung bestimmter Angelegenheiten in eigener Verantwortung betraut, sich das in diesem Rahmen erlangte Wissen des anderen zurechnen lassen muß (s. oben Rz. 457 f), zu sachgerechter Beurteilung zu gelangen.

**556** Sagt der Lieferant eines Leasinggegenstandes dem am Erwerb interessierten Leasingnehmer zu, nach Ablauf der Vertragsdauer eines – vom Lieferanten vermittelten – Finanzierungsleasingvertrages könne er das Leasingobjekt *von ihm* erwerben, und ermöglicht der Leasinggeber das dadurch, daß er

I. Leasing

dem Lieferanten ein Rückkaufsrecht einräumt, so handelt es sich bei dem Leasingvertrag um ein Umgehungsgeschäft gemäß § 6 AbzG[298].

## 10.3 Gebrauchswertverzehr

### 10.3.1 Verlust des Gebrauchswertes während der Vertragszeit

Die bisher offengebliebene Frage, ob ein während der Mietzeit eintretender „Wertverzehr" als Indiz für das Vorliegen eines Umgehungsgeschäfts anzusehen ist, ist nunmehr in der Weise beantwortet worden, daß es einer Substanzübertragung gleichsteht, wenn nach den bei Vertragsschluß erkennbaren Umständen die Leasingsache für den Leasingnehmer während der Vertragszeit jeden *Gebrauchswert* verliert[299]. Im praktischen Ergebnis handelt es sich auch in einem solchen Fall um die endgültige Übertragung der Sachsubstanz auf den Leasingnehmer. Wem das Recht eingeräumt ist, eine Sache bis zu ihrer absoluten Wertlosigkeit zu gebrauchen, der steht — jedenfalls im wirtschaftlichen Ergebnis — ihrem Eigentümer gleich. Diese Gleichstellung ist jedoch nur dann gerechtfertigt, wenn auf die Aufzehrung des Gebrauchswertes für den Leasingnehmer, nicht dagegen auf den Verlust des Handelswertes insbesondere für den Leasinggeber abgestellt wird. Da es für § 6 AbzG grundsätzlich auf die vollständige Übertragung der Sachsubstanz und damit auf die dauernde Benutzbarkeit ankommt, kann dem eine zeitlich beschränkte Ausnutzung nur gleichgestellt werden, wenn sie die mögliche Benutzbarkeit vollständig erschöpft, wenn sich also die vorgesehene Miet- oder Leasingzeit mit der Dauer der tatsächlichen oder rechtlichen Nutzungsmöglichkeit deckt. Nur in diesem Falle kann davon die Rede sein, die Sache sei dem Leasingnehmer in ihrer Substanz voll übertragen worden. Auf den „Handelswert" kann es im übrigen schon deshalb nicht ankommen, weil dieser in aller Regel für den Vertragsschluß ohne Bedeutung ist. Das gilt erst recht für die Anknüpfung des „Wertverlustes" an den steuerrechtlichen Begriff der betriebsgewöhnlichen Nutzungsdauer. Denn dieser sagt über den tatsächlichen Abnutzungsgrad des Leasinggutes nichts aus, sondern gibt nur schematisierte allgemeine Erfahrungswerte wieder, die für die in diesem Zusammenhang entscheidende Frage vollständigen Wertverzehrs in der Vertragszeit beim sogenannten „erlaßkonformen" Leasing schon deshalb untauglich sind, weil die (steuerrechtliche) Zurechnung des wirtschaftlichen Eigentums zum Vermögen des Leasinggebers nur bei Vertragszeiten bis höchstens zu 90% der betriebsgewöhnlichen Nutzungsdauer in Betracht kommt. Dagegen mag es der tatsächli-

557

---

298) BGH, Urt. v. 15. 6. 1988 – VIII ZR 316/87 = BGHZ 104, 392 = ZIP 1988, 971 = EWiR § 6 AbzG 1/88, 1041 *(v. Westphalen)* = WM 1988, 1112 = NJW 1988, 2463.
299) BGH, Urteile v. 24. 4. 1985 – VIII ZR 95/84, VIII ZR 31/84 und VIII ZR 65/84, aaO (Fußn. 293).

## C. Verträge mit übergreifendem Inhalt

chen Unbenutzbarkeit gleichstehen, wenn eine Leasingsache aus rechtlichen Gründen nur für die Zeit des Leasingvertrages benutzt werden darf, wie das z. B. bei Geldspielautomaten[300] und bei Gasflaschen[301] in Betracht kommen kann. Der Abschluß eines derartigen Vertrages kann also ein verdecktes Abzahlungsgeschäft sein[302].

Maßgebend für die Beurteilung der vollständigen Abnutzung während der Vertragsdauer muß – wie bei den übrigen Voraussetzungen für § 6 AbzG – der Zeitpunkt des Vertragsschlusses sein. Denn es kann nicht von später eintretenden Umständen abhängig gemacht werden, welche Voraussetzungen etwa der Leasinggeber nach § 1 a AbzG zu erfüllen hat und ob dem Leasingnehmer ein Widerrufsrecht nach § 1 b AbzG zusteht. Die Tatsachen, die die vollständige Abnutzung ergeben, müssen feststehen und für die Vertragsparteien erkennbar sein. Dagegen ist es nicht von Bedeutung, ob sich die am Vertrag Beteiligten konkrete Vorstellungen über das Maß der Abnutzung gemacht haben. Andernfalls hätte es z. B. der Leasinggeber in der Hand, sich der Anwendung des Abzahlungsgesetzes dadurch zu entziehen, daß er sich keinerlei Gedanken um die mögliche Benutzungsdauer macht. Es muß den Vertragspartnern möglich sein, übereinstimmend das Ausmaß der nach ihrer Meinung zumutbaren Benutzbarkeit festzulegen, auch wenn das von einer verkehrsüblichen Beurteilung abweicht.

Die im bereits zitierten Urteil vom 24. April 1985[303] auf der Grundlage der bisherigen Rechtsprechung präzisierte Methode zur Klärung, ob reine Miet- oder Leasingverträge als Umgehungsgeschäfte anzusehen sind, gibt einen klaren Rahmen für die gebotenen – tatrichterlichen – Feststellungen und führt, wie die gleichzeitig und später in die Revisionsinstanz gelangten Fälle zeigen, zu sachgerechten Ergebnissen. Auch die präzisierte höchstrichterliche Rechtsprechung hat Kritik erfahren[304].

### 10.3.2 Einzelfälle zum Gebrauchswertverzehr

**558** In dem Fall, der dem Urteil vom 24. April 1985[305] zugrundeliegt, war für das Leasingobjekt (Registrierkasse) eine Rückgabepflicht des Leasingnehmers vereinbart. Umstände, die entgegen dieser Vertragsregelung darauf schließen lassen, die Registrierkasse habe dem Leasingnehmer endgültig übertragen

---

300) LG Freiburg BB 1980, 963.
301) BFH BB 1964, 118 m. Anm. von *Reich*, JuS 1973, 480, 482.
302) BGH, Urt. v. 5. 4. 1978 – VIII ZR 49/77 = BGHZ 71, 196, 203 = WM 1978, 570 = NJW 1978, 1432.
303) VIII ZR 95/84, aaO (Fußn. 293).
304) Vgl. *Peters*, NJW 1985, 1498; zustimmend *Ziganke*, BB 1985, 1091.
305) VIII ZR 95/84, aaO (Fußn. 293).

## I. Leasing

werden sollen, sind ebensowenig festgestellt worden, wie ersichtlich war, sie wäre während der 54monatigen Vertragsdauer so verbraucht gewesen, daß der Leasingnehmer sie nicht mehr hätte verwenden können. Infolgedessen lag ein verdecktes Abzahlungsgeschäft nicht vor.

In dem ebenfalls am 24. April 1985[306] entschiedenen Fall fehlte es an jedem Anhaltspunkt dafür, welche Vorstellungen die Vertragsparteien bei Vertragsschluß über den Wert des Leasingobjekts (Fotokopiergerät) bei Beendigung des Vertrages hatten. Der Rückschluß von der Höhe des Verwertungserlöses auf den Wert der Sache bei Ende der Vertragszeit erlaubt zum einen keine Feststellung über die Vorstellung der Parteien im Zeitpunkt des Vertragsschlusses und ist zum anderen schon deshalb nicht zwingend, weil der niedrige Wiederverkaufserlös im entschiedenen Fall von den Mängeln des Geräts beeinflußt gewesen sein kann. Es lag auch nicht von vornherein auf der Hand, daß ein Fotokopiergerät zum Anschaffungspreis von rund 15 500 DM nach einer Benutzungsdauer von viereinhalb Jahren keinerlei Restwert mehr haben werde. Auch in diesem Fall kam eine Anwendung des Abzahlungsgesetzes mithin nicht in Betracht.

Das weitere Urteil vom 24. April 1985[307] betrifft ein Leasingverhältnis ohne Erwerbsklausel, bei dem Anhaltspunkte für den Schluß fehlten, bei vertragsgemäßer Nutzung des Leasingobjekts für 66 Monate werde vollständiger Wertverzehr eintreten (Getränkeautomat für Schulen). Der Umstand, daß der Automat entschädigungslos zurückzugeben war und der Leasinggeber keinen Restwert kalkuliert hatte, hat der Bundesgerichtshof deshalb nicht als Indiz für die Annahme gelten lassen, die Vertragsparteien seien von der Wertlosigkeit bei Vertragsende ausgegangen, weil es sich um einen Vollamortisationsvertrag gehandelt hat, bei dem die Kalkulation eines Restwertes sinnlos gewesen sei.

In der einen reinen Mietvertrag (Telefonanrufbeantworter) betreffenden Entscheidung vom 24. April 1985[308] hat der Bundesgerichtshof ausgeführt, eine ungewöhnlich kurze Festmietzeit begründe generell keinen Zweifel daran, daß letztlich eine Eigentumsübertragung nach Maßgabe des vereinbarten Erwerbsrechts angestrebt werde. Das eine oder das andere könne nur anhand der Gesamtheit der Umstände des jeweiligen Einzelfalles beurteilt werden. Im konkreten Sachverhalt war das Ziel der Eigentumsübertragung evident, die Klausel über die Anrechnung des vereinbarten Mietzinses auf den Kaufpreis im Erwerbsfalle war so gestaltet, daß der Mieter so schnell wie möglich kaufen mußte.

---

306) VIII ZR 65/84, aaO (Fußn. 293).
307) VIII ZR 31/84, aaO (Fußn. 293).
308) VIII ZR 73/84, aaO (Fußn. 293).

## C. Verträge mit übergreifendem Inhalt

In dem am 6. November 1985[309] entschiedenen Fall waren keine Umstände festgestellt worden, die auf eine mangelnde tatsächliche Brauchbarkeit des Leasingobjekts (Fotokopieranlage) für die Zeit nach Ablauf von 84 Monaten hätten schließen lassen.

**559** Zur Annahme eines Umgehungsgeschäfts reicht es nicht aus, wenn bei Vertragsschluß lediglich eine rein theoretische Möglichkeit besteht, der Leasingnehmer werde von dem nur ihm zustehenden Recht zur ordentlichen Kündigung des Vertrages keinen Gebrauch machen, bevor das Leasingobjekt völlig gebrauchsuntauglich geworden ist[310]. Nur wenn für den Zeitpunkt des Vertragsschlusses angenommen werden kann, der Leasingnehmer werde aller Voraussicht nach von seinem Kündigungsrecht keinen Gebrauch machen, er werde vielmehr die Leasingsache bis zu ihrer Gebrauchsunfähigkeit nutzen, kann der Ausschluß des Kündigungsrechts des Leasinggebers bei der gebotenen wirtschaftlichen Betrachtungsweise die Annahme rechtfertigen, trotz Vereinbarung der Pflicht des Leasingnehmers zur Rückgabe der Sache sei das Endziel des Vertrages die Übertragung der Sachsubstanz gewesen. Die Feststellung, für den Leasingnehmer wäre es wirtschaftlich unvernünftig gewesen, den Vertrag zu irgendeinem Zeitpunkt vor Eintritt der Gebrauchsuntauglichkeit zu kündigen, war nicht getroffen worden. Der Bundesgerichtshof hat angenommen, daß bei der Art des Leasinggutes (Computer-Kasse) ausgeschlossen sei, daß eine solche Feststellung möglich gewesen wäre.

Steht mithin einerseits fest, daß der Gebrauchswertverzehr innerhalb der vorgesehenen Vertragszeit eintreten muß, läßt sich andererseits die Frage, welcher Zeitraum als „vorgesehene Vertragszeit" anzusehen ist, nicht für alle Leasingverträge einheitlich beantworten. Ist der Vertrag auf bestimmte Zeit abgeschlossen, so kommt nur diese für den Wertverzehr in Betracht[311]. Liegt ein Vertrag mit unbestimmter Dauer und regelmäßig einem einseitigen Kündigungsrecht des Leasingnehmers nach Ablauf einer festgelegten Grundmietzeit vor, so kann nur diese Grundmietzeit den Maßstab bilden. In den Urteilen vom 24. April 1985, 6. November 1985 und vom 26. November 1986[312], die derartige Verträge zum Gegenstand hatten, ist diese Folgerung zwar nicht ausdrücklich ausgesprochen, weil es dort an jeglichen Anhaltspunkten für einen zeitlich festzulegenden Wertverzehr fehlte. Sie ergibt sich indessen

---

309) VIII ZR 170/84 = WM 1986, 228 = NJW-RR 1986, 472.
310) BGH, Urt. v. 26. 11. 1986 – VIII ZR 354/85 = ZIP 1987, 172 = EWiR § 6 AbzG 1/87, 1 *(v. Westphalen)* = WM 1987, 288 = NJW 1987, 842.
311) BGH, Urt. v. 24. 4. 1985 – VIII ZR 95/84 = BGHZ 94, 195 = ZIP 1985, 615 = EWiR § 6 AbzG 2/85, 221 *(v. Westphalen)* = WM 1985, 628 = NJW 1985, 1539.
312) Fußn. 293, 309, 310.

## I. Leasing

daraus, daß bei Einräumung eines ordentlichen Kündigungsrechts zugunsten des Leasingnehmers im Zeitpunkt des Vertragsschlusses nicht angenommen werden kann, er werde von dieser Befugnis keinen Gebrauch machen, sondern die Sache bis zur Untauglichkeit benutzen[313]. In dem für die Beurteilung entscheidenden Zeitpunkt des Vertragsabschlusses ist bei derartiger Fallgestaltung regelmäßig nicht vorauszusehen, wann der Vertrag beendet wird. Daß es nicht darauf ankommen kann, ob der Leasingnehmer die Sache tatsächlich bis zu ihrer Gebrauchsuntauglichkeit benutzt, ist bereits im Urteil vom 26. November 1986 entschieden worden. Möglicherweise kommt für kündbare Verträge ein dem Erwerbsrecht gleichzustellender Wertverzehr praktisch überhaupt nicht in Frage, weil eine innerhalb der Grundmietzeit voraussehbar eintretende Gebrauchsuntauglichkeit wirtschaftlich nicht mit einer auf fünf oder sechs Jahre als Amortisationszeit veranschlagten Ratenzahlungsverpflichtung in Einklang zu bringen ist und auch die steuerliche Zurechnung des wirtschaftlichen Eigentums zum Vermögen des Leasinggebers fraglich erschiene. Daß infolgedessen ein Gebrauchswertverzehr bei derartigen Verträgen nur ganz ausnahmsweise angenommen werden kann, muß hingenommen werden. Die eingeschränkte Anwendung des Abzahlungsgesetzes rechtfertigt der Bundesgerichtshof aus den Gesichtspunkten notwendiger Interessenwahrung beider Vertragspartner sowie der Rechtssicherheit und Rechtsklarheit[314].

### 10.4 Selbstbenennungsrecht des Leasingnehmers

Hat der Leasingnehmer nach Ablauf der Vertragszeit einen Käufer für die Leasingsache zu stellen, den der Leasinggeber akzeptieren muß, so kann der Leasingnehmer sich selbst als Käufer benennen, sofern die Vertragspartner das nicht eindeutig ausgeschlossen haben. Ein solches Selbstbenennungsrecht steht hinsichtlich der Feststellung eines Umgehungsgeschäfts im Sinne von § 6 AbzG der Einräumung eines Erwerbsrechts gleich. Auch bei derartiger Vertragsgestaltung kann der Leasingnehmer ebenso wie in den Fällen mit ausdrücklich eingeräumtem Erwerbsrecht darauf vertrauen, daß ihm die Leasingsache bei störungsfreiem Vertragsablauf endgültig verbleibt, sofern er sich zum Erwerb entschließt[315]. Im entschiedenen Fall war die AGB-Klausel, die ein Erwerbsrecht des Leasingnehmers ausschließt, durch eine Vereinbarung „Leasingnehmer stellt bei Vertragsende einen Käufer" ersetzt worden.

**560**

---

313) BGH, Urt. v. 26. 11. 1986 – VIII ZR 354/85 = ZIP 1987, 172 = EWiR § 6 AbzG 1/87, 1 *(v. Westphalen)* = WM 1987, 288 = NJW 1987, 842.
314) BGH, Urt. v. 31. 5. 1989 – VIII ZR 97/88 = WM 1988, 1451 = ZIP 1989, 1337 = EWiR § 6 AbzG 3/89, 1043 *(Reinking)* = NJW-RR 1989, 1140.
315) BGH, Urt. v. 29. 1. 1986 – VIII ZR 49/85 = ZIP 1986, 512 = EWiR § 6 AbzG 1/86, 315 *(v. Westphalen)* = WM 1986, 480.

## 10.5 Drittbenennungsrecht des Leasingnehmers

**561** Steht dem Erwerbsrecht des Leasingnehmers ein Selbstbenennungsrecht gleich, so fragt sich, was gilt, wenn diesem die Befugnis eingeräumt worden ist, einen Dritten zu benennen, der das Leasingobjekt nach Vertragsablauf zum Marktpreis erwerben kann. Ein Recht zum Eigenerwerb begründet eine derartige Absprache nicht. Der Bundesgerichtshof hat es abgelehnt, die bloße Möglichkeit, einen Dritten mit dem Erwerb des Leasingobjekts (im entschiedenen Fall ein Kfz) und anschließend mit der Weiterübertragung auf den Leasingnehmer zu beauftragen, um auf diese Weise – unter Umgehung des im konkreten Vertrage ausdrücklich ausgeschlossenen Eigenerwerbsrechts – Eigentümer des Leasinggutes zu werden, mit eben jenem dem Leasingnehmer selbst eingeräumten Erwerbsrecht gleichzustellen. Hinge der Übergang der Sachsubstanz in das Vermögen des Leasingnehmers von einer bei Vertragsschluß noch fehlenden Willensentschließung eines Dritten ab, so könne der Leasingnehmer bei Vertragsschluß nicht damit rechnen, daß die Leasingsache ihm bei störungsfreiem Vertragsablauf endgültig verbleiben werde, damit aber habe der Vertrag auch nicht die Übertragung der Sachsubstanz zum Endziel[316]. Es liegt auf der Hand, daß das Drittbenennungsrecht in der Ausgestaltung des am 30. Mai 1990 entschiedenen Sachverhalts die Gefahr in sich birgt, auf diese Weise die höchstrichterliche Rechtsprechung zum Leasing als Umgehungsgeschäft im Sinne von § 6 AbzG um ihre Wirkung zu bringen. Abgesehen davon, daß es nicht immer leicht sein dürfte, bei Abschluß des Leasingvertrages einen erwerbsbereiten Dritten ausfindig zu machen, ist es Aufgabe des Tatrichters entsprechende Feststellungen zu treffen.

Schon in einer früheren Entscheidung war das in dem zugrundeliegenden Fall vereinbarte „Käuferbenennungsrecht" im Ergebnis nicht zum Anlaß für die Annahme eines Umgehungsgeschäfts genommen worden, weil dem Leasingnehmer für den Fall der ordentlichen Vertragsbeendigung eine unbedingte Rückgabepflicht auferlegt worden war, ohne ihn am weiteren Verfahren der Veräußerung zu beteiligen. Ist das „Käuferbenennungsrecht" nur für den Fall der vorzeitigen Beendigung aufgrund von Leistungsstörungen eingeräumt, dann ist der Vertrag auf diese Lösung nicht „angelegt", selbst wenn der Leasingnehmer sich selbst als Käufer benennen durfte. Ein Erwerbsrecht als Kriterium für ein Umgehungsgeschäft kann aber nach der Rechtsprechung

---

[316] BGH, Urt. v. 30. 5. 1990 – VIII ZR 233/89 = ZIP 1990, 1136 = EWiR § 6 AbzG 2/90, 939 *(Reinking)* = WM 1990, 1299.

des Bundesgerichtshofs nur angenommen werden, wenn es für den normalen Vertragsablauf gilt[317].

## 10.6 Andienungsrecht des Leasinggebers

**562** Mit der Frage der Anwendbarkeit des Abzahlungsgesetzes, wenn in dem mit einem Nichtkaufmann abgeschlossenen Leasingvertrag ein Andienungsrecht des Leasinggebers vorgesehen ist und die vereinbarten Leasingraten so kalkuliert sind, daß sie während der Festmietzeit nicht nur die Aufwendungen des Leasinggebers voll abdecken, sondern auch zusätzlich einen hohen Gewinn miteinschließen, hat sich der Bundesgerichtshof im Urteil vom 11. März 1987[318] befaßt. In dem der Entscheidung zugrundeliegenden Fall war bestimmt:

„Die o. a. Leasingentgelte decken nicht die vollen Anschaffungskosten sowie Nebenkosten einschließlich Finanzierungskosten des Leasinggebers. Der Leasingnehmer garantiert dem Leasinggeber durch sein unwiderrufliches einseitiges Kaufangebot gemäß § 12 zum Vertragsablauf einen Mindestwert in Höhe des o. a. Restwertanspruchs"

Dieser § 12 der auf der Rückseite des Formulars abgedruckten Leasing-Vertragsbedingungen lautet:

„Bei ordnungsgemäßer und regelmäßiger Vertragserfüllung wird der Leasinggeber etwa drei Monate vor Vertragsablauf mit dem Leasingnehmer über eine Vertragsfortsetzung verhandeln und ein schriftliches Angebot unterbreiten. Kommt eine Verlängerungsvereinbarung nicht zustande, ist der Leasingnehmer auf Anforderung des Leasinggebers verpflichtet, die Ausrüstung zu dem unstreitig genannten Restwert zuzüglich Mehrwertsteuer unter Ausschluß jeder Gewährleistung zu kaufen. Der Leasingnehmer erklärt für diesen Fall sein unwiderrufliches einseitiges Kaufangebot. Mit Zugang des schriftlichen Kaufverlangens bei dem Leasingnehmer ist der Kaufvertrag zustandegekommen . . .".

Für den Fall der Beendigung des Vertrages heißt es in § 11 der AGB:

„Der Leasingnehmer hat die Ausrüstung bei Beendigung des Leasingvertrages unverzüglich herauszugeben und in einem einwandfreien und funktionsfähigen Zustand zurückzuliefern, der dem normalen Verschleiß bei ordnungsgemäßem Gebrauch entspricht, oder die Ausrüstung nach Weisung des Leasinggebers auf eigene Kosten zu verwerten oder zu vernichten . . ."

Keiner der nach der höchstrichterlichen Rechtsprechung für ein verdecktes Abzahlungsgeschäft sprechenden Anhaltspunkte ist in diesem Fall gegeben. Weder ist in dem Vertrag dem Leasingnehmer ein Selbstbenennungsrecht

---

317) BGH, Urt. v. 4. 11. 1987 – VIII ZR 313/86 = ZIP 1988, 165 = EWiR § 278 BGB 1/88, 133 *(v. Westphalen)* = WM 1988, 84 = NJW-RR 1988, 241.
318) VIII ZR 215/86 = ZIP 1987, 716 = EWiR § 6 AbzG 2/87, 413 *(v. Westphalen)* = WM 1987, 627.

## C. Verträge mit übergreifendem Inhalt

zugestanden noch kam bei der Art des Leasinggutes ein völliger Wertverzehr während der Vertragsdauer in Betracht. Der Vertrag enthält auch kein ausdrücklich vereinbartes Erwerbsrecht. Fehlt es an den als Abgrenzungskriterien bisher herausgestellten Indizien für ein verdecktes Abzahlungsgeschäft und kann der Leasinggeber zudem, wie in § 11 AGB vorgesehen, die Leasingsache nach Ablauf der Mietzeit vertraglich zurückfordern, so spricht dies deutlich gegen die Annahme, die Sache habe dem Leasingnehmer auf Dauer übertragen werden sollen[319]. Die im entschiedenen Fall gewählte Vertragsgestaltung rechtfertigt keine andere Beurteilung. Zwar kommt die in § 11 AGB geregelte Rückgabepflicht nicht zum Tragen, wenn der Leasinggeber von seinem in § 12 AGB vereinbarten Andienungsrecht Gebrauch macht. Diese Bestimmung sieht für den Ablauf der Festmietzeit vor, daß der Leasingnehmer nach einem Scheitern der zunächst aufzunehmenden Verhandlungen über eine Vertragsfortsetzung auf Anforderung des Leasinggebers verpflichtet ist, die Leasingsache zu dem vertraglich festgelegten Restwert zu kaufen. Bereits in der früheren Rechtsprechung[320] ist es abgelehnt worden, die von dem Andienungsrecht des Leasinggebers abhängige Erwerbspflicht des Leasingnehmers als ein Indiz für ein verdecktes Abzahlungsgeschäft anzuerkennen. An dieser Auffassung hat der Bundesgerichtshof jetzt festgehalten. Voraussetzung für die Wertung eines Leasingvertrages als verdecktes Abzahlungsgeschäft ist, daß der Leasingnehmer aufgrund der getroffenen Vereinbarungen und der Umstände bereits bei Vertragsschluß damit rechnen kann, die Leasingsache werde ihm bei störungsfreiem Vertragsablauf endgültig verbleiben. Eine solche Erwartung ist grundsätzlich nur gerechtfertigt, sofern der Übergang des Substanzwertes in das Vermögen des Leasingnehmers nicht von einer bei Vertragsschluß noch fehlenden Willensentscheidung des Leasinggebers abhängt. Davon kann keine Rede sein, wenn der Erwerb der Leasingsache durch den Leasingnehmer an ein Andienungsrecht des Leasinggebers geknüpft ist und die Ausübung dieses Rechts in dessen freiem Belieben steht. Die Nichtausübung des Andienungsrechts kann im entschiedenen Falle aus der Sicht beider Vertragspartner auch nicht von vornherein als eine nicht ernsthaft in Erwägung zu ziehende rein theoretische Möglichkeit gewertet werden, so daß über § 12 AGB eine verdeckte Erwerbsoption des Leasingnehmers gewollt gewesen sei. Es kann davon ausgegangen werden, daß in derartigen Fällen durch die während der Grundmietzeit zu zahlenden Leasingraten nicht nur der vom Leasinggeber aufgewendete Kaufpreis gedeckt, sondern zusätzlich auch eine möglicherweise hohe „Verzinsung"

---

319) BGH, Urt. v. 24. 4. 1985 – VIII ZR 95/84 = BGHZ 94, 195, 203 = ZIP 1985, 615 = NJW 1985, 1539 unter II. 4. c.
320) Vgl. BGH, Urt. v. 5. 4. 1978 – VIII ZR 49/77 = BGHZ 71, 196, 202 = NJW 1978, 1432.

des eingesetzten Kapitals erreicht wird. Daraus kann der Leasingnehmer, auf dessen Sicht es maßgeblich ankommt, aber nicht herleiten, daß der Leasinggeber kein Interesse an einer Rücknahme des Leasinggutes habe, sondern daß ihm allein daran gelegen sei, es dem Leasingnehmer nach Beendigung des Vertrages gegen Zahlung des Restwertes zu belassen. Sieht der Vertrag einen Eigentumserwerb nur bei Ausübung des Andienungsrechts des Leasinggebers vor, so muß der Leasingnehmer auch damit rechnen, daß ihm der Leasinggeber die Leasingsache bei Ablauf der Grundmietzeit nicht zum Eigentumserwerb andient, sondern sie anderweitig verwertet. Daran kann der Leasinggeber je nach dem Erhaltungszustand der Sache durchaus ein vernünftiges wirtschaftliches Interesse haben. Daß der Leasingnehmer seinerseits ein Übernahmeinteresse hat, vermag hieran nichts zu ändern. Unerheblich ist schließlich auch, ob der Leasingnehmer mit der Übernahme und damit in Fällen der vorliegenden Art mit der Ausübung des Andienungsrechtes tatsächlich rechnete. Entscheidend kann allenfalls sein, ob sich eine solche Erwartung objektiv als gesichert darstellt. Das war im entschiedenen Sachverhalt nicht der Fall. Aus den angeführten Gründen unterlag das Vertragsverhältnis nicht dem Abzahlungsgesetz.

### 10.7 Rechtsfolgen bei Vorliegen eines Umgehungsgeschäfts

#### 10.7.1 Widerruf

Ist das Abzahlungsgesetz auf Leasingverträge anwendbar, so gilt auch in **563** diesen Fällen, daß der Widerruf nicht ausdrücklich erklärt zu werden braucht. Vielmehr genügt es, wenn der Abzahlungskäufer deutlich ausdrückt, daß er den Vertragsschluß nicht mehr gelten lassen wolle („Ich kündige" – „Ich trete zurück"). Die Angabe eines Widerrufsgrundes ist nicht erforderlich[321].

#### 10.7.2 Rücknahme des Leasingobjektes

Nimmt der Leasinggeber das Leasingobjekt zurück, löst das wie beim **564** Abzahlungskauf die Rücktrittsfolgen gemäß § 5 AbzG aus, das gilt auch dann, wenn die Rücknahme zu Sicherungszwecken geschieht[322]. Zweck des § 5 AbzG ist es zu verhindern, daß ein Verkäufer, ohne ausdrücklich vom Vertrag zurückzutreten, Besitz und Nutzung der Sache dem Käufer auf Dauer entzieht, ihn aber gleichwohl am Vertrag mit seinen Zahlungspflichten festhält[323]. Demgemäß kommt es darauf an, ob der Käufer oder der ihm beim verdeckten

---

321) BGH, Urt. v. 29.1.1986 – VIII ZR 49/85 = ZIP 1986, 512 = EWiR § 6 AbzG 1/86, 315 (v. Westphalen) = WM 1986, 480.
322) BGH, Urt. v. 24.5.1982 – VIII ZR 105/81 = ZIP 1982, 842 = WM 1982, 873.
323) Vgl. BGH, Urt. v. 7.2.1966 – VIII ZR 240/63 = BGHZ 45, 111 = NJW 1966, 972 m. w. N.

Abzahlungsgeschäft gleichgesellte Vertragspartner auf Veranlassung des Verkäufers Besitz- und Nutzungsmöglichkeit aufgibt. Die entsprechenden Voraussetzungen waren in dem am 24. Mai 1982 entschiedenen Fall[324] gegeben. Zwar hatte der Leasingnehmer die Leasinggeberin mehrfach um Aufhebung des Vertrages gebeten und ihr auch die Rückgabe des Leasingobjekts (Telefonanlage) angeboten. Auf diese Wünsche ist die Leasinggeberin jedoch nicht eingegangen, insbesondere hat sie betont, den Leasingnehmer am Vertrag festhalten zu wollen, und dementsprechend angekündigt, sie werde das Autotelefon zur Sicherung ihrer Ansprüche ausbauen lassen. Unter diesen Umständen ist die Annahme gerechtfertigt, daß die Leasinggeberin schließlich die Besitzaufgabe veranlaßt hat, ein Vorgang, der als Wiederansichnahme i. S. des § 5 AbzG zu werten ist. Daß die Leasinggeberin das Telefon lediglich zu Sicherungszwecken ohne Rücktrittsabsicht wieder an sich genommen hat, steht der Annahme eines Rücktritts nicht entgegen. Die Annahme des Rücktritts scheitert auch nicht daran, daß die Leasinggeberin nicht aufgrund eines Eigentumsvorbehalts gegen den Leasingnehmer vorgegangen ist, denn bei einem verdeckten Abzahlungsgeschäft kommt ein Eigentumsvorbehalt des dem Verkäufer gleichgestellten Vertragsteils – hier des Leasinggebers – in aller Regel nicht in Betracht.

### 10.7.3 Überlassungsvergütung

**565** Für den Anspruch auf Überlassungsvergütung nach § 1 d Abs. 3 AbzG kommt es – ebenso wie für den entsprechenden Anspruch aus § 2 Abs. 1 Satz 2 AbzG – nicht darauf an, ob und inwieweit der Leasingnehmer das Leasingobjekt tatsächlich benutzt hat. Für die Höhe der Überlassungsvergütung ist, falls gleichartige Leasingobjekte (hier: Telefonanrufbeantworter) üblicherweise vermietet werden, von dem üblichen, sonst von dem gedachten Mietzins auszugehen. Insoweit gelten die von der Rechtsprechung zu § 2 Abs. 1 Satz 2 AbzG aufgestellten Grundsätze auch für den Überlassungsvergütungsanspruch nach § 1 d Abs. 3 AbzG, der jener Vorschrift nachgebildet ist. Die Obergrenze für den Anspruch des Leasinggebers auf Überlassungsvergütung bildet sein Erfüllungsinteresse. Dies ist für den Anspruch aus § 2 Abs. 1 Satz 2 AbzG in der Rechtsprechung des Bundesgerichtshofs[325] und in der Literatur anerkannt und wird aus dem Schutzzweck des Abzahlungsgesetzes hergeleitet, der es verbietet, daß der Käufer bei der Rückabwicklung eines gescheiterten Abzahlungskaufs stärker belastet wird als bei der planmäßigen Durchführung des Geschäfts. Dieser Schutzzweck trifft in gleicher Weise für

---

324) AaO (Fußn. 322).
325) Vgl. BGH, Urt. v. 14. 6. 1967 – VIII ZR 49/65 = WM 1967, 695.

## II. Automatenaufstellvertrag

den Anspruch aus § 1 d Abs. 3 AbzG zu, der für den Leasingnehmer wegen des langen Zeitraums zwischen Lieferung der Sache und Widerruf möglicherweise zu einer erheblichen Belastung führen kann. Da der Vertrag nach erfolgtem Widerruf des Leasingnehmers nach § 1 d AbzG abzuwickeln ist, haftet der Leasingnehmer nach § 1 d Abs. 2 i.V.m. § 1 Satz 3 AbzG für die Verschlechterung des Leasingobjekts nur dann, wenn er die in eigenen Angelegenheiten angewendete Sorgfalt nicht beobachtet hat[326].

**10.8 Gesetz über Verbraucherkredite, zur Änderung der Zivilprozeßordnung und anderer Gesetze vom 27. 12. 1990, BGBl I, 2840**

Mit seiner Rechtsprechung zur Umgehung des Abzahlungsgesetzes hat der Bundesgerichtshof gemeint, auf dem Gebiet des Finanzierungsleasing ausreichenden Verbraucherschutz zu gewährleisten. Das war auch die Ansicht der Bundesregierung, die deshalb in dem Entwurf eines Gesetzes über Verbraucherkredite vom 25. Oktober 1989 den Anwendungsbereich auf Leasingverträge nur in Fällen erstrecken wollte, in denen die Leasingsache ihrer Substanz nach endgültig auf den Verbraucher übertragen werden soll (Art. 1 § 1 Abs. 2 Satz 2 des Entwurfs eines Verbraucherkreditgesetzes, BT-Drucks. 11/5462). Der Bundesregierung war es ausdrücklich darum zu tun, die Rechtsprechung des Bundesgerichtshofs in den Gesetzentwurf zu übernehmen (Einzelbegründung zum Regierungsentwurf, BT-Drucks. 11/5462, S. 17, 18). Der Bundesrat zeigte sich damit nicht einverstanden und verlangte, in Art. 1 § 1 Abs. 2 den Satz 2 als nicht interessengerechte Regelung zu streichen. Dazu ist im einzelnen ausgeführt worden:

565a

„Das Finanzierungsleasing hat auch in bestimmten Bereichen der Verbrauchergeschäfte den Abzahlungskauf und den finanzierten Kauf weitgehend abgelöst, z. B. beim Autokauf. Solche Verträge haben für den Verbraucher wirtschaftlich dieselbe Funktion wie herkömmliche Formen der Kauffinanzierung. Das gilt auch dann, wenn die endgültige Übertragung der Sache auf den Verbraucher weder im Vertrag vorgesehen ist noch sich aus den Umständen ergibt. Dies läßt sich darauf ersehen, daß die Vertragspraxis auf Grund der Rechtsprechung des BGH (BGHZ 94, 195; zuletzt WM 1989, 1142) eine endgültige Substanzübertragung kaum mehr kennt, daß das Finanzierungsleasing aber gleichwohl weiterhin und unvermindert zur Erfüllung desselben wirtschaftlichen Bedürfnisses benutzt wird. Wegen der Kompliziertheit solcher Verträge ist der Verbraucher nicht weniger schutzbedürftig als sonst bei Verbraucherkrediten.

Angesichts dieser Situation bietet schon die bisherige Rechtsprechung des BGH im Rahmen des § 6 AbzG den Verbrauchern keinen hinreichenden Schutz. Aber auch

---

326) BGH, Urt. v. 24. 4. 1985 – VIII ZR 73/84 = BGHZ 94, 226 = ZIP 1985, 807 = EWiR § 6 AbzG 3/85, 321 *(v. Westphalen)* = WM 1985, 634 = NJW 1985, 1544 mit einem umfassenden Überblick über die Rechtsprechung zur Abwicklung von Abzahlungsgeschäften.

demgegenüber bedeutete die Regelung des Entwurfs noch eine Verringerung des Verbraucherschutzes, weil sie nur auf die endgültige Substanzübertragung abgestellt und weitere Fallkonstellationen, die der BGH gleichbehandelt, ausklammert, etwa daß die Sache voraussehbar innerhalb der Vertragszeit gebrauchsunfähig werden wird.

Danach wäre es an sich wünschenswert, Finanzierungsleasingverträge ausdrücklich in das Gesetz einzubeziehen. Angesichts der unscharfen Konturen dieses Vertragstyps und der häufig wechselnden Vertragspraxis ist es jedoch nicht zu verwirklichen. Deshalb bleibt nur die Möglichkeit, auf eine ausdrückliche Regelung zu verzichten und – wie bisher bei § 6 AbzG – die Abgrenzung der Leasingverträge, die einen Kreditvertrag darstellen, der Rechtsprechung zu überlassen. Dabei bietet der Umstand, daß Ausgangspunkt nicht mehr der Teilzahlungskauf, sondern der Kreditvertrag ist, die Chance, daß die bisherige restriktive Auslegung im Sinne des Verbraucherschutzes ausgeweitet wird" (BT-Drucks. 11/5462 S. 34).

Die Bundesregierung ist der Argumentation des Bundesrates entgegengetreten (BT-Drucks. 11/5462, S. 41), hatte damit indessen keinen Erfolg. Auf Betreiben des Rechtsausschusses des Bundestages hat der Gesetzentwurf, was den Anwendungsbereich angeht, die Gestalt angenommen (BT-Drucks. 11/8274), die Bundestag und Bundesrat – im Eilverfahren – beschlossen haben. Leasingverträge mit Verbrauchern unterliegen danach grundsätzlich dem Verbraucherkreditgesetz; keine Anwendung finden dessen §§ 4 Abs. 1 Sätze 2 und 3 (Schriftform), § 6 (Rechtsfolgen von Formmängeln), § 13 Abs. 3 (Rücktrittsfiktion) und § 14 (vorzeitige Zahlung).

Der Verbraucherschutz mag durch das Gesetz gestärkt sein, Vereinfachung im rechtlichen Alltag wird er dadurch gewiß nicht erfahren. Die Leasinggeberseite hat keinen Grund zur Klage, denn freiwillig oder unfreiwillig hat sie sich durch ihre Berater aus der Rechtswissenschaft immer mehr dahin drängen lassen, die Finanzierungsfunktion beim Leasing in den Vordergrund zu rücken.

## II. Automatenaufstellvertrag

### 1. Rechtsnatur des Automatenaufstellvertrages

**566** Die Rechtsnatur eines Vertrages über die Aufstellung von Automaten in einer Gastwirtschaft – zu unterscheiden von Mietverträgen über Gewerberäume, in denen der Mieter in Ausübung seines Gewerbes Spielautomaten zum alleinigen Zeitvertreib der Besucher aufstellt – ist nach wie vor umstritten. Noch immer kann die Charakterisierung im Urteil des Bundesgerichtshofs vom 22. März 1967[1] als eines Vertrages gelten, der sich zwar auf eine Fläche

---

1) VIII ZR 10/65 = BGHZ 47, 202, 203 = NJW 1967, 1414.

## II. Automatenaufstellvertrag

in einem Gebäude (Fußboden oder Wand) bezieht, seine wesentlichen Merkmale jedoch nicht lediglich – wie bei der Miete – durch die Gewährung des Gebrauchs der vermieteten Sache, sondern durch die Eingliederung des Automaten in den gewerblichen Betrieb, meist eine Gastwirtschaft, erhält, der in diesem Raum ausgeübt wird und bei dem Rechte und Pflichten anders verteilt sind als in einem Mietvertrag, was letzlich daraus folgt, daß der Automatenaufsteller durch die Eingliederung des Automaten in den Gewerbebetrieb seines Partners Gewinn erzielen möchte, so wie der Inhaber des Gewerbebetriebes ebenfalls ein Interesse daran hat, daß sich seine Kunden der Automaten bedienen, weil sein Entgelt in einem Anteil an den Einspielergebnissen besteht. Der Automatenaufstellvertrag ist ein Gestattungsvertrag, der neben mietvertraglichen Elementen auch personenbezogene Merkmale aufweist, die allerdings zu einer unterschiedlichen Vertrags- und Risikobeteiligung führen, weil der Abschluß derartiger Verträge den eigentlichen Inhalt der unternehmerischen Tätigkeit des Aufstellers ausmacht, während die Aufstellung von Automaten für den Gastwirt regelmäßig nur eine Nebenerwerbschance eröffnet[2]. Soweit der Bundesgerichtshof sich mit der Rechtsnatur von Automatenaufstellverträgen nach Inkrafttreten des AGBG befaßt hat, ist stets offengeblieben, ob für derartige Verträge § 28 Abs. 2 AGBG gilt[3].

### 2. Schriftformbedürftigkeit des Automatenaufstellvertrages

#### 2.1 § 566 BGB

Die mietvertraglichen Elemente eines Automatenaufstellvertrages treten soweit in den Hintergrund, daß er auch dann nicht der Schriftform bedarf, wenn er, wie meist, für länger als ein Jahr abgeschlossen ist, § 566 BGB[4]. 567

#### 2.2 § 34 GWB

Soweit Automatenaufstellverträge Ausschließlichkeitsklauseln enthalten – und auch das ist die Regel – bedürfen sie aus kartellrechtlichen Gründen der Schriftform gemäß § 34 GWB. In einem formularmäßigen Automatenaufstellvertrag mit Ausschließlichkeitsbindung unterliegt auch die Vereinbarung der Parteien über Zahl und Art der unter den Vertrag fallenden Automaten 568

---

[2] BGH, Urt. v. 11. 11. 1968 – VIII ZR 151/66 = BGHZ 51, 55 = WM 1969, 20 = NJW 1969, 230; v. 15. 3. 1978 – VIII ZR 254/76 = NJW 1978, 1155; v. 6. 6. 1979 – VIII ZR 281/78 = WM 1979, 918 und v. 6. 10. 1982 – VIII ZR 201/81 = ZIP 1982, 1449 = WM 1982, 1354 = NJW 1983. 159.
[3] BGH, Urt. v. 7. 4. 1982 – VIII ZR 323/80 = ZIP 1982, 698 = WM 1982, 712 = NJW 1982, 1693 und v. 6. 10. 1982 – VIII ZR 201/81, aaO (Fußn. 2).
[4] BGH, Urt. v. 22. 3. 1967 – VIII ZR 10/65, aaO (Fußn. 1).

## C. Verträge mit übergreifendem Inhalt

dem Schriftformerfordernis des § 34 GWB[5]. Der Schriftform genügt eine Klausel, in der dem Aufsteller das alleinige Recht gewährt wird, „bis zu zwei Spielautomaten mit Gewinnmöglichkeiten" und weitere Automaten „nach Bedarf" aufzustellen[6]. Die erstgenannte Vereinbarung verstößt nicht gegen das Schriftformerfordernis des § 34 GWB, da die Zahl der aufzustellenden Automaten zwar variabel, aber in engen Grenzen festgelegt ist[7]. Die Bedarfsklausel ist wirksam, weil § 34 GWB nur fordert, daß die tatsächlich getroffenen Vereinbarungen schriftlich niedergelegt werden. Die Zahl der Automaten kann, wenn sie bei Abschluß des Vertrages noch nicht festgelegt war, mithin wirksam einer späteren Vereinbarung vorbehalten werden. Dem Schriftformerfordernis des § 34 GWB widerspricht es nach Ansicht des OLG Hamburg auch nicht, wenn vereinbart werde, daß sich die vorgesehene Vertragsdauer um diejenige Zeit verlängern soll, welche zur Tilgung eines seitens des Aufstellers gewährten Darlehens benötigt werde[8].

Für das kartellrechtliche Schriftformerfordernis ist die Unternehmereigenschaft der Beteiligten von Bedeutung. Unter welchen Voraussetzungen allein der Umstand, daß ein privater Hauseigentümer Betriebsräume für eine Gaststätte vermietet oder verpachtet, dessen Unternehmereigenschaft im Sinne von § 18 GWB begründet, hat der Bundesgerichtshof im Urteil vom 11. April 1978 – KZR 1/77[9] offen gelassen, aber hinzugefügt, daß das dann nicht zweifelhaft sei, wenn der Hauseigentümer sich nicht auf die bloße Verpachtung der Gaststättenräume beschränke, sondern sich durch Abschluß von Automatenaufstellverträgen selbst aktiv im Wirtschaftsleben betätige[10].

Von der Nichtigkeitsfolge eines dem Schriftformerfordernis nicht genügenden Automatenaufstellvertrages wird die Ausschließlichkeitsklausel mit allen dazu gehörigen und in ihrer sachlichen Gestaltung von der Ausschließlichkeitsvereinbarung abhängigen Vertragsbestimmungen erfaßt[11].

---

5) BGH, Urt. v. 12. 5. 1976 – KZR 17/75 = NJW 1976, 1743; v. 6. 6. 1979 – VIII ZR 281/78 = WM 1979, 918 und v. 7. 4. 1982 – VIII ZR 323/80 = ZIP 1982, 698 = WM 1982, 712 = NJW 1982, 1693.
6) BGH, Urt. v. 21. 3. 1990 – VIII 196/89 = WM 1990, 1198.
7) BGH, Urt. v. 8. 5. 1979 – KZR 17/78 = WM 1979, 976.
8) OLG Hamburg BB 1979, 64.
9) DB 1978, 1588 = MDR 1978, 999.
10) Vgl. auch OLG Düsseldorf WuW/E 1977 OLG 1793–1795.
11) BGH, Urt. v. 12. 5. 1976 – KZR 17/75 = NJW 1976, 1743.

## 3. Nichtigkeit des Automatenaufstellvertrages

### 3.1 Nichtigkeit aus wettbewerbsrechtlichen Gründen

Zur Nichtigkeit eines Automatenaufstellvertrages aus wettbewerbsrechtlichen Gründen führt es auch, wenn der Automatenaufsteller in Kenntnis der Tatsache, daß in einer Gastwirtschaft bereits ein Unterhaltungsautomat eines Mitbewerbers aufgestellt ist, mit dem Gastwirt einen Automatenaufstellvertrag über Musikautomaten und Spielautomaten abschließt, ohne sich zu vergewissern, daß dem nicht anderweitige vertragliche Verpflichtungen des Gastwirts entgegenstehen. Der Bundesgerichtshof vertritt den Standpunkt, der Automatenaufsteller dürfe sich nicht mit der Erklärung des Gastwirts begnügen, er sei vertraglich nicht gebunden. Der Aufsteller müsse sich gegebenenfalls durch Rückfrage bei dem Mitbewerber vergewissern, ob eine Bindung noch besteht[12].

569

### 3.2 Nichtigkeit wegen Verstoßes gegen §§ 138, 242 BGB

#### 3.2.1 Ansatz der Inhaltskontrolle

Zentrales Problem in der Rechtsprechungspraxis zu Automatenaufstellverträgen ist die Frage der Gesamtnichtigkeit, wenn eine Vielzahl einzelner Bestimmungen in einem Formularvertrag zu beanstanden ist, die teils ersatzlos fortfallen, teils auf einen angemessenen Inhalt zurückgeführt werden müssen. Eckpfeiler dieser Rechtsprechung sind die Urteile des Bundesgerichtshofs vom 11. November 1968 − VIII ZR 151/66[13] und vom 6. Oktober 1982 − VIII ZR 201/81[14]. In beiden Fällen hat eine Inhaltskontrolle nach den in ständiger Rechtsprechung entwickelten und an § 242 BGB orientierten Grundsätzen stattgefunden. Im zuletzt entschiedenen Sachverhalt konnte deshalb die Anwendbarkeit des AGBG auf Automatenaufstellverträge dahingestellt bleiben. Ausgangspunkt der Inhaltskontrolle ist der − über Automatenaufstellverträge hinaus geltende − Grundsatz, daß derjenige, der einseitig die Bedingungen eines Formularvertrages aufstellt, nach dem Grundsatz von Treu und Glauben schon beim Abfassen derartiger Bedingungen die Interessen seiner künftigen Vertragspartner angemessen berücksichtigen muß. Versucht er in mißbräuchlicher Verfolgung eigener Interessen, formularmäßige Bedingungen zum Vertragsinhalt zu machen, die der Billigkeit widersprechen und den Vertragspartner in seiner Handlungsfreiheit über Gebühr einengen,

570

---

12) BGH, Urt. v. 4. 5. 1973 − I ZR 11/72 = MDR 1973, 739 = BB 1973, 1229.
13) BGHZ 51, 55 = WM 1969, 20 = NJW 1969, 230.
14) ZIP 1982, 1449 = WM 1982, 1354.

so können diese Bedingungen gemäß § 138 BGB der Rechtswirksamkeit entbehren, wenn sie nicht in einer an § 242 BGB orientierten Auslegung auf ein vertretbares Maß zurückgeführt werden können. Verstoßen in einem Vertrag zahlreiche Bestimmungen gegen die guten Sitten und würde der Vertrag durch entsprechende Auslegung oder Fortfall dieser Bedingungen einen wesentlich anderen Inhalt erhalten, so kann der gesamte Vertrag nichtig sein[15]. Entscheidend ist, ob dadurch, daß Klauseln wegfallen oder ersetzt werden müssen, eine derart weitgehende Umgestaltung des Vertrages eintreten würde, daß er nicht mehr durch den Parteiwillen als gedeckt angesehen werden kann. Das ist inzwischen mehrfach bestätigt worden[16]. Das Urteil vom 29. Februar 1984 bekräftigt zugleich das Verbot geltungserhaltender Reduktion von AGB-Klauseln, betont aber zugleich, daß das nicht mit der Möglichkeit einer ergänzenden Vertragsauslegung verwechselt werden darf. Ergänzende Vertragsauslegung führt dann nicht zum Erfolg, wenn dabei eine Vielzahl von Gestaltungsmöglichkeiten offenbar wird, die die Vertragsparteien gewählt haben könnten, wenn ihnen die Unwirksamkeit der beanstandeten Klausel bewußt gewesen wäre. Rein theoretisch denkbare Möglichkeiten der Vertragsgestaltung, die neben einer naheliegenden bestehen, hindern eine ergänzende Vertragsauslegung nicht[17]. Die Rücksichtnahme des Klauselverwenders auf die Interessen seines Vertragspartners beginnt in den Vertragsverhandlungen und gebietet, den Gastwirt jedenfalls nicht durch ihm besonders günstig erscheinende Konditionen zum Vertragsbruch gegenüber einem anderen Automatenaufsteller zu verleiten[18].

### 3.2.2 Unternehmerrisiko des Gastwirts bei der Automatenaufstellung

**571** Die Entscheidung, ob der Wirt in seiner Gaststätte Automaten aufstellt oder nicht, ist allerdings Teil seines Unternehmerrisikos[19]. Für die Folgen einer unternehmerischen Fehlentscheidung muß er einstehen. Hat er sich zum Aufstellen bestimmter Automaten vertraglich verpflichtet, so macht sich der Gastwirt einer positiven Vertragsverletzung schuldig, wenn er den Charakter der Gaststätte in einer Weise ändert, daß die Einspielergebnisse der Automaten spürbar zurückgehen[20]. Der aus einer solchen Vertragsverletzung

---

15) Vgl. BGH, Urt. v. 3. 3. 1971 – VIII ZR 55/70 = NJW 1971, 1034 = WM 1971, 503.
16) BGH, Urt. v. 29. 2. 1984 – VIII ZR 350/82 = ZIP 1984, 841 = WM 1984, 663; v. 11. 7. 1984 – VIII ZR 35/83 = ZIP 1984, 1093 = WM 1984, 1228 = NJW 1985, 56; v. 21. 3. 1990 – VIII ZR 196/89, aaO (Fußn. 6).
17) BGH, Urt. v. 11. 7. 1984, aaO (Fußn. 6).
18) BGH, Urt. v. 4. 5. 1973 – I ZR 11/72 = MDR 1973, 739 = BB 1973, 1229.
19) BGH, Urt. v. 6. 6. 1979 – VIII ZR 281/78 = WM 1979, 918; BGH, aaO (Fußn. 6).
20) BGH, Urt. v. 15. 3. 1978 – VIII ZR 254/76 = BGHZ 71, 80 = NJW 1978, 1155.

II. Automatenaufstellvertrag

erwachsende Schadensersatzanspruch unterliegt einer 30jährigen Verjährungsfrist[21].

### 3.2.3 Voraussetzungen einer Gesamtnichtigkeit im einzelnen

Der Formularvertrag, der der Entscheidung des Bundesgerichtshofs vom 11. November 1968 zugrunde liegt, weist Regelungen auf, die die wirtschaftliche Bewegungsfreiheit des Gastwirtes noch mehr einengen als diejenigen, die der Inhaltskontrolle in dem Urteil vom 6. Oktober 1982 ausgesetzt waren; sie sind ihnen jedoch vergleichbar. Da mit dem Urteil vom 6. Oktober 1982 im Wege der Inhaltskontrolle die Grenzen für den zulässigen Regelungsgehalt formularmäßiger Automatenaufstellverträge in allen wichtigen Teilbereichen gezogen sind, können daraus in Verbindung mit den der jüngsten Entscheidung vom 21. 3. 1990[22] zugrunde liegenden Erwägungen zu den jetzt behandelten Regelungen tragfähige Bedingungen abgeleitet werden. Die 1982 inhaltlich überprüften Klauseln besagten im wesentlichen:

572

„1. Der Gastwirt gewährt dem o. Automatengroßhandel das ausschließliche Recht, ab 1. 4. 1977 in der bezeichneten Gaststätte an den gemeinsam festgelegten Plätzen folgende Geräte aufzustellen:
a) eine Musikbox
b) zwei Geldspielgeräte
c) einen GS. Automaten.

2. Die Aufstellerin zahlt dem Gastwirt bei jeder Abrechnung gestaffelte Wirtsanteile nach Abzug eines Amortisationsbetrages DM 150,– pro Geldspielgerät pro Monat, bzw. DM 5,00 pro Tag aus. Der Gastwirt hat dafür einen Anspruch, daß alle 6 bis 9 Monate ein Geldspielgerät – Verkaufspreis DM 5600,– ausgetauscht wird. Durch regelmäßigen Austausch werden z. T. bis 50% höhere Einspielergebnisse erzielt, so daß der Amortisationsbetrag nicht in das Gewicht fällt.

Die Berechnung der Wirtsanteile wird – wie folgt – vorgenommen:
a) Bei Aufstellung von mehreren Geräten werden die Spieleinnahmen zusammen kassiert und dann durch die Zahl der Geräte geteilt, um dadurch die Durchschnittseinnahmen pro Gerät zu ermitteln.
b) Der Tagesdurchschnitt wird seit der letzten Kassierung ermittelt. Der Monat wird mit 30 Tagen berechnet. Ruhetage oder sonstige Betriebsunterbrechungen werden wie normale Geschäftstage gerechnet.
c) Die derzeitigen Sätze für Vergnügungssteuer und Gema betragen pro Monat:
   1. Unterhaltungsgerät                        DM 3,–
   2. Musikbox und Gema               DM 25,–
   3. Geldspielgerät                                DM 25,–

---

21) BGH, aaO (Fußn. 20).
22) BGH, aaO (Fußn. 6).

## C. Verträge mit übergreifendem Inhalt

    4. Mehrwertsteuer nach Bestimmung.
Diese Beträge werden von der Bruttokasse zuzüglich des Amortisationsbetrages abgezogen, um den jeweiligen Nettobetrag für die Abrechnung der Wirtsanteile zu errechnen.

  d) Der Gastwirt erhält von den verbleibenden Nettobeträgen gemäß nachstehender Tabelle jeweils von dem übersteigenden Betrag den erhöhten Wirtsanteil, wenn jedes Gerät pro Tag netto:

| | |
|---|---|
| bis DM 5,– | Tagesdurchschnitt 10% |
| von DM 5,– bis DM 10,– | Tagesdurchschnitt 20% |
| von DM 10,– bis DM 15,– | Tagesdurchschnitt 30% |
| von DM 15,– bis DM 20,– | Tagesdurchschnitt 40% |
| von DM 20,– bis DM 30,– | Tagesdurchschnitt 50% |

einspielt. Werden höhere, nicht schriftlich vereinbarte Wirteanteile ausbezahlt, so hat der Gastwirt keinen Rechtsanspruch, daß diese erhöhten Wirteanteile auch anschließend gezahlt werden.

3. Dieser Vertrag wird zunächst auf die Dauer von 10 Jahren geschlossen. Wenn dieser Vertrag nicht mindestens 2 Jahre vorher vor Ablauf durch eingeschriebenen Brief gekündigt wird, verlängert er sich jeweils um weitere 3 Jahre. Die Wahrung der Schriftform ist Bedingung für die Wirksamkeit der Kündigung.

4. Der Aufsteller
   . . .
  c) trägt die laufenden Betriebskosten der Automaten und stellt alle Betriebsstörungen ab. Er ist berechtigt, die Automaten zu diesem Zweck in seine Werkstatt zu nehmen oder auszutauschen. Alle Reparaturen werden spätestens innerhalb 1 bis 30 Tagen ausgeführt.
  d) sorgt für einen Schallplattenwechsel von 10–20 Stück vierteljährlich. Die Kassierungen und Abrechnungen der Wirtsanteile werden gleichfalls vierteljährlich vereinbart, können jedoch früher vorgenommen werden . . .
  e) ist berechtigt, die Gerätearten, z. B. Geldspielgerät gegen Geldspielgerät, Musikbox gegen Musikbox, Flipper gegen Flipper usw., auszutauschen.
  f) Wenn der Kasseninhalt eines Gerätes nicht das für den Aufsteller erforderliche Rentabilitätsminimum erreicht, ist er berechtigt, diese Geräte abzuräumen. Die Abräumung einzelner Geräte berührt die übrigen Verpflichtungen des Gastwirtes aus diesem Vertrag hinsichtlich weiterer aufgestellter Geräte nicht . . .

5. Der Gastwirt
  a) hat die aufgestellten Geräte während der gesamten Öffnungszeit der Gaststätte spielbereit und eingeschaltet zu halten . . .
  d) verpflichtet sich, während der Dauer dieses Vertrages in seiner Gaststätte ohne schriftliche Zustimmung des Aufstellers weder eigene Automaten aufzustellen noch einem Dritten die Aufstellung zu gestatten und bei Aufstellung eines Musikautomaten auch keine andere Art von Musik darzubieten . . .
  f) kann sich von seinen Verpflichtungen aus diesem Vertrag bei Aufgabe der Gaststätte nur entbinden, wenn er den neuen Inhaber der Gaststätte zum

## II. Automatenaufstellvertrag

schriftlichen Eintritt in diesen Vertrag verpflichtet, oder wenn der Gastwirt diesen Aufstellvertrag in einer neu gepachteten Gaststätte oder Kantine unter den gleichen Bedingungen fortsetzt. Das gilt auch, wenn die Aufgabe der Gaststätte durch den Gastwirt nicht verschuldet ist.

g) ist von dem Ausschließlichkeitsrecht des Aufstellers befreit, wenn der Aufsteller *sämtliche* Geräte abräumt, ohne daß der Gastwirt hierzu Veranlassung gegeben hat.

h) verpflichtet sich, wenn er während der Laufzeit dieses Vertrages eine andere Gaststätte, Kantine usw. übernimmt, diesen Automatenaufstellvertrag in der neuen Gaststätte, Kantine usw. fortzusetzen und zu erfüllen.

j) übernimmt es, die Geräte äußerlich sauber zu halten und vor Beschädigungen zu schützen. Bei Beschädigungen wird er um die Feststellung des Namens und der Anschrift des Täters bemüht sein und diese dem Aufsteller mitteilen, andernfalls bei Nichtfeststellung des Namens trägt der Gastwirt sämtliche Instandsetzungskosten. Der Gastwirt verzichtet auf das Recht der Aufrechnung und Zurückbehaltung gegenüber allen Ansprüchen des Automatenaufstellers.

6. Ist der Gastwirt gegenüber dem Aufsteller zum Schadensersatz verpflichtet, so kann der Aufsteller 60% des durchschnittlichen Bruttoerlöses beanspruchen. Bei Errechnung des Bruttoerlöses kann der Aufsteller wahlweise 6 aufeinander folgende Monate für die Feststellung der Bruttoeinnahmen zugrunde legen.
Bei einem Verstoß des Gastwirts gegen eine dieser Vereinbarungen oder einem Verstoß, der das Ausschließungsrecht des Aufstellers teilweise verletzt, oder zum Verlust des Aufstellplatzes führt und für den Fall der Verhinderung der Aufstellung aller oder einzelner Geräte, verwirkt der Gastwirt eine Vertragsstrafe von DM 2000,–. Hiervon werden weitergehende Schadensersatzansprüche nicht berührt.

7. Sind beim Gastwirt die banküblichen Voraussetzungen zur Darlehensgewährung gegeben, wird ein Darlehen bis 2000,– DM zinslos gewährt. Von 2000,– DM bis 10 000,– DM zahlt der Gastwirt die üblichen Bankzinsen für Kredite in laufender Rechnung.
Wird bei unzufriedener Auskunft ein Darlehen gewährt, so ist ein einwandfreier Bürge erforderlich und der Zinssatz beträgt – wie in der Automaten- und Gaststättenbranche üblich – 18%.
Die gleichen Zinsen werden vereinbart, wenn der Gastwirt zum Ersatz eines Schadens oder zur Zahlung der Vertragsstrafe verpflichtet ist ...

8. Sollten einzelne Bestimmungen dieses Vertrages unwirksam sein, so wird die rechtliche Gültigkeit der übrigen Bestimmungen nicht berührt. Es gilt dann vielmehr, soweit gesetzlich zulässig – eine der ungültigen Bestimmung möglichst nahekommende als vereinbart.

9. Der Erfüllungsort und Gerichtsstand ist der Wohnsitz des Aufstellers oder der zweite Wohnsitz, wahlweise.

10. Besondere Vereinbarungen:
Die Eheleute Z. (Beklagte und Ehemann) erhalten ein zinsloses Darlehen in Höhe

## C. Verträge mit übergreifendem Inhalt

von DM 2000,–. Dieses Darlehen wird mit 50% der Wirteanteile zurückgezahlt.
– Ferner erhalten die Ehel. Z., falls erforderlich, ein Darlehen in Höhe von DM 8000,– über die D. Bank mit Bürgschaft des Automatengroßhandels zu normalen Bankzinsen, Abzahlung in 24–36 Monatsraten."

**573** Die bisher unter bestimmten Voraussetzungen in der Rechtsprechung des Bundesgerichtshofs[23] unbeanstandet gebliebene *Nachfolgeklausel* – Nr. 5 f Satz 1 – hat der Bundesgerichtshof 1982 für unwirksam erklärt, und zwar sowohl für den in seiner früheren Judikatur behandelten Fall, daß der Gastwirt Pächter der Gaststätte war, als auch für den jetzt gegebenen Sachverhalt des Gastwirts als Eigentümer des Grundstücks. Der Aufsteller muß im einen wie im anderen Fall konzedieren, daß die Nachfolgeklausel nicht Platz greift, wenn der Betrieb der Gaststätte infolge außergewöhnlicher, nicht im Risikobereich des Wirtes liegender Umstände aufgegeben wird. Dafür ist der Gesichtspunkt maßgebend, daß die Nachfolgeklausel die wirtschaftliche Bewegungsfreiheit des Gastwirts bei einem Verkauf oder bei einer Weiterverpachtung stark beeinträchtigt, weil Interessenten ihrerseits nicht selten an Automatenaufstellverträge gebunden sind oder doch die Freiheit haben wollen, Bindungen dieser Art zu vermeiden oder doch zumindest zur Kreditschöpfung zu nutzen. Andererseits ist es in diesem Zusammenhang geboten darauf hinzuweisen, daß die höchstrichterliche Rechtsprechung strenge Maßstäbe bei der Prüfung anlegt, ob die Geschäftsaufgabe infolge „außergewöhnlicher, nicht im Risikobereich des Pächters liegender Umstände" erfolgte (vgl. dazu oben Rz. 52). Im Urteil vom 21. 3. 1990 ist die Wirksamkeit der Nachfolgeklausel ebenso wie die der Rentabilitätsregelungen (vgl. Rz. 575) offengeblieben[24].

Die Möglichkeit, in einer gepachteten Gaststätte Umsätze zu erzielen, die die Geschäftsunkosten decken und darüber hinaus einen angemessenen Gewinn gewährleisten, liegt im Risikobereich des Pächters. Selbst ein wesentlicher Umsatzrückgang rechtfertigt, auch wenn er zu Verlusten führt, eine sanktionsfreie Geschäftsaufgabe nicht. Das gilt insbesondere dann, wenn sich die Übernahme einer in ihrem Ruf abgewirtschafteten Gaststätte als unternehmerische Fehlentscheidung erweist[25].

**574** Die *Erweiterungsklausel* – Nr. 5 h – ist gleichfalls als unangemessener Eingriff in die wirtschaftliche Bewegungsfreiheit des Gastwirts beanstandet worden. Insoweit war die Entscheidung durch die Urteile vom 11. November

---

23) Urt. v. 9. 12. 1970 – VIII ZR 9/69 = WM 1971, 243, 244; v. 21. 1. 1973 – VIII ZR 147/71 = WM 1973, 388 und v. 6. 6. 1979 – VIII ZR 281/78 = WM 1979, 918.
24) BGH, aaO (Fußn. 6).
25) BGH, Urt. v. 9. 12. 1970 – VIII ZR 9/69 = WM 1971, 243.

## II. Automatenaufstellvertrag

1968[26)] und vom 7. April 1982[27)] vorgezeichnet[28)]. Die Klausel verschließt dem Wirt den Erwerb oder die Pachtung aller derjenigen Gaststätten, deren Inhaber Automaten aufgestellt haben und ihrerseits durch Verträge mit Nachfolgerklauseln gebunden sind. Außerdem zwingt sie den Wirt, selbst dort Automaten aufzustellen, wo es wegen des Charakters der Gaststätte gastronomischer Erfahrung zuwiderliefe.

Unangemessen ist die Verknüpfung der sog. *Rentabilitätsklausel* **575** — Nr. 4 f —, die schon für sich gewertet in der vorausgegangenen Rechtsprechung Bedenken ausgelöst hatte[29)], mit der *Ausschließlichkeitsbindung* — Nr. 5 g. Es ist unbillig, wenn der Gastwirt auch bei der Abräumung einzelner Geräte von dem Ausschließlichkeitsrecht des Aufstellers nicht befreit wird. Dies kann dazu führen, daß der Aufsteller kurze Zeit nach Vertragsschluß z. B. die Geldspielgeräte mangels Rentabilität abräumt und der Wirt noch auf die gesamte Zeit der Vertragsdauer gehindert ist, sich auf andere Weise derartige Geräte zu beschaffen. Selbst der Umstand, daß der Aufsteller hauptgewerblich von den Aufstellverträgen existiert, während sie für den Gastwirt ein Nebengeschäft darstellen, vermag eine derartige Risikoverteilung nicht zu rechtfertigen. Der Versuch einer eingeschränkten Aufrechterhaltung der Klausel Nr. 5 g bringt die Schwierigkeit mit sich, daß ein Ausgleich der kollidierenden Interessen für den Fall zu finden wäre, daß der Wirt sich Ersatz für die abgeräumten Geräte — soweit überhaupt möglich — beschafft, der Automatenaufsteller hingegen später die Wiederaufstellung der alten oder anderer Geräte wünscht.

Gegen die Vereinbarung einer *Laufzeit* von 10 Jahren — Nr. 3 — bestehen **576** bei Automatenaufstellverträgen keine durchgreifenden Bedenken. Dagegen fällt es völlig aus dem Rahmen akzeptabler Regelungen, wenn formularmäßig eine Kündigungsfrist von 2½ Jahren — Nr. 3 Satz 2 — vereinbart wird.

Das mit der Aufstellung von Musikautomaten verknüpfte *Verbot anderweiti-* **577** *ger Musikdarbietungen* — Nr. 5 d —, das für sich betrachtet der Inhaltskontrolle — wie schon in früheren Entscheidungen[30)] — standhält, kann, wenn es mit einer Reihe unangemessener Klauseln zusammentrifft, zur Gesamtnichtigkeit des Automatenaufstellvertrages beitragen.

Eine Abrede über eine *Pauschalierung des Schadensersatzes* — Nr. 6 Abs. **578**

---

26) VIII ZR 151/66 = BGHZ 51, 55 = WM 1969, 20 = NJW 1969, 230.
27) VIII ZR 323/80 = ZIP 1982, 698 = WM 1982, 512.
28) Vgl. dazu auch *Ulmer/Brandner/Hensen*, AGB-Gesetz, 6. Aufl., Anh. zu §§ 9—11 Rz. 143; *von Olshausen/Schmidt*, Automatenrecht, 1972, Rz. B 100.
29) BGH, Urt. v. 11. 11. 1968, aaO (Fußn. 2) und v. 6. 6. 1979, aaO (Fußn. 2).
30) BGH, Urt. v. 11. 11. 1968, aaO (Fußn. 2).

## C. Verträge mit übergreifendem Inhalt

1 Satz 1 – ist grundsätzlich auch in Formularverträgen möglich[31] (vgl. Rz. 320). Die Höhe der Pauschale ist jedoch dann zu beanstanden, wenn sie in einem offenen Mißverhältnis zur Höhe des branchenüblichen Gewinns steht[32]. Daß der Klauselverwender im konkreten Streitfalle eine geringere als die vertraglich ausbedungene Schadenspauschale geltend macht, verhilft einer derartigen Klausel nicht zur Wirksamkeit. Denn bei der Prüfung des gesamten Vertrages kommt es allein auf den Inhalt der einzelnen Klauseln an, eine danach unwirksame Bestimmung wird nicht dadurch wirksam, daß der Berechtigte von ihr nicht in vollem Umfang Gebrauch macht[33].

**579** Eine unbillige Bevorzugung der Interessen des Automatenaufstellers ist es auch, wenn er sich das Recht vorbehält, bei *Berechnung des Bruttoerlöses* wahlweise sechs aufeinanderfolgende Monate für die Feststellung der Bruttoeinnahmen zugrunde zu legen – Nr. 6 Abs. 1 Satz 2. Dies gibt ihm die Möglichkeit, sich aus der gesamten Vertragszeit die Serie der besten, möglicherweise schon lange zurückliegenden Monate auszusuchen, die mit den letzten Einspielergebnissen und damit mit dem dem Aufsteller tatsächlich entstandenen Schaden nicht vergleichbar sind.

**580** Eine unbillige Verteilung der von Aufsteller und Gastwirt zu tragenden Risiken liegt darin, wenn der Gastwirt bei Beschädigungen der Geräte sämtliche *Instandsetzungskosten* zu tragen hat, falls es ihm nicht gelingt, den Namen des Schädigers festzustellen – Nr. 5 j Satz 2. Zwar ist es üblich, dem Gastwirt schon wegen seiner räumlichen Nähe Obhuts- und Aufsichtspflichten aufzuerlegen, auf eine Verletzung derartiger Pflichten stellt aber die beanstandete Klausel gerade nicht ab.

**581** Bedenklich ist es auch, *überhöhte Verzinsungspflichten* formularvertragsmäßig festzulegen. Eine Verzinsung auch der Vertragsstrafe – Nr. 7 Abs. 3 – ist überhaupt unangemessen.

**582** Weitere Klauseln, insbesondere soweit sie die *Berechnung des Wirtsanteils* und die Festlegung von Abzügen zum Gegenstand haben, sind als unklar, schwer verständlich oder als an überraschender Stelle im Vertrage eingeordnet beanstandet worden (Nr. 2, Nr. 4 d, Nr. 5 j Satz 3, Nr. 6, Nr. 7 Abs. 2 und Nr. 7 Abs. 3).

---

31) BGH, Urt. v. 27. 11. 1974 – VIII ZR 9/73 = BGHZ 63, 256 = NJW 1975, 163; v. 10. 11. 1976 – VIII ZR 115/67 = BGHZ 67, 312 = WM 1977, 55 = NJW 1977, 381; v. 28. 10. 1981 – VIII ZR 302/80 = BGHZ 82, 121 = ZIP 1982, 64 = WM 1981, 1378 = NJW 1982, 870.
32) Vgl. BGHZ 67, 312, 314 und BGH, Urt. v. 8. 10. 1969 – VIII ZR 20/68 = NJW 1970, 29, 32 = WM 1969, 1391, 1394; neuerdings BGH, Urt. v. 21. 3. 1990, aaO (Fußn. 6).
33) Vgl. BGHZ 82, 121, 128 und BGH, Urt. v. 7. 4. 1982 – VIII ZR 323/80 = ZIP 1982, 698 = WM 1982, 712 = NJW 1982, 1693.

## II. Automatenaufstellvertrag

Unbeanstandet hat der Bundesgerichtshof die Klauseln Nr. 4 c, Nr. 4 e und Nr. 5 j Satz 3 gelassen.

**583** Der Vertrag, der der Entscheidung vom 6. Oktober 1982 zugrunde liegt, weist damit eine große Anzahl von Klauseln auf, die entweder eine mit Treu und Glauben unvereinbare Beschränkung des Gastwirts enthalten oder einen ihn sonst in unbilliger Weise belastenden Inhalt haben oder wegen ihrer mangelnden Klarheit oder unübersichtlichen Einordnung in den Vertrag zu beanstanden sind. Einen billigenswerten Inhalt könnte das Vertragswerk nur erhalten, wenn die zu beanstandenden Bestimmungen teils fortfallen, teils auf eine hinnehmbare Regelung zurückgeführt werden. Diese notwendigen Änderungen würden jedoch zu einer gänzlich neuen, von der bisherigen völlig abweichenden Vertragsgestaltung führen, die von dem Parteiwillen nicht mehr getragen wäre. Eine derart weitgehende Umgestaltung des Vertrages ist aber nicht Aufgabe der Gerichte. Läßt er sich nicht im Wege einer nach beiden Seiten interessengerechten Auslegung auf einen vertretbaren Sinngehalt zurückführen, so nutzt auch eine salvatorische Klausel nichts[34].

**584** In Anwendung dieser Prinzipien ist der Bundesgerichtshof im Urteil vom 29. Februar 1984[35] zu dem Ergebnis gelangt, daß die in dem der Entscheidung zugrundeliegenden Vertrag enthaltenen Klauseln über das Abräumungsrecht des Aufstellers, über sein Recht zur Vertragsübertragung und über die Vertragsverlängerung bei Austausch von Musikautomaten ersatzlos wegfallen müssen, während die Nachfolgeklausel bei interessengerechter Auslegung zum überwiegenden Teil wirksam bleibt, die Bestimmung über die Darlehensrückzahlungspflicht bei ungünstigen Auskünften in eingeschränkter Form aufrechterhalten und die Regelungen über den Vertragsstrafenanspruch und die Abrechnungszeiträume durch gesetzliche Vorschriften oder im Wege ergänzender Vertragsauslegung ersetzt werden können. Diese Umgestaltungen seien im Gegensatz zu den in den Urteilen vom 11. November 1968[36] und 6. Oktober 1982[37] entschiedenen Sachverhalten nicht von so einschneidender Bedeutung, daß von einer gänzlich neuen, von der bisherigen völlig abweichenden Vertragsgestaltung gesprochen werden könnte. Die wesentlichen Rechte und Pflichten der Parteien seien ganz oder in nur unbedeutend eingeschränkter Form erhalten geblieben, so die Befugnis des Aufstellers, verschiedene im einzelnen aufgeführte Geräte auf die Dauer von zehn Jahren in der Gaststätte aufzustellen, die Gegenleistungen in der Form des Darle-

---

34) Vgl. schon BGH, Urt. v. 6. 6. 1979 – VIII ZR 28/78 = WM 1979, 918.
35) AaO (Fußn. 33).
36) VIII ZR 151/66, BGHZ 51, 55 = NJW 1969, 230.
37) AaO (Fußn. 14).

hens, des verlorenen Zuschusses und des Wirteanteils, die Ausschließlichkeitsbindung des Wirts und seine Verpflichtung, die vertraglichen Pflichten — soweit zumutbar — auf einen Nachfolger zu übertragen. Es komme hinzu, daß der zur Beurteilung stehende Vertrag — wiederum anders als in den vorausgegangenen Entscheidungen — nicht in einer Vielzahl von Punkten unklar, schwer verständlich oder unübersichtlich geordnet sei, er sei vielmehr einigermaßen klar gegliedert und könne — wenn die „Allgemeinen Bedingungen" auch sehr kleingedruckt seien — bei einigem Bemühen auch verstanden werden.

Die Vertragsstrafenklausel in dem der Entscheidung vom 21. 3. 1990 zugrunde liegenden Fall ist für unwirksam erklärt worden, weil sie ihrer Höhe nach (5000 DM) in einem völlig unangemessenen Verhältnis zu dem im Höchstfall während der Gesamtvertragslaufzeit durch Nichterfüllung in Betracht kommenden Schaden (6728 DM) stand[38].

### 4. Unterschiedliche Laufzeit von Automatenaufstellvertrag und Pachtvertrag

**585** Die praktische Erfahrung lehrt, daß gelegentlich Automatenaufstellverträge abgeschlossen werden, deren Laufzeit über die Dauer des Gaststättenpachtvertrages hinausgreift. Schließt der Gastwirt einen Pachtvertrag für 6 Jahre und einen Automatenaufstellvertrag mit einer Laufzeit von 10 Jahren, so rechtfertigt selbst der Umstand, daß der Automatenaufsteller von der kürzeren Laufzeit des Pachtvertrages unterrichtet ist, es nicht, den Automatenaufstellvertrag dahin auszulegen, daß er — entgegen seinem klaren Wortlaut — der Pachtvertragsdauer angepaßt werden müsse[39]. Das gilt insbesondere dann, wenn die Vertragsparteien durch eine wirksame Nachfolgeklausel klargestellt haben, daß der Gaststättenpächter den Vertrag nicht während der ganzen Dauer in Person erfüllen müsse, sondern daß statt seiner ein anderer Pächter in den Vertrag eintreten könne. Im zitierten, vom Bundesgerichtshof entschiedenen Fall kam hinzu, daß sich der Verpächter für die Einhaltung der Aufstellverpflichtung verbürgt hatte. Der Bundesgerichtshof hat in seinem Urteil die Nachfolgeklausel mit der Befugnis eines Mieters verglichen, bei vorzeitigem Auszug einen Ersatzmieter zu besorgen. Der Mieter könne bei solcher Fallgestaltung nur dann die vorzeitige Entlassung aus einem auf bestimmte Zeit abgeschlossenen Mietvertrag verlangen, wenn er tatsächlich einen — dem Vermieter zumutbaren — Ersatzmieter stellt.

---

38) AaO (Fußn. 6).
39) BGH, Urt. v. 9. 12. 1970 — VIII ZR 9/69 = WM 1971, 273.

## III. Altenheimvertrag

Altenheimverträge, die den Mindestanforderungen des Gesetzes über Altenheime, Altenwohnheime und Pflegeheime für Volljährige vom 7. August 1974 (BGBl I 1873) genügen müssen, werden regelmäßig als Formularverträge abgeschlossen. Sie unterliegen jedoch nicht dem Schutz des AGB-Gesetzes. **586**

### 1. Rechtsnatur des Altenheimvertrages

Der Altenheimvertrag ist seiner Natur nach ein gemischter Vertrag, der aus Elementen des Miet-, Dienst- und Kaufvertragsrechts zusammengesetzt ist. Die Gewichtung der einzelnen Vertragselemente ist unterschiedlich je nach Art und Umfang der dem Heimbewohner geschuldeten Leistungen. Der Altenheimvertrag bildet ein einheitliches Ganzes und kann deshalb bei der rechtlichen Beurteilung nicht in seine verschiedenen Bestandteile zerlegt werden in dem Sinne, daß auf den Mietvertragsanteil Mietrecht, auf den Dienstvertragsanteil Dienstvertragsrecht und auf den Kaufvertragsanteil Kaufrecht anzuwenden wäre. Der Eigenart des Vertrages wird vielmehr nur die Unterstellung unter ein einziges Vertragsrecht gerecht, nämlich dasjenige, in dessen Bereich der Schwerpunkt des Vertrages liegt. Die gleiche Auffassung hat der Bundesgerichtshof bereits für die Einordnung von Mietverträgen über sog. Mischräume (Vermietung von Wohn- und Gewerberäumen in einem einzigen Vertrag) vertreten[1]. Steht die Wohnraumgewährung deutlich im Vordergrund und hat der Heimbewohner keinerlei Anspruch auf Pflege oder andere für die Versorgung alter Menschen typischen Dienstleistungen, so kann es sich bei dem Altenheimvertrag durchaus um einen Wohnungsmietvertrag handeln[2]. Liegt das Schwergewicht des Altenheimvertrages dagegen nicht im mietrechtlichen Teil, weil die Wohnraumüberlassung gegenüber Dienstleistungen des Heimträgers wie Verpflegung, Kranken- und Gebrechlichkeitspflege sowie die Vorhaltung entsprechender Einrichtungen im Vordergrund stehen, so können auf ihn die Vorschriften des Gesetzes zur Regelung der Miethöhe (Art. 3 des 2. Gesetzes über den Kündigungsschutz für Mietverhältnisse über Wohnraum vom 18. Dezember 1974, BGBl I 3604 = MHRG) nicht angewendet werden[3]. **587**

---

1) BGH, Urt. v. 30. 3. 1977 – VIII ZR 153/75 = WM 1977, 643 und v. 15. 11. 1978 – VIII ZR 14/78 = WM 1979, 148 = NJW 1979, 307; ferner BGH, Urt. v. 29. 10. 1980 – VIII ZR 326/79 = WM 1980, 1456 = NJW 1981, 341 und v. 22. 3. 1989 – VIII ZR 154/88 = WM 1989, 799 = EWiR § 9 AGBG 11/89, 525 *(Heinrichs)* = NJW 1989, 1673.
2) BGH, Urt. v. 21. 2. 1979 – VIII ZR 88/78 = BGHZ 73, 350 = WM 1979, 584 = NJW 1979, 1288.
3) BGH, Urt. v. 29. 10. 1980, aaO (Fußn. 1).

## C. Verträge mit übergreifendem Inhalt

### 2. Miethöheregelung und Kündigungsschutz

**588** Die Frage, ob Altenheimverträge dem Miethöheregelungsgesetz unterstehen, ist umstritten[4]. Der Bundesgerichtshof hat sich auf den Standpunkt gestellt, daß die Streitfrage nur unter Berücksichtigung der Eigenart des Altenheimvertrages und der im Einzelfall unterschiedlichen Vertragsgestaltung entschieden werden kann. Sind danach die gesetzlichen Bestimmungen über die Regelung der Miethöhe nicht anwendbar, so hat das für die Träger von Altenheimen die wichtige praktische Konsequenz, daß die Gegenleistung des Altenheimbewohners mit Hilfe einer Wertsicherungsklausel veränderten wirtschaftlichen Verhältnissen angepaßt werden darf. Die Unanwendbarkeit der Vorschriften des Miethöheregelungsgesetzes besagt andererseits nicht, daß bei Altenheimverträgen, bei denen das Dienstleistungselement im Vordergrund steht und dem Vertrag das Gepräge gibt, der Kündigungsschutz des 2. Wohnraumkündigungsschutzgesetzes ausgeschlossen wäre[5]. Das Oberlandesgericht Köln hat sich auf den Standpunkt gestellt, ein Altenheimvertrag könne seitens des Heimträgers nicht ohne weiteres nach Ablauf von 5 Jahren gekündigt werden; § 624 BGB sei auf Altenheimverträge unanwendbar, denn der Heimträger sei hinreichend durch die Vorschrift des § 626 BGB geschützt. Die 2-Wochenfrist des § 626 Abs. 2 BGB gelte auch bei der Kündigung eines Altenheimvertrages. Die für die gesetzliche Regelung im Dienstvertragsrecht maßgeblichen Gesichtspunkte träfen in gleicher Weise bei Altenheimverträgen zu[6].

Ist auf einen Heimvertrag Mietrecht anzuwenden, so gelten auch für eine fristlose Kündigung wegen Zahlungsverzugs die für Wohnraummiete unabdingbaren Vorschriften des § 554 BGB. Unabdingbar ist die Vorschrift insoweit in ihren beiden Absätzen, denn der Bundesgerichtshof versteht die Regelung in § 554 Abs. 2 Nr. 3 als selbständigen Absatz[7]. Die in einem Heimvertrag enthaltene Klausel, ein wichtiger Grund, der das Heim zur fristlosen Kündigung berechtige, liege insbesondere vor, „wenn der Bewohner bzw. der kostenerstattungspflichtige Dritte, mit der Zahlung des Leistungsentgelts mehr als zwei Monate in Rückstand ist", ist demgemäß wegen Unvereinbarkeit mit einem wesentlichen Grundgedanken der gesetzlichen Regelung für unwirksam angesehen worden. Die Klausel enthält eine verschuldensunabhängige Rückstandsregelung und versagt die Heilungsmöglichkeit gemäß § 554 Abs. 2 Nr. 3 BGB. Diese unzulässige Benachteiligung

---

4) Vgl. dazu die Nachweise in dem zitierten Urteil, dazu auch *Stober*, NJW 1979, 97.
5) BGH, Urt. v. 29. 10. 1980, aaO (Fußn. 1).
6) OLG Köln NJW 1980, 1395.
7) BGH, Urt. v. 22. 3. 1989 – VIII ZR 154/88 = WM 1989, 799 = EWiR § 9 AGBG 11/89, 525 (*Heinrichs*) = NJW 1989, 1673.

## III. Altenheimvertrag

des Heimbewohners hat der Bundesgerichtshof nicht durch die in der Kündigungsklausel des Heimvertrags vorgesehene Monatsfrist für außerordentliche Kündigungen als ausgeglichen angesehen. Wäre auf den der Entscheidung vom 22. März 1989 zugrunde liegenden Heimvertrag Dienstvertragsrecht anzuwenden, wäre die zitierte Klausel gleichfalls unwirksam. Auch § 626 BGB duldet keine Abweichung von den Voraussetzungen des Zahlungsverzugs; nur verschuldeter Zahlungsrückstand ergibt mithin einen Kündigungsgrund[8].

### 3. „Einkaufsdarlehen" und Zwangsversteigerung

Die Aufnahme in ein Altenheim wird nicht selten von der Gewährung eines Darlehens an dessen Träger abhängig gemacht. Die Mittel dienen dem Aufbau des Heims oder der Finanzierung laufender Investitionen. Wird ein Altenheim zwangsversteigert, so ist fraglich, ob der Ersteigerer kraft Gesetzes in eine Verpflichtung seines Rechtsvorgängers eintritt, ihm bei Kündigung des Altenheimvertrages den noch nicht abgewohnten Teil des vom Heimbewohner zum Aufbau des Heimes zur Verfügung gestellten Darlehens zurückzuerstatten (§§ 571 BGB, 57 ZVG). Der Bundesgerichtshof hat die Frage verneint und dazu ausgeführt, nach §§ 571 BGB, 57 ZVG sei Voraussetzung für den Eintritt in eine Rückgewährverpflichtung das Bestehen eines Mietvertrages. Bei dem im entschiedenen Falle zustande gekommenen Altenheimvertrag handele es sich aber nicht um einen Mietvertrag, sondern um einen gemischten Vertrag, der auch aus Elementen des Dienstvertrages und des Kaufvertrages zusammengesetzt sei und dessen Schwerpunkt nicht im mietrechtlichen, sondern im dienstvertraglichen Teil liege. Darauf, ob ein Altenheimbewohner nicht weniger schutzwürdig sei als ein Wohnungsmieter, könne bei der Entscheidung der Frage, ob die §§ 571 BGB, 57 ZVG anzuwenden seien, nicht abgestellt werden[9].

---

8) BGH, Urt. v. 22. 3. 1989, aaO (Fußn. 7); vgl. auch BGH, Urt. v. 21. 2. 1985 − IX ZR 129/84 = WM 1985, 604 = EWiR § 9 AGBG 2/85, 227 *(Bunte)* = NJW 1985, 1705.
9) BGH, Urt. v. 14. 10. 1981 − VIII ZR 331/80 = WM 1981, 1310 = NJW 1982, 221.

## IV. Dienstverschaffungsvertrag

**590** Zu den im Wirtschaftsleben nicht seltenen Rechtsgeschäften gehören Verträge, auf Grund derer ein Unternehmer einem anderen eine Maschine oder ein Gerät mit Bedienungspersonal, ein Fahrzeug mit Fahrer gegen Entgelt überläßt. Seit 70 Jahren befaßt sich die höchstrichterliche Rechtsprechung in Abständen mit der Einordnung derartiger Vertragsverhältnisse in das System des Besonderen Schuldrechts[1], ohne daß sich mehr sagen läßt, als daß die Parteien auch bei diesen Sachverhalten freie Hand haben, wie sie ihre Vertragsverhältnisse gestalten. Haben sie keine ausdrücklichen ins einzelne gehenden Vereinbarungen getroffen, so bedarf es einer sorgfältigen Würdigung aller feststellbaren Umstände, um durch Auslegung schlüssiger Tatsachen und Erklärungen zu ermitteln, welche Absichten die Parteien z. B. mit der Vermietung einer Baumaschine und der Gestellung eines Mannes zu ihrer Bedienung verfolgen und wie sie sich die rechtliche Abwicklung des Vertragsverhältnisses gedacht haben. In der Regel läßt sich das von den Beteiligten Gewollte auf zwei Grundtypen der Vertragsgestaltung zurückführen.

### 1. Gemischtes Rechtsgeschäft

**591** Ein mit einem Mietvertrag verbundener Dienstverschaffungsvertrag ist dann anzunehmen, wenn nur die Gestellung eines gebrauchsfähigen Gerätes (z. B. eines Baggers oder eines Turmdrehkranes) und geeigneten Bedienungspersonals (z. B. eines Bagger- oder Kranführers) geschuldet wird. Bei solcher Fallgestaltung geht die Sorge für die Betriebsführung und Wartung des Gerätes während der Dauer des Mietverhältnisses auf den Mieter über, der außerdem ohnehin die Verantwortung für den Einsatz des Gerätes auf Grund seiner Direktionsbefugnis trägt. Das Bedienungspersonal bleibt einerseits Arbeitnehmer des Gerätevermieters und wird andererseits nicht nur hinsichtlich des Einsatzes, sondern in bezug auf alles, was mit der Obhut über das Gerät in Zusammenhang steht, Erfüllungsgehilfe des Mieters, der mithin für das Bedienungspersonal gem. §§ 276, 278 BGB haftet. Dies folgt daraus, daß das Bedienungspersonal der Weisungsbefugnis des Mieters unterworfen ist. Besondere Bedeutung gewinnt in diesem Zusammenhang auch die Mängelanzeigepflicht des Mieters aus § 545 BGB[2]. Nach den vom Kammergericht in Berlin im Jahre 1965 getroffenen tatsächlichen Feststellungen war diese Art

---

1) Vgl. *Hilgendorf*, VersR, 1972, 127.
2) BGH, Urt. v. 22. 5. 1968 – VIII ZR 21/66 = MDR 1968, 918 = BB 1968, 809.

IV. Dienstverschaffungsvertrag

der Vertragsgestaltung seinerzeit in der Bauwirtschaft üblich[3]. Daran hat sich ersichtlich nichts geändert. Die entgeltliche Überlassung eines von Pferden gezogenen Planwagens samt Kutscher zur Durchführung eines Betriebsausfluges fällt nach Ansicht des Oberlandesgerichts Karlsruhe unter die Bestimmungen des Mietvertragsrechts[4].

Bei einem aus Mietvertrag und Dienstverschaffungsvertrag gemischten Rechtsgeschäft gilt für die vertragliche Haftung des Vermieters, daß er darlegen und beweisen muß, einwandfreies Gerät und geeignetes Bedienungspersonal zur Verfügung gestellt zu haben. Den Mieter treffen die Folgen von Planungs- und Einsatzfehlern, wozu auch Fehler der technischen Einsatzvorbereitung zu rechnen sind. Für den Fall, daß der Mieter das Gerät in beschädigtem Zustand zurückgibt, muß er sich entlasten. Mitwirkendes Verschulden des Bedienungspersonals bei der Schadensentstehung geht zu seinen Lasten[5].

## 2. Einheitliches Rechtsgeschäft

Je nach Eigenart der vermieteten Maschine und den übrigen Umständen ist es andererseits durchaus möglich, daß der Vermieter Obhut und Wartung des Gerätes gerade nicht aus der Hand geben möchte, und es vielmehr in seiner Absicht liegt, das Gerät durch das eigens auch zu diesem Zweck gestellte Bedienungspersonal überwachen und warten zu lassen. Ob eine solche Beurteilung geboten ist, hängt regelmäßig von der Eigenart der vermieteten Maschine ab[6]. Handelt es sich um eine besonders wertvolle und in der Bedienung komplizierte Maschine, so liegt es nahe, daß der Vermieter den Maschinisten deshalb stellt, damit dieser im Vermieterinteresse die Maschine wartet. Dann handelt es sich nicht um einen bloßen Dienstverschaffungsvertrag; der Maschinist bleibt nicht nur Arbeitnehmer des Vermieters, sondern ist im Verhältnis zum Mieter auch Erfüllungsgehilfe des Vermieters. Der Vermieter muß in derartigen Fällen für die ordnungsgemäße Arbeit des Maschinisten einstehen[7]. Bleibt das Gerät in der Obhut des Eigentümers, treten die mietvertraglichen Elemente des Vertragsverhältnisses zurück. Die geschuldete ordnungsgemäße Dienstleistung − unter Einsatz von Gerät und Personal − bestimmt den Charakter des Vertrages, auch wenn der Auftraggeber ein Direktionsrecht behält. Fehlt es auch daran und kommt es dem Auftraggeber

592

---

3) BGH, Urt. v. 22. 5. 1968, aaO (Fußn. 2); v. 9. 3. 1971 − VI ZR 138/69 = NJW 1971, 1129 und v. 15. 2. 1978 − VIII ZR 242/76 = WM 1978, 620.
4) OLG Karlsruhe NJW 1989, 907.
5) KG NJW 1965, 976.
6) BGH, Urt. v. 15. 2. 1978, aaO (Fußn. 3).
7) Vgl. OLG Hamm VersR 1966, 641.

## C. Verträge mit übergreifendem Inhalt

„nur" auf einen bestimmten Erfolg[8], z. B. den Aushub einer Baugrube, an, so ist ein darauf gerichtetes Vertragsverhältnis den Vorschriften über den Werkvertrag zuzuordnen.

---

8) BGH, Urt. v. 22. 5. 1968, aaO (Fußn. 2).

# Entscheidungsregister

(jeweils zeitlich geordnet mit Verweisung auf die Randziffern des Handbuches)

## Verfassungsgerichtsbarkeit

### Bundesverfassungsgericht

| | | |
|---|---|---|
| 13. 2. 1964 – 1 BvL 17/61 | BVerfGE 17, 232 = NJW 1964, 1067 | 449 |
| 15. 3. 1989 – 1 BvR 1428/88 | NJW 1989, 1917 | 257 |
| 4. 10. 1989 – 1 BvL 32/82, 1 BvL 6/83 | NJW 1990, 1352 | 450 |

## Zivilgerichtsbarkeit

### Reichsgericht

| | | |
|---|---|---|
| 28. 5. 1904 – V 523/03 | RGZ 58, 181 | 378 |
| 20. 9. 1904 – III 67/04 | RGZ 59, 177 | 378 |
| 15. 10. 1904 – V 127/04 | RGZ 59, 87 | 392 |
| 5. 12. 1906 – V 152/06 | RGZ 64, 415 | 378 |
| 31. 1. 1908 – III 245/07 | RGZ 67, 372 | 420 |
| 16. 9. 1910 – III 514/09 | RGZ 74, 176 | 266, 346 |
| 3. 4. 1911 – V 359/10 | RGZ 76, 116 | 378 |
| 18. 9. 1912 – I 72/12 | RGZ 80, 81 | 57 |
| 20. 11. 1914 – III 75/14 | RGZ 86, 30 | 28 |
| 19. 6. 1917 – III 25/17 | RGZ 90, 328 | 253, 263, 301 |
| 29. 1. 1918 – III 415/17 | RGZ 92, 118 | 346 |
| 26. 4. 1918 – III 2/18 | RGZ 92, 417 | 17 |
| 7. 10. 1919 – III 27/19 | RGZ 96, 306 | 193 |
| 11. 6. 1920 – III 9/20 | RGZ 99, 154 | 17 |
| 17. 9. 1920 – III 92/20 | RGZ 100, 42 | 89 |
| 6. 2. 1923 – III 299/22 | RGZ 106, 270 | 208 |
| 7. 7. 1926 – III 42/26 | RGZ 114, 243 | 246 |
| 23. 11. 1926 – III 540/25 | RGZ 115, 271 | 428 |
| 3. 1. 1928 – III 152/27 | RGZ 119, 353 | 214 |
| 29. 4. 1929 – VIII 96/29 | RGZ 124, 195 | 246, 372 |
| 10. 7. 1930 – VIII 332/30 | RGZ 130, 52 | 262 |
| 16. 3. 1931 – VIII 632/30 | RGZ 132, 116 | 217 |
| 2. 5. 1932 – VIII 104/32 | RGZ 136, 266 | 212 |
| 23. 6. 1932 – VIII 140/32 | RGZ 136, 433 | 447 |
| 17. 10. 1932 – VIII 289/32 | RGZ 138, 69 | 409 |
| 14. 2. 1933 – II 284/32 | RGZ 140, 10 | 427 |
| 16. 5. 1933 – VII 50/33 | RGZ 141, 99 | 3 |
| 11. 7. 1933 – VII 70/33 | RGZ 141, 391 | 426 |
| 18. 1. 1934 – IV 369/33 | RGZ 143, 212 | 13 |

| | | |
|---|---|---|
| 22. 3.1934 – IV 399/33 | RGZ 144, 194 | 410 |
| 21. 1.1935 – IV 261/34 | RGZ 146, 334 | 219, 225 |
| 17. 8.1936 – IV 120/36 | RGZ 152, 100 | 443 |
| 21. 1.1938 – VII 106/37 | RGZ 156, 395 | 394 |
| 30. 5.1938 – IV 32/38 | RGZ 157, 363 | 348 |
| 19.11.1938 – II 69/38 | RGZ 158, 377 | 300 |
| 1.12.1938 – IV 147/38 | RGZ 158, 394 | 337, 342, 353 |
| 12. 6.1939 – IV 2/39 | RGZ 160, 361 | 447 |
| 29. 6.1940 – V 199/39 | RGZ 165, 155 | 77, 98, 107 |
| 27.11.1941 – V 60/41 | HRR 1942, 257 | 286 |

**Oberster Gerichtshof der Britischen Zone**

| | | |
|---|---|---|
| 26. 1.1950 – I ZS 54/49 | NJW 1950, 502 | 359 |

**Bundesgerichtshof**

| | | |
|---|---|---|
| 4. 4.1951 – II ZR 52/50 | BGHZ 1, 353 = NJW 1951, 711 = BB 1951, 486 | 179 |
| 5.10.1951 – I ZR 92/50 | BGHZ 3, 200 = NJW 1951, 957 | 3 |
| 6. 6.1951 – V ZR 79/51 | BGHZ 6, 202 = NJW 1952, 867 | 410 |
| 30. 6.1952 – V ZR 12/51 | NJW 1952, 1131 (L) = LM Nr. 1 zu § 539 BGB | 71 |
| 29. 4.1953 – VI ZR 212/52 | BGHZ 9, 320 | 74 |
| 10. 7.1953 – V ZR 22/52 | BGHZ 10, 171 = NJW 1953, 1466 | 332 |
| 7.10.1953 – VI ZR 20/53 | LM Nr. 1 zu § 566 BGB | 28 |
| 23.10.1953 – V ZR 38/52 | NJW 1954, 265 | 332, 341 |
| 28.10.1953 – II ZR 149/52 | BGHZ 10, 385 = NJW 1954, 70 | 330 |
| 23.12.1953 – VI ZR 244/52 | LM Nr. 3 zu § 537 BGB | 214 |
| 3. 3.1954 – VI ZR 259/52 | BGHZ 13, 1 = NJW 1954, 953 | 370 |
| 15.10.1954 – V ZR 42/54 | LM Nr. 11 zu § 581 BGB | 1, 450 |
| 17.12.1954 – V ZR 4/54 | BGHZ 16, 31 = NJW 1955, 182 | 376 |
| 18.12.1954 – VI ZR 177/53 | LM BGB § 249 - Ha - Nr. 6 | 518 |
| 12. 1.1955 – VI ZR 273/53 | LM Nr. 3 zu § 683 BGB | 333 |
| 22. 1.1955 – VI ZR 70/53 | NJW 1955, 1066 | 345 |
| 26. 1.1955 – VI ZR 274/53 | LM Nr. 2 zu § 536 BGB | 209 |
| 15. 4.1955 – V ZR 22/54 | BGHZ 17, 127 = NJW 1955, 948 | 351, 434 |
| 10.12.1955 – VI ZR 44/53 | LM Nr. 4 zu § 994 BGB = MDR 1956, 598 | 337, 353 |
| 29.10.1956 – II ZR 64/56 | BGHZ 22, 109 = NJW 1956, 1915 | 197 |
| 31.10.1956 – V ZR 157/55 | WM 1956, 1518 | 18 |
| 21.12.1956 – V ZR 110/56 | WM 1967, 750 = NJW 1957, 460 | 334 |
| 19. 3.1957 – VIII ZR 43/56 | LM Nr. 2 zu § 595 BGB = NJW 1957, 826 (L) | 440 |
| 19. 3.1957 – VIII ZR 48/56 | LM Nr. 10 zu § 535 BGB | 57 |
| 26. 3.1957 – VIII ZR 6/56 | LM Nr. 3 zu § 538 BGB | 77, 98 |
| 30. 4.1957 – VIII ZR 201/56 | BGHZ 24, 165 = NJW 1957, 988 | 448 |
| 21. 5.1957 – VIII ZR 202/56 | NJW 1957, 1186 | 13 |

| | | |
|---|---|---|
| 26. 11. 1957 – VIII ZR 92/57 | BGHZ 26, 102 = NJW 1958, 421 | 253, 263, 426 |
| 21. 1. 1958 – VIII ZR 119/57 | WM 1958, 491 | 19 |
| 11. 2. 1958 – VIII ZR 12/57 | NJW 1958, 785 | 93 |
| 6. 5. 1958 – VIII ZR 73/57 | BGHZ 27, 227 = NJW 1958, 1282 | 229, 231 |
| 3. 6. 1958 – VIII ZR 51/57 | MDR 1958, 686 | 328 |
| 10. 6. 1958 – VIII ZR 135/57 | LM Nr. 55 zu § 242 BGB Cd = ZMR 1959, 8 | 345, 452 |
| 11. 7. 1958 – VIII ZR 114/57 | WM 1958, 1046 = NJW 1958, 1582 | 312, 319 |
| 30. 9. 1958 – VIII ZR 134/57 | NJW 1958, 2062 | 29 |
| 14. 10. 1958 – VIII ZR 155/57 | NJW 1958, 2109 | 342 |
| 21. 10. 1958 – VIII ZR 1/58 | BB 1958, 1220 | 179 |
| 12. 2. 1959 – VIII ZR 54/58 | BGHZ 29, 289 = WM 1959, 543 = NJW 1959, 1424 | 106, 130 |
| 24. 2. 1959 – VIII ZR 33/58 | NJW 1959, 766 | 276, 282 |
| 9. 3. 1959 – VII ZR 90/58 | WM 1959, 855 | 236 |
| 12. 5. 1959 – VIII ZR 43/58 | NJW 1959, 1629 | 338 |
| 30. 6. 1959 – VIII ZR 128/58 | LM Nr. 1 zu § 542 BGB = MDR 1959, 1005 = ZMR 1960, 10 | 349, 350 |
| 13. 10. 1959 – VIII ZR 139/59 | NJW 1959, 2300 | 87 |
| 13. 10. 1959 – VIII ZR 186/58 | NJW 1959, 2251 | 432 |
| 13. 10. 1959 – VIII ZR 193/58 | NJW 1959, 2163 | 333, 337 |
| 8. 12. 1959 – VIII ZR 164/58 | NJW 1960, 475 | 29 |
| 22. 3. 1960 – VIII ZR 177/59 | NJW 1960, 909 | 222, 302 |
| 23. 5. 1960 – II ZR 132/58 | BGHZ 32, 331 = NJW 1960, 1572 | 62 |
| 7. 7. 1960 – VIII ZR 105/59 | WM 1960, 1148 | 441 |
| 7. 12. 1960 – VIII ZR 16/60 | WM 1961, 455 = NJW 1961, 916 | 303, 512 |
| 14. 12. 1960 – VIII ZR 17/60 | WM 1961, 245 | 201 |
| 21. 12. 1960 – VIII ZR 146/59 | BGHZ 34, 153 = NJW 1961, 502 | 441 |
| 15. 2. 1961 – VIII ZR 183/59 | NJW 1961, 917 | 65, 66 |
| 28. 6. 1961 – VIII ZR 46/60 | WM 1961, 1025 | 364 |
| 11. 7. 1961 – VI ZR 186/60 | VersR 1961, 886 | 77, 107 |
| 29. 11. 1961 – VIII ZR 112/60 | ZMR 1962, 83 = DB 1962, 64 | 77, 110 |
| 11. 12. 1961 – VIII ZR 46/61 | WM 1962, 272 | 65, 67 |
| 21. 2. 1962 – VIII ZR 4/61 | WM 1962, 516 = NJW 1962, 908 | 100 |
| 30. 5. 1962 – VIII ZR 173/61 | WM 1962, 769 = NJW 1962, 1388 | 30 |
| 8. 6. 1962 – I ZR 6/61 | NJW 1962, 1812 | 18, 20 |
| 11. 7. 1962 – VIII ZR 98/61 | BGHZ 37, 346 = WM 1962, 901 = NJW 1962, 1860 | 375, 410 |
| 7. 11. 1962 – VIII ZR 120/60 | WM 1963, 217 | 357 |
| 7. 11. 1962 – VIII ZR 190/61 | WM 1962, 1379 | 108 |
| 14. 11. 1962 – VIII ZR 37/61 | NJW 1963, 147 | 224 |
| 28. 11. 1962 – VIII ZR 77/61 | BGHZ 38, 295 = WM 1963, 167 = NJW 1963, 341 | 157, 160 |
| 28. 11. 1962 – VIII ZR 142/61 | WM 1963, 172 | 18, 29, 31, 34, 38, 40 |
| 16. 1. 1963 – VIII ZR 169/61 | WM 1963, 321 = NJW 1963, 804 | 74, 96 |
| 22. 2. 1963 – V ZR 100/61 | NJW 1963, 1451 | 281 |
| 26. 6. 1963 – VIII ZR 54/62 | WM 1963, 867 | 282 |
| 16. 10. 1963 – VIII ZR 28/62 | NJW 1964, 33 | 102, 128 |

465

| | | |
|---|---|---|
| 13. 11. 1963 – V ZR 8/62 | BGHZ 40, 255 = WM 1964, 65 = NJW 1964, 395 | 31 |
| 25. 11. 1963 – II ZR 54/61 | BGHZ 40, 301 = NJW 1964, 654 | 548 |
| 27. 11. 1963 – VIII ZR 116/62 | WM 1964, 184 | 41, 77 |
| 18. 12. 1963 – VIII ZR 193/62 | WM 1964, 127 = NJW 1964, 545 | 205 |
| 5. 2. 1964 – VIII ZR 156/62 | WM 1964, 426 | 4 |
| 26. 2. 1964 – V ZR 105/61 | BGHZ 41, 157 = NJW 1964, 1125 | 332 |
| 20. 5. 1964 – VIII ZR 235/63 | WM 1964, 860 = NJW 1964, 1853 | 348 |
| 10. 6. 1964 – VIII ZR 262/63 | NJW 1964, 2203 | 448 |
| 30. 6. 1964 – V ZR 7/63 | BGHZ 42, 333 = WM 1964, 991 = NJW 1964, 1851 | 32, 366 |
| 6. 7. 1964 – VIII ZR 41/63 | WM 1964, 1025 | 52 |
| 28. 9. 1964 – VIII ZR 101/63 | WM 1964, 1216 | 18, 19 |
| 11. 11. 1964 – VIII ZR 149/63 | NJW 1965, 151 | 193 |
| 29. 1. 1965 – V ZR 53/64 | NJW 1965, 812 | 49 |
| 20. 2. 1965 – VIII ZR 76/63 | WM 1965, 411 | 285 |
| 19. 3. 1965 – V ZR 268/62 | WM 1965, 527 = NJW 1965, 1225 | 339, 381 |
| 5. 4. 1965 – VIII ZR 10/64 | WM 1965, 628 = NJW 1965, 1373 | 143, 411 |
| 22. 4. 1965 – VII ZR 15/65 | BGHZ 43, 374 = NJW 1965, 1523 = WM 1965, 751 | 183 |
| 31. 5. 1965 – VIII ZR 302/63 | WM 1965, 701 = NJW 1965, 1475 | 219, 222, 227 |
| 23. 6. 1965 – VIII ZR 201/63 | WM 1965, 871 = NJW 1965, 1757 | 13, 239 |
| 21. 9. 1965 – V ZR 65/63 | NJW 1965, 2198 | 364 |
| 20. 10. 1965 – VIII ZR 154/63 | VersR 1966, 81 | 208 |
| 10. 11. 1965 – VIII ZR 12/64 | BGHZ 44, 241 = WM 1965, 1215 = NJW 1966, 248 | 51, 301, 306 |
| 15. 11. 1965 – VIII ZR 288/63 | WM 1966, 96 | 363 |
| 29. 11. 1965 – VII ZR 202/63 | BGHZ 44, 271 = NJW 1966, 347 | 317 |
| 18. 1. 1966 – V ZR 113/63 | BGHZ 45, 11 = WM 1966, 197 = NJW 1966, 590 | 387 |
| 19. 1. 1966 – VIII ZR 1/64 | WM 1966, 479 | 345 |
| 23. 2. 1966 – VIII ZR 63/64 | WM 1966, 763 | 58 |
| 18. 4. 1966 – VIII ZR 279/63 | WM 1966, 590 | 39 |
| 15. 6. 1966 – VIII ZR 48/64 | WM 1966, 979 | 40 |
| 27. 6. 1966 – VIII ZR 148/64 | WM 1966, 765 | 300 |
| 6. 7. 1966 – VIII ZR 169/64 | WM 1966, 1043 = NJW 1966, 1703 | 388 |
| 19. 10. 1966 – VIII ZR 93/64 | WM 1966, 1269 = NJW 1967, 154 | 77 |
| 26. 10. 1966 – VIII ZR 173/65 | WM 1966, 1335 | 44 |
| 9. 11. 1966 – VIII ZR 114/65 | DB 1967, 118 | 133 |
| 30. 11. 1966 – VIII ZR 145/65 | WM 1967, 74 = NJW 1967, 555 | 375 |
| 21. 12. 1966 – VIII ZR 195/64 | WM 1967, 116 = NJW 1967, 821 | 306, 345, 358, 360 |
| 31. 1. 1967 – VI ZR 105/65 | BGHZ 47, 53 = NJW 1967, 980 | 193 |
| 15. 2. 1967 – VIII ZR 222/64 | WM 1967, 515 | 36, 104, 112 |
| 22. 3. 1967 – VIII ZR 10/65 | BGHZ 47, 202 = WM 1967, 754 = NJW 1967, 1414 | 27, 365, 566, 567 |
| 12. 4. 1967 – VIII ZR 122/66 | WM 1967, 796 | 357 |
| 19. 4. 1967 – VIII ZR 8/65 | WM 1967, 798 | 46, 49 |
| 17. 5. 1967 – V ZR 96/64 | WM 1967, 935 | 21, 25 |
| 17. 5. 1967 – VIII ZR 265/64 | WM 1967, 850 | 112 |

# Entscheidungsregister

| | | | |
|---|---|---|---|
| 22. | 5. 1967 – VIII ZR 25/65 | WM 1967, 750 = NJW 1967, 2255 | 332, 333, 334, 335, 337 |
| 14. | 6. 1967 – VIII ZR 268/64 | WM 1967, 749 | 188 |
| 16. | 6. 1967 – V ZR 122/64 | BGHZ 48, 116 = NJW 1967, 1902 = WM 1967, 669 | 330 |
| 28. | 6. 1967 – VIII ZR 59/65 | NJW 1968, 197 | 301, 306, 307 |
| 12. | 7. 1967 – VIII ZR 250/64 | BGHZ 48, 244 = WM 1967, 982 = NJW 1967, 2258 | 364 |
| 28. | 9. 1967 – VII ZR 81/65 | NJW 1968, 43 | 328 |
| 4. | 10. 1967 – VIII ZR 105/66 | WM 1967, 1250 | 20, 335 |
| 11. | 10. 1967 – VIII ZR 76/65 | WM 1967, 1197 = NJW 1968, 32 | 44 |
| 15. | 11. 1967 – VIII ZR 150/65 | BGHZ 49, 56 = WM 1967, 1552 = NJW 1968, 491 | 136, 326 |
| 20. | 11. 1967 – VIII ZR 92/65 | WM 1968, 7 | 1, 261, 450 |
| 10. | 1. 1968 – VIII ZR 104/64 | WM 1968, 300 | 239 |
| 17. | 1. 1968 – VIII ZR 207/65 | WM 1968, 281 = NJW 1968, 692 | 308, 316, 319, 518 |
| 22. | 1. 1968 – VIII ZR 195/65 | BGHZ 49, 350 = WM 1968, 438 = NJW 1968, 885 | 96, 97, 239, 374 |
| 7. | 2. 1968 – VIII ZR 179/65 | BGHZ 49, 278 = WM 1968, 435 = NJW 1968, 694 | 193, 238, 239 |
| 14. | 2. 1968 – VIII ZR 189/65 | WM 1968, 617 | 140, 184 |
| 28. | 2. 1968 – VIII ZR 200/65 | WM 1968, 650 | 346 |
| 27. | 3. 1968 – VIII ZR 71/66 | BGHZ 50, 39 = WM 1968, 573 = NJW 1968, 1229 | 37 |
| 8. | 4. 1968 – VIII ZR 18/66 | WM 1968, 575 | 140 |
| 8. | 4. 1968 – VIII ZR 70/60 | WM 1968, 947 | 409 |
| 24. | 4. 1968 – VIII ZR 120/67 | WM 1968, 699 | 209, 210 |
| 15. | 5. 1968 – VIII ZR 136/66 | NJW 1968, 2099 | 197 |
| 22. | 5. 1968 – VIII ZR 21/66 | LM Nr. 40 zu § 535 BGB = MDR 1968, 918 = BB 1968, 809 | 5, 591 |
| 22. | 5. 1968 – VIII ZR 69/66 | WM 1968, 799 | 314 |
| 3. | 7. 1968 – VIII ZR 106/66 | WM 1968, 1202 | 63 |
| 10. | 7. 1968 – VIII ZR 120/66 | BGHZ 50, 312 = WM 1968, 972 = NJW 1969, 37 | 70, 242 |
| 10. | 7. 1968 – VIII ZR 180/66 | WM 1968, 1306 | 75, 82 |
| 2. | 10. 1968 – VIII ZR 197/66 | WM 1968, 1243 = NJW 1968, 2241 | 193 |
| 9. | 10. 1968 – VIII ZR 173/66 | WM 1968, 1354 = NJW 1969, 41 | 188, 240 |
| 6. | 11. 1968 – V ZR 85/65 | WM 1968, 1370 | 301, 307, 355 |
| 11. | 11. 1968 – VIII ZR 151/66 | BGHZ 51, 55 = WM 1969, 20 = NJW 1969, 230 | 566, 570, 574, 575, 577 |
| 18. | 11. 1968 – VIII ZR 189/66 | WM 1968, 1399 = NJW 1969, 40 | 343 |
| 18. | 12. 1968 – VIII ZR 29/68 | BGHZ 51, 273 = WM 1969, 124 = NJW 1969, 417 | 387 |
| 8. | 1. 1969 – VIII ZR 184/66 | WM 1969, 1298 | 2, 285 |
| 29. | 1. 1969 – VIII ZR 20/67 | WM 1969, 396 = NJW 1969, 839 | 14 |
| 12. | 3. 1969 – VIII ZR 97/67 | WM 1969, 638 | 301 |
| 19. | 3. 1969 – VIII ZR 66/67 | BGHZ 52, 25 = WM 1969, 700 = NJW 1969, 1063 | 32 |
| 26. | 3. 1969 – VIII ZR 76/67 | WM 1969, 625 | 9 |

| Datum | Aktenzeichen | Fundstelle | Seite |
|---|---|---|---|
| 2. 4.1969 – | VIII ZR 107/67 | WM 1969, 838 | 305 |
| 16. 4.1969 – | VIII ZR 64/66 | WM 1969, 919 | 18 |
| 12. 5.1969 – | VIII ZR 164/67 | WM 1969, 1011 | 98, 208 |
| 28. 5.1969 – | VIII ZR 162/67 | WM 1969, 842 = NJW 1969, 1383 | 141 |
| 4. 6.1969 – | VIII ZR 134/67 | WM 1969, 959 = NJW 1969, 1845 | 281, 316 |
| 18. 6.1969 – | VIII ZR 88/67 | WM 1969, 920 | 31, 32 |
| 14. 7.1969 – | VIII ZR 5/68 | WM 1969, 1114 = NJW 1969, 1855 (L) | 343 |
| 8.10.1969 – | VIII ZR 20/68 | NJW 1970, 29 = WM 1969, 1391 | 578 |
| 29.10.1969 – | VIII ZR 130/68 | BGHZ 53, 35 = WM 1969, 1418 = NJW 1970, 93 | 376 |
| 28.11.1969 – | V ZR 20/66 | WM 1970, 195 | 357 |
| 3.12.1969 – | I ZR 151/67 | WM 1970, 357 = NJW 1970, 471 | 448, 451 |
| 17.12.1969 – | VIII ZR 52/68 | WM 1970, 127 = NJW 1970, 419 | 239 |
| 7. 1.1970 – | I ZR 99/69 | WM 1970, 319 = NJW 1970, 556 | 358 |
| 17. 3.1970 – | VI ZR 156/68 | BB 1970, 638 | 167 |
| 29. 4.1970 – | VIII ZR 29/69 | BGHZ 54, 34 = WM 1970, 688 = NJW 1970, 1182 | 193 |
| 29. 4.1970 – | VIII ZR 120/68 | WM 1970, 791 | 20, 127 |
| 4. 5.1970 – | VIII ZR 179/68 | WM 1970, 853 | 2, 27 |
| 20. 5.1970 – | VIII ZR 197/68 | WM 1970, 907 = NJW 1970, 1313 | 52, 518 |
| 15. 6.1970 – | VIII ZR 161/68 | WM 1970, 1142 | 337 |
| 26. 6.1970 – | V ZR 97/69 | WM 1970, 1143 = NJW 1970, 1596 | 31 |
| 14. 7.1970 – | VIII ZR 12/69 | WM 1970, 1141 | 275 |
| 24./28. 7.1970 – | VIII ZR 230/68 | BGHZ 54, 251 = WM 1970, 1136 = NJW 1970, 1740 | 111 |
| 21.10.1970 – | VIII ZR 63/69 | BGHZ 54, 347 = WM 1970, 1456 = NJW 1970, 2289 | 313, 315, 339 |
| 4.11.1970 – | VIII ZR 76/69 | WM 1970, 1480 | 31, 34 |
| 11.11.1970 – | VIII ZR 42/70 | WM 1971, 44 | 20 |
| 16.11.1970 – | VIII ZR 121/69 | WM 1971, 46 | 21, 22 |
| 2.12.1970 – | VIII ZR 77/69 | BGHZ 55, 71 = WM 1971, 131 = NJW 1971, 422 | 21, 28, 365 |
| 9.12.1970 – | VIII ZR 9/69 | WM 1971, 243 | 573 |
| 9.12.1970 – | VIII ZR 149/69 | WM 1971, 244 = NJW 1971, 424 | 79, 96, 100 |
| 15.12.1970 – | VI ZR 121/69 | DB 1971, 333 | 62 |
| 20. 1.1971 – | VIII ZR 167/69 | WM 1971, 531 = NJW 1971, 555 (L) | 82, 83 |
| 27. 1.1971 – | VIII ZR 151/69 | BGHZ 55, 248 = WM 1971, 310; NJW 1971, 653 | 17 |
| 11. 2.1971 – | VIII ZR 170/69 | WM 1971, 615 | 451 |
| 3. 3.1971 – | VIII ZR 55/70 | NJW 1971, 1034 = WM 1971, 503 | 570 |
| 9. 3.1971 – | VI ZR 138/69 | NJW 1971, 1129 | 590 |
| 27. 4.1971 – | VI ZR 191/69 | WM 1971, 943 | 296, 299 |
| 5. 5.1971 – | VIII ZR 59/70 | WM 1971, 1020 | 94, 275, 276 |
| 7. 5.1971 – | V ZR 94/70 | BGHZ 56, 136 = NJW 1971, 1450 | 89 |
| 30. 6.1971 – | VIII ZR 147/69 | BGHZ 56, 308 = WM 1971, 994 = NJW 1971, 2065 | 289, 347 |
| 7. 7.1971 – | VIII ZR 10/70 | WM 1971, 1300 | 27, 281 |
| 14. 7.1971 – | VIII ZR 28/70 | WM 1971, 1189 = NJW 1971, 1839 | 323 |
| 22. 9.1971 – | VIII ZR 135/70 | WM 1971, 1439 | 244, 276 |

| | | |
|---|---|---:|
| 26. 9. 1971 – VIII ZR 255/69 | WM 1971, 1086 | 220 |
| 20. 10. 1971 – VIII ZR 164/70 | WM 1971, 1542 = NJW 1972, 34 | 188 |
| 27. 10. 1971 – VIII ZR 48/70 | BGHZ 57, 166 = WM 1971, 1434<br>= NJW 1972, 43 | 225 |
| 28. 10. 1971 – VII ZR 15/70 | BGHZ 57, 191 = NJW 1972, 95 | 50 |
| 15. 11. 1971 – III ZR 162/69 | WM 1972, 509 = NJW 1972, 528 | 287 |
| 1. 12. 1971 – VIII ZR 88/70 | WM 1972, 136 = NJW 1972, 249 | 106, 253 |
| 12. 1. 1972 – VIII ZR 26/71 | WM 1972, 335 = NJW 1972, 625 (L) | 100, 233, 237 |
| 2. 2. 1972 – VIII ZR 160/70 | WM 1972, 419 | 112 |
| 23. 2. 1972 – VIII ZR 91/70 | WM 1972, 727 = NJW 1972, 723 | 207 |
| 8. 3. 1972 – VIII ZR 183/70 | WM 1972, 776 = NJW 1972, 721 | 223, 234, 330 |
| 27. 3. 1972 – VIII ZR 177/70 | WM 1972, 658 = NJW 1972, 944 | 77, 96 |
| 8. 5. 1972 – VIII ZR 36/71 | BGHZ 59, 3 = WM 1972, 731<br>= NJW 1972, 1267 | 267, 268, 345 |
| 2. 6. 1972 – V ZR 154/70 | BGHZ 59, 51 = WM 1972, 886<br>= NJW 1972, 1416 | 348 |
| 7. 6. 1972 – VIII ZR 175/70 | BGHZ 59, 64 = WM 1972, 882<br>= NJW 1972, 1421 | 212, 452 |
| 28. 9. 1972 – VII ZR 186/71 | BGHZ 59, 265 = NJW 1972, 2083 | 257 |
| 30. 10. 1972 – VIII ZR 165/71 | ZMR 1973, 80 = LM Nr. 6 zu § 539 BGB | 112 |
| 23. 11. 1972 – II ZR 126/70 | WM 1973, 67 | 18 |
| 6. 12. 1972 – VIII ZR 179/71 | BGHZ 60, 22 = WM 1973, 148<br>= NJW 1973, 238 | 217, 222 |
| 10. 12. 1972 – VII ZR 51/72 | WM 1972, 1458 | 90 |
| 13. 12. 1972 – VIII ZR 213/72 | WM 1973, 329 | 374 |
| 20. 12. 1972 – VIII ZR 238/71 | WM 1973, 328 | 20 |
| 21. 1. 1973 – VIII ZR 147/71 | WM 1973, 388 | 573 |
| 24. 1. 1973 – VIII ZR 163/71 | WM 1973, 330 = NJW 1973, 455 | 372 |
| 7. 2. 1973 – VIII ZR 205/71 | WM 1973, 386 | 143, 452 |
| 21. 2. 1973 – VIII ZR 44/71 | WM 1973, 383 | 246, 267, 301,<br>302, 303, 306 |
| 27. 2. 1973 – VI ZR 118/71 | WM 1973, 556 = NJW 1973, 1043 | 435 |
| 7. 3. 1973 – VIII ZR 21/72 | Warn 1973 Nr. 57 | 212 |
| 16. 3. 1973 – V ZR 118/71 | BGHZ 60, 319 = WM 1973, 641<br>= NJW 1973, 1234 | 473 |
| 4. 4. 1973 – VIII ZR 47/72 | WM 1973, 694 | 244 |
| 4. 5. 1973 – I ZR 11/72 | MDR 1973, 739 = BB 1973, 1229 | 569, 570 |
| 23. 5. 1973 – VIII ZR 57/72 | WM 1973, 1173 = NJW 1973, 1365 | 21 |
| 28. 5. 1973 – II ZR 58/71 | BGHZ 61, 31 = NJW 1973, 1599 | 177 |
| 27. 6. 1973 – IV ZR 50/72 | BGHZ 61, 180 = NJW 1973, 1876<br>= WM 1973, 1116 | 330 |
| 19. 9. 1973 – VIII ZR 175/72 | BGHZ 61, 227 = WM 1973, 1243<br>= NJW 1973, 2059 | 193, 195, 238,<br>239 |
| 12. 12. 1973 – VIII ZR 183/72 | BGHZ 62, 42 = WM 1974, 96<br>= NJW 1974, 365 | 552 |
| 16. 1. 1974 – VIII ZR 230/72 | WM 1974, 218 | 197 |
| 23. 1. 1974 – VIII ZR 219/72 | WM 1974, 260 = NJW 1974, 556 | 222, 300, 302,<br>303, 306, 307,<br>319 |
| 6. 2. 1974 – VIII ZR 239/72 | WM 1974, 345 | 280, 316 |

| | | |
|---|---|---|
| 13. 2. 1974 – VIII ZR 233/72 | WM 1974, 348 = NJW 1974, 743 | 90, 92, 332, 339 |
| 20. 2. 1974 – VIII ZR 20/73 | BGHZ 62, 133 = WM 1974, 324 = NJW 1974, 796 | 390 |
| 20. 3. 1974 – VIII ZR 31/73 | WM 1974, 453 = NJW 1974, 1081 | 32, 254 |
| 26. 3./2. 4. 1974 – VIII ZR 2/73 | WM 1978, 508 | 46, 49 |
| 13. 5. 1974 – VIII ZR 32/73 | WM 1974, 695 = NJW 1974, 1236 (L) | 197, 198 |
| 13. 5. 1974 – VIII ZR 38/73 | BGHZ 62, 314 = WM 1974, 569 = NJW 1974, 1235 | 184 |
| 19. 6. 1974 – VIII ZR 49/73 | WM 1974, 775 | 175, 177 |
| 26. 6. 1974 – VIII ZR 43/73 | WM 1974, 844 = NJW 1974, 1463 | 201 |
| 3. 7. 1974 – VIII ZR 6/73 | WM 1974, 908 = NJW 1974, 1551 | 121, 123, 361, 363, 368 |
| 9. 10. 1974 – VIII ZR 113/72 | WM 1974, 1182 = NJW 1974, 2317 | 214 |
| 11. 10. 1974 – V ZR 25/73 | NJW 1975, 39 | 285 |
| 16. 10. 1974 – VIII ZR 74/73 | WM 1974, 1184 = NJW 1975, 40 | 241 |
| 30. 10. 1974 – VIII ZR 69/73 | BGHZ 63, 132 = WM 1974, 1180 = NJW 1975, 44 | 65, 67, 169, 351 |
| 27. 11. 1974 – VIII ZR 9/73 | BGHZ 63, 256 = NJW 1975, 163 = WM 1975, 51 | 578 |
| 2. 12. 1974 – II ZR 132/73 | NJW 1975, 442 = WM 1975, 134 | 146, 412 |
| 4. 12. 1974 – VIII ZR 160/73 | WM 1975, 56 | 26 |
| 6. 12. 1974 – V ZR 95/73 | WM 1975, 256 | 184 |
| 9. 12. 1974 – VIII ZR 157/73 | WM 1975, 99 | 11, 15, 264, 360 |
| 18. 12. 1974 – VIII ZR 187/73 | BGHZ 63, 333 = NJW 1975, 645 = WM 1975, 195 | 5, 79 |
| 19. 2. 1975 – VIII ZR 195/73 | WM 1975, 365 | 203 |
| 6. 3. 1975 – III ZR 137/72 | WM 1975, 614 | 146 |
| 21. 5. 1975 – VIII ZR 161/73 | WM 1975, 770 = NJW 1975, 1556 | 140, 182 |
| 28. 5. 1975 – VIII ZR 70/74 | WM 1975, 897 | 129, 245, 277, 351 |
| 28. 5. 1975 – VIII ZR 200/74 | WM 1975, 777 | 452 |
| 4. 6. 1975 – VIII ZR 243/72 | WM 1975, 772 | 182, 184, 185 |
| 19. 6. 1975 – VII ZR 177/74 | WM 1975, 1043 | 182 |
| 2. 7. 1975 – VIII ZR 87/74 | BGHZ 65, 56 = WM 1975, 858 = NJW 1975, 1773 | 294, 302 |
| 2. 7. 1975 – VIII ZR 223/73 | BGHZ 65, 49 = WM 1975, 824 = NJW 1975, 1653 | 28, 35, 37, 38 |
| 17. 9. 1975 – VIII ZR 157/74 | BGHZ 65, 86 = WM 1975, 1112 = NJW 1975, 2103 | 295 |
| 1. 10. 1975 – VIII ZR 108/74 | WM 1975, 1131 | 177 |
| 1. 10. 1975 – VIII ZR 130/74 | BGHZ 65, 118 = WM 1975, 1158 = NJW 1976, 44 | 197, 198 |
| 8. 10. 1975 – VIII ZR 81/74 | WM 1975, 1203 = NJW 1977, 195 | 456, 483, 495 |
| 22. 10. 1975 – VIII ZR 122/74 | BGHZ 65, 137 = WM 1975, 1231 = NJW 1976, 105 | 54, 366, 406 |
| 22. 10. 1975 – VIII ZR 160/74 | WM 1975, 1227 = NJW 1976, 796 | 82 |
| 29. 10. 1975 – VIII ZR 136/74 | BGHZ 65, 226 = WM 1975, 1229 = NJW 1976, 287 | 293 |

| | | |
|---|---|---|
| 26. 11. 1975 – III ZR 112/73 | WM 1976, 251 | 186 |
| 26. 11. 1975 – VIII ZR 267/73 | WM 1976, 33 | 167 |
| 17. 12. 1975 – VIII ZR 41/74 | WM 1976, 154 | 176 |
| 14. 1. 1976 – VIII ZR 203/73 | WM 1976, 210 | 197 |
| 21. 1. 1976 – VIII ZR 113/74 | WM 1976, 385 | 108, 111, 112, 169 |
| 23. 1. 1976 – V ZR 76/74 | WM 1976, 429 | 177 |
| 17. 3. 1976 – VIII ZR 274/74 | WM 1976, 537 | 191 |
| 14. 4. 1976 – VIII ZR 288/74 | BGHZ 66, 349 = WM 1976, 694 = NJW 1976, 1315 | 122, 125, 190 |
| 14. 4. 1976 – VIII ZR 291/74 | WM 1976, 640 = NJW 1976, 1506 | 87, 121, 124 |
| 12. 5. 1976 – KZR 17/75 | NJW 1976, 1743 | 568 |
| 12. 5. 1976 – VIII ZR 33/74 | WM 1976, 740 | 43 |
| 2. 6. 1976 – VIII ZR 25/75 | WM 1976, 814 | 174 |
| 2. 6. 1976 – VIII ZR 97/74 | BGHZ 66, 378 = WM 1976, 717 = NJW 1976, 1395 | 44 |
| 14. 6. 1976 – III ZR 81/74 | WM 1976, 1056 = VersR 1976, 1086 | 190 |
| 7. 7. 1976 – VIII ZR 44/75 | WM 1976, 1119 = NJW 1976, 1843 | 238, 239 |
| 7. 7. 1976 – I ZR 85/75 | WM 1976, 1281 = NJW 1976, 2301 | 213 |
| 13. 7. 1976 – VI ZR 78/75 | WM 1977, 1133 = VersR 1976, 943 = MDR 1976, 1009 = BB 1976, 1194 | 483, 550 |
| 20. 10. 1976 – VIII ZR 51/75 | WM 1976, 1277 = NJW 1977, 36 | 136, 289, 322, 323, 328 |
| 3. 11. 1976 – VIII ZR 140/75 | BGHZ 67, 271 = WM 1977, 19 = NJW 1977, 194 | 248 |
| 10. 11. 1976 – VIII ZR 115/75 | BGHZ 67, 312 = WM 1977, 55 = NJW 1977, 381 | 320, 578 |
| 23. 11. 1976 – VI ZR 191/74 | VersR 1977, 227 | 483 |
| 24. 11. 1976 – VIII ZR 21/76 | NJW 1977, 85 | 242 |
| 30. 11. 1976 – VIII ZR 186/76 | WM 1978, 227 | 136 |
| 22. 12. 1976 – VIII ZR 213/75 | WM 1977, 291 | 205 |
| 2. 2. 1977 – VIII ZR 155/75 | WM 1977, 413 = NJW 1977, 801 | 184 |
| 2. 2. 1977 – VIII ZR 271/75 | WM 1977, 418 | 184, 187 |
| 23. 2. 1977 – VIII ZR 124/75 | BGHZ 68, 118 = WM 1977, 447 = NJW 1977, 848 | 491, 492, 496, 497, 499, 552 |
| 23. 2. 1977 – VIII ZR 312/75 | WM 1977, 390 = NJW 1977, 847 = DB 1977, 660 | 492, 496 |
| 9. 3. 1977 – VIII ZR 192/73 | WM 1977, 473 = NJW 1977, 1058 | 456, 483, 552 |
| 10./14. 3. 1977 – VIII ZR 183/75 | WM 1977, 591 | 446 |
| 30. 3. 1977 – VIII ZR 153/75 | WM 1977, 643 = NJW 1979, 1394 | 587 |
| 4. 4. 1977 – VIII ZR 143/75 | BGHZ 68, 281 = WM 1977, 743 = NJW 1977, 1236 | 98, 101, 191 |
| 20. 4. 1977 – VIII ZR 287/75 | BGHZ 68, 295 = WM 1977, 791 = NJW 1977, 1285 | 82, 96 |
| 27. 4. 1977 – VIII ZR 246/75 | BGHZ 69, 307 = WM 1977, 766 = NJW 1977, 1335 | 301, 308 |
| 25. 5. 1977 – VIII ZR 196/75 | WM 1977, 946 = NJW 1977, 2262 | 52, 204 |
| 28. 6. 1977 – VIII ZR 240/75 | WM 1977, 1089 | 446 |
| 6. 7. 1977 – VIII ZR 277/75 | WM 1977, 1126 = NJW 1977, 1818 | 296 |

| | | |
|---|---|---|
| 12. 10. 1977 – VIII ZR 73/76 | WM 1977, 1328 = NJW 1978, 103 | 74, 78, 129, 214 |
| 12. 10. 1977 – VIII ZR 84/76 | WM 1977, 1330 | 175 |
| 19. 10. 1977 – IV ZR 149/76 | BGHZ 69, 361 = NJW 1978, 215 | 143 |
| 30. 11. 1977 – VIII ZR 186/76 | WM 1978, 227 | 108 |
| 7. 12. 1977 – VIII ZR 101/76 | WM 1978, 222 = NJW 1978, 585 | 209, 211 |
| 19. 12. 1977 – II ZR 202/76 | BGHZ 70, 132 = WM 1978, 118 = NJW 1978, 636 | 359 |
| 19. 12. 1977 – VIII ZR 119/76 | WM 1978, 271 | 281 |
| 21. 12. 1977 – VIII ZR 141/76 | WM 1978, 278 | 187 |
| 13. 1. 1978 – V ZR 72/75 | WM 1978, 352 | 168 |
| 18. 1. 1978 – VIII ZR 262/76 | WM 1978, 373 = NJW 1978, 1002 | 330 |
| 8. 2. 1978 – VIII ZR 221/76 | WM 1978, 322 | 52 |
| 8. 2. 1978 – VIII ZR 240/76 | BGHZ 70, 304 = WM 1978, 408 = NJW 1978, 945 | 197 |
| 15. 2. 1978 – VIII ZR 47/77 | BGHZ 70, 327 = WM 1978, 429 = NJW 1978, 883 | 240, 353 |
| 15. 2. 1978 – VIII ZR 242/76 | WM 1978, 620 | 5, 146, 590 |
| 1. 3. 1978 – VIII ZR 183/76 | WM 1978, 406 | 59, 516 |
| 15. 3. 1978 – VIII ZR 254/76 | BGHZ 71, 80 = NJW 1978, 1155 | 566, 571 |
| 29. 3. 1978 – VIII ZR 220/76 | BGHZ 71, 175 = WM 1978, 733 = NJW 1978, 1426 | 5, 194, 195, 238, 239 |
| 5. 4. 1978 – VIII ZR 42/77 | BGHZ 71, 189 = WM 1978, 510 = NJW 1978, 1383 | 456, 540, 541, 552, 560 |
| 5. 4. 1978 – VIII ZR 49/77 | BGHZ 71, 196 = WM 1978, 570 = NJW 1978, 1432 | 59, 316, 454, 456, 516, 552, 557 |
| 11. 4. 1978 – KZR 1/77 | DB 1978, 1588 = MDR 1978, 999 | 568 |
| 19. 4. 1978 – VIII ZR 182/76 | WM 1978, 760 = NJW 1978, 2390 | 52, 53 |
| 21. 4. 1978 – V ZR 235/77 | BGHZ 71, 234 = NJW 1978, 1805 | 129 |
| 17. 5. 1978 – VIII ZR 48/77 | WM 1978, 929 | 396 |
| 22. 5. 1978 – VIII ZR 188/77 | WM 1978, 1008 | 52 |
| 31. 5. 1978 – VIII ZR 263/76 | WM 1978, 957 = NJW 1978, 2197 | 102 |
| 21. 6. 1978 – VIII ZR 155/77 | WM 1978, 1017 = NJW 1978, 2404 | 357 |
| 28. 6. 1978 – VIII ZR 139/77 | BGHZ 72, 147 = WM 1978, 1159 = NJW 1978, 2148 | 301, 385 |
| 20. 9. 1978 – VIII ZR 2/78 | WM 1978, 1326 | 403 |
| 11. 10. 1978 – VIII ZR 110/77 | WM 1978, 1389 | 179 |
| 18. 10. 1978 – VIII ZR 82/77 | WM 1978, 1356 | 176 |
| 6. 11. 1978 – VIII ZR 179/77 | BGHZ 72, 263 = WM 1978, 1413 = NJW 1979, 310 | 414, 429, 431 |
| 6. 11. 1978 – VIII ZR 285/77 | WM 1979, 81 | 221 |
| 15. 11. 1978 – VIII ZR 14/78 | WM 1979, 148 = NJW 1979, 307 | 7, 10, 587 |
| 29. 11. 1978 – VIII ZR 263/77 | BGHZ 72, 394 = WM 1979, 208 = NJW 1979, 369 | 36 |
| 6. 12. 1978 – VIII ZR 282/77 | WM 1979, 252 | 169 |
| 20. 12. 1978 – VIII ZR 69/78 | WM 1979, 307 | 238, 240 |
| 19. 1. 1979 – V ZR 105/76 | WM 1979, 466 | 174 |
| 24. 1. 1979 – VIII ZR 56/78 | WM 1979, 500 = NJW 1979, 1404 | 210, 215 |

| | | | |
|---|---|---|---|
| 21. 2. 1979 | – VIII ZR 88/78 | BGHZ 73, 350 = WM 1979, 584 = NJW 1979, 1288 | 258, 587 |
| 23. 2. 1979 | – V ZR 106/76 | NJW 1979, 1545 | 167, 169 |
| 4. 4. 1979 | – VIII ZR 118/78 | NJW 1979, 2351 | 1, 82, 141, 204, 447, 449 |
| 2. 5. 1979 | – VIII ZR 125/78 | WM 1979, 784 | 167, 175 |
| 8. 5. 1979 | – KZR 17/78 | WM 1979, 976 | 568 |
| 18. 5. 1979 | – V ZR 205/77 | NJW 1979, 1888 | 167 |
| 6. 6. 1979 | – VIII ZR 281/78 | WM 1979, 918 | 566, 568, 571, 573 |
| 4. 7. 1979 | – VIII ZR 245/78 | WM 1979, 1097 | 179 |
| 4. 7. 1979 | – VIII ZR 338/78 | WM 1979, 1040 | 493 |
| 11. 7. 1979 | – VIII ZR 183/78 | WM 1979, 1104 | 319 |
| 11. 7. 1979 | – VIII ZR 246/78 | WM 1979, 1106 | 289 |
| 17. 9. 1979 | – VIII ZR 193/78 | WM 1979, 1263 | 193, 194 |
| 5. 10. 1979 | – V ZR 71/78 | BGHZ 75, 288 = NJW 1980, 833 = WM 1980, 167 | 335 |
| 10. 10. 1979 | – VIII ZR 277/78 | WM 1979, 1308 = NJW 1980, 589 | 175 |
| 24. 10. 1979 | – VIII ZR 235/78 | WM 1979, 1385 = NJW 1980, 234 | 43, 456, 552 |
| 7. 11. 1979 | – VIII ZR 291/78 | WM 1980, 40 = NJW 1980, 389 | 295 |
| 26. 11. 1979 | – II ZR 104/77 | BGHZ 75, 334 = ZIP 1980, 115 = WM 1980, 78 = NJW 1980, 592 | 425 |
| 28. 11. 1979 | – VIII ZR 302/78 | WM 1980, 312 = NJW 1980, 777 | 48, 65, 75, 82, 115, 245 |
| 5. 12. 1979 | – VIII ZR 155/78 | WM 1980, 108 | 77, 183, 184 |
| 13. 2. 1980 | – VIII ZR 5/79 | WM 1980, 503 = NJW 1980, 990 | 250 |
| 12. 3. 1980 | – VIII ZR 57/79 | BGHZ 76, 187 = ZIP 1980, 354 = WM 1980, 741 = NJW 1980, 1459 | 236 |
| 13. 3. 1980 | – III ZR 139/78 | WM 1980, 593 | 171 |
| 26. 3. 1980 | – VIII ZR 150/79 | WM 1980, 805 = NJW 1980, 1577 | 16, 18, 285 |
| 18. 4. 1980 | – V ZR 16/79 | WM 1980, 1073 | 259 |
| 7. 5. 1980 | – VIII ZR 120/79 | NJW 1980, 2463 = WM 1980, 771 | 330 |
| 23. 5. 1980 | – V ZR 20/78 | BGHZ 77, 194 = WM 1980, 882 = NJW 1980, 2241 | 177 |
| 11. 6. 1980 | – VIII ZR 174/79 | ZIP 1980, 765 = WM 1980, 1120 = NJW 1980, 2518 | 187 |
| 25. 6. 1980 | – VIII ZR 260/79 | BGHZ 77, 301 = WM 1980, 1176 = NJW 1980, 2341 | 136, 322, 327 |
| 3. 7. 1980 | – IVa ZR 38/80 | BGHZ 78, 1 = NJW 1980, 2461 | 194 |
| 10. 7. 1980 | – III ZR 177/78 | NJW 1980, 2301 = WM 1980, 1111 | 474 |
| 24. 9. 1980 | – VIII ZR 299/79 | WM 1980, 1397 = NJW 1981, 43 | 157, 159, 162, 256, 282, 525 |
| 29. 10. 1980 | – VIII ZR 320/79 | WM 1980, 1456 = NJW 1981, 341 | 172, 587, 588 |
| 16. 11. 1980 | – VIII ZR 298/79 | WM 1981, 121 | 44 |
| 8. 12. 1980 | – II ZR 48/80 | MDR 1981, 562 | 120 |
| 10. 12. 1980 | – VIII ZR 186/79 | WM 1981, 66 | 281 |
| 17. 12. 1980 | – VIII ZB 51/80 | WM 1981, 226 | 1 |
| 17. 12. 1980 | – VIII ZR 316/79 | WM 1981, 201 = NJW 1981, 1211 | 197 |
| 12. 1. 1981 | – VIII ZR 332/79 | WM 1981, 253 = NJW 1981, 976 | 151, 235, 255, 330 |

| | | | |
|---|---|---|---|
| 21. 1. 1981 – VIII ZR 41/80 | BGHZ 79, 232 = WM 1981, 341<br>= NJW 1981, 865 | 294, 297 |
| 4. 2. 1981 – VIII ZR 313/79 | WM 1981, 384 = NJW 1981, 1210 | 249 |
| 11. 2. 1981 – VIII ZR 323/79 | WM 1981, 409 = NJW 1981, 1377 | 10 |
| 12. 3. 1981 – III ZR 92/79 | BGHZ 80, 153 = ZIP 1981, 369<br>= WM 1981, 353 = NJW 1981, 1206 | 478 |
| 18. 3. 1981 – VIII ZR 66/80 | WM 1981, 695 | 18, 128 |
| 26. 3. 1981 – VII ZR 185/80 | NJW 1981, 1673 | 49 |
| 27. 3. 1981 – V ZR 19/80 | WM 1981, 583 = NJW 1981, 1668 | 177, 183 |
| 8. 4. 1981 – VIII ZR 142/80 | WM 1981, 797 | 323 |
| 29. 4. 1981 – VIII ZR 157/80 | WM 1981, 798 | 1 |
| 3. 6. 1981 – VIII ZR 153/80 | ZIP 1981, 868 = WM 1981, 954<br>= NJW 1981, 2684 | 451, 462 |
| 4. 6. 1981 – III ZR 4/80 | WM 1981, 1056 | 182 |
| 15. 6. 1981 – VIII ZR 129/80 | WM 1981, 956 = NJW 1981, 2406 | 193 |
| 15. 6. 1981 – VIII ZR 166/80 | BGHZ 81, 46 = WM 1981, 1032<br>= NJW 1981, 2246 | 27, 349, 444 |
| 1. 7. 1981 – VIII ZR 192/80 | WM 1981, 1113 = NJW 1981, 2405 | 53, 77, 81, 209 |
| 8. 7. 1981 – VIII ZR 326/80 | BGHZ 81, 146 = ZIP 1981, 1095<br>= WM 1981, 1060 = NJW 1981, 2564 | 341, 344 |
| 13. 7. 1981 – II ZR 256/79 | BGHZ 81, 252 = ZIP 1981, 974<br>= WM 1981, 876 = NJW 1981, 2570 | 425 |
| 16. 9. 1981 – VIII ZR 161/80 | WM 1981, 1224 = NJW 1982, 376 | 47, 162, 21 |
| 16. 9. 1981 – VIII ZR 265/80 | BGHZ 81, 298 = ZIP 1981, 1215<br>m. Anm. v. Westphalen = WM 1981,<br>1219 = NJW 1982, 105 | 486, 491, 492,<br>493, 496, 497,<br>498, 510 |
| 5. 10. 1981 – VIII ZR 259/80 | ZIP 1981, 1341 = WM 1981, 1358<br>= NJW 1982, 696 | 78 |
| 7. 10. 1981 – VIII ZR 229/80 | ZIP 1982, 71 = WM 1982, 9<br>= NJW 1982, 331 | 43 |
| 14. 10. 1981 – VIII ZR 331/80 | WM 1981, 1310 = NJW 1982, 221 | 365, 589 |
| 28. 10. 1981 – VIII ZR 175/80 | ZIP 1982, 67 = WM 1982, 7<br>= DB 1982, 698 | 465, 515, 516,<br>526, 529 |
| 28. 10. 1981 – VIII ZR 302/80 | BGHZ 82, 121 = ZIP 1982, 64<br>= WM 1981, 1378 = NJW 1982, 870 | 316, 319, 456,<br>516, 529, 531,<br>578 |
| 10. 11. 1981 – VIII ZR 252/81 | BGHZ 85, 267 = WM 1983, 44<br>= NJW 1983, 446 | 136, 325 |
| 11. 11. 1981 – VIII ZR 271/80 | WM 1981, 1383 = NJW 1982, 167 | 197 |
| 23. 11. 1981 – VIII ZR 298/80 | WM 1982, 132 = NJW 1982, 573 | 151 |
| 25. 11. 1981 – VIII ZR 299/80 | BGHZ 82, 323 = ZIP 1982, 294<br>m. Anm. K. Schmidt = WM 1982,<br>148 = NJW 1982, 875 | 163, 236, 333 |
| 2. 12. 1981 – VIII ZR 273/80 | ZIP 1982, 186 = WM 1982, 151<br>= NJW 1982, 873 | 88, 456 |
| 16. 12. 1981 – VIII ZR 1/81 | WM 1982, 294 = NJW 1982, 987 | 197 |
| 7. 1. 1982 – III ZR 114/80 | BGHZ 83, 1 = NJW 1982, 2181 | 287 |
| 13. 1. 1982 – VIII ZR 186/80 | WM 1982, 333 | 136, 188, 190,<br>322, 323 |

| Datum | Aktenzeichen | Fundstelle | Seiten |
|---|---|---|---|
| 13. 1. 1982 | VIII ZR 225/80 | WM 1982, 431 | 27, 349, 444 |
| 25. 1. 1982 | VIII ZR 310/80 | WM 1982, 335 = NJW 1982, 874 | 94, 106 |
| 27. 1. 1982 | VIII ZR 295/80 | NJW 1982, 2432 | 317 |
| 10. 2. 1982 | VIII ZR 27/81 | NJW 1982, 1279 = WM 1982, 512 | 127 |
| 25. 2. 1982 | VII ZR 268/81 | ZIP 1982, 588 = WM 1982, 445 = NJW 1982, 1389 | 43 |
| 3. 3. 1982 | VIII ZR 10/81 | WM 1982, 543 = NJW 1982, 1878 | 182 |
| 17. 3. 1982 | VIII ZR 281/81 | WM 1982, 595 = NJW 1982, 2062 | 82, 452 |
| 23. 3. 1982 | KZR 18/81 | BGHZ 83, 234 = NJW 1982, 2066 | 444 |
| 25. 3. 1982 | VII ZR 60/81 | ZIP 1982, 670 = WM 1982, 707 = NJW 1982, 1585 | 457, 459 |
| 29. 3. 1982 | II ZR 166/81 | ZIP 1982, 560 = WM 1982, 555 = NJW 1982, 1647 | 445 |
| 31. 3. 1982 | VIII ZR 125/81 | ZIP 1982, 700 = WM 1982, 666 = NJW 1982, 1747 | 290, 302, 516, 517, 518, 526, 529 |
| 7. 4. 1982 | VIII ZR 323/80 | ZIP 1982, 698 = WM 1982, 712 = NJW 1982, 1693 | 566, 568, 574, 578 |
| 21. 4. 1982 | VIII ARZ 16/81 | BGHZ 84, 90 = WM 1982, 770 = NJW 1982, 1696 | 10, 351, 354, 355, 396 |
| 7. 5. 1982 | V ZR 90/81 | BGHZ 84, 82 = WM 1982, 910 = NJW 1982, 2242 | 96 |
| 24. 5. 1982 | VIII ZR 105/81 | ZIP 1982, 842 = WM 1982, 873 = NJW 1982, 2249 | 456, 552, 564 |
| 16. 6. 1982 | VIII ZR 89/81 | ZIP 1982, 1092 = WM 1982, 907 = NJW 1982, 2316 | 320 |
| 8. 7. 1982 | II ZR 204/80 | WM 1982, 1231 = NJW 1982, 2603 | 255 |
| 8. 7. 1982 | VIII ARZ 3/82 | BGHZ 84, 345 = WM 1982, 959 = NJW 1982, 2186 | 234 |
| 14. 7. 1982 | VIII ZR 196/81 | WM 1982, 1084 = NJW 1982, 2770 | 25, 26 |
| 6. 10. 1982 | VIII ZR 201/81 | WM 1982, 1354 = NJW 1983, 159 = ZIP 1982, 1449 | 279, 566, 570 |
| 13. 10. 1982 | VIII ZR 155/81 | WM 1982, 1329 | 174, 284 |
| 13. 10. 1982 | VIII ZR 197/81 | WM 1982, 1333 = NJW 1983, 112 | 287, 288, 289, 301 |
| 20. 10. 1982 | VIII ZR 235/81 | WM 1982, 1390 | 6, 10 |
| 27. 10. 1982 | V ZR 24/81 | NJW 1983, 929 | 248 |
| 10. 11. 1982 | VIII ZR 252/81 | BGHZ 85, 267 = WM 1983, 44 = NJW 1983, 446 | 55, 65, 126, 136, 291, 301, 302, 322, 348 |
| 8. 12. 1982 | VIII ZR 219/81 | BGHZ 85, 71 = WM 1983, 180 = NJW 1983, 679 | 4, 192, 193 |
| 17. 12. 1982 | V ZR 306/81 | BGHZ 86, 167 = NJW 1983, 1309 | 177, 183 |
| 10. 1. 1983 | VIII ZR 304/81 | WM 1983, 233 = NJW 1983, 1049 | 289, 292, 311 |
| 26. 1. 1983 | VIII ZR 342/81 | ZIP 1983, 452 = NJW 1983, 1320 | 320 |
| 2. 2. 1983 | VIII ZR 13/82 | ZIP 1983, 315 = WM 1983, 364 | 167, 170 |
| 9. 2. 1983 | VIII ZR 305/81 | ZIP 1983, 332 = WM 1983, 372 = NJW 1983, 1119 | 411, 437 |
| 23. 2. 1983 | VIII ZR 325/81 | ZIP 1983, 428 = WM 1983, 413 | 50 |
| 7. 3. 1983 | VIII ZR 331/83 | ZIP 1983, 449 = WM 1983, 531 | 204, 452 |
| 10. 3. 1983 | VII ZR 301/82 | ZIP 1983, 577 = NJW 1983, 1491 | 320 |

| | | | |
|---|---|---|---|
| 14. 3. 1983 – II ZR 102/ 82 | WM 1983, 604 | | 14 |
| 16. 3. 1983 – VIII ZR 22/82 | WM 1983, 603 | | 93 |
| 22. 3. 1983 – VI ZR 108/81 | ZIP 1983, 698 = BB 1983, 925 | | 62, 550 |
| 23. 3. 1983 – VIII ZR 336/81 | WM 1983, 660 | | 83, 104, 280 |
| 30. 3. 1983 – VIII ZR 3/82 | WM 1983, 766 | | 89, 90, 332 |
| 28. 4. 1983 – VII ZR 246/82 | ZIP 1983, 833 = WM 1983, 759 = NJW 1983, 1853 | | |
| 19. 5. 1983 – II ZR 49/82 | ZIP 1983, 819 = WM 1982, 700 = NJW 1983, 2256 | | 359 |
| 19. 5. 1983 – II ZR 50/82 | ZIP 1983, 813 = WM 1983, 698 = NJW 1983, 2254 | | 359 |
| 19. 5. 1983 – II ZR 207/81 | ZIP 1983, 817 = WM 1983, 703 | | 359 |
| 15. 6. 1983 – VIII ZR 78/82 | WM 1983, 1009 | | 197, 198 |
| 29. 6. 1983 – VIII ZR 135/81 | WM 1983, 991 | | 232 |
| 29. 6. 1983 – VIII ZR 141/82 | ZIP 1983, 1084 = WM 1983, 931 | | 517, 519, 522, 533 |
| 30. 6. 1983 – VII ZR 193/83 | WM 1983, 1043 = NJW 1983, 2439 | | 451 |
| 30. 6. 1983 – III ZR 114/82 | ZIP 1983, 1047 = WM 1983, 951 = NJW 1983, 2692 | | 478 |
| 13. 7. 1983 – VIII ZR 112/82 | BGHZ 88, 13130 = WM 1983, 987 = NJW 1983, 2697 | | 473 |
| 21. 9. 1983 – VIII ZR 233/82 | WM 1983, 1206 = NJW 1984, 43 | | 184, 187 |
| 17. 10. 1983 – II ZR 146/82 | WM 1983, 1385 = NJW 1984, 866 | | 49 |
| 19. 10. 1983 – VIII ZR 159/82 | WM 1983, 1364 | | 396 |
| 19. 10. 1983 – VIII ZR 169/82 | WM 1983, 1337 | | 230, 353 |
| 26. 10. 1983 – VIII ZR 132/82 | ZIP 1984, 187 = NJW 1984, 289 = WM 1983, 1362 | | 196, 200 |
| 2. 11. 1983 – VIII ZR 135/82 | WM 1984, 93 | | 36, 159, 357 |
| 9. 11. 1983 – VIII ZR 161/83 | WM 1984, 144 | | 151 |
| 7. 12. 1983 – VIII ZR 206/82 | WM 1984, 171 | | 162 |
| 7. 12. 1983 – VIII ZR 257/82 | ZIP 1984, 115 = WM 1984, 163 = NJW 1984, 871 | | 143, 279, 541 |
| 14. 12. 1983 – VIII ZR 352/83 | BGHZ 89, 189 = ZIP 1984, 190 = WM 1984, 231 = NJW 1984, 1557 | | 412 |
| 11. 1. 1984 – VIII ZR 237/82 | BGHZ 89, 308 = WM 1984, 343 = NJW 1984, 1031 | | 201, 265, 346 |
| 11. 1. 1984 – VIII ZR 255/82 | BGHZ 89, 296 = WM 1984, 370 = NJW 1984, 1028 | | 129, 256, 318 |
| 16. 1. 1984 – II ZR 114/83 | WM 1984, 474 = NJW 1984, 1186 | | 445 |
| 19. 1. 1984 – VII ZR 220/82 | BGHZ 89, 363 = NJW 1984, 1350 | | 475 |
| 4. 2. 1984 – VIII ZR 206/82 | WM 1984, 171 | | 256, 282, 319 |
| 15. 2. 1984 – VIII ZR 213/82 | BGHZ 90, 145 = ZIP 1084, 612 = WM 1984, 568 = NJW 1984, 1527 | | 424 |
| 24. 2. 1984 – V ZR 222/82 | BGHZ 90, 227 = NJW 1984, 2212 | | 177 |
| 29. 2. 1984 – VIII ZR 310/82 | WM 1984, 818 = NJW 1984, 1684 | | 155, 156 |
| 29. 2. 1984 – VIII ZR 350/82 | ZIP 1984, 841 = WM 1984, 663 = NJW 1985, 53 | | 279, 570 |
| 14. 3. 1984 – VIII ZR 284/82 | BGHZ 90, 302 = WM 1984, 694 = NJW 1984, 2034 | | 479 |
| 4. 4. 1984 – VIII ZR 313/82 | ZIP 1984, 1107 = WM 1984, 933 = NJW 1984, 2687 | | 316, 465, 493, 515, 517, 518, 522 |

| | | | |
|---|---|---|---|
| 11. | 4. 1984 – VIII ARZ 16/83 | BGHZ 91, 62 = NJW 1984, 2466<br>= WM 1984, 975 | 155, 156 |
| 11. | 4. 1984 – VIII ZR 315/82 | WM 1984, 973 = NJW 1985, 267 | 89, 324, 326 |
| 18. | 4. 1984 – VIII ZR 50/83 | WM 1984, 931 = NJW 1985, 57 | 316 |
| 2. | 5. 1984 – VIII ZR 344/82 | ZIP 1984, 1118 (m. Anm. Eckert)<br>= WM 1984, 799 = NJW 1984, 1749 | 232, 431 |
| 28. | 5. 1984 – III ZR 231/82 | ZIP 1984, 1324 = NJW 1984, 2941 | 320 |
| 6. | 6. 1984 – VIII ZR 65/83 | ZIP 1984, 1114 = WM 1984, 1217 | 279, 426, 427,<br>428, 465, 517,<br>521, 522, 523,<br>541 |
| 6. | 6. 1984 – VIII ZR 83/83 | ZIP 1983, 962 = WM 1983, 1092<br>= NJW 1984, 2938 | 462, 472, 473,<br>509 |
| 13. | 6. 1984 – VIII ZR 141/83 | WM 1984, 1007 | 149 |
| 20. | 6. 1984 – VIII ZR 131/83 | ZIP 1984, 1101 (m. Anm. v. Westphalen)<br>= WM 1984, 1089 = NJW 1985, 129 | 457, 459, 462,<br>493, 496, 499,<br>506 |
| 20. | 6. 1984 – VIII ZR 337/82 | BGHZ 91, 375 = ZIP 1984, 1236<br>= WM 1984, 1100 = NJW 1984, 2404 | 133, 145, 146 |
| 4. | 7. 1984 – VIII ZR 270/83 | BGHZ 92, 70 = WM 1984, 1236<br>= NJW 1984, 2879 | 9 |
| 11. | 7. 1984 – VIII ZR 35/83 | ZIP 1984, 1093 = WM 1984, 1228<br>= NJW 1985, 56 | 570 |
| 24. | 9. 1984 – II ZR 311/83 | WM 1984, 1507 | 11 |
| 3. | 10. 1984 – VIII ZR 118/83 | WM 1984, 1537 | 280 |
| 8. | 10. 1984 – II ZR 312/83 | ZIP 1985, 212 = EWiR § 128 HGB 1/85,<br>185 (Eckert) = WM 1985, 53<br>= NJW 1985, 1899 | 359 |
| 10. | 10. 1984 – VIII ZR 152/83 | WM 1984, 1613 = NJW 1985, 313 | 333 |
| 11. | 10. 1984 – VII ZR 216/83 | NJW 1985, 1082 | 429 |
| 16. | 10. 1984 – X ZR 97/83 | ZIP 1985, 38 = EWiR § 24 AGBG 1/85,<br>19 (Bunte) = WM 1985, 31 | 146 |
| 30. | 10. 1984 – VIII ARZ 1/84 | BGHZ 92, 363 = WM 1985, 65<br>= NJW 1985, 480 | 136, 327 |
| 31. | 10. 1984 – VIII ZR 226/83 | ZIP 1984, 1485 = WM 1985, 24<br>= NJW 1985, 320 | 43, 44 |
| 7. | 11. 1984 – VIII ZR 182/83 | WM 1984, 1647 = NJW 1985, 489 | 239 |
| 19. | 11. 1984 – II ZR 6/84 | EWiR § 281 BGB 1/85, 359 (Eckert)<br>= WM 1985, 270 = NJW-RR 1986, 234 | 351, 351 |
| 26. | 11. 1984 – VIII ZR 188/83 | ZIP 1985, 288 = EWiR § 321 BGB 1/85,<br>57 (v. Westphalen) = WM 1985,167<br>= NJW 1985, 1220 | 279 |
| 28. | 11. 1984 – VIII ZR 240/83 | BGHZ 93, 64 = EWiR § 558 BGB 1/85,<br>75 (Eckert) = ZIP 1985, 485 = WM<br>1985, 360 = NJW 1985, 798 | 193 |
| 28. | 11. 1984 – VIII ZR 186/83 | WM 1985, 233 = NJW 1985, 2527 | 201, 274, 348 |
| 5. | 12. 1984 – VIII ZR 87/83 | EWiR § 537 BGB 2/85, 73<br>(v. Westphalen) = WM 1985, 263 | 499 |

# Entscheidungsregister

| | | |
|---|---|---|
| 5. 12. 1984 – VIII ZR 277/83 | ZIP 1985, 226 = EWiR § 537 BGB 1/85, 71 (v. Westphalen) = WM 1985, 226 = NJW 1985, 796 | 498, 499, 515 |
| 7. 12. 1984 – V ZR 189/83 | BGHZ 93, 142 = EWiR § 538 BGB 1/85, 275 (Eckert) =WM 1985, 419 = NJW 1985, 1025 | 74, 116, 452 |
| 11. 12. 1984 – VI ZR 218/83 | NJW 1985, 1076 | 95 |
| 20. 12. 1984 – VII ZR 340/83 | EWiR § 633 BGB 1/85, 77 (v. Westphalen) = ZIP 1985, 623= WM 1985, 522 | 133 |
| 16. 1. 1985 – VIII ZR 317/83 | EWiR § 549 BGB 2/85, 269 (Wolf) = WM 1985, 463 = NJW 1985, 1769 | 77 |
| 17. 1. 1985 – VII ZR 63/84 | EWiR § 328 BGB 2/85, 265 (Schwippert) = WM 1985, 481 = NJW 1985, 1457 | 239 |
| 17. 1. 1985 – VII ZR 163/84 | NJW 1985, 906 = WM 1985, 319 | 100 |
| 12. 2. 1985 – X ZR 31/84 | BGHZ 93, 391 = ZIP 1985, 1004 = EWiR § 535 BGB 3/85, 271 (Reinking) = WM 1985, 602 = NJW 1985, 1537 | 547, 548 |
| 13. 2. 1985 – VIII ZR 36/84 | BGHZ 94, 11 = WM 1985, 612 = NJW 1985, 1772 | 10 |
| 13. 2. 1985 – VIII ZR 154/84 | EWiR § 9 AGBG 1/85, 123 (Bunte) = WM 1985, 542 = NJW 1985, 2328 | 84, 240 |
| 21. 2. 1985 – IX ZR 129/84 | EWiR § 9 AGBG 2/85, 227 (Bunte) = WM 1985, 604 = NJW 1985, 1705 | 143 |
| 25. 2. 1985 – VIII ZR 116/84 | BGHZ 94, 29 = EWiR § 535 BGB 4/85, 367 (Eckert) = WM 1985, 721 = NJW 1985, 2481 | 17 |
| 27. 2. 1985 – VIII ZR 328/83 | BGHZ 94, 44 = ZIP 1985, 546 = EWiR § 537 BGB 3/85, 273 (v. Westphalen) = WM 1985, 573 = NJW 1985, 1535 | 456, 484, 503, 504 |
| 12. 3. 1985 – VIII ZR 215/83 | NJW 1985, 2288 | 98 |
| 20. 3. 1985 – VIII ZR 64/85 | EWiR § 535 BGB 5/85, 369 (Eckert) = WM 1985, 755 = NJW 1985, 2581 | 17, 25 |
| 24. 4. 1985 – VIII ZR 31/84 | EWiR § 6 AbzG 4/85, 421 (v. Westphalen) = WM 1985, 636 = NJW 1985, 1546 | 553, 557, 558, 559 |
| 24. 4. 1985 – VIII ZR 65/84 | BGHZ 94, 180 = ZIP 1985, 682 = EWiR § 11 Nr. 10 AGBG 1/85, 239 (Hensen) = WM 1985, 638 = NJW 1985, 1547 | 131, 493, 495, 499, 553, 557, 558 |
| 24. 4. 1985 – VIII ZR 73/84 | BGHZ 94, 226 = ZIP 1985, 807 = EWiR § 6 AbzG 3/85, 321 (v. Westphalen) = WM 1985, 634 = NJW 1985, 1544 | 553, 558, 559, 565 |
| 24. 4. 1985 – VIII ZR 95/84 | BGHZ 94, 195 = ZIP 1985, 615 = EWiR § 6 AbzG 2/85, 221 (v. Westphalen) = WM 1985, 628 = NJW 1985, 1539 | 457, 459, 515, 520, 521, 522, 538, 553, 557, 558, 559, 562 |

# Entscheidungsregister

| Datum | Aktenzeichen | Fundstelle | Seite |
|---|---|---|---|
| 6. 5. 1985 | – II ZR 132/84 | ZIP 1985, 1075 = EWiR § 32 a GmbHG 3/85, 685 (Fleck) = WM 1985, 1028 = NJW 1985, 2719 | 425 |
| 22. 5. 1985 | – VIII ZR 220/84 | EWiR § 249 BGB 2/85, 547 (Köhler) = WM 1985, 1147 = NJW 1985, 2413 | 188, 327 |
| 10. 6. 1985 | – III ZR 63/84 | ZIP 1985, 1192 = EWiR § 765 BGB 6/85, 767 (K. Schmidt) = WM 1985, 1059 = NJW 1986, 252 | 236 |
| 12. 6. 1985 | – VIII ZR 142/84 | EWiR § 256 ZPO 1/85, 811 (Wolf) = WM 1985, 860 | 93, 529 |
| 12. 6. 1985 | – VIII ZR 148/84 | BGHZ 95, 39 = ZIP 1985, 868 = EWiR § 535 BGB 6/85, 553 (v. Westphalen) = WM 1985, 860 = NJW 1985, 2253 | 515, 518, 531, 532, 534, 549 |
| 19. 6. 1985 | – VIII ZR 238/84 | ZIP 1985, 1402 = EWiR § 9 AGBG 10/85, 527 (Paulusch) = WM 1985, 945 = NJW 1985, 2329 | 45, 143, 197 |
| 19. 6. 1985 | – VIII ZR 250/84 | WM 1985, 1168 = NJW-RR 1986, 581 | 197 |
| 20. 6. 1985 | – IX ZR 173/84 | WM 1985, 1172 = NJW 1985, 2528 | 361 |
| 3. 7. 1985 | – VIII ZR 102/84 | BGHZ 95, 170 = ZIP 1985, 935 = EWiR § 278 BGB 1/85, 643 (Paulusch) = WM 1985, 906 = NJW 1985, 2258 | 460, 469, 474, 475, 482, 485 |
| 3. 7. 1985 | – VIII ZR 128/84 | EWiR § 536 BGB 1/85, 657 (v. Westphalen) = WM 1985,1175 | 209 |
| 4. 7. 1985 | – IX ZR 172/84 | ZIP 1985, 1156 = WM 1985, 1272 = NJW 1985, 2643 | 445 |
| 29. 9. 1985 | – VIII ZR 270/84 | WM 1985, 1421 | 241 |
| 2. 10. 1985 | – VIII ZR 326/84 | EWiR § 558 BGB 3/85, 955 (Eckert) = WM 1985, 1499 = NJW 1986, 254 | 353 |
| 9. 10. 1985 | – VIII ZR 198/84 | WM 1985, 1536 = NJW 1986, 308 | 349, 350 |
| 9. 10. 1985 | – VIII ZR 217/84 | BGHZ 96, 103 = ZIP 1985, 1398 = EWiR § 9 AGBG 14/85, 923 (v. Westphalen) = WM 1985, 1447 = NJW 1986, 179 | 456, 485, 486, 487 |
| 23. 10. 1985 | – VIII ZR 231/84 | BGHZ 96, 141 = WM 1986, 52 = NJW 1986, 309 | 300 |
| 6. 11. 1985 | – VIII ZR 170/84 | WM 1986, 228 | 529, 558 |
| 27. 11. 1985 | – VIII ZR 316/84 | BGHZ 96, 302 = ZIP 1986, 164 = EWiR § 123 BGB 1/86, 237 (v. Westphalen) = WM 1986, 163 = NJW 1986, 918 | 476 |
| 4. 12. 1985 | – VIII ZR 33/85 | WM 1986, 172 | 280 |
| 18. 12. 1985 | – VIII ZR 47/85 | ZIP 1986, 371 = EWiR § 9 AGBG 3/86, 213 (Löwe) = WM 1986, 325 = NJW 1986, 842 | 324 |
| 8. 1. 1986 | – VIII ZR 292/84 | WM 1986, 492 | 452 |
| 8. 1. 1986 | – VIII ZR 313/84 | EWiR § 558 BGB 1/84, 349 (v. Westphalen) = WM 1986, 388 | 196, 197, 198, 200 |

| | | | |
|---|---|---|---|
| 22. 1. 1986 – VIII ZR 318/84 | BGHZ 97, 65 = ZIP 1986, 439<br>= EWiR § 558 BGB 2/86, 463 (Wolf)<br>= WM 1986, 458 = NJW 1986, 1335 | 483, 529, 531,<br>532, 536, 539,<br>545, 549 |
| 29. 1. 1986 – VIII ZR 49/85 | ZIP 1986, 512 = EWiR § 6 AbzG<br>1/86, 315 (v. Westphalen)<br>= WM 1986, 480 = NJW 1986, 1681 | 497, 515, 529,<br>533, 538, 560,<br>563 |
| 19. 2. 1986 – VIII ZR 91/85 | BGHZ 97, 135 = ZIP 1986, 716<br>= EWiR § 537 BGB 2/86, 559<br>(v. Westphalen) = WM 1986, 591<br>= NJW 1986, 1744 | 456, 493, 494,<br>500, 501, 502 |
| 26. 2. 1986 – VIII ZR 34/85 | WM 1986, 772 | 38 |
| 12. 3. 1986 – VIII ZR 64/85 | ZIP 1986, 583 = EWiR § 265 ZPO<br>1/86, 523 (Gerhardt) = WM 1986,<br>800 = NJW 1986, 3206 | 400, 409, 412 |
| 19. 3. 1986 – VIII ZR 81/85 | ZIP 1986, 576 = EWiR § 535 BGB<br>1/86, 45 (v. Westphalen)<br>= WM 1986, 673 = NJW 1986, 1746 | 529, 531, 537,<br>545 |
| 20. 3. 1986 – IX ZR 42/85 | EWiR § 805 ZPO 1/86, 943 (Eckert)<br>= WM 1986, 720 = NJW 1986, 2424 | 221 |
| 26. 3. 1986 – VIII ZR 85/85 | ZIP 1986, 714 = EWiR § 9 AGBG 11/86,<br>421 (Bunte) = WM 1986, 712<br>= NJW 1986, 1809 | 43, 44 |
| 9. 4. 1986 – VIII ZR 100/85 | EWiR § 568 BGB 1/86, 561 (Eckert)<br>= WM 1986, 914 = NJW-RR 1986,<br>1020 | 285 |
| 9. 4. 1986 – VIII ZR 133/85 | EWiR § 1 HeizkostenVO 1/86, 695<br>(Eckert) = WM 1986, 893 = NJW 1986,<br>3195 | 151 |
| 16. 4. 1986 – VIII ZR 60/85 | EWiR § 535 BGB 2/86, 765 (Eckert)<br>= WM 1986, 912 | 7, 167, 168 |
| 30. 4. 1986 – VIII ZR 90/85 | WM 1986, 1024 = NJW-RR 1986, 1110 | 18, 129 |
| 12. 5. 1986 – II ZR 11/86 | WM 1986, 908 = NJW 1986, 2306 | 444 |
| 14. 5. 1986 – VIII ZR 99/85 | BGHZ 98, 65 = EWiR § 558 BGB 3/86,<br>877 (Wolf) = WM 1986, 942 = NJW<br>1986, 2103 | 193 |
| 4. 6. 1986 – VIII ZR 160/85 | WM 1986, 1359 = NJW-RR 1986, 1243 | 450 |
| 4. 7. 1986 – V ZR 41/86 | WM 1986, 1419 | 251 |
| 18. 9. 1986 – III ZR 227/84 | BGHZ 98, 235 = EWiR § 558 BGB 1/87,<br>133 (Eckert) = WM 1987, 54 = NJW<br>1987, 187 | 195 |
| 30. 9. 1986 – VI ZR 161/85 | NJW 1987, 949 | 62 |
| 15. 10. 1986 – VIII ZR 319/85 | ZIP 1986, 1566 = EWiR § 9 AGBG<br>22/86, 1159 (v. Westphalen)<br>= WM 1987, 38 = NJW 1987, 377 | 457, 458, 483,<br>545, 546, 540 |
| 29. 10. 1986 – VIII ZR 144/85 | EWiR § 537 BGB 1/87, 31 (Eckert)<br>= WM 1987, 219 = NJW 1987, 187 | 77, 85, 93, 129,<br>499, 511, 515 |
| 29. 10. 1986 – VIII ZR 253/85 | BGHZ 99, 54 = EWiR § 566 BGB 1/87,<br>449 (Eckert) = WM 1987, 141 = NJW<br>1987, 948 | 37, 38, 116,<br>258 |

| | | |
|---|---|---|
| 5. 11. 1986 – VIII ZR 151/85 | ZIP 1987, 38 = EWiR § 535 BGB 1/87, 29 (Eckert) = WM 1987, 108 = NJW-RR 1987, 305 | 18, 456 |
| 26. 11. 1986 – VIII ZR 260/85 | ZIP 1987, 452 = EWiR § 276 BGB 2/87, 347 (Heinrichs) = WM 1987, 319 = NJW 1987, 909 | 212, 216 |
| 26. 11. 1986 – VIII ZR 354/85 | ZIP 1987, 172 = EWiR § 6 AbzG 1/87, 1 (v. Westphalen) = WM 1987, 288 = NJW 1987, 842 | 159, 522, 525, 529, 559 |
| 4. 12. 1986 – IX ZR 47/86 | BGHZ 99, 151 = ZIP 1987, 115 = EWiR § 82 KO 2/86, 1229 (Merz) = NJW 1987, 844 | 435 |
| 10. 12. 1986 – VIII ZR 349/85 | BGHZ 99, 182 = ZIP 1987, 297 = EWiR § 346 BGB 2/87, 131 (Eckert) = WM 1987, 426 = NJW 1987, 831 | 58, 129, 242 |
| 17. 12. 1986 – VIII ZR 279/85 | ZIP 1987, 240 = EWiR § 537 BGB 6/87, 555 (v. Westphalen) = WM 1987, 349 | 494, 504, 511, 512, 513 |
| 17. 12. 1986 – VIII ZR 328/85 | EWiR § 549 BGB 1/87, 229 (Eckert) = WM 1987, 431 = NJW-RR 1987, 526 | 274, 346, 350 |
| 4. 2. 1987 – VIII ZR 355/85 | EWiR § 852 BGB 1/87, 365 (Eckert) = WM 1987, 596 = NJW 1987, 2072 | 193, 339 |
| 11. 2. 1987 – VIII ZR 27/86 | ZIP 1987, 517 = EWiR § 1 UStG 1/87, 397 (v. Westphalen) = WM 1987, 562 = NJW 1987, 1690 | 319, 470, 478, 524 |
| 11. 2. 1987 – VIII ZR 56/86 | ZIP 1987, 517 = EWiR § 549 BGB 2/87, 557 (Eckert) = WM 1987, 783 = NJW 1987, 1692 | 269, 346 |
| 25. 2. 1987 – VIII ZR 88/86 | EWiR § 537 BGB 2/87, 447 (Sonnenschein) = WM 1987, 822 = NJW-RR 1987, 906 | 85 |
| 11. 3. 1987 – VIII ZR 215/86 | ZIP 1987, 716 = EWiR § 6 AbzG 5/87, 413 (v. Westphalen) = WM 1987, 627 = NJW 1987, 2082 | 469, 562 |
| 25. 3. 1987 – VIII ZR 43/86 | ZIP 1987, 788 = EWiR § 139 BGB 1/87, 653 (v. Westphalen) = WM 1987, 818 = NJW 1987, 2004 | 451, 462 |
| 25. 3. 1987 – VIII ZR 71/86 | ZIP 1987, 916 = EWiR § 554 BGB 1/87, 665 (Eckert) = WM 1987, 904 = NJW 1987, 2506 | 278 |
| 1. 4. 1987 – VIII ZR 15/86 | ZIP 1987, 842 = EWiR § 556 BGB 1/87, 559 (Wolf) = WM 1987, 874 = NJW 1987, 2367 | 289, 359 |

| | | |
|---|---|---|
| 14. 4. 1987 – IX ZR 260/87 | BGHZ 100, 346 = ZIP 1987, 650<br>= EWiR § 82 KO 3/87, 609 (Baur)<br>= WM 1987, 695 = NJW 1987, 3133 | 435 |
| 15. 4. 1987 – VIII ZR 126/86 | EWiR § 554 BGB 2/87, 761<br>(Sonnenschein) = WM 1987, 932<br>= NJW-RR 1987, 903 | 275, 277 |
| 29. 4. 1987 – VIII ZR 258/86 | EWiR § 557 BGB 1/87, 867 (Eckert)<br>= WM 1987, 1045 = NJW-RR 1987,<br>907 = BB 1987, 139 | 302, 305 |
| 13. 5. 1987 – VIII ZR 136/86 | BGHZ 101, 37 = EWiR § 558 BGB 2/87,<br>763 (Sonnenschein) = WM 1987, 1109<br>= NJW 1987, 2861 | 341, 344 |
| 3. 6. 1987 – VIII ZR 158/86 | WM 1987, 1288 = NJW-RR 1988, 199 | 444 |
| 24. 6. 1987 – VIII ZR 225/86 | EWiR § 566 BGB 2/87, 869 (Eckert)<br>= WM 1987, 1286 = NJW-RR 1987,<br>1227 | 25, 27, 31 |
| 1. 7. 1987 – VIII ARZ 2/87 | BGHZ 101, 244 = EWiR § 390 BGB<br>1/87, 967 (Eckert) = WM 1987, 966<br>= NJW 1987, 2372 | 330 |
| 1. 7. 1987 – VIII ARZ 9/86 | BGHZ 101, 253 = EWiR § 536 BGB<br>2/87, 1073 (Eckert) = WM 1987, 968<br>= NJW 1987, 2575 | 136 |
| 1. 7. 1987 – VIII ZR 117/86 | ZIP 1987, 1187 = EWiR § 542 BGB<br>1/87, 1075 (v. Westphalen) = WM<br>1987, 1131 = NJW 1988, 204 | 281, 462, 480,<br>482, 485 |
| 8. 7. 1987 – VIII ZR 274/86 | ZIP 1987, 1320 = EWiR § 208 BGB<br>1/87, 963 (Schlechtriem) = WM 1987,<br>1200 = NJW 1988, 254 | 497 |
| 9. 7. 1987 – I ZR 140/85 | NJW 1987, 3132 = BB 1987, 2323 | 213 |
| 16. 9. 1987 – VIII ZR 156/86 | WM 1988, 88 = NJW-RR 1988, 76 | 285 |
| 17. 9. 1987 – IX ZR 156/86 | ZIP 1987, 1398 = EWiR § 82 KO 6/87,<br>1127 (Eckert) = WM 1987, 1404<br>= NJW-RR 1988, 89 | 188, 435 |
| 23. 9. 1987 – VIII ZR 265/86 | EWiR § 554 a BGB 1/88, 35 (Eckert)<br>= WM 1988, 62 = NJW 1988, 77 | 280, 295 |
| 30. 9. 1987 – VIII ZR 226/86 | ZIP 1987, 1390 = EWiR § 9 AGBG<br>18/87, 1390 (v. Westphalen)<br>= WM 1987, 1338 = NJW 1988, 198 | 456, 474, 483,<br>514 |
| 14. 10. 1987 – VIII ZR 246/86 | WM 1988, 129 = NJW 1988, 705 | 381 |
| 28. 10. 1988 – VIII ZR 383/86 | EWiR § 535 BGB 1/88, 243 (Sonnen-<br>schein) = WM 1988, 172 = NJW-RR<br>1988, 417 | 141 |
| 4. 11. 1987 – VIII ZR 313/86 | ZIP 1988, 165 = EWiR § 278 BGB 1/88,<br>133 (v. Westphalen) = WM 1988, 84<br>= NJW-RR 1988, 241 | 474, 562 |
| 11. 11. 1987 – VIII ZR 326/86 | WM 1988, 270 = NJW-RR 1988, 201 | 32 |
| 16. 11. 1987 – II ZR 111/87 | ZIP 1988, 162 = EWiR § 319 BGB 1/88,<br>339 (Schlosser) = WM 1988, 276<br>= NJW-RR 1988, 506 | 184 |

# Entscheidungsregister

| Datum | Aktenzeichen | Fundstelle | Seiten |
|---|---|---|---|
| 25. 11. 1987 | VIII ZR 283/86 | EWiR § 319 BGB 1/88, 37 (Thamm) = WM 1988, 92 = NJW 1988, 703 | 21, 444 |
| 16. 12. 1987 | VIII ZR 48/87 | EWiR § 387 BGB 1/88, 237 (Eckert) = WM 1988, 508 = NJW-RR 1988, 329 | 146 |
| 14. 1. 1988 | IX ZR 265/86 | EWiR § 717 ZPO 1/88, 517 (Eckert) = WM 1988, 553 = NJW 1988, 1268 | 129, 318 |
| 10. 2. 1988 | VIII ZR 33/87 | WM 1988, 876 = NJW-RR 1988, 717 | 209 |
| 25. 2. 1988 | IX ZR 139/87 | BGHZ 103, 310 = ZIP 1988, 526 = EWiR § 42 VerglO 1/88, 511 (Lüke) = WM 1988, 556 = NJW-RR 1988, 124 | 436 |
| 16. 3. 1988 | VIII ZR 184/87 | BGHZ 104, 6 = WM 1988, 909 = NJW 1988, 1778 | 300 |
| 23. 3. 1988 | VIII ZR 175/87 | BGHZ 104, 95 = ZIP 1988, 851 = EWiR § 11 Nr. 14 AGBG 1/88, 631 (Hensen) = WM 1988, 874 = NJW 1988, 1908 | 16, 467 |
| 30. 3. 1988 | I ARZ 192/88 | ZIP 1988, 718 = EWiR § 269 BGB 1/88, 757 (Eckert) = WM 1988, 1072 = NJW 1988, 1914 | 144 |
| 27. 4. 1988 | VIII ZR 84/87 | ZIP 1988, 974 = EWiR § 11 Nr. 14 AGBG 2/88, 633 (v. Westphalen) = WM 1988, 979 = NJW 1988, 2465 | 16, 462, 467, 485, 493, 494 |
| 11. 5. 1988 | VIII ZR 138/87 | WM 1988, 1171 = NJW-RR 1988, 1100 | 127 |
| 11. 5. 1988 | VIII ZR 96/87 | BGHZ 104, 285 = ZIP 1988, 917 = EWiR § 557 BGB 1/88, 975 (Weiß) = WM 1988, 1277 = NJW 1988, 2665 | 292, 302, 303 |
| 15. 6. 1988 | VIII ZR 183/87 | WM 1988, 1382 = NJW-RR 1989, 76 | 58 |
| 15. 6. 1988 | VIII ZR 316/87 | BGHZ 104, 392 = ZIP 1988, 971 = EWiR § 6 AbzG 2/88, 1041 (v. Westphalen) = WM 1988, 1112 = NJW 1988, 2463 | 556 |
| 21. 6. 1988 | VI ZR 150/87 | EWiR § 558 BGB 2/88, 1175 (Klaas) = WM 1988, 1537 = NJW-RR 1988, 1358 | 195, 238 |
| 22. 6. 1988 | VIII ZR 232/87 | ZIP 1988, 1197 = EWiR § 9 AGBG 17/88, 941 (Sternel) = WM 1988, 1601 = NJW 1988, 2664 | 82, 129, 133 |
| 6. 7. 1988 | VIII ARZ 1/88 | BGHZ 105, 71 = EWiR § 535 BGB 4/88, 971 (Blank) = WM 1988, 1338 = NJW 1988, 2790 | 136, 325 |
| 6. 7. 1988 | IVa ZR 241/87 | NJW 1988, 2803 = VersR 1988, 949 | 548 |
| 13. 7. 1988 | VIII ZR 292/88 | WM 1988, 1451 | 127 |
| 19. 9. 1988 | II ZR 362/87 | ZIP 1988, 1340 = EWiR § 387 BGB 2/88, 1171 (Sonnenschein) = WM 1988, 1592 = NJW-RR 1989, 124 | 146 |
| 28. 9. 1988 | VIII ZR 160/87 | ZIP 1988, 1578 = EWiR § 123 BGB 1/89, 15 (Kramer) = WM 1988, 1669 = NJW 1989, 287 | 477 |

## Entscheidungsregister

| | | |
|---|---|---|
| 29. 9. 1988 – IX ZR 39/88 | BGHZ 105, 230 = ZIP 1988, 1411<br>= EWiR § 82 KO 7/88, 1183 (Lüke)<br>= WM 1988, 1610 = NJW 1989, 1034 | 435 |
| 19. 10. 1988 – VIII ZR 22/88 | WM 1989, 318 = NJW 1989, 451 | 289, 322, 323, 370, 379 |
| 2. 11. 1988 – VIII ZR 121/88 | ZIP 1989, 44 = EWiR § 56 GewO 1/89, 361 (v. Westphalen) = WM 1989, 460 = NJW 1989, 1845 | 456 |
| 2. 11. 1988 – VIII ZR 7/88 | WM 1989, 153 = NJW 1989, 524 | 65, 251, 366 |
| 8. 12. 1988 – IX ZR 12/88 | WM 1989, 270 = NJW-RR 1989, 200 | 145 |
| 20. 12. 1988 – IX ZR 50/88 | ZIP 1989, 171 = EWiR § 17 KO 1/89, 283 (Pape) = WM 1989, 229 = NJW 1989, 1282 | 411, 543 |
| 21. 12. 1988 – VIII ZR 277/87 | WM 1989, 547 = NJW 1989, 2133 | 301, 306 |
| 25. 1. 1989 – VIII ZR 302/87 | BGHZ 106, 304 = ZIP 1989, 377 = EWiR § 537 BGB 1/89, 461 (v. Westphalen) = WM 1989, 442 = NJW 1989, 1279 | 456, 493 |
| 1. 2. 1989 – VIII ZR 126/88 | ZIP 1989, 375 = EWiR § 571 BGB 1/89, 665 (Eckert) = WM 1989, 724 = NJW-RR 1989, 589 | 1, 54, 360, 366 |
| 22. 2. 1989 – VIII ZR 4/88 | ZIP 1989, 514 = EWiR § 145 BGB 1/89, 443 (Schlechtriem) = WM 1989, 685 = NJW-RR 1989, 627 | 46, 49 |
| 22. 3. 1989 – VIII ZR 155/88 | BGHZ 107, 123 = ZIP 1989, 647 = EWiR § 537 BGB 2/89, 549 (v. Westphalen) = WM 1989, 742 = NJW 1989, 1730 | 303, 526 |
| 22. 3. 1989 – VIII ZR 154/88 | EWiR § 9 AGBG 11/89, 525 (Heinrichs) = WM 1989, 799 = NJW 1989, 1673 | 278, 587, 588 |
| 22. 3. 1989 – VIII ZR 269/87 | ZIP 1989, 713 = EWiR § 6 AbzG 1/89, 521 (v. Westphalen) = WM 1989, 799 = NJW 1989, 1673 | 554 |
| 30. 3. 1989 – IX ZR 276/88 | EWiR § 57 c ZVG 1/89, 725 (Sternel) = WM 1989, 866 = NJW-RR 1989, 714 | 396 |
| 12. 4. 1989 – VIII ZR 52/88 | BGHZ 107, 179 = ZIP 1989, 711 = EWiR § 558 BGB 2/89, 551 (Eckert) = WM 1989, 1000 = NJW 1989, 1854 | 300, 329 |
| 22. 5. 1989 – VIII ZR 192/88 | ZIP 1989, 919 = EWiR § 571 BGB 2/89, 667 (Emmerich) = WM 1989, 1176 = NJW 1989, 2053 | 349, 362 |
| 31. 5. 1989 – VIII ZR 97/88 | ZIP 1989, 1337 = EWiR § 6 AbzG 3/89, 1043 (Reinking) = WM 1989, 1142 = NJW-RR 1989, 1140 | 474, 559 |
| 7. 6. 1989 – VIII ZR 91/88 | BGHZ 108, 1 = EWiR § 9 AGBG 18/89, 835 (Sternel) = WM 1989, 1028 = NJW 1989, 2247 | 139 |
| 5. 7. 1989 – VIII ZR 334/88 | ZIP 1989, 1333 = EWiR § 537 BGB 3/89, 977 (Eckert) = WM 1989, 1574 = NJW 1989, 3222 | 60, 77, 94, 482, 490 |
| 5. 7. 1989 – IVa ZR 189/88 | NJW 1989, 3021 = VersR 1989, 950 | 548 |

## Entscheidungsregister

| | | |
|---|---|---|
| 12. 7.1989 – VIII ZR 297/88 | ZIP 1989, 1196 = EWiR § 9 AGBG 6/90, 315 (Coester-Waltjen) = WM 1989, 1729 = NJW 1990, 115 | 179, 187 |
| 12. 7.1989 – VIII ZR 286/88 | BGHZ 108, 256 = EWiR § 558 BGB 3/89, 1183 (Sonnenschein) = WM 1989, 1942 = NJW 1989, 2745 | 339 |
| 19. 9.1989 – VI ZR 349/88 | BGHZ 108, 305 = ZIP 1989, 1483 = EWiR § 823 BGB 6/89, 1087 (Heckschen) = WM 1989, 1772 = NJW 1989, 3273 | 196, 551 |
| 20. 9.1989 – VIII ZR 143/88 | ZIP 1989, 1402 = EWiR § 157 BGB 1/89, 1069 (Medicus) = WM 1989, 1769 = NJW 1990, 1234 | 19, 20 |
| 20. 9.1989 – VIII ZR 239/88 | ZIP 1989, 1461 = EWiR § 564 BGB 1/89, 1185 (v. Westphalen) = WM 1989, 1694 = NJW 1990, 247 | 456, 527 |
| 27. 9.1989 – VIII ZR 57/89 | BGHZ 108, 364 = ZIP 1990, 45 = EWiR § 134 BGB 1/90, 13 (Teichmann) = WM 1990, 246 = NJW 1990, 1354 | 450 |
| 11.10.1989 – VIII ZR 285/88 | ZIP 1989, 1611 = EWiR § 3 AnfG 1/90, 7 (Brehm) = WM 1990, 78 = NJW-RR 1990, 142 | 337 |
| 12.10.1989 – VII ZR 339/88 | BGHZ 109, 29 = EWiR Art. 16 EuGVÜ 1/90, 903 (Schwerdtner) = WM 1989, 1936 = NJW 1990, 317 | 330 |
| 16.10.1989 – II ZR 307/88 | BGHZ 109, 55 = ZIP 1989, 1542 = EWiR § 32a GmbHG 1/90, 371 (Fabritius) = WM 1989, 1844 = NJW 1990, 516 | 424 |
| 20.10.1989 – V ZR 341/87 | BGHZ 109, 111 = EWiR § 1056 BGB 1/90, 249 (Michalski) = WM 1990, 354 = NJW 1990, 443 | 271 |
| 25.10.1989 – VIII ZR 105/88 | BGHZ 109, 139 = ZIP 1990, 175 = EWiR § 535 BGB 1/90, 249 (Martinek) = WM 1990, 25 = NJW 1990, 314 | 498 |
| 8.11.1989 – VIII ZR 1/89 | ZIP 1990, 173 = EWiR § 9 AGBG 3/90, 111 (Reinking) = WM 1990, 23 = NJW-RR 1990, 182 | 257, 527 |
| 15.11.1989 – VIII ZR 46/89 | BGHZ 109, 205 = WM 1990, 418 = NJW 1990, 453 | 206 |
| 29.11.1989 – VIII ZR 323/88 | BGHZ 109, 250 = ZIP 1990, 656 = EWiR § 6 AbzG 1/90, 107 (Eckert) = WM 1990, 103 = NJW 1990, 829 | 554 |
| 6.12.1989 – VIII ZR 310/88 | BGHZ 109, 314 = ZIP 1990, 103 = EWiR § 1c AbzG 1/90, 209 (Sternel) = WM 1990, 519 = NJW 1990, 567 | 444 |
| 13.12.1989 – VIII ZR 168/88 | EWiR § 535 BGB 2/90, 345 (v. Westphalen) = WM 1990, 268 = NJW 1990, 1902 | 465 |
| 14.12.1989 – IX ZR 283/88 | BGHZ 109, 368 = ZIP 1990, 180 = EWiR § 21 KO 1/90, 173 (Ackmann) = WM 1990, 197 = NJW 1990, 113 | 411, 463, 542 |

| Datum | Aktenzeichen | Fundstelle | Seite |
|---|---|---|---|
| 19.12.1989 | VI ZR 182/89 | WM 1990, 767 = NJW 1990, 1236 | 353 |
| 20.12.1989 | VIII ZR 203/88 | WM 1990, 566 = NJW-RR 1990, 270 | 32 |
| 18. 1.1990 | IX ZR 71/89 | ZIP 1990, 242 = EWiR § 82 KO 2/90, 395 (Lüke) = WM 1990, 329 = NJW-RR 1990, 411 | 436 |
| 24. 1.1990 | VIII ZR 22/89 | BGHZ 110, 130 = ZIP 1990, 650 = EWiR § 377 HGB 1/90, 487 (v. Westphalen) = WM 1990, 510 = NJW 1990, 1290 | 507 |
| 24. 1.1990 | VIII ZR 296/88 | WM 1990, 890 = NJW-RR 1990, 518 | 32, 37 |
| 31. 1.1990 | VIII ZR 280/88 | BGHZ 110, 183 = ZIP 1990, 866 = EWiR § 498 BGB 1/90, 759 (v. Westphalen) = WM 1990, 882 = NJW 1990, 2546 | 466, 483 |
| 31. 1.1990 | VIII ZR 261/88 | NJW 1990, 261 | 466 |
| 21. 2.1990 | VIII ZR 116/89 | WM 1990, 993 = NJW-RR 1990, 884 | 303 |
| 7. 3.1990 | VIII ZR 56/89 | WM 1990, 987 | 462, 485 |
| 7. 3.1990 | IV ZR 342/88 | ZMR 1990, 333 | 188 |
| 7. 3.1990 | VIII ZR 25/89 | ZIP 1990, 610 = EWiR § 714 BGB 2/90, 883 (Leptien) = WM 1990, 1035 = NJW-RR 1990, 701 | 14, 65 |
| 8. 3.1990 | III ZR 81/88 | BGHZ 110, 313 = EWiR § 683 BGB 1/90, 881 (Sonnenschein) = WM 1990, 2058 = NJW 1990, 2058 | 196 |
| 21. 3.1990 | VIII ZR 196/89 | WM 1990, 1198 | 568, 570, 572, 573, 578, 584 |
| 28. 3.1990 | VIII ZR 17/89 | ZIP 1990, 646 = EWiR § 398 BGB 2/90, 559 (Eckert) = WM 1990, 935 = NJW 1990, 1785 | 143, 148, 411, 463, 538 |
| 4. 4.1990 | VIII ZR 71/89 | EWiR § 812 BGB 5/90, 1081 (Reuter) = WM 1990, 1580 = NJW 1990, 1789 | 334 |
| 9. 5.1990 | VIII ZR 222/89 | EWiR § 157 BGB 1/90, 647 (Martinek) = WM 1990, 1241 = NJW-RR 1990, 1009 | 461 |
| 16. 5.1990 | VIII ZR 108/89 | ZIP 1990, 863 = EWiR § 535 BGB 4/90, 761 (v. Westphalen) = WM 1990, 1244 | 538 |
| 30. 5.1990 | VIII ZR 207/89 | EWiR § 535 BGB 6/90, 1065 (Lützenkirchen) = WM 1990, 1501 = NJW 1990, 2376 | 138 |
| 30. 5.1990 | VIII ZR 233/89 | ZIP 1990, 1136 = EWiR § 6 AbzG 2/90, 939 (Reinking) = WM 1990, 1299 | 552, 561 |
| 20. 6.1990 | VIII ZR 182/89 | WM 1990, 1977 | 128 |
| 4. 7.1990 | VIII ZR 288/89 | EWiR § 549 BGB 1/90, 971 (Eckert) = WM 1990, 1620 = NJW 1990, 3016 | 269, 346, 464 |
| 6. 7.1990 | Lw ZR 8/89 | ZIP 1990, 1485 = EWiR § 547 BGB 1/99, 1189 (Eckert) | 312, 332, 334, 337 |
| 26. 9.1990 | VIII ZR 205/89 | ZIP 1990, 1483 = EWiR § 537 BGB 2/90, 1187 (Emmerich) = WM 1991, 26 | 77, 87, 117, 122 |

| | | |
|---|---|---|
| 8. 10. 1990 – VIII ZR 247/89 | ZIP 1990, 1406 = EWiR § 9 AGBG 16/90, 1149 (v. Westphalen) = NJW 1991, 102 | 59, 242, 279, 557, 559 |
| 17. 10. 1990 – VIII ZR 213/89 | ZIP 1990, 1480 = EWiR § 549 BGB 1/91, 33 (Eckert) | 347 |

## Bayerisches Oberstes Landesgericht

| | | |
|---|---|---|
| 14. 7. 1981 – Allg. Reg. 32/81 | NJW 1981, 2197 = MDR 1981, 1020 | 245, 251 |
| 1. 9. 1981 – Allg. Reg. 58/81 | ZMR 1982, 16 | 285 |
| 21. 2. 1983 – Allg. Reg. 112/81 | WuM 1983, 107 | 283 |
| 24. 2. 1984 – RE-Miet 3/84 | NJW 1984, 1761 | 150 |
| 17. 12. 1984 – RE-Miet 8/83 | ZMR 1985, 93 | 131, 133 |
| 4. 2. 1987 – RE-Miet 2/86 | ZMR 1987, 174 = NJW 1987, 1950 | 80 |
| 8. 4. 1988 – RE-Miet 1/88 | ZIP 1988, 789 = EWiR § 46 KO 2/88, 703 (Eckert) = NJW 1988, 1796 | 232, 417 |
| 23. 6. 1988 – RE-Miet 3/88 | ZMR 1988, 384 = NJW-RR 1988, 1293 | 152 |
| 26. 7. 1989 – RE-Miet 5/88 | NJW-RR 1989, 1291 | 293 |

## Oberlandesgerichte

### OLG Bamberg

| | | |
|---|---|---|
| 18. 2. 1970 – 1 U 94/69 | NJW 1970, 2108 | 370 |
| 28. 6. 1984 – 1 U 229/83 | ZMR 1984, 373 | 316 |

### KG

| | | |
|---|---|---|
| 29. 1. 1965 – 7 U 2312/63 | NJW 1965, 976 | 5, 591 |
| 1. 10. 1970 – 8 U 2633/69 | NJW 1971, 432 | 308 |
| 9. 1. 1975 – 12 U 1530/74 | MDR 1975, 579 = VersR 1975, 837 | 550 |
| 29. 1. 1982 – 8 W RE-Miet 4902/81 | ZMR 1984, 32 | 15 |
| 29. 2. 1988 – 8 RE-Miet 6717/87 | ZMR 1988, 219 | 89 |
| 2. 8. 1990 – 8 RE-Miet 4265/90 | ZMR 1990, 408 | 156 |

### OLG Braunschweig

| | | |
|---|---|---|
| 27. 11. 1979 – 2 U 175/79 | OLGZ 80, 239 | 217 |
| 27. 6. 1984 – 1 W 15/84 | ZMR 1985, 14 | 10 |
| 31. 7. 1975 – 2 U 29/74 | NJW 1976, 570 | 242 |

### OLG Celle

| | | |
|---|---|---|
| 8. 6. 1962 – 7 U 100/61 | NJW 1962, 1918 | 338 |
| 29. 2. 1968 – 7 U 64/67 | NJW 1968, 1139 | 229 |

| | | |
|---|---|---:|
| 11. 7.1969 – 13 U 221/68 | MDR 1969, 1007 | 143 |
| 5. 1.1973 – 2 U 152/72 | ZMR 1973, 109 | 141 |
| 13. 7.1973 – 2 U 187/72 | ZMR 1974, 45 | 82, 115 |
| 15. 2.1974 – 2 U 62/73 | NJW 1974, 2012 | 426, 427 |
| 7.11.1975 – 2 U 45/75 | NJW 1976, 806 | 13 |
| 27. 1.1978 – 2 U 112/77 | ZMR 1978, 342 | 397 |
| 17. 3.1978 – 2 U 196/77 | NJW 1978, 2510 | 53, 81 |
| 20. 1.1982 – 2 UH 1/81 | WuM 1982, 102 | 283 |
| 18. 6.1982 – 2 U 14/82 | MDR 1983, 402 | 149 |
| 14.12.1984 – 2 U 7/84 | NJW 1985, 1715 | 330 |
| 24. 2.1987 – 4 U 66/86 | NJW-RR 1988, 80 | 396 |
| 29. 1.1988 – 2 U 78/87 | NJW-RR 1988, 723 | 175 |
| 5.10.1988 – 3 U 306/87 | WM 1989, 1224 | 236 |
| 26. 4.1989 – 2 U 74/88 | NJW-RR 1990, 974 = ZMR 1990, 414 | 364 |

## OLG Düsseldorf

| | | |
|---|---|---:|
| 15. 6.1971 – 13 U 213/70 | NJW 1971, 2081 | 401 |
| 25.10.1971 – 10 U 40/71 | NJW 1972, 1674 | 17 |
| 19.10.1972 – 10 U 51/72 | DWW 1973, 278 = ZMR 1976, 218 (L) | 82, 83 |
| 22. 6.1976 – 4 U 292/75 | MDR 1977, 52 | 62 |
| 18. 5.1978 – 10 U 9/78 | NJW 1978, 2511 | 233 |
| 12. 2.1981 – 10 U 141/80 | MDR 1981, 847 | 17 |
| 29. 4.1982 – 10 U 188/81 | MDR 1983, 405 | 380 |
| 4.11.1982 – 10 U 109/82 | MDR 1983, 229 | 77 |
| 23. 2.1983 – 15 U 106/82 | NJW 1983, 1434 | 193 |
| 7.12.1983 – 11 U 103/83 | MDR 1984, 411 | 298 |
| 8. 3.1984 – 10 U 183/83 | ZMR 1984, 37 | 289 |
| 10. 5.1984 – 8 U 172/83 | KTS 1984, 699 | 424 |
| 7.11.1984 – 15 U 218/83 | ZMR 1985, 89 | 162, 319 |
| 14. 2.1985 – 10 U 189/84 | ZMR 1985, 236 | 77 |
| 20. 2.1985 – 15 U 99/84 | ZMR 1985, 235 | 194 |
| 17. 4.1985 – 15 U 213/84 | EWiR § 557 BGB 1/85, 849 (Eckert) = ZMR 1985, 297 | 284, 303 |
| 11. 7.1985 – 10 U 19/85 | ZMR 1985, 382 | 164 |
| 16. 1.1986 – 10 U 162/85 | NJW-RR 1986, 507 = ZMR 1986, 164 | 162 |
| 11.12.1986 – 10 U 111/86 | ZMR 1987, 464 | 157 |
| 18.12.1986 – 10 U 112/86 | ZMR 1987, 329 | 112 |
| 18.12.1986 – 10 U 114/86 | ZMR 1987, 377 = NJW-RR 1987, 911 | 293, 441 |
| 18.12.1986 – 10 U 139/86 | ZMR 1987, 376 = NJW-RR 1987, 1232 | 98 |
| 15. 1.1987 – 10 U 113/86 | ZMR 1987, 377 | 289, 293 |
| 15. 1.1987 – 10 U 122/86 | NJW-RR 1987, 911 | 293 |
| 5. 2.1987 – 10 U 166/86 | ZMR 1987, 374 | 44 |
| 12. 2.1987 – 10 U 106/86 | ZMR 1987, 329 | 297 |
| 19. 2.1987 – 10 U 131/86 | ZMR 1987, 215 | 289, 292 |
| 18. 3.1987 – 15 U 183/86 | ZMR 1987, 423 = NJW-RR 1987, 1370 | 201, 293 |
| 19. 3.1987 – 10 U 192/86 | NJW-RR 1987, 911 = ZMR 1987, 263 | 105, 112 |
| 19. 3.1987 – 10 U 119/86 | ZIP 1988, 1134 = ZMR 1988, 382 = NJW-RR 1988, 2389 | 195 |

| | | |
|---|---|---|
| 30. 4.1987 – 10 U 220/86 | ZMR 1988, 304 | 36 |
| 21. 5.1987 – 10 U 232/86 | ZMR 1987, 328 | 344 |
| 2. 7.1987 – 10 U 23/87 | EWiR § 19 KO 1/88, 83 (Eckert) = ZMR 1987, 422 = NJW-RR 1987, 1369 = BB 1988, 450 | 253, 428 |
| 2. 7.1987 – 10 U 197/86 | ZMR 1987, 375 | 319 |
| 15.10.1987 – 10 U 42/87 | ZMR 1987, 374 = NJW-RR 1988, 398 | 44 |
| 15.10.1987 – 10 U 50/87 | NJW-RR 1988, 202 | 282 |
| 5.11.1987 – 10 U 70/87 | ZMR 1988, 54 | 17 |
| 14. 1.1988 – 10 U 89/87 | ZMR 1988, 221 | 51 |
| 14. 1.1988 – 10 U 98/87 | ZMR 1988, 174 | 136 |
| 14. 1.1988 – 10 U 155/87 | ZMR 1988, 175 | 292, 306 |
| 4. 2.1988 – 10 U 40/87 | ZMR 1988, 226 | 397 |
| 17. 2.1988 – 3 W 494/87 | EWiR § 857 ZPO 1/88, 829 (Eckert) = NJW 1988, 1676 = WM 1988, 880 | 269, 346, 390, 464 |
| 18. 2.1988 – 10 U 137/87 | ZMR 1988, 222 | 93, 187 |
| 18. 2.1988 – 10 U 166/87 | BB 1988, 721 = NJW-RR 1988, 912 | 193 |
| 10. 3.1988 – 10 U 211/87 | ZMR 1988, 222 = NJW-RR 88, 906 | 93 |
| 27. 5.1988 – 16 U 56/88 | NJW-RR 1988, 2545 | 289 |
| 16. 6.1988 – 10 U 177/87 | EWiR § 542 BGB 1/88, 973 (Eckert) = NJW-RR 1988, 1424 | 82, 83 |
| 14. 7.1988 – 10 U 11/88 | ZIP 1988, 1201 = EWiR § 32a GmbHG 2/88, 1217 (Eckert) = WM 1988, 1266 = BB 1988, 1699 | 425 |
| 4. 8.1988 – 10 U 24/88 | EWiR § 558 BGB 1/89, 27 (Eckert) = ZMR 1988, 380 = MDR 1988, 1056 | 238, 353 |
| 13.10.1988 – 6 U 289/87 | NJW-RR 1989, 500 | 278 |
| 3.11.1988 – 10 U 39/88 | ZMR 1989, 177 | 424 |
| 24.11.1988 – 10 U 34/88 | ZIP 1989, 54 = EWiR § 21 KO 1/89, 387 (Eckert) = WM 1989, 272 | 411 |
| 1.12.1988 – 10 U 33/88 | MDR 1989, 262 | 32 |
| 2.12.1988 – 1 Ws 943/88 | ZMR 1989, 264 | 417 |
| 9. 2.1989 – 10 U 96/88 | NJW-RR 1989, 663 | 136 |
| 9. 2.1989 – 10 U 128/88 | MDR 1989, 641 | 15, 281 |
| 16. 3.1989 – 10 U 154/88 | MDR 1989, 640 = BB 1989, 1934 | 94 |
| 18. 5.1989 – 10 U 27/89 | ZMR 1989, 335 = NJW-RR 1989, 1171 | 329 |
| 11. 7.1989 – 24 U 9/89 | ZIP 1990, 1014 = EWiR § 849 BGB 1/90, 775 (Brehm/Bruggner-Wolter) = NJW-RR 1989, 1253 = BB 1989, 2069 | 432 |
| 14. 7.1989 – 10 U 23/89 | NJW-RR 1990, 21 = ZMR 1989, 463 | 193 |
| 18. 8.1989 – 15 U 156/88 | ZMR 1989, 417 | 351 |
| 9.11.1989 – 10 U 190/88 | MDR 1990, 342 | 75 |
| 9.11.1989 – 10 U 37/89 | EWiR § 535 BGB 1/90, 347 (Sonnenschein) | 251, 280 |
| 8. 2.1990 – 10 U 112/89 | EWiR § 259 BGB 1/90, 655 (Eckert) = NJW-RR 1990, 1098 | 141 |
| 15. 3.1990 – 10 U 100/82 | MDR 1990, 719 | 450 |
| 31. 5.1990 – 10 U 94/89 | ZMR 1990, 340 | 195, 329 |
| 28. 6.1990 – 10 U 216/89 | NJW-RR 1990, 1161 | 136 |

## OLG Frankfurt

| | | |
|---|---|---:|
| 13. 2.1963 – 7 U 137/62 | NJW 1964, 453 | 376 |
| 26. 3.1963 – 4 U 191/62 | ZMR 1964, 271 | 80 |
| 22. 1.1969 – 7 U 54/68 | ZMR 1970, 49 | 162 |
| 26. 6.1973 – 4 U 28/73 | BB 1974, 1322 | 431 |
| 25. 6.1974 – 20 W 237/74 | MDR 1975, 228 | 231 |
| 23. 6.1976 – 21 U 70/75 | NJW 1977, 200 | 516 |
| 20.10.1978 – 15 U 100/77 | BB 1979, 1372 | 135 |
| 16.11.1978 – 6 U 13/78 | MDR 1979, 316 | 218, 230 |
| 8. 6.1979 – 5 U 211/78 | WM 1979, 1274 | 359, 427 |
| 13.11.1979 – 5 U 14/79 | MDR 1981, 231 | 81 |
| 3. 2.1981 – 3/7 O 36/80 | DB 1981, 1459 | 516 |
| 4. 2.1981 – 17 U 24/77 | MDR 1981, 498 | 136 |
| 14. 7.1981 – 5 U 161/78 | WM 1982, 723 | 536 |
| 27. 8.1981 – 6 U 75/81 | NJW 1982, 707 | 209 |
| 22. 9.1981 – 20 RE-Miet 1/81 | NJW 1982, 453 | 136 |
| 1. 3.1983 – 5 U 126/82 | ZIP 1983, 705 | 516 |
| 14. 4.1983 – 1 U 208/82 | MDR 1983, 757 | 156 |
| 14. 7.1983 – 5 U 231/82 | ZIP 1983, 1209 = WM 1983, 1200 | 519, 530 |
| 22. 1.1985 – 5 U 86/84 | NJW 1985, 2278 | 77 |
| 20. 6.1985 – 1 U 235/84 | NJW-RR 1986, 108 | 5, 79 |
| 1. 7.1985 – 4 U 167/84 | EWiR § 537 BGB 4/85, 555 (Ostermann) | 214 |
| 20. 3.1986 – 6 U 40/85 | EWiR § 9 AGBG 13/86, 425 (Schlosser) | 158 |
| 6. 5.1986 – 8 U 164/85 | ZMR 1986, 358 | 189, 331 |
| 10. 6.1986 – 5 U 117/85 | NJW 1986, 1229 | 242 |
| 14. 7.1986 – 20 RE-Miet 1/86 | ZMR 1986, 360 | 10 |
| 2.10.1986 – 1 U 255/85 | NJW-RR 1987, 786 | 380 |
| 18.12.1986 – 1 U 238/85 | NJW 1987, 1650 | 146 |
| 10. 3.1987 – 5 U 121/86 | ZIP 1987, 1327 = BB 1987, 1843 | 77 |
| 27.10.1987 – 14 U 129/86 | NJW-RR 1988, 178 | 21 |
| 6.11.1987 – 10 U 102/87 | NJW-RR 1988, 396 | 210 |
| 25.11.1987 – 17 U 143/86 | NJW-RR 1989, 973 | 277 |
| 10.10.1988 – 20 RE-Miet 4/88 | NJW-RR 1989, 10 = ZMR 1988, 461 | 274, 348 |
| 18. 1.1989 – 9 U 161/87 | ZMR 1990, 342 | 417 |
| 2. 3.1989 – 6 U 68/87 | NJW-RR 1989, 1422 = DB 1989, 1921 | 209 |
| 23. 1.1990 – 5 U 61/89 | NJW-RR 1990, 337 | 257 |
| 9. 3.1990 – 5 U 72/87 | EWiR § 535 BGB 5/90, 763 (Eckert) | 460 |

## OLG Hamburg

| | | |
|---|---|---:|
| 24.10.1957 – 3 U 211/57 | ZMR 1958, 298 | 355 |
| 21. 4.1970 – 2 U 104/69 | MDR 1970, 1015 | 380 |
| 25. 1.1973 – 4 U 47/72 | MDR 1973, 587 | 328 |
| 8. 4.1976 – 4 U 17/76 | ZMR 1977, 302 = WuM 1977, 73 | 289, 302 |
| 10. 3.1977 – 4 U 149/76 | ZMR 1980, 84 | 253 |
| 2.11.1978 – 3 U 103/78 | BB 1979, 64 | 568 |
| 29. 5.1981 – 1 U 136/80 | MDR 1981, 934 | 492 |
| 27. 7.1981 – 4 U 27/81 | NJW 1981, 2258 | 285 |
| 17.12.1981 – 4 U 130/81 | NJW 1982, 1157 | 274, 348 |

| | | |
|---|---|---|
| 20. 7. 1983 – 4 U 202/82 | ZMR 1984, 342 | 326 |
| 11. 3. 1983 – 1 U 145/82 | MDR 1983, 579 | 80, 143 |
| 17. 12. 1986 – 4 U 237/85 | EWiR § 536 BGB 1/87, 553 (Eckert) = ZMR 1987, 94 = NJW-RR 1987, 403 | 209 |
| 18. 2. 1987 – 4 U 22/87 | NJW-RR 1987, 657 | 159 |
| 2. 9. 1987 – 4 U 182/86 | ZMR 1987, 421 | 155 |
| 28. 10. 1987 – 4 U 154/87 | EWiR § 549 BGB 1/88, 245 (Eckert) = ZMR 1988, 54 | 349, 354 |
| 6. 1. 1988 – 4 U 36/87 | NJW-RR 1988, 651 = ZMR 1988, 264 | 330 |
| 19. 1. 1988 – 4 U 242/87 | EWiR § 197 BGB 1/88, 549 (Eckert) = NJW 1988, 1097 | 156 |
| 3. 8. 1988 – 4 U 129/87 | ZMR 1988, 420 | 149 |
| 17. 8. 1988 – 4 U 151/87 | ZMR 1988, 421 = NJW-RR 1988, 1481 | 58 |
| 21. 9. 1988 – 5 U 216/87 | NJW-RR 1989, 881 | 134, 199, 299 |
| 2. 11. 1988 – 4 U 150/88 | ZIP 1988, 1404 = EWiR § 535 BGB 5/88, 1173 (Eckert) = NJW-RR 1989, 82 | 155 |
| 15. 3. 1989 – 4 U 173/88 | ZMR 1989, 222 | 178 |
| 9. 8. 1989 – 4 U 86/89 | ZMR 1990, 11 | 133 |
| 25. 10. 1989 – 4 U 255/88 | NJW-RR 1990, 86 = BB 1989, 2218 | 302 |
| 8. 11. 1989 – 4 U 97/89 | ZIP 1990, 320 = EWiR § 152 ZVG 2/90, 311 (Eckert) = ZMR 1990, 109 | 402, 403 |
| 29. 11. 1989 – 4 U 141/89 | ZIP 1990, 115 = EWiR § 59 KO 1/90, 77 (Eckert) = NJW-RR 1990, 213 | 417 |
| 6. 12. 1989 – 4 U 26/89 | EWiR § 557 BGB 1/90, 139 (Emmerich) = MDR 1990, 247 = ZMR 1990, 141 | 302 |
| 28. 3. 1990 – 4 U 13/90 | ZIP 1990, 801 = EWiR § 535 BGB 3/90, 449 (Eckert) | 25 |
| 17. 4. 1990 – 4 U 222/89 | ZMR 1990, 270 = NJW-RR 1990, 909 | 157, 284 |
| 13. 6. 1990 – 4 U 118/90 | ZMR 1990, 341 | 300 |

**OLG Hamm**

| | | |
|---|---|---|
| 6. 5. 1958 – 4 U 4/58 | NJW 1958, 1239 | 57 |
| 28. 9. 1965 – 7 U 42/65 | VersR 1966, 641 | 592 |
| 1. 7. 1966 – 4 U 223/65 | WM 1967, 791 | 233 |
| 16. 5. 1972 – 4 U 15/72 | WM 1973, 525 | 157, 345 |
| 5. 3. 1974 – 4 U 220/73 | BB 1974, 1609 | 141 |
| 14. 7. 1975 – 5 U 211/74 | DB 1975, 1986 = MDR 1976, 143 | 365 |
| 16. 2. 1976 – 4 U 312/77 | ZMR 1980, 209 | 47 |
| 13. 3. 1979 – 4 U 277/78 | ZMR 1979, 249 | 33, 254 |
| 28. 6. 1979 – 4 U 109/79 | ZMR 1980, 375 | 303 |
| 4. 12. 1979 – 4 U 244/79 | DB 1980, 393 | 516 |
| 17. 1. 1980 – 4 U 211/79 | BB 1980, 1818 | 538 |
| 11. 12. 1980 – 4 U 131/80 | MDR 1981, 407 | 217, 225 |
| 27. 2. 1981 – 4 RE-Miet 4/80 | NJW 1981, 1049 | 136 |
| 10. 3. 1981 – 4 U 247/80 | MDR 1981, 934 = DB 1981, 885 | 516 |
| 13. 3. 1981 – 7 U 196/80 | MDR 1981, 674 | 343 |
| 23. 11. 1981 – 4 RE-Miet 8/81 | NJW 1982, 452 = ZMR 1982, 151 | 251 |
| 11. 2. 1982 – 4 U 330/81 | MDR 1982, 580 | 199 |

| | | |
|---|---|---|
| 22. 6.1982 – 7 U 13/81 | ZMR 1983, 273 | 77, 80 |
| 9.12.1982 – 4 RE-Miet 12/82 | NJW 1983, 826 | 285 |
| 3. 2.1983 – 4 RE-Miet 7/82 | NJW 1983, 1332 | 324 |
| 6. 4.1983 – 4 RE-Miet 13/82 | NJW 1983, 1564 | 159 |
| 27. 9.1983 – 4 RE-Miet 14/82 | NJW 1984, 984 | 151 |
| 24.11.1983 – 4 RE-Miet 1/83 | ZMR 1984, 284 | 15 |
| 31. 1.1984 – 4 RE-Miet 7/83 | NJW 1984, 1044 | 129 |
| 30.10.1984 – 4 U 12/84 | ZMR 1985, 162 | 361 |
| 12.12.1984 – 9 U 112/84 | ZIP 1985, 628 | 435 |
| 24. 1.1985 – 4 U 384/83 | EWiR § 535 BGB 1/85, 143 (v. Westphalen) | 530 |
| 12.12.1985 – 18 U 333/84 | EWiR § 140 BGB 1/86, 239 (Lepsien) | 255 |
| 13. 3.1986 – 4 RE-Miet 3/85 | EWiR § 552 BGB 1/86 (Eckert) = NJW-RR 1986, 507 | 162 |
| 5. 6.1986 – 4 U 55/86 | EWiR § 535 BGB 3/86, 1085 (Eckert) | 303, 319 |
| 2. 7.1986 – 4 RE-Miet 4/85 | ZMR 1986, 436 | 151 |
| 17.11.1986 – 2 U 152/86 | MDR 1987, 320 | 210 |
| 13. 1.1987 – 7 U 193/86 | NJW-RR 1988, 911 = ZMR 1988, 136 | 209 |
| 27. 1.1987 – 7 U 167/85 | NJW-RR 1987, 969 | 77 |
| 12. 6.1987 – 7 U 39/87 | ZMR 1988, 386 | 257 |
| 24. 6.1987 – 30 U 52/87 | ZMR 1987, 465 | 396 |
| 10. 7.1987 – 7 U 49/87 | NJW-RR 1988, 661 | 303 |
| 26. 8.1987 – 30 RE-Miet 1/87 | EWiR § 541 BGB 1/88, 141 (Eckert) = NJW-RR 1987, 1304 = DB 1987, 2095 | 65, 351 |
| 21. 9.1987 – 13 U 134/87 | NJW-RR 1988, 530 | 187 |
| 20.11.1987 – 30 U 39/87 | MDR 1988, 410 | 112 |
| 1.12.1987 – 7 U 67/87 | NJW-RR 1988, 529 | 77 |
| 18. 3.1988 – 3 U 18/87 | BB 1988, 1842 | 47, 399 |
| 15. 4.1988 – 30 U 192/87 | ZMR 1988, 300 | 125, 188 |
| 12. 7.1988 – 7 W 30/88 | ZIP 1989, 45 = EWiR § 557 BGB 1/89, 137 (Sternel) | 302, 307 |
| 30.11.1988 – 30 U 201/86 | NJW 1989, 2629 | 5 |
| 19. 9.1990 – 30 RE-Miet 2/90 | BB 1990, 2258 | 354 |

**OLG Karlsruhe**

| | | |
|---|---|---|
| 8. 7.1970 – 5 U 29/70 | NJW 1970, 1977 | 449 |
| 3. 2.1971 – 1 U 159/70 | NJW 1971, 624 | 217, 225 |
| 5. 7.1972 – 6 U 158/71 | NJW 1972, 2224 | 211, 333 |
| 17. 1.1980 – 12 U 111/79 | NJW 1981, 405 | 43 |
| 10. 2.1981 – 3 RE-Miet 1/81 | NJW 1981, 1278 | 365 |
| 25. 3.1981 – 3 RE-Miet 2/81 | NJW 1981, 1741 | 159 |
| 7.10.1981 – 3 RE-Miet 6/81 | NJW 1982, 54 | 282, 318 |
| 8. 6.1982 – 8 U 253/79 | nicht veröffentlicht | 214 |
| 8. 6.1982 – 3 RE-Miet 1/82 | MDR 1983, 13 | 245 |
| 4. 7.1983 – 9 RE-Miet 3/82 | NJW 1984, 313 | 10, 354 |
| 9. 8.1984 – 3 RE-Miet 6/84 | NJW 1985, 142 = ZMR 1984, 417 | 125, 190 |
| 24.10.1985 – 9 U 71/84 | DB 1986, 107 | 478 |

| | | |
|---|---|---|
| 31.10.1985 – 15 U 129/84 | NJW-RR 1986, 1394 | 337 |
| 28. 8.1986 – 9 U 56/85 | NJW-RR 1987, 720 = ZMR 1987, 215 | 330 |
| 7. 1.1987 – 3 RE-Miet 2/86 | ZMR 1987, 148 = NJW-RR 1987, 720 | 330 |
| 4. 2.1987 – 13 U 14/86 | ZMR 1987, 261 | 146 |
| 18. 9.1987 – 14 U 30/86 | NJW-RR 1988, 528 | 187 |
| 23.10.1987 – 10 U 164/86 | BB 1988, 2130 | 193, 195 |
| 10.11.1987 – 18 U 56/87 | EWiR § 356 HGB 1/88, 691 (Fischer) = NJW-RR 1988, 1194 | 45 |
| 11. 3.1988 – 14 U 313/86 | ZMR 1988, 223 = NJW-RR 1988, 954 | 100, 104 |
| 6. 5.1988 – 14 U 269/85 | NJW 1989, 907 | 591 |
| 24. 8.1988 – 6 U 183/87 | NJW-RR 1989, 331 | 324 |
| 9. 9.1988 – 10 U 62/88 | NJW-RR 1989, 243 | 5, 241 |
| 30.11.1988 – 9 RE-Miet 2/88 | NJW-RR 1989, 267 = ZMR 1989, 89 = DB 1989, 274 | 380 |
| 7. 4.1989 – 14 U 16/86 | EWiR § 535 BGB 1/90, 667 (Sternel) = WM 1990, 1120 = NJW-RR 1990, 1234 | 212, 214 |
| 24. 5.1989 – 1 U 233/88 | NJW-RR 1989, 1083 | 200 |
| 17. 4.1990 – 4 U 222/89 | ZMR 1990, 270 | 284 |

**OLG Koblenz**

| | | |
|---|---|---|
| 2. 2.1960 – 3 U 436/59 | NJW 1960, 1253 | 212, 214 |
| 24. 1.1968 – 5 O 274/64 | NJW 1968, 942 | 157 |
| 26. 7.1984 – 4 W-RE-386/84 | NJW 1984, 2369 | 277 |
| 17. 9.1985 – 3 U 1623/83 | MDR 1986, 59 | 151 |
| 25. 2.1986 – 3 U 1073/85 | NJW-RR 1986, 1343 = MDR 1986, 496 | 265 |
| 11.10.1988 – 3 U 520/87 | WM 1989, 30 = NJW-RR 1989, 400 | 82 |
| 16. 2.1989 – 5 U 1071/88 | EWiR § 568 BGB 1/88, 1075 (Eckert) = NJW-RR 1989, 1526 = DB 1989, 2014 | 285, 302 |
| 15. 3.1989 – 5 W 62/89 | ZMR 1989, 464 = NJW-RR 1990, 20 | 139 |
| 19. 5.1989 – 2 U 86/88 | ZMR 1989, 376 = NJW-RR 1989, 1247 | 80, 105 |

**OLG Köln**

| | | |
|---|---|---|
| 29. 7.1960 – 4 U 291/59 | NJW 1961, 30 | 355 |
| 9. 5.1972 – 15 U 180/71 | NJW 1972, 1814 | 80 |
| 19.12.1974 – 1 S 211/74 | MDR 1976, 44 | 80 |
| 5.11.1975 – 2 U 31/75 | ZMR 1976, 303 = WuM 1976, 9 | 81 |
| 20. 6.1979 – 17 U 21/79 | NJW 1980, 1395 | 588 |
| 14. 1.1981 – 2 U 103/79 | ZMR 1981, 177 | 350 |
| 19. 9.1983 – 12 U 40/83 | ZIP 1984, 89 | 225 |
| 4. 6.1986 – 13 U 270/85 | NJW-RR 1988, 157 | 238 |
| 17.11.1986 – 13 U 106/86 | ZMR 1987, 461 | 193 |
| 29. 4.1987 – 2 U 113/86 | WM 1987, 1308 | 174, 175 |
| 25. 1.1988 – 12 U 210/87 | ZIP 1988, 445 = EWiR § 935 ZPO 1/88, 415 (Reinking) | 298 |

| | | |
|---|---|---|
| 19. 12. 1988 – 8 U 22/88 | ZIP 1989, 245 = EWiR § 542 BGB 1/89, 339 (Sonnenschein) = NJW-RR 1989, 439 | 84, 104 |
| 6. 12. 1989 – 13 U 200/89 | NJW-RR 1990, 224 | 191 |
| 21. 12. 1989 – 18 U 62/89 | NJW-RR 1990, 401 | 187 |
| 7. 6. 1990 – 1 U 56/89 | NJW-RR 1990, 1232 | 160 |

### OLG München

| | | |
|---|---|---|
| 16. 1. 1963 – 3 U 1133/62 | NJW 1963, 1619 | 254 |
| 16. 1. 1963 – 3 U 1133/62 | NJW 1963, 1619 | 33 |
| 14. 2. 1972 – 21 U 2941/71 | NJW 1972, 1995 | 365 |
| 13. 7. 1979 – 21 U 3603/78 | MDR 1979, 939 | 9 |
| 28. 6. 1985 – 21 U 4448/84 | NJW-RR 1986, 443 | 136, 323 |
| 5. 2. 1986 – 7 U 4904/85 | NJW-RR 1987, 727 | 347 |
| 24. 9. 1986 – 7 U 6077/85 | ZMR 1987, 16 | 133 |
| 7. 11. 1986 – 21 U 4765/84 | NJW-RR 1987, 366 | 100 |
| 8. 12. 1988 – 21 W 3055/88 | NJW-RR 1989, 524 | 352, 354 |
| 12. 1. 1989 – 29 U 2366/88 | NJW-RR 1989, 1499 | 43, 132, 208 |
| 17. 3. 1989 – 21 U 3209/88 | ZMR 1989, 224 | 305 |
| 14. 7. 1989 – 21 U 2279/89 | NJW-RR 1990, 20 | 336 |
| 9. 3. 1990 – 8 U 4480/88 | NJW-RR 1990, 698 | 242 |
| 6. 7. 1990 – 21 U 2752/90 | ZMR 1990, 413 | 417 |

### OLG Oldenburg

| | | |
|---|---|---|
| 24. 5. 1977 – 4 U 279/76 | NJW 1977, 1780 | 3 |
| 10. 11. 1980 – 4 UH 11/80 | ZMR 1981, 91 | 164 |
| 23. 4. 1981 – 5 UH 1/81 | ZMR 1982, 285 | 159 |
| 23. 4. 1981 – 9 U 64/82 | NdsRpfl 1983, 25 | 193 |
| 26. 6. 1987 – 11 U 40/87 | ZMR 1987, 425 | 241 |
| 24. 11. 1988 – 14 U 42/88 | NJW-RR 1990, 84 | 449 |

### OLG Saarbrücken

| | | |
|---|---|---|
| 25. 11. 1987 – 5 U 17/87 | NJW-RR 1988, 652 | 190 |

### OLG Schleswig

| | | |
|---|---|---|
| 23. 11. 1981 – 4 RE-Miet 2/81 | NJW 1982, 449 | 285 |
| 18. 6. 1982 – 6 RE-Miet 3/81 | NJW 1983, 49 | 7 |
| 25. 6. 1982 – 6 RE-Miet 1/82 | NJW 1982, 2672 | 293 |
| 17. 1. 1983 – 6 RE-Miet 3/82 | NJW 1983, 1333 | 327 |
| 22. 3. 1983 – 6 RE-Miet 4/82 | NJW 1983, 1862 | 15 |
| 29. 11. 1988 – 3 U 117/87 | ZIP 1989, 252 = EWiR § 46 KO 1/89, 185 (Eckert) | 417 |

## OLG Stuttgart

| | | |
|---|---|---|
| 18. 7.1973 – 13 U 48/73 | NJW 1973, 2066 | 142 |
| 28. 1.1976 – 1 U 124/75 | VersR 1977, 65 | 550 |
| 7. 6.1977 – 7 U 60/77 | BB 1978, 122 | 516 |
| 12. 8.1977 – 2 U 63/77 | NJW 1978, 2340 | 448 |
| 10. 3.1982 – 8 RE-Miet 3/81 | ZMR 1983, 14 | 138, 324 |
| 11. 6.1982 – 2 U 218/81 | BB 1982, 1753 | 200 |
| 10. 8.1982 – 8 RE-Miet 6/81 | NJW 1982, 2506 | 155 |
| 8.10.1982 – 2 U 9/82 | ZMR 1984, 350 | 136 |
| 24. 1.1984 – 6 U 94/83 | ZIP 1984, 846 = NJW 1984, 1628 | 553 |
| 11. 4.1984 – 8 RE-Miet 1/84 | NJW 1984, 2226 | 133 |
| 25.10.1984 – 8 RE-Miet 2/84 | NJW 1985, 1966 | 10 |
| 16. 7.1986 – 4 U 57/86 | VersR 1988, 97 | 197 |
| 22. 4.1988 – 2 U 219/87 | NJW-RR 1988, 1082 | 140 |

## OLG Zweibrücken

| | | |
|---|---|---|
| 5. 6.1985 – 2 U 25/84 | ZIP 1985, 1195 | 236 |
| 23.11.1989 – 3 W 35/89 RE | ZMR 1990, 106 | 257 |

## Landgerichte

### LG Berlin

| | | |
|---|---|---|
| 25. 7.1969 – 84 AR 28/69 | NJW 1970, 1047 | 252 |
| 31. 3.1978 – 63 S 66/77 | NJW 1978, 1633 | 403 |
| 21. 1.1980 – 61 S 243/79 | MDR 1980, 670 | 277 |
| 16. 6.1980 – 61 S 76/80 | MDR 1981, 57 | 160 |
| 16. 9.1982 – 20 O 192/8 | DB 1982, 2452 | 536 |
| 18. 4.1983 – 61 S 391/82 | ZMR 1984, 277 | 253 |
| 12. 3.1985 – 64 S 9/85 | ZMR 1986, 54 | 255 |
| 7. 9.1987 – 61 S 94/87 | MDR 1988, 146 | 7 |
| 7.12.1987 – 61 S 201/87 | ZMR 1988, 181 | 262 |
| 24. 8.1989 – 62 S 64/89 | NJW-RR 1990, 23 | 374 |

### LG Bochum

| | | |
|---|---|---|
| 7. 5.1974 – 11 S 43/74 | ZMR 1975, 334 | 365 |

### LG Dortmund

| | | |
|---|---|---|
| 3.12.1981 – 5 O 438/81 | MDR 1982, 413 | 197 |
| 28. 1.1988 – 17 S 329/87 | NJW-RR 1988, 661 | 303 |

### LG Düsseldorf

| | | |
|---|---|---|
| 30. 6.1964 – 12 S 123/64 | NJW 1965, 160 | 365 |

## LG Duisburg

| | | |
|---|---|---|
| 24. 7. 1987 – 12 O 197/86 | EWiR § 537 BGB 4/87, 1173 (Sonnenschein) | 81, 104 |

## LG Frankfurt

| | | |
|---|---|---|
| 12. 1. 1978 – 2/3 O 699/77 | BB 1978, 934 | 234 |
| 4. 10. 1978 – 2/22 O 630/77 | NJW 1979, 934 | 401 |
| 5. 7. 1988 – 2/18 O 234/87 | NJW-RR 1989, 1246 | 210 |
| 3. 4. 1989 – 2/24 S 135/87 | NJW-RR 1989, 888 | 241 |

## LG Freiburg

| | | |
|---|---|---|
| 18. 3. 1980 – 9 S 316/79 | BB 1980, 963 | 557 |
| 5. 8. 1980 – 9 S 93/80 | MDR 1981, 56 | 2 |
| 8. 8. 1981 – 9 T 97/81 | ZMR 1981, 370 | 277 |

## LG Gießen

| | | |
|---|---|---|
| 11. 4. 1986 – 2 O 489/85 | EWiR § 569 BGB 1/86, 1087 (v. Westphalen) | 262 |

## LG Göttingen

| | | |
|---|---|---|
| 15. 1. 1986 – 5 S 60/85 | NJW 1986, 1112 | 80 |

## LG Hamburg

| | | |
|---|---|---|
| 14. 11. 1985 – 7 S 267/85 | NJW-RR 1986, 441 | 309 |

## LG Hannover

| | | |
|---|---|---|
| 3. 6. 1987 – 11 S 94/87 | ZIP 1988, 116 | 429 |
| 29. 7. 1987 – 11 S 338/85 | ZMR 1987, 87 | 132 |

## LG Hildesheim

| | | |
|---|---|---|
| 21. 9. 1988 – 7 S 192/88 | NJW-RR 1989, 56 | 241 |

## LG Karlsruhe

| | | |
|---|---|---|
| 13. 2. 1987 – 9 S 552/86 | ZMR 1987, 154 | 339 |

## LG Kassel

| | | |
|---|---|---|
| 24. 5. 1989 – 1 S 805/88 | NJW-RR 1989, 1292 | 80 |

## LG Kiel

| | | |
|---|---|---|
| 16. 11. 1981 – 10 O 30/81 | ZMR 1983, 24 | 234 |

## LG Köln

| | | |
|---|---|---|
| 16. 12. 1987 – 26 O 103/87 | NJW-RR 1988, 1084 | 140 |
| 21.  6. 1988 – 11 S 19/88 | NJW-RR 1988, 1248 | 303 |
| 14. 12. 1989 – 1 S 278/89 | NJW-RR 1990, 1231 | 355 |
| 11.  7. 1990 – 10 S 144/90 | EWiR § 152 ZVG 4/90, 935 (Eckert) | 403 |

## LG Kleve

| | | |
|---|---|---|
| 26.  2. 1970 – 5 S 343/69 | NJW 1970, 1975 | 79 |

## LG Mannheim

| | | |
|---|---|---|
| 1. 12. 1965 – 6 S 44/64 | WuM 1966, 41 | 7 |
| 23. 11. 1977 – 4 S 59/77 | DWW 1978, 72 | 302 |
| 1.  3. 1989 – 4 S 202/88 | ZMR 1989, 426 | 10 |

## LG Mönchengladbach

| | | |
|---|---|---|
| 3. 11. 1964 – 3 OH 8/64 | VersR 1965, 1187 | 374 |

## LG München

| | | |
|---|---|---|
| 21.  5. 1962 – 14 S 173/61 | NJW 1962, 2159 | 370 |
| 3. 12. 1982 – 20 S 6700/82 | DAR 1983, 297 | 47 |
| 20. 12. 1983 – 20 T 22133/83 | DGVZ 1984, 77 | 232 |

## LG Paderborn

| | | |
|---|---|---|
| 12.  9. 1983 – 5 S 124/83 | MDR 1984, 581 | 285 |

## LG Stuttgart

| | | |
|---|---|---|
| 25.  2. 1977 – 6 S 346/76 | NJW 1977, 1885 | 380, 403 |
| 8.  2. 1990 – 16 S 416/89 | NJW-RR 1990, 654 | 355 |

## LG Tübingen

| | | |
|---|---|---|
| 10.  1. 1990 – 6 S 339/89 | ZMR 1990, 181 | 355 |

## Amtsgerichte

**AG Kassel**

| | | |
|---|---|---|
| 2. 1. 1968 – 57 C 471/67 | ZMR 1969, 179 | 431 |

**AG Bergisch Gladbach**

| | | |
|---|---|---|
| 18. 1. 1990 – 60 C 258/89 | ZIP 1990, 531 = EWiR § 152 ZVG 3/90, 623 (Hintzen) | 400 |

*Arbeitsgerichtsbarkeit*

**Bundesarbeitsgericht**

| | | |
|---|---|---|
| 27. 6. 1968 – 5 AZR 312/67 | NJW 1968, 2078 | 244 |
| 25. 2. 1981 – 5 AZR 1991/78 | BAGE 35, 104 = NJW 1981, 2212 | 445 |
| 26. 1. 1987 – 2 AZR 768/85 | ZIP 1987, 731 = EWiR § 613a BGB 6/87, 565 (Willemsen) = BB 1987, 974 | 445 |

*Finanzgerichtsbarkeit*

**Bundesfinanzhof**

| | | |
|---|---|---|
| 27. 2. 1969 – V R 102/65 | BStBl II 1969, 386 | 524 |
| 7. 7. 1969 – V R 177/65 | BStBl II 1969, 696 | 524 |
| 26. 1. 1970 – IV R 144/66 | BStBl II 1970, 264 = NJW 1970, 1148 | 453 |
| 20. 3. 1980 – V R 32/86 | BStBl II 1980, 538 = BFHE 130, 435 | 524 |
| 22. 10. 1986 – II R 125/84 | NJW 1987, 2702 | 381 |

# Stichwortverzeichnis

– Verweisung auf Rz. –

**A**
Ablösungsrecht 229
Abmahnung 202, 203, 276, 277, 281
Abnahme der Miet-/Leasingsache 63, 479, 510
Abrechnung der Betriebs-/Nebenkosten 152, 153, 375, 400, 409
Abschlußvertreter 16, 467
Abschlußzahlung 518, 529 ff, 537, 549
Absonderung 413, 432
Abtretung 93, 148, 229, 287, 289, 301, 347, 378, 494, 542
Abzahlungsgeschäft 474, 552 ff
Abzinsung 319, 466, 517, 520, 529
Änderung des Vertrages 32, 43, 97, 404
Änderungskündigung 259
Äquivalenzstörung 53, 177, 487
Altenheimvertrag 172, 365, 586 f
Andienungsrecht 562
Anfänglicher Sachmangel 96, 215
Anlagevermögen 217
Anliegerbeiträge 149
Annahmeverzug 63, 118, 289, 292, 311, 406
Anwartschaftsrecht 219
Anzeige eines Mangels 89, 93, 98, 191, 512, 513, 590
Apotheke 82, 218, 449
Arbeitnehmer des Mieters/Leasingnehmers 166, 196, 239, 551
Arbeitnehmerunterkunft 10, 82
Arglist 108, 130, 476
Arzt 211, 345
Aufhebungsvertrag 28, 44, 256, 282, 312
Aufrechnung 14, 146, 275, 284, 319, 330, 377, 412, 437
Aufrechnungsverbot 146, 303, 412
Aufwendungsersatz 89, 207, 309, 332, 486 f
Ausbleiben der Lieferung 485 ff
Ausgleichszahlung 518, 529 f, 537, 549
Auskunftsanspruch 141, 330
Aussetzung des Zivilprozesses 499, 500, 502
Aussonderung 417
Automatenaufstellvertrag 27, 365, 566 ff
Ausschließlichkeitsklausel 568, 569, 575

**B**
Bankschließfach 3
Bargeldloser Zahlungsverkehr 144
Baugesetzbuch 287
Bauherrenmodell (s. Zwischenvermietung)
Baukostenzuschuß (s. Mietvorauszahlung)

499

## Stichwortverzeichnis

Bedienungsanleitung 77, 451
Bedienungspersonal 5, 590
Bedingung 244
Beamtenbesoldung 174
Begründung der Kündigung 245
Behördliches Gebrauchshindernis 65, 82, 108
Belegrecht 364
Beratungspflicht beim Leasing 471, 473, 474
Berechnungsverordnung 150
Beschädigung der Mietsache 188
Beschlagnahme 397, 398, 399, 400, 401, 409
Besichtigung 206, 207, 208, 374
Besitzschutz 61, 296, 298
Bestätigungsschreiben, kaufmännisches 282
Betriebsaufspaltung 425
Betriebsferien 141
Betriebsgaststätte 446
Betriebskosten: s. Nebenkosten
Betriebspflicht 141, 204, 447
Beurkundung 30 ff
Beweisfunktion 40, 42, 247
Beweislast 17, 42, 45, 60, 84, 102, 125, 131, 134, 164, 190, 191, 198, 199, 218, 221, 237, 242, 247, 248, 274, 282, 285, 291, 302, 304, 306, 346, 354, 378, 386, 482, 498, 512
Beweissicherungsverfahren 193, 194
Bezugsbindung 444
Bodenabbauvertrag 452
Bürgschaft 236 f, 357, 361, 380, 387

**C**
Campingstellplatz 5
Computerprogramm 451, 462 ff

**D**
Darlehen 222
Dienstverschaffungsvertrag 5, 590 f
Dissens 17
Doppelvermietung 65
Drittbenennungsrecht 561
Duldung von Baumaßnahmen 206, 270

**E**
EDV-Anlage 78, 460, 473, 489
Eigentümer-Besitzer-Verhältnis 51, 288, 301, 306, 307, 331, 355
Eigentumsvermutung 221, 354
Eigentumsvorbehalt 219, 221, 239
Einbeziehen von AGB 455, 458, 586
Einbringen 217
Einigungsmangel 476
Einkaufsdarlehen 589
Einkaufszentrum 77, 81, 210
Einrede des nicht erfüllten Vertrages 94, 106, 147, 275, 490
Einrichtungen 289

## Stichwortverzeichnis

Einschreiben 248
Einstweilige Verfügung 202, 207, 296, 298
Eintritt weiterer Mieter 35
Einwendungsdurchgriff 474
Einzelkaufmann 12
Enteignung 287, 370
Entgangener Gewinn 100, 101, 129, 518
Entziehung des vertragsgemäßen Gebrauchs 24, 273
Erbbaurecht 271, 362
Erbbauzins 177
Erbengemeinschaft 2, 14, 262
Erfüllungsgehilfe 13, 188, 238, 474 f, 477, 479, 590
Erfüllungsübernahme 368
Erfüllungsverweigerung 63, 129, 323, 324
Ergänzung des Vertrages 32
Erlaubnis zur Untervermietung 265, 312, 346, 348, 349, 363, 383, 440, 464
Ersatzmieter 36, 159
Ersparte Aufwendungen 158, 523
Erschließungskosten 149
Erwerbsrecht 553 ff
Erweiterungsklausel 574
Expiration date 451

**F** Faktisches Vertragsverhältnis 17
Ferienwohnung 6, 100
Finanzierungsleasing 454 ff
Firma 12, 356
Firmenfortführung 356, 358, 444, 445
Fitneßanlage/-center 5, 140
Forfaitierung 542
Formmangel 37, 40
Frostschaden 188, 311
Fruchtziehung 1, 452

**G** Gebrauchsüberlassung an Dritte 196 (s. auch Untermiete)
Gebrauchsverhinderung 157, 161
Gebrauchswertverzehr 557 f
Gefährdungshaftung 189, 195
Gefahr in Verzug 89
Gefahrenquelle außerhalb des Mietobjekts 77, 96
Gefahrtragung 74, 483, 545
Gefahrgeneigte Arbeit 196, 239, 551
Gerichtsstandvereinbarung 363
Gesamtschuld 13, 14, 15, 293, 353, 354, 372
Gesamtvertretung 253
Geschäftsgrundlage 52 ff, 81, 177, 281, 350, 444, 496 f, 503, 510
Geschäftsraum 6 ff
Geschäftsführung ohne Auftrag 196, 333, 348, 413
Gesellschaft bürgerlichen Rechts 11, 14, 15, 196, 253, 281, 346, 354, 360

501

Gewährleistung 48, 65 ff, 206, 207, 214, 242, 309, 374, 383, 451, 491 ff
Gewährleistungsausschluß 130 ff, 491 ff
Gewerkschaft 13, 252
Gewinnerwartung 52 ff, 81
Good will 444, 446
Grundsteuer 149
Grundstücksveräußerung 301, 339, 362–389, 391, 420
Gutglaubenserwerb 219, 227

**H** Haftung des Mieters 188
Haftungsfreistellung 188, 196, 197 ff, 475
Halter 62, 195, 526
Handelsgeschäft, Wechsel des Inhabers 358, 445
Handelsgesellschaft 11, 212, 219, 239, 252, 264, 345, 346, 359, 360, 427
Heizkosten 151, 152
Herstellerleasing 454, 536
Hinterlegung 144, 398
Hotelaufnahme 5, 158, 239, 242

**I** Immissionsschutz 151
Immobiliarzwangsvollstreckung 392, 396 ff, 399 ff
Immobilienleasing 493
Individualabrede 44
Instandsetzung 135, 160, 441, 580
Inventar 441
Irrtum 215, 350, 369, 476

**J** Juristische Person 212, 239, 252, 264, 286, 345, 417

**K** Kantine 446
Kapitalersetzendes Darlehen 425
Kaskoversicherung 197 ff, 547
Kaufkraftschwund 177
Kaufoption 543, 552
Kaution 232, 235, 237, 277, 279, 280, 330, 376, 380, 381, 393, 403, 417, 420, 437
Kenntnis eines Mangels 71 ff, 106 ff
Kiesabbau 82, 452
Kilometerabrechnung 549
Klageerhebung 194
Know-how-Vertrag 451, 462
Kommanditgesellschaft 11, 359, 425
Konkrete Schadensberechnung 519
Konkurrenzschutz 47, 81, 201, 209–216, 265, 363, 448
Konkurs
– des Leasingnehmers 541
– des Mieters 232, 236, 263, 279, 312, 351, 423 ff
– des Vermieters 196, 233, 351, 362, 404–422
Konkursforderung 408, 410, 413, 414 ff, 424, 427, 429, 433, 439
Konkursverwalter, Ansprüche gegen 432, 435

Konzession 82, 83, 133, 450
Kostenelementklausel 179, 187
Kraftfahrzeugleasing 483, 526, 535, 544 ff
Kraftfahrzeugmiete 16, 47, 56, 62, 88, 117, 132, 133, 157, 158, 196—200, 239, 289, 293
Kraftfahrzeugversicherung 547
Kreditwürdigkeitsklauseln 279
Kündigung
— allgemein 32, 243 ff, 318, 383, 471
— außerordentliche 207, 260—272, 312, 346, 351, 396, 426, 435, 439, 540
— fristlose 24, 69, 70, 72, 104, 124, 134, 203, 206, 273, 285, 312, 316, 348, 351, 384, 482, 485, 516, 523, 545
— ordentliche 257, 528
Kündigungsfrist 257, 258, 396, 440
Kündigungsgrund 245
Kündigungsschutz 6, 354, 355, 398, 588
Kundenkartei 218

**L** Lagergeschäft 3, 239, 345
Lagerkosten 63, 68
Lastschriftverfahren 143
Leasing 262, 346, 359, 390, 425, 453 ff
Lebenshaltungskostenindex 169
Leihe 2
Leistungsvorbehalt 166, 168
Liquidation 286

**M** Mängelbeseitigung 85, 99
Markengebundenes Leasing 536
Masseschuld 407, 409, 413, 414 f, 423, 424, 429, 435, 439
Mehrere Mieter 15, 35, 253, 263, 274, 281, 283, 285, 293, 302, 304, 426, 427, 439
Mehrere Vermieter 14, 253, 285, 372
Mehrwertsteuer 142, 152, 284, 303, 319, 524
Messestand 81, 160, 241, 429
Mietausfallbürgschaft 237
Mietkauf 552
Mietvorauszahlung 176, 312, 339, 375, 378, 388, 396, 397, 402, 407, 408, 410, 411, 415, 420, 437
Mieterwechsel 36, 111, 357
Mietzins 140 ff, 400
Mietzinsanpassung 165 ff, 303
Mietzinsausfall 193, 303 ff, 308, 314, 321, 401, 518
Minderung 93, 130, 134, 206, 207, 303, 512, 513
Mischmietverhältnis 7 ff, 587
Miteigentum 14, 219
Mitverschulden 49, 91, 101, 302, 305, 311, 316, 318, 351, 381
Modernisierung 207, 276, 353

503

## N

Nacherbfolge 271, 362
Nachfolgerklausel 159, 363, 573, 585
Nebenabreden 31, 39, 43
Nebenkosten 150 ff, 158, 277, 279, 330, 375, 400, 409
Nichtigkeit (Automatenaufstellvertrag) 570
Nichtigkeit (Leasingvertrag) 478
Nicht rechtsfähiger Verein 13, 189, 239, 252, 331
Nießbrauch 65,189, 243, 271, 331, 362, 383
Nominalwertprinzip 165
Nutzungsänderung 9
Nutzungsentschädigung 223, 236, 301 ff, 330, 347, 352, 355, 385, 390, 400, 401, 429, 433, 440

## O

Obhutspflicht 188, 239, 299, 311, 435
Offene Handelsgesellschaft 11, 359, 360
Öffentlich-rechtliche Gebrauchsbeschränkung 65, 82, 108
Operating-Leasing 454
Option 25 ff, 29, 83, 111, 236, 261, 285, 363, 387
Ort der Rückgabe 290, 302
Ortsüblicher Mietzins 303

## P

Pacht 1, 396, 440–452
Pächterinventarpfandrecht 441
Parkplatz, Parkhaus 3, 80
Partei, politische 13, 252
Personenmehrheit: s. Mehrere Mieter/Vermieter
Pfändungs- und Überweisungsbeschluß 390, 391, 393
Pfandkehr 224
Positive Vertragsverletzung 63, 125, 129, 188, 189, 206, 280, 299, 305, 316, 322, 343, 481, 518, 571
Preisgefahr 466
Prozeßstandschaft 492

## R

Rahmenvertrag 17
Räumungsfrist 302, 305
Räumungsklage 251, 285, 318
Rechnungslegung 141, 154, 330
Rechtskraft 301
Rechtsmangel 65 ff, 349, 350, 351, 419, 420
Rechtsmißbrauch 23, 38, 41, 53, 204, 324, 348, 354, 396
Rechtspacht 1, 450
Refinanzierung 478, 537, 542
Reklameeinrichtung 28, 57, 289, 365
Rentabilitätsklausel 575
Restwertanrechnung 522
Risikoverteilung 52 ff, 81, 157, 159, 446, 525
Rückgabe 188, 193, 242, 244, 282, 289, 301, 303, 305, 335, 347, 351, 352, 354, 369, 385, 395, 429, 512
Rückgabeverzug 296, 301, 305, 310, 335, 384, 429
Rücknahme

— der Kündigung 254
— der Leasingsache 564
Rücktritt 70, 73, 120, 123, 242, 423, 460
Rügepflicht, kaufm. 507

## S

Sachgefahr 74, 483, 545
Sachmangel 48, 74 ff, 206, 214, 285, 374, 446, 471, 491
Sachverständigenkosten 193
Sanierung 287
Schadensersatz wegen Nichterfüllung 22, 68, 207, 319, 351, 389, 396, 401, 490, 518 ff
Schadenspauschalierung 320, 578
Schiedsgutachtenabrede 140, 168, 181
Schild 57, 289
Schmerzensgeld 100
Schönheitsreparaturen 136, 160, 321–329, 379, 431
Schriftform
— gesetzliche 27 ff, 40, 254, 346, 349, 367, 382, 457
— gewillkürte 39, 247
— kartellrechtliche 444, 568
Schriftformklausel 43
Schutzbereich 13, 238–240, 353
Schwarzarbeit in Mieträumen 297
Schweigen 282
Selbstbenennungsrecht 560
Selbsthilfe 230, 296 ff
Sequester 435
Sequestration der Mietsache 298
Sex shop 201
Sicherungseigentum 219, 220, 227, 239
Spannungsklausel 166 f
Steinbruch 192, 452
Stellvertretung 16, 249, 250, 251, 386, 467
Stillschweigende Vertragsverlängerung 26, 241, 285, 287, 301, 387
Störungen 58, 61, 77, 80, 98, 265
Substitution 36, 357, 363

## T

Teilamortisationsleasing 454, 527, 532 ff
Teileigentum 154
Teilkündigung 246
Teilrückgabe 292
Teilung des Mietgrundstücks 372
Teppichboden 136
Tierhalter 62
Tilgungsreihenfolge 144
Tod des Mieters/Pächters/Leasingnehmers 157, 262, 312, 356, 425, 440
Tod des Vermieters 370
Tragfähigkeit der Decken 77

Stichwortverzeichnis

Überlassung des Mietobjekts 51, 54 ff, 133, 258, 302, 366, 406, 423
Überlassungsentgelt nach AbzG 565
Übernahmebestätigung, -protokoll 291, 480 f
Übernahme zum Schätzwert 442
Überschwemmung 79, 96
Umbau 160, 300, 327
Umdeutung 18, 41, 255, 282
Umlaufvermögen 217, 225
Umlegung 287
Umsatzmietzins 141, 204, 444
Umsatzsteuer (s. Mehrwertsteuer)
Umwandlung 286
Umwelteinflüsse 79
Unerlaubte Handlung 107, 124, 189, 195, 240, 298, 347, 353
Ungerechtfertigte Bereicherung 51, 90, 288, 294, 301, 306, 313, 328, 334, 337, 399, 413, 429, 452
Unlauterer Wettbewerb 213, 448
Unmöglichkeit 114 ff, 214
Unteilbare Leistung 14
Untergang der Mietsache 77, 87, 121, 193, 300, 302, 304, 310, 327, 347, 348, 483, 545
Untergrundbahnbau 80
Unterlassungsanspruch 202, 212, 213, 353, 452
Untermiete 10, 15, 65, 201, 212, 219, 240, 265, 274, 282, 289, 345–355, 358, 362, 366, 433, 463
Untermietzuschlag 347
Unternehmenspacht 1, 444 f
Untersuchungspflicht des Vermieters 98
Unvermögen 65, 126

Veränderung oder Verschlechterung der Mietsache 4, 192, 201, 289, 379, 431
Verbotene Eigenmacht 296
Verein: s. Juristische Person
Verfallklausel 314, 516 f
Vergleichsverfahren 312, 351, 436–439
Verjährung 50, 92, 103, 149, 156, 193 ff, 200, 205, 238, 295, 300, 308, 315, 329, 330, 338, 339, 341, 343, 344, 353, 379, 381, 443, 473, 509, 539
Verjährungshemmung 193, 339, 341
Verjährungsunterbrechung 194, 509
Verkehrslärm 79, 98
Verkehrssicherungspflicht 100, 107, 309
Verkehrssitte 57, 141, 204, 234
Verlängerungsklausel 26, 236, 241
Vermieterpfandrecht 217–231, 237, 302, 341, 380, 432, 439
Vermieterwechsel 38, 361, 362 ff
Verrichtungsgehilfe 189, 238, 353
Verschmelzung 286
Verschulden bei Vertragsverhandlungen 17, 46 ff, 216, 399, 469 f
Versicherung 108, 205, 441, 483, 547

## Stichwortverzeichnis

Vertragsänderung 34, 43, 97, 404
Vertragsschluß 16 ff, 404, 586
Vertragsstrafe 143, 222, 314, 458
Vertragsverlängerung 32, 97, 111, 387 (s. auch stillschweigende Vertragsverlängerung)
Vertragswidriger Gebrauch 201, 274, 347, 353
Verwahrung 3
Verwaltungsakt 287
Verwendungsersatz 89, 238, 315, 331 ff, 382, 413
Verwendungszweck 76, 78
Verwirkung 156, 295, 338, 340
Verzinsung der Kaution 234
Verzug des Vermieters 127
Verzug des Lieferanten 490
Video-Cassette 2, 303
Vollamortisation 454, 531
Vollstreckungsgegenklage 25
Vollstreckungsschutz 391
Vorausverfügung über den Mietzins 378, 397, 402, 410, 411, 420, 437
Vorenthaltung 301, 302, 305, 526
Vorfälligkeitsklausel 143, 516, 538
Vorkaufsrecht 21
Vormerkung 370
Vormietrecht 21, 28, 65, 280, 363
Vorsteuerabzug 142
Vorvertrag 18 ff, 28, 31
Vorzeitige Vertragsbeendigung 316 ff, 342, 351, 416, 430, 518 ff

Wahlrecht des Konkursverwalters 406 f, 423
Wandelung 485, 497, 502 ff
Warenautomat 57, 289, 365
Warenlager 221
Wartung 98, 135, 441
Wechsel des Gesellschafters 359, 360, 427
Wegnahmerecht 341–344, 386, 418
Weitervermietung 162, 163, 282, 474
Werbung 57, 241, 289
Werkunternehmer 239
Werkvertrag 4, 451
Wertsicherungsklausel 165 ff
Wettbewerbsbeschränkung 568
Wettbewerbsverbot 364, 448
Widerruf 563
Wiederherstellung der Mietsache 87, 121, 206, 300, 330
Wohnraummiete 6 ff, 172, 234, 293, 351, 355, 588

Z Zahlungsverzug 59, 233, 242, 275 ff, 280, 351, 382, 515 ff
Zeitablauf 241, 526
Zerstörung der Mietsache (s. Untergang)
Zubehör 56, 60, 289

Zugang einer Willenserklärung 248
Zurückbehaltungsrecht 59, 94, 147, 275, 294, 302, 330, 403, 413
Zusicherung von Eigenschaften 75, 109
Zustellung 248
Zwangsversteigerung 246, 312, 362, 392, 396, 407, 420, 589
Zwangsverwaltung 354, 392, 397, 399–404
Zwangsvollstreckung 218, 231, 318, 354, 378, 390–395
Zwischenvermietung, gewerbliche 10, 349, 351, 354 f, 362, 398